UMA TROCA ESPLÊNDIDA

Também de William J. Bernstein

The Intelligent Asset Allocator
The Four Pillars of Investing
The Birth of Plenty

UMA TROCA ESPLÊNDIDA

Como o COMÉRCIO MUDOU *o* MUNDO

WILLIAM J. BERNSTEIN

ALTA BOOKS
GRUPO EDITORIAL
Rio de Janeiro, 2023

Uma Troca Esplêndida

ISBN: 978-65-5520-889-4

Translated from original A Splendid Exchange. Copyright © 2008 by William J. Bernstein. ISBN 978-8021-4416-4. This translation is published and sold by Grove Press an imprint of Grove/Atlantic, Inc., the owner of all rights to publish and sell the same. PORTUGUESE language edition published by Starlin Alta Editora e Consultoria Eireli, Copyright © 2023 by Starlin Alta Editora e Consultoria Eireli.

Impresso no Brasil — 1ª Edição, 2023 — Edição revisada conforme o Acordo Ortográfico da Língua Portuguesa de 2009.

Dados Internacionais de Catalogação na Publicação (CIP) de acordo com ISBD

B531t Bernstein, William J.

Uma Troca Esplêndida: Como o Comércio Mudou o Mundo / William J. Bernstein ; traduzido por Edite Siegert. - Rio de Janeiro : Alta Books, 2023.
480 p. ; 16cm x 23cm.

Tradução de: A Splendid Exchange
Inclui índice.
ISBN: 978-65-5520-889-4

1. Administração. 2. Comércio. I. Siegert, Edite. II. Título.

2022-2681 CDD 658
CDU 65

Elaborado por Vagner Rodolfo da Silva - CRB-8/9410

Índice para catálogo sistemático:
1. Administração 658
2. Administração 65

Produção Editorial
Grupo Editorial Alta Books

Diretor Editorial
Anderson Vieira
anderson.vieira@altabooks.com.br

Editor
José Ruggeri
j.ruggeri@altabooks.com.br

Gerência Comercial
Claudio Lima
claudio@altabooks.com.br

Gerência Marketing
Andréa Guatiello
andrea@altabooks.com.br

Coordenação Comercial
Thiago Biaggi

Coordenação de Eventos
Viviane Paiva
comercial@altabooks.com.br

Coordenação ADM/Finc.
Solange Souza

Coordenação Logística
Waldir Rodrigues

Gestão de Pessoas
Jairo Araújo

Direitos Autorais
Raquel Porto
rights@altabooks.com.br

Produtor da Obra
Thales Silva

Produtores Editoriais
Illysabelle Trajano
Maria de Lourdes Borges
Paulo Gomes
Thiê Alves

Equipe Comercial
Adenir Gomes
Ana Claudia Lima
Andrea Riccelli
Daiana Costa
Everson Sete
Kaique Luiz
Luana Santos
Maira Conceição
Nathasha Sales
Pablo Frazão

Equipe Editorial
Ana Clara Tambasco
Andreza Moraes
Beatriz de Assis
Beatriz Frohe
Betânia Santos
Brenda Rodrigues
Caroline David
Erick Brandão
Elton Manhães
Gabriela Paiva
Gabriela Nataly
Henrique Waldez
Isabella Gibara
Karolayne Alves
Kelry Oliveira
Lorrahn Candido
Luana Maura
Marcelli Ferreira
Mariana Portugal
Marlon Souza
Matheus Mello
Milena Soares
Patricia Silvestre
Viviane Corrêa
Yasmin Sayonara

Marketing Editorial
Amanda Mucci
Ana Paula Ferreira
Beatriz Martins
Ellen Nascimento
Livia Carvalho
Guilherme Nunes
Thiago Brito

Atuaram na edição desta obra:

Tradução
Edite Siegert

Copidesque
João Guterres

Revisão Gramatical
Isis Rezende
Alessandro Thomé

Diagramação
Joyce Matos

Revisão Técnica
Juliana Bastos Marques
Professora de História na UNIRIO

Editora **afiliada à:**

ABDR Associação Brasileira de Direitos Reprográficos

ASSOCIADO CBL Câmara Brasileira do Livro

ALTA BOOKS
GRUPO EDITORIAL

Rua Viúva Cláudio, 291 — Bairro Industrial do Jacaré
CEP: 20.970-031 — Rio de Janeiro (RJ)
Tels.: (21) 3278-8069 / 3278-8419
www.altabooks.com.br — altabooks@altabooks.com.br
Ouvidoria: ouvidoria@altabooks.com.br

Para Jane

SUMÁRIO

Mapas

Introdução

As circunstâncias não poderiam ser mais comuns: uma manhã de setembro no saguão de um hotel no centro de Berlim. Enquanto o recepcionista e eu trocávamos cumprimentos educados com nosso inglês e alemão trôpegos, por acaso peguei uma maçã da tigela no balcão e a escorreguei para dentro de minha mochila. Quando a fome me pegou horas depois, decidi fazer um rápido lanche no zoológico. As vistas e os sons desse enorme parque urbano quase me fizeram deixar passar o minúsculo rótulo no meu almoço de cortesia que anunciava "Produto da Nova Zelândia".

Televisões de Taiwan, alface do México, camisas da China e ferramentas da Índia são tão onipresentes que é fácil esquecer o quanto esses milagres do comércio são recentes. O que melhor simboliza a epopeia do comércio global do que a minha maçã vinda do outro lado do mundo, consumida no exato momento em que suas maduras primas europeias estavam sendo colhidas de suas árvores?

Há milênios, apenas as mercadorias mais valorizadas — seda, ouro e prata, joias, porcelanas e remédios — viajavam entre os continentes. O simples fato de que um bem vinha de uma terra distante envolvia-o em mistério, romance e status. Se estivéssemos no terceiro século depois de Cristo e o local fosse Roma, o melhor produto importado de luxo seria a seda chinesa. A história celebra os maiores imperadores romanos por suas grandes conquistas, sua arquitetura e engenharia civil e suas instituições jurídicas, mas Heliogábalo, que governou de 218 d.C. a 222 d.C., é lembrado, se é que é lembrado, por seu comportamento ultrajante e pela predileção por jovens rapazes e seda. Durante seu reinado, ele conseguiu chocar o cansado povo da antiga capital do mundo com uma sucessão de atos escandalosos, que iam de trotes inofensivos a imprevisíveis assassinatos de crianças. Nada, porém, chamou a atenção de Roma (e despertou sua inveja) mais do que o seu guarda-roupa e a que ponto ele chegou para ostentá-lo, como remover todos os pelos do corpo e empoar o rosto com maquiagem branca e vermelha. Embora seu tecido preferido fosse, ocasionalmente, uma mistura de linho — o assim chamado *sericum* —, Heliogábalo foi o primeiro líder do ocidente a usar roupas feitas totalmente de seda.[1]

Do local de seu nascimento no leste asiático ao seu último porto de escala na antiga Roma, somente as classes dominantes podiam se dar ao luxo de obter a secreção do minúsculo invertebrado *Bombyx mori* — o bicho-da-seda. O leitor moderno, mimado pelos tecidos sintéticos baratos, macios e confortáveis, deve imaginar roupas feitas principalmente de três materiais: as baratas, mas quentes e pesadas, peles de animais; lã áspera; ou linho branco e enrugado. (O algodão, embora disponível na Índia e no Egito, era mais difícil de produzir e, assim, provavelmente mais caro até mesmo que a seda.) Em um mundo com uma gama de roupas tão limitada, o toque suave e leve da seda na pele nua teria seduzido todos que o sentiam. Não é difícil imaginar os primeiros mercadores de seda, em cada porto e pousada ao longo do caminho, puxando uma amostra colorida do material de uma sacola e virando-se para a dona do estabelecimento com um maroto "Senhora, precisa sentir isso para acreditar".

O poeta Juvenal, que escrevia em 110 d.C., queixou-se das mulheres amantes do luxo "que acham as túnicas mais finas quentes demais; cuja pele delicada é irritada pela mais delicada seda".[2] Os próprios deuses não puderam resistir: dizia-se que Ísis se envolvia em "fina seda de diversas cores, às vezes amarelo, às vezes rosa, às vezes flamejante e, às vezes (que conturbava meu espírito ferido), negro e obscuro".[3]

Embora os romanos conhecessem a seda chinesa, não conheciam a China. Eles acreditavam que a seda crescia diretamente nas amoreiras, sem se dar conta de que suas folhas eram apenas o lar e o alimento das lagartas.

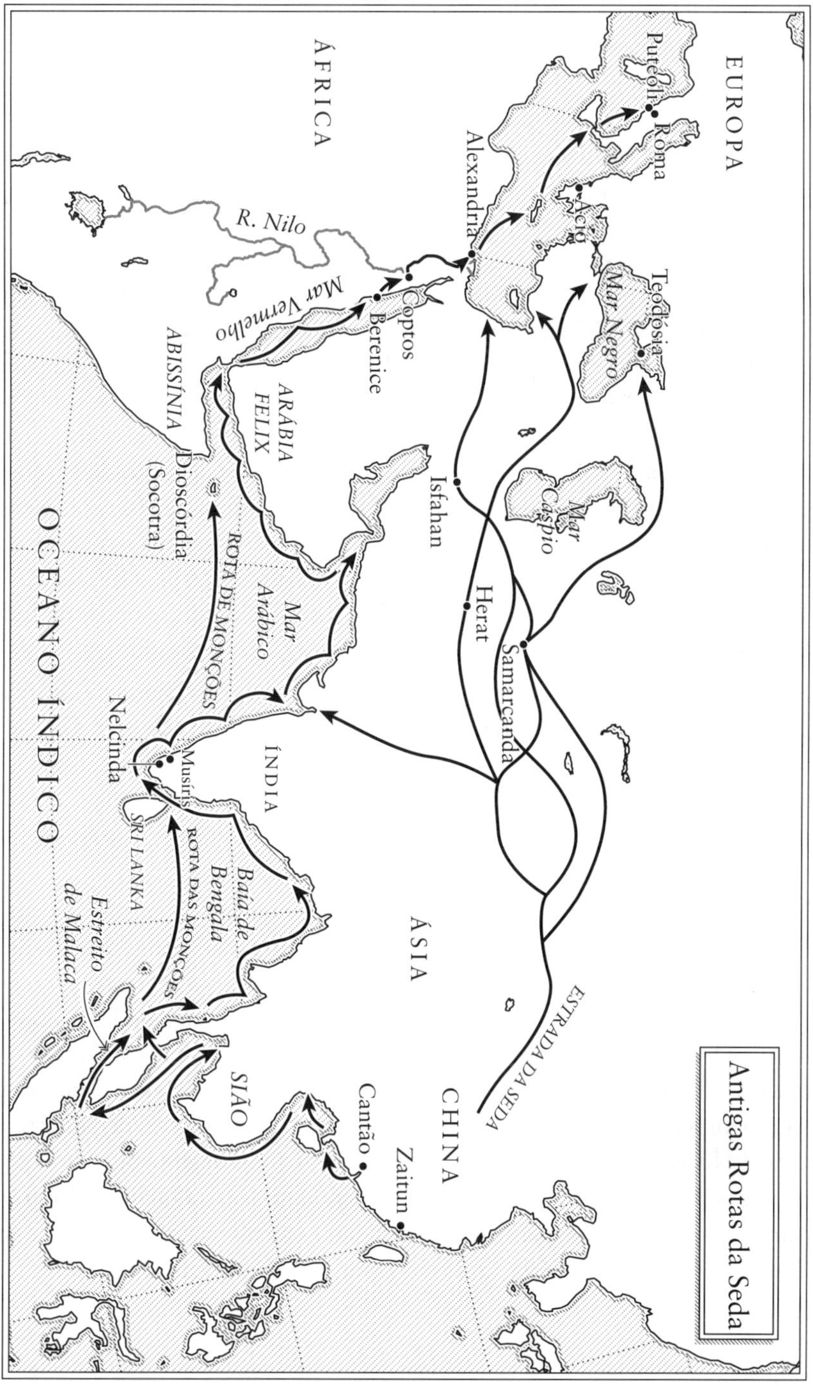
Antigas Rotas da Seda
EUROPA
ÁFRICA
ÁSIA
CHINA
Puteoli
Roma
Alexandria
Ácio
Teodósia
Mar Negro
R. Nilo
Mar Vermelho
Coptos
Berenice
ABISSÍNIA
ARÁBIA FELIX
Isfahan
Mar Cáspio
Herat
Samarcanda
Dioscórdia
(Socotra)
ROTA DE MONÇÕES
Mar Arábico
OCEANO ÍNDICO
Nelcinda
Musíris
ÍNDIA
SRI LANKA
ROTA DAS MONÇÕES
Baía de Bengala
Estreito de Malaca
ESTRADA DA SEDA
SIÃO
Cantão
Zaitun

Como as mercadorias foram da China até Roma? Lenta e precariamente, uma etapa trabalhosa por vez.[4] Comerciantes chineses de portos do sul carregavam seus navios com seda para a longa jornada ao longo da costa pela Indochina, ao redor da Península da Malásia e Baía de Bengala até os portos do Sri Lanka. Ali, eram recebidos por mercadores indianos, que então transportariam o tecido para os portos de Tamil, na costa sudoeste do subcontinente — Musíris, Nelcinda e Comara. Ali, um grande número de intermediários gregos e árabes lidava com o trecho subsequente para a ilha de Dioscórdia (hoje Socotra), uma borbulhante mistura de empresários árabes, gregos, indianos, persas e etíopes. De Dioscórdia, a carga era levada em embarcações gregas pela entrada do Mar Vermelho e o Bab-el-Mandeb ("Portal das Lágrimas" em árabe) até o porto principal de Berenice no Egito; então, atravessava o deserto no lombo de camelos até o Nilo; em seguida, por navio correnteza abaixo até Alexandria, onde navios greco e ítalo-romanos levavam a carga pelo Mediterrâneo até o imenso terminal romano de Puteoli (hoje Pozzuoli) e Óstia. Como regra geral, os chineses raramente se aventuravam a oeste do Sri Lanka, os indianos, para o norte na entrada do Mar Vermelho, e os italianos, para o sul de Alexandria. A tarefa ficou para os gregos, que iam livremente da Índia à Itália, cuidando da maior parte do comércio.

Em cada estágio longo e perigoso da jornada, a seda mudava de mãos a preços extraordinariamente mais altos. Ela já era muito cara na China; em Roma, seu preço centuplicava — ela valia seu peso em ouro. Era tão cara, que apenas alguns gramas consumiam o salário médio de um homem.[5] Apenas os mais ricos, como o imperador Heliogábalo, podiam se dar ao luxo de usar uma túnica inteiramente feita de seda.

O outro caminho para Roma, a famosa Estrada da Seda, foi aberto por emissários Han no século II da era Cristã e se estendeu aos trancos e barrancos através da Ásia central. Essa rota era muito mais complexa, e seu traçado exato variou muito de acordo com mudanças políticas e militares, de bem ao sul do passo de Khyber até o extremo norte, na fronteira sul da Sibéria. Assim como a rota marítima era dominada por comerciantes gregos, etíopes e indianos, o mesmo ocorria com os "portos" terrestres, as grandes cidades de Samarcanda (no atual Uzbequistão), Isfahan (no Irã) e Herat (no Afeganistão), fortemente abastecidas por intermediários judeus, armênios e sírios. Quem então poderia censurar os romanos por pensarem que a seda era fabricada em duas nações diferentes — Seres, ao norte, acessada por terra; e ao sul, Sinae [a China], acessada por água?

A rota marítima era mais barata, segura e rápida do que o transporte terrestre, e no mundo pré-moderno havia a vantagem adicional de se desviar de áreas instáveis. Originalmente, a seda chegava à Europa pela via terrestre, mas a estabilidade do antigo Império Romano fez o Oceano Índico ser o caminho cada vez mais preferido entre o Oriente e o Ocidente para a maioria das mercadorias, inclusive a seda. Embora o comércio romano com o Oriente tenha diminuído durante o século II, a rota marítima se manteve aberta até ser bloqueada pelo Islã no século VII.

O metrônomo sazonal das monções impeliu o comércio da seda. As monções também determinaram que pelo menos dezoito meses separassem o embarque de tecidos da China e sua chegada em Óstia e Puteoli (Pozzuoli). Perigos mortais espreitavam os comerciantes em todos os locais, especialmente em trechos arriscados do Mar Arábico e da Baía de Bengala. A perda de vidas, embarcações e cargas era tão rotineira, que essas tragédias geralmente eram registradas, quando muito, com uma breve observação: "Perda de toda a tripulação."

Hoje, a maioria das cargas comuns cobre essas distâncias com apenas um modesto aumento de preço. Que o transporte intercontinental eficiente até de mercadorias a granel hoje pareça tão banal é, em si, notável.

Nossos itens de valor elevado voam ao redor do mundo praticamente à velocidade do som, transportados por tripulações comandando cabines com ar-condicionado e recebidas no final da jornada por táxis e hotéis quatro estrelas. Mesmo os que lidam com cargas a granel servem em embarcações equipadas com vídeos e despensas lotadas que proporcionam um grau de segurança e conforto inimaginável pelo marinheiro pré-moderno. As tripulações de aeronaves e cargueiros são formadas por profissionais altamente qualificados, mas poucos se reconheceriam como "comerciantes". Tampouco a maioria de nós aplicaria o termo aos vendedores e compradores multinacionais corporativos na abundância do comércio mundial.

Há pouco tempo, era simples identificar um comerciante. Ele comprava e vendia bens em pequenas quantidades por conta própria e os acompanhava em todas as etapas do caminho. A bordo no navio, geralmente dormia com a carga. Embora a maioria desses comerciantes não nos deixasse registros escritos, uma vívida janela para o comércio pré-moderno de longa distância pode ser encontrada nos manuscritos de Genizá, uma coleção de registros medievais amontoados em um armazém perto da principal sinagoga do Cairo. A lei judaica requer que nenhum documento que contenha o nome de Deus seja destruído, inclusive correspondências familiares e comerciais. Como essa regra se aplicava à maioria de todo material medieval escrito, grandes quantidades de registros foram armazenadas nesses depósitos em sinagogas locais — a *genizá*. A população judaica do Cairo progrediu na atmosfera relativamente próspera e tolerante do califado fatímida islâmico do século X ao XII, e o clima árido da cidade preservou os documentos (tipicamente escritos em árabe, mas com caracteres hebraicos) bem o suficiente para sobreviverem até o presente. Essa correspondência rotineira entre parentes e parceiros comerciais, estendida de Gibraltar à Alexandria e à Índia, proporciona uma breve visão do mundo lento, perigoso, sombrio e difícil dos ambulantes que compravam e vendiam mercadorias.

A preparação era onerosa mesmo antes do início da jornada. Os comerciantes não se aventuravam ao estrangeiro sem cartas de apresentação para prováveis contatos comerciais ou um salvo-conduto dos governantes locais ao longo do caminho. Caso contrário, eles certamente seriam roubados, molestados ou assassinados. Além disso, todos os viajantes no mundo islâmico medieval precisavam de um *rafiq*, ou companheiro, geralmente outro comerciante. O comerciante e o *rafiq* confiavam a segurança pessoal um ao outro. Poucas catástrofes durante a viagem eram piores do que a morte de um *rafiq*, visto que as autoridades locais presumiriam que o viajante agora estava de posse de seu dinheiro e pertences, praticamente uma garantia de confisco e tortura. Levar um parente ou convidado em uma jornada sem um *rafiq* era considerado uma desgraça.[6]

Nesse mundo, era mais rápido, barato, seguro e confortável viajar por navio que por terra. Entretanto, mais "rápido", "barato", "seguro" e "confortável" eram termos relativos. Antes da chegada das caravelas europeias e das carracas (ou naus) na Península Ibérica no século XV, as embarcações impelidas basicamente à vela eram reservadas para cargas pesadas e de baixo valor; passageiros e cargas preciosas viajavam em embarcações a remo, que era o método mais rápido e confiável de transporte marítimo. Uma galera de 150 pés (45 metros) de comprimento levava até 50 remadores, sem contar os outros tripulantes, oficiais e passageiros. Amontoar tantas pessoas em um espaço tão pequeno sem um sistema de saneamento transformava a embarcação em um esgoto flutuante. "Sofri muito com as doenças de meus companheiros de viagem e seus odores repugnantes", relatou um mercador anônimo em um navio no Rio Nilo. "As coisas chegaram a um ponto em que três deles morreram e o último ficou a bordo por um dia e meio até entrar em estado de putrefação."[7] A relutância do capitão em aportar e enterrar os corpos no dia da morte, uma severa violação do costume islâmico, indica o perigo que esperava passageiros e tripulação em terra.

Questões de higiene à parte, o próprio capitão e a tripulação muitas vezes eram fonte de perigo. Roubos e assassinatos a bordo não eram incomuns, e navios mercantes eram alvos fáceis para oficiais de governos corruptos. Depois de pagar a um funcionário a detestada "taxa por cabeça" antes de deixar o porto, nosso mercador no Rio Nilo desconfiou que o mesmo funcionário voltaria para extorqui-lo uma segunda vez:

> Deixei o barco e fui em frente, alcançando-o em al-Rumayla, quando tornei a embarcar. Vi que minhas preocupações eram justificadas. Depois que parti, os policiais reapareceram para me prender.[8]

Tais dificuldades e perigos não eram exclusividade de barcos islâmicos. Mercadores egípcios muitas vezes tinham a opção de viajar em embarcações italianas ou bizantinas, que não ofereciam segurança ou conforto adicionais. Qualquer embarcação estava sujeita a assassinatos, pirataria ou doenças e, em seguida, ficar à deriva por falta de controle. Esses "navios fantasmas" representavam o testemunho horrível do preço pago pelos tripulantes e passageiros, especialmente nas remotas rotas das especiarias no Oceano Índico.

No entanto, por mais caras, desagradáveis e perigosas que fossem as navegações medievais, os comerciantes as preferiam às rotas terrestres. Mesmo ao longo das principais estradas do califado fatímida islâmico, uma carta de salvo-conduto não protegia contra ataques dos beduínos. Semanas em um agitado convés rançoso ainda era preferível a meses atentos a salteadores no lombo de um burro ou camelo.

Os papéis de Genizá também descrevem o elevado custo do transporte terrestre. Na maioria dos relatos da história, o principal bem fabricado comercializado era o tecido. Os custos totais de transporte do Cairo até a Tunísia para um fardo de "púrpura" (um carregamento de tecidos que pesava cerca de 250 quilos) eram de 8 dinares em ouro. Essa soma equivalia a cerca de 4 meses de despesas de uma família de classe média-baixa egípcia medieval. Metade desse custo cobria o trecho relativamente curto de 200km do Cairo até Alexandria, e a outra metade, os 1.900km pelo mar até a Tunísia. Assim, quilômetro a quilômetro, o transporte por terra era 10 vezes mais caro do que pelo mar.[9] Considerando os elevados custos, os riscos e o desconforto da viagem por terra, os mercadores a escolhiam somente quando não podiam ir por mar: por exemplo, quando o Mediterrâneo "fechava" para o inverno.

Caso o mercador tivesse a sorte de completar a jornada com a carga e sua pessoa intactas, o prejuízo ainda poderia vir na forma de um mercado instável. Os preços eram terrivelmente imprevisíveis, muitas vezes acompanhados por frases como "Preços não seguem nenhum princípio" e "Os preços estão nas mãos de Deus".[10] Por que alguém arriscaria a vida e seus bens em viagens que o afastavam do lar e da família durante anos em troca de parcos lucros? Simples: a penosa vida de comerciante era preferível à existência ainda mais penosa a que mais de 90% da população dedicava à lavoura de subsistência. Um lucro anual de 100 dinares — suficiente para sustentar a existência de uma classe média-alta — tornava o mercador um homem rico.[11]

* * *

Adam Smith escreveu que o homem tem "a propensão intrínseca de intercambiar, permutar ou trocar um bem por outro" e que essa feliz tendência não era mais que a natureza humana, "sobre a qual não há mais nada a relatar".[12] No entanto, algumas outras investigações históricas nos dizem tanto sobre o mundo em que vivemos hoje quanto sobre a busca das origens do comércio mundial — se fizermos as perguntas certas. Por exemplo, os primeiros registros da história mostram um vigoroso comércio de longa distância de grãos e metais entre a Mesopotâmia e o sul da Arábia. Se recuarmos ainda mais, temos fortes evidências de transporte pré-histórico em longas distâncias de materiais estratégicos, como obsidiana e ferramentas de pedra, encontrados pelos arqueólogos. Com outros animais, especialmente primatas, cuidar um do outro e partilhar comida, trocar bens e serviços, principalmente em grandes distâncias, não foi observado em nenhuma espécie além do *Homo sapiens*. O que motivou os primeiros humanos a comercializar?

Antropólogos evolucionistas marcam as origens do comportamento humano moderno no leste e no sul da África em cerca 100 mil anos atrás.[13] Um desses comportamentos, a tendência inata de "intercambiar e permutar", gerou um volume e uma variedade de bens ainda maior. Embora o comércio no mundo crescesse em conjunto com as inovações tecnológicas do transporte terrestre e marítimo, a estabilidade política foi ainda mais importante. Por exemplo, logo após as forças de Otaviano terem derrotado as de Marco Antônio e Cleópatra na batalha de Ácio, a oeste da Grécia em 30 a.C., e ampliado grandemente o âmbito do Império Romano, Roma foi inundada por pimenta, animais exóticos, marfim e pedras preciosas do Oriente. A seda chinesa era a mais famosa e cobiçada dessas novas mercadorias, contudo, nenhum nativo da península italiana havia conhecido um chinês, e, como já vimos, até mesmo cartógrafos romanos desconheciam a localização exata da China. Então, tão depressa quanto o comércio entre Roma e o Oriente tinha crescido durante o início do Império, ele praticamente se extinguiu quando Roma começou um longo declínio após a morte de Marco Aurélio, no final do século II. A seda de Heliogábalo foi, na verdade, um dos raros luxos a chegar da Índia depois desse período.

O extraordinário aumento no comércio de longa distância após a batalha de Ácio e sua queda duzentos anos depois não tiveram nada a ver com as mudanças na tecnologia marítima. Certamente, os comerciantes romanos, gregos, árabes e indianos que percorriam as rotas comerciais do Oceano Índico não perderam as habilidades marítimas de repente após o governo de Marco Aurélio.

Pense agora na contribuição do comércio à prodigalidade da agricultura de nosso planeta. Tente imaginar a culinária italiana sem o tomate, as terras altas nos arredores de Darjeeling sem as plantações de chá, uma mesa norte-americana sem pão integral ou carne, um café em qualquer lugar do mundo além de seu local de origem no Iêmen, a culinária alemã sem batatas. Esse era o mundo com seus limitados produtos agrícolas antes do "intercâmbio colombiano", a invasão de bilhões de acres de terras cultivadas por espécies de continentes remotos nas décadas após 1492. Como e por que isso ocorreu e o que isso nos conta sobre a natureza do comércio?

Durante os sete séculos entre a morte do profeta Maomé e a Renascença, os estados islâmicos da Europa, Ásia e África ofuscaram e se ergueram acima da cristandade ocidental. Os seguidores de Maomé dominaram o longo caminho do comércio mundial, o Oceano Índico, e, no processo, estenderam sua mensagem poderosa do oeste da África ao mar da China meridional. Então, com uma velocidade vertiginosa, um novo Ocidente ressurgente assumiu o controle das rotas de comércio globais nas décadas que se seguiram à primeira volta do Cabo da Boa Esperança, por Bartolomeu

Dias e Vasco da Gama. Podemos compreender esses acontecimentos sob a bandeira maior da história do comércio?

As grandes organizações nacionais de comércio, especialmente as Companhias Holandesa e Britânica das Índias Orientais, lideraram o comércio europeu e fizeram do comércio mundial uma província quase exclusiva de grandes entidades corporativas, e no século XX, uma das corporações multinacionais. Hoje, essas organizações — origem do domínio econômico e cultural do Ocidente e, especialmente, norte-americano — são frequentemente objeto de ressentimento e animosidade virulenta. Quais são as raízes do gigante corporativo internacional moderno? E o conflito cultural está relacionado ao novo fenômeno do crescente antiamericanismo?

A crescente dependência mundial do fluxo contínuo do comércio nos tornou prósperos e vulneráveis. Uma grave disrupção na internet causaria um caos na economia internacional — uma circunstância surpreendente, considerando que seu uso disseminado não tem mais que dez anos. O mundo desenvolvido ficou dependente de combustíveis fósseis das nações mais instáveis do mundo, a maior parte dos quais flui por um único canal estreito que guarda a entrada do Golfo Pérsico. Será que a história do comércio nos oferece quaisquer pontos de referência que nos guiem por essas águas perigosas?

A sabedoria popular afirma que a revolução nas comunicações e nos transportes no final do século XX pela primeira vez fez com que as nações do mundo entrassem em concorrência direta umas com as outras. Veremos, porém, que esse não é um fato novo. Em séculos passados, essa uniformização — esse "achatamento" do mundo — produziu vencedores e perdedores que, não surpreendentemente, tenderam, respectivamente, a favorecer ou se opor a esse processo. O que a história das revoluções comerciais anteriores nos conta sobre a luta política gigantesca atual em relação à globalização?[14]

Como, então, viemos do mundo do antigo comércio da seda e dos papéis de Genizá, em que a função do comerciante era tão solitária, cara e heroica, que somente as cargas mais preciosas pagavam suas rotas, ao mundo moderno corporativo de vinhos do Chile, carros da Coreia e maçãs da Nova Zelândia?

Países estáveis são países comerciais. O comércio entre Roma e o Leste Asiático evoluiu após a vitória de Otaviano em Ácio e transcorreu durante dois séculos em relativa paz nas rotas comerciais do Mediterrâneo e do Mar Vermelho. Embora os romanos controlassem a maior parte do terço ocidental da rota entre Alexandria e Índia, sua influência era sentida até o leste no rio Ganges.

Embora mercadores individuais raramente transportassem bens por todo o caminho da Índia até Roma, havia frequentes contatos diplomáticos diretos entre vários estados indianos e Roma. Após alguns anos da ascensão de Otaviano como Augusto, governantes indianos o homenagearam com elaboradas embaixadas e presentes impressionantes — serpentes, elefantes, pedras preciosas e artistas, que o imperador exibia em casa —, e na própria Índia, templos foram construídos para honrá-lo. Mais importante, os cidadãos romanos tinham passagem livre por grande parte do subcontinente; um sítio arqueológico escavado perto de Pondicherry entre 1945 e 1948 revelou evidências de uma colônia comercial romana que funcionou até cerca 200 d.C.[15.]

Bens locais na Índia eram comprados com moedas duráveis de ouro e prata, cada qual datada com a imagem do imperador. Esconderijos com essas moedas ainda são encontrados no sul da Índia, oferecendo-nos um vislumbre dos padrões de comércio de dois mil anos atrás. Eles incluem moedas de ouro e prata dos governos de Augusto e Tibério (27 a.C. a 37 d.C.), sugerindo um vigoroso comércio de um grande volume de mercadorias. Após a morte de Tibério, a composição dos esconderijos de moedas indianos muda. São encontradas quantias significativas de moedas apenas de ouro, e não de prata, exibindo as cabeças de Calígula, Cláudio e Nero (38 d.C.–68 d.C.). Segundo o historiador E. H. Warmington, a ausência de moedas de prata sugere um comércio basicamente de bens de luxo durante esse período. Poucas moedas romanas de qualquer tipo são encontradas após a morte de Marco Aurélio, em 180 d.C.[16] Quando as autoridades romana e dos Han finalmente decaíram, por volta de 200 d.C., o comércio com o Oriente praticamente estagnou.

Outro grande avanço no comércio durante esse período veio de navegadores gregos que exploraram as monções de verão do sudoeste na parte oeste do Oceano Índico. Inicialmente, os gregos usaram as monções, que os levavam para mar aberto, meramente para evitar piratas na costa da Pérsia. Por volta de 110 a.C., porém, eles estavam fazendo a traiçoeira travessia de verão nas águas azuis diretamente a leste através do Golfo Arábico a partir da entrada do Mar Vermelho em Bab-el-Mandeb até a ponta sul da Índia e além em menos de seis semanas, mil anos antes de os chineses inventarem a bússola. Diz a lenda que um navegador chamado Hípalo "descobriu" os ventos de comércio do Golfo Arábico (daí a origem do termo "vento de Hípalo), embora indubitavelmente eles fossem bem conhecidos dos marinheiros indianos e árabes. A disposição dos gregos de atravessar largos trechos do Oceano Índico antes das aterradoras monções sazonais, em vez de se arrastar ao longo de milhares de milhas de costas infindáveis, foi um fator importante na expansão do comércio marítimo de longa distância.

Depois de passar pelo estreito de Bab-el-Mandeb no fim da primavera ou do verão, o marinheiro seguia para o leste no vento seguinte. Se sua meta era a bacia do Indo (no atual Paquistão), ele poderia voltar-se para o norte, e, se estivesse indo para a costa do Malabar no sudoeste da Índia, poderia dirigir-se para o sul. O meio do verão, quando as tempestades eram mais violentas, costumava ser evitado, e a rota de Malabar apresentava o risco adicional de passar ao sul do subcontinente, geralmente um erro fatal. A jornada de volta na monção fresca e relativamente calma do nordeste era mais segura. Passar longe de Bab-el-Mandeb mesmo por uma ampla margem ao norte ou ao sul poderia ser mais facilmente tolerado, visto que isso levava o marinheiro ao abrigo e suprimentos na Arábia ou África oriental.

Os comerciantes gregos do Egito ptolomaico tinham a vantagem adicional de conhecer a metalurgia, permitindo-lhes fixar os navios com pregos de ferro (A madeira das primeiras embarcações árabes e indianas era unida com fibra de coco, que se desfazia em águas turbulentas.) Cascos pregados se mostravam essenciais durante a monção de verão do sudoeste, cujas tempestades violentas ocasionalmente rompiam até mesmo embarcações mais solidamente construídas. Até que o século XIX trouxesse o *clipper* (veleiro rápido) e barcos a vapor, a dança sazonal das monções — sudoeste no verão, nordeste no inverno — ditava o ritmo anual do comércio no Oceano Índico.

Se o desejo inato do homem de desafiar a natureza no mar pagava altos dividendos, a decisão de fazê-lo por terra, resgatando o lento, grande e indefeso camelo da beira do esquecimento, gerava recompensas semelhantes. Já extinto na América do Norte e rapidamente caminhando para a extinção na Eurásia, o camelo inicialmente foi valorizado há cerca de 6 mil anos só por causa do leite. Apenas 2.500 anos depois, por volta de 1500 a.C., os humanos começaram a explorar a capacidade de o camelo carregar cargas de centenas de quilos em territórios de outra forma intransponíveis. Sem a domesticação do animal, as rotas transasiáticas da seda e transarábicas de incenso não teriam sido possíveis.

É fato pouco conhecido que os progenitores do moderno camelo (e também do cavalo) são originários da América do Norte e migraram para o leste pela ponte terrestre de Bering até a Ásia. Embora manadas rápidas de cavalos ou camelos possam fazer a perigosa jornada do centro da América do Norte para a Eurásia em questão de décadas, foi uma trilha muito mais difícil para espécies de plantas frágeis de uma área temperada. Essas plantas tinham pouca chance de sobreviver a uma jornada acidentada intercontinental por correntes oceânicas ou milhares de anos de migração aleatória pela frígida ponte terrestre de seu habitat norte-americano a outro similar na Eurásia. Assim, enquanto espécies de animais migravam pelo Estreito de Bering durante a Era do Gelo, espécies de cultivo não podiam fazê-lo.

Tudo isso mudou em 1493 com a segunda viagem de Cristóvão Colombo, que transformaria totalmente a agricultura e a economia do Velho e do Novo Mundo. As 17 embarcações de Colombo eram arcas de Noé ibéricas, carregando para o Novo Mundo cerca de 1.300 colonos e quase todo o estoque ocidental de plantas e animais domesticados. Eles se espalharam como fogo. Até trocas de culturas "menores" — abobrinha, abóbora, papaia, goiaba, abacate, abacaxi e cacau do hemisfério ocidental; e uvas, café e uma coleção de frutas e nozes da Europa — assumiram grande importância econômica.

De todas as plantas e animais na segunda expedição, nenhum exerceu impacto mais imediato que o porco. De aparência e temperamento muito próximos ao malvado, magro e rápido javali do que o moderno porco doméstico, e capaz de transformar 20% de peso de ração em proteína (*versus* só 6% para o gado), esses prolíficos herbívoros se alimentavam vorazmente das abundantes gramíneas, frutas e raízes do Novo Mundo. Além disso, grandes predadores praticamente desapareceram das Américas do Norte e do Sul depois da chegada dos primeiros nativos americanos, e nenhuma doença grave acometia os animais. Nesse paraíso, os porcos logo se tornaram independentes de seus guardadores e se multiplicaram rapidamente, não só na *Hispaniola* (objeto da expedição de 1493, onde hoje fica o Haiti e a República Dominicana), mas também em Cuba e Porto Rico, e em muitas ilhas caribenhas menores. Os espanhóis logo descobriram que largar um par de animais em uma promissora ilha desabitada garantiria abundância de carne de porco dentro de poucos anos. Em um habitat tão acolhedor, não só os porcos, mas também os cavalos e outras espécies prosperavam sem intervenção humana. De suas bases crescentemente bem abastecidas em Hispaniola e Cuba, os espanhóis agora tinham os meios de atacar os continentes das Américas. Suas colunas de cavalos criados no Caribe e cães de guerra foram acompanhados por enormes rebanhos de porcos, um verdadeiro "comissariado sobre cascos".[17] Armados com pistolas e espadas de aço, essa assustadora máquina de guerra montada destruiria formações nativas enormes quase impunemente.

Algumas décadas depois das conquistas de Cortés e Pizarro, o gado levado pelos espanhóis para a América dobrou em um período de quinze meses. Do México aos pampas da Argentina, os amplos espaços abertos do Novo Mundo fervilhavam com rebanhos. Um observador francês no México escreveu, deslumbrado, sobre "as grandes planícies que se estendiam intermináveis e sempre cobertas por um gado sem fim".[18]

As pequenas populações locais consumiam apenas uma minúscula fração da crescente quantidade de carne, sendo que quase todo o resto era deixado para apodrecer depois que a pele e os cascos, as únicas partes vendáveis do animal, tinham sido retirados. Em 1800, só a Argentina exportava um milhão de peles por ano.

A chegada dos navios refrigerados no final do século XIX mudou essa situação e deu acesso à carne barata ao continente. Isso foi prejudicial aos açougueiros europeus da mesma forma que a inundação de têxteis baratos e eletrônicos da Ásia no século XX prejudicou fabricantes norte-americanos. Se o colunista Thomas Friedman, do *New York Times*, escrevesse em 1800, não teria dificuldade em explicar o achatamento do comércio mundial com os curtumes europeus; tampouco os pecuaristas europeus teriam problema com o conceito em 1900.

Geralmente, a fartura é acompanhada pela tragédia. Durante milhares de anos, os europeus viveram perto de seus animais altamente domesticados e se tornaram imunes a muitas patogenias virulentas, às quais os nativos da América eram altamente suscetíveis. A espada e o mosquete atuaram lado a lado com a varíola e o sarampo, que em muitos casos chegavam centenas de milhares de quilômetros à frente da presença física do homem branco. Um espanhol observou que os índios "morriam como peixes fora d'água".[19] Pior, danos significativos também afetaram os ecossistemas locais, já que o gado destruía o terreno com o sobrepastoreio, e enormes trechos de plantações e ervas daninhas europeias substituíram espécies locais.

O estoque de sementes de nativos americanos, especialmente batata e milho, mudaram a alimentação na Europa. Ambos produzem muito mais calorias por acre do que o trigo; as batatas crescem em solos pobres e em uma ampla variedade de ambientes, do nível do mar a até 3 mil metros. O milho é mais exigente, requer solo rico e longos períodos de calor, mas pode ser cultivado em climas intermediários secos demais para o arroz, mas úmidos demais para o trigo. Uma faixa empobrecida do sul da Europa, de Portugal até a Ucrânia, atendia essas exigências com perfeição. Em 1800, ela tinha se tornado uma das maiores produtoras de milho do mundo.

Milho e batatas não só possibilitaram à Europa escapar das mandíbulas mortais da armadilha malthusiana, como estimularam o comércio diretamente. No início da Revolução Industrial, essas lavouras proporcionaram excesso de alimentos aos europeus para serem trocados por bens manufaturados e liberaram trabalhadores rurais para se dedicar à fabricação mais produtiva. O aumento do rendimento das plantações, por seu lado, criou uma ampla demanda por fertilizantes, que inicialmente foi atendida com o uso do guano da América Latina e das ilhas do Pacífico. De modo semelhante, a introdução do inhame, milho, tabaco e amendoim na China permitiu à ascendente dinastia Qing (ou Ching) expandir sua influência nos séculos XVII e XVIII.[20]

A "globalização", na verdade, não foi um evento e nem mesmo uma sequência de eventos; ela é um processo que evoluiu devagar durante um longo tempo. O mundo não se tornou "plano" abruptamente com a invenção da internet, e o comércio não se tornou repentinamente dominado por grandes corporações de alcance mundial no final do século XX. Começando com os primeiros registros históricos com cargas de alto valor, depois expandindo para mercadorias menos preciosas, mais volumosas e perecíveis, os mercados do Velho Mundo gradativamente ficaram mais integrados. Com as primeiras viagens europeias ao Novo Mundo, o processo de integração acelerou. Hoje os grandes navios porta-contêineres, aviões a jato, a internet e a crescente rede de fornecimento e fabricação globalizados são ainda outros passos da evolução de um processo que vem ocorrendo há cinco mil anos. Se quisermos entender os padrões atuais do comércio global que mudam rapidamente, devemos examinar o que ocorreu antes.

Durante a década passada, envolvi-me no mundo das finanças e da economia; durante esse período, escrevi três livros. O primeiro foi um tratado sobre a teoria e prática das finanças com forte viés histórico. A cada título sucessivo, eu penetrava mais profundamente no terreno da história. Meu terceiro livro, *The Birth of Plenty* [Sem tradução até o momento], tratou das origens institucionais da prosperidade global ocorridas após 1820. Poucos leitores acharam que a premissa básica do livro — que a recente riqueza do mundo moderno se sustentava pelo desenvolvimento dos direitos de propriedade, o estado de direito, os mecanismos do mercado de capitais e o racionalismo científico — fosse controversa. O fracasso da experiência comunista e a atual riqueza e pobreza de nações individuais atestam o poder dessas instituições críticas.

Este livro não dispõe desse abrigo ideológico. A dor e os deslocamentos de vidas de indivíduos, indústrias e nações causados pela globalização da economia do planeta são reais, e o debate é penoso. Na linguagem da economia, o bem-estar humano é afetado não só pelo meio (a prosperidade do cidadão médio), mas também pela variância (a crescente dispersão entre ricos e pobres). Em português simples, os incentivos e as oportunidades iguais conquistados pelo livre-comércio simultaneamente melhoram o bem-estar geral da humanidade *e* aumentam as disparidades da riqueza socialmente corrosivas. Mesmo que o comércio melhore ligeiramente a renda real dos que estão na base do sistema, eles sentirão a dor da privação econômica quando fixarem o olhar na crescente riqueza daqueles acima deles.

Enquanto jogamos termos de estatística de um lado a outro, os sinônimos "meio" e "média" há muito começaram a carregar seu próprio peso ideológico. O direito político abrange o meio, mas raramente usa um jargão um pouco diferente, a média — isto é, a renda ou riqueza do quinquagésimo percentil, a "pessoa no meio". Quando Bill Gates entra em uma sala repleta de pessoas, a sua renda média dispara, enquanto sua renda do ponto de vista da mediana mal seria alterada — um conceito geralmente ignorado por conservadores pró-mercado.

Mas este não é um livro sobre números; se você quiser dados detalhados sobre volume de comércio ou preços de mercadorias através dos tempos, eles podem ser encontrados nas fontes de referência do livro. A história do comércio mundial é mais bem contada por histórias e ideias cuidadosamente selecionadas. Meu maior desejo é o de que as narrativas e os conceitos aqui contidos informem os participantes e desafiem suposições de ambos os lados da grande divisão ideológica sobre o livre-comércio.

Este livro é organizado da seguinte forma: os Capítulos 1 e 2 tratam das origens do comércio mundial, começando com os primeiros fragmentos de evidências do comércio de longa distância durante a Idade da Pedra. Os rastros inconfundíveis do comércio nos primeiros registros da Mesopotâmia contam a exportação do grão e do tecido excedentes das terras ricas entre os rios Tigre e Eufrates, assim como a importação de metais estratégicos, principalmente cobre, totalmente ausente do solo de aluvião. Esse primeiro eixo de comércio ocorre a 3 mil milhas das colinas de Anatólia, pela Mesopotâmia, até o Golfo Pérsico, pelas costas do Oceano Índico e até o Rio Indo. Os polos desse comércio eram os sucessivos grandes centros em Ur, Acádia, Babilônia e Nínive (todas localizadas no atual Iraque). O volume e a sofisticação do comércio entre essas cidades lentamente se expandiram ao longo do tempo, primeiro para o Oriente Médio, depois para o oeste pelo Mediterrâneo e para a costa atlântica da Europa, e para o leste até a China. Quando Roma caiu, os bens se moveram por várias mãos, por todo o caminho entre Londres e a capital chinesa Han em Chang-an. O fim do Império Romano no Ocidente proporciona uma cesura entre o mundo do vigoroso comércio antigo e a era que se seguiu.

Os Capítulos de 3 a 6 mostram o surgimento do comércio no Oceano Índico. Essa história começa no remoto oeste da Arábia na antiguidade e reconta a explosiva ampliação da religião do comércio, o Islã, cuja influência foi da Andaluzia às Filipinas e cujo condutor escolhido da revelação divina, o profeta Maomé, foi ele próprio um comerciante. O Islã ofereceu a conexão que uniu um sistema avançado de grandes portos comerciais, onde emaranhados de famílias e castas locais e de mercadores se misturavam com um único objetivo: lucro. Esse sistema, podemos acrescentar, praticamente não tinha europeus, que foram excluídos do Oceano Índico por cerca de um milênio pelas conquistas muçulmanas na Arábia, Ásia e África. Cada uma das nações desse sistema enfrentou o básico "trilema" do comércio — comercializar, pilhar ou proteger. Assim, como agora, o modo como cada governo, da mais humilde cidade-estado ao maior império, abordou essas três opções ditou a forma do ambiente comercial e, de fato, o destino das nações.

Os Capítulos de 7 a 10 recontam como esse vasto sistema comercial multinacional foi abalado quando Vasco da Gama contornou o "bloqueio" muçulmano que antes havia impedido mercadores europeus de utilizar as entradas ocidentais do Oceano Índico. A volta dada pelos portugueses no

Cabo da Boa Esperança deu início à era atual do domínio comercial ocidental. Poucas décadas depois desse evento marcante, Portugal assumiu o comando do Oceano Índico em Goa e selou os pontos de obstrução a leste e oeste em Malaca e Ormuz. (Contudo, falhou em tomar a entrada para o Mar Vermelho, em Áden.) Um século depois, os portugueses foram afastados pelos holandeses, que, por sua vez, foram sobrepujados pela Companhia das Índias Orientais.

Quando reis e mercadores ambiciosos e a religião do Profeta moldaram a história pré-moderna, ideologias seculares tiveram forte influência na era moderna. Os Capítulos de 11 a 14 examinam o comércio atual sob a luz de suas doutrinas econômicas modernas. Como diz a famosa frase de Keynes:

> Homens práticos que acreditam ser isentos de influências intelectuais são geralmente escravos de algum economista extinto. Os loucos em posições de comando, que ouvem vozes no ar, destilam seu frenesi a partir de algum escriba acadêmico de poucos anos atrás.[21]

Escribas do comércio moderno — David Ricardo, Richard Cobden, Eli Heckscher, Bertil Ohlin, Wolfgang Stolper e Paul Samuelson — nos ajudarão a compreender as grandes comoções vistas e nosso sistema global ainda mais integrado.

Embora a estrutura deste livro seja cronológica, suas muitas narrativas interligadas superarão o fluxo de meras datas e eventos. Por exemplo, duas histórias intimamente relacionadas, o comércio de incenso do sul da Arábia e a domesticação do camelo, atravessaram milhares de anos. Em outro extremo, as memórias dos viajantes medievais que nos deixaram registros intensos e intactos de sua jornada — Marco Polo, o erudito marroquino Ibn Battuta e o farmacêutico português Tomé Pires — oferecerão amostras isoladas, mas detalhadas, do comércio no mundo que abrange apenas algumas décadas.

Por fim, duas noções enganosamente simples fundamentam este livro. Primeiro, o comércio é um impulso humano intrínseco e irredutível, tão primário quanto as necessidades de alimento, abrigo, intimidade sexual e companheirismo. Segundo, nossa motivação para o comércio foi profundamente afetada pela trajetória da espécie humana. Simplesmente por permitir que as nações se concentrassem em produzir os bens que suas habilidades intelectuais, sua situação geográfica e seu clima lhe permitiram fazer bem, e trocar esses bens pelo que é mais bem produzido em outro local, o comércio diretamente impulsionou a prosperidade global. A lei de Ricardo, da vantagem competitiva, nos diz que é muito melhor que os argentinos produzam carne, os japoneses fabriquem carros e os italianos criem sapatos elegantes do que cada nação tente se tornar autossuficiente nessas três áreas. Além disso, ao longo dos séculos, camelos e navios levaram em suas cargas fabulosos passageiros clandestinos da história, o capital intelectual da humanidade: números "arábicos" (na verdade, indianos), álgebra, método de partidas dobradas. Sem a necessidade de viagens longas, relógios e cronômetros precisos certamente não estariam disponíveis até muito mais tarde; sem o desejo de transportar grandes quantidades de alimentos perecíveis por longas distâncias, é improvável que o anônimo, mas essencial, refrigerador doméstico fizesse parte de praticamente cada lar no mundo desenvolvido.

A vida moderna flui em um crescente rio de comércio. Se quisermos entender suas correntes e seus rumos, precisamos viajar a suas nascentes para os centros comerciais com nomes como Dilmun e Cambay, onde suas origens podem ser encontradas e seu futuro imaginado.

Uma Nota ao Leitor

A incerteza envolve mais que uns poucos tópicos descritos neste livro. Além disso, achei difícil ignorar completamente a miríade de minúcias fascinantes que cercam várias histórias. A fim de não interromper o fluxo da narrativa, destinei áreas controversas e curiosidades interessantes às notas de fim; leitores interessados são encorajados a consultá-las. Por outro lado, podem ser ignoradas com segurança.

Os eventos descritos aqui ocorreram em muitos lugares do mundo. Transformar os nomes contido neles em escrita latina às vezes foi problemático. Em cada caso, empreguei a escrita mais usada na literatura acadêmica como determinado pelo banco de dados do Journal Storage (JSTOR).

Há também a questão do dinheiro em cada milênio. A unidade básica de moeda no mundo pré-moderno foi notavelmente constante: uma pequena moeda de ouro pesando cerca de 4 gramas — 1/8 de onça — e com o tamanho aproximado do *dime* norte-americano, que aparecia em várias épocas e vários lugares como a libra francesa, o florin florentino, o ducado espanhol ou veneziano, o cruzado português, o dinar do mundo islâmico, o bezante bizantino ou o soldo da antiga Roma. Ao preço atual do ouro, isso corresponde a um valor moderno de aproximadamente 80 dólares norte-americanos. As três maiores exceções a essa regra foram o florim neerlandês, que pesava cerca de cinco vezes mais, e a libra inglesa soberana e os primeiros aureus romanos, cada qual pesando duas vezes mais. O dirame muçulmano, o dracma grego e o denário romano eram de prata, de tamanho e peso parecidos, cada qual equivalente à diária de um operário semiqualificado, com uma taxa de valor de cerca de doze por um entre as moedas de ouro e prata.

1

Suméria

As mensagens que recebemos do passado remoto não eram destinadas a nós, tampouco escolhidas por nós, mas são as relíquias casuais do clima, da geografia e da atividade humana. Elas, também, nos lembram as caprichosas dimensões de nosso conhecimento e os misteriosos limites dos nossos poderes de descobrimento. — Daniel Boorstin[1]

Perto de 3000 a.C., uma tribo de pastores atacou uma pequena comunidade de fazendeiros sumérios na época da colheita. De uma distância segura, usaram fundas, lanças e flechas que lhes possibilitaram um ataque surpresa. Os fazendeiros responderam aproximando-se dos atacantes com clavas. A clava — uma pedra arredondada presa a um bordão sólido, projetada para atingir a cabeça do oponente — foi a primeira arma especificamente construída para ser usada contra humanos. (Animais tinham crânios fortes e angulosos que raramente estavam em posição ideal para serem atacados por bastões.) Capazes de esmagar o crânio redondo e frágil de um homem que estivesse vindo em direção ao atacante ou fugindo, as clavas provaram ser muito eficientes.[2]

Não havia nada incomum em um ataque na época da colheita; as cabras e ovelhas dos pastores eram muito sensíveis a doenças e aos caprichos do tempo, e, dessa forma, a sobrevivência das tribos nômades exigia frequentes invasões para roubar grãos dos vizinhos lavradores relativamente mais bem abastecidos. Nessa batalha em especial, os pastores usavam uma peça estranha e cintilante semelhante a um capacete para protegê-los em parte. Golpes violentos e diretos das clavas, antes letais, agora apenas atordoavam, e muitos golpes simplesmente deslizavam sobre a superfície lisa do protetor. Essa vantagem mudou radicalmente o equilíbrio de poder tático entre ambos os lados, permitindo aos pastores devastar os fazendeiros.

Após o ataque, fazendeiros sobreviventes examinaram os protetores de cabeça dos pastores mortos. Esses "capacetes" continham uma camada de meio centímetro de um bonito novo material alaranjado, ajustado sobre a cobertura de couro para a cabeça. Os fazendeiros nunca tinham visto cobre antes, pois ele não era produzido nas terras aluviais entre o Tigre e o Eufrates. Na verdade, os seus rivais nômades obtiveram o cobre de comerciantes que viviam perto de sua fonte a centenas de milhares de quilômetros a oeste, no deserto do Sinai. Não demorou muito para os fazendeiros sumérios conseguirem seus próprios suprimentos, permitindo-lhes criar clavas com pontas de cobre mais letais, às quais os pastores responderam com capacetes mais grossos. Assim nasceu a corrida armamentista, que até os dias de hoje conta com metais exóticos obtidos pelo comércio.[3]

Como esses fazendeiros e pastores obtiveram o cobre para seus capacetes, e como esse comércio foi conduzido por centenas de quilômetros entre suas fazendas, pastos e minas de cobre? Paleoantropologistas acreditam que o melhor lugar para começar é cerca de 60 a 80 mil anos atrás, quando as primeiras populações geneticamente modernas de humanos na África começaram a desenvolver ferramentas mais complexas, conchas furadas (presumivelmente usadas em colares) e a produzir imagens abstratas com pedaços de ocre vermelho. Há cerca de 50 mil anos, pequenas quantidades delas provavelmente migraram via Palestina para o Crescente Fértil e a Europa. Em algum ponto antes desse trecho, a linguagem se desenvolveu, possibilitando comportamentos mais complexos, unicamente "humanos": ossos de animais habilmente esculpidos, ferramentas de chifres, pinturas rupestres, esculturas e refinadas tecnologias de projéteis, como o *atlatl*, um bastão especialmente criado para melhorar o alcance e a pontaria da lança. Essas habilidades cada vez mais sofisticadas provavelmente possibilitaram ainda outra atividade característica dos modernos humanos: o comércio de longa distância das novas armas, ferramentas e bugigangas.[4]

Historiadores, por outro lado, tradicionalmente começam com a descrição de Heródoto, escrita em torno de 430 a.C., do "comércio silencioso" entre os cartagineses e "uma raça de homens que vivia em uma parte da Líbia atrás das Colunas de Hércules" (o Estreito de Gibraltar), provavelmente hoje os africanos ocidentais:

> Ao chegar neste país, (os cartagineses) descarregaram seus bens, organizaram-nos ordenadamente ao longo da praia e, então, voltando aos seus barcos, criaram uma fumaça. Ao vê-la, os nativos desceram à praia, colocaram no chão uma quantia em ouro em troca das mercadorias e se afastaram. Os cartagineses voltavam à terra e olhavam para o ouro: se achassem que era uma quantia justa por seus artigos, eles o reuniam e iam embora; se, ao contrário, parecia muito pouco, voltavam a bordo e esperavam, e os nativos vinham a adicionavam ouro até que ficassem satisfeitos. A honestidade é perfeita em ambos os lados. Os cartagineses nunca tocavam o ouro até que equivalesse ao valor que tinham pedido pela venda, e os nativos nunca tocavam os bens até que o ouro fosse levado embora.[5]

Infelizmente, a descrição da seriedade apresentada por Heródoto em cada lado tem um quê de mitológico.[6] No entanto, ele captou o cenário básico de modo adequado. Em alguma ocasião não registrada nas profundezas da pré-história, um homem, ou vários homens, iniciou um comércio de longa distância enfrentando o oceano em barcos.

É provável que a fome tenha impelido os homens para aquelas embarcações primitivas. Vinte mil anos atrás, o norte da Europa parecia-se com a moderna Lapônia: um panorama frio, não cultivado, pontilhado com poucas e menos árvores do que existem ali hoje. O primeiro *Homo sapiens* da Europa, provavelmente tendo acabado de derrotar seus rivais neandertais, subsistiu alimentando-se de presas grandes, principalmente alces. Mesmo sob circunstâncias ideais, caçar esses animais velozes com lanças, arcos e flechas é um empreendimento incerto. O alce, contudo, tem uma fraqueza que o ser humano explora sem piedade: ele é um mau nadador. Quando na superfície, ele fica extremamente vulnerável, movendo-se devagar com a galhada ereta enquanto luta para manter o focinho acima da água. Em determinado ponto, algum gênio da Idade da Pedra deu-se conta da enorme vantagem que ele teria em deslizar sobre a superfície da água e construiu o primeiro barco. Quando a presa, facilmente dominada e abatida, era puxada a bordo, levar sua carcaça de volta ao acampamento da tribo era muito mais fácil por barco do que por terra. Não demorou muito para que os homens aplicassem essa vantagem a outros bens.

Pinturas rupestres e vestígios marítimos espalhados sugerem que barcos apareceram primeiro no norte da Europa por volta de 15 mil anos atrás. Essas primeiras embarcações eram feitas com pele de animais costuradas sobre estruturas rígidas (geralmente galhadas) e eram usadas para caça e transporte, mais comumente com um remador na parte posterior e um caçador ou passageiro armado na frente. Não é acidente que a agulha de costura feita com ossos de alces apareça simultaneamente nos registros arqueológicos, já que eram necessárias para a costura das peles que revestiam as embarcações. Esses primeiros barcos são anteriores às mais "primitivas" pirogas, pois o frio das estepes do norte da Europa não produzia árvores grossas o suficiente para acomodar um caçador coberto de peles.

Apenas os resquícios mais duráveis, principalmente ferramentas de pedra, sobreviveram para oferecer vestígios sobre a natureza do primeiro comércio de longa distância. Uma das primeiras mercadorias comercializadas por barco deve ter sido a obsidiana, uma pedra vulcânica preta (na verdade, um vidro), preferida por paisagistas e jardineiros em todo o mundo. O homem pré-histórico a valorizava não só por suas propriedades estéticas, mas por ser facilmente partida e transformada em ferramentas de corte e armas. O valor histórico da obsidiana reside em dois fatos: primeiro, é produzida apenas em alguns sítios vulcânicos e, segundo, com o uso das técnicas sofisticadas de impressão digital atômica, amostras individuais podem ser rastreadas às suas origens vulcânicas originais.

Lascas de obsidiana de mais de 12 mil anos encontradas na caverna Franchthi, no continente grego, originaram-se do vulcão da Ilha de Milos, a 160km do litoral. Esses artefatos devem ter sido carregados em barcos, no entanto, não existem vestígios arqueológicos, fragmentos literários ou mesmo tradições orais que nos informem como a obsidiana foi de Milos ao continente. Essas lascas foram levadas por mercadores que as trocavam por produtos locais, ou foram simplesmente recolhidas por expedições de comunidades do continente que as valorizavam?

Impressões digitais atômicas de obsidianas foram usadas para examinar fluxos de materiais em regiões tão díspares quanto o Crescente Fértil e o Yucatán. No Oriente Médio, o pesquisador Colin Renfrew combinou sítios com fontes datadas de cerca de 6000 a.C. A quantidade de obsidiana medida a cada sítio de escavação caiu drasticamente com a distância de sua fonte, sugerindo que isso foi resultado de comércio. Por exemplo, todas as lascas de pedras encontradas em sítios da Mesopotâmia vieram de um de dois sítios na Armênia. Em um sítio a 400km de sua fonte vulcânica, cerca de 50% de todas as pedras lascadas encontradas eram obsidiana, enquanto em um segundo sítio, a 800km de distância da fonte, apenas 2% das pedras lacadas eram obsidiana.[7]

Essas rotas de obsidiana da Idade da Pedra colocam em uma perspectiva moderna os custos do comércio pré-histórico. Transportar uma carga de obsidiana entre a Armênia e a Mesopotâmia era o equivalente pré-histórico de enviar um presente de Natal de Boston para Washington, D.C. Mas em vez de pagar alguns dólares e entregar o pacote a um funcionário de uniforme cáqui, esse transporte antigo consumia dois meses (incluindo a viagem de volta) do trabalho de um único comerciante — aproximadamente, cerca de US$5 mil a US$10 mil em valores atuais.

Com o advento da agricultura, essa nova tecnologia marítima espalhou-se a agricultores sedentarizados, que adotaram o desenho pele-e-estrutura para viagens fluviais. Iniciou-se um padrão de comércio que permaneceria inalterado por milhares de anos: comerciantes de comunidades agrícolas avançadas transportariam rio abaixo grãos, animais de criação e itens básicos manufaturados, como tecidos e ferramentas, para trocá-los por outros artigos dos caçadores-coletores, principalmente peles de animais. Arqueólogos geralmente encontram vestígios desses mercados pré-históricos em pequenas ilhas fluviais desarborizadas. Isso não é coincidência; esses locais não só aproveitavam o transporte fluvial, mas também minimizavam a possibilidade de emboscadas bem-sucedidas.

Lâminas de machados e enxós (cinzel), datadas de cerca de 5000 a.C., sobrevivem como principal evidência desse comércio navegável na Idade da Pedra. Arqueólogos identificaram pedreiras nos Bálcãs como fonte do material para machados e lâminas, dos quais são encontrados fragmentos por todo o caminho da foz do Danúbio no Mar Negro até o Mar Báltico e o Mar do Norte. Esses artefatos de pedra duráveis, encontrados longe de suas fontes identificáveis únicas, provam um vivo comércio de longa distância de uma rica variedade de artigos.[8]

O transporte pela água é naturalmente mais barato e eficiente do que por terra. Um cavalo de tração carrega cerca de 100 quilos nas costas. Com a ajuda de uma carroça e uma boa estrada, esse número chega a 2 mil quilos. Com o mesmo gasto de energia, o mesmo animal pode arrastar até 30 mil quilos ao longo de um caminho de sirga, uma carga que pode ser levada por pequenos barcos antigos.[9]

Heródoto também descreveu embarcações semelhantes com peles costuradas carregando vinho “embalado em barris de troncos de palmeiras”. Os navios eram “redondos, como um escudo”, feitos de pele e propulsionados por dois mercadores armênios pelo Eufrates até a Babilônia. Aqui, então, está o descendente direto do primeiro navio de carga usado no comércio marítimo, uma embarcação de formato arredondado — e, assim, lenta — de modo a acomodar o máximo de carga com a menor tripulação possível e o mínimo de material de construção. (Em comparação, desde os tempos antigos, os navios de guerra eram estreitos e rápidos, com menos capacidade de carga.)

Os maiores carregavam cerca de 14 toneladas e levavam vários burros, de modo que, no final da jornada, as estruturas de madeira pudessem ser raspadas, e as valiosas peles, embaladas e levadas de volta à Armênia nas bestas. Heródoto explica:

> É praticamente impossível remar rio acima por causa da força da corrente, e é por esse motivo que os barcos são construídos com peles, em vez de madeira. Na Armênia, com seus burros, os homens constroem outro lote de barcos com o mesmo design.[10]

Depois de voltar da Armênia, os fazendeiros reajustavam as peles sobre novas estruturas e carregavam os botes com nova carga, e a jornada de vários meses até os centros de troca recomeçava. Sem dúvida, os caçadores-coletores e fazendeiros da Idade da Pedra do norte da Europa também remavam com seus bens corrente abaixo e carregavam a embarcação corrente acima da mesma forma.

Foi assim que o comércio provavelmente começou, embora o desejo de atacar (ou defender) o território tenha se originado como um dos primeiros e mais duradouros motivos da história — a troca de grãos de comunidades produtoras mais avançadas vivendo em áreas aluviais por metais, geralmente encontrados em locais menos férteis.

Há cerca de 6 mil anos, o homem descobriu como purificar o minério de cobre abundante encontrado logo abaixo das camadas de puro metal das primeiras minas virgens. Não muito tempo depois, as minas de Ergani, nas montanhas de Anatólia (a parte asiática da Turquia), começaram a transportar cobre para os primeiros assentamentos em Uruk (onde hoje é o sul do Iraque, a cerca de 160km a oeste de Basra). O Rio Eufrates ligava Ergani e Uruk, e, embora as embarcações na época pudessem facilmente carregar várias toneladas de cobre rio abaixo para Uruk em algumas semanas, o transporte de centenas de toneladas de grãos para Anatólia, contra a corrente, teria sido muito mais problemático.[11]

Mais tarde, as civilizações da Mesopotâmia aproveitaram as fontes minerais com localização mais favorável no Golfo Pérsico. A aparência dos registros escritos antes de 3000 a.C. oferece leves vislumbres de um comércio maciço de cobre e grãos que floresceu ao longo dessa rota. A terra do leite e do mel dos antigos mitos sumérios era um lugar conhecido como Dilmun, celebrada por sua riqueza e, provavelmente, localizada onde hoje é o Bahrein. Porém, sua prosperidade não veio de seu solo relativamente fértil, mas da posição estratégica como posto de comércio para o cobre produzido na Terra de Magã, onde hoje fica Omã, exatamente na entrada do Golfo Pérsico, no Estreito de Ormuz.

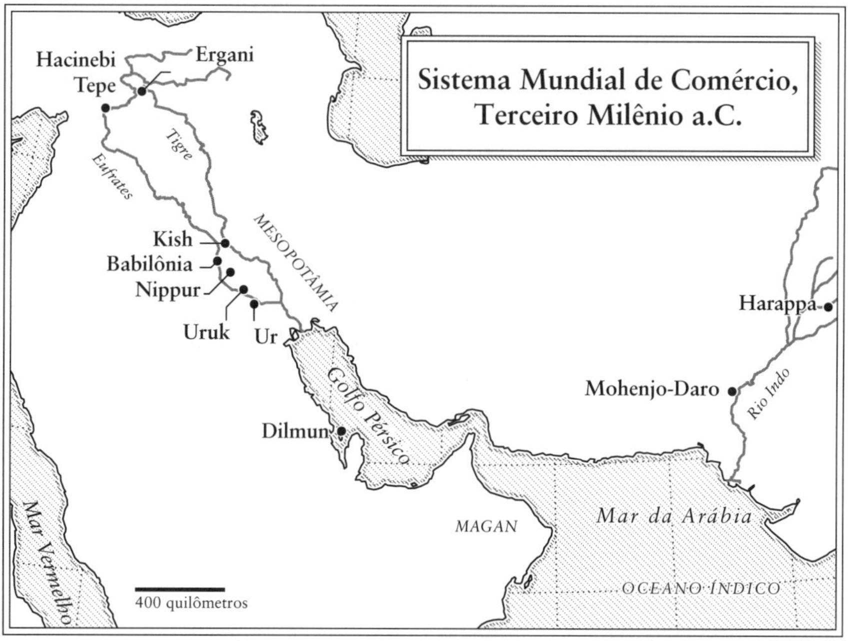

Não longe da moderna Qalat al-Bahrain [Forte do Bahrein], a escavação arqueológica do provável local da antiga Dilmun rendeu um imenso tesouro de objetos da Idade do Bronze. O sítio cobre apenas 50 acres, mas continha uma população de cerca de 5 mil pessoas, provavelmente mais do que poderia ter sido sustentado pelo interior agrícola da cidade. Textos cuneiformes registraram que pequenos carregamentos, geralmente formados por algumas toneladas de cevada, começaram a percorrer o Golfo em direção a Dilmun e Magã por volta de 2800 a.C. No final do milênio, essas cargas de grãos aumentaram até várias centenas de toneladas por carregamento. Em um ponto surpreendentemente prematuro, a história oferece um equivalente antigo a Las Vegas — uma grande população vivendo em uma região relativamente árida, cuja sobrevivência dependia de grandes quantidades de alimento importadas de centenas de quilômetros de distância.[12]

A escavação em Dilmun oferece uma visão incrível e, às vezes, altamente pessoal do que pode ter sido o comércio sumério de grãos e cobre no Golfo Pérsico. A cidade encontrava-se em uma ilha suprida por uma generosa fonte que fornecia o que os antigos chamavam de água "doce" ou potável. Em 2000 a.C., os muros da cidade cercavam uma área de tamanho quase igual à maior cidade da Mesopotâmia, Ur. Em seu centro estava a praça municipal, em cuja uma das extremidades se encontrava o portão que abria para o mar; no outro lado estava um prédio cheio de selos e balanças, quase certamente a alfândega. Altas pilhas de cestos ficariam ao redor da praça repletos de cevada e tâmaras das margens do Tigre; a carga mais preciosa — tecidos da Mesopotâmia, marfim e lingotes de cobre com destino a Ur — ficava do lado de fora da alfândega, guardada por marinheiros nervosos, enquanto seus oficiais discutiam, subornavam e convenciam os funcionários em seu interior.

Se o ano fosse 1800 a.C., esses lingotes provavelmente estariam destinados aos armazéns de Ea-nasir, o maior comerciante de cobre em Ur, onde os arqueólogos descobriram um grande depósito de tabuletas de argila detalhando as estratégias desse comércio.[13] Uma tabuleta registra o carregamento de 20 toneladas do metal; outra mostra a reclamação de um cliente chamado Nanni:

> Você disse, "Darei bons lingotes para Gimil-Sin". Isso foi o que você disse, mas não foi o que fez; você ofereceu lingotes de má qualidade ao meu mensageiro dizendo, "É pegar ou largar". Quem acha que sou para ser tratado dessa forma? Não somos ambos cavalheiros?[14]

A curiosidade e motivação do primeiro artesão em metal que produziu cobre nos armazéns em Ea-nasir deve ter sido notável. O processo em que enxofre, oxigênio, cloro ou carbonato, dependendo do tipo de metal, são removidos dele para produzir um metal puro — fusão — surgiu primeiro por volta de 3500 a.C. Os metalúrgicos do Crescente Fértil logo começaram a combinar o cobre local com um metal exótico importado, o estanho. Não só a nova liga de cobre-estanho martelado era tão dura e durável quanto a anterior de cobre-arsênico e cobre-antimônio, mas ela fundia a uma temperatura muito menor do que o cobre puro. Melhor ainda, não borbulhava e, dessa forma, era facilmente moldada.

A nova liga mágica era o bronze, e rapidamente se tornou o padrão para uma ampla série de armas, utensílios de cozinha, objetos cerimoniais e implementos agrícolas. Não coincidentemente, as primeiras dinastias sumérias de Ur, pioneiras na organização da agricultura, também foram as primeiras a descobrir a razão ideal entre o cobre e o estanho, de dez para um, por volta de 2800 a.C.[15]

Somente duas coisas se sabem sobre o suprimento de estanho dos sumérios: ao contrário do arsênico e do antimônio, que eram baratos e encontrados localmente, o estanho era muito caro e difícil de adquirir, e percorria-se grandes distâncias para chegar até eles. O preço do estanho era dez vezes o do cobre, uma proporção que se manteve até no início do século XX. Mas de onde vinha o estanho? A Britânia e a Cornualha começaram a produzir estanho antes de 2000 a.C., mas só há registros de navegação além das colunas de Hércules (o Estreito de Gibraltar) por volta de 450 a.C., quando um navegador fenício, Himilcão, aventurou-se em mar aberto no Atlântico e trouxe de volta estanho das minas no norte da Europa.[16] Historiadores conjeturaram que o estanho viajou do norte da Europa até o Crescente Fértil por várias rotas terrestres pela França, especialmente ao longo do vale do Rio Garona, que corre para o noroeste de sua fonte nas montanhas costeiras acima do Mediterrâneo até a moderna região de Bordeaux, no Atlântico. Nesse período, a Ásia Central também fornecia o precioso metal. Provavelmente as três rotas eram usadas — pelo mar, via Gibraltar, por terra, pela França e a Ásia Central.

Em vários lugares, arqueólogos descobriram vestígios incríveis. Em 1983, o arqueólogo marinho Don Frey mostrava alguns slides para caçadores de esponjas turcos, que muitas vezes fornecem informações aos estudiosos sobre destroços de naufrágios. Depois da apresentação, um deles contou a Frey sobre uma pilha de lingotes no fundo do oceano na base de um penhasco na cidade costeira turca de Bodrum, em um sítio chamado Uluburun. Uma expedição ao local descobriu um naufrágio de cerca de 1350 a.C. que levava um imenso carregamento antigo: marfim de elefantes e hipopótamos, vidro antigo e uma enormidade de lingotes de cobre. Entre esses artigos exóticos, eles também encontraram alguns fragmentos de lingotes de estanho, as mais antigas amostras conhecidas do metal. Os arqueólogos calculam que cerca de uma tonelada de estanho afundou com o barco, além de dez toneladas de cobre. Esse cálculo corresponde à razão ideal de cobre para estanho no bronze: dez para um.[17] A nacionalidade da embarcação e a fonte do estanho continuam desconhecidas.[18]

As evidências do comércio de estanho de longa distância no mundo antigo parecem e são altamente especulativas. Desde as primeiras tabuletas cuneiformes sumérias que datam de 3300 a.C. — logo após as primeiras evidências da fusão de cobre, mas antes do surgimento do bronze —, temos apenas escassas evidências arqueológicas do comércio de bens antes dessa data. Mas se houve um comércio de longa distância de estanho por volta de 3000 a.C., também deve ter existido um escambo de longa distância de outros materiais valiosos, como linho, incenso, mirra, tigres, penas de avestruz e milhares de outras imagens, de sons e cheiros hoje perdidos na história.

Apesar das preocupações ocidentais modernas sobre a dependência do petróleo de regiões politicamente instáveis do planeta, as dificuldades da antiga Mesopotâmia eram muito piores. Os planaltos aluviais entre os rios tinham apenas água e solo em excesso e rendiam uma abundância de cevada, trigo sarraceno, peixe e lã. A esse berço da civilização antiga, porém, faltavam quase todos os materiais estratégicos da época: metais, grandes toras de madeira e até pedras para construção. A sobrevivência das grandes nações da Mesopotâmia — os sumérios, os acádios, os assírios e, finalmente, os babilônios — dependia da troca dos alimentos excedentes por metais de Omã e do Sinai, granito e mármore da Anatólia e Pérsia e madeira do Líbano.

À medida que os limites dessas civilizações se estenderam ao longo das eras seguintes, o mesmo ocorreu com o comércio de longa distância. No quarto milênio a.C., o Crescente Fértil não era a única região de comunidades unidas; atividades administrativas, religiosas, militares e agrícolas organizadas também começaram a aparecer no vale do Indo, onde hoje se encontra o Paquistão. Mesmo antes de registros escritos, há evidência de comércio entre essas duas regiões. Arqueólogos descobriram lamparinas e canecas na Mesopotâmia datadas do final do quarto milênio a.C. e feitas de conchas encontradas somente no Oceano Índico e no Golfo de Omã. Como os custos de transporte nessas rotas devem ter sido astronômicos, não é de surpreender que essas conchas tenham sido encontradas só em palácios ou nos túmulos de indivíduos de elevado nível social.

Em 2500 a.C., os gostos tinham mudado, assim como os símbolos de status — jarras, ferramentas e joias feitas de cobre — substituíram canecas de conchas e lamparinas. Nesse primeiro estágio, os custos do transporte marítimo ainda eram proibitivos, e pessoas comuns usavam ferramentas de pedra, não de metal. Mesmo que tivessem condições de adquirir implementos superiores de cobre, esses produtos caros provavelmente eram reservados às elites governantes e aos militares.

Mais quinhentos anos, e o metal tornou-se mais abundante e ferramentas de cobre finalmente passaram a ser amplamente usadas na Mesopotâmia. Devido ao seu alto valor, ele foi usado como moeda de troca (juntamente com gado e grãos) durante toda a Idade do Bronze. Vários séculos depois, por volta de 2000 a.C., o aumento de peças feitas de cobre desvalorizou o metal. Essa abundância obrigou a uma mudança para o uso da prata como meio de troca, ou, como o chamamos hoje, "dinheiro".

O surgimento da prata como moeda internacionalmente reconhecida impulsionou o comércio, pois facilitava a compra e a venda de outros artigos. Sem ela, o comércio exigia troca entre pares de mercadorias. Por exemplo, com dez itens diferentes, existem 45 pares de troca possíveis (e, portanto, preços). O uso disseminado das moedas de prata, em comparação, requer somente 10 diferentes preços — um para cada item diferente. Além disso, a subjetividade de decidir se uma vaca valia 50 ou 55 galinhas tornou o escambo um meio contestável em grandes transações.

Nanni e Ea-nasir, os dois mercadores que conhecemos algumas páginas atrás, testemunharam o surgimento dos primeiros mercados financeiros. Homens de negócios que comandavam o comércio de metais e grãos, os assim chamados *alik-Dilmun* (literalmente, "os empreendedores de Dilmun"), tinham que comprar grandes quantidades de produtos agrícolas e então equipar e tripular navios grandes o bastante para transportá-los a Dilmun. Para tanto, precisavam de capital de investidores externos, que, por sua vez, esperavam um lucro considerável. Um contrato realizado em uma tabuleta de argila nos proporciona uma rara imagem desse tipo de transação financeira, um empréstimo de um homem rico identificado como "U" com dois parceiros comerciais, "L" e "N":

> Duas *minas* de prata (que valem) cinco *gur* de óleo e trinta vestes para uma expedição a Dilmun para lá comprar cobre para a parceira de L e N... Após o término seguro da viagem, U não reconhecerá perdas comerciais; os devedores concordaram em satisfazer U com quatro *minas* de cobre para cada *shekel* [medida de peso] de prata como preço justo.[19]

Em outras palavras, U emprestou aos comerciantes L e N 120 shekels (duas minas) de prata, pelos quais espera receber em pagamento 480 minas (cerca de 1/4 de tonelada) de cobre; se a viagem fracassar, os comerciantes L e N absorverão a perda.

Embora esteja claro que havia muita importação na Mesopotâmia, incluindo marfim, joias, escravos, perfumes e óleos, sabemos muito menos sobre o que era exportado, além de grãos. Como a Mesopotâmia era a área agrícola mais rica do mundo, deve ter exportado grandes quantidades de "produtos invisíveis", como peixes e lã.[20] O historiador Christopher Edens nota que nosso conhecimento sobre o início do comércio para o norte e o sul do Tigre e do Eufrates é unilateral e construído em uma estreita base de documentos em número reduzido e com contextos díspares. Os documentos econômicos refletem o comércio da Mesopotâmia, mas não empreendimentos estrangeiros. Outras fontes mostram a chegada de embarcações estrangeiras, mas não revelam sua carga.[21]

Mesmo assim, fragmentos históricos sugerem um sistema de estradas e rotas marítimas ao longo de um arco de quase 5 mil quilômetros, que se estendia das montanhas da Anatólia, a sudeste pela Mesopotâmia e o Golfo Pérsico, para o leste perto do litoral do Oceano Índico e a nordeste até o atual Vale do Indo, no Paquistão.[22] O comércio nessa ampla rede — a versão 1.0 da Organização Mundial do Comércio, se preferir — deve ter sido indireto (como seriam conexões muito posteriores entre a Roma Imperial e a China Han), envolvendo dezenas, se não centenas de segmentos de jornada individuais, intermediários e transações. Embora os anatólios e o povo do Vale do Indo conhecessem os produtos uns dos outros, não se sabe se chegaram a se conhecer pessoalmente. Em vez disso, eles teriam sido separados por inúmeros intermediários desconhecidos. Sempre que possível, os comerciantes exploravam a eficiência do transporte marítimo; onde era inexistente, usavam o primeiro animal domesticado para transporte, o burro de carga.[23]

Funcionários do governo e dos templos na Suméria e no Egito realizavam essas primeiras transações, mas em 2000 a.C. o comércio sumério de longa distância tinha caído nas mãos principalmente de particulares (como as de Ea-nasir), enquanto no Egito ele permaneceu sob direção do Estado. Não está claro se esse arco comercial de mais de 4 mil quilômetros foi a origem da primeira das "diásporas de comércio" — colônias permanentes de mercadores estrangeiros que facilitaram o comércio entre seus lares nativos e adotados, intermediários confiáveis nas cidades nas quais eram hóspedes, assim como em sua terra natal.

Vestígios fascinantes são inúmeros, principalmente um conjunto de lacres, descoberto na Mesopotâmia, de um tipo comumente usado no Vale do Indo; e alfinetes com cabeças de animais, nativos da Mesopotâmia, encontrados no Vale do Indo. O lacre de pedra funcionava como uma versão antiga do filme plástico; o comerciante colocava um pedaço de argila úmida no fecho do contêiner, rolava ou girava o lacre sobre a argila, imprimindo sua marca. Depois de seco e duro, o lacre informava ao comprador que o comerciante garantia o conteúdo do contêiner e que ele não tinha sido violado durante o transporte. Pequenos pedaços de pedra muitas vezes eram usados para adicionar informações ao lacre sobre o tipo e quantidade de bens.[24] Funcionários do governo usavam seus próprios desenhos, e os lacres de comércio e do governo de diferentes civilizações eram muito distintos, tanto que os lacres do "Vale do Indo" encontrados na Mesopotâmia sugerem fortemente a presença de uma colônia de comerciantes desse vale no território entre os rios.

As evidências mais fortes das primeiras diásporas de comércio encontram-se na extremidade oeste do arco. Durante os anos 1990, o arqueólogo Gil Stein escavou um sítio na Anatólia, em Hacinebi Tepe, no ponto mais navegável ao norte do Eufrates. Ali ele encontrou evidências de uma cultura local avançada de 4100 a.C., incluindo moradias, sepulturas e, mais interessante, lacres de pedra plana característicos. Sua equipe também descobriu uma pequena área nesse sítio com artefatos específicos da civilização Uruk, de 3700 a.C. Esses artefatos incluíam lacres mesopotâmicos cilíndricos típicos e ossos de bodes com as marcas de um padrão de corte "típico da região". Embora seja possível que essa colônia representasse uma força de ocupação do sul, há muitos motivos para achar que isso é improvável. Primeiro, a colônia era muito pequena; segundo, não era cercada por muros; terceiro, o transporte da Mesopotâmia corrente acima era escasso, e; quarto, os anatólios eram pelo menos tão avançados militarmente quanto os mesopotâmios. É difícil evitar concluir que Stein descobriu a primeira diáspora comercial conhecida, talvez simultaneamente com o nascimento do local da indústria do cobre.[25]

O advento da palavra escrita por volta de 3300 a.C. abriu as cortinas da história e revelou um já bem estabelecido padrão de comércio de longa distância, não só de artigos de luxo e estratégicos, mas de artigos de primeira necessidade a granel, como grãos e madeira.

Em 3000 a.C., o Golfo Pérsico era uma importante artéria comercial. À medida que a civilização lentamente se espalhava a oeste para o Egito, a Fenícia e a Grécia, outra rota marítima conquistou crescente importância — em direção ao Oceano Índico pela saída sul do Mar Vermelho, em Bab-el-Mandeb, passando por onde hoje fica o Iêmen. Por mais de 4 mil anos, o elo Egito-Mar Vermelho serviu como ponto central do comércio mundial, e, com ele, os egípcios auferiram lucros extraordinários.

O Egito pré-ptolomaico, com muitas jazidas e fácil acesso a minas de cobre no deserto do Sinai, próximo dali, não dependia do comércio com outros países para materiais vitais estratégicos tanto quanto os sumérios. A mais importante exceção à autossuficiência do Egito era a madeira, que eles podiam facilmente importar pela eficiente rota do Mar Mediterrâneo a partir da Fenícia, cuja madeira era valorizada por sua resistência à degradação.

Navios egípcios percorriam a rota do Mar Vermelho até o "país de Punt" (hoje o Iêmen e a Somália), a mais de 2.400km ao sul.[26] Há indícios aqui dessas viagens já em 2500 a.C., e uma feliz descoberta arqueológica nos conta a poderosa história de uma expedição que ocorreu por volta de 1470 a.C., ordenada pela rainha Hatshepsut.

Após 1479 a.C., Hatshepsut governou como regente do filho do falecido marido (e meio irmão). Ela deixou um templo santuário em Deir-el-Bahri (no Nilo, do outro lado de Luxor), cujos entalhes pintados em relevo e narrativas mostravam uma expedição comercial a Punt.

A história é contada em quatro painéis, o primeiro mostrando várias galés, cada uma com cerca de 25 metros de comprimento e equipada com velas e grupos de remadores. O segundo mostra o descarregamento do que parecem ser fardos de grão egípcio e tecidos em Punt; o terceiro, grandes plantas ou árvores sendo carregadas; e o quarto, as embarcações voltando para casa. Acima do friso, a seguinte inscrição:

> Os navios estavam pesadamente carregados com as maravilhas do país de Punt: as perfumadas madeiras da terra de Deus, montes de resina de mirra, ébano, puro marfim, ouro verde de Emu, madeira de canela, madeira khesyt, incenso ihmut, vários tipos de incenso, cosméticos para os olhos, macacos, cães e peles de pantera do sul, com nativos e seus filhos. Nada parecido tinha sido trazido para qualquer rei desde o início.[27]

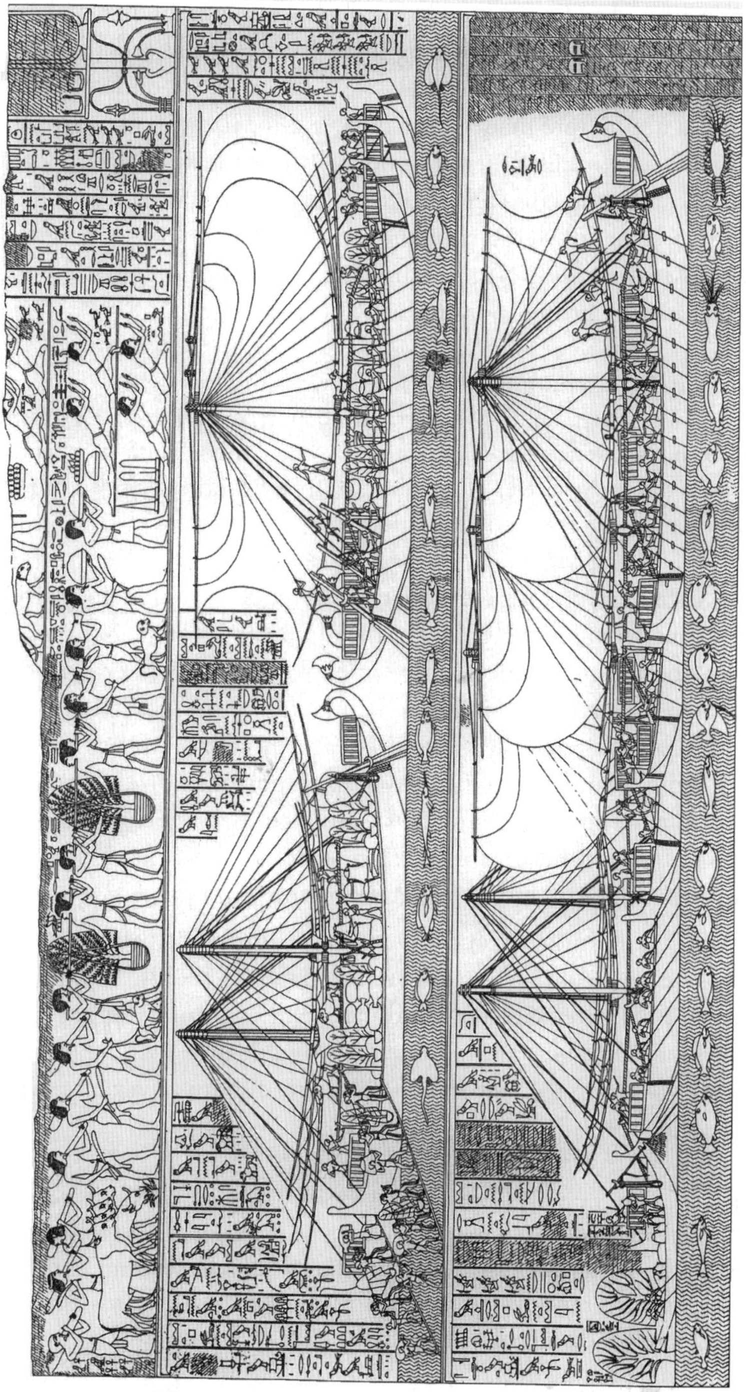

Figura 1-1. Expedição da rainha Hatshepsut. (Comece pelo lado inferior direito e siga em sentido horário. O segundo painel ocupa só um pequeno canto na parte inferior esquerda.)

Após o declínio das dinastias egípcias depois do reinado de Hatshepsut, os fenícios tomaram conta do comércio no Mar Vermelho. Parentes distantes dos Povos do Mar cananitas, eles se estabeleceram onde hoje fica o Líbano. Com a abundante madeira no lugar e a localização estratégica entre a Mesopotâmia e o Egito, nenhum povo antigo estava tão bem posicionado para se destacar no comércio de mercadorias por mar. Sua supremacia no comércio no leste do Mediterrâneo durou mais de mil anos. É provável que os fenícios tenham sido os primeiros a se envolver no comércio *direto* de longa distância. O primeiro livro dos Reis registra:

> E o rei Salomão formou um exército de navios em Eziongeber, que fica ao lado de Elote, na praia do Mar Vermelho, na terra de Edom. E Hiram enviou nos navios seus servos, marinheiros que conheciam o mar, com os servos de Salomão. E eles chegaram a Ofir e tiraram deles seu ouro, 420 talentos, e os levaram ao Rei Salomão.[28]

Tradução: o comércio de longa distância do reinado de Salomão, perto do começo do primeiro milênio a.C., foi realizado pelos fenícios (Hiram sendo rei de Tiro, a dominante cidade-estado fenícia). "Eziongeber" era principalmente uma cidade portuária em Tall al Khulayfah, perto de Elat ("Eloth"), no Golfo de Aqaba (a ponta nordeste do Mar Vermelho). "Ofir" provavelmente era a Índia, como sugerido pelos bens importados de lá: metais preciosos, pavões, marfim e macacos.[29] Os 420 talentos de ouro mencionados pesavam cerca de 13 toneladas e valeriam aproximadamente US$270 milhões em valores atuais — muito dinheiro, mesmo para os padrões de hoje.

Em 400 a.C., a maioria da região costeira da Europa ocidental, além das costas do leste e oeste da África, era conhecida dos fenícios.[30] Esta era, no mundo antigo, uma extensão comercial incrível. O domínio dos fenícios no comércio de longa distância era tal, que por volta de 600 a.C., o faraó egípcio Necos contratou marinheiros fenícios para circum-navegar a África. Heródoto conta:

> Os fenícios navegaram do Golfo Arábico para o oceano ao sul, e a cada outono, paravam em algum ponto conveniente da costa africana, semeavam um trecho de terra e esperavam a colheita do ano seguinte. Então, com seus grãos, voltavam ao mar e depois de dois anos inteiros circundavam as Colunas de Hércules durante o terceiro e voltavam ao Egito. Os homens faziam uma declaração na qual não acredito, embora alguns

o façam, de que, quando viajavam na costa oeste na curva inferior da África, eles tinham o sol à sua direita — ao norte para eles.[31]

O que suscita dúvidas nas palavras de Heródoto de que o sol podia ser visto à direita, isto é, no norte, enquanto se viajava para oeste convence o leitor moderno de que o historiador antigo provavelmente não sabia como o sol se move no hemisfério sul, o que torna a história dos intrépidos fenícios circundando o cabo sul-africano, mais de 2 mil anos antes de Vasco da Gama, ainda mais convincente.[32]

Nos séculos seguintes, o poder passou para a Pérsia, ao leste, que mostrou interesse na área do mar Egeu. Procurando uma alternativa para a árdua rota terrestre no norte por Helesponto (hoje Dardanelos), Dario, o Grande, completou um canal em Suez (originalmente contemplado pelo faraó Necos), ligando o Nilo e, assim, o Mediterrâneo, com o Mar Vermelho.[33] Entretanto, as ambições do povo egeu da Pérsia foram frustradas no início do século V a.C. pelas batalhas de Maratona, Salamina e Plateia, permitindo aos gregos irromper no cenário político, comercial e militar do Mediterrâneo.

Embora as cidades-estado gregas e fenícias independentes comercializassem e colonizassem amplamente no Mar Mediterrâneo e no Mar Negro (com os fenícios ocasionalmente se aventurando além do Mediterrâneo), seu comércio rotineiro não se estendia a continentes ou oceanos. A ambição imperial dos atenienses acabaria por desencadear a Guerra do Peloponeso, devastando o mundo grego e abrindo caminho para a espetacular conquista de Alexandre, o Grande, de toda a Grécia, o Egito e a Ásia Ocidental no final do século IV a.C. Foi essa ocupação que helenizou o mundo ocidental e ampliou grandemente o alcance do antigo comércio global.

O legado mais duradouro de Alexandre foi a fundação da cosmopolita Alexandria, durante séculos a base de um lucrativo comércio com a Arábia, a Índia e a China. O centro não se manteve por muito tempo após sua morte, em 323 a.C., e seu império se fragmentou em vários Estados sucessores em guerra. Um deles, o Egito, governado pelo general Ptolomeu, herdou as tradições de navegação e comércio das dinastias precedentes, assim como a tecnologia de construção de navios dos fenícios, que centravam os cascos em tábuas de cedro. Isso permitiu ao Egito ser o pioneiro na rota do Mar Vermelho ao Oceano Índico e, assim, no comércio regular em mar aberto para a Índia. Porém, sua prioridade não era o comércio, mas a aquisição de elefantes, os "tanques do mundo antigo", na Etiópia, para uso contra o pós-Alexandrino Império Selêucida na Pérsia.[34] Com isso em mente, Ptolomeu II tentou reabrir o velho canal de Dario, que tinha se sedimentado.

Devido à posição estratégica do Egito entre o Mar Mediterrâneo e o Oceano Índico via Mar Vermelho, o canal teria sido a rota ideal para o carregamento de elefantes de Ptolomeu. O sonho de um canal ao nível do mar por Suez atraiu governantes desde Necos em 600 a.C. Várias dificuldades atrapalharam o projeto. Um empreendimento gigantesco — um canal de águas fundas de 90km a 130km de comprimento — teria esgotado até mesmo o mais rico dos países, antigos ou modernos. Heródoto registrou que a tentativa de Necos resultou na morte de mais de 120 mil trabalhadores. Pior, o Nilo foi usado como o terminal ocidental do canal. Em época de cheia, o Rio Nilo depositava sedimentos no canal. Alternativamente, em tempos de baixa, ele ficava abaixo do nível do Mar Vermelho, possibilitando que a água do mar fluísse para o rio e envenenasse com sal a água potável e de irrigação. Além disso, havia o permanente medo de que inimigos usassem o canal para cercar o Egito — motivo pelo qual Necos nunca o completou.

Mas a tentação era grande, e sucessivos canais foram tentados por antigos persas, ptolomeus, romanos e os primeiros impérios muçulmanos.[35] Todos os canais, exceto o último, seguiram praticamente a mesma rota, do braço no extremo leste (braço pelúsico) do delta do Nilo por uma margem seca do rio, Wadi Tumilat, ao extremo norte do que hoje é o Grande Lago Amargo, bem ao norte do atual Golfo de Suez. À época do califado, o braço pelúsico do Nilo tinha se sedimentado, obrigando engenheiros árabes a criar seu canal em um braço mais ao sul do delta. Em épocas bíblicas, o Grande Lago Amargo era ligado por um estreito canal na parte sul do Golfo de Suez e, dali, ao Mar Vermelho. Esforços posteriores para ligar o Nilo e o Grande Lago Amargo envolveram principalmente dragagem e alargamento de restos de sedimentos de antigos canais.

O canal entre o Grande Lago Amargo e o Golfo de Suez era raso e inseguro. Uma leve brisa do leste combinada com a maré baixa deixava-o elevado e seco. (Essa circunstância poderia facilmente ter proporcionado a Moisés e seus seguidores sua passagem mítica. Logo depois, a água poderia ter engolido os perseguidores egípcios. O canal entre o Grande Lago Amargo e o Golfo de Suez finalmente se fechou permanentemente por volta de 1000 a.C., provavelmente resultado de um terremoto.)

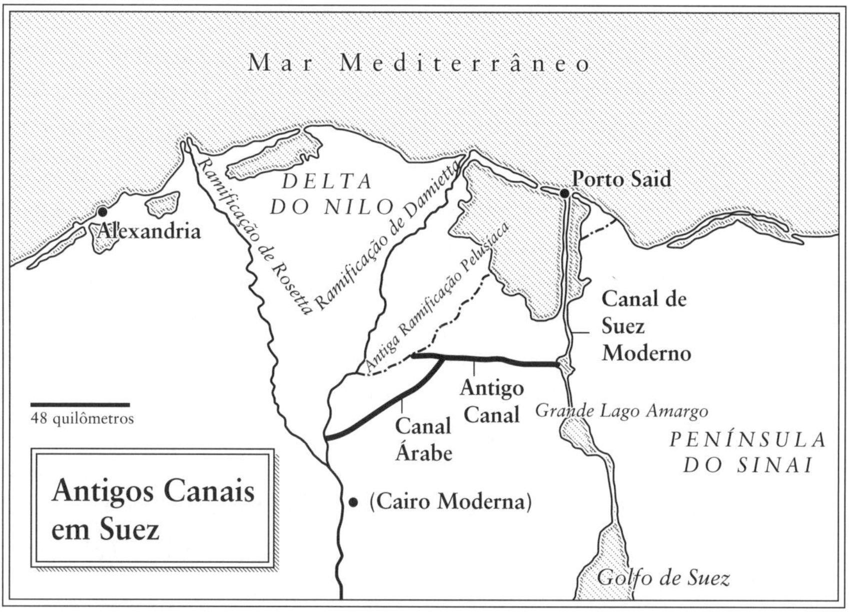

Embora aparentemente os canais persa e abássida tenham operado por mais de um século, não está claro que, ou por quanto tempo, qualquer um dos outros funcionou. E mesmo assim, era um canal operacional que servia meramente para expor os marinheiros aos muitos contratempos da rota do Mar Vermelho, onde ventos violentos em sua parte norte impediam viagens para lá. Além disso, navios que viajassem em qualquer direção enfrentavam perigosos bancos de areia. Se os ventos e recifes não fossem desencorajadores o bastante, piratas infestavam toda a rota, especialmente na parte superior.

Agora podemos voltar aos elefantes de Ptolomeu. Os subalternos do rei os conduziam de seu lar no leste do interior da África até a Etiópia, onde eram colocados em barcos e levados ao porto egípcio de Berenice, a cerca de dois terços do caminho ao norte do Mar Vermelho. Em seguida, marchavam pelo deserto na direção do início da parte navegável do Nilo em Coptos ou Cenópolis, e dali continuavam por barco por cerca de 500km para o norte, até Alexandria.

Único entre os grandes rios do mundo, o Nilo flui para o norte e também é atingido por um vento que sopra do norte o ano todo. Essas duas circunstâncias permitem aos navios flutuar para o norte seguindo a corrente e navegar para o sul contra a corrente. A rota via Nilo, deserto e Mar Vermelho para e do Oceano Índico permanecia uma das "principais rotas de comércio" até a chegada do barco a vapor, que não só liberou os marinheiros dos caprichos dos ventos, como também impulsionou a construção de um canal moderno que evitou totalmente o delta.

Depois de 200 a.C., mercadores gregos ptolomaicos gradativamente ampliaram suas atividades comerciais para o leste, em direção da Índia. Um século depois, um ambicioso capitão, Eudoxo de Cízico, viajou diretamente do Egito para a Índia pela longa rota costeira até Bab-el-Mandeb. Primeiro, ela acompanhava a costa do sul e do leste da Arábia até o Estreito de Ormuz, na foz do Golfo Pérsico, e, finalmente, navegava as costas do que hoje são o Iraque e Paquistão até os centros comerciais no sul da Índia — uma distância total de cerca de 8 mil quilômetros. Esse feito abriu caminho para a incrível "descoberta" das monções do Oceano Índico.

O enorme Oceano Índico funciona como um reservatório de calor, mantendo aproximadamente a mesma temperatura quando a massa de terra asiática se aquece no verão e esfria no inverno. Como o calor produz baixa pressão, e o frio, alta, os ventos prevalecentes tendem a soprar da área de alta pressão (fria) para a de baixa (quente) — isto é, mais ou menos do sul no verão (a monção sudoeste) e mais ou menos do norte no inverno (a monção do norte).

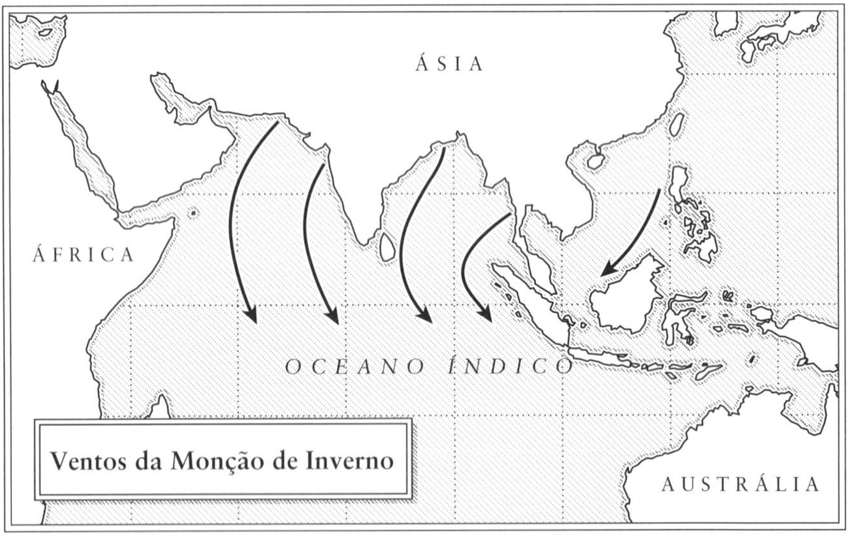

Coube ao navegador greco-egípcio Hípalo (que possivelmente trabalhou com Eudoxo) dominar esses ventos sazonais que permitiram a comerciantes gregos cruzar o Mar Arábico diretamente de Bab-el-Mandeb à Índia em questão de semanas. O resultado foi a formação de grandes centros prósperos etnicamente diversos, como os portos de Socotra e Malabar — comunidades poliglotas onde diásporas comerciais de diversas nações e raças se misturaram, administravam cargas, fizeram fortuna e satisfizeram uma demanda ocidental infindável (isto é, romana) por artigos de luxo como seda, algodão, especiarias, pedras preciosas e animais exóticos.

A ascensão de Otaviano ao poder preparou o terreno para dois séculos de pax romana, a estabilidade na qual um longo comércio de longa distância floresceu. Não demorou muito para que embaixadores indianos aparecessem em Roma oferecendo presentes exóticos. Esses novos luxos — seda chinesa e animais selvagens indianos trazidos pelos ventos do comércio — energizaram os ricos do império. Macacos, tigres, cacatuas e rinocerontes não eram uma visão incomum na capital; papagaios falando latim tornaram-se a moda; e os romanos apreciavam as presas de elefantes africanos e indianos, usando o marfim para adornar móveis, armas, carruagens, joias e instrumentos musicais. Diz-se que o filósofo e escritor estoico Sêneca teve quinhentas mesas com três pés feitos de marfim — o que não deixa de ser irônico, visto que ele era um crítico voraz das extravagâncias do império.

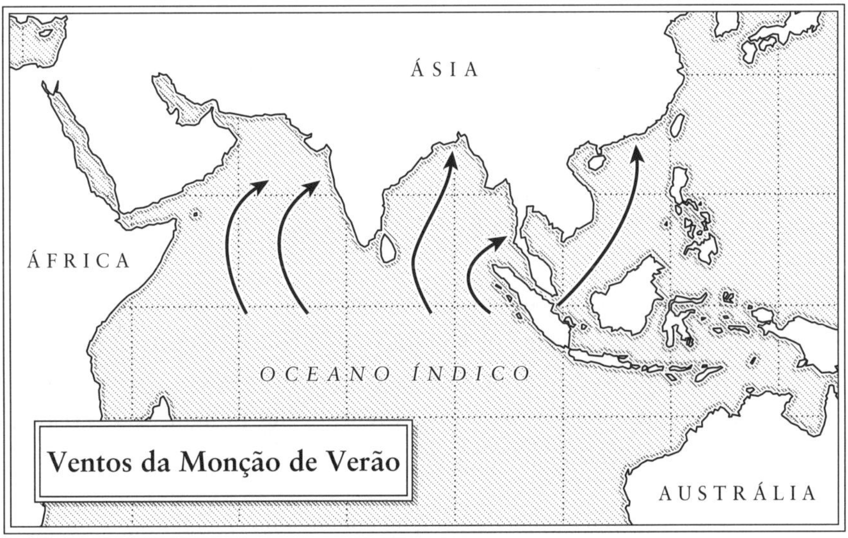

Ventos da Monção de Verão

Nem todos os artigos importados eram de luxo. Navios precisavam de lastro, e assim, "mercadorias de peso", como vinho, madeira e até jarros de água eram comercializadas em grande volume. Enchendo o espaço de muitos navios gregos, a pimenta chegava a granel para temperar a insossa farinha e a cevada da cozinha mediterrânea de pobres e ricos romanos. Ela ficou tão popular, que quando o godo Alarico sitiou Roma em 408 d.C., exigiu 1.300 quilos da especiaria negra.

As Gates orientais, uma cadeia de montanhas baixas, nascem na costa de Malabar, na Índia, e captam a unidade da monção de verão. A abundante chuva resultante produz um clima tropical ideal exuberante para cultivar *Piper nigrum e Piper longum* — pimenta-preta e a mais potente e cara pimenta-longa, respectivamente.

As pimentas de Malabar acabaram achando seu caminho para imensos *horrea,* ou depósitos, em Óstia, em Puteoli e, claro, em Roma. Embora a moderna imagem da cidade imperial seja dominada pelas ruínas do Coliseu e do Fórum, a vida econômica da antiga Roma centrava-se nas ruas laterais cheias de apartamentos, lojas e *horrea.* Provavelmente nenhuma era mais importante do que a *horrea piperatária,* ou depósito de especiarias, ao lado da Via Sacra, a rua principal da cidade, que hoje atravessa o Fórum. Era comum no mundo pré-moderno o comércio de um determinado bem se reunir em uma certa área. Da *horrea,* a pimenta era distribuída para pequenas lojas de varejo no "bairro das especiarias" na vizinhança da Via Sacra, onde era vendida em pequenos pacotes para famílias ricas e de classe média. (Em comparação, os artigos mais preciosos da Índia — pérolas, marfim, móveis de madeira fina e seda chinesa — eram vendidos dentro do Fórum.) O único livro de culinária da época, aparentemente escrito por um romano chamado Apício, usava a pimenta em 349 de suas 468 receitas. Os romanos colocavam pimenta não só nos pratos principais, mas também nos doces, vinhos e remédios.[36]

O que o banco de investimentos é para o ambicioso e ganancioso hoje, o comércio da pimenta era para os romanos — a rota mais direta para grandes riquezas. No início do império, dizia-se que uma pessoa gananciosa era comumente a "primeira a tirar a recém-comprada pimenta das costas do camelo".[37] O poeta Pérsio escreveu:

Os mercadores gananciosos levados pelo lucro, correm
Para os ressecados indianos e o sol nascente;

Daí a Pimenta quente, e ricas drogas que vendem,
Trocando especiarias, e suas peças italianas.[38]

Plínio escreveu: "Pensar que é apenas o prazer que traz essa pungência, e que vamos até a Índia para consegui-la! Pimenta e gengibre crescem à vontade em seus países, e mesmo assim, são comprados a peso de ouro e prata."[39] A indignação moral de Plínio, de Sêneca e outros críticos da decadência romana mostra o que geralmente vemos hoje: que o comércio entre Ocidente e Oriente contribuiu para a queda do Império Romano esgotando todo o seu ouro e prata a fim de pagar por luxos passageiros. O mais terrível de todos os imperadores romanos, Nero, certamente desempenhou seu papel nessa antiga versão do *déficit* das contas atual: segundo Plínio, "As boas autoridades declaram que a Arábia não produz tanto perfume por ano quanto foi queimado pelo imperador Nero nas exéquias de sua cônjuge Popeia".[40] O historiador inglês E. H. Warmington dedicou todo um capítulo de seu épico volume sobre o comércio entre a Índia e Roma ao seu "equilíbrio adverso":[41]

> Não só a Itália consumiu mais do que produzia, não só Roma era uma cidade e um distrito latino pobre em artefatos... mas o império como um todo muitas vezes era incapaz de oferecer a regiões estrangeiras em geral e a nações orientais em especial produtos próprios suficientes para equilibrar os artigos importados em grandes quantidades, e o resultado disso foi o esgotamento de preciosos metais do Império na forma de dinheiro cunhado sem qualquer retorno adequado.[42]

No entanto, a visão convencional de que Roma faliu com a compra de pimenta e seda pode não ser correta. A natureza abençoou o império com a abundância de metais preciosos e de base, e os romanos também exportavam prodigiosas quantidades de produtos a granel. Para a Índia foram o coral vermelho do Mediterrâneo e os mais finos vidros do mundo (também populares na China). Chumbo da Espanha e cobre do Chipre formaram o lastro de muitos navios gregos. O estanho da Cornualha viajava diretamente da Inglaterra à Alexandria para transporte posterior, e embarcações italianas com destino à Índia e ao Egito gemiam com as imensas cargas de vinho. Assim como o clima e os recursos naturais deram à China e à Índia domínio em oferecer produtos agrícolas de valor elevado como seda e pimenta, técnicas de engenharia avançadas deram a Roma grandes vantagens em mineração. Além disso, a China e a Índia realmente preferiam a prata ao ouro. Enquanto a prata ia para o leste, o ouro da Índia ia para oeste em quantidades impressionantes. Por exemplo, sabemos que no final do século XVII, 1 onça de ouro na China comprava apenas 5 ou 6 onças de prata, enquanto na Espanha comprava 12 onças.[43] (Marco Polo relatou que em Burma, no final do século XIII, 1 peso de ouro comprava apenas 5 de prata.[44]) Essa diferença entre Oriente e Ocidente na taxa de compra de ouro e prata existia desde pelo menos os dias de Sêneca; assim, seria loucura um comerciante romano pagar produtos chineses em outra moeda que não a de prata. Nas palavras dos historiadores econômicos Dennis Flynn e Arturo Giráldez: "Não havia desequilíbrio comercial — Oriente-Ocidente, Norte-Sul, Europa-Ásia ou outros — para onde recursos econômicos teriam que ser levados a fim de haver uma compensação. *Havia somente comércio.*"[45]

O final do Império Romano no ocidente desacelerou a expansão do comércio mundial para fora de suas origens no Oceano Índico, mas não o parou. Uma nova religião monoteísta poderosa — o Islã — surgiria e impulsionaria essa renovada expansão do comércio pelo Oceano Índico, através das amplas planícies da Ásia e para as extremidades dos vastos territórios eurasianos. O comércio ao longo do eixo Han-Roma atingiu imensas distâncias, mas era mal integrado: entre origem e destino, cargas se dividiam entre mercadores de várias raças, religiões, culturas e, mais importante, tradições legais.

A chegada do Profeta varreria para longe esse padrão fragmentado e pluralista de comércio do mundo antigo. Dentro de poucos séculos depois da morte de Maomé, uma cultura, uma religião e uma lei unificariam o comércio dos três continentes do Velho Mundo quase um milênio antes da chegada dos primeiros navios europeus ao leste.

2

Os Estreitos do Comércio

E assim, contra esses homens, nossos maiores inimigos, desorganizados como são e traídos pelo próprio destino, deixe-nos entrar em batalha com fúria no coração; deixe-nos ficar convencidos de que, ao lidar com um adversário, é mais justo e lícito reivindicar o direito de satisfazer a ira da alma em retaliação ao agressor, e também que tenhamos o maior dos prazeres, que consiste, segundo o provérbio, em vingar-se do inimigo. — Gilipos, comandante de Esparta, na véspera da derrota da força naval de Atenas no porto de Siracusa[1]

Quem é senhor de Malaca está no controle de Veneza. — Tomé Pires[2]

Poucas histórias da antiguidade clássica mexem com a alma moderna como a da destruição da expedição de Atenas à Sicília durante a Guerra do Peloponeso. Nas planícies acima e no cais abaixo do porto leste siciliano em Siracusa, as forças lideradas pelos espartanos nesse posto remoto da civilização grega derrubaram soldados e barcos atenienses, um após outro. Tucídides, meticuloso observador não dado a exageros, foi direto: "Essa foi... a maior ação que conhecemos na história helênica — aos vitoriosos, o mais brilhante sucesso, aos derrotados, a mais calamitosa derrota."[3]

O que a Guerra do Peloponeso tem a ver com a história do comércio? Muita coisa, de fato, porque os motivos que estimularam Atenas a formar um império nasceram exatamente do comércio do mais básico dos bens — grãos — e na geografia peculiar do berço helênico da civilização ocidental. Além disso, assim como os fundamentos culturais e institucionais da civilização ocidental tiveram suas origens na antiga Grécia, a obsessão do moderno ocidente com o controle de rotas marítimas vitais e pontos estratégicos de estrangulamento nos oceanos derivou-se da configuração geográfica e agrícola grega única, que a deixou dependente da importação de grãos. As forças que impeliram a Grã-Bretanha e os Estados Unidos a controlarem as rotas marítimas mundiais nos séculos XIX e XX, respectivamente, foram as primeiras a verem a necessidade da Grécia de se alimentar com trigo e cevada importados.[4]

A questão do motivo de a orgulhosa Atenas ultrapassar os limites de seu poder e seus recursos e ser derrotada nas remotas praias da Sicília tem incomodado historiadores ocidentais desde que Tucídides, um general ateniense, escreveu sua famosa crônica. Não é por acidente que o interesse moderno por esse antigo conflito se intensifica quando os grandes superpoderes mergulham cada vez mais fundo nos campos de batalha do Oriente Médio. É difícil não associar os defensores da principal política estrangeira aos principais participantes atenienses: o arrogante, brilhante e pérfido Alcibíades e o cauteloso e gentil Nícias, capturado e executado pelos siracusanos.

Mas o que motivou Atenas em direção ao império, para começar? A Grécia Antiga consistia em centenas de pequenas cidades-estado relativamente independentes distribuídas em um padrão caleidoscópico e dinâmico de alianças, quase continuamente em guerra umas com as outras. A "Grécia" era um conceito cultural e linguístico, não uma nação. Apenas ameaças externas de primeira ordem, como a invasão persa no início do século V a.C., poderiam unificar essa irmandade fracionada em um todo coerente, e mesmo então, apenas brevemente.

Uma breve olhada no mapa da região do Egeu mostra a situação. A costa grega é complexa, uma tapeçaria de inúmeras ilhas, penínsulas, enseadas, baías e canais. Essa topologia intrincada, combinada com uma paisagem relativamente montanhosa, fazia com que quase todo o comércio fosse feito pelo mar.

Além da geografia, outro aspecto importante no comércio grego foi o solo pobre de quase todas as suas cidades-estado, fazendo com que a maioria vivesse à beira da fome. As primeiras civilizações humanas que se instalaram nas terras férteis entre o Tigre e o Eufrates e junto às margens verdejantes do Nilo foram presenteadas com algumas das terras mais produtivas do mundo. Mas não a montanhosa Grécia, a que faltavam ricos vales aluviais das duas sociedades mais antigas e que tinha somente um solo ralo e calcário regado por apenas 160ml de chuva por ano. Por causa das limitadas oportunidades agrícolas, sua população se agrupou nas costas e se dedicou à pesca, à fabricação e ao comércio.

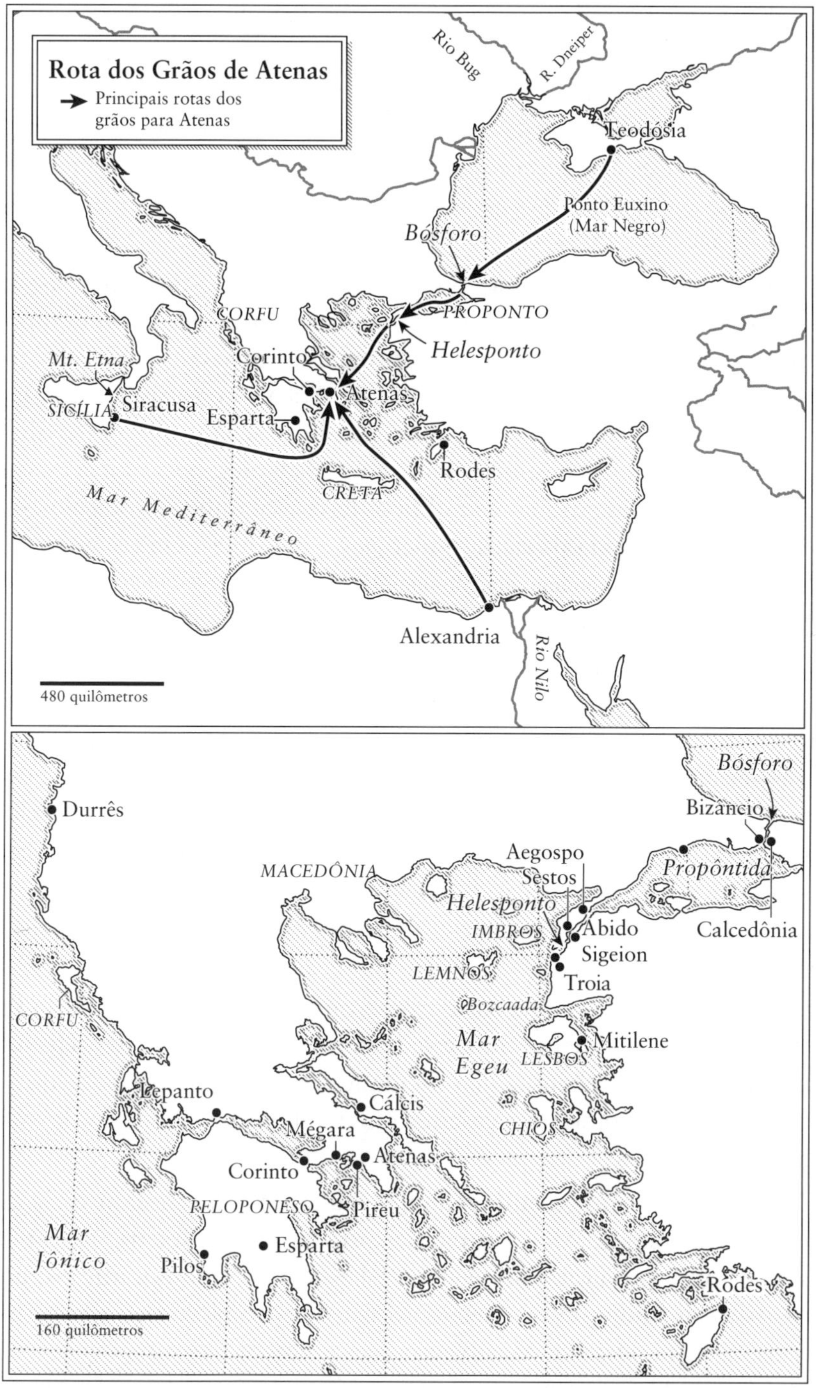
Rota dos Grãos de Atenas
Principais rotas dos grãos para Atenas
Rio Bug
R. Dneiper
Teodósia
Ponto Euxino (Mar Negro)
Bósforo
PROPONTO
Helesponto
CORFU
Mt. Etna
Corinto
Atenas
SICÍLIA
Siracusa
Esparta
Rodes
CRETA
Mar Mediterrâneo
Alexandria
Rio Nilo
480 quilômetros
Bósforo
Bizâncio
Durrês
Aegospo
Sestos
MACEDÔNIA
Propôntida
Helesponto
IMBROS
Abido
Calcedônia
Sigeion
LEMNOS
Troia
Bozcaada
CORFU
Mar Egeu
Mitilene
LESBOS
Lepanto
Cálcis
Mégara
CHIOS
Atenas
Corinto
PELOPONESO
Pireu
Mar Jônico
Esparta
Pilos
Rodes
160 quilômetros

Embora uma fazenda tradicional grega não produzisse grãos em quantidade para as próprias necessidades, conseguia produzir vinho e azeite suficientes para trocar por grandes quantidades de trigo e cevada do estrangeiro. Assim, o fazendeiro grego dependia do comércio não só para alimentar a família, mas também para ter uma renda extra suficiente para ter tempo e recursos necessários para participar das reuniões e unidades militares locais, a formação de falange.[5]

Mais ou menos na mesma época em que algumas das cidades-estado gregas começaram a se desenvolver como democracias no início do primeiro milênio a.C., elas também começaram a ultrapassar sua produção de alimentos. Mesmo para a Grécia, o solo de Ática — o território dominado por Atenas — era especialmente pobre. Tucídides achava que a infertilidade do solo tornava Atenas desinteressante para invasores, dessa forma possibilitando-lhe um sólido ambiente político. Essa "estabilidade de solos inférteis", achava ele, atraía os ricos, poderosos e instruídos em comparação às cidades-estado mais poderosas, porém divididas.[6]

A produção de cevada da Grécia provavelmente era adequada, pelo menos no início, para fins de subsistência, mas ao longo do tempo, o paladar cada vez mais próspero e discriminador começou a querer trigo. O cultivo dessa cultura, que requeria irrigação no tempo certo para germinar, se mostrou especialmente difícil em um ambiente com chuvas escassas e inconstantes. Assim como com o herói folclórico inglês John Barleycorn, o pão de sacrifício cerimonial de gregos e romanos era feito de cevada, cujo cultivo é mais fácil no clima seco e solo infértil. Até a chegada do comércio ativo de grãos no século VI a.C., o pão de trigo era consumido apenas em dias de festividades gregas.[7]

Onde a exigente dona de casa grega conseguia o trigo? Antes do século VI a.C., principalmente do Egito, celeiro do Mediterrâneo. Heródoto lembra que o faraó Amósis[8] deu a cidade de Náucratis no delta do Nilo para os helênicos como uma cidade comercial para mercadores de muitas cidades gregas.[9]

Os gregos também colonizaram a Sicília a fim de aproveitar o rico solo vulcânico em volta do Monte Etna, na costa leste. Até Siracusa foi fundada ao sul de seu pico no final do século VIII a.C. por colonos coríntios, poderosos rivais do sudoeste de Atenas. Mas foi no amplo e rico território no interior da costa norte do Mar Negro que os gregos fizeram uma descoberta proveitosa. Mais ou menos na mesma época em que fazendeiros coríntios fundaram Siracusa, as cidades-estado do Egeu começaram a enviar um grande número de colonizadores para os vales incrivelmente férteis dos rios Bug e Dniepre, onde hoje fica o sul da Ucrânia (depois, o "Ponto", derivado do Ponto Euxino grego — o moderno Mar Negro).

Quando os cidadãos gregos começaram a adquirir grãos das colônias em Ponto e na Sicília, uma simples geografia ditou que um grupo de estados — Atenas e seus aliados nas ilhas do Egeu — enviasse navios para o nordeste de Ponto para obter suprimentos adicionais de grãos. E também ditou que um segundo grupo — Esparta, Corinto e Mégara (que ficavam entre Atenas e Corinto) e seus aliados — olhasse para o oeste, na Sicília. Os navios coríntios e megáricos podiam navegar diretamente para o oeste a partir do Golfo de Corinto em direção à Sicília, ou tomar a rota mais longa ao sul, ao redor do Peloponeso. As duas rotas atravessavam vias estreitas e, assim, eram altamente vulneráveis a ataques de piratas e de cidades-estado rivais. Por exemplo, embarcações de Corinto e Mégara que atravessavam o Golfo de Corinto podiam ser facilmente bloqueadas em sua entrada a oeste, que tinha menos de dois quilômetros de distância. A rota para a Sicília pelo sul também estava exposta a estados inimigos e piratas quando passava pelo estreito pontilhado por ilhas entre o continente grego ao sul — o Peloponeso, onde estava Esparta — e a Ilha de Creta.

O suprimento de grãos dos atenienses e seus aliados do Egeu era ainda mais vulnerável. A rota para a fonte de alimentos em Ponto passava não por uma, mas por duas vias perigosamente estreitas entre o Mar Egeu e o Mar Negro: Dardanelos (o Helesponto — "ponte dos gregos"), e logo ao norte, o ainda mais estreito Bósforo. Além disso, o tráfego marítimo para e do Pireu, a cidade portuária de Atenas, tinha que escolher o caminho entre os estreitos entre as ilhas que formavam a saída do Golfo Sarônico. Por volta da metade do século VII a.C., os vales inférteis de Ática forneciam uma porção ainda menor de alimentos para a florescente Atenas. A cidade-estado se viu cada vez mais dependente dos grãos estrangeiros obtidos em troca de seus sofisticados artigos fabricados e colheita comercial — cerâmica, têxteis, azeite de oliva e vinhos.

Assim, a sobrevivência de Atenas dependia de uma das rotas de suprimentos mais inseguras do planeta. Pior, mares tempestuosos e a cobertura de nuvens "fechavam" o mar na maior parte do ano, limitando a estação de transporte do início de maio ao final de setembro — apenas quatro meses e meio.[10] (Antes da invenção da bússola magnética, céus encobertos geralmente impediam a navegação em águas abertas, especialmente à noite.)

À medida que a população da Grécia crescia, a concorrência pelo suprimento de grãos cada vez menor e sua desregrada atmosfera geopolítica conspiravam para dividi-la em dois grupos rivais: o liderado por Atenas, e o outro, por Esparta. Esses dois aliados ficavam em posições opostas com frequência, e sua rivalidade culminou com a catastrófica Guerra do Peloponeso.

No início de 700 a.C., o "Grande Jogo" dos helenos, a luta pelo controle dos grãos de Helesponto e do Ponto, já estava em andamento. Por volta de 660 a.C., Mégara — vizinha e arquirrival de Atenas e aliada de Esparta — fundou Bizâncio e Calcedônia, os cães de guarda de Bósforo. Não muito depois, a cidade-estado de Mitilene, no oeste do Egeu, ocupou Sigeu, na foz de Helesponto, a apenas alguns quilômetros das ruínas de Troia de Homero.

Atenas contra-atacou tomando Sigeu de Mitilene por volta de 600 a.C. Em 535 a.C., o tirano ateniense Pisístrato começou um intenso programa de colonização em volta do Mar Negro e a fortificação dos estreitos (ao longo de outros projetos de desenvolvimento em seu reinado de 33 anos, que incluíram um sistema hídrico e a primeira biblioteca em Atenas).

Pisístrato também protegeu as três ilhas ao sul de Sigeu que comandavam a aproximação a sudoeste ao Helesponto: Tenedos, Imbros e Lemnos. Em 506 a.C., Atenas tomou a fértil costa da ilha de Eubeia, no oeste do Egeu, da cidade-estado de Cálcis; essa aquisição provocou dois efeitos: melhorou o suprimento de grãos e completou uma "supervia marítima" pela qual os navios podiam navegar tranquilamente entre o Pireu e Helesponto. Em várias ocasiões, as invasões persas do final do século VI e início do século V a.C. temporariamente interromperam o comércio no Mar Negro. Mas Atenas nunca esqueceu o fato, finalmente expulsando as forças do imperador persa Xerxes de Sestos, em Helesponto, dois anos depois de derrotar a marinha do imperador em Salamina (uma ilha a sudoeste de Atenas) em 480 a.C.

Atenas mal tinha sobrevivido ao ataque persa, tendo a cidade sido evacuada durante a batalha de Salamina. Abalados por essa experiência devastadora, os atenienses construíram as "longas muralhas". Constituídas de dois muros paralelos separados por cerca de 100 metros, elas percorriam cerca de 6 quilômetros para o sul da cidade até o porto de Pireu, permitindo aos atenienses sobreviver a um cerco baseado em terra por tempo indefinido com suprimentos deixados nas docas vindos do exterior.

No final, porém, as "longas muralhas" meramente passaram a vulnerabilidade de Atenas da terra para o mar. Em 476 a.C., Esparta deu um golpe mortal em Atenas, em Helesponto e Bósforo, quando o comandante espartano Pausânias tomou Sestos e Bizâncio, respectivamente. Atenas expulsou os espartanos dessas cidades quase imediatamente.

Em 450 a.C., a fim de defender as rotas de comércio, a fortemente ampliada marinha ateniense começou a patrulhar o Mar Negro com muitos navios de forma mais ou menos contínua, uma ação desconhecida em um mundo de cidadãos-soldados de meio período e exércitos e marinhas temporários. O próprio Péricles liderou um esquadrão de navios de guerra em uma demonstração de força em suas águas.

Em anos de paz, mercadores atenienses carregarem mais que um milhão de alqueires de grãos por Helesponto. Em épocas de fome, carregamentos a Atenas chegavam a 3 milhões de alqueires por ano. A maior parte desses grãos de Ponto era carregada em Teodósia, a leste da junção dos rios Bug e Dniepre.

As costas e o interior do Mar Negro também forneciam gado, lã, peixe e madeira à Grécia. Por outro lado, as populações locais menos sofisticadas valorizavam os artigos gregos muito mais que os civilizados e entediados egípcios. Como os comerciantes gregos obtinham melhor retorno em seu investimento em Ponto do que no Egito, o comércio gradativamente passou para o norte.

Nesse ponto, Atenas se deu conta de que apenas se tornar uma potência marítima não seria suficiente. A facilidade com que o inimigo poderia bloquear os estreitos canais do Egeu, Helesponto e Bósforo fez com que adquirisse controle político dos pontos mais difíceis ao longo dessas rotas. Além do mais, só dominar algumas cidades e fortes não era suficiente; outros estados na região eram igualmente dependentes das mesmas rotas marítimas e pontos de estrangulamento, e todos precisavam contribuir com homens e recursos para vigiá-los. A única forma de realizar isso era com um grupo coeso e centralmente dirigido de estados semelhantes, que gradativamente se uniram para formar o Império de Atenas.

Como os atenienses conseguiram esse feito — a luva de veludo cobrindo o punho de ferro — parecerá sinistramente familiar para o leitor moderno. Atenas auxiliou seus amigos no Mar Egeu e no Mar Negro ajudando-os a expulsar piratas e repelir ataques dos "bárbaros" locais que tiveram a temeridade de reivindicar o território tomado deles pelos colonizadores gregos. Por outro lado, Atenas cobrava taxas desses estados aliados e também perdoava impostos sobre grãos destinados ao Pireu. Além disso, o controle das rotas do Egeu permitiu a Atenas punir seus inimigos — Esparta, Corinto e Mégara. No início da Guerra do Peloponeso, por exemplo, Atenas estabeleceu uma base em Lepanto, na estreita entrada oeste do Golfo de Corinto, a fim de impedir a passagem de navios para Corinto e Mégara.[11] Atenas usou toda uma série de instrumentos políticos e militares para reter aliados indecisos como Rodes (localizada na costa sudoeste do que hoje é a Turquia) e a ilhas ocidentais do Egeu de Quios e Lesbos. Pôde até manipular o preço dos grãos e manter uma reserva para uso em tempos de bloqueio e pragas; qualquer comerciante, ateniense ou estrangeiro, tentando contornar o mercado ou reexportar novamente os grãos era condenado à morte.

Tal qual a Primeira Guerra Mundial, a Guerra do Peloponeso começou, em 431 a.C., devido a um conflito relativamente insignificante, neste caso, uma luta entre oligarcas e democratas na pequena cidade-estado de Epidamnos (hoje Durrês, na costa da Albânia). Os democratas pediram ajuda a Corcira (hoje Corfu), que tinha fundado Epidamnos e também era uma potência naval aliada a Atenas. Corcira recusou-se a ajudar as forças democráticas, que então pediram e receberam uma esquadra de Corinto.

O povo de Corcira, furioso com a interferência dos coríntios em sua antiga colônia, passou a lutar contra a esquadra inimiga. Os atenienses ficaram assustados com a possibilidade de os coríntios unirem forças com seus aliados espartanos para capturar a grande esquadra de Corcira e ficar em desvantagem. Isso desencadeou um conflito naval entre Atenas e Corinto, que rapidamente se transformou em um grande "conflito global" no mundo grego.

Inicialmente, as coisas iam bem para o Império Ateniense, que foi vitorioso em Pilos, no sudoeste do Peloponeso, e capturou um grande número de soldados espartanos. Nesse ponto, os espartanos, cronicamente com falta de pessoal com que controlar a grande população de escravos hilotas, provavelmente teriam feito um acordo de paz generoso com Atenas para recuperar os soldados capturados. Em vez disso, os atenienses deixaram a guerra se arrastar.

Em 415 a.C., o impetuoso jovem expansionista Alcibíades e o mais velho e cauteloso veterano de guerra Nícias debateram a invasão da Sicília. Alcibíades citou o valor de seus grãos para Atenas; Nícias argumentou que a recompensa era um motivo para *não* invadir: "A maior vantagem que eles têm sobre nós é... o fato de que plantam o próprio milho e não precisam importá-lo."[12]

Os falcões venceram o debate, e a resultante devastação da força expedicionária na Sicília deixou a cidade natal vulnerável ao ataque. O grande almirante espartano Lisandro, em vez de atacar Atenas diretamente, novamente foi para a garganta exposta do império, Helesponto. Lentamente, o astuto comandante reuniu suas forças e esperou até o alto verão, em 405 a.C., quando um grande número de navios se preparou para ir para o sul com suas cargas preciosas antes de o mar ser fechado. No momento exato, ele caiu sobre o restante da esquadra ateniense em Egospótamo, dentro de Helesponto, perto de Sestos. Os espartanos afundaram ou capturaram navios atenienses e mataram milhares de soldados. A galera sagrada de Atenas sobreviveu e voltou com a notícia assustadora; quando o relato sobre a derrota chegou ao Pireu, "As lamentações se espalharam... ao longo dos muros da cidade, um homem passando as notícias a outro, de modo, que naquela noite, ninguém dormiu em Atenas".[13]

Nesse ponto, uma invasão a Atenas não era mais necessária, pois a cruel espada da fome podia derrotá-la com maior eficiência e menos custos que os ameaçadores soldados espartanos. Em um humilhante acordo de paz, Atenas manteve a independência, mas apenas superficialmente; ela abandonou a esquadra restante, destruiu as fortificações no Pireu e derrubou as "longas muralhas" que até então a deixaram imune a um cerco. Como indignidade final, ela foi obrigada a se tornar aliada de Esparta.

Atenas se reergueria e até recuperaria o domínio sobre o comércio no Mar Negro devido às forças navais enfraquecidas de Esparta, mas nunca mais chegou aos mesmos níveis de poder e influência de antes. Seu próximo desafiador foi Tebas, que assumiu o controle dos estreitos em 360 a.C., embora Atenas o recuperasse apenas três anos mais tarde. Logo depois, Filipe da Macedônia, pai de Alexandre, o Grande, atacou Helesponto em Perinto (uma pequena cidade de Propôntida, uma enseada entre Helesponto e o Bósforo) e então a própria Bizâncio. Novamente, os atenienses, convocados pelo orador Demóstenes, ficaram firmes. Mais uma vez, Atenas recuperou um ponto de apoio, mesmo que apenas vagamente.

Alexandre prometeu liberdade nos mares para os navios gregos, embora sua promessa não tenha evitado que ele ocasionalmente capturasse uma ou outra embarcação para demonstrar quem realmente mandava nos estreitos. Nos séculos seguintes, Atenas, embora nominalmente independente, não comandava mais sua liberdade ou destino. Assim como tinha inventado muitas instituições ocidentais e empreendimentos intelectuais e artísticos, ela foi pioneira em uma tradição não tão gloriosa. Nos séculos após a Guerra do Peloponeso, Atenas tornou-se a primeira em uma longa linha de impérios ocidentais senescentes a sofrer com a desonrosa transformação de potência mundial a parque temático a céu aberto, famosa apenas por sua arte, sua arquitetura, suas escolas e seu passado.

Se a Grécia foi o berço da civilização ocidental, então certamente sua geografia estratégica peculiar mostra o centro da estratégia naval do ocidente, que enfatiza a segurança das rotas marítimas. Veneza, Holanda e Inglaterra se tornaram, respectivamente, a Atenas dos séculos XIII, XVII e XIX — nações que tinham aumentado a produção doméstica de alimentos e cuja prosperidade e sobrevivência dependiam do controle das rotas marítimas e dos pontos de estreitamento estratégicos distantes, como Kattegat (o estreito entre a Jutlândia e a Suécia), o Canal da Mancha, Suez, Áden, Gibraltar, Malaca e, novamente, Helesponto e Bósforo.

Hoje, como a sempre crescente produção dos amplos poços de petróleo da Arábia Saudita, Iraque e Irã flui pelo Golfo Pérsico, ministérios da defesa em Washington, Londres, Nova Delhi e Pequim não precisam de lembretes da importância de manter a livre navegação naquelas águas estreitas. As grandes nações comerciais medievais da Ásia, por outro lado, enganadas pela geografia aberta do Oceano Índico, nunca aprenderam essa lição. As forças do Islã foram, de fato, capazes de afastar os Estados europeus enfraquecidos e retrógrados do coração do comércio de longa distância do mundo no Oceano Índico. Entretanto, isso se deveu totalmente à conquista de territórios no Oriente Médio, que negaram à Europa acesso às "portas dos fundos" do Oceano Índico no Golfo Pérsico e em Bab-el-Mandeb. Por exemplo, o poderoso califado abássida, em Bagdá, fez pouco para proteger o ponto de estreitamento vital no Golfo Pérsico em Ormuz, permitindo que piratas prosperassem ali. (Tampouco os primeiros impérios árabes consideraram construir e manter estradas para ficarem próximos.)

Embora os mongóis e os chineses Ming tivessem feito incursões navais até o Japão, a Indonésia e o Oceano Índico, fizeram relativamente pouco para defender o Estreito de Malaca, que controlava o comércio a todos os pontos para o ocidente. Os governadores muçulmanos da Índia ignoraram as rotas marítimas até a chegada dos portugueses, quando Malik Ayaz, governador muçulmano da cidade Gujarati de Diu, na costa oeste da Índia, freneticamente apelou aos governantes mamelucos do Egito por ajuda para expulsar os portugueses. Em 1508, uma esquadra mameluco-indiana surpreendeu uma flotilha portuguesa no porto de Chaul (ao sul da moderna Mumbai) e infligiu uma forte derrota aos europeus. No ano seguinte, os portugueses reuniram uma esquadra maior para Diu e reverteram a situação, abrindo a porta para a dominação europeia do essencial comércio de especiarias, antes um monopólio dos muçulmanos.

A estratégia e a força naval importavam pouco quando as monções conseguiam virar um cargueiro em um desobstruído Oceano Índico de Basra a Malaca. A geografia fácil e aberta desse oceano deixou as potências muçulmanas de comércio insuficientemente preparadas para o ataque europeu.

A ascensão do ocidente no Oceano Índico não seria uma derrota; como os muçulmanos já tinham demonstrado em Chaul, eles não seriam derrotados tão facilmente quanto os nativos norte-americanos no Novo Mundo. Alguns anos depois da derrota em Diu, uma frota egípcia reconstruída foi capaz de deter os europeus em Áden, e as forças do Profeta mantiveram o controle sobre a estratégica Bab-el-Mandeb até os ingleses finalmente tomarem o porto dos otomanos em 1839. Mas, apesar da ferocidade e sofisticação técnica dos navegadores muçulmanos, eles acabaram por provar não serem páreo para os alunos das rústicas escolas de Helesponto, Kattegat, Gibraltar e do Canal.

Não é difícil ver o fantasma da obsessão ateniense com Helesponto refletido na presença da marinha dos EUA em Bab-el-Mandeb e nos estreitos de Gibraltar, Ormuz e Malaca, ou a temporária derrota dos portugueses em Chaul lembrada pelo ataque do USS *Cole* em Áden. Mas nos adiantamos muito em nossa história. Quase um milênio separou a Guerra do Peloponeso da queda de Roma e houve ainda outro milênio entre o declínio de Roma e o nascimento da hegemonia ocidental anunciada pelo surgimento dos portugueses no Oceano Índico.

Durante a maior parte do período seguinte à queda de Roma, os adeptos de uma nova e poderosa religião monoteísta dominaram o comércio de longa distância tão completamente quanto o Ocidente domina esse comércio atualmente; o legado do antigo domínio ainda é totalmente visível.

3

Camelos, Perfumes e Profetas

Quase invariavelmente, artistas e ilustradores retratam camelos de perfil. Visto de frente, o focinho do animal é bulboso e elástico, com o lábio superior estirado para a frente, cobrindo os dentes, projetando-se acima do lábio inferior menor de uma forma que, quando estreito os olhos, não vejo mais um animal que se parece com algo que lembre um camelo de perfil. O que vejo é alguma outra criatura, algo como uma serpente marinha ou um dinossauro com cara de cachorro. — Leila Hadley[1]

A técnica de explorar o deserto deveria ser estudada por todos os viajantes. Um grupo que se aproxima pode ser amigo, mas geralmente é visto como inimigo. Existem dois tipos de grupos de exploradores, aqueles cuja tribo e a sua não são inimigos mortais e os que são hostis há gerações. Ambos querem seus camelos e armas, depois a sua vida também. — Bertram Thomas[2]

Se acreditarmos em pesquisas geológicas e paleontológicas recentes, os dinossauros se depararam com um final repentino, sombrio e frígido quando um enorme asteroide atingiu o Golfo do México há cerca de 65 milhões de anos e desencadeou a Era do Gelo. Nossos ancestrais mamíferos de sangue quente, mais bem adaptados ao frio, conseguiram ressurgir. Há cerca de 40 milhões de anos, um deles, o *Protylopus,* do tamanho de um coelho, surgiu na América do Norte. No início do Pleistoceno, por volta de 3 milhões de anos atrás, o Istmo do Panamá se formou, possibilitando que o *Protylopus* migrasse para a América do Sul, onde seus descendentes, a lhama, a alpaca, o guanaco e a vicunha, prosperaram nos Andes.

Na América do Norte, talvez 500 mil anos atrás, o *Protylopus* também deu origem ao moderno camelo.

O Pleistoceno, que terminou há 10 mil anos, foi marcado por períodos de glaciação intermitente, porém ampla. Durante esses interlúdios gelados, o acúmulo de gelo nas calotas polares em expansão na terra fez o nível do mar cair mais de 200 metros, mais do que suficiente para expor o fundo do Estreito de Bering, atualmente a 60 metros de profundidade em alguns pontos. Essa ponte terrestre, Beríngia, possibilitou o movimento de espécies de plantas e animais entre os hemisférios oriental e ocidental.

Durante essas trocas no final do Pleistoceno, ocorreram duas migrações marcantes: seres humanos mudaram-se do leste da Sibéria para o Novo Mundo, e o camelo e o cavalo cruzaram em direção oposta, para a Ásia e a África. Essas duas espécies com cascos logo desapareceram da América do Norte — talvez virando presas de grandes tigres-dentes-de-sabre, talvez por causa da mudança de sua alimentação causada pela oscilação climática, ou talvez por causa das depredações do homem pré-histórico. Embora o cavalo tivesse sido espetacularmente reintroduzido nas Américas pelos conquistadores espanhóis, o camelo nunca voltou ao local de origem.

Tampouco o camelo prosperou inicialmente em seu novo lar, no Velho Mundo. Ao contrário do rápido cavalo, o indefeso camelo atinge uma velocidade máxima de 30km por hora — uma presa fácil para um leão ou qualquer outro predador grande e veloz. Nas regiões mais secas da Ásia, especialmente na Arábia, o camelo desenvolveu sua vantagem evolucionária característica: a capacidade de armazenar e preservar água, possibilitando passar longos períodos no deserto longe de oásis, onde os grandes carnívoros se reúnem.

Os camelos não armazenam água nas corcovas, como se supõe, mas a distribuem uniformemente pelo corpo. Eles passam facilmente dias e, em circunstâncias excepcionais, semanas sem água porque tomam quantidades enormes — até 200 litros — de uma vez. Eles conservam o líquido pela incrível capacidade de seus rins de concentrar a urina de modo eficiente. Os primeiros camelos asiáticos tinham duas corcovas (bactriano), mas nos desertos mais quentes da Arábia e da África, as espécies evoluíram para a configuração conhecida de uma corcova (dromedário), que reduz a área de sua superfície, diminuindo assim a evaporação da água. O dromedário também desenvolveu outro mecanismo de conservação de água, a habilidade (incomum em um mamífero) de passivamente elevar a temperatura do corpo em até 14°C durante a parte mais quente do dia, minimizando a perda de água pelo suor. Até hoje, dromedários predominam na Arábia e na África, enquanto os bactrianos vivem na Ásia.[3]

Inicialmente, as duas variedades lutariam uma batalha perdida e foram salvas da extinção somente pelo aparecimento fortuito dos seres humanos. O camelo é um dos poucos animais que podem ser domesticados. Para ser criada pelos humanos, uma espécie precisa simultaneamente ter várias características relativamente incomuns: a provisão de alimento atraente e nutritivo, facilidade de pastoreio, docilidade, ausência de temor às pessoas, resistência às doenças dos humanos e, mais importante, a capacidade de se reproduzir em cativeiro. Apenas alguns animais se qualificam em todos os aspectos. Cabras e ovelhas foram os primeiros a serem domesticados, cerca de 10 mil anos atrás, seguidos por galinhas, porcos, bovinos e, finalmente, camelos. (O burro, o cavalo e o cão foram domesticados principalmente por sua utilidade no transporte, na caça e no exército, mas muitas vezes também acabavam na cadeia alimentar.)[4]

Não sabemos bem como as espécies de plantas e animais mais comuns foram domesticadas, e o camelo não é exceção. Com base em evidências antropológicas, parece provável que os seres humanos começaram a tomar leite de camelo há cerca de 5 mil anos, no sudeste africano ou talvez no sul da Arábia, no Mar Vermelho. Até hoje, os somalis se recusam a cavalgar camelos por acreditar que os grandes, desajeitados e lentos animais tornariam seus condutores alvos fáceis. Hoje essa região abriga a maior população de camelos do mundo, que ainda são mantidos apenas pelo leite. Aos poucos o ser humano descobriu outros usos para o animal: a carne e o couro dos machos, a pelagem de ambos os sexos e, por fim, mas não menos importante, o transporte.

Até cerca de 1500 a.C., o burro foi o animal de carga preferido. Depois disso, tribos nômades criaram camelos para transporte em grande quantidade. Se o burro era o sedã da família, capaz de levar cargas leves em terreno duro e liso, o camelo era o Land Rover, cujos grandes cascos almofadados lhe permitiam carrear o dobro de carga duas vezes mais depressa em longas distâncias em regiões áridas sem estradas. Essa capacidade revolucionou o comércio das areias do Oriente Médio e nas estepes da Ásia.[5]

Uma única pessoa conduzindo de 3 a 6 animais pode transportar duas toneladas de carga de 30km a 90km por dia. Quando Tiglate-Pileser III, rei assírio, derrotou a rainha árabe Samsi por volta de 730 a.C., seu espólio incluiu 20 mil cabeças de gado, 5 mil pacotes de especiarias e 30 mil camelos.[6]

Um comerciante não pode simplesmente prender pacotes pesados nas costas de um camelo. As corcovas macias e instáveis do animal e seu andar oscilante exigiram uma sela estruturada que distribuía o peso da carga em suas costas. Entre 1300 a.C. e 100 a.C., nômades árabes pré-islâmicos aperfeiçoaram as selas a ponto de permitirem que um camelo médio carregasse mais de 200kg, chegando ao máximo de 400kg para animais mais fortes. A última configuração, a sela do norte da Arábia, tem sido utilizada nos últimos 2 mil anos.

Os camelos bactrianos da Ásia Central são reproduzidos de modo tão especializado e cuidadoso quanto os do deserto da Arábia, tendo sido domesticados para transporte mais ou menos na mesma época, por volta de 2500 a.C. a 2000 a.C. O clima ligeiramente mais fresco e úmido das estepes asiáticas, do Irã e da Índia favoreceu os animais com duas corcovas. Porém, embora os árabes do deserto preferissem o dromedário não só por sua capacidade de carga, mas também por seu leite, carne e pelagem, o mesmo não ocorria com os habitantes da Ásia Central. Nessa parte do mundo, a agricultura já havia se estabelecido e disseminado amplamente. O povo da Ásia Central considerava a lã do carneiro superior à do camelo, e o leite e a carne do gado bovino mais abundantes e de melhor sabor. Além disso, o touro e o búfalo-asiático eram muito mais vantajosos que o camelo em pequenas distâncias, principalmente em climas úmidos, onde camelos não prosperam.

Assim, à medida que a era antiga transcorria, tanto o tamanho quanto a quantidade da população do mais valioso dromedário aumentaram e começaram a afetar o domínio dos bactrianos: primeiro na Síria e no Iraque, depois no Irã, mais tarde na Índia e, finalmente, na própria Ásia Central. Quando as duas populações entraram em contato, as leis da hibridação exerceram sua mágica habitual. Os dois tipos são semelhantes o suficiente para se cruzarem, e a primeira geração de crias do bactriano e do dromedário (o assim chamado híbrido F1) é, como ocorre com frequência, um animal de incrível energia e força, perfeitamente adequado ao comércio terrestre nas longas distâncias da Ásia Central. Ao longo de toda a Rota da Seda, explodiu a demanda por esses "supercamelos", capazes de carregar meia tonelada de carga da China aos limites ocidentais da Ásia.

Esses animais de carga podem ser cruzados com um garanhão bactriano, atendendo a uma grande população de dromedários fêmea, ou o contrário. A união de um garanhão bactriano com um dromedário fêmea, porém, é usada quase que exclusivamente, visto que um garanhão bactriano pode cobrir um número maior de dromedários fêmea, estas últimas muito mais comuns, mesmo na Ásia Central. (Uma situação semelhante ocorre com o potente animal de carga para todos os usos, a geralmente estéril mula, que é a cria de uma égua com um burro, mas por um motivo diferente. O híbrido F1 "reverso" entre um garanhão e um burro fêmea — o bardoto — raramente ocorre, devido às dificuldades de nascimento de uma cria grande pelo canal de parto menor do burro fêmea.)

A inexorável lógica da criação de animais também requer que as crias de primeira geração *não* cruzem, visto que seus filhotes de segunda geração costumam ser pequenos e degenerados; os termos árabe e turco para o resultado do cruzamento dessa segunda geração se traduzem como "raquítico". Consequentemente, o dromedário e os híbridos predominam em quase toda a África e Ásia; somente nas montanhas mais altas e frias da Ásia Central, onde até os resistentes híbridos não prosperam, os bactrianos se desenvolvem em grande número.[7]

O amplo uso continuado de animais do Marrocos à Índia e à China Ocidental prova sua extraordinária eficiência para o transporte. Na era moderna, a disponibilidade de estradas pavimentadas permite um arranjo ainda mais eficiente de camelos e carroças. A Organização das Nações Unidas para Alimentação e Agricultura calcula que a população atual de camelos é de apenas 20 milhões (incluindo 650 animais selvagens no interior da Austrália, cujos serviços se tornaram desnecessários com a chegada da estrada de ferro).[8]

Embora um animal com um condutor excepcional possa cobrir até 90km por dia, a distância normal é de, aproximadamente, 45km ao dia. Considerando a capacidade de reserva de água "segura" de três dias do camelo, oásis e pousadas para as caravanas precisavam ser separados por 160km; isso restringia em muito a mudança de rotas, especialmente na Ásia Central. Além disso, como camelos não conseguem andar em terrenos íngremes e estreitos, foi preciso usar burros nas passagens das montanhas da rota asiática.[9]

Já encontramos um artigo, a seda, que podia ser transportado por grandes distâncias no lombo de camelos. Mas durante mil anos antes de a seda viajar da China a Roma em camelos e também em navios, outra preciosa carga encontrou seu caminho a milhares de quilômetros do vasto deserto da Arábia aos grandes centros de civilização do mundo antigo no Crescente Fértil.

A marca registrada e a desvantagem da Península Arábica é seu clima quente e seco. Raramente um riacho permanente penetra a vastidão do deserto. Há apenas seus espectros, os ressecados e sinuosos "wadis" (equivalentes aos arroios do sudoeste americano), muitas vezes não vistos até por viajantes experientes até que esses regatos dormentes se transformem em torrentes furiosas durante tempestades separadas por décadas.

Uma parte da península, porém, era conhecida na antiguidade clássica como *Arábia Felix* — literalmente, "Arábia Feliz". O nome se referia à fertilidade da região. Localizada no sudoeste montanhoso da península onde hoje fica o Iêmen, ela é atingida pelos ventos quentes e úmidos da monção de verão e recebe uma média de 250ml de chuva por ano. A cidade portuária de Áden, no sudeste, recebeu seu nome a partir da palavra em árabe para Éden, que descreve precisamente esse raro trecho de clima úmido. (O resto da península árida era conhecido como *Arabia Deserta.*)

Incenso é o termo geral para olíbano, mirra e outras substâncias aromáticas raras que cresceram durante milênios na Arábia Felix. Os primeiros habitantes sabeus e mineus, assim como povos de Bab-el-Mandeb, na Somália, foram os pioneiros em seu cultivo e sua exportação.

Antes da chegada da seda e da pimenta ao Ocidente, o incenso era o produto mais luxuoso da antiguidade. Para qualquer um que vivesse na Arábia por volta de 1500 a.C., o uso mais evidente para o recém-domesticado camelo teria sido o transporte de incenso para consumidores do Crescente Fértil e da bacia do Mediterrâneo. Já em 3500 a.C., aristocratas egípcios e babilônios apreciavam esses produtos aromáticos. Monumentos de pedra de aproximadamente 2500 a.C. celebram viagens de comércio de incenso para o reino de Punt: os atuais Iêmen e Somália. Os comerciantes devem ter navegado por toda a extensão do Mar Vermelho, mas, como já vimos, águas rasas, piratas e ventos contrários condenavam essa rota. Era mais seguro e confiável usar o caminho por terra ao norte da costa da Arábia do Mar Vermelho e então para o oeste, atravessando o Sinai.

O ciclo de cultivo também favoreceu a rota dos camelos. Lavradores faziam a colheita principalmente no outono e na primavera, fora de sincronia com a monção de inverno para navegar até o Egito ou a monção de verão para navegar até a Índia, enquanto os comboios de camelos podiam viajar durante todo o ano.[10] Os rigores da navegação no Mar Vermelho e as peculiaridades das colheitas e monções motivaram os povos da península a domesticarem o camelo especificamente para transportar incenso.

A maior parte do comércio consistia em dois produtos um tanto diferentes: o olíbano, uma resina produzida a partir da *Boswellia sacra;* e a mirra, um óleo perfumado produzido com a *Commiphora myrrha.* Ambas espécies eram árvores baixas de formato irregular, que cresciam principalmente em grandes altitudes no sul da Arábia e na vizinha Somália, ao norte.

O olíbano e a mirra adquiriram o status de artigos de luxo por motivos sagrados e profanos. Embora nossa mente nos permita imaginar cenas e sons de antigas civilizações, seus odores estão muito além da compreensão moderna. Em cidades superpopulosas carentes de um saneamento eficaz, o nariz identificava uma localização tão bem quanto qualquer mapa: o cheiro de fezes nas principais redes de esgoto e matadouros; o cheiro de urina que cercava edifícios do governo, templos e teatros; ou os ataques especialmente ofensivos ao olfato de curtumes, peixarias e cemitérios.

Entre esses maus cheiros e onde banhos regulares com água limpa e troca habitual de roupas eram reservados somente para os cidadãos mais ricos, poucas substâncias eram valorizadas como óleo de mirra, facilmente aplicado como uma loção corporal e capaz de ocultar os vários cheiros da vida cotidiana. Médicos usavam a mirra em remédios, e ela também era a substância de embalsamento usado no mundo antigo. Além disso, o incenso era o aroma de Eros, como provado por esta incitação de uma adúltera conhecida, maldosa e bíblica:

Já cobri a minha cama com cobertas de tapeçaria, com obras lavradas, com linho fino do Egito.
Já perfumei o meu leito com mirra, aloés e canela.
Vem, saciemo-nos de amores até a manhã; alegremo-nos com carinhos.
Porque o marido não está em casa; foi fazer uma longa viagem;
Levou na sua mão um saquitel de dinheiro; voltará para casa só no dia marcado.[11]

O olíbano, embora também perfumado, tinha qualidades místicas. Essa resina de queima uniforme produzia uma fumaça delicada, fina e ondulada que, como visto no mundo antigo, lentamente se erguia aos céus, onde sua aparência e seu perfume agradavam aos deuses. Na China e na Índia, rituais funerários exigiam a queima do olíbano. Nos tabernáculos dos antigos judeus, dizia-se que suas espirais opacas velavam a presença do Todo-poderoso.[12]

Plínio escreveu que Alexandre, o Grande, apreciava queimar grandes quantidades de incenso em altares sagrados. Leônidas, tutor de Alexandre, o censurava por "cultuar os deuses dessa forma depois de ter conquistado as raças produtoras do olíbano". Segundo Plínio, Alexandre então subjugou a Arábia, depois do que "enviou a Leônidas um navio carregado de olíbano com a mensagem para que adorasse os deuses sem qualquer restrição".[13]

Plínio também nos oferece uma descrição viva do comércio de olíbano na Arábia Felix. As árvores secretam um líquido espesso e espumoso que se junta sob a casca. Os plantadores faziam nelas incisões, e o fluido escorria para o chão ou para esteiras de folhas de palmeira, onde secava e engrossava. Esse era o olíbano mais desejado, enquanto o produto residual, preso à árvore e contaminado pela casca, era de qualidade inferior. A integridade dos produtores surpreendeu Plínio:

> A floresta está dividida em porções definidas, e embora a honestidade mútua dos proprietários esteja sujeita à liberdade de transgressão, e ninguém vigie as árvores após feita a incisão, ninguém rouba o vizinho.[14]

Hoje, os beduínos, homens e mulheres, ainda cultivam árvores com marcas indicadoras de propriedade, segundo as observações de Plínio. Antes da Era Comum, a produção de incenso estava limitada ao habitat natural das árvores no sudoeste da Arábia, e os povos locais o recolhiam apenas na parte mais quente do ano, em maio, antes da chegada da monção úmida do sudoeste. Depois de secar por algumas semanas, o produto final começou sua jornada para o norte por camelo até mercados no Crescente Fértil e Mediterrâneo, ou foi armazenado mais alguns meses para ser enviado por mar até o leste da Índia. O naturalista grego Teofrasto descreveu as transações altamente confiáveis do "comércio silencioso" que caracterizaram as primeiras compras:

> E quando o traziam, cada homem empilhava sua própria contribuição de olíbano e mirra da mesma forma, e a deixa protegida; e na pilha colocava uma tabuleta na qual constavam as medidas que continham, o preço de cada medida; e assim, quando os mercadores vêm, olham as tabuletas, escolhem a pilha que lhes agrada, medem a quantidade desejada, colocam o valor adquirido, e então vem o sacerdote, toma a terça parte do preço para o deus, e deixa o resto onde fica em segurança até que seus donos as reclamem.[15]

O olíbano recém-desidratado, uma substância frágil e viscosa, era embalado em caixas de madeira; óleo de mirra, mais sujeito à evaporação, era transportado em peles de animais. Durante milhares de anos, essas duas substâncias preciosas, produzidas em reinos remotos e secretos, atravessavam a complexa rota da extremidade sudoeste da Península da Arábia para seus destinos finais na Babilônia, em Atenas e em Mênfis, a antiga capital do Egito. O historiador Nigel Groom escreve: "Pode-se imaginar os camelos das antigas caravanas com cestos de olíbano de cada lado de suas selas ou oscilando sob o peso da mirra em peles de cabra, mais compactas e bem fechadas."[16]

A pax romana mudou esse padrão. Uma parte significativa do espólio romano se destinava à compra de incenso. Os antigos gregos e romanos provavelmente ofereceram sacrifícios humanos aos deuses, mas na Grécia clássica e no início da república romana, eles foram substituídos por animais. Ao lado do altar de sacrifícios, colocado sobre um tripé, estava a *acera,* na qual ficava o olíbano.[17] A queima dessa substância aromática era tão essencial aos rituais romanos que entrava no império isenta de impostos, em contraste com a taxa de 25% paga sobre a maioria de outros importados. (O Arco de Tito, no Fórum, retrata o imperador carregando um arbusto de bálsamo em sua marcha triunfante pela capital depois da conquista de Jerusalém em 70 d.C. A planta produzia uma das substâncias aromáticas mais caras.)[18] Com a prosperidade do império, cresceu a demanda por incenso, e a gradativa ampliação do controle romano para o sul em direção da Arábia Felix durante os séculos I e II d.C. tornou as rotas marítimas e de camelos mais seguras e baratas.

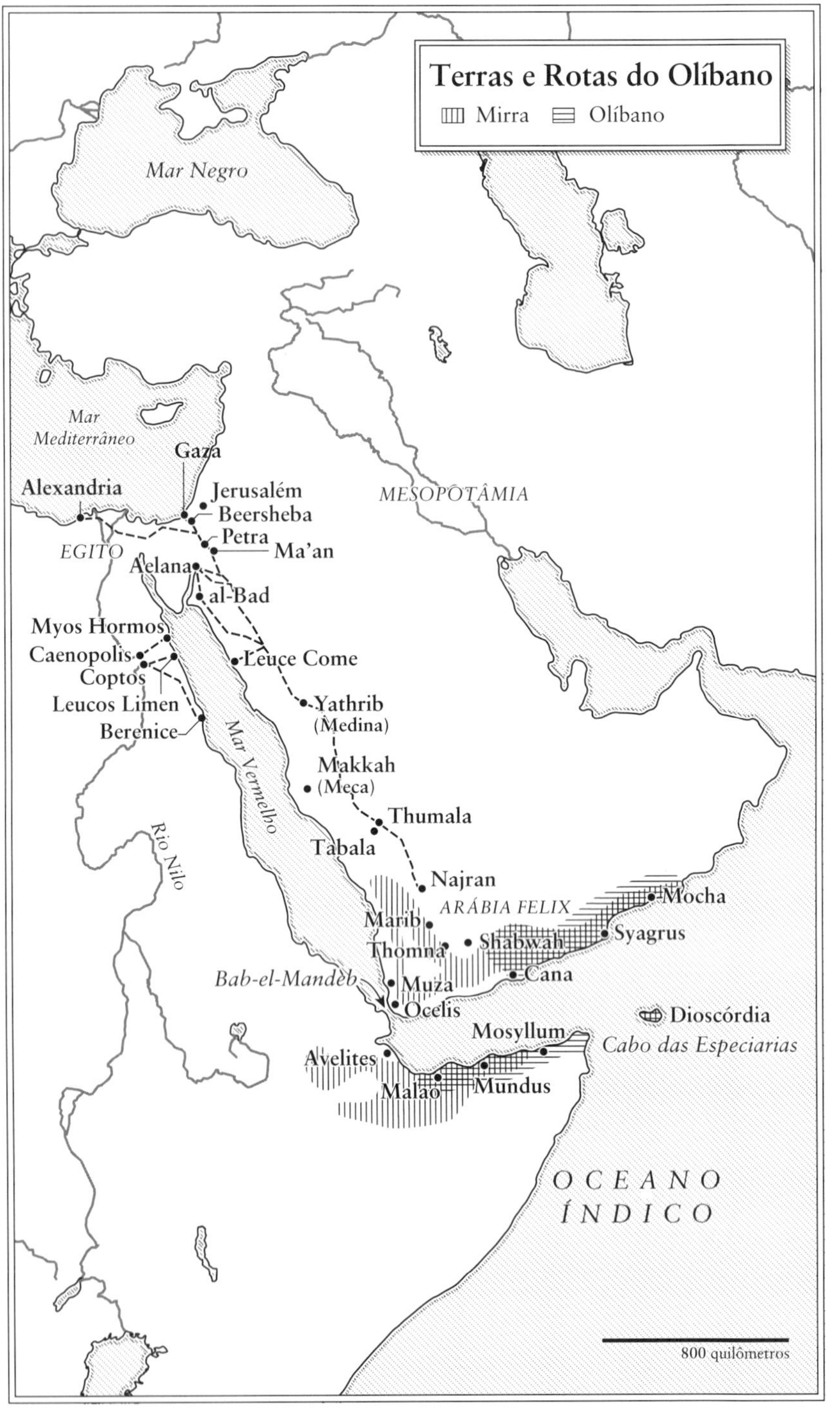
Terras e Rotas do Olíbano
Mirra
Olíbano
Mar Negro
Mar Mediterrâneo
MESOPOTÂMIA
EGITO
Gaza
Alexandria
Jerusalém
Beersheba
Petra
Ma'an
Aelana
al-Bad
Myos Hormos
Caenopolis
Coptos
Leucos Limen
Berenice
Leuce Come
Yathrib (Medina)
Makkah (Meca)
Thumala
Tabala
Mar Vermelho
Rio Nilo
Najran
ARÁBIA FELIX
Marib
Thomna
Shabwah
Mocha
Syagrus
Cana
Bab-el-Mandeb
Muza
Ocelis
Dioscórdia
Mosyllum
Cabo das Especiarias
Avelites
Malao
Mundus
OCEANO ÍNDICO
800 quilômetros

À medida que a demanda aumentava, produtores acrescentaram uma segunda e terceira colheita anual, que rendia um produto inferior ao da colheita tradicional de maio. O cultivo se espalhou para o leste de Zufar, atual Omã.

Essa mudança na expansão adicionou uma distância inóspita às cargas destinadas a Roma. Parte do olíbano e da mirra dessas novas áreas produtoras era levada diretamente de portos de Qana e Moscha, no leste da Arábia, para Berenice, no Mar Vermelho, e, então, para Alexandria. Mas a maior parte do comércio de incenso era levado por camelo; o rei de Arábia Felix, desejando controlar o lucrativo comércio, viu que a maior parte passava por terra pela cidade de Shabwa, no leste de Arábia Felix.

Plínio descreveu como o incenso, depois de colhido, era levado a Shabwa, onde "um único portão ficava aberto para sua admissão". Não usar o portão designado — um claro sinal de contrabando — era algo punido com a morte. A rota terrestre parece ter sido monopólio de uma única tribo, cujos sacerdotes supervisionavam a colheita e o transporte da produção. Plínio costuma identificar a tribo como gebanitas ou mineus.

Os sacerdotes em Shabwa cobravam 10% da carga como taxa de importação. Depois, o incenso tinha que viajar a Thomna, a capital do país dos gebanitas ou mineus, que controlavam o comércio dali para a frente. Plínio registrou que a jornada de Thomna a Gaza, de cerca de 2.400km, levava 65 dias, cerca de 35km por dia. Ao longo do caminho, mais despesas. Entre elas:

> Parcelas fixas do olíbano também eram dadas aos sacerdotes e secretários dos reis, mas além deles, os guardas, seus auxiliares, porteiros e servos também tinham sua fatia: de fato, em toda a rota eles pagavam, em um ponto pela água, em outro pela forragem ou a estadia nas pousadas.[19]

Cada carregamento por camelo até Roma incorria em um total de custos de compra e transporte de aproximadamente mil denários, ou cerca de 4 denários por quilo. Meio quilo de olíbano de melhor qualidade — assim classificado por sua alvura, delicadeza e facilidade de queima — era vendido em Roma por 6 denários. Meio quilo do produto de qualidade inferior era vendido por 3 denários, mais ou menos o mesmo preço da pimenta-preta. (O denário, uma pequena moeda de prata pesando 1/8 de onça, mal correspondia ao salário de um dia de um trabalhador qualificado. Assim, meio quilo de olíbano representava cerca de uma semana de trabalho de um trabalhador qualificado; meio quilo de mirra, cerca de duas semanas de trabalho.) Em comparação, meio quilo das substâncias aromáticas mais preciosas, como o bálsamo da Palestina, era vendido por até mil denários.

O que faltava ao olíbano em termos de preço era mais que compensado pela quantidade. Isolado entre as substâncias aromáticas, o olíbano era transportado em quantidades de cerca de 230 quilos por camelo e, assim, era o artigo comercializado mais importante da era. Se tomarmos o valor original citado por Plínio e calcularmos o custo total do transporte de uma carga de incenso por camelo da Arábia Felix a Roma em aproximadamente mil denários, então, com meio quilo de incenso ao preço médio de varejo de 5 denários, era possível obter um lucro total de 1.500 denários por camelo.

O incenso gerava prosperidade ao longo de toda a cadeia de fornecimento. Essa riqueza era distribuída entre intermediários, os que atendiam às caravanas e os condutores de camelos, cada um capaz de conduzir até seis animais por vez. Ziguezagueando lentamente ao longo da costa oeste da península (Mar Vermelho), essas caravanas ligavam os locais de procedência de incenso da Arábia Felix com consumidores ricos no Crescente Fértil e, depois, na Grécia, especialmente nas cidades dos sabeus e gebanitas de Shabwa, Thomna e Ma'rib. Outro grupo, tribos nômades, também prosperou saqueando a rica cadeia de suprimento de incenso. O produto que chegava do leste da Arábia via Gaza e Alexandria nos cais de Puteoli havia viajado mais de 6 mil quilômetros.

A confusão sobre exatamente quem controlava o comércio se deve, em grande parte, às dificuldades de realizar pesquisas no Iêmen e na Arábia Saudita de hoje. Durante a maior parte do século XX, Ma'rib, a principal cidade antiga dos mineus e gebanitas, era proibida aos ocidentais. Em 1951, quando o imame do Iêmen finalmente concedeu permissão ao renomado arqueólogo norte-americano Frank Albright para visitar Ma'rib para ajudar a resolver esse mistério, seu grupo foi imediatamente expulso sob a mira de armas por locais insatisfeitos. Os arqueólogos encontraram inscrições de mineus fragmentadas, mas fascinantes, em Mênfis, no Egito, e em Delos, na Grécia, indicando a presença de diásporas de comércio árabe a milhares de quilômetros de sua terra natal.

À medida que a domesticação de camelos para transporte se espalhou para o norte e o leste, outros polos lendários do interior, como Palmira,

Samarcanda e Shiraz (na atual Síria, Uzbequistão e Irã, respectivamente), fervilhavam com comerciantes e seus camelos, condutores de caravanas e mercadores de várias nações. Cada cidade se tornou, por sua vez, rica e poderosa. Hoje, talvez os resquícios mais visíveis do comércio de incenso sejam os magníficos templos e túmulos de pedra em Petra, a capital de Nabateia, onde hoje fica o sul da Jordânia.

Esse misterioso reino de adoradores do sol floresceu entre 300 a.C. e a queda de Roma, e sua prosperidade dependia do controle do terço norte da rota árabe do incenso. Da mesma forma, o terminal da rota de camelos no Mediterrâneo em Gaza também prosperou com o comércio. O incenso enviado por Alexandre a Leônidas — 15 toneladas de olíbano, 3 toneladas de mirra — vinha dos armazéns de Gaza saqueados por ele em seu caminho de Tiro para o Egito em 332 a.C. Nessa época, Gaza já era um local muito antigo e rico, instalada em um monte funerário, já sitiada várias vezes pelos assírios em séculos anteriores.

Quando o incenso chegou ao Egito, a tranquila honestidade da Arábia Felix desapareceu totalmente. Novamente, Plínio:

> Em Alexandria, por outro lado, onde o olíbano era preparado por Hércules para a venda, nenhuma vigilância era suficiente para guardar o produto! Um selo era colocado nos aventais dos trabalhadores, eles tinham que usar uma máscara ou rede na cabeça, e antes que pudessem sair das instalações, tinham que despir todas as roupas.[20]

O antigo comércio de incenso não era, portanto, diferente do comércio atual de cocaína e heroína: relativamente seguro perto da fonte agrícola original, mas altamente arriscado perto do produto acabado e dos consumidores finais.

Os efeitos do incenso em seu destino final, Roma, eram menos positivos. Juntamente com a seda, a importação de substâncias aromáticas drenava a prata do império; Nigel Groom calcula que eram gastos cerca de 15 milhões de denários por ano nas 10 mil cargas de camelo destinadas à capital. Contanto que os saques do estrangeiro chegassem aos portos, não havia problema; acreditava-se que só a fortuna de Sêneca atingia quase 100 milhões de denários. Mas no século II, quando as conquistas pararam e os romanos ficaram ainda mais extravagantes, aqueles com inclinação mais poética do que econômica podem ser perdoados por concluir que o poder do império se evaporou em uma névoa de incenso.[21]

Embora o olíbano e a mirra tivessem espalhado prosperidade a cidades e vilas ao longo da rota das caravanas, um local entre elas — um pequeno oásis no oeste da Arábia situado a meio caminho entre os produtores de incenso do Iêmen e seus consumidores no distante leste do Mediterrâneo e o Crescente Fértil — magnetizaria o mundo civilizado. Ali, o comércio de incenso catalisou o nascimento do Islã, cujo impacto militar, espiritual e comercial transformou a Ásia medieval, a Europa e a África. Acompanhando a onda crescente do comércio global por terra e vias marítimas da Ásia, o Islã passou a dominar a vida espiritual e comercial do continente.

A saga da nova religião começa com os ancestrais dos árabes do deserto, que eram fazendeiros sedentários trabalhando em terrenos às margens dos oásis. Há cerca de 3 mil a 3.500 anos, eles aprenderam primeiro a domesticar o camelo, o que lhes deu a habilidade de desafiar o duro e aterrador deserto da Arábia. Mesmo com a descoberta dessa nova mobilidade, sua situação era precária, agrupados nos oásis durante os verões secos e mortais e pastoreando às beiras do deserto com cabras e camelos o resto do ano.

Essa sombria existência nômade lhes permitiu um precioso isolamento geográfico que os poupou de conquistas. Os dois grandes estados predadores da era pós-romana, os impérios bizantino e sassânida, procuravam recuperar as antigas glórias de Trajano e Dario um do outro: Bizâncio se esforçou para tirar a Mesopotâmia da Pérsia, enquanto a Pérsia esperava recuperar a Síria e o Egito de Bizâncio. Presos a uma contínua luta de vida e morte, essas potências não dedicaram atenção significativa aos habitantes exóticos e empobrecidos do deserto ao sul. Houve uma exceção no isolamento e na independência árabes, e essa foi a fértil produtora de incenso, atingida pelos ventos de monções, Arábia Felix, que se tornou um infeliz peão nessa antiga versão de um Grande Jogo.

O ambiente duro e sem lei do deserto moldou a vida econômica e religiosa da Península Arábica e deixou até hoje sua marca na cultura do mundo muçulmano. A sobrevivência na Arábia, com sua falta de autoridade central, foi e continua totalmente dependente dos bons resultados da família e da tribo.

As noções de autonomia individual e normas da lei ocidentais simplesmente não se aplicam ao deserto. Um ataque a um membro da tribo é um ataque a todos, e em um cenário em que um assassino pode escapar rápida e silenciosamente, pouco importa se o acusado é culpado ou inocente. Todo o seu clã é responsável pelo *thar* — retaliação. A resultante rede de honra e vingança, tão comum no moderno Oriente Médio, é eterna, aparentemente sem começo ou fim. Quando a primeira alternativa das vítimas são seus primos, e não a política ou um sistema judicial independente, a pobreza e a instabilidade política são os resultados habituais.

Em um cenário árido e empobrecido como esse, uma importante fonte de sustento muitas vezes é o roubo nas tendas e caravanas de tribos vizinhas. A indicação de uma operação militar no deserto é o *ghazu* — ataques montados em cavalos (mais rápidos e fáceis de controlar do que os camelos). Os atacantes agem com rapidez e habilidade para evitar causar vítimas que desencadeariam o *thar*.[22] Lembre-se do trilema do comércio: comercializar, proteger ou atacar. Na ausência de qualquer autoridade acima da tribo, os empreendedores invariavelmente optarão pelo ataque.

Os habitantes pré-islâmicos do deserto oravam para muitos deuses, e o Islã se apropriou de muitas crenças e práticas religiosas árabes antigas. Os primeiros árabes erigiram santuários a numerosas divindades; a mais sagrada era a Caaba, em Meca, um grande bloco de granito no qual havia um canto em que se encaixava uma pedra negra, provavelmente de procedência meteórica. Não se sabe se Caaba era dedicada à principal divindade árabe, al-Llah, ou a outra divindade menos importante, Hubal. O povo do antigo Oriente Médio costumava adorar fragmentos de meteoros; o imperador romano amante da seda, Heliogábalo, descrito na Introdução, era um sírio que começou sua carreira como sumo sacerdote de um templo que abrigava tal remanescente celestial na cidade de Emesa (atualmente Homs, na Síria). Quando se tornou imperador, deixou os romanos desolados ao levar consigo a rocha e construindo outro templo para ela na capital.[23] (Vinte e dois anos após sua morte, a liderança desse império mais ecumênico cairia com o imperador Filipe, um árabe.)

Por volta de 500 d.C., os árabes do deserto passaram a ter contato frequente com cristãos e judeus. Os judeus provavelmente migraram para o sul depois da conquista de Jerusalém por Nabucodonosor em 586 a.C. e criaram plantações de palmas em Hijaz. Da mesma forma, o cristianismo se disseminou para a Arábia, vindo dos bizantinos no norte, e do sul, por Bab-el-Mandeb na Abissínia cristã dos coptos. Cristãos e judeus muitas vezes insultavam os árabes por suas crenças politeístas e sua falta de um credo abrangente e na vida após a morte. Consequentemente, um senso de inferioridade religiosa cresceu entre os habitantes do deserto, juntamente com um desejo reprimido por um sistema de crença abrangente próprio.

Exatamente como Meca se tornou um movimentado centro comercial ainda é um mistério; ela não produzia nada de valor, não era um grande centro de consumo ou de governo e tinha pouca valia estratégica. Alguns historiadores sugeriram que sua principal vantagem era a posição: Meca ficava aproximadamente a meio caminho no trajeto de dois meses para a Península Arábica, tão distante de Bizâncio, ao norte, e do Iêmen, governado pelos abissínios ao sul, que estava relativamente segura de depredações por parte de ambos. Porém, essa não deve ser a razão principal de sua proeminência. O papel do comércio de incenso no crescimento da cidade também é incerto: há controvérsias sobre se a principal rota de caravanas contornava a cidade (em contraste com Medina, que certamente era atravessada pela rota do incenso).[24] Meca se encontra em um vale deserto e seco, e durante o período pré-islâmico, seu alimento dependia totalmente das hortas e fazendas de Taif, a 120km de distância.[25] Em um sentido restrito, Meca pode ser vista como uma minúscula versão árabe ressequida sem saída para o Mar de Veneza, cujo suprimento de alimentos e o ritmo da vida cotidiana acompanhavam os sons do comércio, mesmo que não estivesse realmente na principal rota de incenso.

O verdadeiro motivo para a antiga proeminência de Meca na Arábia pré-islâmica era a pedra Caaba e os vários templos próximos, de outros deuses do deserto. Todos os anos, os fiéis faziam uma peregrinação, conhecida como o *haji* (que só muito mais tarde foi adotado pelo Islã), para venerar e circundar Caaba e a pedra negra.

No final do século V d.C., a tribo coraixita, liderada por um xeique de nome Qussay, mudou-se do norte, dominou Meca e combateu invasões de bizantinos e abissínios. Em seguida, Qussay convenceu os coraixitas e as tribos vizinhas de que era mais lucrativo comercializar e proteger as caravanas do que atacá-las. Cobrar impostos e vender-lhes um salvo-conduto provou ser mais proveitoso do que saquear minguadas e assustadas caravanas.[26] Os coraixitas continuaram a se estabelecer em Meca em número cada vez maior, ficaram ricos e, aos poucos, se afastaram de sua forte herança comunitária e nômade. Daí em diante, sua vida girou ao redor do comércio, não da existência precária em oásis e tendas no deserto.

Por volta de 500 d.C., a Abissínia se converteu ao cristianismo e se tornou uma potência regional intimamente associada aos seus correligionários em Bizâncio. O último governante da independente Arábia Felix, o bem-apessoado Yusuf Asai (também conhecido como Dhu Nuwas e "o homem com cabelos cacheados"), converteu-se ao judaísmo no início do século VI e continuou a matar e escravizar milhares de cristãos em seu reino. Em 525 d.C., em resposta às atrocidades anticristãs de Yusuf Asai, os abissínios atacaram através de Bab-el-Mandeb e dominaram seu exército. Diz-se que o desanimado rei entrou no mar a cavalo.[27]

A derrota do monarca judeu iemenita e o resultante domínio da Arábia Felix pelos cristãos abissínios desencadeou uma série de eventos cujos efeitos reverberam até os dias de hoje. Em 570 d.C., um procônsul abissínio na Arábia Felix chamado Abraha rebelou-se contra seu rei e criou um império rival na península. Um cristão fiel, com um exército apoiado por elefantes africanos transportados de Bab-el-Mandeb, Abraha foi incentivado pelo imperador bizantino Justiniano a atacar Meca, na época o último reduto pagão na Arábia. Os desafortunados elefantes, porém, embora armas assustadoras na maioria dos campos de batalha do mundo antigo, não eram adequados para as areias quentes da Arábia, e sucumbiram a doenças ou ao clima inóspito fora dos portões da cidade. Os habitantes de Meca nunca tinham visto tais criaturas e, desconhecendo a ecologia e microbiologia básica dos animais, pensaram em intervenção divina. O ano de 571 d.C. se tornou conhecido na Arábia como o "Ano do Elefante".[28] Esse mesmo ano viu o nascimento do profeta Maomé em um ramo menos importante dos coraixitas, e sua chegada foi para sempre impregnada pelos muçulmanos com o mítico evento com os elefantes. Naturalmente, ele se tornou um comerciante.

Se Abraha e seus aliados paquidermes tivessem tido êxito em Meca, Maomé, caso tivesse mesmo nascido, acabaria se tornando um monge cristão. O Maomé histórico é, na melhor das hipóteses, uma figura indistinta; os primeiros relatos escritos de sua vida apareceram só mais de um século após sua morte, e mesmo estes foram distorcidos pelas necessidades ideológicas de seus primeiros cronistas. Contudo, alguns fatos básicos parecem indiscutíveis. Órfão a uma tenra idade, ele foi criado por um tio, Abu Talib, um próspero comerciante. Embora Maomé provavelmente tivesse passado os anos de formação observando e participando dos negócios do tio, não há registros diretos sobre suas primeiras atividades profissionais. Mais certo é que por volta dos 25 anos ele se viu trabalhando para uma viúva mais velha, Khadija, que também administrava um próspero comércio. Não sabemos exatamente que artigos suas caravanas vendiam, mas tâmaras, uvas-passas e couro da vizinha Taif, olíbano do Iêmen e tecidos do Egito e além certamente estavam entre eles.

Sendo mulher, ela não viajava com essas cargas, e então Maomé rapidamente ganhou experiência como seu agente na Síria. Impressionada com a competência do jovem e atraída por sua personalidade, ela lhe propôs casamento, e ele aceitou; Maomé era agora um homem de posição e recursos.

Em suas viagens, Maomé encontrava judeus e cristãos — o "povo do Livro" — e sentiu o poder de seus sedutores sistemas de crença. O fato de o judaísmo e o cristianismo estarem associados a potências estrangeiras detestadas limitou sua atração e motivou Maomé e seus conterrâneos a buscarem o próprio caminho. O senso de ausência dos árabes foi aumentado pela repugnância em relação às atitudes materialistas da nova aristocracia comercial coraixita de Meca, percebida como tendo se voltado contra os antigos códigos de comportamento tribais.[29] Nas palavras do grande historiador ocidental do Islã, Maxime Rodinson:

> As virtudes tradicionais dos filhos do deserto não eram mais um caminho certo para o sucesso. Ganância e a busca contínua de oportunidades de progresso eram muito mais úteis. Os ricos ficaram orgulhosos e prepotentes, glorificados pelo próprio sucesso pessoal — que não era mais uma questão para toda a tribo. Os laços de sangue ficavam mais fracos.[30]

No final do século VI, então, muitos árabes foram motivados por duas necessidades: criar uma identidade unificadora única em oposição às religiões monoteístas de origem estrangeira e desenvolver uma força política para se opor à riqueza e corrupção dos coraixitas. Nesse ambiente socioeconômico turbulento, al-Llah [Alá], que surgiu sozinho dentre os deuses do deserto, forçosamente ditou pela voz do anjo Gabriel os primeiros versos do Alcorão para um agonizante Maomé no Monte Hira, ao lado de Meca, em 610. A lenha seca do fervor religioso foi então acesa e quase imediatamente explodiu na conflagração da conversão e conquista que dominaria grande parte da Ásia, África e Europa.

Os muçulmanos havia muito tinham reconhecido que o apoio de Khadija era essencial à missão final do Profeta: um conhecido ditado árabe diz que o "Islã jamais seria erguido se não com duas coisas: a espada de Ali e a riqueza de Khadija". (Ali, primo e genro de Maomé, acabou se tornando o quarto sucessor do Profeta; seu assassinato dividiria o mundo muçulmano em uma minoria xiita e uma maioria sunita, que acredita e não acredita, respectivamente, que a liderança deveria passar diretamente pela linhagem de Maomé por meio de Ali.)

Dentre as religiões do mundo, somente o Islã foi fundado por um comerciante. (O sucessor imediato de Maomé, o mercador de tecidos Abu Bakr, também era um comerciante.) Esse fato extraordinário inunda a alma dessa fé e guia os eventos históricos que ricochetearam pelas rotas terrestres da Ásia e rotas marítimas do Oceano Índico durante os nove séculos seguintes. Seus rastros são visíveis no mundo atual, das modernas colônias de indianos muçulmanos na África Oriental aos comerciantes libaneses ainda ativos na África Ocidental, passando pelos "sírios" que povoaram os postos avançados do terceiro mundo dos romances de Graham Greene.

Os textos mais sagrados do Islã ressoam a importância do comércio, como nesta famosa passagem do Alcorão: "Ó fiéis, não consumais reciprocamente os vossos bens, por vaidades, realizai comércio de mútuo consentimento."[31] As passagens mais importantes sobre negócios e comércio, porém, são encontradas no *hadith*, uma coleção de histórias sobre a vida de Maomé que oferecem conselhos sobre a conduta no comércio, do geral "Não há mal em você (comercializar) na época do haji [peregrinação]", para o específico:

> As duas partes envolvidas no negócio têm a opção de cancelá-lo enquanto elas não tiverem se separado. Se ambos tiverem dito a verdade e esclarecido todos os aspectos, seu negócio será abençoado para ambos. Mas se eles esconderem (as falhas ou outros aspectos) e mentirem, as bênçãos do negócio serão retiradas.[32]

Um narrador, Jabir bin Abdullah, conta sobre um encontro pessoal com Maomé, que se oferece para comprar seu problemático camelo, pelo qual paga uma peça de ouro. Em uma demonstração de caridade, Maomé depois devolve o camelo e permite que Jabir fique com o ouro, informando à posteridade que nesse ponto da vida, o Profeta pode ter saído do negócio, mas o negócio ainda não tinha sido tirado do Profeta.[33]

Dentro de poucas décadas, a nova crença se espalharia de Meca a Medina, voltaria para atravessar o Oriente Médio e então para o oeste, para a Espanha, e para o leste, para a Índia. Em termos comerciais, o antigo Islã pode ser visto como uma bolha de comércio que se inflou rapidamente; fora, havia os incrédulos, e dentro, uma unidade teológica e institucional de rápido crescimento. O relato detalhado da espantosa disseminação do Islã está fora do alcance deste livro, mas vale notar que sua rapidez impressionante se deveu em grande parte ao conflito entre a nova crença, que proibia o roubo de companheiros crentes, mas não de infiéis, e o imperativo econômico do *ghazu* (ataque). O Profeta pode ter nascido comerciante, mas morreu invasor. Logo após ser expulso de Meca em 622, ele começou a atacar as caravanas de infiéis da cidade. A nova religião determinava que toda a propriedade de não fiéis dominados seria confiscada, sendo que um quinto era reservado para Alá e o *umma* — o povo —, e o resto, dividido entre as tropas vitoriosas e seus líderes.[34] Se um povo era convertido pacificamente, sua propriedade era poupada. Assim, à medida que mais tribos distantes eram convertidas, foi necessário atacar cada vez mais longe para obter sustento a partir de tribos de não fiéis resistentes. Após a morte do Profeta, em 632, esse processo se acelerou quando algumas tribos foram conquistadas, enquanto outras, motivadas pelo poder político, espiritual e militar da nova crença e pelo desejo de conservar seus bens, viam a luz e se convertiam. Os dois mecanismos — conquista e conversão pacífica — rapidamente levaram os limites do islamismo cada vez mais longe do ponto inicial no centro da península.

Os exércitos árabes foram detidos seis anos depois nos portões de Constantinopla por uma série de circunstâncias incomuns, que incluíram a recente ascensão do imperador Leão, o Isauriano, mestre em estratégia, e um inverno excepcionalmente frio, que foi mortal para as tropas nascidas no clima árabe e para um exército apoiado por camelos. Nas palavras do estudioso islâmico J. J. Saunders: "Se tivesse caído (Constantinopla), a Península Balcânica teria sido dominada, os árabes teriam navegado pelo Danúbio até o coração da Europa, e o cristianismo poderia ter persistido como um culto obscuro nas florestas da Alemanha."[35]

Para os árabes, a prioridade era alimentar as massas famintas e recém-convertidas da península. Desde tempos imemoriais, o Egito era o celeiro do Mediterrâneo, e a conquista muçulmana abriu amplamente esse suprimento para os mercados exigentes da Arábia. O califa primeiro enviava os grãos por caravanas pela rota do incenso, mas o novo império islâmico logo começou a abrir o velho canal a nível do mar entre o Rio Nilo e o Mar Vermelho para criar uma rota marítima barata entre a Arábia e sua fonte de alimentos egípcia. Como nos tempos modernos, considerações estratégicas ditaram o destino dessa antiga versão do Canal de Suez. Inicialmente, os líderes consideraram estendê-lo diretamente ao Mediterrâneo. Isso teria tornado a rota praticamente idêntica à do canal atual, mas o califa Omar (o segundo sucessor do Profeta, depois de Abu Bakr) foi contra o projeto, temendo que os bizantinos usassem a conexão entre os mares Mediterrâneo e Vermelho para interferir no *haji*. O que pode alimentar também pode causar fome: o grão, que agora navegava pelo Mar Vermelho, antes navegava para Constantinopla, no norte. A perda desse depósito de alimento vital contribuiu em grande parte para a queda de Bizâncio. Um século depois, o califa Abu Jaffar fechou o canal pela última vez para impedir a chegada de provisões aos rebeldes árabes.

Em seguida, as forças muçulmanas lutaram para tirar o controle do leste do Mediterrâneo dos bizantinos na batalha de Dhat al-Sawari — a Batalha dos Mastros —, em 655. Já nessa época, os árabes ainda tinham que reunir uma marinha atuante e, assim, escolheram marinheiros cristãos coptas experientes para tripular suas embarcações, que, ironicamente, desprezando seus soberanos gregos, facilitaram uma das maiores vitórias do Islã. De repente, as rotas marítimas entre o Ocidente e a Índia, e também a China, foram cortadas, e assim ficaram até Vasco da Gama se tornar o primeiro europeu a atravessar o Oceano Índico, oito séculos e meio mais tarde.[36]

Após a vitória na Batalha dos Mastros, as frotas muçulmanas gradativamente estenderam seu controle pelo Mediterrâneo. Em 711, um escravo bérbere liberto, Tariq ibn Ziyad, comandou com sucesso um ousado ataque a um promontório rochoso no sul da Espanha, então sob domínio dos godos. Os invasores omíadas celebraram essa famosa vitória, que precedeu a conquista muçulmana de toda a Espanha em apenas três anos, dando o nome à rocha de Jabil Tariq: a montanha de Tariq ou, como depois passou a ser pronunciada, Gibraltar.

Entre as ilhas estratégicas no Mar Mediterrâneo, Chipre caiu praticamente na primeira onda de ataques árabes em 649. Creta caiu em 827; Malta, em 870; e após mais de um século de conflitos, o maior prêmio do mar, a Sicília, em 965. No início do novo milênio, deve ter parecido para as forças da cristandade que aquele que os romanos antes chamavam de *mare nostrum* — nosso mar — agora fervilhava de navios muçulmanos. O domínio das conquistas e do comércio muçulmanos foi tão extenso na Europa que grandes quantidades de moedas islâmicas datadas dos séculos IX e X foram encontradas na Europa central, na Escandinávia (principalmente na Ilha de Gotland, a leste da Suécia), na Inglaterra e na Islândia.[37]

Os antigos impérios omíada e abássida governaram, respectivamente, antes e depois de 750. Eles controlaram uma área maior do que a governada pelos romanos, e à medida que a extensão de suas conquistas eliminou o fornecimento de espólios em potencial, o comércio impeliu cada vez mais suas prioridades comerciais. A pobre e atrasada Europa ocidental não lhes interessava tanto quanto a Ásia central, com sua rica Rota da Seda. Os omíadas não voltaram à Gália depois de sua derrota na cidade francesa de Poitiers, em 732, tampouco reagiram vigorosamente à *reconquista* da Espanha e de Portugal, que começou em 718 e culminou com a expulsão dos últimos mouros (e judeus) em 1492.

Os exércitos muçulmanos, em contraste, atacaram os extremos da Ásia Central várias vezes, sem êxito, até derrotarem os chineses Tang em Talas (atualmente, Cazaquistão) em 751, e entregaram essa parte do mundo, com suas lucrativas rotas de caravanas, a mãos muçulmanas, onde continuam até hoje. Conquistas dramáticas muitas vezes provocavam acasos surpreendentes: a aquisição mais memorável dos muçulmanos em Talas não foi território ou seda, mas um artigo ao mesmo tempo prosaico e precioso. Entre os prisioneiros chineses feitos em Talas havia fabricantes de papel, que logo disseminaram seu maravilhoso ofício pelo mundo islâmico e depois para a Europa, mudando para sempre a cultura humana e o curso da história.

As primeiras conquistas muçulmanas essencialmente recriaram a pax romana, mas em uma escala ainda maior. Os impérios omíada e abássida eram, na verdade, grandes áreas de livre-comércio em que antigas fronteiras e barreiras tinham desaparecido, principalmente ao longo do Rio Eufrates, desde a remota antiguidade a fronteira tradicional entre o Oriente e o Ocidente. Não havia mais três grandes rotas para a Ásia — o Mar Vermelho, o Golfo Pérsico e a Rota da Seda —, alternativas concorrentes; em vez disso, elas se integraram a um sistema logístico global disponível a todas as partes que reconheciam a soberania do califado.

Durante quase todo o milênio seguinte, a navegação muçulmana foi bem além da conquista e conversão ao islamismo. Surpreendentemente, em meados do século VIII, apenas cerca de cem anos após a morte do Profeta, milhares de comerciantes muçulmanos (como os persas) tinham chegado não só aos portos costeiros da China, mas também a cidades chinesas do interior.[38] Em contraste, as primeiras grandes embarcações chinesas só se aventuraram pelo Oceano Índico por volta de 1000 d.C., e o lendário almirante eunuco Zheng He só comandou sua enorme frota para o Sri Lanka e Zanzibar quatrocentos anos depois disso.

O árabe era a língua franca do novo império, e navios muçulmanos patrulhavam portos e rotas marítimas de Gibraltar ao Sri Lanka. Por volta do século IX, governantes islâmicos na Ásia central tinham feito contato com czares do Volga, e por meio deles, com os escandinavos; no leste, o contato de muçulmanos com a China ficou intenso por meio da Rota da Seda e das rotas marítimas, e comerciantes do norte da África enviaram caravanas para o sul pelo Saara. Em alguns séculos após a morte do Profeta, seus seguidores haviam interligado quase todo o mundo conhecido em um imenso empório no qual ouro e marfim da África e penas de avestruz podiam ser trocados por peles escandinavas, âmbar do Báltico, sedas chinesas, pimenta indiana e objetos de metal persas.[39] Além disso, os árabes, revigorados por suas conquistas, experimentaram um renascimento cultural que se estendeu a muitos campos; a melhor literatura, arte, matemática e astronomia não eram encontradas em Roma, Constantinopla ou Paris, mas em Damasco, Bagdá e Córdoba.

A pax islâmica não foi uma bênção não combinada; a fronteira entre Ocidente e Oriente foi para o oeste do Mediterrâneo, por meio da qual a passagem livre foi perdida para muçulmanos e cristãos. Nas palavras do historiador George Hourani: "Em vez de uma estrada, o Mediterrâneo se tornou uma fronteira, um mar de guerra — uma mudança que arruinou Alexandria."[40] Embora a rede comercial muçulmana tivesse várias características avançadas, incluindo letras de câmbio, sofisticadas instituições de empréstimo e mercados futuros, nenhum estado islâmico jamais estabeleceu uma instituição financeira básica do mundo moderno: um banco nacional ou central.[41]

Mas isso não importa. Durante vários séculos após a queda de Roma, os fragmentos do velho império sofreram na obscuridade, isolados no mundo do comércio, desconhecendo totalmente as revoluções comerciais e tecnológicas que ocorriam no Oriente Médio, na Índia e especialmente na China. Mesmo assim, a navegação no Mediterrâneo beneficiou-se da introdução da vela latina triangular dos árabes, que possibilitou às embarcações navegar contra o vento, um feito impossível com as velas quadradas do antigo Ocidente.

Essa pax islâmica não foi desafiada até o século XI, quando o ressurgimento da cristandade recuperou territórios substanciais na Espanha, na Sicília e em Malta. Encorajado por essas conquistas, em 1095 o Papa Urbano II organizou o Concílio de Clermont e convocou a Primeira Cruzada, que temporariamente recuperou a Terra Santa.

No século XII, Saladino seguiu as conquistas dos fatímidas com a expulsão dos cruzados de Jerusalém (embora ele ficasse mais que satisfeito em comercializar com seus inimigos cristãos) e consolidou o poder muçulmano no Oriente Médio. Com as vitórias de Saladino, o islamismo chegou ao ápice. Depois, vieram uma série de infortúnios: as invasões mongóis no século XIII, a praga no século XIV e a entrada de Vasco da Gama no Oceano Índico nos séculos XV e XVI.

Apesar do longo declínio do Islã, os mercadores muçulmanos dominaram o comércio de longa distância até o século XVII, e em muitas áreas, até o início da Era Moderna.

4

O Expresso Bagdá-Cantão: A Ásia a Cinco Dirrãs ao Dia

Quando o século XIII chegava ao fim, Gênova e Veneza, as duas grandes potências marítimas do Mar Mediterrâneo, atacavam-se mutuamente em uma luta de vida ou morte devido às rotas de comércio. Em uma úmida prisão genovesa por volta de 1292, um comandante naval veneziano passava os dias e semanas ditando suas memórias para um companheiro de cela, um escritor pisano pouco conhecido chamado Rustichello.

E que história esse prisioneiro, capturado em Curzola, uma ilha da Dalmácia, tinha para contar ao amigo! Pelo menos um século antes de ele ter sido capturado, sua família havia enriquecido com o comércio com o Oriente e mantinha um armazém cheio de especiarias e sedas no quarteirão veneziano de Constantinopla, o grande centro comercial da era. Veneza conseguiu sua riqueza não só com raros artigos orientais, mas também com o tráfego de peregrinos e cruzados para e da Terra Santa.

Embora o prisioneiro veneziano conhecesse bem o Oriente, ele não era um pioneiro. Durante séculos, mercadores, emissários e missionários europeus se aventuraram da Rota da Seda em busca de riqueza, poder e conversões. De fato, cerca de 40 anos antes, um pouco antes do seu nascimento, seu pai e seu tio tinham saído de sua base em Constantinopla e se aventuraram nas profundezas da Ásia central dominada pelos mongóis, onde acabaram se vendo presos por tribos em guerra na cidade comercial de Bucara (atual Uzbequistão). Ali conheceram um embaixador de Hulagu, o grande khan da Ásia central; fascinado pela língua dos irmãos italianos, o enviado do khan convidou-os ao Oriente. Os dois astutos mercadores não precisavam de um segundo convite para uma excursão às terras da seda e das especiarias.

Por volta de 1265, os irmãos chegaram à corte do irmão de Hulagu, Kublai Khan, na China, onde passaram parte da década antes de retornarem a Veneza com uma carta de Kublai ao Papa Clemente IV. Aparentemente, o curioso e ecumênico Kublai precisava de dez missionários cristãos para ensinar a poderosa fé ocidental. Porém, quando os venezianos chegaram em casa, em 1269, Clemente havia morrido, e os irmãos, Maffeo e Niccolò Polo, tiveram que esperar até que um novo pontífice pudesse proporcionar-lhes os monges requisitados por Kublai. Enquanto estavam longe, buscando fortuna na China, a mulher de Niccolò morreu e ele ficou encarregado de cuidar do filho de 15 anos, Marco, que tinha se transformado em um jovem rapaz.[1]

A versão original de *As Viagens de Marco Polo*, reconstruída por Rustichello a partir das lembranças e notas pedidas em Veneza, foi provavelmente escrita primeiro em francês, depois na língua franca da Europa, por assim dizer. As histórias fantásticas — de terras onde vacas eram sagradas, onde viúvas se jogavam sobre as piras funerárias dos maridos e onde jovens rapazes eram sequestrados, drogados com haxixe e cercados de mulheres e luxo, e treinados como assassinos (tudo isso ocorria na Índia); de um lugar em que o chão era coberto por uma substância viscosa que queimava (os campos de petróleo da Mesopotâmia); e de um lugar que ficava tão ao norte que o sol nunca se punha no verão ou nascia no inverno — pareceram aos europeus o produto de uma fértil imaginação. A precisão das *Viagens* era, na verdade, notável, incluindo as observações de Polo, passados para ele em segunda e terceira mãos, de lugares que ele *não* visitou, como Burma, Sibéria, Java e as ainda mais misteriosas Ilhas das Especiarias.

Embora a família administrasse um comércio conhecido, e as *Viagens* revelassem muito sobre os costumes, artigos, vestuário e hábitos estrangeiros, Marco Polo não deixou muitos detalhes úteis sobre as características do comércio medieval de longa distância para a posteridade. Talvez a falta de dados quantitativos seja obra de Rustichello, um escritor experiente que provavelmente intuiu que o mercado literário medieval responderia melhor a esposas se autoimolando e cidades com alguns quilômetros de circunferência do que a preços da pimenta ou os padrões exatos para navegar nas monções.[2]

Assim como a estabilidade possibilitada pela pax romana e o império Han estimularam o comércio de longa distância e altamente indireto entre Roma e China nos séculos I e II d.C., o poder dos impérios islâmico e Tang estimulou uma interconexão muito mais direta entre as terras do califado e a China durante o século VII até o século IX. Fontes chinesas sugerem que o Islã chegou a Cantão por volta de 620, doze anos *antes* da morte do Profeta.[3]

Antes dos chineses inventarem a bússola magnética, por volta do século XII, os navegadores dependiam da navegação astronômica; nevoeiros e céus encobertos muitas vezes provavam ser tão fatais quanto as piores tempestades. Embora os marinheiros soubessem medir a latitude desde a época dos gregos, a determinação precisa da longitude só se tornou possível depois do século XVIII. O terror era o companheiro constante do viajante medieval em mar aberto. Um relato vívido de um peregrino chinês do século V que tinha feito uma viagem de ida e volta à Índia:

> O Grande Oceano se estende sobre uma vastidão sem limites. Não há como saber a diferença entre oriente e ocidente; só observando o sol, a lua e as estrelas era possível avançar. Se o tempo estava fechado e chuvoso, o navio ia para frente como se fosse levado pelo vento, sem nenhum curso definido. Na escuridão da noite, apenas as ondas eram vistas, quebrando uma após outra, emitindo um brilho parecido com o do fogo.
>
> ... Os mercadores ficavam aterrorizados, sem saber para onde estavam indo. O mar parecia não ter fundo e não havia lugar onde pudessem jogar uma âncora.[4]

Já no século VII, os chineses tinham visto vários mercadores do Oriente Médio para discernir entre os muçulmanos que inundavam seus portos: os "po-ssi", ou persas, com sua longa tradição de navegadores no golfo, eram muito mais numerosos do que os "ta-shih", ou árabes, que viviam longe do litoral. Os chineses também diferenciavam com clareza o mundo do Islã de uma terra mais misteriosa e distante no ocidente chamada "Fu-lin" — o Império Bizantino —, conhecida pelas maravilhosas pedras preciosas e pelo vidro.[5] Em 758, havia tantos muçulmanos em Cantão que eles saquearam e queimaram a cidade e fugiram para o mar com o produto do roubo.[6]

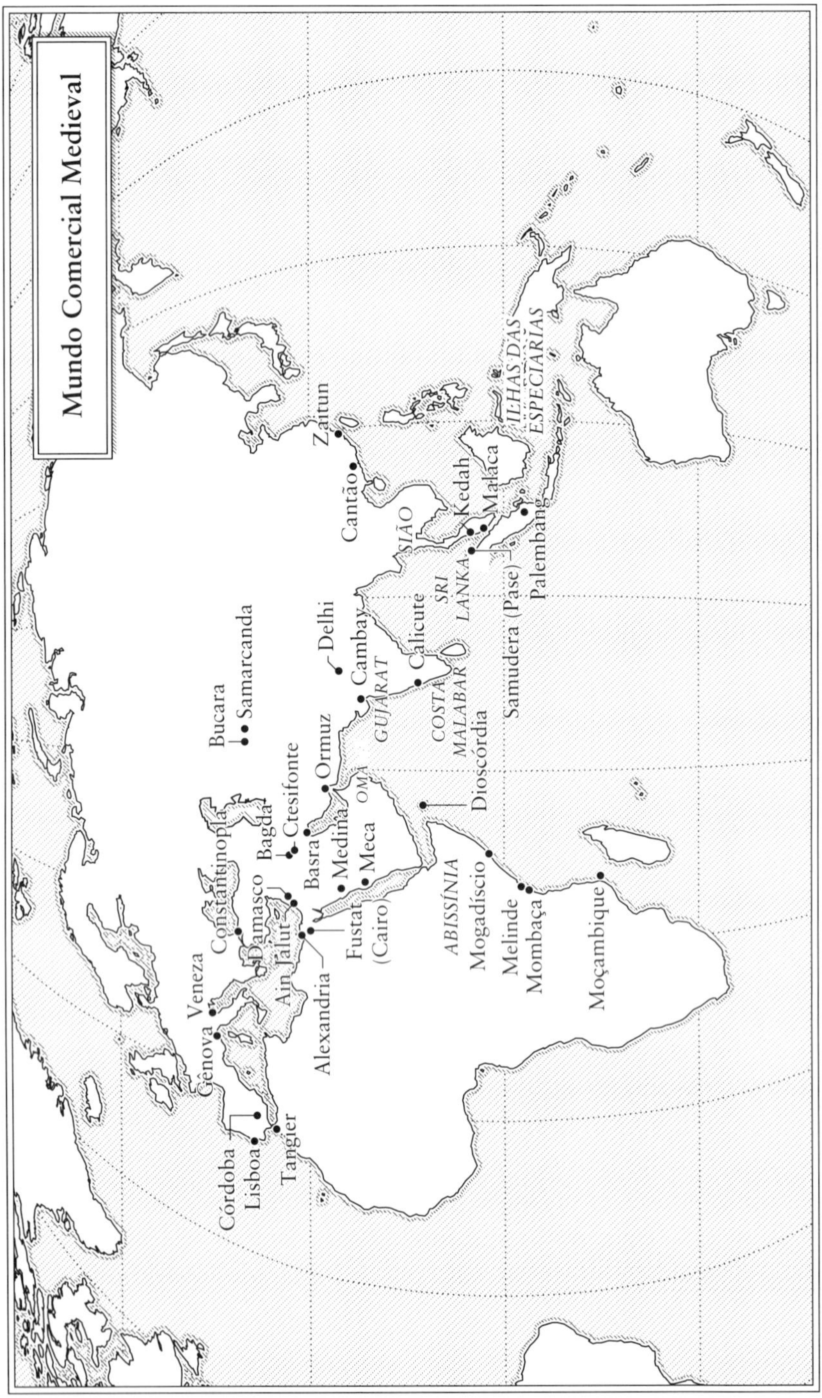
Mundo Comercial Medieval
Córdoba
Lisboa
Tangier
Gênova
Veneza
Alexandria
Ain Jalut
Damasco
Constantinopla
Fustat
(Cairo)
Basra
Bagdá
Ctesifonte
Medina
Meca
Bucara
Samarcanda
Ormuz
OMÃ
Delhi
Cambay
GUJARAT
Calicute
COSTA
MALABAR
SRI
LANKA
ABISSÍNIA
Mogadíscio
Dioscórdia
Melinde
Mombaça
Moçambique
Cantão
Zaitun
SIÃO
Kedah
Malaca
Samudera (Pase)
Palembang
ILHAS DAS
ESPECIARIAS

Os muçulmanos, principalmente os persas, conheciam a China melhor que os chineses. Embora a existência de um comércio persa pré-islâmico com a China seja controversa, é certo que não muito tempo depois de os exércitos muçulmanos derrotarem os persas sassânidas na batalha de Ctesifonte (ao sul da moderna Bagdá) em 636, embarcações árabes e persas viajaram diretamente para portos chineses. Uma boa descrição do sistema comercial do mundo islâmico sob o califado é encontrada em um documento chinês de 727:

> Como os po-ssi são inclinados para o comércio por natureza, eles têm o hábito de navegar em grandes embarcações no Mediterrâneo e entram no Oceano Índico até o Sri Lanka, onde adquirem pedras preciosas. Eles também vão para o país K'un-lun (provavelmente África) para pegar ouro. Também levam grandes embarcações da China diretamente para Cantão para peças de seda e outros objetos. Os habitantes gostam de matar o gado; eles servem ao Céu (Alá) e não conhecem a lei de Buda.[7]

Os "po-ssi" estabeleceram diásporas de comércio ao longo de toda a costa chinesa — grandes populações de mercadores muçulmanos que lidavam com um crescente número de importações e exportações. Os judeus os acompanhavam ou seguiam. Quase ao mesmo tempo, cristãos nestorianos, expulsos por suas heresias pelo Império Bizantino, mas tolerados no mundo muçulmano como "pessoas do livro", começaram a chegar ao Ocidente pela rota terrestre. É muito fácil ver como um movimento dissidente cristão, repelido pela selvagem intolerância da Igreja Católica e atraído pela relativa tolerância do Islã se espalhou ainda mais para o leste.

O contato entre o Oriente e o Ocidente se intensificou com o triunfo dos abássidas sobre os omíadas em 750; isso moveu o centro do Islã da capital de Damasco, no interior, para Bagdá, à beira do rio, com seu fácil acesso ao golfo. Um governador abássida exclamou: "Este é o Tigre; não há obstáculo entre nós e a China; tudo do mar pode chegar por ele!"[8]

Os registros pré-modernos oferecem poucos dados estatísticos referentes ao comércio, e as luzes da história iluminam o comércio entre a China e o mundo islâmico somente com descobertas manuscritas esporádicas. Um dos manuscritos mais conhecidos é o árabe *Akhbar Al-Sin wa'l-Hind* — "Um Relato sobre a China e a Índia". Supostamente escrito em meados do século IX por vários mercadores árabes, especialmente um chamado

Suleiman, essa compilação leva o leitor a uma jornada agitada de Bagdá a Cantão, pressagiando a maravilha e as aventuras evocadas mais de quatrocentos anos depois em *As Viagens de Marco Polo.*

Akhbar descreve o carregamento de navios em Basra e em Siraf, um porto de águas profundas no Golfo Pérsico, seguido pela passagem de um mês de Omã, causada pela monção, ao lado de Ormuz, até a costa de Malabar, na Índia, onde o governante local cobrava um imposto entre 10 e 30 dinares por embarcação (aproximadamente de US$800 a US$2.400 em moeda corrente). Os navios persas, então, partiam para outro trajeto de um mês pela Baía de Bengala, comprando provisões a meio caminho nas Ilhas Andamão:

> Os habitantes são canibais. Eles são negros com cabelos crespos, têm rostos e olhos feios e pernas longas. Cada um tem um pênis de cerca de um cúbito (50cm) de comprimento; e andam nus... Às vezes, os canibais apanham um dos marinheiros, mas eles escapam.[9]

Os comerciantes aportam no sudeste da Ásia na costa de Quedá, logo ao norte de Penang, na atual Malásia, onde poderiam optar por continuar para o sul, ao redor do estreito de Malaca, ou atravessar a estreita passagem da península Malaia. A jornada de Quedá, passando por Malaca até a Indochina, levava cerca de vinte dias; da Indochina até Cantão, mais um mês. Embora *Akhbar* sugira que toda a viagem de Basra a Cantão consumia apenas quatro meses no mar, a dança das monções, assim como os obstáculos burocráticos ao longo da rota, prolongariam a duração da viagem por mais de um ano.

Como mercadores e capitães preferiam aproveitar as monções para seus portos de origem em uma programação anual, barcos individuais e suas tripulações costumavam percorrer apenas um segmento da rota ano após ano (se tivessem a sorte de sobreviver a tantas jornadas). Um mercador gujarati, por exemplo, carregaria o navio com finos tecidos de algodão e índigo de sua terra natal, viajaria na monção de verão para Malaca, trocaria suas mercadorias por soja, especiarias e porcelana e voltaria para casa na monção de inverno. Ou poderia decidir navegar para o oeste no inverno e voltar no verão de Áden com cavalos e incenso, ou para Malindi na costa da África Oriental e voltar com ouro e escravos. Devido ao padrão das monções e à necessidade de voltar para casa, mercadorias que percorressem toda a rota Bagdá-Cantão navegavam por pelo menos três diferentes locais.

Os chineses procuravam o cobre, o marfim, o incenso e carapaças de tartarugas com os comerciantes árabes e persas de *Akhbar*, enquanto no Cantão os muçulmanos carregavam ouro, pérolas e, naturalmente, seda e brocado. O processo de troca estava agonizando e parece ter sido conduzido por um monopólio do governo: os chineses ficavam com as mercadorias trazidas de Bagdá nos armazéns no Cantão por seis meses até que a "próxima leva de marinheiros chegasse". Trinta por cento dos bens eram tomados como impostos de importação, e então, "o que quer que o governo quisesse tomar, (ele) compra ao preço mais alto e paga a quantia imediatamente, e na transação não agem com injustiça".[10]

Akhbar deu início à venerável tradição do Ocidente dos relatos de viagem da China, depois ampliados por Marco Polo, Ibn Battuta e vários viajantes posteriores. Os autores, basicamente anônimos de *Akhbar*, se perguntavam sobre o tamanho e sofisticação do Império Celestial, com suas mais de duzentas grandes cidades, seu estilo de vida exótico e instituições avançadas: "Todos os chineses, seja rico ou pobre, jovem ou velho, aprendem caligrafia e a arte de escrever." Os preocupados com o debate atual sobre Previdência Social deveriam considerar a descrição de *Akhbar* do sistema chinês de tributação e pensão para idosos:

> (Impostos) são cobrados por pessoa com base nas posses pessoais de riquezas e terras. Quando nasce um filho, seu nome é registrado pelas autoridades. Quando ele completava 18 anos, pagava um imposto comunitário, e quando completava 80 anos, ficava isento do pagamento. Ele então recebia uma pensão do tesouro. Eles dizem, "Cobramos dele quando era jovem, e lhe pagamos um salário agora que está velho".[11]

Nem tudo que os chineses faziam agradava às sensibilidades dos piedosos muçulmanos. Especialmente desagradável era a dieta rica em carne de porco e o uso de papel higiênico, ambas graves violações das regras sanitárias muçulmanas. Finalmente, os muçulmanos observaram uma bebida bastante peculiar:

> Entre as importantes fontes de renda do rei está... uma erva que misturam à água quente e, então, a bebem. Ela é vendida em todas as cidades por preço elevado. Ela se chama *al-sakh*. É mais folhosa que o trifólio verde e levemente mais perfumada, e tem um gosto azedo. Eles fervem a água e a salpicam com as folhas. Para eles, é a cura para tudo.[12]

O Ocidente tinha acabado de conhecer o chá, um bem que quase mil anos depois disseminaria seu próprio império comercial e multiplicaria a demanda do mundo por açúcar, escravos e porcelana.

Cerca de um século após o *Akhbar* ter sido escrito, o capitão do Mar da Pérsia, Burzug Ibn Shahriyar, registrou 123 pequenas histórias que chegaram a ele em primeira ou segunda mão por marinheiros e comerciantes. Ele foi intitulado de *The Book of the Marvels of India* [Sem tradução até o momento] e apresentava bestas irreais, assustadoras, gigantes e comedoras de gente dignas de um romancista sul-americano; havia inclusive uma ilha de mulheres que se jogavam sobre náufragos:

> mil mulheres ou mais para cada homem, os levavam para as montanhas e os obrigavam a se tornar objeto de seu prazer... Um após outro, os homens caíam e morriam de pura exaustão.[13]

Porém, espalhadas entre as narrativas fantásticas há vinhetas que ilustram a natureza do comércio medieval no Oceano Índico. O livro deixa claro que o medo de um naufrágio assombra comerciantes e marinheiros; quase toda história envolve pelo menos um barco destruído. A viagem à China é tão carregada de perigos que a história de um capitão que fez sete jornadas para lá espanta o autor:

> Antes dessa época, ninguém tinha completado essa jornada sem acidentes. Chegar à China e não morrer no caminho — isso, por si só, era considerado um feito admirável; mas voltar, são e salvo, era algo inédito.[14]

Somente a promessa de uma riqueza fantástica motivaria os homens a se arriscar a um desastre quase certo. *Maravilhas* fala de um comerciante judeu, Ishaq, o dono de um navio que estava carregado com um milhão de dinares em almíscar, além de sedas e porcelanas de igual valor, e também joias e pedras, sem contar um monte de objetos chineses artesanais maravilhosos.[15]

Maravilhas continua a descrever o presente dado por Ishaq a um amigo muçulmano, um vaso de porcelana negra com uma tampa de ouro. Quando o amigo perguntou o que havia dentro dele, Ishaq respondeu: "Um prato de *sekbadj* (peixe) que preparei para você na China." O amigo respondeu que a iguaria, agora com dois anos de idade, certamente tinha se estragado. Quando abriu o vaso, encontrou em seu interior "um peixe de ouro com olhos de rubi, salpicado com almíscar da melhor qualidade. O conteúdo do vaso valia 50 mil dinares". No final, Ishaq é enganado por vizinhos muçulmanos mal-intencionados que lhe roubam a fortuna e é assassinado por um governante sudanês depois de não receber um esperado suborno.[16]

A história mais longa de *Maravilhas* vividamente descreve duas outras características do comércio medieval no Oceano Índico: o comércio cruel, inescrupuloso e altamente lucrativo de escravos, e o poder do Islã em unir chineses, árabes, persas e indianos em um sistema comercial cujos costumes e leis eram bem entendidos por todos entre Bagdá e Cantão.

A história começa, como sempre, com o naufrágio de um navio, desta vez na costa da África Oriental. Com medo de canibais, os mercadores náufragos foram agradavelmente surpreendidos ao serem recebidos e bem tratados pelo rei local, que até lhes permitiu realizar seus negócios: "Um excelente negócio para nós, sem restrições e impostos a pagar." Depois de completar a negociação, o governante e seus súditos os acompanharam até os navios recém-reparados. Quando os mercadores estão prestes a partir, o narrador se vê calculando o valor dos anfitriões no mercado de escravos:

> Esse jovem rei valeria pelo menos 30 dinares no mercado em Omã, e seus súditos, 160 dinares o lote. Suas roupas valem, no mínimo, 20 dinares. Juntos, conseguiríamos um lucro de não menos que 3 mil dinares, sem mover um dedo.[17]

E lá se foram com seus cativos. O rei tenta envergonhá-los lembrando-lhes do tratamento gentil recebido sob seus cuidados, mas seus pedidos não são ouvidos. Ao longo do caminho, mais de duzentos novos escravos são adicionados à carga; todos, incluindo o rei e sua comitiva, são devidamente vendidos como escravos em Omã.

Anos se passaram, e, quis o acaso, o narrador se vê novamente naufragado no mesmo litoral da África Oriental. Pior, é recebido pelo mesmo rei que há muito tinha vendido como escravo. Olhando diretamente nos olhos da assustadora justiça à sua espera, o narrador se surpreendeu quando o rei calma e educadamente descreve como seu comprador em Omã o levou a Basra e Bagdá, onde o rei-escravo se converteu ao Islã. Logo após chegar a Bagdá, ele escapou e, após uma série de aventuras assustadoras no Cairo, no Nilo e nas florestas africanas, viu-se de volta ao antigo reinado, que também tinha se convertido ao islamismo durante a sua ausência.

Observar os costumes e as leis comerciais do Islã recompensou a nação comercial; ambos agora ditavam que o rei tratasse bem o mercador traiçoeiro. Como disse o rei: "Os muçulmanos devem saber que podem vir até nós como irmãos, já que também somos muçulmanos." O rei lamenta que seu maior desejo seja reembolsar o antigo dono em Bagdá por sua perda, "uma soma dez vezes maior do que ele pagou, como recompensa pela demora". Infelizmente, esse desejo não poderá ser realizado, visto que esse é o trabalho para um homem honesto — algo que o narrador claramente não é.[18]

Essa primeira onda de comércio direto centrado na China, tão bem descrita em *Akhbar* e *Maravilhas,* desabou quando a dinastia Tang caiu na instabilidade do século IX. Em um cenário dolorosamente conhecido dos modernos chineses na Indonésia, dos indianos na África Oriental e dos judeus praticamente em todo lugar, as colônias de comerciantes estrangeiros nas costas da China se tornaram convenientes bodes expiatórios em tempos difíceis.

No início de 840 d.C., o imperador Wuzong tentou responsabilizar ideologias estrangeiras pelas dificuldades da China. Em 878, o rebelde Huang Chao saqueou Cantão, assassinando 120 mil muçulmanos (principalmente persas), judeus e cristãos que viviam na comunidade comercial da cidade.[19] Não satisfeito em massacrar os comerciantes, Huang Chao também tentou acabar com a principal indústria da China destruindo as plantações de amoras no sul do país.[20] Depois dos acontecimentos calamitosos de 878 em Cantão, o comércio estrangeiro da China migrou aos poucos para o norte, ao porto de Tsuan-chou, no Estreito de Taiwan — a lendária Zaitun [a moderna Quanzhou] de Marco Polo e Ibn Battuta. Cantão, que tinha sido o principal portal de mercadorias estrangeiras, só recuperou sua proeminência no período moderno.

Esse entreposto mais ao norte tinha duradouras ligações com a Coreia e o Japão, cujas mercadorias atraíam comerciantes árabes e persas. O tamanho e as cargas dos navios muçulmanos, alguns dos quais requeriam escadas de vários metros de altura para o embarque, espantaram os chineses nos séculos VIII e IX. O imperador logo indicou um inspetor de comércio marítimo, cuja função era registrar essas embarcações, cobrar impostos e evitar a exportação de "artigos raros e preciosos".[21] Um desses inspetores era um nobre, Chau Ju-Kua, que supervisionava o comércio estrangeiro em Zaitun no início do século XIII. Compilador metódico de conhecimentos, ele catalogou as lembranças de centenas de marinheiros e comerciantes saudosos do lar em *Chu-Fan-Chi:* "Uma Descrição de Povos Bárbaros." O livro foi uma espécie do oposto das *Viagens de Marco Polo*; embora Chau nunca tivesse saído da China, o *Chu-Fan-Chi* descreve com detalhes lugares remotos como a Ásia Menor e Alexandria, incluindo pormenores (alguns acurados, outros não) do famoso farol dessa cidade.[22]

Quando os mongóis dispararam para fora das estepes do norte para a China no século XIII, os comerciantes persas e árabes tinham monopolizado parte do comércio de longa distância na China, com duas grandes comunidades muçulmanas relativamente autogovernadas em Cantão e Zaitun. Segundo Chau:

> Em sua vigilante gentileza aos bárbaros estrangeiros, nosso governo estabeleceu em (Zaitun) e Cantão unidades especiais de inspeção de (comércio marítimo), e sempre que qualquer comerciante estrangeiro tivesse dificuldades ou desejasse apresentar uma queixa, deveria procurar a Unidade de Inspeção Especial.
>
> ...De todas as ricas terras estrangeiras que têm uma grande loja de artigos variados e preciosos, nenhuma ultrapassa o reino dos árabes.[23]

Vários outros viajantes medievais nos falam a partir de diferentes perspectivas. Em meados do século XII, um rabino espanhol, Benjamin de Tudela, fez diversas viagens pela Europa e Oriente Médio e relatou a agitação e os esplendores de Alexandria e Constantinopla. Ele ficou especialmente impressionado pela vida intelectual em Bagdá: "O local de encontro de filósofos, matemáticos e todas as outras ciências." Quase ao mesmo tempo, o mercador muçulmano Shereef Idrisi, sob o patrocínio do rei viking da Sicília, Roger III, produziu um livro de geografia, *Pleasure for the Man Who Wants to Know Thoroughly the Various Countries of the World* [Sem tradução até o momento], que descreve em detalhes o comércio no Mar Vermelho do período. Idrisi ficou especialmente admirado com o porto de Áden, onde encontrou barcos chineses carregados com "pimenta, algumas de odor intenso, outras quase inodoras, madeira de aloés, assim como aloé amargo, carapaças de tartarugas e marfim, ébano e ratã, porcelana (e) selas de couro".[24]

O mundo do comércio desses relatos também foi expresso em uma série de histórias anônimas contadas pela fictícia Scheherazade em sua tentativa de adiar sua morte nas mãos do marido: o famoso *Livro das Mil e Uma*

Noites. Em suas páginas estão os conhecidos contos de Ali Babá, Aladin e, claro, Sinbad, O Marujo, que provavelmente foram registradas em algum momento do século XIV.[25]

As aventuras de Sinbad eram apenas histórias infantis. Muitas delas são extraordinariamente semelhantes às contadas em *O Livro das Maravilhas da Índia*; o leitor das duas obras suspeitará que muitas das lendas de Sinbad, se não tiradas na totalidade do livro anterior, pelos menos partilham a mesma tradição oral.

Em cada uma de suas sete viagens de negócios em busca de especiarias e pedras preciosas, nosso herói naufraga ou acaba sendo separado do navio. Ele então batalha contra uma série de monstros mortais ou vilões humanos. Em sua terceira viagem, por exemplo, ele e os companheiros são capturados por um gigante grotesco que primeiro examina as potenciais vítimas "como um açougueiro observa uma ovelha que está por matar". O monstro finalmente escolhe o bocado mais gordo e delicioso, seu *rais* (mestre). O monstro

> pega-o, como um açougueiro pega uma besta e, jogando-o ao chão, pisa em seu pescoço e o quebra; depois disso, ele pega um longo espeto o enfia em suas costas até a cabeça. Depois, acende uma fogueira, coloca o espeto com o Rais preso a ele e o vira sobre as brasas até a carne ficar tostada, quando tira o espeto do fogo e o coloca a sua frente como um kebab. Então ele parte o corpo, membro após membro, como se desconjuntasse uma galinha, e, puxando a carne com as unhas, passa a comê-la e roer os ossos até não restar nada além de alguns deles, que joga ao lado da parede.[26]

Todos os companheiros de Sinbad tiveram o mesmo fim, exceto o magro herói, que é considerado um petisco impróprio e é solto. Além de suas escapadas inverossímeis, os contos de Sinbad também oferecem uma imagem da dura realidade do dia a dia do comércio de longa distância no período dos abássidas e fatímidas. Mesmo uma leitura superficial das *Noites* revela que Sinbad não era nenhum marinheiro, mas sim o herdeiro de uma rica família de comerciantes de Bagdá que possuía muitos palácios e armazéns. Sinbad não era dono, não comandava ou, até onde sabemos, fazia parte da tripulação das embarcações em que navegava.

Para falar a verdade, uma linha sutil separava o comerciante do marinheiro no Oceano Índico, visto que poucos tripulantes recebiam um salário;

em vez disso, a maioria deles ganhava a vida negociando mercadorias por conta própria.[27] Qualquer que seja a exata descrição de cargo de Sinbad, ele reconta o *modus operandi* de comerciantes conhecidos do leitor dos documentos de Genizá:

> Eu comprava artigos, todas as mercadorias necessárias para a viagem, e, impaciente para estar no mar, embarcava, com uma companhia de mercadores, a bordo de um navio até Bassora (ou Baçorá — a moderna Basra —, na ponta do Golfo Pérsico). Ali embarcávamos novamente, navegávamos vários dias e noites e passávamos de uma ilha a outra e de costa a costa, comprando, vendendo e trocando em todos os lugares que o navio aportasse.[28]

Como já discutimos, o Mar Vermelho desafiava o mercador com piratas, canais estreitos, cardumes perigosos e ventos adversos, e a Rota da Seda sofria das inerentes deficiências físicas e perigos e problemas políticos ainda maiores de uma rota terrestre. Entre as três principais vias entre a Ásia e a Europa, o caminho restante — "O Caminho de Sinbad", pelo Mediterrâneo, atravessando o deserto sírio, descendo pelo Tigre ou Eufrates, e do Golfo Pérsico para o Oceano Índico — era claramente a rota preferida.

Cada uma das expedições de Sinbad começa com a separação de bens de sua terra natal abássida para ser trocada no estrangeiro, em especial os finos tecidos de Bagdá. Dessa cidade, Sinbad prosseguia por uma pequena embarcação fluvial até Basra, depois para uma embarcação maior para a jornada no mar, pelo Golfo Pérsico e o Oceano Índico.

No curso de seus trabalhos, ele geralmente conseguia perder e, depois, recuperar os bens de Bagdá, e então prosseguia para ter "um grande lucro com eles e comprava bens e equipamentos do crescimento e da moda" para encher os armazéns da família em casa. Logo após ter evitado ser o jantar do monstro, Sinbad conta:

> Não paramos de comprar e vender nas várias ilhas até chegarmos à terra dos hindi (Índia), onde compramos cravos e gengibre e todos os tipos de especiarias; e depois fomos para a terra dos *sind* (China), onde também compramos e vendemos. Em seguida, içamos as velas novamente com um vento bom e a bênção do Poderoso Alá; e depois de uma viagem próspera, chegamos sãos e salvos em Bassora. Aqui, fiquei alguns dias

> e logo voltei a Bagdá, onde fui logo para o meu bairro e minha casa e cumprimentei minha família, parentes e amigos.[29]

O que motiva esse herói mítico? Nada mais e nada menos que uma rendição de fé medieval islâmica da propensão de Adam Smith a trocar e permutar: o desejo de que a "sociedade das várias raças da humanidade para negociar e lucrar", ao qual foi adicionado mais que um toque de romance e aventura ao longo das rotas marítimas entre Bagdá e Cantão.[30]

As criaturas míticas de Sinbad — pássaros gigantescos e ferozes que se alimentavam de carniça incrustada de joias (idênticas às bestas em *Maravilhas*), peixes tão grandes que marinheiros os confundiam com ilhas e górgonas comedoras de gente — meramente refletiam os horizontes geográficos limitados do mundo pré-moderno. Os europeus igualmente contavam histórias fabulosas sobre o Oriente: as terras de Gog e Magog, de uma raça de humanoides sem joelhos, peludos, cujo sangue fornecia uma tinta vermelha preciosa usada nos tecidos chineses e do Império Cristão do Extremo Oriente governado pelo Preste João. Os chineses criaram contos igualmente malucos sobre o Ocidente, como ovelhas aquáticas das quais o algodão era tosquiado.[31]

Esses relatos de ficção e não ficção da era do comércio medieval no Oceano Índico, por mais espalhados e incompletos que sejam, deixam claro que os quatro principais produtos de luxo da China — seda, sândalo, especiarias e porcelana — de alguma forma eram trocados pelo que o Oriente desejava da Arábia e África: cavalos de raça, marfim, incenso, algodão, ouro e cobre. Grãos, como sempre, eram transportados como lastro: arroz que, em alguns casos, realmente melhora com o tempo, era amplamente preferido ao trigo, muito mais propenso a se deteriorar.[32]

Desde os tempos antigos, as grandes civilizações do Oriente e Ocidente foram atacadas por tribos vizinhas de pastores saqueadores. Espalhados em uma ampla faixa do norte da Europa à Mongólia, e geralmente de origem turca na Ásia ou germano-escandinava na Europa, esses atacantes nômades empregavam práticas adquiridas em milênios de ataques a fazendeiros estabelecidos. Periodicamente, eles dominavam seus vizinhos agriculturalmente mais proficientes, institucionalmente mais avançados e culturalmente mais preparados, como ocorreu na Roma do século V d.C.

Seu sucesso mais espetacular, porém, ocorreu no início do século XIII, quando Genghis Khan disparou para fora das estepes para conquistar toda a Ásia Central; dentro de algumas décadas, os descendentes do Grande Khan governaram um grupo de impérios que abrangiam um território maior que qualquer outra dinastia anterior ou posterior.

Em 1255, um dos netos de Genghis Khan, Mongke, enviou o irmão Hulagu (cujo embaixador tinha convidado os irmãos Polo para o Oriente) para conquistar o mundo muçulmano. Hulagu destruiu Bagdá em 1258 e massacrou centenas de milhares no processo, uma tragédia ainda lamentada pelos muçulmanos até hoje. Os mongóis certamente teriam continuado até o Mediterrâneo se Mongke não tivesse morrido nesse momento, obrigando Hulagu a voltar à Mongólia na tentativa de reivindicar a posição do irmão. Ele deixou para trás um pequeno grupo que caiu presa dos egípcios mamelucos em 1260 em Ain Jalut, na Palestina. Para piorar, Hulagu não conseguiu a coroa de Mongke, que acabaria sendo tomada por seu terceiro irmão, Kublai, que depois acabou com a dinastia Song da China.

Durante mais de um século, de meados de 1200 a meados de 1300, a rota terrestre da China para os portões da Europa ficou nas mãos de uma cadeia mais ou menos estável de estados mongóis, que se envolveram com entusiasmo no comércio além das religiões e culturas dos povos conquistados. Três dos quatro grandes impérios mongóis acabaram se convertendo ao islamismo; o único que não o fez, a lendária dinastia chinesa de Kublai, rapidamente assimilou a antiga cultura chinesa. Os mongóis também adotaram as influências islâmica e cristã. Kublai, não confiando na burocracia mandarim preexistente, contratou a seu serviço muitos estrangeiros, que incluíram os três Polos.

Por cerca de um século, começando por volta de 1260 após as conquistas dos netos de Genghis e terminando com a dissolução das dinastias mongóis por lutas internas e devido à peste, a Rota da Seda ficou desobstruída. Grande número de europeus e muçulmanos explorou essa oportunidade relativamente breve e viajou com facilidade entre a China e o Ocidente, mas dois nomes brilharam com mais intensidade na história: Marco Polo e Ibn Battuta.

Os Polos, um clã de comerciantes consumados, exploraram a janela de oportunidade primeiro, quando foi aberta pelos netos de Ghengis. Ibn Battuta, por outro lado, nem era comerciante, mas sim um *qadi* — um juiz muçulmano. Nascido em uma família de estudiosos em Tânger, no

Marrocos, em 1304, ele estudou a lei islâmica, como fizeram gerações de seus parentes do sexo masculino. Ao completar seus estudos, ele fez um *haji* indispensável a Meca, em 1325, um ano após a morte de Marco Polo.

A estrada deve tê-lo atraído, pois nas três décadas seguintes ele viajou cerca de 20 mil quilômetros pela Ásia, África e Europa. Uma espécie de versão islâmica medieval do moderno Eurailpass — um hippie usado para complementar a renda familiar com violão, gaita e uma caixa de doações, ele vendia sua experiência em *sharia* (lei sagrada) com entusiasmo, e no processo conseguia uma quantidade crescente de riqueza, poder e companhia feminina. Quando o tédio, circunstâncias adversas ou, às vezes, questões de simples autopreservação exigiam, ele partia, muitas vezes deixando para trás uma série de concubinas, ex-esposas, filhos e parentes infelizes.

Por volta de 1300, uma vigorosa linhagem de muçulmanos turcos arrancou as antigas dinastias hindus do norte e centro da Índia e estabeleceu seus sultanatos em Delhi. O mais famoso desses primeiros senhores muçulmanos da Índia foi o sultão Muhammad Ibn Tughluq, que governou de 1325 a 1351, um período aproximadamente correspondente à duração da épica jornada de Battuta. Tughluq tornou-se notório por seus esquemas militares, agrícolas e institucionais descabidos. Entre eles estava a tentativa fracassada de mover a capital 600km ao sul para a planície empoeirada e desolada de Decão, no sul da Índia; uma arregimentação agrícola indiana que acabou em fome e revolta; e a criação de um grande exército para conquistar os mongóis da Ásia central. (Ele basicamente abandonou o último plano, exceto por uma força enviada a Caxemira que foi destruída pelas tribos das montanhas.)

Mas a verdadeira paixão de Tughluq era a lei islâmica. Pouco antes de assumir o poder, ele começou a importar estudiosos ilustres do mundo islâmico. Não poupou despesas, oferecendo sinecuras, acomodações e privilégios fabulosos para os mais interessantes candidatos. Nessa época, Battuta atravessava as montanhas Kush, no nordeste da Índia. Na estrada havia aproximadamente oito anos e acostumado a viajar com estilo (o que nessa época significava várias mulas de carga, barracas e móveis portáteis luxuosos e um pequeno exército de escravos e mulheres), ele estava à beira do esgotamento dos recursos familiares. Quando soube das oportunidades na corte de Delhi, ele atendeu ao chamado.

Ao longo do caminho, Battuta passou pela parte inferior do vale do Indo, reverenciado pelos muçulmanos como a primeira parte do subcontinente a receber os Islã no século VIII. No caminho, bandidos hindus assaltaram sua caravana. Ele anotou casualmente:

> Os habitantes da Índia são, em geral, infiéis (hindus); alguns deles vivem sob a proteção de maometanos e moram em vilas ou cidades: outros, porém, infestam as montanhas e roubam nas estradas. Eu fazia parte de um grupo de 22 homens, quando vários hindus, sendo dois a cavalo e oitenta a pé, nos atacaram. Porém, nós os enfrentamos e com a ajuda de Deus, os pusemos em fuga, depois de matar um cavaleiro e 12 a pé.[33]

Assim era o dia a dia do viajante medieval; Battuta e seus companheiros penduraram as cabeças dos treze infelizes bandidos nos muros do próximo forte do governo ao longo do caminho.[34] Ele também se deparou (assim como os Polos) com a prática do *suttee*:

> A mulher se enfeita e é acompanhada por um desfile de hindus e brâmanes infiéis com tambores, trombetas e seguida por homens, ambos muçulmanos e infiéis por simples passatempo. O fogo já tinha sido aceso e nele atiravam o marido morto. A mulher então se atirava sobre ele, e ambos eram totalmente queimados. Contudo, a mulher se queimar não é considerado absolutamente necessário entre eles... Mas quando ela não o faz, passa a usar roupas grosseiras e fica confinada com os parentes em demonstração de fidelidade para com o marido.[35]

Battuta finalmente chegou a Delhi, onde encontrou o que certamente era um dos mercados de crédito mais curiosos da história das finanças. O apoio de Muhammad Tughluq, do qual muitos empreendimentos (e certamente a fortuna de um *qadi* estrangeiro como Battuta) dependiam, tinha que ser comprado com presentes suntuosos. Esses presentes, por sua vez, eram recompensados com favores de Tughluq de valor muito maior, criando ainda uma sensação de obrigação financeira para com a corte. Como esses presentes caros estavam muito além das posses da pessoa comum, suplicantes por empreendimentos quase sempre tinham que fazer empréstimos:

> Os mercadores da China e Índia começaram a dar mil dinares a cada recém-chegado como empréstimo e fornecer-lhe o que quisesse para oferecer de presente... Eles colocavam seu dinheiro e pessoal a seu serviço e ficavam diante deles como atendentes. Quando ele chega ao sultão,

> recebe um presente maravilhoso dele e paga a sua dívida. Esse tipo de comércio é florescente e produz amplos lucros.[36]

Mesmo que o suplicante fosse bem-sucedido, o estilo luxuoso da corte geralmente o fazia percorrer uma espiral de crédito descendente. Embora Battuta acabasse sendo *qadi* de Delhi, responsável pelo mausoléu real e o coletor de impostos de várias vilas, ele ainda acumulou uma dívida de 55 mil dinares de prata (cerca de 4 mil dinares de ouro).

Battuta não só tinha reunido imenso poder financeiro em Delhi, mas também político. Mesmo nessa época, Tughluq era um mestre especialmente sedento de sangue. Seu interesse pela lei islâmica o tornava uma ameaça aos ideologicamente puros, tão conhecidos no mundo moderno. A deslealdade, real ou imaginada, apressava o fim de muitos de seus súditos, e a falta de pureza doutrinária também era um atalho confiável para o outro mundo. Como um estudioso moderno comentou:

> Uma coisa era castigar rebeldes cortando-os ao meio, esfolá-los vivos ou arrastá-los de um lado a outro por elefantes com espadas atadas às presas (sendo que este último Battuta testemunhou várias vezes). Outra totalmente diferente era sujeitar a tais humilhações ilustres estudiosos e homens santos por meramente questionarem a política pública.[37]

Uma breve associação com um dissidente sufi rendeu a Battuta nove dias sob guarda armada, quando imaginou um fim desagradável após outro. Desiludido com os termos de sua contratação, ele implorou ao sultão que lhe permitisse partir para o *haji*; em vez disso, recebeu uma oferta irrecusável: ser embaixador da China de Kublai Khan. Preferindo escapar para o leste com um séquito de escravos, concubinas da embaixada e a proteção de mil cavaleiros a escapar para o Ocidente como peregrino, ele partiu para a China.

Mesmo nos períodos de maior tranquilidade, o perigo assolava a jornada terrestre de Delhi à costa do Malabar, de onde o enorme grupo embarcaria para a China. E com o regime instável de Tughluq, a época não era das melhores. Depois de alguns dias longe de Nova Delhi, uma força de 4 mil rebeldes atacou a comitiva. Embora em número muito maior que o grupo do embaixador, os atacantes foram mortos, aparentemente com facilidade.

Logo depois, outra força rebelde capturou Battuta, que escapou exatamente quando estava para ser executado.

Ele voltou a se reunir ao grupo que embarcou do porto de Cambay, no noroeste da Índia, em quatro embarcações relativamente pequenas para o porto de Calicute, no sudoeste. (Calicute fica no lado oposto de Calcutá, no subcontinente, que seria colonizada dois séculos depois pelos ingleses.) Esse era o país da pimenta, e quanto mais para o sul ele ia, mais ricas as cidades de tornavam. À medida que o território se tornava mais fértil e próspero, maior era a frequência com que via navios chineses imensos enviados para buscar as montanhas do condimento negro usado pelos súditos de Kublai para dar sabor aos seus pratos. Cinquenta anos antes, Marco Polo tinha observado nos mercados de especiarias de Zaitun: "A quantidade de pimenta importada aqui é tão grande que o que é levado para Alexandria para suprir a demanda de partes do mundo no Ocidente é insignificante em comparação — talvez não mais que a centésima parte."[38]

Ibn Battuta importava-se pouco com detalhes como a tecnologia marítima ou o volume de comércio entre a Índia e a China (ou, na verdade, quase tudo além da lei islâmica e as coisas boas da vida). Contudo, ele ficou impressionado com as luxuosas embarcações chinesas, com seus vários conveses, banheiros privados fechados, serviço de camareiros, botes salva-vidas e, claro, portas nas cabines "que podiam ser trancadas pelo ocupante, que poderia levar com eles suas escravas e mulheres".[39]

Para aborrecimento de Battuta, oficiais chineses já tinham reservado as melhores acomodações nos imensos navios, deixando para ele uma cabine menor, sem banheiro privativo. Isso certamente não servia, então ele ocupou uma cabine maior em uma embarcação indiana. Enquanto ele fazia suas orações das sextas-feiras, a flotilha de grandes navios e embarcações menores indianos partiu para o mar para sair de uma tempestade repentina; os grandes navios naufragaram, enquanto a embarcação menor na qual ele deveria estar, levando seus servos, bagagem e concubinas (uma das quais estava grávida de seu filho), navegou para o sul sem ele e depois foi capturada em Sumatra por "pagãos" [hindus].

Battuta acabou por encontrar uma passagem para a China em um barco ainda menor e com um grupo ainda mais reduzido. Ao longo do caminho, na Malásia Peninsular, ele foi convidado de um rei e testemunhou um espetáculo estranho. Um dos súditos do governante, desejando demonstrar sua lealdade, apontou uma faca para a própria garganta:

> Ele então proferiu um longo discurso, do qual não compreendi uma única palavra; então agarrou a faca com firmeza, e seu corte e força foram tamanhos que ele separou a cabeça do corpo, e ela caiu no chão... O rei me disse: Alguém entre vocês faz algo parecido? Eu respondi que nunca tinha visto. Ele sorriu e falou: "Nossos servos fazem isso pelo amor que nutrem por nós."[40]

Pouco tempo depois, Battuta passou vários meses na cidade de Samudera, no norte de Sumatra, esperando a mudança das monções que o levariam para a China, ao norte. Na época de sua visita, aquele foi o primeiro local no sudoeste da Ásia a ficar sob o domínio islâmico, levado por comerciantes muçulmanos da Índia. O ano era 1345, e Battuta não tinha como saber que estava testemunhando a vanguarda da conversão religiosa que produziria a nação muçulmana mais populosa do mundo moderno, a Indonésia.

Os relatos de viagem de Battuta tornam-se cada vez mais vagos depois que chega à China. Ele reconta várias viagens lá, supostamente cobrindo milhares de quilômetros de estradas e canais entre Pequim e Cantão em alguns meses, um período impossivelmente curto. Ele não ficou satisfeito com o que viu. Como tantas vezes faz em *Viagens*, Battuta demonstra o estado de espírito de um turista aborrecido do Ocidente que se associa somente aos compatriotas, come comida estranha, hospeda-se em hotéis de segunda e é enganado o tempo todo pelos habitantes locais:

> Fiquei muito preocupado pensando como o paganismo domina este país. Sempre que saía do meu alojamento, via muitos fatos censuráveis. Isso me perturbava tanto que eu ficava na hospedagem a maior parte do tempo e saía só quando necessário.[41]

Tampouco ele ficou satisfeito com as notáveis inovações da China em relação ao papel-moeda. Como o arquetípico norte-americano exasperado com o "*funny money*" estrangeiro, ele se queixou: "Quando alguém vai ao mercado com um dinar ou dirhem na mão, ele só será aceito depois de trocado por essas notas."[42] (Polo, em contraste, prosperou com a diversidade religiosa e cultural chinesa: "O país é maravilhoso. O povo é idólatra."[43])

Nem tudo que Battuta viu na China o desagradou. Como Marco Polo, ele ficou maravilhado com o tamanho de Zaitun, que então era uma cidade com seis bairros separados: um para os chineses comuns, um para os guardas da cidade, um para os judeus e cristãos, um para marinheiros e pescadores, um para a sede do governo, e outro, é claro, para os muçulmanos. Essa metrópole, provavelmente a maior do mundo na época, exigia três dias para ser visitada. Ele também acabou fazendo comentários favoráveis sobre a segurança ao viajar pela China, um luxo inimaginável para alguém habituado aos perigos nas estradas na Ásia e no Oriente Médio. Seu apontamento mais entusiástico, o que é natural, foi sobre quando ele encontrou na cidade de Fucheu um companheiro do Marrocos de perto de sua casa em Tânger, que deu a ele muitos presentes maravilhosos, entre os quais dois escravos e, além disso, duas mulheres habitantes locais.[44]

Sob muitos aspectos, o genovês Marco Polo e o marroquino Battuta ofereceram imagens do épico viajante medieval: Polo era cristão, intensamente curioso em relação aos povos, costumes e lugares que visitava, e quase totalmente dependente da boa vontade dos khans mongóis da China e da Ásia Central. Em contraste, Battuta era muçulmano, profundamente indiferente quanto ao mundo não islâmico e conseguiu grande parte de sua riqueza, fama e influência da corte muçulmana de Delhi.

Os Polos ansiosamente buscavam contato com os não cristãos na Ásia, mesmo que pela única razão de sobreviver e realizar negócios. A fascinação de Polo pela abertura de influências externas se destaca em cada página de suas memórias; o mesmo não se pode dizer sobre Battuta, que mostra um notável desinteresse pelos povos e assuntos não muçulmanos. O que une os dois relatos é o fato de falarem sobre o Oriente e terem sido transcritos por um escritor profissional.

É precisamente a falta de interesse de Battuta pelos povos fora do *Dar-al-Islam* — o mundo do Islã — que comprova o domínio muçulmano no comércio medieval na Ásia. No século XIV, Battuta pôde viajar 120 mil quilômetros pelo Marrocos, África Oriental, Índia, Ásia Central, sudeste Asiático e China e permanecer totalmente no ambiente cultural muçulmano, sem nunca interagir de forma significativa com os de fora, a fim de sobreviver, viajar ou mesmo ganhar a vida.

O importador muçulmano de especiarias no Cairo ou em Tânger obedecia aos mesmos códigos religiosos, éticos e — mais importante — comerciais (e provavelmente precisaria dos serviços de um *qadi* como Battuta) quanto seu fornecedor muçulmano em Cambay ou Malaca. O governante muçulmano, seja na África, na Arábia, na Índia ou no Sudoeste da Ásia, observava as mesmas regras básicas referentes à tributação e às taxas alfandegárias. Tipicamente, 2,5% eram cobrados dos fiéis; 5%, dos protegidos *dhimmi* (cristãos e judeus); e 10%, dos não protegidos e não fiéis, como os hindus e nativos animistas.[45]

O *haji*, a obrigação dos muçulmanos de visitar Meca e Medina, serviu para unir o mundo do comércio do Oceano Índico. Nem todos tinham condições de realizar o *haji* e, muitos, se não a maioria, que realizavam a cara viagem pagavam por ela com um pacote de especiarias, seda e algodão, no processo tornando a cidade portuária de Jidá um dos maiores centros comerciais da época.[46]

Certamente, o Oceano Índico, composto de estados comerciais mais ou menos autônomos, não era um território muçulmano. Os governantes desses estados pertenciam a diferentes nacionalidades e seitas, e alguns nem eram muçulmanos. Calicute, por exemplo, era governada por hindus *samorins*. Mesmo assim, não é exagero afirmar que o mundo medieval do século XIV do Oceano Índico era essencialmente o mesmo que o *Dar-al-Islam*.

Na obsessão de Battuta com a *sharia* e o mundo muçulmano e em sua falta de interesse em quase tudo fora dele (além dos confortos dos juncos chineses) vemos claramente a espada de dois gumes do Islã, tão visível no mundo de hoje: uma fé ecumênica, mas autossatisfeita, capaz de unir povos distantes sob um sistema de crenças e um regime de leis, mas também severamente limitada em sua capacidade de examinar e tomar emprestado dos outros.

Os leviatãs chineses do Oceano Índico, tão admirados por Battuta, eram as maravilhas tecnológicas da era medieval. Começando por volta do século XI, a Dinastia Song, obrigada a ir para a costa sul da China por nômades das estepes, mudou seu foco estratégico para o mar. Em 1132, o imperador criou uma marinha permanente, uma inovação praticamente desconhecida no Oriente. A liderança militar chinesa fez da engenharia marítima alta prioridade, e seus estaleiros começaram a produzir muitos tipos de embarcações militares e marítimas com cascos com múltiplos gomos unidos com pregos de ferro, vários conveses, lemes montados na popa altamente eficientes, orientação por bússola magnética (que permitia navegação precisa mesmo com tempo nublado) e velas avançadas na proa e na popa (que possibilitavam aos navios navegar quase diretamente contra o vento). Os chineses, mesmo que brevemente, abandonaram seu famoso chauvinismo cultural e tomaram emprestadas sofisticadas técnicas de navegação dos persas e indianos.[47]

Comparados com esses navios chineses avançados, o tradicional *dhow* do Oceano Índico, com seu único casco unido com fibra de coco, sua desajeitada vela latina (que tinha que ser içada e baixada a cada mudança de rumo) e sua falta de conveses, era tão precário que Marco Polo escolheu enfrentar os rigores, gastos e perigos da Rota da Seda, em vez de embarcar em um em Ormuz.

Um ocidental notou que os *dhows*

> eram extremamente frágeis e não sofisticados, sem ferro e calafetação. Eles pareciam roupas costuradas com fios! E assim o fio arrebenta sempre que há um rombo! Assim, uma vez por ano, eles têm que ser consertados da melhor forma possível, se pretendem voltar ao mar. Eles têm um leme fraco como o topo de uma mesa... e quando precisam mudar de rumo, isso é feito com muita dificuldade; e se o vento sopra forte, isso é totalmente impossível.[48]

Outro europeu observou que os juncos chineses costumavam

> ser muito grandes e ter mais de cem cabines acima do casco, e com vento razoável, eles içavam dez velas, muito grandes e grossas, feitas de três camadas de esteiras de bambu, sendo a primeira tão grande quanto o navio, a segunda atravessada, e a terceira novamente no sentido do comprimento. Na verdade, uma embarcação muito forte.[49]

Historiadores náuticos de fato se perguntaram por que os indianos e árabes ficaram com o *dhow* por tanto tempo, quase até a atualidade, e não adotaram o desenho superior dos chineses e dos europeus. A resposta é dividida em pelo menos três partes. Primeiro, o peso da tradição entre os construtores de navios indianos superava as necessidades dos marinheiros de uma embarcação segura para o mar. Segundo, a costa oeste da Índia não produzia ferro suficiente para a construção. Terceiro, embora a embarcação costurada fosse menos adequada para o mar, era adequada para o "litoral" — isto é, mais maleável e, assim, mais capaz de sobreviver aos frequentes choques com corais, rochas e baixios do comércio costeiro do que os mais fortes navios chineses e europeus.[50]

Dada a vantagem da China na tecnologia marítima, a relativa discrição de seus comerciantes a oeste de Malaca é notável. Somente durante o período entre 1405 e 1433 os chineses foram intencionalmente até o

Oceano Índico. Talvez o status inferior concedido aos comerciantes pelo confucionismo, que via mercadores como parasitas, tenha afastado os mais inteligentes e ambiciosos do comércio e para a economicamente sufocante burocracia mandarim. Então, também a estrutura política centralizada da China (e, mais tarde, do Japão) podia rapidamente cortar o contato com o mundo exterior.

Em contraste, a natureza altamente descentralizada do comércio no mundo medieval do Oceano Índico produziu uma fervilhante competição econômica darwiniana, na qual prosperavam os estados cujas "mutações" políticas eram mais bem adaptadas à negociação e ao comércio e aqueles cujas instituições não o eram definhavam. De forma semelhante, o ambiente político na Europa, dividida por sua geografia de montanhas e rios em milhares de estados concorrentes, favorecia as nações com instituições econômicas mais eficientes. Uma delas, a Inglaterra, surgiria na história como a verdadeira hegemonia global.[51]

Em 1382, o exército do primeiro imperador Ming, Zhu Yuanzhang, que vinha perseguindo o que restava do exército mongol, capturou um camponês muçulmano de 10 anos de idade chamado Ma. O general no comando perguntou ao jovem preso sobre o paradeiro do impostor mongol e recebeu esta resposta impertinente: "Ele saltou em um lago." A displicência do garoto lhe custou a prisão na casa real e, três anos depois, como era costume, foi castrado e reunido aos empregados eunucos da família real. Neste caso, de Zhu Di, o quarto dos 26 filhos do imperador.

Ao contrário da maioria dos eunucos, ele não desenvolveu uma voz aguda ou maneiras femininas, mas se transformou em um imenso, feroz e inteligente guerreiro com uma voz retumbante. Quando seu dono, Zhu Di, finalmente se tornou imperador após uma brutal guerra civil contra seu irmão mais velho, o jovem protegido foi promovido à poderosa posição de superintendente do grupo de eunucos.[52] Seu novo nome foi Zheng He, ou, como era chamado até recentemente no Ocidente, Cheng Ho, o comandante da frota do tesouro e mestre do Oceano Índico.

A história associa as viagens das grandes frotas do tesouro chinesas — sete, no total, entre 1405 e 1433 — com Zheng He, mas essas missões espetaculares eram, para todos os fins e propósitos, apenas uma engrenagem no grande plano de expansão do imperador Zhu Di e, no fim, um joguete no antigo antagonismo entre os estudiosos confucianos e os eunucos.

Zhu Di, ao contrário de seu pai camponês-guerreiro isolacionista, era um governante culto com uma visão internacionalista do mundo, que envolveu a China em dezenas de custosas aventuras no estrangeiro. Esses esforços incluíram missões diplomáticas e militares ao antigo inimigo mongol e, com menos sucesso, uma invasão ao Vietnã, que começava uma longa e brutal guerra de guerrilha (e com quem a França e os EUA modernos não aprenderam as lições adequadas).

Nenhum dos muitos projetos espetaculares de Zhu Di deixou sua marca na história como as grandes frotas do tesouro, as colossais sucessoras das embarcações tão cobiçadas por Battuta. Esses navios variavam em tamanho de barcos de apoio relativamente pequenos de "apenas" 30 metros de comprimento aos gigantescos "navios do tesouro" de 120 metros de comprimento, com seus compartimentos em múltiplos cascos construídos com pregos, até 9 mastros, dezenas de cabines espaçosas e lemes sofisticados na popa de um tipo que só seria visto na Europa no início da era moderna.[53]

A maioria das viagens consistia em cerca de 300 embarcações com cerca de 30 mil tripulantes, que partiam em expedições de 2 anos para Malaca, Sumatra, Java e Índia, e mais tarde, em viagens Ormuz, ao Mar Vermelho e a grande parte da costa da África Oriental. As frotas do tesouro raramente abriam novos mercados para o comércio chinês; sabemos por Polo, Battuta e observadores chineses e muçulmanos que eles haviam sido precedidos nos portos asiáticos por gerações anteriores de diplomatas e mercadores chineses. Em vez disso, os principais propósitos das sete missões sucessivas eram diplomáticos, militares e simbólicos.

As monções dirigiam o cuidadosamente coreografado arco de cada viagem. As frotas de Zheng He se reuniam no outono em um ancoradouro em Taiping, no sul da China, onde esperavam a monção noroeste de inverno levá-los até Surabaya, em Java. Ali permaneciam até julho, quando a monção sudoeste os soprava de Sumatra e Malaca para o Sri Lanka e para a costa Malabar da Índia. Pequenos destacamentos então iam até Ormuz e a África. Nos doze meses seguintes, o processo era revertido: sul até Java com a monção nordeste de inverno, depois para casa com a monção sudoeste de verão.

Antes de mais nada, as empreitadas estabilizaram o crítico estreito de Malaca, governado por um sultão renegado de Sumatra que alegava ser siamês, que controlava o acesso dos chineses ao Oceano Índico. Zheng He não só suprimiu a pirataria que crescia no estreito, mas também habilmente reconciliou os interesses concorrentes do Sião e Malaca na importante hidrovia, mantendo-a aberta ao comércio de todas as partes. Um encargo adicional tácito de Zheng He pode ter sido procurar Zhu Yunwen, o irmão derrotado de Zhu Di, que teria fugido para o exterior.[54]

Muito do que se sabe sobre as frotas de tesouro vem das memórias de um tradutor chinês muçulmano, Ma Huan, fluente em árabe. Ele acompanhou as últimas viagens de Zheng He, e sua descrição da visita ao sultão de Malaca fala eloquentemente da natureza da "diplomacia da frota do tesouro":

> (O imperador presenteou o sultão) com dois selos de prata, um chapéu, um cinto e um robe. (Zheng He) instalou uma tabuleta de pedra e alçou (Malaca) à condição de cidade, que depois foi chamada de o país de Malaca. Depois (o rei do Sião) não ousou invadi-la. O sultão, tendo recebido o favor de se tornar rei, conduziu a mulher e o filho e foi à corte (na China) para retribuir e apresentar seus tributos com produtos locais. A corte também lhe concedeu um navio para navegar no mar, para que ele pudesse voltar ao seu país e proteger suas terras.[55]

Na Índia e na Arábia, Ma Huan encontrou a fonte do monoteísmo ocidental. Em Calicute, ele registrou essa linda história do Êxodo, referente a um

> Mou-hsieh, que criou um culto religioso; as pessoas sabiam que ele era um verdadeiro homem dos Céus, e todos os homens o reverenciavam e seguiram. Mais tarde, o santo homem foi embora (com outros) para outro lugar e ordenou ao irmão mais novo que governasse e ensinasse às pessoas.

Infelizmente, o irmão mais novo ensinou às pessoas a adorarem um boi de ouro, dizendo: "Ele sempre excretará ouro. As pessoas pegam o ouro e seus corações se regojizam; e eles esqueceram o caminho para o Céu; todos tomaram o boi como o verdadeiro senhor." O profeta Mou-hsieh volta, destrói o boi e expulsa o irmão, que "montou um grande elefante e desapareceu".[56]

Quaisquer que tenham sido suas realizações diplomáticas e culturais, Zheng He ganhou poucas recompensas financeiras por um esforço que consumiu a maior parte da madeira do país, a capacidade de construção de navios e grande parte da força militar. O carregamento mais famoso e apreciado das frotas produziu apenas um valor simbólico evanescente: várias girafas africanas obtidas dos governantes da Arábia e Índia como tributo. Os animais eram valorizados não só por sua aparência exótica e agradável, mas também porque os chineses acreditavam que fossem um animal conhecido como o *qilin*. Esse animal mítico tinha um chifre de unicórnio, cascos de cavalo, testa de lobo, rabo de boi e o corpo de alce, e dizia-se que aparecia somente em tempos de paz e prosperidade. Outro presente dado como tributo de Malaca que cativou os chineses foram estranhos objetos de vidro transparente que ampliavam o tamanho de pequenos caracteres escritos — quase certamente os primeiros óculos, que tinham sido inventados recentemente em Veneza.[57]

Pior, a maior parte dos carregamentos das frotas — para fora, porcelana e seda; para dentro, especiarias, pedras preciosas, lãs e tapetes — passava pelos armazéns dos companheiros eunucos de Zheng He, que controlava a maior parte do comércio estrangeiro da nação. Com a morte de Zhu Di, em 1424, os eunucos e a xenofóbica burocracia confuciana entraram em uma luta de poder. A vitória dos confucianos terminou a grande era das explorações chinesas. Zheng He morreu no comando da sétima viagem; depois de voltar ao rio Yangtzé em julho de 1433, nenhuma outra ocorreu.

Dentro de poucas gerações, os chineses permitiram que suas frotas navais e mercantes definhassem. Em 1500, um édito imperial tornou a construção de embarcações com mais de dois mastros uma ofensa. Em 1525, outro decreto proibiu a construção de *qualquer* embarcação para navegação marítima. Onde não há marinha, os piratas roubam. Em meados do século XVI, *wakos*, saqueadores japoneses aterrorizaram as costas chinesas de tal forma que até hoje mulheres na província de Fujian escondem o rosto com lenços azuis originalmente destinados a proteger as usuárias dos olhares lascivos dos bandidos estrangeiros.[58]

Recentemente, as viagens de Zheng He se tornaram tema de uma história revisionista. No livro *1421: O Ano em que a China Descobriu o Mundo*, o aposentado comandante de submarino inglês Gavin Menzies sugere que um destacamento da sexta expedição de Zheng He visitou os EUA (e também a Austrália, a Nova Zelândia, a costa do Brasil e as ilhas de Cabo Verde). Suas alegações, na maior parte, não foram levadas a sério pelos historiadores marítimos.[59]

Hoje, enquanto a China começa a exibir o recém-encontrado poderio militar e econômico, ela usa as viagens de Zheng He para mostrar ao mundo externo a natureza benigna e não agressiva da política externa chinesa. Seria melhor não chamar muita atenção aos detalhes das missões, que em muitas ocasiões raptaram e mataram os que não prestavam as devidas homenagens à autoridade imperial. Por exemplo, em sua primeira expedição, Zheng He matou mais de 5 mil piratas no estreito de Malaca; seu líder foi devolvido à China, apresentado ao imperador e decapitado. Em viagens posteriores, Zheng He capturou e levou de volta os governantes do Sri Lanka, Palembang, no leste de Sumatra, e Semudera (perto da moderna Banda Aceh), e em numerosas ocasiões liderou suas tropas em batalha.[60]

Vasco da Gama e Zheng He ficaram separados por apenas 65 anos; só podemos imaginar o que poderia ter ocorrido se os primeiros europeus a visitarem o Oceano Índico encontrassem a frota do tesouro, cujos menores juncos de apoio teriam se elevado acima das frágeis caravelas portuguesas. Felizmente para os portugueses, a caprichosa senhora da história os poupou dessa humilhação. Quando Vasco da Gama atravessou o Oceano Índico, o campo do jogo tinha acabado de ser desocupado pela única força capaz de repeli-lo.

Em 20 de abril de 1511, Tomé Pires, um farmacêutico (e, portanto, conhecedor de especiarias raras), partiu de Lisboa para buscar fortuna na Índia. Ele nunca voltou à terra natal, pois foi enviado como o primeiro embaixador oficial no Império Celestial, onde morreu na prisão aos 70 anos. Sua história teria continuado desconhecida se um pesquisador português, ao visitar a Biblioteca Nacional Francesa nos anos de 1930, não tivesse se deparado com o "Códice de Paris". Esse volume continha, entre outros documentos, a *Suma Oriental* de Tomé Pires, um relato de suas viagens. Ele descreveu os empórios comerciais no Oceano Índico exatamente antes de desaparecerem sob a influência dos europeus, e nos fornece um último olhar profundo e detalhado no mundo do comércio nativo da Ásia.

Nessa época, o principal eixo do comércio asiático ia do movimentado porto de Gujarati até Cambay (cerca de 90km ao sul da moderna metrópole indiana ocidental, Ahmedabad), o posto de triagem na Índia para têxteis e produtos europeus que iam para o Oriente, na direção de Malaca. Ali, eles seriam trocados por especiarias raras e sedas e porcelanas chinesas.

Tomé Pires descreveu o amplo estuário do Rio Mahi, onde fica Cambay, como se estendendo em dois "braços"; "com o braço direito ele segue para Áden, e com o outro, para Malaca".[61] Embora Cambay fosse governada por mongóis muçulmanos, o comércio de longa distância da cidade era dominado por castas comerciais hindus:

> Não há dúvida de que essas pessoas têm o melhor do comércio. Eles são homens que entendem as mercadorias; eles ficam tão imersos nos sons e nas harmonias que os gujaratis dizem, que qualquer ofensa ligada à mercadoria é perdoável. Há gujaratis instalados em todos os lugares. Eles são comerciantes diligentes e rápidos. Eles fazem suas contas com números como os nossos e com a mesma escrita. ... Também há mercadores do Cairo vivendo em Cambay e muitos corazãos e guilans de Áden e Ormuz, todos realizam grandes negócios em cidades portuárias de Cambay... Os do nosso povo que querem ser assistentes vão até lá para aprender, porque o comércio é uma ciência em si que não impede nenhum outro nobre exercício, mas ajuda muito.[62]

Os portugueses do século XVI talvez fossem os mais flagrantemente patriotas dos intrusos ocidentais na Ásia e nas Américas. A observação de Tomé Pires de que seus compatriotas tinham muito a aprender com os pagãos gujaratis mostra, então, o alcance e a sofisticação do comércio nativo asiático.

Tomé Pires não trabalhou mais que nove meses na Índia antes que o governador no Oriente, Afonso de Albuquerque, o enviasse a Malaca, que acabara de ser conquistada pelos portugueses. Quando chegou lá, Malaca era uma cidade relativamente nova, cujas origens predatavam pouco mais que um século suas conquistas pelos portugueses. Por volta de 1400, um sultão hindu, Parameswara, governante local da cidade de Palembang, em Sumatra (que fica entre a atual Singapura e Java), desafiou o governante hindu Majapait de Java e foi obrigado a fugir para o norte, na direção de Singapura e do estreito. Depois de conquistar Singapura, Parameswara então se estabeleceu em Malaca, cujo nome se origina da antiga palavra malaia *malaqa*, que significa "fugitivo escondido".[63]

Os hindus majapaits, sob ataque de grupos muçulmanos em Java e Sumatra, e internamente devastados por discórdias e corrupção, estavam de saída. Parameswara mostrou ser o homem certo no lugar certo e na hora certa: astuto, ligado ao comércio e dono de inúmeros contatos entre comerciantes locais e estrangeiros em Palembang e além. Além disso, ele agora estava no controle de um ótimo porto natural fora do alcance das desavenças em Java e no sul de Sumatra, mas ainda comandando o estreito. O fato de Parameswara concentrar seus esforços no comércio pelo estreito não foi acidente — ele era um dos últimos em uma linhagem de príncipes do império marítimo Srivijaia. De sua capital em Palembang, este império dominou, em certo momento, grandes partes de Sumatra, Java e a Península Malaia. Sua riqueza e seu poder se originaram de seu controle do comércio local e de longa distância pelo estreito.

Os herdeiros de Parameswara se mostraram igualmente talentosos, e Malaca logo se tornou uma das bases de apoio comercial do mundo. O que Singapura é para o mundo moderno — um amplo entreposto no comando de um dos pontos críticos de estreitamento marítimo do mundo —, Malaca, que fica a 200km a noroeste da moderna Singapura, era para a Idade Média. Assim como acontece em Singapura hoje, a Malaca medieval ligava a Índia, o mundo árabe e a Europa a oeste com a China e as lendárias Ilhas das Especiarias, ao leste.

Malaca atordoava Pires, e as vistas, os cheiros e a atividade da cidade evocavam nele uma visão da terra prometida. Observador meticuloso, Pires tinha grande facilidade com números — rara entre oficiais da colônia naquela época — e habilidade em notar vários aspectos do governo e do comércio. Embora a *Suma Oriental* não seja uma leitura leve, a magia de Malaca no exato momento em que Portugal a conquistou é totalmente visível. Pires contou 84 idiomas falados em uma cidade tão multicultural quanto Londres ou Nova York, como por exemplo:

> Mouros do Cairo, Meca, Áden, abissínios, homens de Quiloa, Melinda, Ormuz, pársis, rumes, turcos, turcomenos, armênios cristãos, gujaratis, homens de Chaul, Dabul, Goa, do reino de Daquem, malabares e quelis, mercadores de Orissa, Ceilão, Bengala, Arracão, Pegu, siameses, homens de Quedá, malaios, homens de Paão, patanis, Cambodja, Champa, Cochinchina, chineses, lequeos, homens de Brunei, luções, homens de Tamjompura, Laue, Banca, Linga (eles têm mil outras ilhas), Molucas Banda, Bima, Timor, Madura, Java, Cunda, Palimba, Jambi, Tongkal, Indragiri, Kappatta, Lampar, Mencamcabo, Minangkabau, Siak, Rupat, Arcat, Aru, Bata, país dos tomjanos, Pase, Pedir, Maldivas.[64]

Como ressaltado pela historiadora e socióloga Janet Abu-Lughod, "Nenhum outro fato pode realmente captar a 'forma' de um sistema mundial no século XV com esse conjunto de personagens".[65] A presença de "rumes" é especialmente intrigante, visto que esse termo foi amplamente aplicado a europeus do sul, turcos ou gregos bizantinos (Constantinopla tendo sido conquistada sessenta anos antes pelos turcos). Os italianos já estiveram em Malaca antes da chegada dos portugueses. Em 1326, seguindo os entusiasmados relatos de Marco Polo, mercadores genoveses eram uma visão comum em Zaitun, o maior porto da China, então não seria surpresa se Pires os tivesse encontrado também em Malaca. Os genoveses eram, no mínimo, tão viajados quanto os venezianos, mas também famosamente discretos sobre os detalhes de suas rotas comerciais incrivelmente lucrativas. Não é acidente que os primeiros relatos detalhados do Extremo Oriente venham mais de volúveis venezianos como Marco Polo.[66] Mesmo que não houvesse italianos em Malaca, suas mercadorias características, transportadas por navio da Alexandria e compradas por comerciantes indianos no Mar Vermelho e em Cambay, eram abundantes ali: corante escarlate, lãs coloridas, contas, vidro e armas de todos os tipos.

O imenso fluxo de mercadorias para o porto era supervisionado por quatro fiscais, cada um para cargas da Arábia e da Índia, do Sião e da China, de portos locais de Sumatra e do resto da Indonésia. Pires observou que o principal eixo de comércio ficava entre Gujarat, no oeste da Índia, especialmente seu porto principal de Cambay, e Malaca. Os artigos mais apreciados da Índia eram tecidos, dos quais ele documentou trinta tipos, assim como o ópio e o incenso do extremo oriente. Bens mais variados — macis, noz-moscada, cravos, sândalo e estanho, assim como seda e porcelana chinesa — iam para o Ocidente, uma parte para a Índia, outra para o Golfo, e outra ainda para o Egito e a Europa. Pires menciona que quatro navios por ano vinham de portos menores de Gujarat, cada qual transportando cargas no valor de até 30 mil cruzados (cerca de US$2,4 milhões em moeda atual), "embora apenas um carregamento gigantesco anual vinha de Cambay, no valor de cerca de 70 ou 80 cruzados, sem nenhuma dúvida".[67] E isso tudo apenas da costa oeste da Índia; embarcações de e para a costa leste da Índia provavelmente também transportavam quantidade similar de bens.

O que ia bem em Malaca? Sua prosperidade não fluía simplesmente de sua localização favorável em um dos pontos de estreitamento mais críticos do mundo marítimo "no final das monções".[68] Afinal, o estreito se estende a várias centenas de quilômetros ao longo das costas da Malásia e de Sumatra e é muito mais fácil de controlar em seu extremo mais estreito, em Singapura. Além disso, tanto o lado malaio quanto o de Sumatra estavam pontilhados com cidades comerciais durante séculos antes que Parameswara fundasse Malaca, em 1400.

Em vez disso, a riqueza e proeminência da cidade podem ser creditadas ao gênio institucional de Parameswara e seus herdeiros. Sozinha entre as muitas cidades comerciais que ocupavam o estreito, Malaca encontrou a resposta para a questão de se deveria comercializar, atacar ou proteger. O povo de Malaca cobrava impostos de importação menores que os prescritos pelo costume tradicional islâmico, sendo o máximo 6% (em vez dos habituais 10%), pagáveis em produtos do "Ocidente" — isto é, aqueles trazidos pelos indianos e árabes. Se um ocidental e sua mulher estivessem instalados no porto, eles pagariam apenas 3%. Orientais — malaios locais, indonésios (incluindo os molucanos, com suas preciosas especiarias), siameses e chineses — não pagavam nenhum imposto formal. De todas as importações, até de "orientais" eram subtraídos "presentes" para o sultão e seus tenentes, estimados por Pires a um custo de 1% ou 2% do valor da carga. Nenhum comerciante, do Oriente, Ocidente ou local, pagava impostos de exportação.

Uma estrutura legal, relativamente sólida, mesmo que informal, parece ter sido montada, rivalizando até com o avançado direito comum da Inglaterra medieval. O responsável principal do sultão, chamado *bendara*, era uma espécie de prefeito e chefe de justiça, que supervisionava disputas e garantia que os negócios transcorressem com tranquilidade. (Ele também era um dos receptores já mencionados dos "presentes".) Um irmão do *bendara* geralmente era designando *tumungam*, ou juiz de alfândega, que junto com um grupo de comerciantes locais e estrangeiros avaliava a carga; os impostos eram então coletados, e a carga era aberta para os lances de um grupo ainda maior de mercadores:

> E como o tempo era curto, e o volume de mercadorias, grande, os mercadores eram liberados (isto é, a carga totalmente vendida), e então os de Malaca levavam a mercadoria para seus navios e a vendiam como quisessem; de onde os comerciantes recebiam seus acordos e ganhos, e os mercadores locais ganhavam seus lucros... E isso era feito de modo ordenado para não favorecer o mercador do navio, nem faziam com que fosse

embora insatisfeito; *pois a lei e os preços das mercadorias em Malaca eram conhecidos.* (itálico adicionado)[69]

Adam Smith certamente teria aprovado, pois aqui, em menos de cem palavras, está a receita essencial para o sucesso do livre mercado: um processo de leilão conduzido com regras bem descritas e conhecidas em um único momento no tempo por um grande número de participantes bem informados apoiados por instituições do governo consideradas honestas pelos participantes — um tipo de eBay medieval nos trópicos, no qual boas regras atraíam bons comerciantes, que, por sua vez, insistiam em regras ainda melhores.

Também não representou um problema o fato de Parameswara, a fim de expulsar os majapaitas de Java, converter-se ao islamismo para que pudesse casar-se com a filha do rei muçulmano de Pase (no norte da Sumatra) e, assim, proporcionar a muito necessária proteção do rei contra o inimigo hindu. Em 1400, a maioria dos mercadores no estreito era discípulos do Profeta, mesmo que a população local não o fosse. Que esse comércio muçulmano continuasse além da conversão no sudeste asiático não foi um acaso; embora a teologia seja a principal força motora por trás do cristianismo e das grandes religiões do Oriente, a base do Islã é um sistema de leis que cobre todas as áreas de conduta, incluindo o comércio. Assim, o novo monoteísmo da Arábia era especialmente atraente para os envolvidos em qualquer atividade econômica organizada que florescia onde as regras eram claramente visíveis e vigorosamente postas em prática por partes desinteressadas — novamente, como no mais secular direito comum inglês.

Mesmo que alguém não fosse movido pelo fervor religioso, aceitar o Islã no mínimo fazia maravilhas para a classificação de crédito de alguém. Somente mais tarde a população geral, impressionada com a riqueza e devoção dos vizinhos mercadores muçulmanos, seguiu esse caminho.[70] A conversão de grande parte do Sudeste Asiático foi realizada não só por conquistadores vindos da Arábia e da Pérsia, mas também por mercadores de tecidos e especiarias de Cambay e Calicute, que muitas vezes casavam-se com mulheres nativas. Os filhos dessas uniões de raças mistas, independentemente da religião da mãe, eram quase sempre criados como muçulmanos e serviram para espalhar a palavra do Profeta entre seus pares e os amigos e familiares das mães.[71] (Quando Pires chegou a Malaca, comerciantes muçulmanos ainda estavam ativamente disseminando a palavra de Maomé nos impérios hindus de Java, Sumatra e leste da Indonésia, mesmo quando o Ocidente reivindicava os domínios ocidentais do Islã na Espanha e no sudeste da Europa.)

Como o Serivijaya anterior, Parameswara manteve abertas as linhas de comunicação com a China, que incluía as frotas de Zheng He. O sultão e os chineses cultivavam um ao outro, em parte para manter à distância os siameses, que eram rivais do povo de Malaca e da China; acredita-se que entre 1411 e 1419, Parameswara visitou a China para pagar um tributo a Zhu Di em várias ocasiões. Quando os chineses deixaram o Oceano Índico, em 1433, o povo de Malaca estava mais que capacitado para preencher o vácuo no estreito.

Malaca certamente não foi o único principado a conseguir a fórmula essencial para um estado comercial costeiro — as memórias de Pires apenas ressaltam as virtudes de um dos mais bem-sucedidos. As cidades e os portos entre Veneza e Cantão que floresceram durante a Idade Média devem ter seguido mais ou menos os mesmos preceitos. Em Calicute, vários governantes hindus hereditários, os *zamorin*, mantiveram as instituições legais, comerciais e marítimas militares necessárias para o sucesso comercial. Infelizmente para Calicute, seria a primeira parada de Vasco da Gama na Índia.

Lamentavelmente, como os britânicos podem atestar, mesmo as mais vigorosas linhagens reais acabam por se extinguir. Infelizmente para Malaca, justamente quando os portugueses apareceram no horizonte, sua liderança caiu nas mãos de um sultão dissoluto, Mahmud Shah, de quem os europeus tiraram a cidade como se colhe uma fruta. As regras do jogo logo mudariam para os muçulmanos e outros asiáticos envolvidos no antigo comércio do Oceano Índico, e não para melhor. Em uma das cadeias de causação mais bizarras da história, os brutais e eficientes recém-chegados eram movidos pela fome de, entre todas as coisas, ingredientes culinários que hoje ficaram basicamente sem uso na maioria das cozinhas do Ocidente.

5

O Gosto do Comércio e os Prisioneiros do Comércio

Poucas instituições europeias caracterizam tanto a vida cotidiana do continente quanto os mercados semanais do interior. Essas reuniões, que agradam aos residentes e aos turistas, têm raízes históricas nas reuniões periódicas de mercadores viajantes em vilas pequenas demais para suportar sua presença permanente.

Durante o período medieval, a configuração desses mercados era muito diferente das atuais fileiras de barracas organizadas. Naquela época, prevalecia um padrão mais centrífugo. As operações mais "sujas" — venda e abate de animais — ocorriam ao redor da periferia do mercado. Barracas de comida, escribas, ferreiros, barbeiros, dentistas, tecelões de tapetes e oleiros vendiam seus produtos mais perto do centro. O ponto focal das festividades era frequentemente ocupado pelos aristocratas da hierarquia comercial: os mercadores de especiarias. Do século XIV ao XVII, canela, noz-moscada, macis e cravo não eram sabores rotineiros, mas os artigos mais procurados do mundo. Suas fontes e linhas de suprimento geravam riqueza e pobreza para as nações; as especiarias eram tão essenciais quanto o petróleo e o paládio são no século XXI.

O legado mais visível da riqueza e do esplendor gerados pelo comércio de especiarias medieval que ainda deslumbra o olhar hoje é Veneza, cujos grandes palácios e a arquitetura pública magnífica foram construídos principalmente com os lucros da pimenta, da canela, da noz-moscada, da macis e do cravo. Quarenta e cinco quilos de noz-moscada, comprados na Alexandria medieval por 10 ducados, facilmente atingiriam 30 ou 50 ducados nos cais de Veneza. Mesmo depois de pagar pelo transporte, o seguro e as taxas de alfândega nas duas pontas, os lucros costumavam exceder 100%; uma galera veneziana comum levava de 100 a 300 toneladas entre o Egito e a Itália e gerava fortunas para os imaginativos e felizardos. Durante o período medieval, o corpulento Creso era chamado de "saco de pimenta", não bem um insulto grave, já que o preço de um saco de pimenta geralmente era maior do que o de um ser humano.[1] O historiador Frederic Lane calcula que às vésperas da entrada dos portugueses no Oceano Índico nos últimos anos do século XV, velozes galeras venezianas carregavam 1.600 toneladas de especiarias por ano, a maior parte carregada na Alexandria, do outro lado do Mediterrâneo.[2]

O intenso comércio de especiarias suscita uma pergunta óbvia: como o Ocidente pagava por esse apetite voraz? Antes que a prata das minas do Peru e México atravessasse o Atlântico no século XVI, a Europa sofria de uma profunda escassez de moedas para pagar os importados. Além disso, o Ocidente produzia poucos produtos desejados no Oriente.

Antes da era moderna, as palavras "manufatura" e "têxteis" eram praticamente sinônimos. Dos dois principais tecidos fabricados na Europa, o linho só competia em desvantagem com o algodão da Índia, e a lã não atraía muito os habitantes de climas quentes. Mas é fato que o Mediterrâneo produzia imensas quantidades de coral vermelho, e os italianos eram especialmente hábeis na produção de vidro refinado, mas os mercados orientais para esses produtos de luxo preenchiam apenas uma pequena parcela do *déficit* comercial do Ocidente.

Os europeus produziam qualquer artigo que poderia ser comercializado em Alexandria e no Cairo em troca das especiarias que tanto desejavam? De fato, sim: escravos, para satisfazer o insaciável apetite dos exércitos muçulmanos por soldados. Entre 1200 e 1500, os mercadores italianos se tornaram os mais prósperos comerciantes de escravos do mundo, comprando seres humanos nas costas do Oriente do Mar Negro e vendendo-os no Egito e no Levante. A carga passava pelos dois pontos de estreitamento em Dardanelos (antigo Helesponto) e Bósforo, protegido pelo antes poderoso Império Bizantino, que inevitavelmente se viu sob as armas de duas grandes potências comerciais: Veneza e Gênova.

Assim, o comércio de longa distância no período medieval girava em torno de três histórias: a de especiarias, a de escravos e a antiga luta pelo domínio de Dardanelos e Bósforo.

A pimenta e a canela vinham, respectivamente, da Índia e do Sri Lanka, lugares de que os europeus tinham pelo menos ouvido falar. Macis, noz-moscada e cravos vinham das Ilhas das Especiarias, que permaneceram *terra incógnita* até o século XV.[3] Essas terras lendárias eram tão remotas que mesmo os mercadores genoveses e venezianos que adquiriam os preciosos produtos das ilhas nos portos do Egito, no Levante e no Mar Negro desconheciam sua localização exata. O próprio nome, Ilhas das Especiarias, como as Ilhas do Estanho, de Heródoto, nos informa que tudo o mais sobre elas — seu povo, sua geografia e sua língua — era desconhecido ou ignorado a favor do único objetivo de que serviam ao Ocidente.

Se é difícil compreender a importância dessas especiarias no período medieval, pense no atrativo esnobe do status elevado atual: as caixas de chocolate Godiva, o carro BMW, os sapatos Gucci. Então cerque a mística com um toque de incerteza quanto à origem; por exemplo, tudo o que sabemos sobre o maravilhoso calçado é que ele chega em nossos portos de algum lugar no Oriente. Nesse ambiente, uma loja Gucci não é apenas uma oportunidade de negócios lucrativa, mas uma licença para imprimir dinheiro, e uma posição estabelecida em qualquer ponto ao longo da cadeia de fornecimento de sapatos se torna uma passagem para o prestígio e riqueza incalculável. O que aconteceria se esses consumidores míticos descobrissem que os sapatos vêm de uma simples fábrica de calçados sindical em Florença?

Esse foi o caso da noz-moscada, do macis e do cravo durante o período medieval. Certamente, os europeus tinham fácil acesso a outras especiarias e ervas saborosas: o açafrão foi produzido na Espanha e na Inglaterra desde que começou a ser importado por comerciantes árabes no século III, a pimenta era facilmente disponível na Índia, o coentro e o cominho vinham do Oriente Próximo; e folhas de louro, tomilho, alecrim, manjerona e orégano eram originárias da Europa. Mas a noz-moscada, o macis e o cravo eram muito mais desejados exatamente por serem raros, caros e, acima de tudo, misteriosos. Seu apelo gustativo ficava quase insignificante quando comparado com a mensagem transmitida por seu aroma e sabor: aqui mora alguém com riqueza e status.

Como os romanos, os europeus ficaram encantados com as especiarias. Médicos tratavam todos os tipos de enfermidades com elas, e Chaucer fez versos sobre florestas imaginárias cheias de cravos para fumigar baús de roupas e noz-moscada para dar sabor à cerveja. Especiarias e perfumes permeavam luvas, bebidas quentes, licores e a maioria das receitas usadas em residências abastadas. Os historiadores sugeriram que especiarias raras eram originalmente valorizadas por causa de suas propriedades medicinais. Por exemplo, uma autoridade ressalta que o conteúdo de uma loja de especiarias medieval francesa e o de uma farmácia norte-americana do século XIV seriam praticamente idênticos.

Mas essas "drogas" eram eficazes? O efeito placebo, uma das maiores forças no arsenal terapêutico, deriva em grande parte do exotismo dos ingredientes ou métodos usados. Nenhuma das especiarias mencionadas neste capítulo teve seu valor medicinal comprovado cientificamente, nem os produtos vegetais que são bastante comuns, como a digitalis, para o coração, da adorável, mas humilde, dedaleira. Médicos romanos e gregos prescreviam a rara especiaria galanga "para os rins".[4] Precisamente a que problemas médicos se referiam? Quaisquer doenças que esses médicos antigos tratavam provavelmente tinham pouco a ver com a função renal.

É mais provável que essas especiarias raras tivessem encontrado uso medicinal exatamente *por causa* de seu prestígio. Superstições demoram a desaparecer; mesmo hoje, os rinocerontes vêm sendo caçados e estão à beira da extinção por causa das supostas qualidades afrodisíacas do pó feito de seu chifre; a magia de animais e produtos vegetais raros é tal, que é difícil que a descoberta do Viagra salve a espécie.

Nem todas as especiarias viajavam para o Oriente. O coentro, um preferido moderno, é nativo do leste do Mediterrâneo. Ele era muito conhecido dos minoicos e egípcios em 1300 a.C. e chegou à China quando o Império Han abriu a Rota da Seda um milênio depois. Muito mais ameaçadora foi a disseminação para o Oriente de outra especiaria mediterrânea, a semente de papoula, mais tarde cultivada na Índia sob olhares atentos dos europeus, ansiosos para melhorar o equilíbrio do comércio com a exportação do extrato altamente viciante, o ópio.

Ao contrário das Ilhas do Estanho de Heródoto, as Ilhas das Especiarias realmente existiram. O cravo, o botão da flor do *Syzygium aromaticum*, um abeto alto, até recentemente só crescia no solo vulcânico de cinco pequenas ilhas — Ternate, Tidore, Moti, Makian e Bacan —, no norte das Molucas, um grupo de ilhas no leste da Indonésia. A noz-moscada e o macis vinham de diferentes partes da fruta do *Myristica fragrans*, uma árvore que crescia apenas em nove locais minúsculos — as ilhas de Banda — no sul das Molucas.

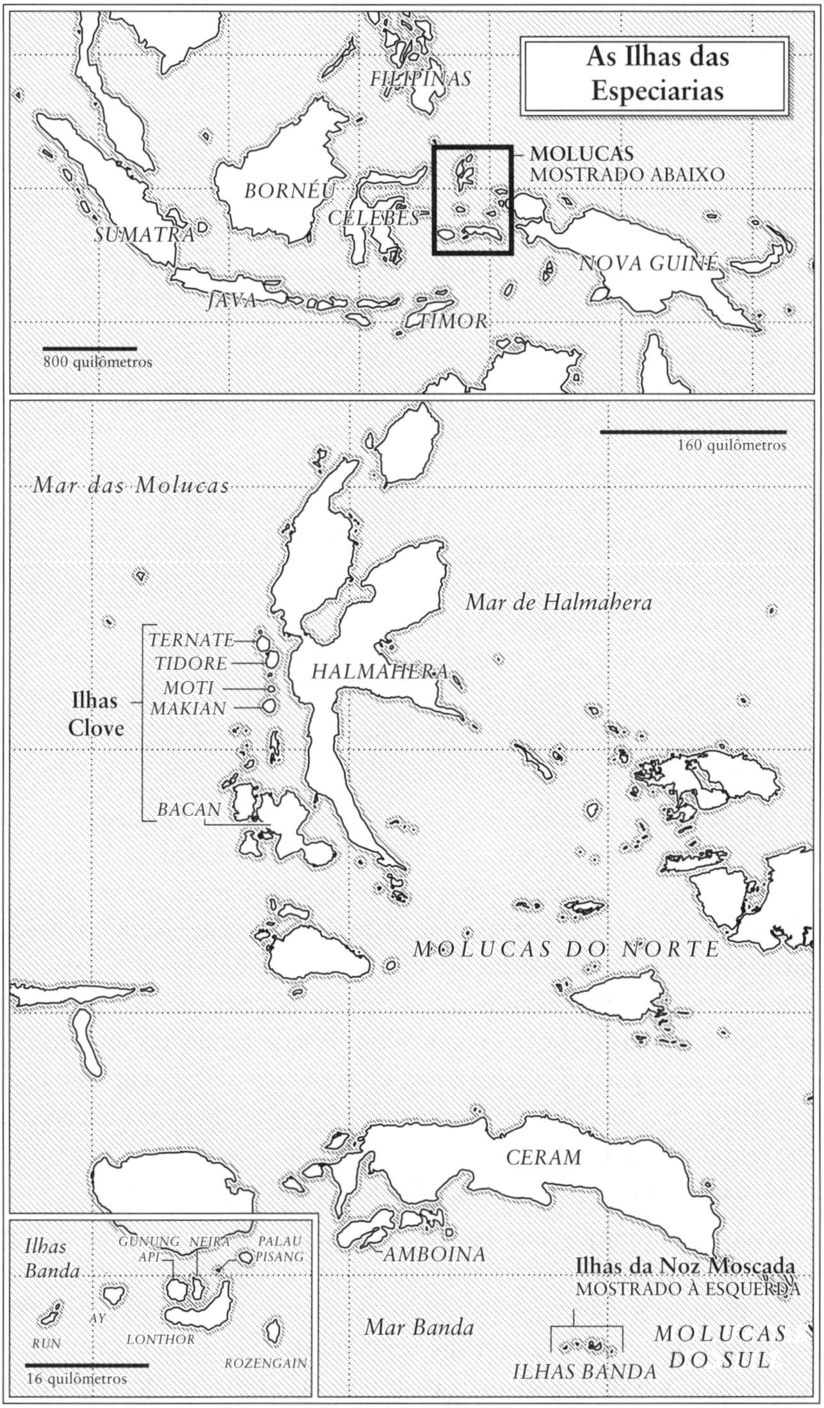

As Ilhas das Especiarias
FILIPINAS
MOLUCAS
MOSTRADO ABAIXO
BORNÉU
CELEBES
SUMATRA
NOVA GUINÉ
JAVA
TIMOR
800 quilômetros
160 quilômetros
Mar das Molucas
Mar de Halmahera
TERNATE
TIDORE
MOTI
MAKIAN
Ilhas Clove
HALMAHERA
BACAN
MOLUCAS DO NORTE
CERAM
Ilhas Banda
GUNUNG API
NEIRA
PALAU PISANG
AY
RUN
LONTHOR
ROZENGAIN
16 quilômetros
AMBOINA
Ilhas da Noz Moscada
MOSTRADO À ESQUERDA
Mar Banda
MOLUCAS DO SUL
ILHAS BANDA

Os molucanos vendiam especiarias muito antes da chegada dos europeus. Primeiro ocupado por povos aborígenes há dezenas de milhares de anos, o arquipélago foi depois envolvido pela expansão austronésia aproximadamente em 2000–1000 a.C., na qual tribos da China e de Taiwan, equipadas com canoas de dois cascos, povoaram as costas dos oceanos Índico e Pacífico de Madagascar à Ilha da Páscoa. Empoderados pelo comércio local de especiarias, os habitantes aborígenes de Ternate e Tidore conseguiram manter sua identidade e cultura, enquanto as ilhas vizinhas sucumbiram à maré austronésia.

Essas minúsculas "ilhas internas" vulcânicas só tinham especiarias e cocos e dependiam do nutritivo e produtivo sagu-de-jardim para sua subsistência, cultivado nas maiores "ilhas externas" Molucas, como Halmaera e Ceram. No início, esse comércio era um negócio entre as ilhas, no qual os bandaneses percorriam as águas entre as ilhas internas e externas em pequenos barcos e trocavam o sagu por especiarias.

Como a seda chinesa importada por Roma, a noz-moscada e o macis provavelmente eram conhecidos pelos romanos — Plínio parece tê-los descrito em *História Natural*. Também semelhante à seda, sua origem estava bem além do horizonte do conhecimento ocidental, e a cadeia de fornecimento que primeiro os levou para o Oriente Médio e a Europa era longa, perigosa, indireta e, claro, ridiculamente cara.[5]

À medida que os mercados de exportação para a noz-moscada e o macis se expandiram durante a antiguidade e o período medieval, as ilhas produtoras de especiarias prosperaram a ponto de dominarem quase todo o arquipélago das Molucas. Ternare, por exemplo, governava a ilha de Ceram, muito maior, até bem depois da chegada dos holandeses. Os aborígenes bandaneses, embora hábeis no cultivo das especiarias, não as comercializavam muito além das ilhas que ocupavam. Seriam os descendentes dos austronésios, de pele mais clara e marinheiros, especialmente os lendários bugis da grande ilha de Celebes (a meio caminho de Java e as Ilhas das Especiarias), que levariam as especiarias para além das Molucas até Java e Sumatra, de onde acabaram chegando na China, Índia e, finalmente, Europa.[6]

O macis, o produto da camada externa mais fina da fruta, era mais precioso do que a semente volumosa, a noz-moscada. Durante o primeiro período do domínio português, as Bandas produziam cerca de mil toneladas de noz-moscada por ano, mas somente cem de macis; consequentemente, este era cerca de sete a dez vezes mais caro que sua semente. Ocasionalmente, essa diferença de preço provocava comportamentos estranhos no mercado, alguns meramente irônicos, como queimar a noz-moscada pelos bandaneses para aumentar seu preço, e alguns ridículos, como a famosa (e provavelmente apócrifa) ordem da Companhia Holandesa das Índias Orientais para seu governador das Índias Orientais de plantar somente macis.[7] (Hoje, a situação se reverteu, sendo a noz-moscada um ingrediente muito mais procurado, e o macis, reservado para ofertas de cor clara que necessitam de um sabor frutado, como o bolo de libra ou a sopa de creme.)

Ocupando o centro do terreno entre a pimenta e os sabores das Ilhas das Especiarias estava a canela, visto que sua origem ficava no extremo leste do mundo conhecido pelos romanos. Ela surgiu primeiro na capital no auge do império e ocupou o ápice da culinária e do luxo aromático. Meio quilo do sumo de suas flores era vendido por 1.500 denários — aproximadamente seu peso em ouro. Os com recursos mais modestos se contentavam com óleo de canela, uma relativa barganha a somente 1/4 desse preço.[8] Mesmo assim, os ocidentais só foram informados com segurança sobre as árvores de canela do Sri Lanka depois que Ibn Battuta descreveu como os comerciantes indianos casualmente colhiam sua preciosa casca nas praias cobertas por elas.[9]

O mesmo princípio funcionava ao contrário na China, cujos itens valorizados eram relativamente comuns na Europa, como o marfim e o incenso, mas cuja origem na África e na Arábia estava envolta na mística da distância. Da mesma forma, os cravos das relativamente próximas Molucas eram considerados menos exóticos pelos chineses, que os usavam para perfumar o hálito desde a dinastia Han: "Eles têm a propriedade de eliminar cheiros da boca, e altos funcionários da Corte os colocavam na boca quando tinham assuntos a tratar com o Imperador."[10]

A queda do Império Romano reduziu o fornecimento de pimenta e aumentou seus preços. No auge do império, meio quilo de ouro comprava quase trezentos de pimenta, enquanto no começo do século IV, comprava apenas noventa e, provavelmente, ainda menos quando Alarico invadiu Roma e pediu uma tonelada e meia de pimenta como resgate para levantar o cerco. Não importa o quanto a pimenta se tornou escassa e cara, seu fluxo na Europa nunca foi interrompido, mesmo durante o auge da Idade das Trevas.[11]

Quando as forças do Islã fecharam Bab-el-Mandeb quase imediatamente após a volta triunfal de Maomé a Meca no início do século VII, navios gregos não podiam mais navegar para o leste na direção das Gates Ocidentais na quente e turbulenta monção de sudoeste. Embora a pimenta ainda passasse com facilidade para o Ocidente por meio de mãos muçulmanas, o conhecimento sobre o Oriente cessou. A Índia, que tinha sido bem conhecida de geógrafos gregos e romanos como Estrabão, Ptolomeu e Pompônio Mela, e cujos embaixadores bajulavam Augusto, desaparece no horizonte da realidade e em um mar de mitos — uma terra de montanhas de esmeraldas e ouro guardada por dragões fabulosos e monstros voadores. Durante os nove séculos entre a vitória do Profeta e a façanha de dobrar o Cabo da Boa Esperança por Bartolomeu Dias e Vasco da Gama, um europeu mal podia mergulhar um remo no Oceano Índico.

Por quase mil anos após o surgimento da noz-moscada, do macis e dos cravos no Ocidente, europeus e muçulmanos ficaram sem ter ideia de suas origens. Escrevendo no século X, o historiador árabe Ibn Khurdadhbih listou cravos e noz-moscada como produtos da Índia, um erro de apenas 6.500km. Marco Polo, Ibn Battuta e os chineses (de quem os dois viajantes provavelmente obtiveram grande parte de seu conhecimento do comércio de especiarias) pensavam que esses sabores vinham de Java. Quase certo: as Ilhas das Especiarias ficavam, na verdade, a cerca de 1.600km a noroeste de Java.[12]

As duas principais rotas marítimas, pelo Mar Vermelho e o Golfo Pérsico, da Índia e das Molucas a Badgá e Alexandria, estavam sob controle dos califados omíada e abássida. Os abássidas governaram o Oriente Médio até perto de 910 d.C.; antes dessa data, a rota mais segura do golfo, o Caminho de Sinbad, era o preferido, mas depois, a primazia dos fatímidas e mamelucos tornou o Mar Vermelho a principal passagem para as especiarias que chegavam da Índia e das Molucas.

Uma porção menor do tráfico de especiarias seguia por terra, mas a Rota da Seda, dividida entre centenas de tribos e principados em guerra, exigia estabilidade política em toda a sua extensão para concorrer com as rotas do Oceano Índico. Esse esquema quase impossível teve apenas uma reviravolta no período pré-moderno — pelos mongóis durante os séculos XIII e XIV. Mesmo então, os khans, habituados ao comércio e ao poder marítimo, direcionavam grande parte de seu tráfego de longa distância para o sul pelo planalto iraniano até seu porto no golfo, em Tabriz, de onde a China e as Ilhas das Especiarias podiam ser alcançadas por navio com relativa facilidade.

Desnecessário dizer que essas três rotas — pelo Mar Vermelho, pelo Golfo Pérsico e pela Rota da Seda — estavam fora do controle dos grandes estados comerciais italianos, Gênova e Veneza. À medida que os habitantes chauvinistas do mundo cristão apreciavam cada vez mais os sabores orientais, eles se viam diante do desconfortável fato de que, onde quer que houvesse especiarias, havia infiéis.

Em nenhum lugar a vantagem comercial dos muçulmanos era mais evidente do que no comércio chinês. Mesmo durante o período em que tinham passagem livre pelo Oceano Índico, os gregos e romanos nunca conheceram diretamente a nação que produzia a seda. Da mesma forma, para a Europa medieval, a China poderia simplesmente estar em outro planeta — isso em um período em que o Império Médio abrigava as grandes colônias comerciais árabe e persa. Tampouco a situação era melhor para os europeus no Mediterrâneo, que foi invadido por uma onda crescente da influência muçulmana: em sua extremidade oriental, exércitos árabes conquistaram Jerusalém e a costa do Levante depois de dois anos da morte de Maomé, em 532, então acabaram com a marinha bizantina na Batalha dos Mastros, logo depois.

Não obstante o forte poder dos muçulmanos no Mediterrâneo nos séculos IX e X, navios italianos de Salerno, Amalfi e Veneza puderam fazer os primeiros desafios significativos ao domínio muçulmano no mundo do comércio. Quando o primeiro milênio terminou, a Europa aos poucos se tornou mais próspera e poderosa. Os italianos, agora liderados pelos venezianos e genoveses, trocaram bens ocidentais por especiarias na Alexandria, no Cairo e em Tiro, e forneceram a ponta da cunha com a qual o Ocidente tiraria o comércio de longa distância das mãos dos muçulmanos no Levante. Entre 1072 e 1091, os normandos invadiram Palermo, Malta e o que restava da Sicília; enquanto isso, os espanhóis recapturaram Toledo. Essas vitórias encorajaram os cristãos, que prepararam o terreno para um evento que reverbera até os dias de hoje; em 1095, o Papa Urbano II convocou o Concílio de Clermont, no qual os governantes temporais do mundo cristão reunidos pediram para recuperar a Terra Santa. Em 1099, Jerusalém estava nas mãos da Primeira Cruzada, que completou sua missão sagrada matando quase todos os muçulmanos, judeus e armênios, incluindo mulheres e crianças, no interior dos portões da cidade.

Verdade seja dita, os cruzados tiveram sorte — os turcos seljúcidas e os egípcios fatímidas vinham lutando por Jerusalém há décadas antes da chegada dos cristãos, e naquele momento, as duas nações muçulmanas estavam tão enfraquecidas pelo conflito e dissensões internas que nenhuma conseguiu expulsar os infiéis.

Grande parte da Terra Santa permaneceu sob domínio cristão até 1187 — quase um século após a conquista de Jerusalém pelos cruzados — quando Saladino impôs uma derrota desastrosa às forças de Guy de Lusignan na Batalha de Hatim, e capturaram Jerusalém três meses depois. Em contraste com a matança realizada pelos cruzados em 1099, Saladino poupou a população civil da cidade. Acre caiu logo depois, deixando apenas um pequeno grupo da força cristã amontoado na fortaleza de Tiro, cujas famosas muralhas protegeram brevemente os cruzados, assim como os antigos muros mantiveram as forças de Alexandre temporariamente afastadas 1.500 anos antes.

Dizem que o Papa Urbano II morreu de comoção ao saber da queda de Jerusalém. E que seu sucessor, Gregório III, convocasse uma Terceira Cruzada era uma conclusão prevista; ela partiu dois anos depois. Os venezianos participaram com entusiasmo, especialmente na recaptura de Acre (perto da atual Haifa), com sua grande armada. Entretanto, apesar de (ou talvez por causa de) seu famoso participante, Ricardo Coração de Leão, a Terceira Cruzada falhou em retomar a Terra Santa de Saladino.

A triste história da Quarta Cruzada mostrou não só a que ponto a obsessão do Ocidente em retomar a Terra Santa beneficiou Gênova e Veneza, mas também o comércio bilateral dos dois principais bens da época: especiarias e escravos. Nesse ponto, um dos participantes mais notáveis na história humana, Enrico Dandolo, ocupou uma posição de destaque. Com cerca de 80 anos de idade e quase cego quando eleito Doge de Veneza, em 1293, ele concordou em conduzir à Terra Santa uma força de francos nas galés da república de 4.500 cavaleiros e seus cavalos, 9 mil escudeiros e 20 mil soldados a pé — e tudo por um pagamento de apenas 84 mil marcos de prata (cerca de US$20 milhões em valor atual) mais metade das terras e bens saqueados de Saladino.

O líder da força franca, Geffroi de Villehardouin, não tinha intenção de atacar a Terra Santa, pois anos antes o rei inglês, Ricardo, tinha lhe dito para concentrar o ataque no ponto fraco do império muçulmano no Egito. Além disso, os homens de Villehardouin não sabiam que realmente não iriam para a Terra Santa. Dandolo não só sabia das reais intenções do líder franco, mas estava no mesmo momento fazendo uma negociação lucrativa com os egípcios, que envolvia a promessa de não invadir.

Dandolo tinha outros planos, que incluíam a captura da cidade de Zadar, no Adriático. A última coisa que queria era invadir o Egito, o parceiro comercial mais rico de Veneza. O que fazer? Simples: ele deixou vazar para os soldados da cruzada que esperavam nos portos da cidade seu verdadeiro destino. Ao saberem que não iriam para a Terra Santa, as tropas francas desertaram em massa, e no dia indicado, apenas 1/3 da força planejada se apresentou para o embarque. Pior, os recursos para a força franca também acompanharam a tropa desertora. Os venezianos, naturalmente, não estavam dispostos a embarcar suas preciosas galeras sem pagamento adiantado suficiente.

Quando as galeras finalmente levantaram âncoras, em novembro de 1202, os cruzados concordaram em saquear Zadar no lugar do pagamento. Assim que isso foi realizado, Dandolo recebeu uma oferta irrecusável: em troca de ajudar o deposto imperador bizantino Isaac Angelus a recuperar o trono em Constantinopla, o genro de Isaac, Rei Filipe da Suábia, financiaria o resto da expedição ao Egito.

Não foi necessário dizer a Dandolo que esta era a chance de saquear a cidade mais rica do mundo cristão e, no processo, frustrar a invasão ao Egito. A invasão imediatamente seguiu para Bósforo. Nas palavras de Villehardouin:

> O Doge de Veneza, que era um homem velho e não enxergava, estava totalmente armado, na proa de sua galera com a bandeira de São Marcos diante dele; ele gritou para seu pessoal colocá-lo em terra, ou ele faria justiça aos seus corpos com as próprias mãos.[13]

Após um cerco longo e assustador, Constantinopla foi tomada e despojada de suas riquezas. Os quatro imensos cavalos de bronze do hipódromo de Constantinopla foram levados à Basílica de São Marcos, em Veneza. (Os animais voltados para a Praça de São Marcos são cópias; os originais estão no museu da Basílica.) Além das frivolidades, os venezianos também tornaram-se os "Mestres de Um Quarto e Meio do Império Romano", isto é, com direito a 3/8 de Constantinopla mais medida igual do território bizantino. Além disso, os termos de paz incluíam passagem livre em todos os antigos territórios do império, além da exclusão dos rivais Veneza, Gênova e Pisa do comércio com o império. Como Dandolo havia esperado, a Quarta Cruzada nunca chegou à Terra Santa, assim preservando o comércio de Veneza com o Egito. Nada mal para um homem cego agora com 90 anos de idade.[14]

E que comércio Veneza realizava com o Egito! Os cruzados afortunados em voltar da Terra Santa ampliaram em muito a demanda por especiarias exóticas do Oriente para inundar os lares do continente com os aromas de status e riqueza. Os monges alemães, por exemplo, costumavam distribuir um pão de gengibre conhecido como *Lebkuchen;* após as cruzadas, começaram a prepará-lo com pimenta — o tradicional *Pfefferkuchen.*[15]

O terreno agora estava preparado para um dos mais importantes negócios da história: os europeus eram loucos por especiarias; os muçulmanos, desesperados por recrutar pessoas para lutar em guerras com os mongóis e os cruzados; e os italianos agora efetivamente controlavam os estreitos pelos quais passava a vital carga humana.

O primeiro Império Árabe, o dos omíadas, teve poucas dificuldades em completar seus exércitos com os primeiros convertidos ao Islã: os orgulhosos, fortemente independentes e militarmente hábeis beduínos. À medida que o raio das conquistas dos muçulmanos se expandia por todo o Oriente Médio, a pequena população árabe não tinha condições de oferecer a quantidade desejada, para esses formidáveis moradores do deserto, para os exércitos sempre em expansão do Islã.

Os habitantes das novas terras muçulmanas mais agrícolas e, portanto, "civilizadas" criavam fazendeiros, não guerreiros. Isso foi particularmente evidente na Mesopotâmia abássida e no Egito fatímida. Esses fazendeiros de subsistência estabelecidos geralmente se tornavam maus soldados, e era igualmente difícil transformar um mercador do Cairo ou um escriba de Bagdá, acostumados a uma existência relativamente tranquila e próspera, em um funcionário competente.[16]

Como qualquer outro bem escasso, os soldados tinham que ser importados de lugares em que passavam fome, eram ferozes e abundantes. O historiador Daniel Pipes observa que, por necessidade, esses guerreiros vinham de "áreas marginais", sem forte tradição de um governo central. Os habitantes desses locais eram obrigados a viver em condições de penúria e

> a se proteger agrupando-se e reforçando os laços de confiança mútua. Foram desenvolvidos elaborados códigos de honra e atos de vigilância para garantir a ordem. O efeito total pretendia aguçar a sagacidade e ca-

pacidade militar das pessoas. Ataques, saques e rixas eram endêmicos; por motivos de defesa e ataque, cada homem praticava artes marciais desde a infância, era treinado como soldado e se exercitava o tempo todo.[17]

Onde estavam as "áreas marginais" de Pipe, de onde os impérios muçulmanos tiravam seus soldados? Principalmente na Anatólia e no Cáucaso, cujos guerreiros montados periodicamente iam para o sul e oeste roubar e conquistar mais habitantes "avançados" do Oriente Médio e da Europa. A fonte mais visada para prisioneiros era Circássia, no Cáucaso, cujos escravos, homens e mulheres, eram muito valorizados por sua beleza.

A mais importante "arte marcial" praticada nas áreas marginais de Pipe era o arco e flecha, e seu domínio era útil tanto no campo de batalha como no de caça. Outra habilidade aprendida desde cedo pelos habitantes das estepes medievais era a devastadora combinação de cavalo e estribo. Provavelmente inventado na China no século V d.C., o uso do estribo se espalhou lentamente em toda a Ásia Central ao mundo islâmico. Ao unir cavalo e cavaleiro em uma única massa potente e permitir que o combatente montado multiplicasse a força com que atirava sua lança, espada ou porrete, esse dispositivo aparentemente comum revolucionou as guerras.[18]

Já em meados do século IX, o exército abássida consistia principalmente de soldados escravos dessas áreas. No Egito, o Império Buída, que precedeu os fatímidas, comprou grandes quantidades de turcos, eslavos e bérberes. Essa peculiar instituição islâmica, o sistema escravo mameluco, fluía naturalmente de imperativos militares, demográficos e políticos do mundo muçulmano medieval e das leis da natureza humana. Durante os períodos medievais e antigos, a escravidão não era um fenômeno racial; como questão prática, o sistema mameluco era, basicamente, um sistema de castanho sobre branco. Nas palavras de um historiador, "Os mercados de escravos africanos eram desconsiderados enquanto os grupos de mamelucos eram visados".[19]

As mulheres iam para famílias e haréns; os homens, enviados para campos de treinamento e unidades militares onde "eram transformados de infiéis em muçulmanos, de meninos em homens adultos, e de escravos em homens livres". As antigas técnicas de libação militar fortaleciam seu entusiasmo, e a promessa de liberdade e riquezas por parte dos treinadores e comandantes (eles mesmos escravos alforriados) garantia sua lealdade.[20] Segundo o principal estudioso moderno do sistema, David Ayalon:

> Esses mamelucos que foram comprados e libertados pelo sultão no poder constituíam o principal apoio dessa regra. O sistema mameluco de servidão instilava neles um profundo sentimento de lealdade em relação ao dono e libertador por um lado e por seus companheiros em servidão, de outro... O sultão e seus mamelucos formavam uma associação estreitamente interligada, cujos membros eram unidos por fortes elos de solidariedade. Existia entre o sultão e seus mamelucos uma espécie de elo duplo: eles estavam no poder apenas enquanto ele governava, e ele governava somente enquanto seu poder era baseado neles.[21]

Como soldados, os escravos livres subiam na hierarquia a posições de alto comando; não demorava, e eles depunham os sultões nativos. Os privilégios e luxos do poder corroíam os instintos e as habilidades marciais dos mais bem-sucedidos mamelucos em uma ou duas gerações, deixando o caminho livre para uma nova leva de escravos-soldados magros e famintos, recém-saídos do interior da Circássia e de seus campos de treinamento egípcios, para tomar o poder de seus amáveis indolentes mestres. O novo sultão mameluco iria então expurgar os elementos do alto escalão das tropas do antigo sultão, os assim chamados "mamelucos reais", e substituí-los pelos próprios seguidores, e o ciclo recomeçava. A substituição no poder de um grupo por outros podia ser rápido ou gradual; poderia ser feito com a espada ou uma pensão. A qualquer momento, não era incomum várias gerações de mamelucos pagos coexistirem na vida civil e na hierarquia mais baixa do exército.[22]

Todo o sistema estava corrompido pelo sentimento entre os mamelucos, sobre quem o sultão atual mantinha o poder somente pela graça de sua presença. Segundo Pipes, "Esses soldados consideravam o governante em dívida com eles e só o toleravam como um árbitro".[23] Não demorava muito, e o sultão, pressionado por "velhos amigos", sentiria a necessidade de "novos amigos", livres do senso de direito sentido pelos atuais apoiadores. De onde vinham esses "novos amigos"? Naturalmente, dos campos de treinamento dos recém-chegados escravos-soldados, a quem eram oferecidos liberdade e poder em troca de seu apoio.[24] Próximo ao fim da dinastia curda aiúbida, ouviu-se que um membro da corte real tinha inquirido um colega sobre os uniformes peculiares dos guardas mamelucos do sultão. A resposta, que se tornaria verdadeira em menos de uma geração: "Esta é a roupa dos que conquistarão nosso país e tomarão nossas propriedades e tesouros."[25]

O sistema escravo mameluco, como já notamos, começou no máximo um século ou dois após as conquistas iniciais árabes, então aumentou lentamente com os abássidas, buídas e fatímidas, que assim tinham um apetite voraz e constante por novos escravos. Os venezianos, com seus instintos comerciais e o recém-conquistado domínio do Bósforo, poderiam complementar as necessidades dos egípcios durante a primeira metade do século XIII.

Antes de sua conquista de Jerusalém em 1187, o curdo Saladino já tinha derrubado o último governante fatímida do Egito e estabeleceria sua própria dinastia aiúbida de curta duração. Além de serem hábeis cavaleiros, os mamelucos turcos e caucasianos de Saladino manejavam o arco e flecha com resultados devastadores, especialmente durante as cruzadas. Na Batalha de Hatim, os arqueiros predominantemente mamelucos receberam quatrocentas cargas de flechas, com reservas de projéteis adicionais carregadas em setenta camelos e colocados "onde estava a ação". Sem seu grupo de mamelucos, os curdos de Saladino certamente não teriam expulsado os francos da Terra Santa; mesmo seus lendários grupos de choque, os *Halqa*, consistiam principalmente em turcos mamelucos.[26] Além disso, sem tropas de mamelucos, os muçulmanos provavelmente não teriam conquistado o Império Bizantino, a Índia ou a Ásia Central, e provavelmente seriam uma seita relativamente pequena confinada a minúsculos enclaves no Oriente Médio e no norte da África.[27]

No início do século XIII, o estado egípcio aiúbida fundado por Saladino ainda dependia muito das tropas de escravos, levados por mercadores locais por terra em caravanas para o sul através da Anatólia (hoje, a Turquia Asiática) e da Mesopotâmia. Os egípcios logo se viram sob cerco dos mongóis, e, por volta de 1243, a Anatólia e a Mesopotâmia, por onde passava a rota terrestre do Transcáucaso para o Egito, ficaram sob o controle mongol, ameaçando estrangular o suprimento dos aiúbidas de soldados mamelucos.[28]

Os venezianos, que tomaram o poder no leste do Mediterrâneo, do Bósforo e do Mar Negro após a Quarta Cruzada e que tinham praticamente o monopólio comercial nesses mares e estreitos, ficaram mais do que felizes em ajudar. A conquista de Constantinopla por Dandolo em 1204 permitiu a Veneza fornecer escravos para os aiúbidas por meio da rota marítima relativamente livre de mongóis. Os venezianos comercializavam com o Egito havia muito tempo, mesmo durante o auge das cruzadas, ao mesmo tempo em que forneciam navios, tropas e armas aos vários reinos cristãos na Terra Santa, especialmente esses, como Acre, que abrigava grandes comunidades de mercadores venezianos. Saladino se vangloriou ao seu califa de que os europeus estavam satisfeitos por lhe venderem armas para usar contra outros europeus; logo, porém, eles também estariam vendendo seus descendentes soldados.[29]

Nessa conjuntura crítica, em 1250, soldados mamelucos firmemente estabelecidos assassinaram o último sultão aiúbida, Turan-Shah, e criaram uma dinastia totalmente mameluca, que duraria mais de 250 anos e cujos soldados continuariam a ser o sustentáculo dos militares egípcios até o século XIX.[30]

Os meados do século XIII foram um dos grandes cockpits da história, quando ocorreu não só o nascimento da dinastia dos mamelucos, em 1250, mas também a desastrosa invasão do Egito pelo rei Luís IX, da França, no mesmo ano, a destruição de Bagdá pelos mongóis, em 1258, a derrota de Hiygalu do ilcanato dos mongóis pelos mamelucos egípcios em Ain Jalut (provavelmente localizada perto da Israel atual) em 1260, e a queda do reino latino de Constantinopla, o estado-fantoche criado pelos venezianos e francos depois da Quarta Cruzada. Como David Ayalon disse, "Na batalha de Ain Jalu, que foi enfrentada por povos da mesma raça, os infiéis de ontem derrotaram os muçulmanos de amanhã".[31] Em outras palavras, os mamelucos caucasianos estavam estreitamente ligados aos mongóis, os primeiros convertidos ao Islã durante seu treinamento, enquanto todos os domínios mongóis, com exceção de Kublai, se converteriam mais tarde. Essa série de eventos estabeleceu os mamelucos egípcios como a potência predominante no leste do Mediterrâneo e pagou as ambições do Ocidente no Levante.

De todas as potências italianas, os genoveses, que havia muito desempenharam papel secundário depois dos venezianos, foram os mais afetados pela derrota dos mongóis e pela queda do reino latino em Constantinopla. Inicialmente, a derrota da expedição egípcia de Luís IX, que os genoveses apoiaram fortemente, não só os enfraqueceu militarmente, mas também os arruinou comercialmente, visto que tinham construído os navios do rei francês. Então, de forma igualmente brusca, as cartas viraram a seu favor; em 1261, seus outros aliados importantes, os bizantinos, recuperaram o controle de Constantinopla do estado-fantoche estabelecido por Dandolo e os francos. Os brevemente ressurgentes bizantinos expulsaram os detestados venezianos da velha cidade imperial e dos estreitos vitais nos quais tinham antes mantido direitos de comércio exclusivos. Agora, em virtude de tratados anteriores entre os genoveses e os bizantinos, o monopólio do comércio no Mar Negro passou a Gênova.

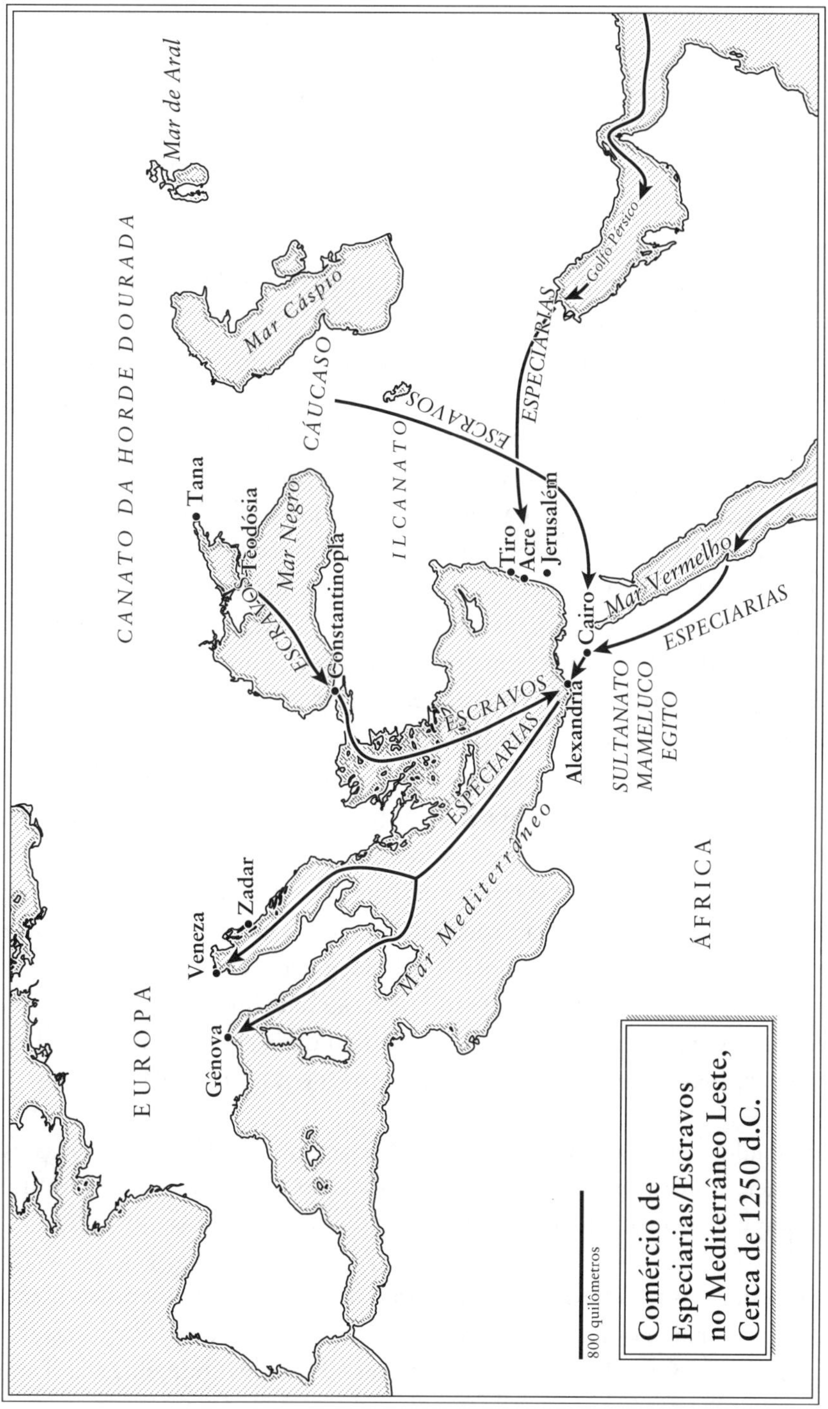

Comércio de Especiarias/Escravos no Mediterrâneo Leste, Cerca de 1250 d.C.

Os mamelucos egípcios, com grande necessidade de escravos militares pela única rota aberta — a marítima — buscaram relações amistosas com os genoveses e bizantinos e até com a Horda de Ouro, o vizinho ilcanato mongol do norte, que realmente controlava os países de origem dos escravos no Cáucaso e na Crimeia. Vários tratados formais entre os mamelucos e bizantinos especificamente concederam o direito de passagem livre pelo Bósforo para as embarcações egípcias com escravos; além disso, os egípcios mamelucos permitiram aos mongóis estabelecer um *funduq* (armazém) de escravos em Alexandria.[32]

Apesar do acesso livre dos egípcios mamelucos ao Mar Negro, sua capacidade marítima não atendia à demanda de escravos; assim, eles precisariam dos portos e navios genoveses. As embarcações genovesas embarcavam sua carga de escravos no porto de Kaffa, na Crimeia, que tinha sido construído no local do antigo porto de grãos de Ponto, em Teodósia, comprado da Horda de Ouro em meados do século XIII. (Desde então, a cidade voltou à pronúncia eslava do nomo grego original, *Feodosiya*, que hoje fica na Ucrânia.) Os genoveses, por sua vez, fecharam os olhos para os assaltos finais dos egípcios mamelucos contra o último reduto dos cruzados em Acre e Tiro, e até podem ter prometido apoio naval para os atacantes muçulmanos.

Os navios carregados de escravos seguiam em direção ao sul para Alexandria (onde uma das entradas se chamava Portão da Pimenta) ou para o Cairo, onde enchiam seus porões com pimenta, gengibre, canela, noz-moscada e cravos trazidos por comerciantes árabes de pontos no Oriente. Esse comércio ofereceu uma vantagem financeira e estratégica aos genoveses em relação aos rivais venezianos. O fim dos postos avançados dos cruzados no Levante foi claramente apressado pelos soldados-escravos transportados pelos genoveses, que pareciam não ter dificuldade em escolher entre Deus e a riqueza. Nas palavras do historiador Andrew Ehrenkreutz:

> Quando comparada a todos os benefícios materiais obtidos das relações comerciais com os mamelucos, a humilhação final da Cruz no Levante era o que menos preocupava os obstinados cristãos em Gênova.[33]

Tão depressa quanto surgiu, a demanda pela rota de escravos Bósforo-Mar Negro ruiu com a dissolução da ameaça do ilcanato mongol e a queda de Acre e Tiro em 1201. Não só a necessidade dos mamelucos foi muito reduzida por esses acontecimentos, mas o recuo do ilcanato reabriu a tradicional caravana de escravos pela Anatólia e Mesopotâmia. Apesar da perda das rotas marítimas de escravos pelos genoveses, a experiência, os contatos comerciais e a capacidade de construção de navios adquirida durante o curto período de conflito entre mamelucos, mongóis e cruzados durante a última metade do século XII sobreviveu ao comércio de escravos impulsionado pela guerra.

Os italianos não foram os únicos a ficar extraordinariamente ricos com o comércio de especiarias. Depois que os genoveses e venezianos descarregavam seus escravos, seu vidro e seus têxteis nos portos de Alexandria e para o *funduq* do Cairo, eles compravam todas as especiarias que podiam encontrar. Na extremidade leste da cadeia de suprimentos, comerciantes muçulmanos indianos e malaios compravam cravo, canela, noz-moscada e macis nos entrepostos em estreitos como Pase, Palembang e, mais tarde, Malaca, para onde esses produtos haviam sido levados por comerciantes locais de suas fontes nas Ilhas das Especiarias. Essas cargas preciosas então levavam mercadores indianos através da Baía de Bengala até a Índia em uma das monções de inverno do noroeste, depois em direção ao Iêmen na próxima. Ali, os indianos eram recebidos pelos karimis, uma guilda de mercadores extremamente ricos que acompanharam a ascensão dos mamelucos; eram os karimis que negociavam com os italianos nos *funduqs* do Cairo e de Alexandria.

Dos dois, o Cairo era descrito pelos viajantes europeus como mais vibrante, com ruas sinuosas e estreitas cheias de comerciantes da Turquia, Arábia, Iêmen, Pérsia, Itália, França e Índia, e dominada pelos tesouros aromáticos do Oriente. Então, como hoje, os comerciantes tiravam algum tempo dos bazares pulsantes com os ritmos do comércio para visitar as pirâmides: "Em todo o caminho, havia jardins repletos de tamareiras, laranjeiras, limoeiros e romãzeiras — um prazer para os olhos."[34]

As origens dos karimis se perderam na história, e suas interações comerciais são igualmente obscuras, mas eles foram um elo essencial em nossa compreensão da maior fonte de concentração de riqueza do mundo medieval. Os registros históricos indicam que em algum momento por volta de 1150, próximo ao fim do Império Fatímida, esse grupo atingiu um volume crítico, possivelmente em virtude de sua habilidade de comprar a proteção da marinha fatímida nas águas infestadas de piratas do Mar Vermelho e

Bab-el-Mandeb. Comerciantes mais modestos, como os judeus dos documentos de Genizá, não podiam se dar ao luxo de uma cobertura naval tão cara e provavelmente foram forçados pelos karimis a se retirar. Não se sabe se eles eram originalmente hindus ou muçulmanos, indianos ou egípcios, ou mesmo se eram antes mercadores ou donos de navios, embora, segundo a preponderância de dados, eram estes últimos. As origens indiana e hindu do grupo são sugeridas pelo fato de que o termo parece derivar da palavra tâmil para assuntos de negócios, *karyam*.[35]

De alguma forma, no período mameluco, os karimis evoluíram para um grupo árabe predominantemente muçulmano, mas de jeito nenhum exclusivamente egípcio, conhecidos em todos os lugares como "os mercadores de pimenta e especiarias", e tinham conseguido o comando do comércio entre o Iêmen e o Egito. Uma cooperativa de empresas de famílias passadas de pai para filho e unidas pelas restrições comerciais e sociais do Islã e as exigências especiais do comércio de especiarias, eles criaram imensos *funduqs* em todas as suas longas linhas de suprimento pelo Mar Vermelho. Baseada principalmente nas extremidades do Iêmen e do Egito, essa cadeia serpenteava por vários portos e estações ao longo da conhecida e antiga rota que subia pelo Mar Vermelho até a costa do Egito, pelo deserto em caravanas e então desciam pelo Nilo. Um mercador do século XIII, Muhammad bin Abd al-Rahman bin Ismail, passou a vida viajando entre a Síria, Meca, o Egito, o Iraque e os Estados do Golfo — nada especial para a época —, mas também fez três viagens para a China. Ele começou sua carreira com 500 dinares e a terminou com 50 mil.[36]

Em todo o mundo muçulmano, "parecer-se com os mercadores dos karimis" significava o mesmo que "rico como Rockefeller" no início do século XX. Muitas fortunas karimis eram calculadas em até mais que um milhão de dinares, e um mercador — Yasir al-Balisi — valia cerca de 10 milhões de dinares, ou quase meio bilhão de dólares em valores atuais, uma riqueza quase inimaginável no mundo pré-industrial.[37] O dinheiro karimi construiu várias mesquitas, escolas e hospitais em Alexandria, no Cairo, em Meca e em Jidá. Mas certamente a maior parte do dinheiro karimi ia para operações militares do Estado. Quando os sírios se rebelaram contra os mamelucos em 1352, e quando o sanguinário Tamerlão ameaçou o Levante em 1394, três mercadores líderes karimis financiaram as vitórias egípcias.[38]

Por fim, como todos os impérios, os mamelucos ficaram gananciosos, corruptos e incapazes de manter as mãos longe do dinheiro; em 1428, o sultão Barsbay tomou o monopólio das especiarias dos karimis e reduziu-os ao status de agentes. Em 1453, os otomanos finalmente dominaram Constantinopla e cortaram todo o comércio com os cristãos, mas nessa época a maquinação do comércio de especiarias dos muçulmanos-italianos estava no fim. Os portugueses já estavam descendo pela costa oeste africana; Bartolomeu Dias dobrou o cabo sul em 1488, e uma década depois, Vasco da Gama entrou no Oceano Índico, terminando para sempre o monopólio muçulmano do comércio asiático com o Ocidente.

O legado mais importante e duradouro do comércio de especiarias-escravos surgiu de um presente letal concedido pelos mongóis aos genoveses em seu recém-estabelecido porto de Kaffa, no Mar Negro. Lembre-se do nome, pois ele estará ligado à morte de milhões de europeus, à queda do domínio mongol na Ásia, à destruição do império comercial muçulmano e, por fim, à ascensão do Ocidente como a de uma fênix.

6

A Doença do Comércio

Kaffa parecia a versão medieval de um fim de linha férrea na fronteira norte-americana, a última cidade europeia antes da fronteira com os vastos canatos mongóis que se espalhavam até o leste da China. Por volta de 1266, a Horda — o império mongol do noroeste da Ásia e leste da Europa — vendeu o local da cidade para os genoveses, que valorizavam sua localização na Península da Crimeia no final oeste da Rota da Seda. Dos portos de Kaffa, os mercadores embarcavam escravos para o Egito e os luxos do Oriente para a Itália, França e até para portos no Atlântico no norte da Europa.

Os mongóis, observando a prosperidade de Kaffa nas mãos dos italianos, arrependeram-se da venda. Eles não resistiram a devastá-la, e iniciou-se um épico cabo de guerra pelo domínio dessas terras recém-valiosas. O khan da Horda, Toqtai, encontrou na escravização e exportação de seus irmãos e irmãs turcos um pretexto para saquear. Em 1307, ele prendeu os residentes italianos em sua capital, Sarai, cerca de mil quilômetros a leste de Kaffa; mais tarde, no mesmo ano, a Horda cercou Kaffa. Os italianos resistiram até 1308, quando queimaram e abandonaram a cidade. Depois que os mongóis completaram a pilhagem, os genoveses a reconstruíram.

Bem ao leste de Kaffa, e assim mais exposto à Horda, estava o posto avançado dos venezianos para compra de escravos em Tana. Quando foi bombardeado em 1343, os italianos fugiram para Kaffa, a oeste, e apresentaram aos quipechaques, aliados turcos locais da Horda, com uma oferta ainda mais interessante. Nos três anos seguintes, os quipechaques cercaram Kaffa intermitentemente com suas assustadoras catapultas. Eles falharam. Depois do desastre de 1308, os genoveses fortaleceram a via marítima da cidade pelo Bósforo e reforçaram as muralhas com dois muros concêntricos.

Desconhecida para os dois rivais, uma arma catastrófica tinha acabado de chegar do Oriente para causar mortes em ambos os lados. Inicialmente, ela devastou os atacantes e proporcionou alívio aos italianos agrupados em Kaffa. Mas logo depois ela também matou os defensores, e eles navegaram silenciosamente para o sul em galeras genovesas para visitar as ruínas cinzentas, primeiro na Europa e em seguida no território do Profeta.

O bacilo da peste, *Yersinia pestis,* como muitos patógenos humanos, passa a maior parte do tempo em um "reservatório animal", uma população de roedores cronicamente contaminados. Durante o período medieval, os esquilos terrestres e as marmotas das encostas do Himalaia, das estepes asiáticas e da região dos Grandes Lagos na África serviram sua função para o bacilo. Provavelmente o mais importante desses animais fosse a marmota sibirica, que vive em tocas e se parece com um esquilo obeso, atinge 60cm de comprimento, pesa até 8 quilos e hiberna no inverno.

Durante milênios, os habitantes locais das estepes mantiveram distância dos roedores infectados, facilmente identificados por sua lentidão. Ocasionalmente, porém, essa barreira cultural se desfazia, muitas vezes quando estrangeiros não familiarizados com os costumes locais caçavam os animais doentes. Quando isso ocorria, a peste negra se espalhava pela terra.[1]

Devemos nosso conhecimento das origens e dos efeitos históricos da doença infecciosa ao grande historiador William H. McNeill, da Universidade de Chicago. Perto de 1955, enquanto revia a derrota dos astecas por Hernán Cortés, em 1521, ele se perguntava, intrigado, como uma população de milhões, muitos deles guerreiros fortes e implacáveis, foi derrotada por uma força de apenas seiscentos espanhóis. De fato, os cavalos, as armas e as espadas de aço conferiam uma grande vantagem aos europeus, mas McNeil sentiu que havia algo mais acontecendo.

Na verdade, os astecas tinham derrotado Cortés no ano anterior na capital, Tenochtitlán, e forçaram os espanhóis a recuar — a terrível *noche triste.* Quatro meses depois, uma epidemia de varíola varreu a nação asteca. Quando McNeil encontrou a menção da morte por varíola do vitorioso comandante asteca, uma luz se acendeu em sua mente: em um instante ele compreendeu o papel da doença na conquista dos espanhóis na América e abriu uma nova dimensão na compreensão da história do mundo.

McNeill se deu conta de que o que tinha ocorrido em Tenochtitlán e na Europa dois séculos antes eram fenômenos idênticos — a introdução catastrófica de uma nova doença para uma população sem imunidade a ela. Ele elucidou os mecanismos da colisão dessas civilizações, no qual o comércio muitas vezes fornecia a principal força motriz.

Como está muito claro hoje em dia, o comércio e as viagens (assim como o aumento das densidades populacionais no mundo moderno) podem espalhar patógenos, novos ou já estabelecidos, entre continentes com rapidez assustadora. De muitas formas, a situação no mundo antigo e pré-moderno era ainda mais perigosa. Naquela época, o mundo era um barril de pólvora epidemiológico, consistindo em vários "reservatórios de doenças" completamente separados geograficamente. As populações em cada reservatório eram razoavelmente resistentes aos seus organismos, mas não aos de outros; um organismo que tinha sido endemicamente benigno em uma nação durante milênios poderia levar o apocalipse a centenas de quilômetros de distância. À medida que o comércio mundial prosperava entre os séculos XIV e XVIII, os reservatórios de doenças existentes se combinaram, com resultados desastrosos. A boa notícia é que hoje podem ocorrer relativamente poucas novas misturas de organismos existentes; pandemias resultam somente quando um organismo de um hospedeiro não humano, como o vírus HIV, sofre mutação e adquire a capacidade de infectar seres humanos. Hoje a situação é muito mais complicada do que na era pré-colombiana, quando um mercador, um marinheiro ou roedor de um reservatório de doenças vizinho poderia desencadear uma epidemia mortal.

McNeill se concentrou em um episódio, que começou em 1859, quando os colonizadores ingleses levaram coelhos para a Austrália para aliviar a saudade do interior e para terem um animal conhecido para caçar e comer. Infelizmente, esses adoráveis animais não encontraram predadores no novo lar. Eles se multiplicaram, como costumam fazer, privaram o país de seus pastos escassos e frágeis e ameaçaram a nascente criação de ovelhas. Cercas, veneno, armadilhas e rifles se mostraram pouco úteis para reduzir a população de uma criatura que pode se reproduzir apenas seis meses depois que nasce. A situação exigia uma solução mais imaginativa.

Em 1950, os australianos introduziram o vírus Myxoma, letal apenas para coelhos, na população selvagem, que não tinha tido exposição anterior a ele e, portanto, tinha resistência limitada. A situação foi, portanto, análoga à experiência mexicana e europeia com a varíola e a peste. Os anos seguintes viram um holocausto de coelhos que reduziu sua quantidade em 80%; a taxa de mortalidade entre os coelhos infectados foi de 99,8%.

Exatamente quando o coelho estava prestes a desaparecer da Austrália, a seleção natural se manifestou, favorecendo as linhagens mais resistentes à doença. Além disso, o processo funcionou igualmente bem da perspectiva do vírus. Não foi nada bom para o organismo do Myxoma matar seus hospedeiros tão depressa; com o passar do tempo, ele se tornou menos letal, de modo que vivia mais tempo e se multiplicava com mais eficácia. Em 1957, somente 1/4 dos coelhos infectados sucumbiu. A relação unilateral entre uma doença altamente fatal e um hospedeiro totalmente indefeso tinha mudado para um impasse entre um patógeno menos virulento e uma população mais resistente.

O mesmo processo ocorre quando os humanos são expostos a novas infecções. No início, a mortalidade é alta, mas a seleção natural resulta em uma população mais resistente e um patógeno menos letal. Esse processo de "equilíbrio da doença", no qual patógeno e hospedeiro se adaptam um ao outro, parece levar de 5 a 6 gerações — vários anos, no caso dos coelhos, e cerca de 100 a 150 anos no de pessoas. Na população humana, doenças como sarampo e catapora, que antes matavam adultos, agora afetam principalmente os que ainda não desenvolveram imunidade contra elas, isto é, crianças. Também não é coincidência que essas doenças tenham surgido primeiramente em animais domesticados que viviam muito próximos aos seres humanos: a varíola, da varíola bovina, a gripe dos porcos e o sarampo, da cinomose ou da peste bovina.[2]

A peste é um caso um tanto mais complexo. Embora a doença certamente não tenha atingido um equilíbrio similar em seres humanos — ela é quase tão mortal hoje quanto foi no Velho Mundo no século XIV —, isso não significa muito para o organismo, para quem a infecção humana é apenas um evento secundário. A partir da perspectiva do bacilo da peste, os únicos hospedeiros que importam são roedores terrestres como a marmota sibirica, milhões das quais estão hoje infectadas em todo o mundo. A doença se mostra rapidamente fatal para essas criaturas também, mas o grau de isolamento entre esses animais de tocas é grande o suficiente para reduzir a transmissão de uma colônia a outra. Acredita-se que somente entre os gerbos nos desertos do sudoeste da Ásia a infecção pela peste é indolente o suficiente para permitir a infecção crônica e de grau inferior em animais individuais.[3] Os cientistas não sabem ao certo onde surgiu a primeira população-reservatório de roedores terrestres infectados; a melhor hipótese é a de que tenha sido em algum lugar na região do Himalaia, ao sul da China.

Se seres humanos, marmotas e esquilos fossem os únicos hospedeiros da peste, então as pessoas ficariam protegidas dela pela distância; contudo, dois outros animais estão envolvidos nessa cadeia mortal da doença. O primeiro é a pulga, cuja picada transmite o bacilo de um mamífero a outro. As pulgas são incapazes de viajar quilômetros entre as pessoas e populações de roedores terrestres subterrâneos; o segundo animal, o rato-preto, proporciona a "ponte" essencial entre os roedores terrestres e a civilização e permite que o reservatório do animal terrestre passe ao terreno dos humanos. O bacilo é tão letal para a pulga e o rato quanto para as pessoas. Resta apenas que o rato morra; as pulgas infectadas abandonam o roedor morto e, antes que elas mesmas sucumbam, percorrem os últimos metros até um desafortunado ser humano.

Uma espécie particular de pulga, a *Xenopsylla cheopsis,* tornou-se o elo crucial na cadeia mortal. Esse inseto desagradável tem duas características que o tornam especialmente bem adaptado a esse papel. Primeiro, o rato-preto é o hospedeiro de sua escolha. Enquanto as marmotas sibiricas raramente entram em contato com seres humanos, o rato-preto é o animal "comensal", por assim dizer. Esse termo se refere à adaptação do rato-preto à proximidade da habitação dos seres humanos, alimentando-se de seu lixo e de restos de comida descartados. O rato-preto também coabita com as marmotas sibiricas. Isso permite que a *Xenopsylla*, e o bacilo da peste juntamente com ela, passe da marmota ao rato-preto. A *Xenopsylla* deixa o rato somente por necessidade, quando ele morre, liberando a pulga para transmitir o bacilo em um último e espetacular passo para os seres humanos. A segunda característica mortal da *Xenopsylla* é que, único entre as pulgas, seu sistema digestivo é altamente sensível ao bacilo, que cria um bloqueio intestinal e a regurgitação de grandes quantidades de material contaminado nos roedores e seres humanos que pica.[4]

Com a morte do rato, a *Xenopsylla* também encontra refúgio em cavalos e camelos, que se tornam verdadeiros hotéis de pulgas.[5] Os dois animais de carga, assim como um grande número de outros mamíferos e espécies de pássaros, são altamente suscetíveis à doença.

No que se refere ao bacilo da peste, a *Xenopsylla,* o rato-preto e o homem são personagens desimportantes, desafortunados espectadores inocentes. A principal missão do organismo é se manter em sua população-reservatório de roedores terrestres. Pior, a agricultura estabelecida e bem-sucedida resulta em cidades densas e especializadas, que, por sua vez, atraem o rato-preto comensal, especificamente adaptado ao ambiente urbano.

O rato-preto desempenha seu papel mortal com louvor; ele não só prefere a proximidade dos seres humanos, mas também é um escalador de primeira. Na época em que os romanos e os chineses da dinastia Han estavam em ascensão, a espécie começou a se espalhar ao longo da Rota da Seda e nas rotas marítimas das monções. Em algum ponto no início da Era Comum, o rato-preto ganhou passagem para a Europa nos cabos de ancoragem dos barcos e embarcações gregas que percorriam as rotas das monções.

O termo "peste", em si, causa muita confusão. Quase certamente, nenhuma das epidemias registradas em fontes antigas foi obra do *Yersinia pestis*. Fontes sumérias mencionam epidemias em 2000 a.C., e os primeiros livros do Velho Testamento, escritos entre 1000 e 500 a.C., descreveram castigos divinos na forma de epidemias entre as populações do Crescente Fértil. Tradutores modernos usam a palavra "peste" para descrever esses episódios, mas a Bíblia e outras fontes antigas raramente forneciam detalhes clínicos suficientes para identificar as bactérias ou vírus responsáveis.

Apenas em poucas ocasiões observadores antigos oferecem detalhes suficientes para identificar a fonte de uma praga específica. A primeira passagem de *Sobre as Epidemias*, de Hipócrates, escrito por volta 400 a.C., detalha com clareza um surto de caxumba (inchaço indolor perto das orelhas, rouquidão, tosse) na Ilha de Tasos. Em nenhuma parte de sua obra encontra-se uma descrição sugestiva de uma infecção por *Yersinia pestis*.[6] O grande historiador da Guerra do Peloponeso, Tucídides, descreveu talvez a epidemia mais importante da história, a praga de Atenas em 430 a.C., que matou cerca de 1/4 do exército do império; o organismo que a causou não pôde ser identificado com alguma precisão a partir do texto.[7]

Surtos de doenças infecciosas atingiram Roma com regularidade — na república e no império, sendo a mais famosa em 166 d.C., quando as legiões de Marco Aurélio trouxeram um patógeno da Mesopotâmia. Relatos contemporâneos falam da morte de até 1/3 dos habitantes da capital e da destruição de exércitos inteiros. Outra praga atacou Roma em meados do século III e matou cerca de 5 mil pessoas por dia.[8] Mais uma vez, faltam descrições precisas sobre essas pestes romanas; a melhor evidência sugere que essas foram as primeiras ocorrências de varíola e sarampo na Europa, vindas dos pátios e das habitações do Crescente Fértil.

As características clínicas da praga causadas pela *Yersenia* — inchaço na virilha e nas axilas, febre alta, erupções cutâneas hemorrágicas negras e morte rápida — são distintas o suficiente para terem sido registradas caso tivessem ocorrido no mundo antigo antes de 500 d.C. Isso se aplica ainda mais à forma pneumônica da doença, na qual a transmissão do bacilo pelo ar de pessoa a pessoa por meio da tosse pode, ao anoitecer, devastar quarteirões inteiros que no início do dia pareciam não afetados.[9]

* * *

Por volta do início da Era Comum, pulgas ou roedores infectados de algum jeito faziam a jornada do provável reservatório antigo nas encostas do Himalaia para a costa de Malabar, na Índia, onde ratos-pretos subiam pelos cabos do ancoradouro em navios mercantes que seguiam para o Ocidente. A monção de inverno empurrava essas embarcações pelo Oceano Índico até Alexandria (ou, então, para portos intermediários, como os das ilhas de Socotra ou Áden) depressa o suficiente para que os ratos sobrevivessem e restabelecessem a doença no desembarque. Em 541 d.C., durante o reinado do imperador bizantino Justiniano, surgiu a primeira descrição convincente da infecção *Yersinia pestis* — a peste negra (assim chamada por causa das erupções cutâneas pretas hemorrágicas generalizadas). O historiador Procópio registrou que a "praga de Justiniano" surgiu primeiro (pelo menos para observadores do Ocidente) no Egito, já que se espalhava das linhas de fornecimento marítimas para o Império do Oriente, que atravessava a antiga rota do Mar Vermelho (já que o mais fácil "caminho de Sinbad" pelo golfo fora bloqueado pelo arquirrival dos bizantinos, o Império Persa).[10]

Procópio observou o surto em primeira mão: "Na mesma época (o inverno de 541–542) veio a praga, que quase consumiu a humanidade."[11] Procópio descreveu as inflamações — inchaços dolorosos dos gânglios linfáticos, "não só na virilha (chamada de *Bubo*), mas nas axilas, debaixo das orelhas e em outras partes", que são a assinatura da doença.[12] A ausência de transmissão de pessoa a pessoa o deixou perplexo:

> Nenhum médico, nenhuma outra pessoa, teve a doença por tocar os corpos doentes ou mortos, muitos estranhamente continuando sãos, embora enterrassem os mortos e muitos a pegavam, não se sabe como, morrendo instantaneamente.[13]

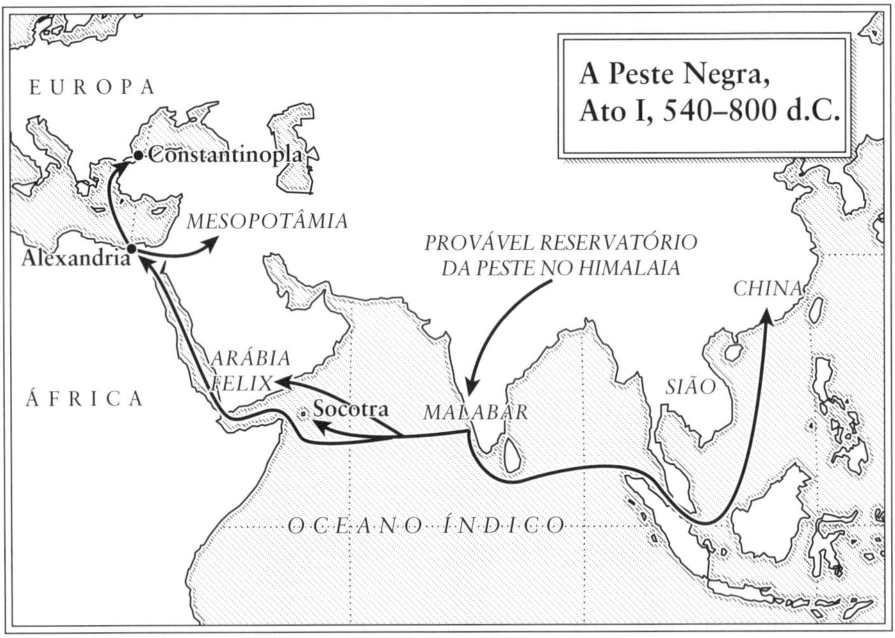

Essa primeira epidemia foi transmitida de humanos para humanos por pulgas, um caminho que se mostrou menos fatal do que a rota pneumônica de pessoa para pessoa que afetou a Europa no século XIV. Onda após onda de pestilência varreram o Império do Oriente a intervalos de cinco a dez anos seguindo o surto inicial e, assim, afetaram desproporcionalmente os jovens, que ainda não tinham adquirido imunidade. Cerca de 1/4 da população de Constantinopla morreu em 541–542 d.C. — Procópio registrou picos de taxa de mortalidade na cidade de cerca de 10 mil por dia —, e no ano de 700 a população havia sido reduzida à metade. Antes da epidemia, Justiniano parecia preparado para reunificar o império; não é difícil concluir que a *Yersinia pestis* foi o principal responsável por derrubar essa esperança. A epidemia ajudou a mergulhar a Europa na Idade das Trevas e proporcionou um vácuo geopolítico no qual os primeiros adeptos do Islã, protegidos da doença pelo clima do deserto (que é hostil ao rato-preto) e pela ausência de grandes cidades, puderam se expandir. A praga também ajudou os muçulmanos mais ao leste. Procópio registrou sua devastação na Pérsia, sugerindo que sucessivas ondas da peste podem ter facilitado o histórico triunfo muçulmano desse império em Ctesifonte (no atual Iraque) em 636 d.C.[14]

Quando a peste finalmente se extinguiu no Império Oriental, seu comércio com o Oriente estava em baixa. Em 622 d.C., o mesmo ano em que a última onda da peste atingiu Constantinopla, os coraixitas expulsaram Maomé e seus seguidores de Meca e provocaram sua hégira para Medina. Dentro de oito anos, os exércitos do Profeta controlaram toda a Arábia e fecharam Bab-el-Mandeb para o transporte do Ocidente por mais de um milênio; nas várias gerações seguintes, eles também os impediram de passar pela Rota da Seda. Os exércitos do Islã privaram a Europa do acesso relativamente aberto à Ásia de que usufruíram desde quase o início da Era Comum. O consolo por essa derrota dolorida foi que esse isolamento protegeria europeus dos reservatórios da peste pelos próximos sete séculos.

A Península Arábica, quente, seca e praticamente desabitada, ofereceu alguma proteção contra a doença, mas o próximo alvo da conquista muçulmana, o densamente populoso Crescente Fértil, mostrou ser o terreno ideal para sua propagação. Em 639 d.C., a peste atravessou a Síria, devastou a população civil e matou cerca 25 mil soldados muçulmanos. O califa Omar, o segundo sucessor do Profeta, tentou chamar seu grande comandante militar Abu Ubaydah da Síria a fim de salvar sua vida. Embora o califa ocultasse seu objetivo dizendo ao seu general que ele era necessário para uma consulta urgente, Abu Ubaydah percebeu a manobra e, relutante em contrariar a vontade de Alá, permaneceu na Síria. Ele logo sucumbiu à doença, como vários outros comandantes árabes.[15]

A peste pode até ser responsável pelo cisma do Islã. Após a morte de Abu Ubaydah, outro general, Muawiyah ibn Abi Sufyan, derrubou o califa Ali (o quarto sucessor do Profeta e também seu primo e genro), dividindo os muçulmanos em sunitas e xiitas para sempre. Se Omar tivesse tido êxito em salvar o capaz Abu Ubaydah da peste, é possível que o Islã não tivesse sofrido essa trágica divisão.

Por maior que fosse o sofrimento infligido pela "peste de Justiniano" aos guerreiros recém-triunfantes do Islã, ela causou danos maiores aos inimigos bizantinos e persas. Segundo o historiador Josiah Russell, "Nem Carlos Magno, nem Harun, nem as grandes dinastias isáurica e bizantina podiam interromper o padrão estabelecido pela pulga, pelo rato e o bacilo".[16] À espada de Ali e à riqueza Khadijah deve-se acrescentar a peste negra, que matou os jovens inimigos da religião — os bizantinos e os persas — com muito mais regularidade com que matou árabes.

Depois de algumas gerações da peste de Justiniano, o bacilo também se espalhou para o leste, da Índia para os portos marítimos da China. Descrições chinesas convincentes da doença aparecem no início do século VII, e, embora dados demográficos sejam raros e dispersos, parece provável que a peste devastou a dinastia Tang tanto quanto a bizantina. Um observador relatou que em 762 d.C. metade da província de Shandong sucumbiu; entre 2 d.C. e 742, parece que a população chinesa foi reduzida em cerca de 1/4.[17]

Depois, nada. A última onda da peste envolveu Constantinopla em 622 d.C. e a periferia do império em 767. Depois dessas datas, não foram encontradas mais descrições convincentes da peste negra no mundo cristão até a invasão fatal no século XIV.

Por que, então, a peste só atingiu a Europa em meados do primeiro milênio, tendo sido endêmica entre roedores terrestres asiáticos por milhares de anos? Por que a epidemia seguinte só ocorreu 800 anos depois? E por que, finalmente, a peste de Justiniano ficou confinada basicamente ao império Bizantino na Europa, enquanto a epidemia medieval posterior tomou todo o continente?

Em primeiro lugar, a peste é a doença do comércio. Humanos infectados não vivem mais que alguns dias, ratos contaminados, não mais que várias semanas, e pulgas infectadas, não mais que vários meses. Para transportar o bacilo para a próxima pousada ou porto, o hospedeiro humano, roedor ou inseto precisa passar rapidamente pelos mares e pelas estepes.

Embora a peste de Justiniano tenha atingido cidades espalhadas no norte da Europa, ela não devastou todo o continente por dois motivos. Primeiro, na Europa, a doença foi transmitida principalmente nas rotas do Mediterrâneo, e o caminho para o oeste e o norte estava bloqueado pelos godos, vândalos e hunos. Segundo, nos séculos VI e VII, o hospedeiro intermediário essencial, o rato-preto, ainda não havia se espalhado muito além do litoral mediterrâneo e certamente ainda não até os portos continentais do Atlântico.[18] A graça salvadora da peste de Justiniano foi que o organismo não se fixou na população dos roedores terrestres da Europa. No século XIV, o continente não foi tão afortunado. A exclusão de séculos de duração dos comerciantes europeus da Ásia — a "quarentena muçulmana" — terminou com as conquistas dos mongóis no século XIII: a reabertura do comércio terrestre pelos herdeiros de Genghis Khan logo soltaria a fúria da peste em uma Europa agora muito mais vulnerável à doença.

Durante o século VI, o flagelo surgiu dos mares; no século XIV, veio por terra. A unificação política dos khans reabriu a Rota da Seda, e com os preciosos bens da China, vieram os ratos e as pulgas, que infectaram os inimigos em Kaffa. Nosso conhecimento de como exatamente os mongóis e seus aliados se infectaram é incompleto. McNeil acredita que os guerreiros das estepes contraíram a doença em sua antiga terra natal dos roedores terrestres do sul da China e das encostas do Himalaia, em Burma, quando invadiram a região a partir do norte em 1252.

Em 1331, apareceram os primeiros relatos do retorno da peste à China. Quase imediatamente, a doença começou a se espalhar pela Rota da Seda, agora funcionando com tranquilidade sob o domínio mongol. As pulgas infectadas pegaram carona para o Ocidente, aqui, nas crinas dos cavalos de batalha, ali, no pelo dos camelos, e em outros lugares, em ratos-pretos abrigados nas cargas e nos alforjes. Assim como o comércio de bens de longa distância era indireto, com sedas e especiarias trocando de mãos ao longo do caminho, o mesmo ocorreu com o bacilo, pausando várias vezes antes de continuar o próximo trecho da jornada.

McNeill acredita que as pousadas ofereceram a ligação essencial na transmissão da doença e proporcionaram sustento não só para o camelo e o mercador, mas também para o bacilo. Em cada pousada ao longo do caminho, a peste devastou trabalhadores, proprietários e hóspedes, e acelerou o avanço da epidemia, espalhando sobreviventes em todas as direções e fixando a doença na população de roedores terrestres locais. Em 1338, sete anos após o surto na China de 1331, uma epidemia pode ter atingido um posto avançado no Lago Issyk-Kul (onde hoje é o Quirguistão), a meio caminho da Rota da Seda. Em 1345, a doença envolveu Astracã, no norte da costa do Mar Cáspio, e logo depois, Kaffa.[19, 20]

Em 1346, o bacilo atingiu as tropas de Kipchak em Kaffa, e elas pareceram sofrer uma forma especialmente maligna de ira divina. Segundo o cronista da peste Gabriele de' Mussi, "Os tártaros morreram assim que os sinais da doença surgiram em seus corpos: inchaços nas axilas ou virilha causaram erupções sangrentas seguidas por uma febre pútrida".[21]

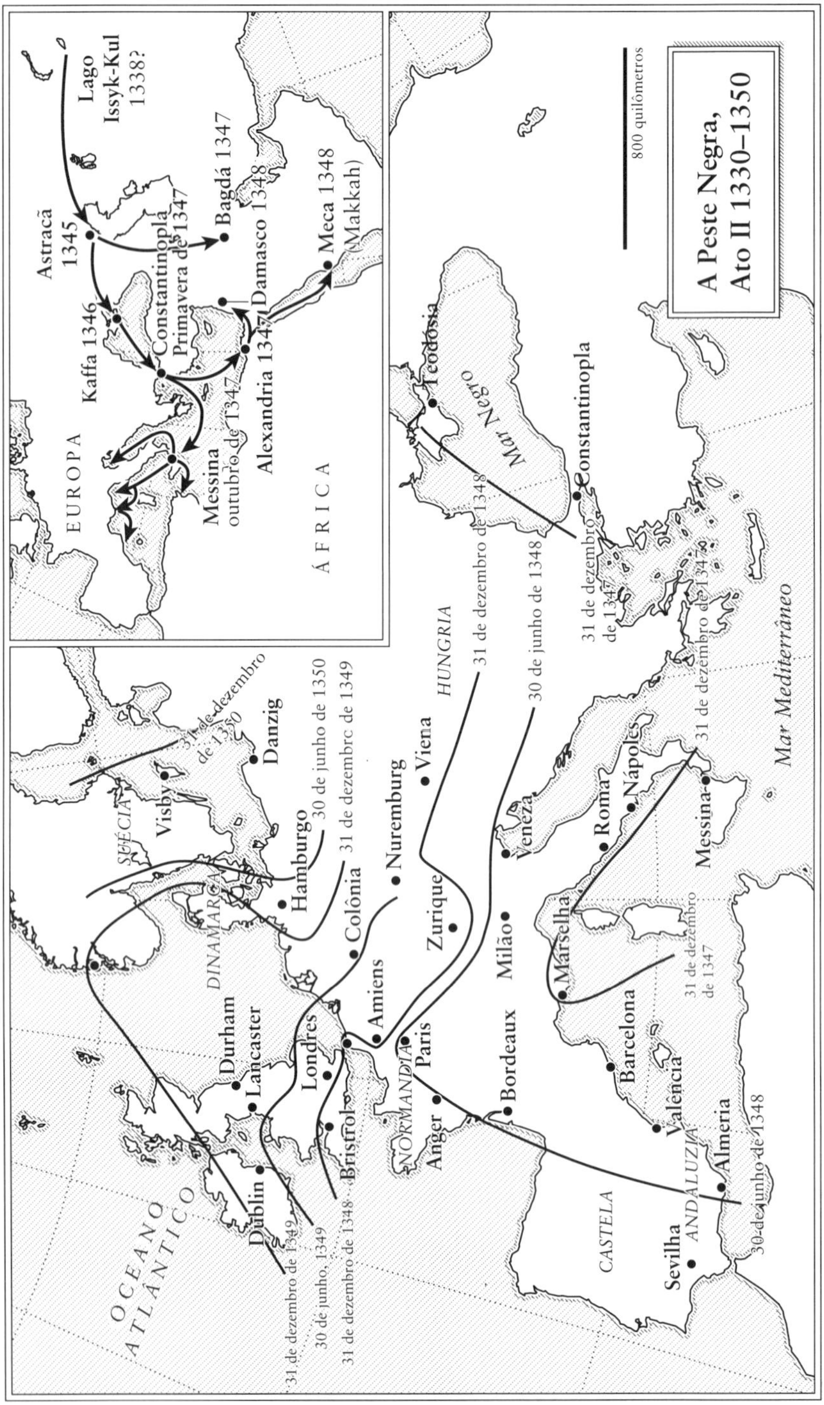
A Peste Negra,
Ato II 1330–1350
800 quilômetros
Lago
Issyk-Kul
1338?
Astracã
1345
Kaffa 1346
Constantinopla
Primavera de 1347
Bagdá 1347
Damasco 1348
Meca 1348
(Makkah)
Alexandria 1347
Messina
outubro de 1347
EUROPA
ÁFRICA
Mar Negro
Teodósia
Constantinopla
31 de dezembro de 1347
31 de dezembro de 1348
30 de junho de 1348
31 de dezembro de 1347
HUNGRIA
Mar Mediterrâneo
31 de dezembro de 1350
Danzig
30 de junho de 1350
31 de dezembro de 1349
Viena
Nuremburg
Visby
SUÉCIA
Hamburgo
Colônia
Zurique
Veneza
Roma
Nápoles
Messina
DINAMARCA
Milão
Marselha
31 de dezembro de 1347
Amiens
Durham
Lancaster
Londres
Paris
Bordeaux
Barcelona
Valência
Almeria
30 de junho de 1348
NORMANDIA
Anger
Bristol
Dublin
OCEANO
ATLÂNTICO
31 de dezembro de 1349
30 de junho, 1349
31 de dezembro de 1348
CASTELA
ANDALUZIA
Sevilha

A ferocidade da epidemia entre os atacantes de Kaffa os fez abandonar rapidamente o cerco, mas antes disso, eles perpetraram o mais devastador bioterrorismo da história. Novamente, de' Mussi:

> Os tártaros que morriam, perplexos e atordoados pela imensidão do desastre trazido pela doença e compreendendo que não tinham esperança de escapar, perderam o interesse no certo. Mas mandaram que os corpos fossem colocados em catapultas e atirados na cidade, na esperança de que o cheiro horrível matasse todos em seu interior. O que pareciam montanhas de mortos foram jogados na cidade... o cheiro era tão forte que praticamente ninguém entre vários milhares estava em condição de fugir dos restos do exército tártaro.[22]

O ataque pode ter sido um ato de inspirado desespero, ou, como os mais experientes engenheiros de catapultas do mundo, os "tártaros" (mongóis e todos seus aliados) podem simplesmente ter concluído que suas máquinas eram o mecanismo mais eficiente disponível para a remoção dos corpos. Aos milhares, os defensores de Kaffa logo sofreram o mesmo destino, e dentro de alguns meses, a peste negra precipitou-se pela Europa e pelo Oriente Médio.

Após sua chegada em Kaffa, não há dúvidas de que sua posterior disseminação ocorreu pelo comércio. Entre os poucos que sobreviveram ao desastre na cidade estavam marinheiros que voltaram aos portos de sua cidade natal na Itália. Mais uma vez, foram os pequenos passageiros clandestinos dessas embarcações — os ratos-pretos —, que corriam pelos cordames do navio, que transportaram o bacilo da peste para os portos da Europa e impulsionaram o grande apocalipse da Era Medieval.[23] Um monge franciscano, Michele da Piazza, lembra o momento da chegada da peste negra na Itália:

> Em outubro de 1347, perto do início do mês, doze galeras genovesas, fugindo à vingança divina que o Senhor enviou por conta de seus pecados, chegaram ao porto de Messina. Os genoveses carregavam a doença em seus corpos, de modo que qualquer pessoa que falasse com eles era infectada pelo mal fatal e não podia evitar a morte... e com eles morreram... também qualquer um que recebesse ou tocasse em seus pertences.[24]

No momento em que um navio da peste ancorava, era obrigado a seguir adiante. Assim que uma cidade se infectava, os sobreviventes fugiam e a doença era espalhada para mais longe. Da Piazza registrou: "Os mamertinos eram tão odiados e temidos, que ninguém fala com eles ou ficaria em sua companhia, mas rapidamente fugiam ao vê-los, prendendo a respiração."[25]

A Europa se mostrou mais hospitaleira ao bacilo em 1347 que durante a peste de Justiniano. Nesse ínterim, a rede de comércio marítimo no Mediterrâneo havia se tornado rápida, confiável e volumosa; retransmissões de ratos infectados eram realizadas de porto a porto mais depressa, com maior regularidade e em número muito maior do que oito séculos antes.

Meio século antes do surto, em 1291, uma frota espanhola, liderada pelo comandante genovês Benedetto Zaccaria, dominou uma força moura perto de Gibraltar e abriu o estreito para navios do Ocidente pela primeira vez desde a conquista da Espanha pelos muçulmanos.[26] Esse fato permitiu que os "navios da peste" navegassem diretamente pela nova passagem até o Atlântico e levassem a desgraça ao norte da Europa.

Enquanto nos séculos VI e VII os ratos-pretos não se desenvolveram muito além do leste do Mediterrâneo, em 1346 eles encontravam seu irmão infectado onde desembarcavam e transmitiam a doença aos roedores terrestres no reservatório europeu. Essa nova onipresença do rato-preto desencadeou uma série de surtos recorrentes que durariam séculos depois da primeira epidemia. Além disso, rotas de animais de carga recém-criadas serviram para disseminar a doença por terra, provavelmente pelos mercadores nos primeiros estágios da infecção pneumônica a uma velocidade de 8 quilômetros por dia pelo continente.[27]

Entre 1347 e 1350, a doença varreu lenta e inexoravelmente o norte da Itália; como podemos ver no mapa na página 148, seu curso seguiu rotas marítimas e terrestres, percorrendo-as como faziam os bens comuns, mais rapidamente por mar do que por terra. Algumas pequenas comunidades foram totalmente dizimadas, enquanto muitas cidades maiores escaparam quase sem danos; segundo estimativas mais otimistas, cerca de um em cada três ou quatro europeus morreu nesses anos. Embora a epidemia inicial tenha desaparecido em 1350, surtos repetidos ocorreram nas décadas seguintes e então em intervalos maiores, como também aconteceu após a peste de Justiniano. Veneza perdeu 1/3 de seus habitantes na epidemia de 1575–77 e novamente em 1630–31.[28]

Nada antes ou desde então aterrorizou a Europa tanto quando a primeira onda da doença. Que ela chegava pelos navios, era óbvio; senhores e plebeus igualmente imaginavam os mares e portos repletos de frotas mercantes transportando cargas de morte, e mesmo em cidades do interior, como Avignon, novas cargas de especiarias ficavam intocadas pelo temor de abrigarem a doença. Assim como a praga transmitida pelas pulgas (que só seria esclarecida nos tempos modernos) atordoou Procópio, a ignorância sobre seu mecanismo abalaria os europeus. De' Mussi relatou, surpreso, a história de quatro soldados genoveses que deixaram sua unidade temporariamente a fim de roubar. Eles então

> foram até Rivarolo, na costa, onde a doença havia matado todos os habitantes. Eles invadiram uma das casas e roubaram uma coberta encontrada sobre a cama. Reencontraram o exército, e na noite seguinte, os quatro se abrigaram sob a coberta. A manhã os encontrou mortos. Como resultado, todos entraram em pânico, e depois disso, ninguém usaria os pertences ou roupas dos mortos.[29]

O que provavelmente foi uma boa ideia, pois as roupas roubadas quase certamente estavam infestadas de pulgas contaminadas. Após a primeira chegada do bacilo na Itália, mensageiros chegavam em cidades ainda não afetadas e contavam às pessoas petrificadas sobre a onda de mortes que se aproximava lentamente em sua direção. A taxa de mortalidade da primeira onda foi tão grande que muito imaginaram que anunciava o fim do mundo. Só saber que alguém tinha sobrevivido à epidemia de 1345–50 acabava por reduzir o terror por pragas subsequentes, muitas das quais pelos menos eram tão terríveis quanto a primeira.[30]

Durante a Era Medieval, a ignorância sobre o mecanismo da peste condenou dezenas de milhões de europeus, africanos e asiáticos à morte por uma doença facilmente prevenível. A falta de conhecimento científico também avivou as chamas do antissemitismo e relegou os judeus a serem vistos como piores do que a própria doença. Também fervilharam teorias sobre a origem da doença. O castigo por pecados do corpo ou do espírito era uma explicação perene, como o mau-olhado e o "miasma" (ar envenenado, se incolor). Mas de longe a teoria mais perniciosa era a que considerava os hebreus como fonte de veneno. Esse engano gerou pânico entre os cristãos. Como resultado, milhares de judeus falsamente confessaram esse crime imaginário sob tortura e foram queimados ou esmagados na roda da morte. Típico da histeria mortal é o relato deixado por um proeminente padre alemão, Heinrich Truchess:

> Em 4 de janeiro (de 1349), os cidadãos de Constância fecharam os judeus em duas de suas próprias casas e depois queimaram 330 deles. Alguns acompanharam as chamas dançando, outros cantando, e o resto, chorando. Eles foram queimados em uma casa especialmente construída para esse objetivo. Em 12 de janeiro, em Buchen, e em 17 de janeiro, na Basileia, eles foram queimados sem seus bebês, que foram batizados.

Truchess continua no mesmo tema durante vários parágrafos, recontando atrocidades quase idênticas em cidades grandes e pequenas, finalmente concluindo: "E assim, dentro de um ano, todos os judeus entre Colônia e Áustria foram queimados — e na Áustria os esperava o mesmo destino, pois eles eram amaldiçoados por Deus."[31]

Assim como com a população de coelhos na Austrália nos anos seguintes à introdução do vírus Myxoma, em 1950, múltiplas rodadas de peste negra reduziram implacavelmente a população de nações europeias ao ponto mais baixo, e foram necessárias cinco gerações — cerca de 120 a 150 anos — antes que um pequeno período de imunidade permitisse à taxa de reprodução voltar a subir acima da figura sombria da morte. Na Inglaterra, de onde temos os dados demográficos mais precisos do período, a população caiu para mais que a metade — de cerca de 5,5 milhões na véspera da peste, em 1335, para 2,2 milhões, em 1455. A Figura 6-1 mostra a queda e a recuperação da população inglesa; note que ela só voltou ao nível anterior da peste quatro séculos após o surto inicial.

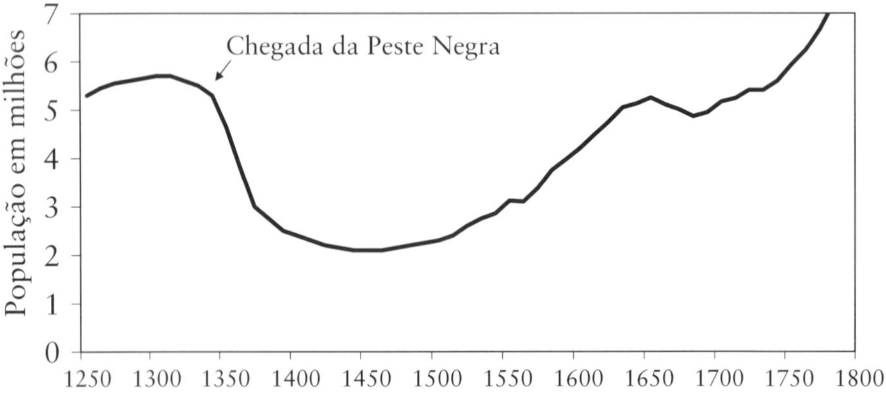

Figura 6-1. População na Inglaterra Medieval

O último surto na Europa Ocidental atingiu Marselha em 1720, a Rússia e o Império Otomano foram afetados em pleno século XIX, e no início do século XX, uma epidemia devastadora matou milhares na China. A população da Europa antes da epidemia da peste negra era de aproximadamente 50 milhões. Assim, cerca de 12 a 15 milhões morreram no primeiro surto, e provavelmente muitos mais ao longo do século seguinte, já que uma onda de pestilência após a outra superou a taxa de natalidade.

Até mesmo esse pequeno apocalipse europeu é só parte da história. Se os registros demográficos e culturais da peste negra são imperfeitos na Europa, os do Oriente Médio e do Extremo Oriente praticamente não existem; não há um *Decameron* árabe, indiano ou chinês. Porém, a prática médica no mundo muçulmano medieval superou em muito a da Europa, e as várias descrições clínicas precisas de médicos árabes e indianos deixam poucas dúvidas de que um surto impressionante de *Yersinia pestis* no Oriente seguiu implacavelmente a peste negra na Europa.[32] Em meados do século XIV, talvez cinco vezes mais pessoas viviam no Oriente do que na Europa, sugerindo que a praga pode, talvez, ter levado até 100 milhões de almas no Oriente.

A doença se espalhou mais rapidamente no pelo dos cavalos e nos cascos dos navios, e é razoável supor que os grandes centros terrestres e marítimos nas estepes e no Oceano Índico foram desproporcionalmente afetados, como ocorreu no continente. Sabemos, por exemplo, que na Europa a praga devastou especialmente cidades portuárias como Bruges e Gênova. Veneza perdeu cerca de 60% de sua população depois que a primeira onda da doença a varreu em 1348. Importantes melhorias estavam sendo realizadas quase continuamente antes que a peste fosse praticamente interrompida por mais de um século.[33]

Alguma ideia do que pode ter ocorrido nos portos do Oriente pode ser deduzida dos registros acurados dos eventos no Chipre. Essa ilha, um ponto focal predominantemente cristão do comércio mediterrâneo, também tinha uma minoria muçulmana. A doença a atingiu em 1348 e devastou a população animal antes de infectar os seres humanos. Tantos cristãos morreram ou fugiram de Chipre, que os que sobraram, temendo que os muçulmanos aproveitariam a oportunidade de subir ao poder, reuniram todos os prisioneiros e escravos muçulmanos e os mataram em questão de horas. Dentro de uma semana, três dos quatro príncipes cipriotas morreram. O quarto fugiu, e um dia depois de embarcar, também faleceu, com quase todos os companheiros do navio.

Outra galera mercante, que provavelmente iniciou a viagem com centenas a bordo, chegou a Rodes de lugares desconhecidos com apenas treze mercadores, que depois seguiram para o Chipre; ali chegando, apenas quatro estavam vivos. Encontrando a ilha deserta, os quatro avançaram para Trípoli (na atual Líbia), onde relataram a fantástica narrativa aos atônitos anfitriões.[34] Observadores europeus, assombrados com a catástrofe que se desenrolava à sua volta, não se deram conta de que uma tragédia simultânea também devorava o Oriente. Uma exceção foi Gabriele de' Mussi:

> A escala de mortalidade e a forma que tomou convenceu os que viveram, chorando e se lamentando, pelos tristes eventos de 1346 a 1348 — os chineses, indianos, persas, medos, curdos, armênios, cilícios, georgianos, núbios, etíopes, turcos, egípcios, árabes, sarracenos e gregos (pois quase todo o Oriente foi afetado) — de que o julgamento final tinha chegado.[35]

De' Mussi calculou que durante três meses em 1348, mais de 480 mil habitantes de Bagdá sucumbiram — isso em um momento em que a maior cidade da Europa, Paris, tinha uma população de apenas 185 mil pessoas. Neste caso, ele provavelmente exagerou. Ele também registrou que na China, "serpentes e sapos caíam na forma de uma chuva forte, entravam nas residências e devoraram inúmeras pessoas".[36] O Egito também viu a destruição generalizada pela praga em galeras mercantes do tipo vista no Chipre. Um navio, possivelmente chegando de um porto afetado do Mar Negro com uma carga de centenas de mamelucos, aportou em Alexandria com os seguintes sobreviventes: quarenta tripulantes, quatro mercadores e apenas um soldado-escravo. Todos morreram logo após o desembarque.[37]

A doença também navegou para o Ocidente na direção dos portos muçulmanos no norte da África, chegando ao Marrocos e ao califado Omíada na Espanha. Ela matou, entre muitos outros, a mãe de Ibn Battuta, em 1349. A Tunísia, em especial, foi gravemente atingida. Os médicos muçulmanos ficaram impressionados com o fato de que o beduíno que vivia em tendas raramente era afetado e, sozinho entre os estudiosos médicos do mundo, chegou a uma conclusão apropriada: a doença ocorria por algum tipo de contágio, não pela ira divina, miasma, mau-olhado ou envenenamento de infiéis.[38]

As civilizações árabes medievais já haviam desenvolvido uma forte (se não quantitativa) tradição histórica, especialmente no Egito mameluco. Ali encontramos as mais ricas fontes de informação sobre os efeitos da pestilência no mundo não ocidental. A praga chegou a Alexandria quase ao mesmo tempo de sua primeira ocorrência na costa italiana; parece que o Egito sofreu desproporcionalmente a forma pneumônica virulenta da doença, que lentamente se esgueirou para o sul no Vale do Nilo nos dezoito meses seguintes. Nessa época, egípcios ricos procuravam ansiosamente por peles russas como itens da moda. Elas provaram não apenas ser artigos de luxo fúteis em um clima quente, mas também o meio de transporte ideal para as pulgas.[39]

O tráfego do *haji* levou a pestilência do sul do Egito ao seu próximo destino lógico, Jidá, cidade portuária de Meca, e dali para Meca propriamente dita. A carnificina perturbou os teólogos muçulmanos, pois se acreditava que o Profeta havia prometido que a cidade seria protegida da praga; o fato de que Medina foi poupada levou muitos a pensarem que o surto era uma retribuição de Alá pela presença de infiéis em Meca.

Embora o número inicial de mortes pareça ter sido mais ou menos o mesmo que na Europa, os efeitos da praga no regime dos egípcios mamelucos foram ainda mais graves e duradouros do que no Ocidente. Depois do declínio inicial da peste no Egito em 1348, a população nativa acabou por adquirir um certo grau de imunidade contra ela. Entre 1441 e 1541, não ocorreram menos que quatorze epidemias — aproximadamente uma a cada sete anos. Durante esse período, três grupos não tinham imunidade: crianças pequenas, adolescentes e escravos-soldados caucasianos recém-adquiridos — estes últimos os recursos mais preciosos do regime. Amontoados juntos em instalações de treinamento egípcias, os novos mamelucos sofreram taxas de mortalidade terríveis. Observadores contemporâneos registraram que "o número de mortos entre os mamelucos era grande demais para ser computado" e que "as barracas na cidadela foram esvaziadas dos Mamelucos Reais (os do atual sultão) por causa de suas mortes".[40] Considerando que essas tropas de elite raramente chegavam a mais que alguns milhares, as perdas devem ter sido desconcertantes:

> A morte entre os mamelucos que habitavam as barracas foi terrível; nessa epidemia, morreram cerca de mil. E morreram 160 servos castrados, ou eunucos; entre as escravas da habilitação do sultão, mais de 160, além de 17 concubinas e 17 homens e meninas.[41]

Assim, a praga atingiu com mais violência aqueles que o sultão atual tinha acabado de comprar e pareceu poupar as tropas mais velhas e, portanto, provavelmente com maior imunidade, tropas alforriadas de antigos sultões — uma receita infalível para a instabilidade do governo.

Além da destruição da peste em seu poder militar, o Egito perdeu grande parte de seu capital humano e financeiro. Os ricos mercadores karimis, que passaram a vida trabalhando em grandes armazéns e bazares fervilhando de ratos e camelos, foram especialmente atingidos com intensidade, tornando-se escolhas naturais para o sultão Barsbay, em 1428.

O bacilo devastou não só pulgas, roedores e seres humanos, como outros animais também. Tanto na Europa quanto no Oriente Médio, o chão estava coberto de corpos de pássaros, animais de fazenda e até predadores silvestres, muitos com as manchas características na base de seus membros. Gado e camelos morreram em grande número, aumentando o dano econômico. Em Bilbais, uma pousada importante entre o Cairo e a Palestina, a maior parte dos dromedários do sultão morreu juntamente com quase todos habitantes humanos da cidade.

O fazendeiro afortunado o bastante para sobreviver à peste negra podia pelo menos fugir para a floresta e recomeçar. A mesma opção não estava disponível para seu correspondente egípcio, que estava preso em um deserto hostil e infinito que começava a apenas alguns quilômetros das margens do Nilo. Relatos egípcios contemporâneos frequentemente mencionam cidades totalmente despovoadas. O Egito nunca recuperou sequer a sombra de seu antigo poder, riqueza e influência. Sua população, provavelmente por volta de 8 milhões às vésperas da epidemia, foi calculada em apenas 3 milhões em 1798, na invasão dos generais de Napoleão. Um relato recente confiável alega que a população do Egito no início da Era Moderna estava aproximadamente no mesmo nível quando do nascimento de Cristo.[42]

Estatísticas econômicas confirmam a extensão dos danos; antes da peste negra, o governo cobrou cerca de 9,5 milhões de dinares em impostos; na época da conquista otomana em 1617, as receitas tinham caído a 1,8 milhão de dinares. Em 1394, quase meio século depois da primeira endemia, cerca de mil tecelões ainda trabalhavam em Alexandria. Meio século depois, eles eram oitocentos.[43]

Os principais vetores humanos da doença, os mongóis, nunca se recuperaram. Em 1368, os chineses Ming se rebelaram contra seus soberanos das estepes agora afetados pela praga e livraram-se da opressão. Os ataques mongóis ficaram menos vigorosos após a morte de Tamerlane, em 1405; depois dessa data, as depredações dos ferozes guerreiros montados em seus vizinhos agrícolas no sul gradativamente diminuíram. Com o desaparecimento dos canatos, as estepes voltaram ao seu antigo estado hobbesiano, e o acesso à China usufruído pelos Polos, Ibn Battuta e as gerações de mercadores genoveses desapareceu. Isso provocou a busca de rotas alternativas para o Oriente pelos europeus ávidos por especiarias.

Dados de recenseamentos mongóis e ming sugerem que entre 1330 e 1420, a população da China caiu de cerca de 72 milhões para 51 milhões. Até a Era Moderna, mesmo em tempos de guerra, o micróbio geralmente provou ser uma arma muito mais eficaz do que a espada contra soldados e civis, e parece quase razoável responsabilizar a praga pelo declínio na população da China entre essas duas datas. A queda na receita tributária da reduzida população chinesa contribuiu em grande parte para a retirada da marinha do Reino Médio do Oceano Índico depois da última viagem do almirante eunuco Zheng He, em 1433.

A quase total destruição da estrutura comercial e industrial do Egito, o desaparecimento dos mongóis do cenário mundial e a retirada da China do Oceano Índico criaram um vácuo que a Europa — a única sobrevivente, mesmo que precariamente — preencheu com grande satisfação. O *Yersinia pestis*, que tinha ajudado a preparar o caminho para o crescimento do poder muçulmano ao atacar os impérios bizantino e persa nos séculos VI e VII, facilitou o declínio islâmico nos séculos XIV e XV.

Antes da Era Comum, o comércio não era muito rápido nem muito direto para permitir que os "poços da doença" amplamente separados na Ásia, Europa e África interagissem; a praga estava isolada pelo tempo e pela distância em seu provável local de nascimento, nas encostas do Himalaia, assim como foram a varíola e o sarampo em suas origens no Crescente Fértil. Com a explosão do comércio de longa distância durante a era romana-Han, e depois sob a influência islâmica e mongol, essas doenças atacaram populações distantes e indefesas. Durante os próximos 1.500 anos, os antes "poços de doenças" separados do Velho Mundo colidiram e se uniram catastroficamente e, no final, imunizaram amplamente asiáticos e europeus. Os primeiros imigrantes do Ocidente para o Novo Mundo nem podiam começar a entender a devastação que estavam prestes a encontrar nas populações nativas com seus microscópicos caronistas. Nas palavras de William McNeill, ao nascer da Era do Descobrimento, "a Europa tinha muito a dar e pouco a receber em termos de novas infecções humanas".[44]

Ainda mais surpreendente, os reservatórios do bacilo da praga, antes confinados apenas a pequenos locais na Ásia, expandiram-se para circundar o mundo. Por que, então, a praga não continua a atacar o mundo moderno? De fato, o bacilo tornou-se menos mortal para muitas espécies desde 1346; cães, gatos e pássaros, que morreram com os seres humanos no século XIV, não são mais muito suscetíveis. Talvez isso também tenha ocorrido em menor grau em ratos e seres humanos.[45]

Mas essa pode não ser toda a história. O desaparecimento da peste na Inglaterra depois do Grande Incêndio em Londres, em 1666, proporciona a explicação essencial. As casas de tijolos que substituíram as velhas estruturas de madeira se mostraram menos hospitaleiras para ratos, e as pulgas tiveram mais dificuldade de cair nos ocupantes dos novos tetos de telhas do que nos antigos, de palha. Quando a madeira ficou escassa na Europa Ocidental e os tijolos passaram a ser usados com maior frequência, a distância entre ratos e seres humanos aumentou, interrompendo a transmissão da doença. No século XX, modernas precauções sanitárias e antibióticos adicionaram ainda outra camada ao isolamento que protegeu a humanidade dos imensos reservatórios subterrâneos desse patógeno mortal.

A interação entre comércio e doença é uma via de mão dupla. Assim como o comércio avivou as chamas da pestilência, os surtos epidêmicos alteraram antigos padrões de comércio. Talvez a análise mais profunda do efeito da peste negra na trajetória do comércio mundial tenha sido oferecida pelo grande historiador árabe do século XIV, Ibn Khaldun:*

> Em meados do século XIV, a civilização no Oriente e no Ocidente foi visitada por uma praga destrutiva que devastou nações e fez populações desaparecerem. Ela engoliu muitas coisas boas da civilização e as fez desaparecer. Ela dominou as dinastias na época de sua senilidade...

* No original de Ibn Khaldun, século VIII, segundo o calendário islâmico. (N. da R.)

> Cidades e edifícios foram derrubados, estradas e placas obliteradas, povoados e mansões ficaram vazias, dinastias e tribos enfraqueceram... O Oriente, parece, foi igualmente afetado, embora de acordo e em proporção à sua civilização mais abastada. Foi como se a voz da existência no mundo tivesse chamado o esquecimento e a restrição, e o mundo respondeu ao seu chamado.[46]

Entre os séculos XIV e XVI, as fúrias estenderam as mãos e com uma força perversa devastaram a estrutura comercial de longa distância do planeta, junto com as mais avançadas sociedades comerciais: as grandes civilizações muçulmanas do Oriente Médio e os entrepostos da Índia e da China que tanto surpreenderam Marco Polo e Ibn Battuta. A Europa também foi devastada, mas em alguns séculos seus sobreviventes, com uma assustadora combinação de religiosidade inspirada na brutalidade e gênio quantitativo, entrariam nos destroços e estabeleceriam o novo domínio comercial do moderno Ocidente.

7

O Desejo de Vasco da Gama

Vasco da Gama, um de seus súditos, veio ao meu país, o que me deixou satisfeito. Meu país é rico em canela, cravo, gengibre, pimenta e pedras preciosas. Então, por eles lhe peço em troca ouro, prata, corais e tecidos escarlate. — Carta do Samorin de Calicute para o rei de Portugal, 1498[1]

Neste ano (1503), as embarcações dos francos apareceram na rota marítima para a Índia, Ormuz e vizinhanças. Eles dominaram cerca de sete navios, mataram seus ocupantes e fizeram um prisioneiro. Esta foi sua primeira batalha, que Deus os amaldiçoe. — Umar al-Taiyib Ba Faquih, historiador iemenita[2]

Por volta de 1440, o mercador veneziano Niccolò de' Conti viajou a Roma para solicitar uma entrevista com o Papa Eugênio IV. Ao percorrer o Oriente, ele tinha cometido um grave pecado: capturado e ameaçado de morte juntamente com a família, se converteu ao islamismo. Logo depois, sua mulher e os dois filhos morreram pela peste, e o apóstata involuntário correu para o Vaticano em busca de absolvição.

Felizmente para de' Conti, o Santo Padre tinha um fraco por bebidas com sabor de canela. O mercador encontrou tal fonte durante suas viagens? Claro que sim. Absolvição concedida! Em troca, de' Conti ditaria todas as suas observações em detalhes ao secretário papal, o brilhante e famoso humanista Gian Francesco Poggio Bracciolini.

O fato de a narrativa do veneziano corresponder à de Marco Polo e, em muitos aspectos, ser superior a ela, agradou ao confidente do papa, um homem astuto e instruído. Por exemplo, de' Conti tinha feito anotações mais cuidadosas sobre distâncias e tempo de viagem que o ilustre conterrâneo tinha registrado mais de um século antes. Sim, ele tinha visto árvores de canela no Sri Lanka, que ele descreveu ao extasiado secretário. Além disso, ele tinha visto campos de pimenta e cânfora em Sumatra. Em seguida, rumou para o leste por mais de um mês até os ventos pararem de soprar, até a ilha de Sanday, onde cresciam a noz-moscada e o macis, e depois, para a ilha de Banda, coberta de craveiros-da-índia. Pode-se apenas imaginar a satisfação do secretário: aparentemente, o veneziano tinha encontrado a lendária Ilha das Especiarias.[3]

Fora de' Conti o primeiro ocidental a pôr os pés naquelas terras famosas? Era quase certo que não. Coloque-se no lugar de um mercador medieval que tivesse acabado de descobrir quantidades ilimitadas do produto mais precioso e procurado do mundo. Relatos de viagem não seriam sua primeira ou mesmo última preocupação.

Embora o principal objetivo das cruzadas não fosse comercial (a menos que um deles fosse veneziano ou genovês), os cristãos reconheciam com clareza o domínio muçulmano do comércio de especiarias pela máquina de dinheiro que representava. Durante suas campanhas na Terra Santa, os cruzados interromperam o tráfego da caravana entre o Egito e a Síria com uma cadeia de fortalezas que iam do Mediterrâneo à extremidade nordeste do Mar Vermelho, no Golfo de Aqaba. Em 1183, Reinaldo de Châtillon planejou uma série de ataques aos navios árabes no Mar Vermelho. A inquietação do mundo islâmico diante da entrada dos infiéis na rota marítima muçulmana, antes considerada domínio muçulmano, deve ter sido imensa. Os egípcios armaram uma resposta vigorosa e obrigaram Reinaldo a voltar para o norte.

Em 1249, eventos em Damieta, no delta do Nilo, demonstraram a importância crucial do comércio de especiarias no mundo muçulmano. Naquele ano, forças cristãs conquistaram a cidade, e os egípcios aiúbidas ficaram tão ansiosos em recuperar esse posto avançado estratégico que se ofereceram a devolver Jerusalém aos cristãos em troca; a oferta foi recusada.[4] Quando se tratava do comércio de especiarias, tanto cristãos quanto muçulmanos preferiam Maomé a Deus.

Durante os séculos XV e XVI, outra empreitada levou os europeus ao Oriente: a busca por um aliado cristão asiático na luta contra os sarracenos.

Essas duas metas — a busca por especiarias e um guerreiro pela Cruz na Ásia — eram inseparáveis na mente dos primeiros exploradores ibéricos, e é impossível entender suas motivações sem recontar a estranha história do mítico Preste João.

Embora seu nome ressoasse nos lábios de milhões, pouco mais se sabia sobre ele, principalmente a localização de seu reino, exceto o fato de que ficava "nas Índias". Durante o período medieval, isso poderia ser Egito, Japão ou qualquer local entre os dois. Exatamente quando, onde e como essa figura obscura surgiu ainda é discutido entre os medievalistas. Por volta do século XII, os cruzados ocupavam grande parte da Terra Santa, mas estavam cada vez mais sob o cerco dos furiosos exércitos islâmicos, lutando desesperadamente para salvar a situação. Em 1141, Yeh-lü Ta-Shih, um antigo senhor da guerra itinerante mongol, de afiliação religiosa indeterminada, derrotou um exército islâmico perto de Samarcanda. Como essa cidade ficava a grande distância do horizonte geográfico dos europeus do século XII, não foi surpresa que a notícia sobre a derrota muçulmana foi irremediavelmente distorcida quando chegou aos ouvidos dos ocidentais: um rei cristão tinha chegado das Índias e venceu os infiéis.[5] Logo, ele os atacaria a partir do leste e livraria os postos avançados do cristianismo na Terra Santa do perigo.

Três anos depois, em 1144, pela primeira vez desde o início das Cruzadas, um forte Estado Cristão, Edessa (localizado onde hoje fica a fronteira entre a Síria e a Turquia), caiu sob as forças muçulmanas. Os vitoriosos sarracenos mataram os cristãos de Edessa, assustando o mundo ocidental. Um bispo francês, chamado Hugh, da cidade costeira de Jabala, no atual Líbano, correu de volta à Europa para implorar por ajuda. Sua mensagem foi simples. Sim, de fato existia um Preste João e ele já havia atacado os sarracenos. Infelizmente, ele não conseguiu atravessar o Rio Tigre, que não tinha congelado conforme o esperado, e seus barcos não estavam à altura da tarefa. Segundo o bispo Hugh: "Ele é um descendente direto dos Magi... Ele planejava ir a Jerusalém, mas foi impedido."[6] A mensagem de Hugh aos irmãos europeus foi clara — a salvação por Preste João *não* estava a caminho. Enviem ajuda, rápido.

Anos após a perda de Edessa, uma carta vinda de partes desconhecidas foi entregue ao imperador bizantino Manuel Comneno, alegando ter sido escrita por Preste João. Ele falava com alegria sobre a riqueza e o tamanho de seu reino e a virtude de seu povo. "Eu, Preste João, que reino supremo, cercado de riquezas, virtude e poder sobre todas as criaturas que vivem sob os céus. Setenta e dois reis pagam-me tributos."[7] A mais flagrante ostentação referia-se à linhagem de seus servidores:

> Durante cada mês, somos servidos em nossa mesa por sete reis, cada qual, por sua vez, por 62 duques, e por 365 condes, fora os que exercem diversas tarefas para nós. Em nosso salão jantam diariamente, à nossa direita, 12 arcebispos, à nossa esquerda, 20 bispos... Se você contar as estrelas do céu e os grãos de areia do mar, poderá julgar a vastidão de nosso reino e nosso poder.[8]

É desnecessário dizer, a carta era uma fraude e, considerando a natureza e estilo das mentiras, quase certamente escrita por um europeu, cuja identidade e os motivos permanecem desconhecidos. Durante os quatrocentos anos seguintes, soberanos e exploradores procuraram dois cálices sagrados: Preste João, que os livraria dos sarracenos; e especiarias, que lhes proporcionariam riquezas além da imaginação.

Enquanto os muçulmanos percorriam as rotas de comércio vitais no Oceano Índico, Mar Vermelho e Golfo Pérsico com regularidade, os europeus sonhavam em penetrar nesses mercados. Os Estados asiáticos comerciais mais poderosos de leste a oeste eram Áden, Ormuz, Cambaia, Calicute, Aceh e Malaca (localizados respectivamente hoje no Iêmen, no Irã, na Índia e em Sumatra). Nenhuma dessas nações levou seu poder marítimo para o alto-mar. Em vez disso, elas prosperaram com a força de suas instituições comerciais. Os agentes da alfândega eram muito corruptos? O governante exigia presentes em excesso? Ou, ao contrário, ele não cobrava impostos suficientes para pagar por medidas antipirataria? Os comerciantes estrangeiros residentes tinham pouca autonomia para gerir os seus negócios? O mercador poderia contornar esses problemas com facilidade frequentando portos mais amistosos. A corrupção e a crueldade não eram ausentes: afinal, aquela era a Ásia medieval. A deslealdade simplesmente precisava ser mantida no mais baixo nível possível.

Um milênio antes, piratas percorriam todos os mares do mundo, mas marinhas grandes, poderosas e potencialmente hostis não perturbavam os navios mercantes no Oceano Índico com a frequência que o faziam no Mediterrâneo. A ausência de ameaças marítimas por parte de grandes estados comerciais permitia às embarcações asiáticas navegarem praticamente desarmadas, com tripulação grandemente reduzida e maior capacidade de carga. Isso foi bom, pois disparar um canhão do convés de um navio costurado provavelmente o destruiria, em vez de afundar seu alvo.

Antes da chegada dos europeus, o mundo do comércio asiático não era nenhum Valhala. Porém, contanto que os mercadores pagassem a alfândega, oferecessem presentes aos sultões locais e mantivessem piratas à distância, o Oceano Índico era, mais ou menos, um *mare liberum*. A ideia de que qualquer nação poderia tentar controlar todo o tráfego marítimo era considerada absurda por comerciantes e governantes.[9] Tudo isso mudaria em um dia negro em 1498, quando Vasco da Gama, armado até os dentes, entrou no porto de Calicute.

Quando o século XV chegava ao fim, havia apenas três meios de os europeus terem acesso ao Oceano Índico: entrar diretamente por Suez ou pelo Golfo Pérsico, dar a volta pelo cabo sul da África ou aventurar-se do Ocidente a caminho do desconhecido. Os primeiros europeus que tentaram uma dessas rotas foram dois irmãos genoveses, Vadino e Ugolino Vivaldi, que em 1291 — apenas alguns meses depois que seu conterrâneo Zaccaria havia tirado Gibraltar das mãos dos muçulmanos — atravessaram o estreito até o Atlântico em direção à Índia. Nunca mais se ouviu falar deles. Até hoje os historiadores não sabem se seu objetivo era dar a volta no Cabo da Boa Esperança ou circum-navegar o mundo. Qualquer que fosse sua meta, a expedição empolgou os italianos, que durante anos esperaram em vão por sua volta. Dizem que o mistério dos Vivaldi inspirou as passagens do *Inferno*, de Dante, que descreviam a viagem fatal de Ulisses pelas Colunas de Hércules.[10]

O fato de que os primeiros europeus a navegar para o Atlântico fossem genoveses não foi acidente. Ao serem derrotados pelos venezianos na batalha pelo comércio de especiarias, os genoveses voltaram suas energias comerciais para as grandes cargas no Mar Mediterrâneo e no Mar Negro: minerais como sal e alume, madeira, produtos agrícolas e, claro, escravos. Os navios arredondados impelidos por velas mostraram-se mais bem equipados para levar grandes cargas. Eles eram exatamente o tipo de embarcação necessária para longas viagens de descoberta.[11]

Até mesmo visitantes casuais a Gênova apreciavam o fato de que a cidade, incrustada em montanhas costeiras praticamente impenetráveis, dá as costas ao continente europeu. Na era anterior às estradas de ferro e ao asfalto, quase tudo que entrava ou saía no entreposto o fazia por navio. No lugar da mula e da carroça puxada por cavalos, muitas empresas e fabricantes locais mantinham pequenas embarcações com velas latinas para comprar suprimentos e entregar mercadorias. Em Gênova, o salto de marinheiros de água doce para marinheiros de alto-mar foi curto.

Por volta do século XV, o sol estava se pondo no império de Gênova, e nascia em Portugal a extremidade ocidental da Ibéria. Nas palavras do historiador John H. Plumb: "A vida era desesperadamente barata, a vida após a morte desesperadamente real, a pobreza do mundo tão grande que os luxos e as riquezas inebriavam a imaginação e motivavam os homens com a avidez pelas posses."[12] Foram os portugueses que aperfeiçoaram a tecnologia marítima que permitiu aos europeus entrar no Oceano Índico. Por essa brecha, dispararia a turba voraz do Ocidente, e Lisboa atraiu os famintos, talentosos e brutais jovens de todas as nações que ocupariam a vanguarda desse ataque.

Por volta de meados do século XIII, Portugal tinha expulsado os mouros — duzentos anos antes de os espanhóis o fazerem. Depois de uma luta terrível pela sucessão e a invasão espanhola no final do século XIV, a nação atingiu a unificação e a independência em 1385 com a subida ao trono de João de Avis (Rei João I) e sua noiva inglesa, Filipa. Essa feliz união rendeu dois dividendos históricos: a aliança entre Inglaterra e Portugal, que duraria tanto quanto qualquer outra na história das nações, e cinco filhos capazes e corajosos.

Portugal se viu em um estado de paz insólito e desconfortável, e, assim, em 1415, o casal real enviou três filhos para tomar a cidade portuária moura de Ceuta, do outro lado do Estreito de Gibraltar. A própria Filipa planejou esse ataque preliminar para tirar o controle do Oceano Índico dos muçulmanos — uma base para ancorar a ponta ocidental de uma rota de caravanas portuguesas que seguiria para o leste pelo Saara e às Índias. O fato de Ceuta também ser receptora de caravanas que traziam escravos e ouro do interior da África foi considerado um bônus. Melhor ainda, conquistá-la foi um golpe duro para os mouros.

Quando seu filho mais novo, o Infante Dom Henrique, observou o deserto infinito atrás de Ceuta, ele compreendeu que o plano da mãe era insensato. Embora Henrique participasse de campanhas subsequentes no norte da África, ele acabou voltando para Portugal, se estabeleceu como governador da província do Algarve, no sul, e se dedicou a encontrar uma rota marítima ao redor da África.[13]

Quase 2 mil anos após a morte de Ptolomeu, sua afirmação de que a África se estendia até a Antártida e não poderia ser circundada ainda se mantinha firme. Henrique pensava diferente. De seu castelo no Cabo de São Vicente fustigado pelo vento no extremo sul da Europa, Henrique, depois conhecido no Ocidente como Príncipe Henrique, o Navegador, tornou-se o maior patrono das ciências marítimas. De suas balaustradas, ele observou a partida dos primeiros exploradores ibéricos que desciam a costa ocidental da África e dos colonizadores dos Açores, cuja ilha mais a oeste ficava somente a 1.900 quilômetros de Terra Nova. Ele também ofereceu apoio financeiro a cartógrafos de todas as nacionalidades e reuniu a maior coleção de mapas de navegação no mundo conhecido.

Em certo ponto, os marinheiros portugueses apoiados por Henrique desenvolveram um novo tipo de navio de casco arredondado com velas latinas, a caravela. Essa embarcação era capaz de navegar com generosas cargas mais próxima ao vento que qualquer outro navio europeu. Sem elas, os posteriores portugueses se arrastariam ao longo da costa africana e as subsequentes viagens às Índias teriam sido impossíveis.

Além de avançar na tentativa de encontrar uma rota para contornar a África, as caravelas portuguesas geraram mais benefícios imediatos. Elas aumentaram a velocidade e capacidade de carga dos mercadores portugueses, ao ponto de eles poderem desviar o comércio dos produtos mais lucrativos da África, escravos e ouro, para seus portos na África do Norte e para longe das rotas de camelos transaarianas controladas pelos muçulmanos. Agentes portugueses, apesar de desconhecerem a fonte máxima de ouro africano no atual Mali e nas regiões acima do Rio Níger e Volta, penetraram o interior para cidades comerciais como a famosa Tombuctu, onde compravam ouro por um preço baixo e o transportavam pelos rios até as caravelas à espera.[14]

Na época em que Henrique morreu, em 1460, as embarcações portuguesas com seu patrocínio tinham atingido as águas da África Equatorial, mas ainda não haviam alcançado a passagem sul para o Oceano Índico. Muitas pessoas começaram a questionar o sonho de Henrique de uma rota oceânica para o Oriente passando pela África, e a Coroa reviveu a ideia de chegar às Índias se aventurando para o leste atravessando a África. Em 1486, comerciantes portugueses onde hoje é a Nigéria ouviram uma estranha história sobre um soberano fabulosamente rico conhecido como Oganê que governava um reino a uma caminhada de "vinte luas" (cerca de 1.600 quilômetros) a leste da costa. Esse rei sempre ficava oculto atrás de cortinas de seda, exceto por um dos pés, que surgia sob o tecido ao final de uma audiência — assim como Preste João, de quem se dizia que nunca mostrava o rosto. Mais de três séculos haviam se passado desde que o imperador bizantino Manuel Comneno tinha recebido a fraudulenta e presunçosa missiva assinada pelo rei mítico. Os portugueses, demonstrando uma notável disposição em suspender as leis da biologia humana, concluíram que ele tinha sido encontrado. Eles decidiram, novamente, buscar uma rota terrestre para as Índias pela África.

O rei João II prontamente despachou dois de seus auxiliares mais talentosos, Pero da Covilhã e Afonso de Paiva, para a Abissínia, que os geógrafos reais tinham identificado como o reino de Oganê/Preste João, para negociar com ele o monopólio do comércio de especiarias. Disfarçados de mercadores, os dois atravessaram o Mediterrâneo até o Egito, onde se separaram, Paiva na direção da Abissínia, e Covilhã, da Índia. Eles se encontrariam no Cairo três anos depois.

Depois de alguns anos, Paiva voltou ao Cairo de locais desconhecidos e logo sucumbiu a uma doença. Nesse ínterim, ele não tinha se comunicado com ninguém, e seu itinerário e suas descobertas continuam um mistério até hoje. Covilhã, depois de viajar pela costa de Malabar de ponta a ponta, também voltou ao Cairo e, depois de saber da morte de Paiva, fez planos para a volta a Portugal. Ele ficou surpreso ao ser recebido por dois judeus portugueses, emissários de João II, que lhe informaram da extrema importância de concluir um acordo de comércio com Preste João. Como Covilhã não tinha ideia se Paiva havia obtido êxito em sua busca, teria que ir à Abissínia pessoalmente.

Ele também nunca retornou ao lar. Raspando a cabeça e disfarçado de muçulmano, tornou-se um dos poucos europeus a visitar Meca; então, em 1493, ele foi até a Abissínia, onde negociou relações comerciais com seu soberano, o rei Alexandre da Etiópia. O rei morreu no ano seguinte, e seu irmão, que assumiu o trono, gostou tanto desse exótico emissário europeu que o manteve com um prisioneiro de luxo. Covilhã morreu silenciosamente décadas mais tarde com um grande patrimônio e muitas mulheres, mas sem encontrar sinal de Preste João, cuja memória ainda inquietava monarcas e exploradores europeus.

Antes e depois de chegar à Abissínia, Covilhã enviou à Coroa portuguesa uma série de informações valiosas sobre a Índia, incluindo as operações dos mercados locais hindus e muçulmanos, padrões de ventos e navegação e os preços dos bens. Ele também viajou pela costa oriental da África e aprendeu com marinheiros locais que a África poderia, sim, ser circundada, enviando essa mensagem para casa para ser transmitida a Bartolomeu Dias, que tinha partido para chegar ao Oceano Índico em 1487:

> Se você continuar em direção ao sul, o continente chega ao fim. Quando seus navios alcançarem o Oceano Índico, deixe seus homens perguntarem por Sofala e a Ilha da Lua. Ali eles encontrarão pilotos que os levarão à Índia.[15]

Nessa época, Dias já tinha contornado o Cabo, e as informações inestimáveis de Covilhã provavelmente não foram passadas para outros exploradores portugueses.

Em 1451, aproximadamente quando o velho Henrique estava enviando sua última expedição para o sul, nascia o filho de um tecelão em Gênova, que depois ficou conhecido na história como Cristóvão Colombo. As tentações da navegação devem ter atraído o jovem rapaz. Sua primeira viagem de comércio provavelmente o enviou para a Ilha de Quios, a oeste do Mar Egeu, onde um cartel genovês, os *moan Giustiniani,* controlava a indústria da almácega. Essa resina mastigável (de onde se originou o termo "mastigação") não pode ser cultivada fora de uma dezena de locais na parte sul de Quios. Sua raridade a imbuiu de supostas qualidades medicinais, e assim, o monopólio de seu comércio era especialmente lucrativo.

Na época da primeira viagem de Colombo a Quios, por volta de 1474, genoveses e venezianos lentamente estavam sendo expulsos do Mar Egeu pelos otomanos, que haviam conquistado Constantinopla duas décadas antes. A partir desse ponto, genoveses que tentavam fortuna iam para o Ocidente, não para o Oriente, e Colombo não foi exceção. Um ou dois anos depois, o saudável jovem marinheiro se viu como um tripulante comum em um cargueiro de tamanho médio levando uma carga de almácega para Lisboa. Perto da costa sul de Portugal, uma frota de corsários borgonheses se aproximou do comboio. Os atacantes calcularam mal; depois que as embarcações genovesas foram abordadas e embarcadas, uma violenta batalha se seguiu, na qual centenas morreram em ambos os lados pela espada ou engolidos pelo mar. Uma versão da história, talvez para enriquecer a lenda de Colombo, diz que o jovem e ousado marinheiro, em um estilo parecido com o de Indiana Jones, lutou com valentia, saltando na água do navio que naufragava, e depois nadou vários quilômetros até a praia, onde foi tratado pelos habitantes da colônia genovesa em Lagos, no Algarve.

Por fim, ele foi a Lisboa, no norte, local da diáspora de comércio genovesa em Portugal. Colombo não poderia ter encontrado um ambiente marítimo mais estimulante. Nas ruas tortuosas de Lisboa, a babel de idiomas da Islândia a Guiné inundava os ouvidos, e o cheiro de cravo, canela e mirra informava ao olfato experiente qual ancoradouro estava próximo, e não seria surpresa encontrar um marinheiro dinamarquês ou um príncipe senegalês.

Enquanto isso, seu irmão mais novo, Bartolomeu, já tinha se estabelecido em Lisboa como cartógrafo, e durante a próxima década, Colombo aprendeu com o irmão a fazer mapas e ampliou suas habilidades de navegação embarcando em navios portugueses. Durante esse período, ele viajou tanto quanto qualquer marinheiro de sua época: para o sul, na Costa Dourada Africana (hoje Gana), para o Ocidente, até os Açores, e para o norte, até a Irlanda e, talvez, até a Islândia.[16] Durante o período medieval, não era incomum para marinheiros, tanto asiáticos quanto europeus, receber uma parte da carga no lugar do salário, então Colombo tinha quase certamente transportado, comprado e vendido produtos por conta própria.

Por volta de 1480, uma série de eventos transformou o jovem marinheiro, cartógrafo e comerciante na figura icônica que passaria a ser. Como adequado a um mercador talentoso, ele casou bem. Sua mulher, Felipa Perestrello e Moniz, vinha de uma próspera família de comerciantes de Lisboa dona de uma pequena ilha perto da Ilha da Madeira, colonizada antes sob orientação do Príncipe Henrique. Ao mesmo tempo, ele aprendeu latim e português e adquiriu, entre outros conhecimentos, noções de castelhano, matemática, construção de navios e astronomia. Antes de sua chegada em Portugal, Colombo já se gabava das sólidas ligações com os maiores comerciantes de Gênova, e seu casamento com Felipa e sua ampla experiência comercial e marítima lhe deram acesso à corte portuguesa.

Em 1481, Afonso V, que tinha reinado por mais de meio século, morreu e foi sucedido pelo filho, D. João II, bisneto de João I e protegido do tio-avô

Henrique e, assim, um entusiasmado defensor da exploração do Atlântico e da África. Em algum momento perto de 1484, Colombo retornou da África Equatorial com uma ousada proposta para o novo rei.

Como com qualquer figura histórica gigantesca de quem temos conhecimentos de apenas alguns fatos, Colombo adquiriu mais que uma pequena parcela de histórias apócrifas, especialmente as famosas sobre a Rainha Isabel empenhar suas joias para financiar sua primeira viagem e a do "ovo de Colombo".[17] Mas nenhuma delas se mostrou mais resistente, conhecida e icônica do que a ideia de que a Terra era redonda. Mais importante, esse mito é o motivo principal da dificuldade de ele vender seu plano para governantes europeus.

Na era medieval, nenhuma pessoa instruída pensava que a Terra era plana. Já em 2005 a.C., Eratóstenes, um grego que vivia na Alexandria, deduziu que a Terra era redonda e até calculou seu tamanho com uma precisão que não seria superada por quase ninguém por quase 2 mil anos. Nem Colombo foi o primeiro a propor atingir as Índias navegando para o Ocidente. A rota transatlântica para a Índia tinha sido sugerida no século I a.C. pelo geógrafo romano Estrabão e talvez até por Aristóteles, antes dele. Alguns historiadores, de fato, acreditam que os irmãos Vivaldi tentaram chegar às Ilhas das Especiarias seguindo o conselho de Estrabão. No final do século XV, ficou claro até para o inflexível Afonso V que o sonho do tio Henrique de navegar para a Índia contornando a África talvez não fosse o melhor meio de concretizar a façanha.

Afonso chegou a consultar o cônego da catedral de Lisboa sobre a possibilidade de usar a rota para o Ocidente. Ele, por sua vez, passou a pergunta ao famoso matemático e cartógrafo florentino, Paolo Pozzo Toscanelli, que respondeu de Florença que, sim, a distância por mar de Lisboa até a China era de apenas 8 mil quilômetros — uma estimativa aproximada muito baixa.

De exatamente qual dos legados citados, se houve algum, Colombo tirou a ideia sobre a rota para o Ocidente talvez nunca seja descoberto, mas sabemos que ele se correspondia com Toscanelli, que respondeu dizendo que aprovava o desejo do colega italiano de "ir até onde as especiarias cresciam". Colombo depois usaria a declaração escrita com destaque nos esforços de obter recursos para o seu empreendimento.[18]

Como muitos homens determinados, Colombo não parava de se iludir. A viabilidade de uma rota para o Ocidente dependia de sua extensão. Embora a distância da Europa para a Ásia pelo Ocidente nunca tivesse sido medida com exatidão, ela poderia ser calculada subtraindo a distância aproximada conhecida para o Oriente de Lisboa a Malaca em linha reta pela circunferência da Terra. Por exemplo, hoje sabemos que a distância de Lisboa a Malaca em linha reta é de aproximadamente 11 mil quilômetros. Como a circunferência da Terra é de 40 mil quilômetros, calcula-se que a distância para o Ocidente (pelo menos ao longo da linha do Equador) deveria ser de aproximadamente 29 mil quilômetros.

Infelizmente, para Colombo, os geógrafos já tinham feito esses cálculos, que invariavelmente geravam uma distância para o Ocidente tão longa que tornava a sobrevivência no mar impossível. Por exemplo, Ptolomeu calculou que a massa de terra da Eurásia se estendia mais ou menos por metade do globo, caso em que a rota para o Ocidente deveria ter aproximadamente a mesma que para o Oriente, cerca de 20 mil quilômetros. Isso prova uma estimativa precisa: se as Américas não bloqueassem o caminho, navegar em latitudes médias de Lisboa à China levaria quatro meses, mas nenhuma embarcação da época poderia estocar suprimentos para uma jornada tão longa. Além disso, muito antes que a comida e a água terminassem, a maior parte da tripulação teria sucumbido ao escorbuto. Se Colombo não tivesse se deparado com a América na busca pelo Oriente, ele e seus homens certamente teriam desaparecido como os Vivaldis.

Diante dos dados contrários inconvenientes, Colombo se comportou como todos os verdadeiros crentes, de Saulo a Tarso a George Bush filho: ele trapaceou.[19] E o fez de forma plausível e direta, usando as estimativas mais baixas possíveis sobre a circunferência da Terra — cerca de 27 mil quilômetros — e a maior possível da Eurásia, do Oriente ao Ocidente. Ele foi especialmente atraído pela descrição de Marco Polo de Cipangu — Japão — como estando a 1.600 quilômetros a leste de Cathay. Tão grande, Colombo raciocinou, seria a distância de Portugal ao Japão e tão pequeno era o globo, que os telhados dourados de Cipangu estariam no horizonte a oeste de seu ponto de partida nos Açores, localizados uns 150 quilômetros a sudoeste de Lisboa.

O que motivou Colombo a partir nessa jornada para o desconhecido além do horizonte ocidental? Ele estava realmente procurando novos mundos ou "apenas" um caminho mais rápido para a China, a Índia e o Japão? Foi ele impelido pela avidez pelo ouro e especiarias? Ele foi impulsionado pelo desejo de respeitabilidade que dominava as personalidades daqueles com grande capacidade e ambição, mas de origem humilde? Ou ele buscava almas para salvar? Durante centenas de anos, estudiosos debateram a procedência e o significado dos documentos e das anotações que ele deixou para trás, e provavelmente a verdade nunca será conhecida.[20] Talvez projetando seus próprios motivos em colonizadores que levou em viagens posteriores, ele depois tenha se queixado de que nenhum deles

> chegou a acreditar que o ouro e as especiarias poderiam ser colhidos com o uso de uma pá e não refletiram sobre o fato de que havia ouro, mas que este estava enterrado em minas, e as especiarias estariam no topo das árvores; e o ouro teria que ser procurado, e as especiarias teriam que colhidas e processadas.[21]

Colombo, com suas novas conexões na corte, começou a tentar convencer João II. Inicialmente, o monarca foi amistoso diante da ambiciosa proposta do jovem genovês e agiu como qualquer governante esclarecido faria em tais circunstâncias — ele levou a ideia de Colombo a um comitê de eminentes astrônomos, matemáticos e geógrafos, a *Junta dos Mathemáticos*. Embora não tenhamos registros de suas deliberações, ela deve ter achado absurda a estimativa de Colombo sobre a distância de Portugal ao Japão pelo ocidente.

Pior, com seu plano vinham exigências: recursos generosos para a viagem, incluindo o uso de um navio real, um título hereditário e uma boa parte dos lucros do comércio nas Índias. Apesar de Colombo ser o genro de um dos mercadores mais prósperos do reino, nenhum apoio veio da corte portuguesa.

Sem perspectivas imediatas de financiamento de João II, Colombo partiu para Córdova em 1484. Ali ele mostrou seu plano a Isabel e Fernando, que tinham unido os respectivos reinos de Aragão e Castela na moderna Espanha apenas dezesseis anos antes. Uma sequência praticamente idêntica à de Lisboa ocorreu na corte Espanhola. Colombo, que era da mesma linhagem da rainha espanhola, deixou uma primeira impressão favorável, mas novamente teve que enfrentar um difícil comitê de especialistas, desta vez organizado pelo confessor da rainha, Fernando de Talavera. Mesmo antes de chegar a um veredito, Fernando e Isabel cortaram seu pagamento, e ele voltou a Portugal.

Enquanto Colombo lambia as feridas, sua sorte foi de mal a pior. Ali, ele viu pessoalmente as pequenas embarcações de Bartolomeu Dias, que havia dobrado o Cabo da Boa Esperança, em 1448, subindo o Rio Tejo. Ao fazer isso, ele deve ter compreendido que contornar o sul da África eliminava a necessidade de Portugal ter uma rota para o Ocidente. Ele voltou para a Espanha, onde desanimadamente esperou pelo veredicto final do comitê de Talavera. Em 1490, veio a má notícia, novamente. O comitê informou à Coroa que achava que "suas promessas e ofertas eram impossíveis, vãs e dignas de rejeição". Colombo tenazmente apelou à rainha, que lhe concedeu o exame por um segundo comitê. Outra vez, a proposta foi rejeitada.[22]

Ao mesmo tempo, Bartolomeu Colombo viajou para a Inglaterra e apresentou a proposta do irmão à corte de Henrique VII. Há documentação mais sólida de que Bartolomeu chegou à França, em 1490, e se aproximou de Carlos VIII. Rejeitado em ambas as cortes, ele ficou na França até depois que seu irmão retornou da primeira viagem.

No início de 1492, a corte espanhola informou a Colombo que sua mera presença na corte não era mais bem-vinda. Então, exatamente antes de desaparecer no horizonte com seus pertences e um burro, um mensageiro ordenou-lhe que voltasse. No último minuto, um de seus mais leais defensores no séquito de Fernando, Luis de Santángel, convenceu a rainha de que financiar a viagem para o Ocidente era uma proposta barata e envolvia a possibilidade de imensos ganhos. Além disso, ele mesmo se ofereceu a financiar a viagem. Parece que Isabel realmente ofereceu suas joias como garantia, mas Santángel asseverou que esse sacrifício não seria necessário.

Como com qualquer outro empreendimento, a mera visão, coragem, inteligência, atenção a detalhes e muito trabalho duro — dizem que Colombo inspecionou cada tábua de seus três navios antes de embarcar em 1492 — não são suficientes. A sorte também é necessária: se João II tivesse aceitado sua proposta, então Colombo teria parado com a expedição nos Açores portugueses, que ele conhecia bem, e provavelmente teria naufragado e morrido devido aos ventos desfavoráveis naquela latitude. Quis a sorte que suas quatro viagens partissem das Ilhas Canárias, mais ao sul, debaixo dos ventos do leste que sopravam diretamente do Caribe.

Colombo, Santángel e Isabel estavam certos, mas pelas razões erradas. Por outro lado, os conselheiros eruditos das Coroas de Portugal, Inglaterra, França e Espanha eram muito mais bem informados sobre geografia do que Colombo e devem ter ficado atônitos quando ele voltou após a primeira viagem "das Índias".[23] Ninguém poderia imaginar que o vasto novo mundo, cujos contornos tinham sido fraca e rapidamente vislumbrados por exploradores nórdicos e talvez por outros da Europa e Ásia séculos antes, agora estavam ao alcance de suas mãos.[24]

A obstinação com que Colombo buscou a rota para o Ocidente fez com que ele esquecesse de levar na jornada os especialistas e conquistadores instintivamente lembrados depois: tradutores árabes para dizer que os primitivos "índios" caribenhos que encontrou e levou para a Espanha certamente não eram residentes da Índia; joalheiros para confirmar que a grande quantidade de metal amarelo abarrotando seus porões eram pirita de ferro, o ouro dos tolos; ou farmacêuticos como Tomé Pires para adverti-lo de que a "canela" e a "pimenta" que apresentou a Fernando e Isabel em sua volta eram, respectivamente, uma casca desinteressante e pimentas de um tipo nunca antes visto no Velho Mundo. Mesmo que tivesse levado esses especialistas, ele não teria acreditado neles. O descobridor do Novo Mundo era tão cabeça-dura que apenas em sua terceira viagem começou a compreender que não tinha chegado à Ásia, afinal.

Que a descoberta do Novo Mundo estimularia a avareza dos pequenos e gananciosos homens não deveria ser surpresa para o ambicioso filho de um tecelão. O caminho para riquezas "fáceis" que ele supostamente tinha encontrado não era menos admirável do que o fluxo de renda dos aristocratas, e a agitação social causada por seu retorno do Novo Mundo foi considerável. Como Stefan Zweig, poeta, dramaturgo e biógrafo comentou:

> Todos na Europa, descontentes com seus ganhos e posição, todos que se sentiram colocados de lado e estavam impacientes demais para esperar; filhos mais novos, funcionários desempregados, bastardos dos nobres, fugitivos da justiça — todos queriam ir para o Novo Mundo.[25]

No séquito das viagens de Colombo, havia limpeza étnica, genocídio, deliberado ou acidental, e a extração de qualquer grama disponível de prata e ouro, primeiro da elite governante dos ameríndios e depois do solo. Historiadores de economia moderna descreveram uma forte correlação entre o desenvolvimento econômico dos povos nativos, suas densidades populacionais iniciais, taxas de doenças entre os colonizadores brancos e o subsequente desenvolvimento econômico.[26] Nas terras com desenvolvimento econômico inicial relativamente baixo e um clima saudável para os europeus — o Novo Mundo, a Austrália e a Nova Zelândia —, os invasores brancos puderam sobreviver, se instalar e dominar ou matar os povos indígenas. Os conquistadores então passaram a produzir uma riqueza inimaginável. Embora grande parte da prosperidade se devesse ao comércio, como o das plantações de cana-de-açúcar no Caribe, o principal trabalho dos colonizadores era a mineração, a agricultura e depois, a manufatura.

Essa sequência de eventos era impossível em terras com grandes populações nativas iniciais, as altas taxas de doenças entre os europeus e economias de comércio e manufatura nativa relativamente próspera — isto é, quase todas as praias tocadas pelo Oceano Índico. Nesses locais, homens brancos não podiam esperar sobreviver e conquistar grandes números de nativos avançados, relativamente ricos e altamente organizados. Ali, pelo menos no início, o comércio era a ordem do dia para os europeus.

Para simplificar, os portugueses e holandeses enviaram centenas de milhares de europeus para a morte durante e após a jornada de sete ou oito meses para as terras baixas populosas e cheias de doenças da África, Índia, Sri Lanka, Malásia e Indonésia. Por exemplo, só durante o século XVII, cerca de 25 mil soldados europeus morreram entre os muros degradados do Hospital Real de Goa, de malária, dengue, tifo e cólera.[27] Por contraste, colonizadores europeus navegaram apenas cinco ou seis semanas e se depararam com melhores condições nas terras altas mais saudáveis e menos populosas do México e Peru e, depois, na América do Norte.

Mais importante para esta história foi o contínuo duelo entre as duas grandes nações marítimas dos séculos XV e XVI — Portugal e Espanha. Essa competição estava em plena atividade quando a pequena frota de Colombo deixou o porto de Palos de la Frontera a altas horas da noite de 3 de agosto de 1492.

Podemos entender melhor esses dois irmãos ibéricos como os descendentes favoritos de pais amorosos — neste caso, a mãe Igreja, que adorava sua pureza e seu fervor teológico extremista ibérico; e o Santo Padre, para quem manter a paz entre dois descendentes em choque representava uma função de período integral. Como crianças, eles tiravam grande parte de sua legitimidade da autoridade paterna, neste caso, o *imprimatur* papal, de quem teoricamente até mesmo monarcas europeus mais poderosos eram vassalos, e suas Coroas lhes devolviam por um tributo considerável ao Vaticano.

O pai também tinha favoritos. Os pontífices de meados do século XV gostavam particularmente da piedade de D. Henrique e de seu zelo de cruzado contra os mouros no norte da África. O papa Nicolau V, por exemplo, emitiu a bula, *Romanus Pontifex,* pouco antes de sua morte, em 1455. Chamada de a "carta do imperialismo português", ela elogiava Henrique, autorizando-o a conquistar e converter todos os pagãos entre o Marrocos e as Índias, e, mais importante, concedeu o monopólio comercial em todos os territórios entre a África e as Índias.[28]

Então, em agosto de 1492, apenas oito dias depois que Colombo deixou o ancoradouro em Palos, um espanhol foi eleito papa como Alexandre VI, devendo seus paramentos ao apoio financeiro e aos esforços de Fernando e Isabel. Em 1493, com os pés de Colombo mal enxutos de sua primeira viagem, Alexandre emitiu a primeira de várias bulas concedendo à Espanha a posse de todos os territórios recém-descobertos por seus súditos. Mais tarde, no mesmo ano, Alexandre emitiu outra bula demarcando uma área de 100 léguas (cerca de 600 quilômetros) a oeste das Ilhas de Cabo Verde, além das quais toda *terra firma,* descoberta ou não, pertencia a Fernando e Isabel. Uma bula final pareceu estender o alcance da Espanha para o sul e o leste até a Índia. Isso enfureceu os portugueses, visto que ignorava três gerações de seu pioneirismo ao longo da costa da África, contradizia a *Romanus Pontifex* e não fazia menção à viagem de contorno do Cabo apenas cinco anos antes.

João II, desgostoso com o corrupto papa espanhol, decidiu lidar diretamente com Fernando e Isabel. Da parte deles, os monarcas espanhóis, temendo os implacáveis portugueses e muito ocupados digerindo o Novo Mundo, ficaram mais do que satisfeitos em chegar a um consenso razoável. Em 7 de junho de 1494, um importante tratado, conhecido na história pelo nome de uma cidade no centro da Espanha em que foi negociado, foi chamado de Tordesilhas.

O Tratado de Tordesilhas dividiu o mundo em dois hemisférios ao longo de uma linha longitudinal (norte-sul) colocada a 370 léguas, cerca de 2 mil quilômetros, a oeste de Cabo Verde. Essa linha de demarcação foi localizada a cerca de 45º a oeste de Greenwich, dando a Ásia aos portugueses e o Novo Mundo aos espanhóis.[29]

Em épocas normais, as nações chegam a extremos por minúsculos territórios. Esses, contudo, não eram tempos normais; Portugal havia acabado de atingir uma meta buscada pelos ocidentais desde a morte do Profeta — o acesso ao Oceano Índico —, e a Espanha tinha acabado de descobrir dois novos continentes. O entusiasmo nesses tempos era tal que esses dois rivais intransigentes podiam dividir todo o planeta entre eles com a facilidade com que crianças trocam bolinhas de gude.

O que teria se passado na mente dos representantes de João II naquele dia quente de junho na sossegada cidade de Tordesilhas? Toda a África e a Ásia supostamente pertenciam a Portugal, mas quando o tratado foi assinado, os navios de Bartolomeu Dias haviam rapidamente atingido o extremo sudoeste do Oceano Índico. Os portugueses tinham qualquer ideia de que, acabando de sair da Peste Negra, com uma população que mal passava de um milhão, alguns milhares de marinheiros saudáveis e umas poucas centenas de navios, estavam prestes a confrontar o maior e mais sofisticado aparato comercial? Tão poucos eram portugueses, que, nos navios mercantes maiores, apenas alguns funcionários e soldados europeus comandavam tripulações de centenas de escravos asiáticos ou africanos.[30] Portugal realmente atingiu seu objetivo. Ele era rápido e feroz e deixaria sua marca em vários lugares, mas acabou condenado a ser deixado para trás.

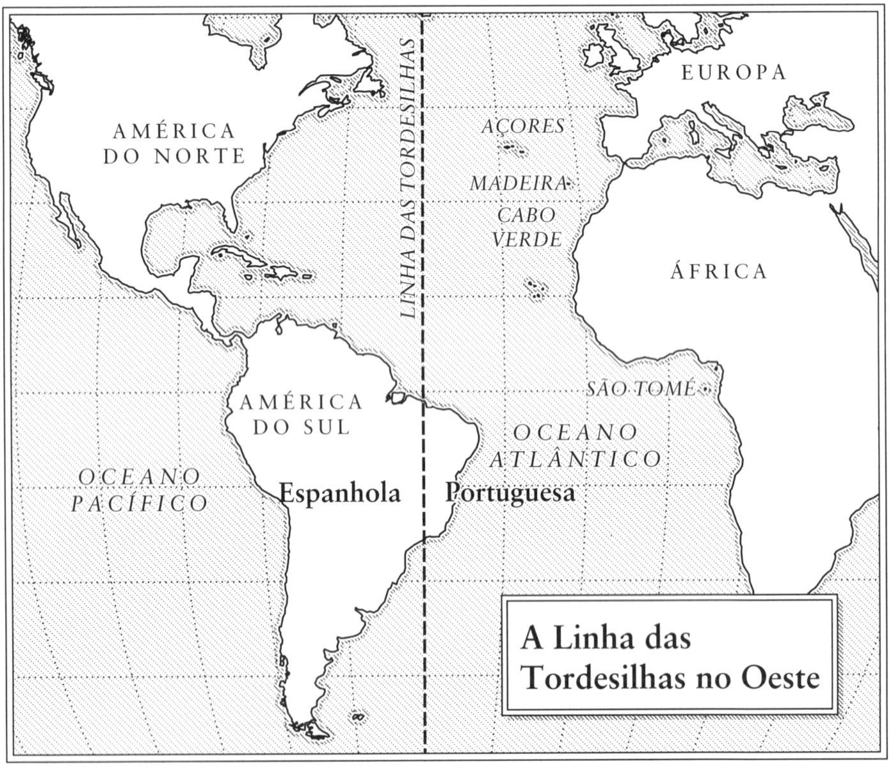

A Linha das Tordesilhas no Oeste

João II não poderia ter escolhido homem melhor para sua primeira empreitada para duas buscas impossíveis: especiarias asiáticas e o ainda inatingível Preste João. A viagem de Vasco da Gama de 1497–1499 foi simplesmente a realização marítima mais notável da época, uma viagem de ida e volta de 45 mil quilômetros em mar aberto para atingir sua meta — a Índia. Colombo, apesar de seus elogios, não tinha feito isso. Além do mais, sua definição para esse objetivo, as "Índias", deixou muito a desejar em termos de precisão geográfica. Ele se referia ao Japão, a Cathay, a Índia ou ao reino de Preste João?

Ao contrário de Colombo, Vasco da Gama reuniu informações náuticas minuciosas antes de levantar âncora. Ele identificou Calicute na costa de Malabar, no sudoeste da Índia, como o mais rico entreposto do subcontinente — quase exatamente onde a monção do sudoeste depositou seus navios depois que partiram da costa leste da África. Vasco da Gama realizou seu espantoso feito náutico com a ajuda de duas inovações.

Antes, em 1488, a caminho do Cabo, Dias havia acompanhado a conhecida rota pela costa cujos pioneiros foram os primeiros portugueses enviados por Dom Henrique. Ao sul do Equador, quando os ventos do sul sopravam cada vez com mais força sobre seus navios, o avanço ficou ainda mais difícil. Em algum ponto no hiato de oito anos entre sua volta em 1489 e a partida de Vasco da Gama, em 1497, um marinheiro desconhecido encontrou a solução para esse problema. Quando os navios de Vasco da Gama passaram pelo que hoje é conhecido como Serra Leoa, eles viraram à direita, afastaram-se da costa no Atlântico para mar aberto e avançaram para o oeste por várias centenas de quilômetros. Então, aos poucos, os navios executaram um semicírculo de milhares de quilômetros, possibilitando-lhes velejar recebendo o vento diretamente por bombordo. Essa manobra lentamente os levou de volta ao Cabo. O arco tinha sido tão grande que a frota de Vasco da Gama se aproximou várias centenas de quilômetros do Brasil. Mesmo assim, não foi amplo o bastante para alcançar o objetivo de contornar o traiçoeiro Cabo da Boa Esperança, ao sul, em vez disso atingindo a Baía de Santa Helena, na costa sudoeste da África.

A pequena frota de Vasco da Gama ficou sem ver terra por espantosos 95 dias; em comparação, a viagem de Colombo em sua primeira ida das Canárias às Bahamas levou 36. A habilidade de Vasco da Gama era tal que as latitudes medidas por ele nunca tinham uma diferença de mais que dois graus. Colombo, por sua vez, foi famoso por sua imprecisão náutica, colocando, por exemplo, Cuba a 42° de latitude norte — isto é, na altura de Boston.[31]

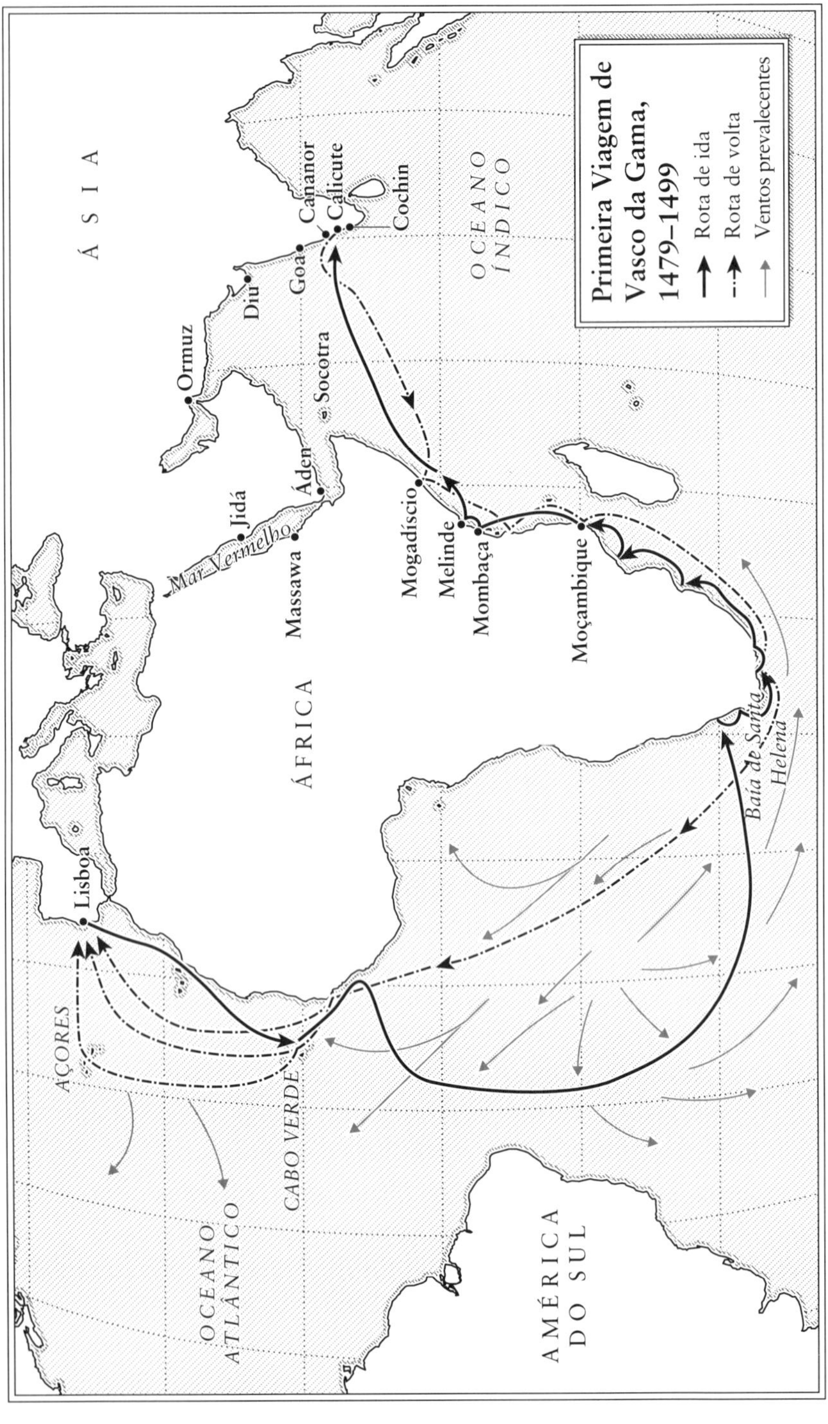
Primeira Viagem de Vasco da Gama, 1479–1499
Rota de ida
Rota de volta
Ventos prevalecentes
Á S I A
O C E A N O Í N D I C O
Á F R I C A
O C E A N O A T L Â N T I C O
A M É R I C A D O S U L
AÇORES
CABO VERDE
Lisboa
Mar Vermelho
Massawa
Jidá
Áden
Socotra
Ormuz
Diu
Goa
Cananor
Calicute
Cochin
Mogadíscio
Melinde
Mombaça
Moçambique
Baía de Santa Helena

Não muito depois de atingir a costa sul da África, as tripulações de Vasco da Gama contraíram uma doença estranha, "seus pés e mãos inchavam e as gengivas cobriam seus dentes, impedindo-os de comer".[32] A caravela, permitindo viagens de vários meses sem se aproximar da terra, fez com que seus corpos esgotassem as reservas de vitamina C, causando o escorbuto, grande responsável pela morte de marinheiros europeus. Na última etapa da viagem, a chegada oportuna dos tripulantes de Vasco da Gama a prósperos portos do leste da África aparentemente os poupou da parte mais grave da doença. Eles não teriam a mesma sorte a caminho de casa.

Embora o preparo náutico de Vasco da Gama fosse excelente, o mesmo não se pode dizer de seu planejamento comercial. Para se informar sobre os bens que procurava junto aos comerciantes nativos, os portugueses levavam com eles amostras de ouro, especiarias e marfim, mas não levaram bens adequados para trocar pelos itens desejados. Se isso foi o resultado de ignorância, arrogância ou ambos, nunca saberemos.

No início, as operações comerciais no sul da África foram relativamente bem; os nativos pareciam satisfeitos em trocar produtos locais por pequenas quantidades de linho europeu, a que davam grande valor. Porém, à medida que os europeus seguiam para o norte e começavam a encontrar o empório de comércio do Oceano Índico dominado pelos muçulmanos, as condições de mercado mudaram drasticamente. Os comerciantes começaram a ter pele mais clara e falavam árabe. Na ilha de Moçambique, os portugueses encontraram um xeique muçulmano, a quem ofereceram

> chapéus, (trajes de seda), corais e muitos outros artigos. Contudo, ele era tão orgulhoso que tratou tudo que lhe demos com desprezo e pediu por um tecido escarlate, que não tínhamos. Mas lhe demos tudo o que tínhamos. Um dia, o capitão (Vasco da Gama) convidou-o para uma refeição, onde havia abundância de figo confit, e lhe implorou que cedesse dois pilotos para nos acompanhar.[33]

Pela primeira vez, e não a última, europeus desgrenhados levando bens inferiores em navios frágeis com experiência de navegação limitada não conseguiram impressionar governantes ricos e entediados com a bem lubrificada máquina comercial muçulmana do Oceano Índico. Não só os bens asiáticos deslumbravam visitantes europeus; o mesmo ocorria com sua tecnologia marítima. Como declarou um tripulante anônimo:

> Os navios desse país são de bom tamanho e têm conveses. Não há pregos e as tábuas são unidas por cordas. As velas são feitas de fibra de palmeira. Os marinheiros têm agulhas genovesas (bússolas magnéticas) pelas quais se orientam, quadrantes e cartas náuticas.[34]

As alavancas dessa máquina comercial eram manipuladas pela diáspora comercial muçulmana — mercadores da Pérsia. Por exemplo, em Mombaça (atual Quênia), os portugueses observaram: "Havia colônias de mouros e cristãos nessa cidade... estes últimos viviam separados com seus próprios senhores."[35] No início, os sultões locais e as comunidades comerciais mostravam generosa hospitalidade aos inicialmente cautelosos e educados portugueses, de quem se esperava um comércio lucrativo. Os comerciantes nativos logo se depararam com a obsessão portuguesa por Preste João e aprenderam a satisfazê-la — o grande governante cristão sempre parecia estar além do horizonte, depois do próximo reino ou no próximo porto. Os homens de Vasco da Gama, por outro lado, supunham que qualquer um que não fosse visivelmente muçulmano era cristão:

> Esses indianos têm a pele amarelada; eles usam pouca roupa e têm barbas e cabelos longos, que costumam trançar. Eles nos disseram que não comem carne... Certo dia em que o capitão foi para a cidade em um bote, esses cristãos indianos dispararam várias bombas de suas embarcações e quando viram (Vasco da Gama) passar, ergueram as mãos e gritaram alegremente, *Cristo!, Cristo!*[36]

É óbvio que os homens de Vasco da Gama foram confundidos com comerciantes cristãos hindus, que provavelmente não gritariam o nome de "Krishna" mais do que o do filho de Deus. Essa sombria comédia religiosa continuaria na Índia, que no início os portugueses imaginaram ser uma grande nação cristã com igrejas exóticas (templos hindus) adornados com versões com múltiplos membros e roupas escassas do Pai, do Filho e do Espírito Santo, a Virgem e os santos.

Além do amplo arco no Atlântico Sul, outra "inovação" de Vasco da Gama foi a confiança que tinha nos pilotos do Oceano Índico. Dizem que o próprio Ibn Majid, o lendário piloto árabe e autor dos textos medievais mais abalizados sobre navegação no Oceano Índico, guiou Vasco da Gama para a Índia e é até hoje amaldiçoado pelo mundo islâmico por esse ato de traição involuntária. Embora a história de como o generoso e franco Majid foi mal-usado pelos pérfidos portugueses forme uma deliciosa e atraente propaganda anti-imperialista, é impossível que ele tenha sido o piloto culpado. O piloto de Vasco da Gama, contratado ou sequestrado em Malindi (cerca de 95 quilômetros ao norte de Mombaça), era um guzerate que foi levado de volta para Portugal; Majid, um omani, não mencionou ter visitado Portugal em suas longas memórias.[37]

Quaisquer que fossem as muitas virtudes de Vasco da Gama, ele não era conhecido por sua amabilidade ou gentileza; ordenava sua tripulação a roubar, sequestrar e matar diante da menor provocação. Os dois pilotos levados em Moçambique, que foram açoitados por suposta deslealdade, escaparam na primeira oportunidade em Mombaça. Quando a expedição chegou a Malindi, o último porto planejado na África, as notícias sobre a sede de sangue dos portugueses os precederam e nenhum habitante se aventurou a sair e negociar. Esse foi um problema, pois nesse ponto eles estavam com poucos suprimentos e com grande necessidade de um guia para a Índia. Em Malindi, a necessidade forçou Vasco da Gama a se comportar muito bem, chegando a libertar reféns muçulmanos capturados em Mombaça e Moçambique como sinal de boa vontade.

Em 24 de abril de 1498, reabastecidos e na companhia de um piloto guzerate fornecido pelo sultão de Malindi, os três pequenos navios de Vasco da Gama deixaram a cidade portuária em direção ao nordeste e mar aberto nas primeiras lufadas da monção de verão. Cinco dias depois, eles tornaram a atravessar o Equador e viram o velho amigo do marinheiro europeu, a Estrela do Norte, e em 18 de maio, eles vislumbraram as montanhas da costa de Malabar. Em apenas 23 dias, eles tinham percorrido 4.500 quilômetros de mar aberto, errando o alvo, Calicute, por apenas 11 quilômetros. A nação comercial mais brutal do mundo havia "descoberto" os segredos das monções; a raposa tinha entrado no galinheiro, e o mundo do comércio nunca mais seria o mesmo.

Os portugueses não buscavam um império comercial, mas sim esquemas de proteção que coagiam mercadores locais a vender especiarias e outros produtos a preços inferiores aos de mercado e excluíam outros, principalmente muçulmanos, de um comércio honesto. A linha divisória entre proteção e pirataria é muito tênue, e os portugueses a cruzavam sempre.

Durante sua primeira viagem à Índia, Vasco da Gama desenvolveu uma rotina bem ensaiada. A frota esperava até os botes se aproximarem para recebê-los; a tripulação então capturava reféns. Os comandantes dos três navios — Vasco da Gama, seu irmão Paulo e Nicolau Coelho — ficavam a bordo sempre que possível, e a força era usada liberalmente como parte das subsequentes "negociações comerciais".[38]

Tanto na África quanto na Índia, Vasco da Gama empregava homens condenados chamados *degradados* das prisões de Portugal, selecionados por suas habilidades com idiomas, para serem os primeiros a desembarcar em terras estranhas. O *degradado* escolhido para essa honra em Calicute foi João Nunes, um judeu recém-convertido que falava um pouco de árabe. Ele encontrou tunisianos que falavam espanhol e italiano e perguntaram: "Que o diabo os leve! O que os traz aqui?" Ao que Nunes respondeu: "Viemos procurar cristãos e especiarias."[39]

Como no leste da África, os indianos não ficaram nem um pouco admirados com a qualidade dos bens comercializados pelos europeus. Ao se preparar para um encontro com o governante hindu de Calicute, o *Samorin,* Vasco da Gama lhe enviou "doze peças de (tiras) de tecido, quatro capuzes escarlate, seis chapéus, quatro cordões de coral, uma caixa contendo seis bacias para lavar as mãos, uma caixa de açúcar, dois barris de óleo e dois de mel". Esses presentes provavelmente não teriam impressionado nem o mercador *genizá* mais modesto, quanto mais o governante do entreposto mais rico da Índia. Os funcionários do *Samorin*, ao verem os presentes, riram com desprezo e informaram aos mensageiros de Vasco da Gama que "Não era algo que se oferecia ao rei, que o mercador mais pobre de Meca ou qualquer outra parte da Índia faria melhor e que, se ele quisesse oferecer um presente, deveria ser em ouro".[40]

O *Samorin* não era o único habitante de Calicute insatisfeito com da Gama. Os poderosos mercadores muçulmanos preocuparam-se, com razão, que a aparência dos cristãos europeus seria negativa para seu próprio bem-estar futuro e certamente aconselharam o *Samorin* a ser prudente: ele manteve o capitão esperando um dia inteiro.

As coisas iam de mal a pior. O capitão, com suas ofertas frustradas, não levou nada, e quando o *Samorin* repreendeu-o por chegar de mãos vazias, ele respondeu que seu objetivo eram descobertas, não comércio. Então o *Samorin* perguntou, irritado: "O que ele tinha vindo descobrir:

pedras ou homens? Se fosse por homens, como ele disse, por que não tinha trazido nada?"[41]

Se o preparo comercial de Vasco da Gama era inadequado, sua compreensão da cultura e dos costumes indianos era deplorável. Os bens para troca lamentáveis, sua imensa arrogância e a paranoia dos portugueses se combinaram para formar uma espiral descendente na tarefa de fazer reféns e deteriorando as relações com os mercadores muçulmanos, que provavelmente já tinham ouvido sobre as exigências do capitão de expulsá-los da cidade. Os mercadores cuspiam no chão e exclamavam "Portugal! Portugal".

Observe que, quase uma década antes, Pero da Covilhã, ao longo de sua épica jornada, já tinha reunido os conhecimentos comerciais e diplomáticos que lastimavelmente faltavam a Vasco da Gama. Contudo, tal era o estado de comunicação na era medieval, que Vasco da Gama, como Bartolomeu Dias, aparentemente nunca teve acesso aos preciosos conhecimentos de Covilhã.

Apesar das circunstâncias tensas, as transações comerciais entre mercadores indianos e tripulantes de Vasco da Gama acabaram ocorrendo. Mesmo que os comerciantes muçulmanos percebessem, corretamente, o ódio de inspiração religiosa e o perigo mortal dos recém-chegados, e mesmo que o *Samorin* tivesse ficado indiferente com os presentes dos ocidentais, seus súditos hindus ficaram satisfeitos em trocar os tecidos de Vasco da Gama por especiarias. Embora os portugueses ficassem desanimados com os baixos preços conseguidos por suas camisas de linho mais fino — um décimo, em termos de ouro e prata, do que pediriam em Lisboa —, ficaram felizes por poderem comprar especiarias com preço ainda mais baixo.

Embora o *Samorin* hindu concordasse em negociar com os europeus no início, logo ele se cansou da falsidade de Vasco da Gama. Finalmente, ele permitiu que os três navios, que lentamente haviam carregado seus porões com pimenta e outros tesouros reunidos nos três meses que tinham estado no porto (e sem pagar as habituais taxas de alfândega), levantassem âncora e partissem de Calicute em 29 de agosto de 1498.[42]

Os rigores da primeira viagem de Vasco da Gama às Índias eram comuns. Dos quase 170 homens que partiram de Lisboa, menos da metade voltou. A maioria das mortes foi causada pelo escorbuto na volta pelo Oceano Índico,[43] quando a doença atacou com fúria muito maior do que na viagem de ida, matando e debilitando tantos, que um dos três navios teve que ser abandonado só para reunir homens saudáveis para controlar os outros dois. Paulo da Gama sucumbiu à doença um dia depois da chegada aos Açores, a última parada antes de chegar a Lisboa em setembro de 1499. Tudo bem. A tripulação de Vasco da Gama tinha carregado pimenta, canela e cravos em quantidade suficiente em Calicute para gerar um lucro seis vezes maior que o custo da expedição, e quando os desolados sobreviventes entraram em Lisboa, ninguém questionou o alto preço humano pago.[44]

A Coroa portuguesa logo retomou suas realizações náuticas e comerciais memoráveis. Menos de seis meses depois, em março de 1500, Pedro Álvares Cabral partiu com 13 navios e aproximadamente 1.500 homens. Ele até fez um "arco maior", eficiente, passando com segurança ao sul do temido Cabo e, no processo, tornando-se o primeiro europeu a visitar o Brasil, que, felizmente para Portugal, ficava do seu lado da linha de Tordesilhas.

Isso definiu o padrão para a maioria das posteriores expedições às Índias. Eles partiam no final do inverno para tirar maior proveito dos ventos do sul do Atlântico, e então pegavam a monção de verão pelo Oceano Índico para chegar à Índia em setembro, apenas seis meses depois de deixar Lisboa. (Nas palavras de um capitão, "o último dia de fevereiro é tempo suficiente, mas o primeiro dia de março é tarde".[45]) Depois de passar o outono na Índia trocando cargas e reparando velas e casco, os europeus podiam voltar na monção de inverno. A partida da Europa no final do inverno não só provou ser mais rápida, mas às vezes também mais perigosa, visto que essa programação lançava as expedições no centro das tempestades do hemisfério sul no trecho de saída. Quatro navios de Cabral se perderam em uma tormenta no sul do Atlântico, e dos nove que sobreviveram, apenas seis chegaram à Índia. Novamente, tudo bem. Os lucros eram enormes, e as vidas, baratas; centenas de almas era um preço baixo a ser pago pela pimenta, canela e pelos cravos exigidos por uma cobiçosa Europa.

Ao chegar à Índia, Cabral reviveu as circunstâncias diplomáticas desagradáveis criadas dois anos antes pela paranoia e brutalidade de Vasco da Gama. No ínterim das duas viagens, o velho e orgulhoso *Samorin,* que teve uma relação comercial tempestuosa, mas finalmente satisfatória com Vasco da Gama, tinha morrido e sido substituído pelo filho. Como Vasco da Gama, Cabral exigiu que os portugueses tivessem prioridade sobre mercadores muçulmanos. Inicialmente, as coisas foram bem; os europeus capturaram um navio de um reino indiano próximo que levava um elefante, que foi dado ao lisonjeado *Samorin,* e os maiores navios foram carregados com pimentas e ervas finas. Ao saber que um navio muçulmano havia acabado de ser carregado com especiarias e se dirigia a Jidá, o porto de Meca no Mar Vermelho, Cabral o tomou, visto que, aos olhos dos portugueses, qualquer comércio com os detestados "mouros de Meca" violava o acordo com o *Samorin*. Isso enfureceu os muçulmanos da cidade, que atacaram o posto de comércio português e mataram 54 homens.

Os portugueses esperaram notícias do *Samorin* por um dia. Como nada veio, supuseram o pior — o *Samorin* estava por trás do massacre do posto de comércio — e capturaram cerca de 12 navios indianos, mataram suas tripulações e destruíram a cidade com tiros de canhão durante todo um dia. Em Cochin e em Cananor, cerca de 60 quilômetros ao norte de Calicute, eles carregaram seus barcos menores com mais especiarias. Temendo um contra-ataque do *Samorin* e uma traição do governante de Cochin, eles partiram com tanta pressa que abandonaram seus comerciantes em terra, apesar de terem significativas reservas de prata e espaço. No caminho de volta a Lisboa, Cabral perdeu mais um navio.[46]

A Coroa não ficou nada satisfeita com o comandante, que tinha perdido 2/3 de suas embarcações e entrou em guerra com o novo *Samorin*. O rei poderia perdoar esses pecados. Muito mais grave foi a compra de uma grande carga de canela de qualidade inferior. Melhor seria dar a próxima grande frota para a Índia a Vasco da Gama, que partiu em 1502 com 25 navios.

O interlúdio de três anos entre a primeira e a segunda viagem não tornou Vasco da Gama um capitão mais amável e generoso. Aparentemente, ele tinha uma agenda que ultrapassava em muito o simples comércio: como punição pelo massacre do posto comercial em Calicute dois anos antes, ele planejava cortar todo o tráfego muçulmano entre a Costa de Malabar e o Mar Vermelho. No início de setembro de 1502, sete meses depois de partir de Lisboa, sua frota tomou a estação de Cananor e esperou.

Cerca de três semanas depois, em 29 de setembro, a frota interceptou a embarcação haji *Mîrî*, que levava várias centenas de homens, mulheres e crianças que voltavam de Meca. Nos cinco dias seguintes, a tripulação de Vasco da Gama lenta e deliberadamente roubou a carga e os bens dos passageiros e ficou surda aos peregrinos barganhando por suas vidas com ofertas de um saque maior em terra.

Um membro da tripulação e cronista da viagem, Tomé Lopes, escreveu que em 3 de outubro de 1502, após os saques terem parado, ocorreram eventos que "eu lembrarei todos os dias de minha vida".[47] Vasco da Gama ordenou que o navio fosse incendiado. Os passageiros, homens e mulheres, com pouco a perder, responderam atacando os homens de Vasco da Gama com pedras e as próprias mãos. Os desventurados muçulmanos chocaram-se contra um dos navios portugueses, impedindo sua tripulação de bombardear o *Mîrî*, com receio de destruir o próprio navio, e um violento combate a curta distância se seguiu. Enquanto isso, as mulheres muçulmanas acenavam com suas joias e erguiam seus filhos na esperança de que Vasco da Gama, observando a ação por uma portinhola, se apiedasse deles. Mas isso não ocorreu. Os únicos passageiros poupados foram as crianças, que foram removidas e batizadas, e, naturalmente, o piloto.

O jovem *Samorin* queria a paz, diplomaticamente sugerindo que a carnificina e a pilhagem no *Mîrî* mais do que compensava o ataque do posto de comércio português; que o passado ficasse no passado. Isso enfureceu ainda mais Vasco da Gama, que fulminou: "Desde o início do mundo, os mouros têm sido inimigos dos cristãos, e os cristãos, dos mouros, e sempre estiveram em guerra uns com os outros."[48]

Vasco da Gama chegou a Calicute com o pior dos humores e bombardeou o porto com mais violência que Cabral. No dia 1º de novembro, ele pendurou dezenas de reféns mouros nos mastros, retalhou-os e

> colocou suas cabeças, mãos e pés em um bote com uma carta na qual dizia que se esses homens, embora não fossem os responsáveis pela morte dos portugueses (no posto de comércio dois anos antes)... tinham sido punidos... os autores dessa traição esperariam uma morte ainda mais cruel.[49]

Este não foi um incidente isolado. Muitas vezes, os portugueses se gabavam de pendurar os corpos de barcos saqueados para a prática de tiro, e depois mandavam os pedaços para o governante local, sugerindo que os usassem no preparo de um prato condimentado.[50] Sua brutalidade era excepcional mesmo para a época, intensificada pelo temperamento católico fundamentalista daqueles tempos. Cristãos medievais incorporavam a condenação de não crentes como um axioma de fé; se judeus, muçulmanos e hindus fossem condenados a queimar na vida eterna, eles não podiam esperar muita solidariedade ali, agora.

Como resultado dessas atrocidades não provocadas dos portugueses, Vasco da Gama e o *Samorin* ficaram envolvidos em uma guerra total. Em janeiro de 1503, o governante hindu atraiu o capitão da segurança de Cochin para uma emboscada em Calicute. Ela foi seguida de vários ataques diretos por rápidas embarcações indianas; todos foram repelidos.

À medida que o inverno se aproximava e o relógio das monções tiquetaqueava mais alto, os portugueses finalmente partiram. Desta vez, deixaram postos permanentes em Cananor e Cochin, juntamente com vários navios para servirem como uma espécie de frota permanente no Oceano Índico. As embarcações seguiam para casa com grandes quantidades de especiarias — por uma estimativa, cerca de 1.700 toneladas de pimenta e mais 400 toneladas de canela, cravo, macis e noz-moscada carregada em Cochin depois do massacre do *Mîrî*. Supôs-se que o próprio capitão levava uma carga aromática no valor de cerca de 40 mil ducados pelo Tejo.[51]

Nos cinco anos que seguiram à chegada de Vasco da Gama ao leste da África e à Índia em 1498, os portugueses não só estabeleceram um comércio fabulosamente lucrativo, mas também fizeram inimigos em praticamente todos os portos ao longo do caminho. Mesmo quando usavam um método mais suave, ainda conquistavam a inimizade dos mercadores muçulmanos desalojados. A nova rota das especiarias, tão longa, tênue e vulnerável, tinha que ser protegida e apoiada por uma cadeia de postos avançados fortificados, cujos fantasmas culturais e arquitetônicos ainda são visíveis hoje, espalhados em todo o caminho dos Açores a Macau.

A construção desse império começou depressa. Em 1505, Francisco de Almeida assumiu as funções de vice-rei na Índia. Sua primeira parada foi Kilwa (onde hoje é a costa da Tanzânia), que ele assaltou e dominou, deixando para trás um fantoche árabe no cargo de sultão e uma grande guarnição. Em seguida, saqueou Mombaça, e enquanto navegava para a Índia, as tropas de guarnição capturaram a ilha de Moçambique. Em poucos meses, Portugal estava no comando dos portos mais importantes da África Oriental. Essas bases e esses postos de comércio também seriam como local de troca de ouro africano por especiarias das Índias. O ouro, por sua vez, era comprado com tecidos gujaratis. Não havia nada de novo nesse triângulo comercial de tecidos, ouro e especiarias; mercadores árabes e asiáticos faziam o mesmo há séculos. Mas para os europeus, ele também acrescentava a vantagem de novos caminhos lucrativos no Oceano Índico para suas missões e evitar a traiçoeira jornada ao redor do Cabo.

Uma vez na Índia, Francisco de Almeida começou sistematicamente a dominar os portos de Malabar. Primeiro, as duas grandes potências muçulmanas — os mamelucos egípcios e os governantes muçulmanos de Gujarat — resistiram. Em 1508, eles empregaram uma força-tarefa no porto de Chaul, ao sul da atual Bombaim, onde prepararam uma emboscada devastadora contra embarcações portuguesas, na qual o filho de Almeida foi morto. O vice-rei vingou sua morte um ano depois, destruindo a frota combinada muçulmana em Diu (ao norte de Bombaim), assim eliminando a única ameaça à supremacia naval no Oceano Índico. Demonstrando mais uma vez que ducados eram mais fortes que a devoção, Veneza apoiou a expedição muçulmana contra seus irmãos em Cristo oferecendo a marinha gujarati-mameluca com conselheiros militares.

Além das campanhas na África Oriental e na Índia, uma terceira ofensiva portuguesa foi comandada por um oficial naval cujo nome, mais que qualquer outro, simbolizou a conquista europeia no Oceano Índico: Afonso de Albuquerque. Em rápida sucessão, o lendário comandante assumiu o controle de vários portos somalis e de duas ilhas essenciais ao comércio — Socotra, o portão multicultural para o Mar Vermelho, e Ormuz, cão de guarda do Golfo Pérsico. Não foi a última vez que este último, um trecho de terra seca mais conhecido por sua areia, pedras e enxofre, irritaria uma potência do Ocidente. Quando o competente Albuquerque foi chamado na Índia para ser vice-rei, os habitantes de Ormuz expulsaram os portugueses e o obrigaram a recapturá-la vários anos depois.

O empreendimento português no Oceano Índico não transcorreu com tranquilidade. Quando Albuquerque chegou à Índia em 1508, Almeida se recusou a reconhecer sua indicação e o prendeu a ferros por vários meses antes que outra frota chegasse de Portugal com documentos confirmando sua posição. Rica, poderosa e hostil, Calicute resistiu à conquista, e Cochin, já em mãos portuguesas, se mostrou um porto inadequado. O olhar de Albuquerque finalmente pousou na Ilha de Goa, que dominou em 1510; ali ele estabeleceu o quartel-general do *Estado da Índia,* nome dado a todo o império colonial português na Ásia e na África.

Em seguida, Áden tinha que ser reforçada. Ela se mostrou um problema para Afonso de Albuquerque e, por fim, uma estaca no coração do *Estado.* Construída no alto de um vulcão extinto em uma cordilheira na costa, a cidade murada comandava o "Portal das Tribulações", Bab-el-Mandeb, pelo qual passava a maioria dos bens comercializados na Ásia com destino à Europa. Da Abissínia, do outro lado do estreito, vinham escravos, marfim, café e a comida da cidade. Por uma abertura nas montanhas ao leste vinham o incenso e os melhores cavalos árabes. Cargas vindas do norte viajavam em navios grandes e fundos que paravam em Jidá, a meio caminho do Mar Vermelho. Ali, as enormes cargas de pimenta, cravo, noz-moscada, fino algodão gujarati, sedas e porcelanas chinesas e outros bens exóticos eram transferidas para navios menores, capazes de negociar nos baixios e recifes na parte norte do mar no Golfo de Suez.[52]

Apesar de os portugueses controlarem a maioria dos centros de especiarias indianas e Ormuz, eles não comandavam Áden. Assim, hábeis marinheiros muçulmanos e hindus passavam com facilidade as fortalezas ibéricas e navegavam no não vigiado Mar Vermelho até o Egito: sem Áden, não havia monopólio português de especiarias.

Afonso de Albuquerque nunca a conquistou. No início, ele calculou que possuir a Ilha de Socotra era adequado para o bloqueio de Bab-el-Mandeb, mas ela era muito distante do estreito para esse fim. Ele abandonou Socotra alguns anos depois da captura, e em 1513 finalmente preparou um ataque direto à própria Áden. Foi um fracasso. Ele então navegou Mar Vermelho acima antes de ser obrigado pelos ventos adversos a voltar às suas tarefas de vice-rei na Índia. Essa ofensiva malsucedida no Mar Vermelho tinha sido a primeira presença militar ocidental significativa na principal rota marítima desde a breve missão dos cruzados do norte três séculos antes, em 1183, por Reinaldo de Châtillon. Ela também seria a última por mais de três séculos futuros.

Mesmo assim, o vice-rei sonhava em comandar Bab-el-Mandeb, se não de Áden, então da Ilha de Massaua, no lado abissínio do estreito. Como Áden e todos os outros portos estratégicos nessa parte do mundo, Massaua estava havia muito nas mãos dos muçulmanos; ela foi capturada dos abissínios cristãos no século VIII. Se ele pudesse tomar Massaua, Albuquerque escreveu ao rei de Portugal em 1515, a ilha poderia ficar estocada, armada e fora das mãos muçulmanas com a ajuda de Preste João, que reinava nas proximidades:

> Não temos nenhuma questão não resolvida na Índia agora, exceto por Áden e o Mar Vermelho. Agradaria à Vossa Majestade que nos fixássemos em Massaua — o porto de Preste João.[53]

Albuquerque morreu três meses depois de escrever essa carta. Tendo falhado na captura de Áden, os portugueses se contentariam com a segunda melhor opção. Eles instalaram um bloqueio naval de Bab-el-Mandeb a partir da Índia em cada monção de inverno, sincronizado com o tráfego comercial e *haji*. Mas, devido à grande distância, o número de navios de guerra à sua disposição e as grandes despesas para enviá-los, esse embargo no mar jamais se concretizou.

A janela de oportunidade para um monopólio de especiarias finalmente se fechou em 1538, quando os otomanos anexaram Áden. Historiadores sugeriram que era mais lucrativo para capitães e funcionários coloniais portugueses fechar os olhos aos comerciantes asiáticos que trafegavam pelo estreito do que exercer controle total. O comando de um forte português em Áden, por sua vez, teria sido uma medida militar indesejável, perigosa e ingrata.[54]

Piri Reis, o grande almirante otomano, era a contraparte muçulmana de Afonso de Albuquerque. Infelizmente para os portugueses, sua carreira foi muito mais longa; durante décadas de serviço ao sultão, ele percorreu o Mar Vermelho, o Oceano Índico e o Golfo Pérsico, assediando, enganando e derrotando os rivais europeus. Ele foi degolado em público aos 90 anos de idade pelo governador otomano de Basra, por se recusar a apoiar as hostilidades contra os portugueses no norte do Golfo Pérsico.

Os almirantes otomanos que seguiram reis continuaram sua tradição, atacando e, ocasionalmente, conquistando bases portuguesas na África Oriental atravessando o sul da Arábia e Omã, e até a Costa Malabar. Em uma ocasião, um único navio de guerra turco praticamente expulsou arrivistas portugueses de suas fortalezas e postos de comércio nos portos de língua suaíli nos portos da África Oriental.[55] Nem os ibéricos e nem os mais poderosos otomanos podiam controlar o tráfego marítimo entre a Ásia e a Europa. Logo os portugueses se veriam desafiados por novos concorrentes.

Em 1505, dois jovens primos portugueses e pequenos aristocratas, Fernão de Magalhães e Francisco Serrão, decidiram fazer fortuna na Índia e embarcaram entre os milhares de soldados e marinheiros na frota de Francisco de Almeida. Suas aventuras posteriores, embora fantásticas para os ouvidos modernos, eram típicas da época. Durante sua vida, eles se baseavam nas ideias e experiências mútuas. Por fim, eles alterariam o curso da história.

Ao longo dos vários anos seguintes, Fernão de Magalhães lutou incontáveis batalhas e foi ferido em várias, incluindo a Batalha Naval de Cananor, em 1506, onde Almeida conseguiu repelir uma ofensiva de uma frota combinada do *Samorin* e do sultão mameluco. Nessa ocasião, Magalhães ficou inválido e voltou para casa, mas tendo vivido as aventuras e oportunidades no Oriente, achou o ambiente em Portugal empobrecido e sufocante. Ele e Serrão voltaram para o mar com a próxima frota para a Índia.

Desta vez, a expedição era muito menor do que a de 1505. Isso, porém, não diminuiu sua importância, pois o rei português tinha encarregado seu líder, Lopes de Sequeira, de nada menos que estabelecer comércio com Malaca. O que Áden era para o extremo ocidental do Oceano Índico, controlar o fluxo de mercadorias para a Europa, o Egito e a Turquia, Malaca era para o lado oriental do oceano — o estreito funil pelo qual os produtos das Ilhas das Especiarias e os luxuosos artigos da China e Japão passavam. Em abril de 1509, a frota chegou a Coshin, reabasteceu e reparou os navios, e em 19 de agosto, se aventurou para o leste na monção de verão, para águas desconhecidas dos marinheiros europeus. Ela chegou em Malaca apenas 23 dias depois, em 11 de setembro.

Nesse dia, portugueses e asiáticos devem ter experimentado uma mistura inquietante de surpresa, antecipação, curiosidade e medo. Mesmo as maravilhas da Índia não poderiam ter preparado os europeus para a fulgurante beleza tropical, a riqueza, a quantidade de navios mercantes, os milhares de mercadores e lojas e a diversidade cultural expressa em dezenas de línguas em um dos maiores entrepostos da época. Isso sem falar que logo tudo seria deles, e do terrível custo a ser pago por isso. A aristocracia de Malaca e a comunidade comercial tinham visto apenas alguns europeus — o suficiente, porém, para terem ouvido falar sobre a brutalidade dos portugueses.

Na superfície, tudo era sereno e cordial. A satisfação dos marinheiros portugueses, que, após meses de existência sombria a bordo dos navios e no estaleiro de reparos, agora se regojizavam com a comida suculenta, as bebidas adocicadas e as mulheres exóticas da cidade portuária mais excitante do mundo só podem ser imaginadas. No entanto, Garcia de Sousa, capitão de um dos cinco navios portugueses que ondulavam preguiçosamente no porto, preocupou-se com as centenas de malaios que subiam a bordo dos navios de seus pequenos catamarãs trazendo bens para vender. Pressentindo uma emboscada, ele enviou seu marinheiro mais experiente e confiável, Fernão de Magalhães, para o navio de comando para advertir Sequeira.

Quando ele chegou ao navio de Sequeira, descobriu o capitão jogando xadrez e observou que atrás de cada jogador havia um nativo com uma faca curva malaia — a mortal cris. Ele sussurrou um aviso para Sequeira, que, por sua vez, mandou um observador para o alto do cordame.

Nesse exato momento, o sinal de ataque, uma nuvem de fumaça, subiu do palácio real. A frota foi salva, mas por pouco; Sequeira, Magalhães e o outro português despacharam os malaios para a cabine do navio antes que pudessem efetivamente usar suas facas, jogaram no mar os nativos no convés e atiraram nos catamarãs que se aproximavam.

Os tripulantes atraídos para a praia pelas delícias malaias não foram tão felizes. Muitos correram, mas em vão, pois os malaios já tinham roubado seus botes. Somente um português em terra sobreviveu naquele dia: Francisco Serrão. Cercado por nativos com a intenção de matá-lo de imediato, foi retirado da praia pelo primo Magalhães, que fora resgatá-lo em um barco a remo. Logo depois, os sobreviventes da expedição levantaram âncora rapidamente.

Até essa data, Magalhães viu muita ação e se deu bem, mas suas explorações não se qualificaram como excepcionais para um simples soldado do *Estado da Índia*. Os eventos em Malaca lhe renderam uma condecoração e uma promoção. Em 1510, o próprio Albuquerque nomeou-o oficial, e ele acompanhou a frota do vice-rei, que tomou Malaca no ano seguinte e, assim, capturou um prêmio tão valioso quanto Constantinopla ou Veneza. Com sua obsessão ocidental por pontos de estreitamento marítimo, os portugueses instintivamente agarraram com todas as suas forças o rico comércio da China, do Japão e, claro, das Ilhas das Especiarias, espalhado por toda a cadeia mais ampla das Molucas, quase 3 mil quilômetros a leste de Malaca.

Nesse momento de supremo triunfo, os dois primos seguiram caminhos separados. Magalhães já tinha o suficiente. Rico com sua parte das especiarias e outros bens saqueados em Malaca; sua reputação estava garantida, ou assim ele pensava; e ainda vivo, recolheu o que lhe era devido e voltou para casa na companhia de um escravo malaio comprado em Malaca, de quem falaremos mais tarde. Serrão, por outro lado decidiu virar a roda da fortuna mais uma vez e assumiu o comando de um navio de uma frota de três embarcações de Albuquerque, liderada por Antônio de Abreu com destino às Ilhas das Especiarias.

Abreu, Serrão e suas tripulações mal acreditaram em sua sorte. Em Banda e Amboina, eles encheram seus porões ao máximo com cravos, macis e noz-moscada comprados com braceletes, sinos e outras miudezas, e rapidamente levantaram âncora para a viagem de volta. Mas Abreu havia se tornado ganancioso. Ele sobrecarregou os navios de tal forma que um deles, o comandado por Serrão, quebrou-se e encalhou em um recife.[56] Corajosamente, Serrão salvou os sobreviventes e voltou para Amboina. O procedimento militar ordenava que ele voltasse a Malaca rapidamente e se colocasse à disposição da coroa. Mas nesse ponto, ele, como o primo, tinha chegado ao limite. Ele havia arriscado a vida para a glória do rei muitas vezes; o contraste entre os rigores de serviço à coroa e a paisagem tropical e habitantes amistosos de Amboina foi demais para seu corpo cansado suportar. Para nunca mais ver Portugal, ele se tornou um nativo e achou emprego como conselheiro militar do rei de Ternate e felicidade com uma jovem esposa e uma casa cheia de crianças e escravos.

Serrão não cortou totalmente os laços com seu lar. Antes de mais nada, ele continuou a escrever para o primo, a quem devia a vida. Séculos antes do Tratado de Berna e a criação da União Postal Universal, as cartas de Serrão conseguiram encontrar o caminho de volta à Europa de uma terra abaixo do vento e além da consciência ocidental. Além de pedir ao amado primo que voltasse para o Oriente e se juntasse a ele naquele paraíso na terra, ele também forneceu dados de navegação e comerciais detalhados. Logo Magalhães sabia mais sobre as Ilhas das Especiarias do que quase qualquer outro europeu e criou um plano para explorar esse conhecimento. Em sua última carta a Serrão, ele prometeu encontrá-lo, "se não por Portugal, por outro meio".[57]

Quando Magalhães voltou a Lisboa em 1512, ele se viu um estranho na própria casa, um anônimo, veterano não celebrado das guerras coloniais, em uma cidade lotada pelos atrativos da fabulosa riqueza propiciada pelo comércio de especiarias. Entediado e inquieto como um adereço indesejado de baixo nível na corte, ele embarcou com o exército para o Marrocos, onde viu mais ação e recebeu um novo ferimento grave, desta vez a laceração do joelho que o impediu de combater e o deixou com uma coxeadura permanente. Acusado de roubo no quartel-general e enfrentando a corte marcial, ele fugiu para Lisboa para apresentar seu caso ao rei, Dom Manuel, que lhe recusou a audiência e mandou que voltasse ao Marrocos para ser julgado. Ele obedeceu, foi a julgamento e liberado.

Como qualquer conquistador de respeito, ele não tremia diante de nenhum homem, mesmo de seu monarca. Em vez de se calar e receber sua pensão, esse súdito leal, que repetidas vezes confrontou os demônios cruéis da época pelo rei e o país, novamente solicitou uma audiência com Dom Manuel. Desta vez, ela foi concedida. O confronto provavelmente ocorreu na mesma câmara em que João II, primo do rei, rejeitou Cristóvão Colombo. Isso teria o mesmo resultado custoso para Portugal.

Ao contrário de Colombo, Magalhães não tinha em mente um esquema grandioso de descoberta ou conquista. Ele apenas queria uma melhoria em sua deplorável pensão e uma promoção em sua posição na corte acima dos jovens imaturos que agora eram superiores a ele. Magalhães também pediu o único posto compatível com sua bravura, sua dedicação à Coroa, sua habilidade e longa experiência: o comando de um navio com destino à Índia.

Com todos os pedidos recusados com frieza, um atordoado Magalhães perguntou a Dom Manuel se, como Portugal não mais precisava de seus serviços, estava ele livre para procurar emprego em outro lugar. Dom Manuel, que só queria se ver livre do sujeito ousado e arrogante, informou-lhe que seu paradeiro tinha pouca importância para o país.

Com tranquilidade, Fernão de Magalhães continuou na corte por mais de um ano, esperando e pesquisando com diligência a biblioteca real em busca de informações úteis nos mapas e registros das expedições mais recentes de Portugal para a Ásia e o Brasil. Ele estava especialmente interessado na costa da América do Sul.

Ele também formou uma parceria com um brilhante geógrafo e astrônomo, Ruy Falério, que reconheceu de imediato o extraordinário conjunto de habilidades do companheiro e consertou uma falha nele — a falta de experiência em navegação. Não se sabe qual dos dois elaborou o plano para a primeira circum-navegação bem-sucedida pelo globo, mas de algum modo eles deduziram a existência de um "estreito ao sul" no extremo da América do Sul, a cerca de 40° de latitude sul, que, como o Cabo da Boa Esperança, levava às Índias, mas na direção oposta.

Assim como Colombo subestimou a circunferência da Terra, a localização dessa passagem por Magalhães foi excessivamente otimista; os estreitos que receberiam seu nome e o cabo abaixo deles ficavam muitos milhares de quilômetros além dos 40° calmos e aprazíveis. Como o erro de cálculo de Colombo, essa inexatidão deu a Magalhães a coragem de avançar com o plano.[58] Finalmente, como Colombo, Fernão de Magalhães encontrou apoio e estímulo na corte da Espanha, onde deu uma grafia e pronúncia castelhana ao seu nome: Fernando de Magallanes, ou, como é conhecido no mundo de língua inglesa, Ferdinand Magellan.

Desta vez foi mais fácil convencer a Coroa espanhola. Duas décadas antes, o Tratado de Tordesilhas havia movido a linha de demarcação 1.200 quilômetros para oeste da linha original do papa a fim de proteger reivindicações portuguesas na África. Fernão de Magalhães disse aos espanhóis que Portugal agora teria que aceitar os fatos; como o tratado repartiu o globo, a linha divisória no hemisfério leste também moveu 1.200 quilômetros para o oeste, para o que agora fica a uma longitude leste de 135°. Na opinião de Fernão de Magalhães, isso mudava as Ilhas das Especiarias para a zona espanhola. Depois de alguns meses de sua chegada à Espanha, no outono de 1517, ele tinha garantido apoio ao seu plano, e dois anos depois, uma tripulação multinacional lançou-se ao Atlântico na mais espantosa e quase mais fatal de todas as viagens de descoberta.

Apenas 31 dos quase 265 homens — os que não foram mortos pelos filipinos, portugueses ou pelo escorbuto, ou que não desertaram — completaram a circum-navegação. Em uma das coincidências mais tristes da história, os dois primos foram mortos com algumas semanas e alguns quilômetros de distância um do outro: Fernão de Magalhães por lanças filipinas na praia de Mactan, e Francisco Serrão por envenenamento nas mãos de um sultão local depois de se envolver em uma antiga rivalidade entre as duas ilhas produtoras de cravos, Ternate e Tidore.

A história mais notável referente à circum-navegação envolve um escravo, "Enrique da Malaca", levado a Lisboa por Fernão de Magalhães em 1512. Tendo servido seu amo no Atlântico e no Pacífico durante a circum-navegação, ele tinha a promessa de ser libertado após a morte De Fernão de Magalhães. Zangado por não ser alforriado após Fernão de Magalhães ser morto, ele escapou. Embora seu local de nascimento e sua história subsequente sejam desconhecidos, ele provavelmente se tornou o primeiro homem livre a circundar o globo.

Das cinco embarcações que iniciaram a circum-navegação, apenas duas, tripuladas literalmente por homens esqueléticos e guiadas por pilotos locais capturados, finalmente chegaram a Tidore. Suas tripulações carregaram os porões com tantos cravos que o sultão (o mesmo que envenenou Serrão), observando o quanto os navios estavam baixos na água, proibiu saudações de despedida com tiros de canhão com receio que o choque arrebentasse os cascos.

Apenas um desses navios, o *Victoria*, completou a circum-navegação. No entanto, as 26 toneladas de cravo que carregou em Tidore pagaram toda a expedição.[59] O rei da Espanha concedeu ao comandante que guiou o navio avariado de volta, Juan Sebastián de Elcano, uma pensão e um brasão de duas cascas de canela, três nozes-moscadas e uma dúzia de cravos.

No início do século XVI, quem controlava esses pequenos territórios vulcânicos era uma questão de vida ou morte para a Espanha e Portugal, e quando Lisboa soube que Fernão de Magalhães tinha partido em sua missão, Dom Manuel receou que o lucrativo bloqueio ao comércio de especiarias corria riscos. Ele entrou em pânico. Como a rota de Fernão de Magalhães era um segredo bem guardado e nem ao menos se sabia se os navios espanhóis foram para o leste ou oeste, Dom Manuel não sabia para onde enviar suas embarcações. Assim, ele as espalhou da Argentina até o Cabo da Boa Esperança e Malaca com a intenção de localizar a frota espanhola. Por fim, os portugueses encontraram apenas um dos navios de Fernão de Magalhães, o *Trinidad*, que, necessitando de maiores reparos em Tidore do que o *Victoria*, tinha perdido a monção de inverno e fora obrigado a tentar uma volta suicida para o leste pelo Pacífico. Ao chegar à latitude norte do Japão, sua tripulação desgastada desistiu e voltou para as Molucas, onde foi capturada e aprisionada pelos portugueses, que haviam chegado tarde demais para alcançar o *Victoria*. Só quatro dos marinheiros originais do *Trinidad* acabaram conseguindo voltar à Espanha.

A preocupação de Manuel foi desnecessária. Embora os espanhóis deixassem o pequeno posto de comércio de Tidore, os pilotos do *Trinidad* e do *Victoria* provavelmente tinham compreendido naquele ponto que o cálculo de Fernão de Magalhães e Falério estava errado; infelizmente, as Ilhas das Especiarias ficavam na zona portuguesa. (Como as Filipinas, uma inconveniência que Filipe II da Espanha retificou em 1565 ao invadir as ilhas.) Outros 250 anos se passariam até que a longitude pudesse ser medida com precisão suficiente para ter certeza, e nessa época, a noz-moscada, o macis e os cravos haviam ficado tão comuns e baratos que isso não era mais importante.

A Coroa espanhola, ao saber da terrível viagem, compreendeu que mesmo a longa, mortal e cara rota pelo Cabo era fácil, comparada à circum-navegação. Os portugueses, que controlavam a rota do Cabo, tinham uma vantagem insuperável em relação aos espanhóis. No final, exigências diplomáticas e o alto custo de enviar navios para as Ilhas das Especiarias fez a Espanha deixar de lado o comércio de especiarias. Carlos V, da Espanha, havia acabado de se casar com a irmã do novo rei português, João III, e precisava manter relações amistosas com Portugal. Além disso, as aventuras militares espanholas mantinham o país eternamente em dívida. Precisando de dinheiro e paz na fronteira ocidental, em 1529 a Espanha vendeu seus direitos sobre as Ilhas das Especiarias para Portugal por 350 mil ducados.[60]

Os portugueses, embora livres da concorrência espanhola, ainda tinham que enfrentar as potências comerciais asiáticas. Portugal, com sua minúscula população e seus recursos limitados, não podia encarar a enorme tarefa de policiar todo o Oceano Índico. Mesmo no espaço limitado das Ilhas das Especiarias, havia excesso de árvores, de praias, de catamarãs nativos e oficiais corruptos do Estado dispostos a fechar os olhos por algumas moedas de ouro ou algumas sacas de noz-moscada. Como resultado, Portugal, com irremediável escassez de mão de obra, conseguia gerir apenas um posto de comércio dilapidado nas Molucas. Consequentemente, apenas cerca de 1/8 dos cravos desembarcados na Europa viajava em porões portugueses.[61] O monopólio da canela era ainda mais difícil de conseguir, e a pimenta se mostrou impossível, visto que esta crescia não só em toda a região dos Gates Ocidentais, mas também em Sumatra.

A única chance realista de Portugal impedir os navios muçulmanos, os porões carregados com especiarias, de chegar ao Egito e, por fim, à Europa era um bloqueio no Mar Vermelho. Isso, como já vimos, era impossível. Durante as primeiras décadas depois de Francisco de Almeida e Afonso de Albuquerque estabelecerem suas bases a oeste no Oceano Índico, os portugueses apareceram para impedir o tráfego por Bab-el-Mandeb. Mesmo assim, funcionários do *Estado* e oficiais da marinha eram facilmente corruptíveis. Como observou um diplomata veneziano, as especiarias tinham

> permissão de passar pelos soldados portugueses que governam... o Mar Vermelho para seu lucro contra as ordens de seu rei, pois (os soldados portugueses) só podem ganhar a vida nessa região vendendo canela, cravos, macis, gengibre, pimenta e outras drogas.[62]

Era de se esperar que Veneza cobrasse seus diplomatas para ficar de olho nos portugueses que estavam, nas palavras de Tomé Pires, no processo de pôr suas mãos frias e gananciosas em seu longo e magro pescoço, em Malaca e outros lugares. Mercadores venezianos tinham reagido com horror ao saber da volta de Vasco da Gama a Portugal e logo viram seus piores receios confirmados: o comércio de especiarias de Veneza despencou, talvez em cerca de 3/4, nas décadas após 1498. Contudo, a queda não foi resultado do bloqueio de Portugal, mas sim do grande fluxo de especiarias ao redor do Cabo à Lisboa, e depois para Antuérpia, o principal posto comercial avançado dos Habsburgo no norte da Europa, cada vez mais próspera. Quando Vasco da Gama deixou Lisboa em sua primeira viagem, em 1497, os europeus consumiam menos que uma tonelada de pimenta por ano. Em 1560, essa quantidade havia aumentado para algo perto de seis toneladas.[63]

Talvez mais prejudicial ao comércio de especiarias dos venezianos que a concorrência na rota do Cabo fosse a deterioração das relações entre Veneza e os cada vez mais presentes otomanos. Durante as primeiras décadas do século XVI, os turcos navegavam nas rápidas galeras venezianas, que levavam artigos de luxo a todo o oeste do Mediterrâneo, longe do mar aberto.[64] Mesmo assim, só brevemente durante a primeira onda da expansão portuguesa, logo após 1500, o fluxo de especiarias para o Egito parou completamente.[65] Por outro lado, os mercadores venezianos acharam que sempre poderiam encontrar altas pilhas de ervas finas a preços justos no Cairo e em Alexandria — se pudessem chegar até lá.

Por volta dos anos de 1560, Veneza tinha restabelecido o comércio com os turcos. Com Bab-el-Mandeb, o Mar Vermelho e o próprio Egito sob domínio do Império Otomano, e com a demanda por artigos de luxo florescendo na Europa, mais pimenta pode ter passado por Veneza do que antes de Vasco da Gama ter aberto a rota do Cabo. Não só Veneza estava recuperando relacionamentos em Constantinopla; os reinos da França e Alemanha também estavam em bons termos com os otomanos, e seus navios logo começaram a superar as galeras venezianas.[66]

Assim como os venezianos se preocupavam com os portugueses, estes receavam o poder da rede de comércio islâmica. Hoje é difícil imaginar que no século XVI o único maior rival de Portugal no Oceano Índico era a cidade-estado de Aceh, no oeste de Sumatra, hoje mais conhecida como a vítima remota e subdesenvolvida do tsunami de 2004. Em meados dos anos de 1500, porém, ela era uma potência comercial, beneficiária da tradição marítima que tinha espalhado seus ancestrais austronésios pela maior parte dos oceanos Índico e Pacífico. Aceh também teve a vantagem inicial com a adoção do islamismo no século XIII, que atraiu mercadores asiáticos ansiosos por evitar negociar com os portugueses em Malaca. A ascensão de Aceh explica em grande parte as dificuldades de Portugal em controlar o Oceano Índico. Embarcações asiáticas evitavam Malaca e Goa, como evitariam qualquer porto dominado por algum sultanato corrupto e ganancioso, e preferiam entrepostos oferecendo um negócio honesto ao mercador. Em meados do século XVI, Aceh atingiu o objetivo com perfeição.[67]

Aceh teve influência em todo o Oceano Índico e além. Na extremidade leste de sua faixa de comércio, ela concorreu com sucesso com Portugal nas Ilhas das Especiarias e aterrorizou Malaca com repetidos ataques mortais realizados a partir de rápidos barcos a remo. No lado ocidental, as boas relações de Aceh com o Império Otomano paralisaram os portugueses de medo.

Durante o período medieval, espiões andavam pelos portos e armazéns do mesmo jeito que agentes vigiavam instalações nucleares e de mísseis durante a Guerra Fria. Em 1546, dois agentes portugueses estacionados em Veneza mandaram a informação de que cerca de 250 toneladas de especiarias — suficientes para suprir a Europa por cerca de um mês e destinadas a Veneza — tinham chegado ao Cairo. Grande parte delas vinha de Aceh, que todos os anos exportava cerca de 3 mil toneladas de pimenta — mais ou menos o equivalente a todo o consumo europeu. Mesmo que alguém fosse para o Império Otomano, isso sugeria que Aceh e, portanto, Veneza controlavam mais o comércio de especiarias no Oceano Índico do que Portugal.[68]

Agentes portugueses relataram que "Esses comerciantes de Aceh são o que mais frequentam esse comércio e navegação", e por causa deles, os mercados de especiarias em todos os lugares estavam saturados, provocando a queda nos preços. Os espiões portugueses também notaram que Aceh havia enviado embaixadores para o sultão otomano em Constantinopla e requisitou armeiros experientes em troca de pérolas, diamantes e rubis. Segundo um observador português, o sultão de Aceh, Ri'ayat Shah al-Kahhar "nunca se virou na cama sem pensar em como poderia conseguir a destruição de Malaca."[69]

Os portugueses reconheceram que, a menos que rompessem o eixo comercial Aceh-Otomanos-Veneza, seu império de especiarias definharia. Eles fizeram grandes planos para liberar o Mar Vermelho e invadir Aceh; para essa tarefa, precisariam da cooperação da frota de Manila dos odiados espanhóis. Tudo deu em nada; os portugueses simplesmente não tinham homens suficientes, os navios ou o dinheiro para obter o controle do comércio de especiarias. Um observador português notou que navios javaneses carregavam cravos, noz-moscada e macis livremente pelo Estreito de Malaca a Aceh, onde "nada podemos fazer, pois não temos uma frota nesses locais para impedi-los".[70] Pior, uma rota alternativa ao sul de Sumatra, depois para o norte até o Estreito de Sunda (entre Sumatra e Java), estava totalmente fora do alcance dos portugueses.

À medida que o domínio de Portugal sobre o comércio de especiarias se deteriorava durante o século XVI, as coisas melhoravam, pelo menos temporariamente, mais ao leste. Ocasionalmente, o impulso humano de comercializar fica em segundo lugar em relação à guerra e ao racismo. Por séculos, o comércio entre a China e o Japão tinha sido prejudicado pela pirataria deste último e os ataques no litoral. Os imperadores ming proibiram qualquer relação comercial com o "império anão" — Japão —, acabando com a exportação de prata das minas japonesas. Com a perda dos mercados de exportação, os mineiros japoneses viram os preços e sua renda caírem. Além disso, embora os japoneses produzissem seda, preferiam o produto chinês, que, mais uma vez, por causa do embargo, determinou preços altíssimos no Japão.[71] Mas se a China e o Japão não podiam fazer negócios um com o outro, cada um poderia, pelo menos, fazer com os portugueses.

E que negócios! Quase imediatamente após Albuquerque conquistar Malaca em 1511, os portugueses começaram a negociar ativamente com a China. Depois de apenas uma década, eles tentaram conquistar Cantão, mas foram expulsos pelas pequenas embarcações ming na costa. Em 1557, eles conseguiram um ponto de apoio em Macau, que governariam por quase meio milênio.

Mais ou menos na mesma época em que o *Estado da Índia* se estabeleceu em Macau, os mercadores portugueses também começaram a comercializar na Ilha de Kyushu, no sul do Japão. As grandes quantidades de prata levadas do Japão para o porto de Macau por um navio, comandado pelo filho de Vasco da Gama, Duarte, agitaram a comunidade comercial portuguesa na China. Um membro contou:

> Há dez ou doze dias, um grande navio do Japão aportou aqui, tão ricamente carregado que agora todos os outros portugueses e navios que estão na China pretendem ir ao Japão, e querem passar o inverno aqui,

> na costa chinesa, para que possam partir para o Japão no próximo mês de maio, que é a estação das monções para uma viagem para lá.[72]

Os portugueses também tiraram a sorte grande com o comércio de especiarias, e, em 1571, o *Estado* criou instalações portuárias permanentes — administradas pelos jesuítas — em Nagasaki, para explorá-lo. No início, a Coroa concedia licenças para fazer viagens da Índia para o Japão e Macau como presentes para oficiais portugueses ou funcionários por serviços meritórios. Portugal rapidamente avaliou o potencial do comércio Japão-China de prata e seda e se esforçou para tirar dele a maior vantagem possível: ele daria licenças a um número limitado de navios (um por ano, no início, lentamente aumentando para vários ao ano durante o início do século XVII) para explorar a rota. A licença pagava dezenas de cruzados (um cruzado valia mais ou menos um ducado, ou cerca de US$80 em valor atual) por esse privilégio, e, em troca, o navio carregava seus porões até o topo com seda crua ou tecida em Macau e prata em Nagasaki. Mercadores locais em qualquer ponta esperavam esse "grande navio", e ambos os portos ficaram ricos com as expedições. A receita de uma única viagem de ida e volta era estimada em 200 mil ducados — mais que a metade do que Portugal tinha pagado à Espanha para usar os direitos a todas as Ilhas das Especiarias de forma permanente.

No início os navios eram mais ou menos do mesmo tamanho que o do mercador típico do período, geralmente uma carraca de cerca de 500 toneladas. Enquanto o século XVI abria caminho para o século XVII, eles passaram a colossos de até 2 mil toneladas, as maiores embarcações marítimas da época. Mercadores portugueses, que acompanhavam as mercadorias e realmente finalizavam a negociação, presumivelmente pagavam ao capitão, dono da licença. Um antigo visitante holandês ao Japão registrou os eventos que se seguiam à chegada do "grande navio" em Nagasaki:

> O navio, que vem de Macau, geralmente tem cerca de duzentos mercadores ou mais a bordo, que vão para terra ao mesmo tempo, cada qual ocupando uma pousada para acomodar os servos e escravos. Eles não se importam com quanto gastam e nada é caro demais para eles e, às vezes, desembolsam nos sete ou oito meses que ficam em Nagasaki mais que 250 mil ou 300 mil onças de prata, proporcionando um ótimo lucro à população. Essa é uma das razões pelas quais eles ainda são muito amistosos com eles.[73]

Como ocorreu em outra parte da Ásia, os portugueses acabaram sendo prejudicados pelo excesso de zelo religioso. Os primeiros xoguns tokugawa, que chegaram ao poder logo após a criação do comércio do "grande navio", não estavam muito satisfeitos com as crescentes conversões pelos jesuítas que infiltraram Kyushu de Nagasaki. Depois da rebelião Shimabara liderada por cristãos em 1637–1638, os tokugawa expulsaram os missionários. Quando uma delegação portuguesa chegou de Macau para apelar da decisão, seus membros foram degolados.[74]

À parte o comércio dos "grandes navios", os portugueses não podiam efetivamente controlar o comércio marítimo das Índias. Assim, eles foram forçados a proteger e, às vezes, até atacar. Seu esquema de proteção se chamava *cartaz*, ou passe, no qual as embarcações asiáticas eram obrigadas a comprar e sem o qual ficavam sujeitas ao confisco e coisas piores.

Os portugueses não tinham força nem para aplicar o sistema do *cartaz*. O passe, que era vendido por um preço nominal, mal servia como um dispositivo para obrigar os navios asiáticos a parar em portos controlados por portugueses onde eram cobradas as taxas alfandegárias. Por exemplo, em 1540, um navio gujarati foi capturado porque seu destino final no Golfo Pérsico, como especificado em seu *cartaz*, era inconsistente com sua posição no Oceano Índico. O fato de as taxas alfandegárias serem baixas — cerca de 6% do valor da carga — mostra a incapacidade de Portugal de controlar a navegação no Oceano Índico.[75] Embora os mercadores asiáticos comprassem os *cartazes* com má vontade ao longo da rota Ormuz-Gujarati-Malabar-Malaca, eles logo aprenderam que até isso não era necessário quando navegavam diretamente entre Áden e Aceh. Essa rota, que poderia ser atravessada em uma única monção, ficava muito ao sul para ser atingida pelas patrulhas portuguesas.[76]

Embora a Coroa e sua elite favorecida de mercadores obtivessem lucros imensos com o comércio de especiarias, seda e prata, Portugal ainda faliu segundo a grande tradição ibérica: com as extravagâncias da corte e enormes gastos com aventuras militares. Mesmo hoje, que um dos menores reinos da Europa tenha conseguido montar uma marinha oceânica que percorreu toda a costa leste do Brasil até Macau desafia a imaginação; a exigência de Portugal de que os postos avançados em Malabar como Calicute, que não estava sob seu controle, expulsassem todos os comerciantes muçulmanos beira o surreal.

Talvez, se Portugal tivesse aplicado seus recursos no comércio, e não em um caro esquema de proteção de *cartazes*, frotas de guerra e portos fortificados, poderia ter enviado especiarias, seda, algodão fino, porcelana e pérolas suficientes ao redor do Cabo para torná-lo a nação mais rica da Europa. A família real e os mercadores e capitães favorecidos ganhavam fortunas com o comércio de especiarias, mas a nação em si estava falida com os elevados gastos militares de um império global. Portugal tornou-se conhecido como as "Índias dos genoveses", cronicamente em dívida com mercadores italianos e bancos alemães dirigidos pela família Fugger, os maiores credores do reino.[77]

Mesmo durante o século XVI, Portugal era uma nação empobrecida, com fazendeiros de subsistência com pouco excesso de capital ou mercados de crédito ativos para financiar expedições com navios, marinheiros, prata e comércio de bens. A falta de dinheiro dos portugueses era tal que muitas vezes, tendo pago o preço inevitável em homens e navios, eles não tinham prata e bens comerciáveis com que comprar as especiarias quando suas frotas finalmente chegavam às Índias. Por exemplo, em uma ocasião em 1523, várias décadas antes de outros europeus poderem desafiar os portugueses na Ásia, o posto comercial real em Ternate simplesmente não tinha recursos, mesmo com os preços baixos praticados nas Molucas, para comprar um grande carregamento de cravos.[78] Em vez disso, a carga foi comprada por um mercador português particular. Quando os holandeses apareceram, oitenta anos depois, com fardos do fino tecido flamengo e baús de moedas de prata, mercadores locais de pimenta e especiarias correram até eles. Não passou despercebido em Amsterdã, Madri e Lisboa que a maioria das moedas de prata usadas pelos holandeses tinha sido cunhada na Cidade do México e em Lima pela Espanha.

Para piorar a situação, embora um soldado do *Estado* pudesse subir na hierarquia e ficar rico e poderoso, como fez Francisco Serrão, o caminho era longo e árduo, e o resultado, instável. Não só o *Estado* desencorajava homens capazes, como seu primo Fernão de Magalhães, mas indicações para altos cargos duravam apenas três anos. Os ambiciosos, corajosos e afortunados o bastante para alcançar esses cargos (ou ricos o bastante para comprá-los) eram compelidos a dar o melhor de si no limitado mandato, pressionando mercadores locais, suas próprias tropas e a Coroa em frenéticos 36 meses negociando por conta própria.

Quando Serrão chegou a Ternate, em 1512, quando seu navio naufragou, o sultão o tratou quase como um deus, pois o governante havia profetizado que "homens de ferro" chegariam de longe para ajudar Ternate em sua luta contra outros sultanatos, especialmente Tidore. Uma década depois, Tidore recebeu os homens de Fernão de Magalhães pelo mesmo motivo. Quando os espanhóis partiram, os portugueses incendiaram o palácio real de Tidore como punição por cooperar com seus irmãos ibéricos.

Nas décadas seguintes, os portugueses atormentaram o norte das Molucas com uma série de governadores cada vez mais brutais. Um deles, Jorge de Meneses, ordenou suas tropas a saquear Ternate quando um navio com suprimentos não chegava. Quando o povo, ao se defender, matou alguns de seus homens, ele tomou um refém local, supostamente para se proteger contra mais violência. Sem provocação, Meneses fez cortarem as mãos do homem, amarrarem os braços às costas e então colocá-lo junto aos cães. De algum jeito, a vítima conseguiu escapar para dentro da água, onde agarrou os animais um por um com os dentes e os afogou antes de desaparecer sob as ondas.

O zelo missionário português não se deu bem com os sultões muçulmanos nas ilhas. Eles ficaram cada vez mais alarmados com o sucesso dos jesuítas em converter o povo, que era muito suscetível aos rituais da igreja e à sua proteção dos gananciosos governantes muçulmanos de Ternate.[79] Em meados dos anos de 1530, os portugueses conseguiram o impossível: Ternate e Tidore agora eram aliados, juntamente com os reinos vizinhos, em revolta contra a presença europeia. O personagem central desse drama foi o sultão Hairun, de Ternate. Posto no trono como um fantoche pelos portugueses em 1546, ele se viu fora e dentro do poder nos 25 anos seguintes ao seu bel-prazer, até mesmo passando vários anos em Goa como um convidado involuntário do *Estado*.[80] Embora no início Hairun tivesse considerado o cristianismo, aos poucos ele se voltou contra a crueldade dos portugueses. Essa repugnância reforçou sua identidade islâmica, que, por sua vez, lhe concedeu o apoio dos outros muçulmanos das Molucas.

A situação chegou ao auge quando os portugueses assassinaram Hairun em 1570. Ele foi sucedido por seu filho Babullah, que jurou vingar a morte do pai. Ele logo se tornou um ponto de encontro para os líderes muçulmanos nas Molucas e além. A insurreição adquiriu um sabor cada vez mais islâmico. Jesuítas alarmados relataram que imãs de lugares distantes como Aceh e Turquia estavam exortando os fiéis a buscarem sua recompensa nos céus por meio da Jihad no arquipélago. Os molucanos mostraram ser tão perversos quanto os europeus, arrancando bebês dos ventres de mulheres cristãs locais e depois esquartejando mãe e filho. A revolta varreu os portugueses de grande parte da região. As forças de Babullah dominaram o forte do *Estado*, em 1575, e o converteram em um palácio real. Na época de sua morte, em 1583, Babullah governava grande parte das Ilhas das Especiarias, tornando-se muito rico nesse processo.

É fácil criar uma conexão moderna — uma revolta jihadista unindo tradicionais inimigos contra um poder cristão distante que tentava controlar uma mercadoria estratégica —, mas a situação nas Molucas durante o final do século XVI foi mais complexa. Mais surpreendente, as Molucas receberam bem outros europeus como potenciais aliados contra os portugueses. O primeiro foi Francis Drake, que no curso de sua circum-navegação conversou longamente com Babullah, em 1579. Drake deu uma descrição detalhada de seu extenso reino, que não deixa dúvidas de que o sultão, com amor pela luxúria e com mais de cem esposas e concubinas, não era o mais devoto dos muçulmanos. Vinte anos depois, as primeiras expedições da Holanda chegaram, e Babullah e seus sucessores também cortejaram esses recém-chegados como um contrapeso aos detestados portugueses.[81] Infelizmente, os holandeses se mostraram ainda mais brutais.

Portugal explorou não só os asiáticos, mas seus próprios cidadãos. A vida de um soldado comum era tão miserável que logo após chegar à Índia, milhares fugiram das fileiras para mosteiros. Recrutas portugueses muitas vezes não tinham abrigo e durante a estação das monções podiam ser vistos nus pedindo esmolas na beira das ruas.[82] As dezenas de milhares que morreram de doenças tropicais e desnutrição no Hospital Real de Goa podem ter sido os mais afortunados.

Por fim, os eventos no norte da Europa selaram o destino do império das especiarias dos portugueses. O início do século XVII veria uma luta por riqueza e poder entre três nações — Portugal, Espanha e Holanda — cuja recém-adquirida experiência no sistema de ventos da Terra lhes permitiu competir comercial e militarmente por um planeta totalmente envolvo em rotas comerciais.

8

Um Mundo Globalizado

Em junho de 1635, os barbeiros espanhóis (isto é, sangraduras) da Cidade do México protestaram ao vice-rei sobre a presença de barbeiros chineses ali. O vice-rei passou a questão ao conselho da cidade, que, por sua vez, recomendou ao vice-rei que limitasse o número de barbearias asiáticas a doze, e que elas fossem restritas aos subúrbios, como era a prática com mercadores estrangeiros na Espanha. Não se sabe o que exatamente o vice-rei decidiu.[1]

Menos de uma geração depois, em 1654, 23 judeus holandeses de língua portuguesa chegaram à Nova Amsterdã — supostamente os primeiros dessa religião a irem para a América do Norte. O governador holandês da cidade, Peter Stuyvesant, tentou deportá-los, mas seus chefes — a Companhia Holandesa das Índias Ocidentais — permitiram que ficassem. A decisão da Companhia incluía restrições: os judeus não poderiam abrir negócios próprios e "Os pobres entre eles não deveriam se tornar um fardo à Companhia ou para a comunidade, mas serem sustentados pela própria nação".[2] Que eles tinham vindo do Brasil em um navio francês não atraiu nenhuma atenção especial.

Cerca de três séculos mais tarde, em 1931, um garoto australiano de 11 anos deu uma caminhada à tarde nas dunas perto da praia uns 90 quilômetros ao norte de Perth. Ele encontrou 40 moedas de prata espanholas da mesma época dos barbeiros chineses e imigrantes judeus holandeses. Só em 1963 caçadores submarinos achariam a origem desse espólio a vários quilômetros da costa — o navio naufragado *Vergulde Draek* ("Dragão Dourado"), pertencente à Companhia Holandesa das Índias Ocidentais, contendo milhares de moedas, que tinha partido da Holanda em 1655.

Como, no meio do século XVII, os chineses chegaram à Cidade do México? O que, menos de duas décadas depois, um navio lotado de judeus holandeses de língua portuguesa fazia no Brasil? Por que a Companhia das Índias, uma empresa privada, estava tomando decisões políticas de governo em Nova Amsterdã? E como, cerca de um século antes de a Austrália ser "descoberta" pelo capitão James Cook, um navio cheio de moedas de prata espanholas acabou no fundo do mar a grande distância de sua fronteira ocidental?

Responder a essas quatro perguntas nos contará muito sobre a notável expansão da economia global em todo o mundo, que se iniciou após as viagens de descoberta. Dessa forma, revelaremos a origem da globalização atual e suas adversidades. Antes, porém, precisamos entender cinco fatos.

Primeiro, em poucas décadas após a segunda viagem de Colombo, em 1493, a troca de espécies de cultura como milho, trigo, café, chá e cana-de-açúcar entre os continentes revolucionou os mercados agrícolas e de mão de obra do mundo. As mudanças nem sempre melhoraram a condição humana.

Segundo, no início do século XVII, marinheiros espanhóis e holandeses decodificaram os últimos grandes segredos na máquina planetária dos ventos, permitindo-lhes atravessar grandes distâncias nos oceanos do mundo com relativa facilidade. Em 1650, produtos e pessoas de todos os tipos e nações se espalharam sobre a maior parte do globo.

Terceiro, a descoberta de imensos depósitos de prata no México e no Peru produziu um novo sistema monetário global (acompanhado por uma assustadora inflação causada pelo excesso de fabricação de moedas de prata). O dinheiro mais comum, a moeda espanhola de oito reais, era tão onipresente quanto a nota de 100 dólares e o cartão Visa o são hoje.

Quarto, o século XVII viu o surgimento de uma ordem comercial totalmente nova — as corporações de capital aberto. Essas organizações tinham consideráveis vantagens sobre os que as tinham precedido: vendedores ambulantes, suas famílias e monopólios reais. Grandes corporações logo passaram a dominar o comércio global, uma posição que não abandonaram desde então.

Finalmente, mudanças sempre causam insatisfação para alguém. Na nova economia global dos séculos XVI e XVII, fabricantes de tecidos, fazendeiros e o pessoal da área de serviços foram prejudicados por produtos melhores e mais baratos dos estrangeiros. Eles protestavam tanto na época quanto fazendeiros franceses e operários do setor automotivo norte-americano fazem hoje.

Para desvendar o mistério dos barbeiros chineses no México, precisamos nos aprofundar um pouco mais na história da seda. Em algum ponto perto de 3000 a.C., os primeiros fragmentos fiados, fitas e fios tingidos de vermelho aparecem nos registros arqueológicos chineses. O mito chinês responsabiliza a senhora His-Ling, que viveu por volta de 1650 a.C. e foi a primeira esposa do imperador, pela descoberta do tecido quando recolheu um casulo que acidentalmente havia caído de uma amoreira em uma xícara de chá quente.

Diferentemente da noz-moscada e dos cravos, cujas árvores crescem apenas em alguns habitats e climas, o bicho-da-seda e a amoreira se desenvolvem em muitos locais. Cedo ou tarde a China perderia o monopólio da produção da seda. Surpreendentemente, isso só ocorreu durante o progresso repentino do comércio han-romano entre 200 a.C. e 200 d.C., quando as larvas cegas e quase imóveis foram levadas para a Coreia e o Japão. Elas então viajaram para o oeste, em direção à Ásia Central, o Oriente Médio e à Europa pelas rotas terrestres e marítimas.

No século VI d.C., o imperador bizantino Justiniano delegou a dois monges a tarefa de adquirir as preciosas larvas da China. (Não era necessário roubar amoreiras, visto que várias espécies já cresciam em toda a Eurásia.) Correndo grande perigo, eles acabaram tendo êxito, e seu feito deu início à vigorosa indústria da seda na Espanha e na Itália.[3] Nem todos os esforços europeus de sericultura se saíram tão bem; uma indústria nascente da seda na Inglaterra fracassou em seu clima frio e úmido. Tampouco as larvas prosperavam nas colônias americanas da Inglaterra. A Espanha teve um pouco mais sorte no México, onde desde o tempo de Cortés os bichos-da-seda eurasianos produziram um tecido áspero e inferior.

No final do século XVI, a Espanha desistiu de tentar expulsar os portugueses das Ilhas das Especiarias e recuou para o norte, nas Filipinas. Quando os espanhóis fundaram Manila, em 1579, a uma distância de navegação relativamente curta do sul da China, sobrepujaram os parcos esforços europeus e americanos na sericultura. Quase no mesmo instante, um comércio altamente lucrativo de prata do Novo Mundo e de seda oriental explodiu sobre a inimaginável vastidão do Oceano Pacífico. Essa rota semicircular, mostrada no mapa mais adiante, impulsionou os limites da tecnologia da era marítima.

Para entender como os navios espanhóis fizeram essa viagem de ida e volta de 32 mil quilômetros, é preciso compreender os padrões de ventos dominantes da Terra. Durante séculos, os marinheiros dominaram as monções do Oceano Índico, mas longe da Ásia esses fenômenos sazonais desempenham apenas pequenos papéis, superados por dois sistemas de vento principais que sopram constantemente durante todo o ano. O primeiro sistema, aproveitado por Colombo e ainda mais espetacularmente por Fernão de Magalhães, sopra do leste para o oeste nas latitudes tropicais (ou mais exatamente do nordeste acima do Equador e do sudeste abaixo dele). O segundo sistema sopra na direção oposta — do oeste para o leste — em latitudes temperadas, com mais força entre 40° e 50° de latitude em ambos os hemisférios, norte e sul (aproximadamente até mesmo com Veneza e a extremidade sul da Nova Zelândia, respectivamente).[4]

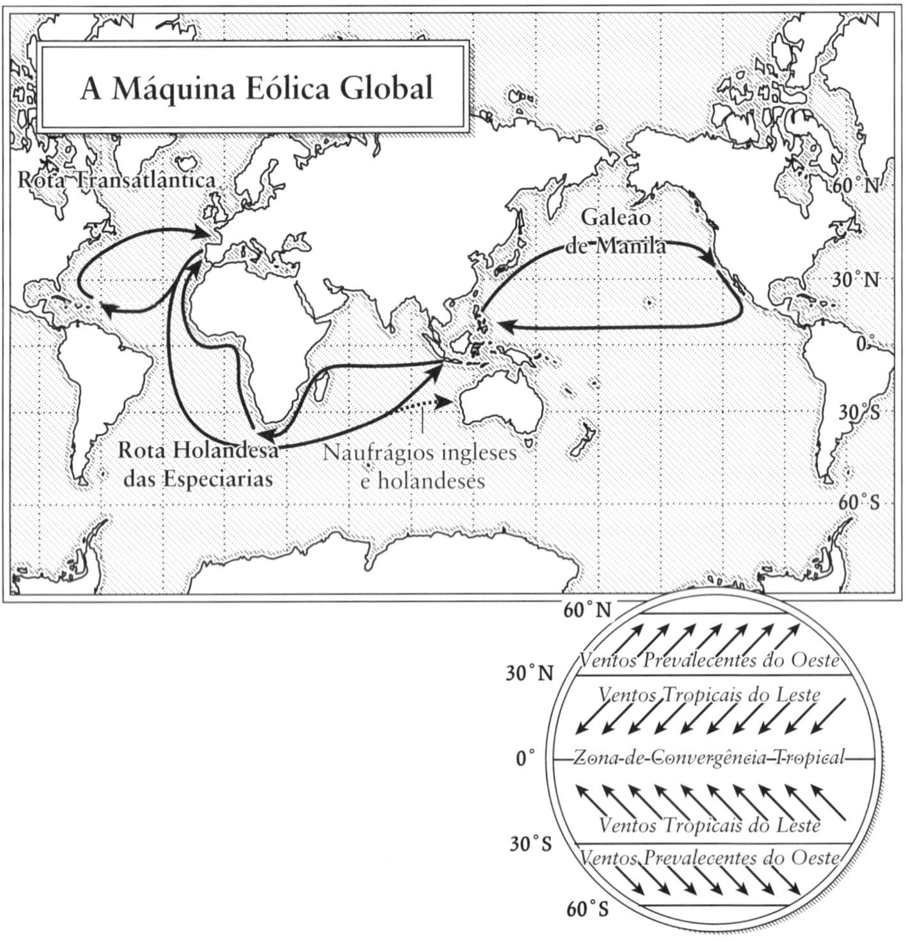

O *Trinidad,* da expedição de Fernão de Magalhães, foi o primeiro a navegar nesse sistema de ventos de alta latitude pelo Pacífico durante a desventurada tentativa de escapar pelo Oriente, em 1522. Em 1565, dois navios de outras expedições espanholas — uma sob o comando de Alonso de Arellano, e outra, dois meses depois, sob Frei Andrés de Urdaneta — tornaram-se os primeiros a percorrer o sistema oeste-leste completamente pelo Pacífico Norte no trajeto da jornada de 19 mil quilômetros de Manila a Acapulco. Eles cobriram a distância em apenas quatro meses.[5]

Esses dois navios foram os precursores dos anuais "galeões de Manila". Uma vez por ano, uma flotilha do tesouro do México, geralmente consistindo em dois grandes cargueiros, carregados com prata e protegidos por um galeão fortemente armado, aventurava-se para o oeste ao longo da rota equatorial, inaugurada por Fernão de Magalhães, para Manila. A prata era trocada por bens de luxo orientais, especialmente seda chinesa de alta qualidade, que era levada em navios da costa sul do Império Ming para as Filipinas, e depois embarcada no galeão de Manila para Acapulco.

Dessa forma, a riqueza espanhola de Creso era trocada pelos sublimes artigos de luxo do Oriente. Em 1677, um frei irlandês Thomas Cage escreveu sobre a Cidade do México: "Homens e mulheres exageram no vestuário, usando mais seda que lãs e outros tecidos." Ele ficou surpreso com as milhares de carruagens que iam de um lado a outro na famosa rua principal da cidade colonial, a Alameda, "cheias de homens galantes, mulheres e cidadãos para ver e ser vistos, cortejar e ser cortejados". No bairro das joias, "É possível visualizar milhões em ouro, prata, pérolas e joias em menos de uma hora".[6]

A descoberta da "montanha de prata" em Potosí na colônia do Peru (agora a atual Bolívia) ocorreu simultaneamente com a dos veios de prata mexicanos em Guanajuato (em 1547 e 1548, respectivamente). Os mesmos excessos do México eram praticados em Lima. Na Calle de Mercaderes (Rua dos Mercadores), em Lima, produtos de luxo podiam ser adquiridos em dezenas de grandes lojas, algumas das quais, segundo diziam, continham artigos que valiam mais que um milhão de pesos. Em 1602, o vice-rei do Peru escreveu a Filipe III:

> Todas essas pessoas vivem com muito luxo. Todos usam seda, a mais fina e cara. Trajes de gala e as roupas das mulheres são tantos e tão excessivos que não são encontrados em nenhum outro reino do mundo.[7]

Essa vasta redistribuição de riqueza abalou uma economia global já turbulenta. Como sempre, havia perdedores e ganhadores. Quem se prejudicava? Os barbeiros da Cidade do México se viam como vítimas, expostos a uma versão do século XVII de uma concorrência injusta da mão de obra barata do imigrante. Eles garantiram ao vice-rei que seu desejo de excluir os barbeiros chineses se baseava apenas no interesse nacional. Eles só queriam proteger a saúde pública da ética e das habilidades inferiores dos chineses, observando que, enquanto os europeus tinham "com tanta diligência... cuidados com doenças predominantes", muitos tendo morrido no processo, "a suposição é a de que esses chineses não oferecem nenhum benefício".[8]

É claro que interesses muito maiores do que os de alguns barbeiros espanhóis vinham sendo prejudicados. O mais importante eram as indústrias da seda espanhola e mexicana, que não podiam competir em preço nem em qualidade com os fardos de tecido chineses trazidos pelo galeão de Manila a Acapulco.

Em 1581, começaram viagens diretas entre Manila e Peru; já no ano seguinte, a Coroa espanhola, a pedido dos produtores de seda da Espanha, proibiu esses carregamentos. Mas mercadores e burocratas em Lima e na Cidade do México sempre ignoravam os decretos da Coroa, e esse não foi exceção. Em um esforço vão de deter o comércio entre Manila e Peru, o decreto foi repetido em 1593, 1595 e 1604.

Em 1611, o vice-rei na Cidade do México, por pressão dos produtores da região de Puebla, a sudoeste da capital, argumentou, sem sucesso, que o comércio do galeão de Manila deveria ser proibido por completo. Produtores de seda espanhóis e mexicanos até viam o comércio costeiro entre Peru e México como uma ameaça, temendo que a seda chinesa, quando descarregada no México vinda do Oriente, poderia ser repassada ao Peru ou, se contrabandeada para lá de Manila, ser levada ao México. A seu pedido, a Coroa, surpreendentemente, proibiu o comércio entre suas duas maiores colônias no Novo Mundo: "Portanto, ordenamos e mandamos os vice-reis do Peru e Nova Espanha (México) proibir e reprimir, sem falta, esse comércio e negociação entre os dois reinos."[9] Assim como com a proibição do tráfego Manila-Peru, esse decreto impraticável foi reeditado, nesse caso não menos que cinco vezes depois de sua publicação original em 1604.

Logo se formaram diásporas comerciais ao redor do mercado filipino-mexicano da seda e da prata. Comerciantes de seda dos dois países cruzavam o Pacífico para criar colônias de comércio. Os que haviam se instalado nas Filipinas, chamados manileños, chegaram primeiro, navegando para o México e obtendo grandes lucros como intermediários em seus armazéns em Acapulco e na capital. Os comerciantes mexicanos, então, contornaram a situação mandando os próprios agentes para Manila.

Novamente, interesses estabelecidos se opuseram. Os manileños se viam como os fundadores e legítimos beneficiários do comércio da seda. Insatisfeitos com a perda do monopólio com a chegada dos primeiros mexicanos a Manila, eles se queixaram ao governador das Filipinas. Como os barbeiros espanhóis tinham feito antes deles e gerações de protecionistas fariam depois, os manileños tentaram apresentar seu caso em termos do interesse nacional: "Uma das coisas que arruinaram essa terra são as enormes remessas de dinheiro que os ricos do México mandam para cá."[10] A Coroa respondeu com um decreto facilmente contornável, proibindo o envio de dinheiro e agentes do México; sua ineficiência foi enfatizada com a repetida reedição nas décadas subsequentes.

Os espanhóis e filipinos conseguiam não só a seda exportada da China, mas também alimentos básicos e mão de obra, escassos na nova colônia asiática. Autoridades coloniais estabeleceram Parián, fora de Manila, como residência de imigrantes chineses, e, em algumas décadas, mais de 20 mil chineses viviam ali. Em 1628, o governador espanhol falou sobre os chineses: "Não há espanhóis, seculares ou religiosos, que não obtêm sua comida, roupas ou calçados, por eles."[11] Comerciantes ricos manileños, agentes mexicanos e funcionários da colônia adquiriram servos chineses, muitos dos quais tinham ido de Parián e Acapulco no galeão de Manila. Daí a reação protecionista aos barbeiros chineses, quatro séculos antes dos produtos eletrônicos asiáticos baratos e tumultos em reuniões da Organização Mundial do Comércio.

Os primeiros judeus chegaram à América do Norte de uma distância ainda maior. Sua história começa em 1496, quando o rei Dom Manuel I, de Portugal, deu-lhes um ultimato — ou se convertiam ou partiam. Muitos partiram para Amsterdã. (Os judeus que se converteram e ficaram tornaram-se conhecidos como os *cristãos novos*, e muitos deles serviram ao *Estado* no Oriente. Dom Manuel estendeu aos judeus a versão medieval de "Não pergunte, não conte"; assim, quem ficou e não se converteu ficou protegido de investigação até 1534. Mas a oferta de Dom Manuel era um ardil; em 1504 e 1505 muitos foram mortos.) Quando, cem anos depois, Portugal e Holanda batalharam pelo controle do comércio de longa distância, os judeus portugueses na Holanda se viram no centro do conflito. Na Ásia, essa luta girava em torno das especiarias; no Novo Mundo, outro produto ocupou o centro das atenções: o açúcar.

Hoje, o açúcar, uma carga a granel, é vendido tão barato que raramente se pensa muito nele: atualmente, o americano médio consome 30kg por ano; o europeu médio, 40kg. No entanto, durante o período medieval, ele era considerado um artigo "fino", tão raro e caro quanto cravos, noz-moscada, macis e canela. Historiadores de economia estimam que durante o século XV, o consumo *per capita* na Europa era de apenas uma colher de chá por ano.[12]

Não é exagero chamar o açúcar de "a heroína dos alimentos". Bebês preferem uma solução de glicose à água, e nenhuma sociedade humana rejeita o consumo do açúcar granulado, mesmo quando a população é intolerante a ele, como algumas tribos inuítes.[13] A sacarose é a única substância química que os humanos consomem com satisfação na forma pura. Em praticamente todas as partes do mundo, seu consumo *per capita* aumentou com regularidade ao longo da história registrada.[14]

Os ingleses, em especial, adoram doces há séculos. Pense na descrição da rainha Elizabeth pelo viajante alemão Paul Hentzner, por volta de 1595:

> O rosto oblongo, claro, mas enrugado, os olhos pequenos, mas pretos e agradáveis, o nariz ligeiramente adunco, os lábios finos e os dentes negros, um problema ao qual os ingleses parecem estar sujeitos, devido ao alto consumo de açúcar.[15]

Se o açúcar é tão viciante e cresce com tanta facilidade, por que não se espalhou mais depressa de sua terra de origem no sudoeste da Ásia? A planta da cana, *Saccharum officinarum,* requer, para crescer, uma estação sem geadas de cerca de doze a dezoito meses, chuvas regulares e abundantes ou irrigação e temperaturas anuais em média de 21°C. O cultivo da cana e a subsequente extração do açúcar puro e granulado dos caules cortados é um trabalho intenso e árduo, que consome grandes quantidades de combustível e esforço humano.

A produção do açúcar é um processo industrial e agrícola e ocorre em três etapas. Primeiro, a cana é prensada para liberar seu caldo doce. Durante milênios, isso era conseguido com aparelhos rústicos e ineficientes, como o almofariz e o pilão, e seu suco era, portanto, um produto de luxo, mesmo onde havia abundante mão de obra escrava. Em seguida, o caldo tinha que ser fervido ao ponto de se obter uma solução concentrada, processo que requer muito combustível. Finalmente, a solução é repetidamente aquecida e resfriada em um processo de refinamento que separa o açúcar em grânulos de pureza que variam de pedras claras e cristalinas a um resíduo marrom — o melaço —, que não pode mais ser cristalizado. Esse processo final, a refinação do açúcar, não só consome ainda mais combustível, mas também requer grande habilidade, tanto que durante a era colonial era realizada principalmente em centros industriais avançados na Europa.[16]

Os nativos da Nova Guiné provavelmente foram os primeiros a domesticar a cana-de-açúcar, por volta de 8000 a.C. Seu cultivo espalhou-se depressa para a China, Indochina e Índia, onde floresceu em seus climas quentes. O açúcar sólido só aparece nos registros históricos mencionados em documentos religiosos indianos a partir de 500 d.C.[17] Mais tarde, conquistadores e comerciantes muçulmanos exportaram a cana-de-açúcar e as técnicas para refiná-la para o Oriente Médio e a Europa. Daí o velho ditado: "O açúcar seguiu o Alcorão."[18]

Mas com dificuldade. Os muçulmanos cultivavam a *Saccharum officinarum* em algumas estreitas faixas de terra no Oriente Médio e no Mediterrâneo abençoadas com água da chuva ou irrigação: o Vale do Nilo, as costas da Palestina, o norte da Sicília, Espanha, Creta e alguns vales fluviais entre montanhas no Marrocos. Mais ao norte, o clima era muito frio; mais ao sul, não havia água suficiente.

Quando os europeus conquistaram várias dessas áreas depois de 1000 d.C., eles herdaram o cultivo da cana e o desejo de consumir açúcar. Os portugueses transplantaram a produção para as recém-descobertas colônias tropicais: primeiro, para a Ilha da Madeira, no Atlântico, depois para os Açores, e mais tarde para São Tomé, uma ilha na costa equatorial da África. Essas ilhas férteis tinham fácil acesso à mão de obra escrava e proporcionavam aos donos das plantações condições muito melhores do que no Oriente Médio ou no Mediterrâneo. Plantadores eram especialmente atraídos para São Tomé, que era inabitada quando os portugueses chegaram, em 1470, mas ainda perto do centro do comércio de escravos da África central.

Mesmo com o cultivo nas ilhas do Atlântico, o açúcar continuou sendo um artigo de luxo, já que a produção ainda não havia se disseminado o bastante para torná-lo um bem de massa. Dois problemas continuaram a atrapalhar os produtores: a falta de dispositivos eficientes para prensar a cana e a escassez de combustível. O primeiro problema foi resolvido por volta de 1500 com a invenção do moinho de três cilindros, movido a água ou força animal. Esse aparelho consistia em três rolos verticais adjacentes e podia ser operado por apenas três homens: um que cuidava da roda d'água ou dos animais de tração que proporcionavam a potência, e dois que continuamente alimentavam os cilindros com cana um para o outro. O segundo problema, falta de combustível, resultou no desmatamento do Oriente Médio, da Europa e, logo depois, das ilhas do Atlântico. Com a descoberta das florestas infindáveis no Novo Mundo, esta última barreira desapareceu.

Na época das viagens transatlânticas de Colombo, a cana-de-açúcar tinha acabado de ser transplantada para as Canárias espanholas, onde suas expedições eram preparadas. Ela rapidamente se espalhou pelos trópicos do Novo Mundo e causou uma explosão de produção de cana que impulsionou grande parte da economia mundial nos três séculos seguintes. O "cinturão do açúcar" do Novo Mundo, que se estendeu do norte do Brasil ao Suriname e pela cadeia do Caribe até Cuba, atraiu muitos colonizadores europeus, seduzidos pelo trajeto transatlântico relativamente curto, a falta de oposição nativa organizada e lucros agrícolas inimagináveis em sua terra natal.

Os espanhóis logo perderam a vantagem de recém-chegados no Caribe para os mais diligentes portugueses no Brasil. O primeiro local a sentir o impacto da produção no Novo Mundo foi a ilha portuguesa da Madeira. Não só ela havia sido a primeira fonte de cana-de-açúcar depois da descoberta do Novo Mundo, mas também foi o mais importante ponto de parada na rota Brasil-Lisboa. Produtores locais, prejudicados pela grande quantidade de açúcar despejada nos mercados locais, pediram e conseguiram proteção.

Em 1591, o protecionismo já era uma velha história. Um motivo pelo qual os espanhóis ficaram para trás na corrida do açúcar foi o enfraquecimento da indústria em Cuba, na Jamaica e em Porto Rico por pressões políticas dos produtores originais no Novo Mundo, os de Hispañola.[19]

Ao longo do século XVI, Portugal foi ainda mais prejudicado pela crescente força econômica de Holanda e Inglaterra. Essas duas novas potências no norte da Europa esfregavam as mãos de satisfação diante do rico império comercial distante e mal defendido que Lisboa fragilmente controlava, e seus grandes prêmios: especiarias asiáticas e açúcar brasileiro.

Os holandeses atacaram primeiro o império estrangeiro português. Os resultados foram variados. Um de seus erros mais notáveis para tirar o comércio e os territórios de Portugal ocorreu na América do Sul. Em 1630, A Companhia Holandesa das Índias Ocidentais (WIC), que havia sido organizada sete anos antes com a meta de dominar o comércio de açúcar, escolheu instalar sua base no Novo Mundo em algumas ilhas nos deltas da costa brasileira, cujo ambiente marítimo e plano lembravam de casa. Ali construíram a cidade de Mauristaad (hoje Recife) na extremidade mais ao leste do Brasil. Inicialmente, as coisas iam bem para eles; na década subsequente, eles conquistaram a maior parte da costa norte brasileira — de Mauristaad até a foz do Amazonas, uma distância de cerca de 1.600 quilômetros — e, assim, controlaram a maior parte do mundo do comércio de açúcar. Nos séculos XVII e XVIII, açúcar e escravos estavam inextricavelmente ligados, de modo que a WIC também se tornou dona do comércio de escravos; entre 1636 e 1645, ela vendeu pelo menos 23 mil escravos só para o Brasil.

Era natural que a expedição brasileira da WIC fosse liderada por judeus de Amsterdã de língua portuguesa, que não só conheciam o idioma, mas também estavam profundamente envolvidos com o comércio de açúcar da cidade, melhorando as operações e os mercados financeiros. O sucesso inicial da WIC elevou grandemente o status dos judeus holandeses. Por exemplo, a WIC, ao contrário da Companhia Holandesa das Índias Orientais, tinha muitos acionistas judeus. À altura das operações da WIC no Brasil em meados dos anos de 1640, mais de 1/3 de seus 4 mil colonizadores eram judeus.

Nesse ponto, a história conspirou contra a WIC e, com ela, os judeus no Brasil. Sessenta anos antes, em 1580, Filipe II da Espanha herdou a Coroa de Portugal quando sua própria linhagem real desapareceu. (Para Filipe, isso era natural; ele tinha sangue português, tinha sido criado por cortesãs portuguesas, o português era sua principal língua e parodiou César ao dizer "Eu herdei, eu comprei, eu conquistei".) A resultante frágil união entre Espanha e Portugal que deixou o Brasil e o *Estado da Índia* independentes do controle espanhol se desfez após a revolta portuguesa em 1640.

A independência de Portugal da Espanha, em 1640, gerou duas consequências que se combinaram de modo desastroso para a WIC. Primeiro, o novo rei português, João IV, negociou uma trégua em 1641 com o governo holandês em separado da WIC, obrigando a Companhia a parar sua expansão e suspender as operações ofensivas contra os navios portugueses. Segundo, a revolta contra a Espanha galvanizou os colonizadores portugueses católicos no Brasil, que logo se rebelaram contra seus senhores protestantes e judeus holandeses. Os ânimos estavam agitados nas cidades, especialmente Mauristaad, onde muitos portugueses estavam profundamente endividados junto aos credores judeus.[20] Em 1654, os colonizadores portugueses tinham retomado Mauristaad, e os invasores holandeses do Brasil se espalharam para o norte do Suriname, o Caribe e de volta a Amsterdã.

Durante o século XVII, a Inquisição ainda assolava a Espanha e Portugal. Felizmente para os judeus, o comandante português que capturou Mauristaad, Francisco Barreto de Menezes, honrou a carta da lei canônica, que declarava que somente judeus convertidos ao cristianismo estavam sujeitos à Inquisição — uma delicadeza nem sempre observada na Espanha e em Portugal, onde judeus não convertidos eram regularmente perseguidos.

Vinte e três colonizadores judeus embarcaram em um navio holandês que foi levado por ventos adversos para a Jamaica espanhola e, pela segunda vez, eles acabaram sob a espada da Inquisição. Novamente, a sorte sorriu: o governador espanhol, não desejando enfurecer os portugueses ou os holandeses, os deixou partir. Os refugiados encontraram passagem em um navio francês, o *Sainte Catherine,* cujo capitão, depois de extorqui-los em tudo que podia, depositou os judeus em Manhattan em 1654.[21]

Outra vez, o leitor moderno achará os eventos que levaram à chegada dos primeiros judeus a Nova York no século XVII perturbadoramente familiares: o repentino deslocamento da produção de bens ao redor do mundo, os inevitáveis pedidos de proteção dos antigos centros de produção e a migração para longe da terra natal daqueles com habilidades especiais.

Que o governador de Nova Amsterdã, Peter Stuyvesant, trabalhasse para uma organização privada, a WIC, parecia perfeitamente natural. Afinal, os postos avançados holandeses na Indonésia, no sul da África e no Novo Mundo (assim como as bases inglesas na Índia) eram quase exclusivamente empreendimentos comerciais. Era mais que lógico que fossem geridos por homens da empresa e não funcionários do governo.

* * *

No início do século XVII, os marinheiros dominavam os ventos do mundo com tal habilidade que não havia nada incomum sobre um grupo de judeus de Amsterdã aparecendo em Nova York vindos do Brasil, ou chineses produtores de seda chegando ao México ou até ao Peru, via Manila. Mas restava descobrir um último sistema de ventos.

Não se sabe como ou quando os marinheiros encontraram a versão sul dos ventos de alta latitude que guiaram o galeão de Manila das Filipinas ao México. Mas eles sopravam no sul do Oceano Índico com mais intensidade que no norte do Pacífico, porque no Índico havia menos massas de terra intervenientes — as "quarentas rangentes" do hemisfério sul. Vasco da Gama e seus seguidores portugueses tiraram breve vantagem da borda norte no último segmento do "grande círculo" no sul do Atlântico em volta do Cabo da Boa Esperança. Se eles soubessem, poderiam ter navegado por esses ventos quase até as Ilhas das Especiarias.

Em 1611, o capitão Henrik Brouwer, da Companhia Holandesa das Índias Orientais, passou pelo Cabo e, em vez de avançar para o nordeste, na Índia, na monção de verão, ousadamente virou para sudoeste "no vazio" e se tornou o primeiro navegante a atravessar as quarentas rangentes até Java. Ele chegou à Batávia (hoje Jacarta) apenas 5 meses e 24 dias depois de deixar a Holanda; em comparação, a rota comum das monções levava mais que um ano. Não só a nova rota era mais barata e rápida, mas a tripulação ficava mais saudável, e os suprimentos, mais frescos nas latitudes médias. Como bônus, Brouwer evitou os portugueses em Malaca.

O método de Brouwer — rodear o Cabo da Boa Esperança, seguir para o leste durante 11 quilômetros, depois virar à esquerda — tornou-se o procedimento padrão para navegantes europeus nos três séculos seguintes.[22] O segredo estava em saber quando virar para o norte para atravessar o Estreito de Sunda entre Java e Sumatra. Os aparelhos de John Harrison que mediam longitudes com precisão só surgiram 150 anos depois, e muitos holandeses e ingleses erraram o caminho e foram levados "além da curva" (como o antigo marinheiro Coleridge, amaldiçoado por atirar em um albatroz, navegou para o sul da Austrália e avançou diretamente para o Pacífico). Apenas os afortunados voltavam para contar suas descobertas acidentais das costas norte e oeste da Austrália.

Com frequência, esses trajetos errados provavam ser desastrosos, e as costas da Austrália, repletas de corais, tornaram-se o cemitério de dezenas de embarcações europeias. O mais terrível desses naufrágios foi o do *Batavia*, que afundou em um recife no oeste da Austrália em 1629. Cerca de 1/4 de seus trezentos passageiros e tripulantes se afogou, mas o resto conseguiu ir até um recife de corais deserto praticamente sem água potável. O capitão e seu principal mercador (cunhado de Brouwer) chegaram a Java em um pequeno bote. Quando o resgate chegou, três meses depois, encontrou um horror indescritível: um pequeno grupo de amotinados havia assassinado brutal e metodicamente todos os sobreviventes. A Companhia Holandesa das Índias Orientais tentou censurar o episódio e, dadas as distâncias e a falta de comunicação e transporte, quase conseguiu. Os eventos sensacionalistas levaram décadas para serem revelados e transfixar o mundo com a história de como europeus, em um local selvagem fora do alcance da lei e da civilização, mataram uns aos outros.[23] (Daqui em diante, chamaremos a Companhia Holandesa das Índias Orientais por suas iniciais — VOC — ou, em um contexto apropriado, simplesmente de "A Companhia".)

O duramente conquistado domínio dos ventos do mundo gerou um novo sistema monetário, de muitas formas um precursor dos mecanismos de pagamento e crédito global atual, que comprava produtos importados desejados pelos cobiçosos do Velho e do Novo Mundo. Navios que viajavam para o leste nas quarentas rangentes levavam os bens com maior demanda na Ásia: finos tecidos europeus e metais preciosos, a maioria dos quais tinha sido cunhado no México e no Peru na forma de "dólares espanhóis" de oito reais, ou peças de oito. Essa moeda, que inundou os mercados financeiros europeus no século XVI, tinha aproximadamente o mesmo tamanho do táler da Boêmia — de onde se originou a palavra "dólar". (Visto que oito reais equivaliam a um "dólar", e as moedas eram pesadas demais para o uso diário, elas eram frequentemente quebradas em oito pedaços, daí o termo "piece of eight" [peça de oito], e o apelido um quarto de dólar, "two bits" [dois pedaços]).

Os espanhóis cunharam uma quantidade enorme dessas moedas. Sua produção total é desconhecida, mas na década entre 1766 e 1776, só no México, mais de 200 milhões de moedas, cada uma pesando pouco menos que uma onça [28g], foram produzidas.[24] Entre os séculos XVI e XIX, a piece of eight, especialmente a moeda confiável no México, era a moeda de fato usada no mundo. Seja nas mãos de companhias comerciais poderosas ou de um pequeno mercador local, os dólares espanhóis pagavam a noz-moscada nas Bandas, calicôs em Gujarati, seda em Manila e no México, café no Iêmen e canela no Sri Lanka.

A moeda costumava desaparecer e reaparecer segundo as condições monetárias. Por exemplo, na Índia no final do século XVII, quando a prata era muito procurada, ela rapidamente encontrava seu caminho para os cadinhos onde era fundida e transformada em rúpias ou joias.[25] Em contraste, nos Estados Unidos, o dólar espanhol era considerado moeda corrente até 1857.

A partir do ponto de vista da Companhia Holandesa, a perda do tesouro nos recifes da Austrália foi pelo menos tão grave quanto a perda de vidas. A missão de resgate enviada para o *Batavia* levou experientes mergulhadores holandeses e gujaratis, que recuperaram dez dos doze baús de prata espanhola. Quando o *Vergulde Draek* não conseguiu voltar em 1656 e encalhou ao norte de onde hoje fica Perth, com seus oito baús de prata, a tripulação, os passageiros e a Companhia se saíram ainda pior que os do *Batavia*. Apenas sete sobreviventes do *Vergulde Draek* voltaram a Java. Nunca mais se ouviu falar dos restantes, e a prata do navio foi encontrada só três séculos depois, quando um garoto australiano tropeçou em algumas velhas moedas na praia.

Nos anos de 1960, arqueólogos australianos recuperaram aproximadamente metade das estimadas 46 mil moedas carregadas nos baús no navio na Holanda. Os destroços haviam sido parcialmente saqueados por ladrões, alguns dos quais usaram explosivos; isso causou uma revolta pública que resultou na lei que protege os sítios arqueológicos australianos.[26] É interessante notar que quase todas as moedas tinham a estampa do "M" da cunhagem mexicana, mesmo que 60% da prata do Novo Mundo viesse de Potosí, no Peru, e era cunhada em Lima. O motivo para isso era simples: a VOC evitava moedas peruanas, visto que a cunhagem em Lima era notoriamente corrupta, e suas moedas muitas vezes eram rebaixadas. Em 1650, os funcionários responsáveis foram punidos — pelo menos um foi executado —, e a VOC só voltou a usar moedas peruanas em 1661, muito depois do naufrágio do *Vergulde Draek*.[27]

O fato de esse enorme tesouro ser propriedade da VOC sugere que, em meados dos anos de 1600, o comércio global de longa distância tinha passado a ser dominado pelo capitalismo corporativo multinacional. No decorrer do século XVII, a companhia holandesa metodicamente eliminava os corruptos, desintegrando o império comercial português, só para enfrentar uma ameaça mais séria por parte de outro concorrente corporativo, a Companhia Inglesa das Índias Orientais. Os avanços na navegação descritos neste capítulo possibilitaram que essas batalhas se centrassem nos postos comerciais europeus e nas plantações ao redor do mundo. Na maior parte, não eram confrontos entre exércitos e marinhas soberanos, mas entre corporações.

9

A Chegada das Corporações

Em 13 de dezembro de 1577, uma flotilha com cinco embarcações, sob o comando de Francis Drake, deixou Plymouth, na Inglaterra. Sua missão secreta ditada pela rainha Elizabeth era tripla: repetir a circum-navegação de Fernão de Magalhães, estabelecer comércio com as Ilhas das Especiarias e saquear os navios espanhóis.

Nada poderia ser mais adequado para Drake. Com apenas 37 anos, ele já conquistara a reputação de técnicas de navegação e bravura sob ataque. Nove anos antes, ele navegara pelo Caribe para traficar escravos com seu primo John Hawkins. Enquanto reparavam os navios no porto mexicano de San Juan de Ulúa, foram traídos e quase capturados pelos espanhóis, uma experiência que deixou Drake com um ódio permanente pelos ibéricos. Cinco anos depois, ele se vingou roubando um carregamento espanhol de prata no Panamá. Ele voltou à Inglaterra com um fabuloso saque de £20 mil para a rainha.

A circum-navegação de Drake foi além das expectativas mais ousadas, dele e da rainha. Em 26 de setembro de 1580, seus navios restantes voltaram ao porto de Plymouth, não só depois de chegar às Molucas, mas também navegar pela costa oeste do Novo Mundo, do Cabo Horn à ilha de Vancouver. Durante a épica viagem, Drake explorou, comercializou e saqueou. Agora seus navios estavam baixos na água com o tesouro espanhol e bens comercializados pelos portugueses, arrancados de seus galeões e caravelas entre a África e o Peru, e com cravos e noz-moscada obtidos mais honestamente com Babullah, o sultão rebelde de Ternate, nas Ilhas das Especiarias.

Na Europa, o comércio pacífico estava nas mãos de nações poderosas e ricas como Espanha e Holanda, que tinham interesse em manter os mares livres da pirataria. A Grã-Bretanha do século XVI, como muitos países pobres, fracos e atrasados, não podia se dar ao luxo de permitir que mercadores estrangeiros navegassem à vontade; o lucro de roubos era simplesmente muito grande. O Império Britânico, majestoso, liberal e de livre-comércio, estava mais de dois séculos à frente. A Inglaterra dos Tudors era uma nação de monarcas falidos, monopólios da Coroa distribuídos entre favoritos da corte e cartas de corso reais concedendo a piratas participação na ação.

A carga mais valiosa que chegou ao porto de Plymouth naquele dia não eram especiarias ou prata, mas sim capital intelectual. No início da odisseia de Drake, ele capturou o navio português *Santa Maria* perto das ilhas de Cabo Verde, na costa oeste da África. Seus homens ficaram entusiasmados em aliviar a caravela de cem toneladas dos artigos comercializados: lãs, linho, veludo, seda e vinho que iam para o Brasil. Ela também estava carregada de lonas, pregos e ferramentas — exatamente o material necessário em uma longa viagem marítima.

Porém, Drake estava muito mais interessado no piloto, Nuno da Silva, um dos marinheiros mais experientes da Europa. O oficial português e o pirata inglês passaram incontáveis horas juntos examinando e traduzindo os mapas do *Santa Maria*; em pouco tempo, Nuno da Silva falava inglês com fluência. Nos meses seguintes, o piloto jantava à mesa do capitão e tinha todos os desejos satisfeitos, exceto, é claro, sua libertação imediata. (Drake o soltou um ano depois.) Por meio de Nuno da Silva e seus mapas, Drake passou à Inglaterra o segredo mais bem guardado da navegação e do comércio da época: navegação astronômica nos estranhos céus "abaixo da linha" no hemisfério sul.[1]

Tampouco foi a transferência desse conhecimento vital do sul para o norte da Europa o único simbolismo a desempenhar um papel naquele dia em Plymouth. Quando Drake chegou, as autoridades da Coroa imediatamente impediram que fosse visto pelo público. Cinco meses depois, Elizabeth o condecorou cavaleiro no convés do *Golden Hind*. A pirataria estava saindo de moda, e, embora em 1587 ele se distinguiria ainda mais com seu ousado ataque à frota de guerra de Filipe II, em Cadiz — o famoso "singeing of the king of Spain's beard" [chamuscar a barba do rei da Espanha] —, naquele momento ele tinha se tornado um embaraço. O futuro da Inglaterra estava no comércio, não na pirataria. O livro de contabilidade logo se mostraria mais poderoso que a espada, e os piratas, heroicos comerciantes solitários e comandantes aventureiros de navios da era anterior estavam para ser substituídos pelos anônimos gerentes das duas grandes multinacionais do período pré-moderno.

A primeira foi a VOC, que dominou o comércio de longa distância no século XVII; a segunda foi a Companhia Inglesa das Índias Orientais (depois conhecida como EIC, ou simplesmente, no contexto apropriado, como a "Companhia"), que herdou seu manto no século XVIII. Durante duzentos anos, essas duas companhias, com origens e filosofias institucionais muito diferentes, batalharam uma contra a outra pela supremacia do comércio mundial, e suas fortunas refletiam as nações em que nasceram.

Antes da expedição de Drake, os navios do norte da Europa tinham se aventurado para o leste apenas até o Mediterrâneo via Gibraltar. Se um holandês ou inglês quisesse viajar para o Oriente, teria que embarcar em um navio português, espanhol ou asiático, ou tomar a rota terrestre.

No início do século XVI, os Tudors começaram a conceder monopólios para consórcios comerciais. Provavelmente, o primeiro deles foi o grupo conhecido como Merchant Adventurers, organizado em 1505 para enviar navios carregados de lã para o Chipre, Trípoli e a Sicília. Quando bem-sucedidos, eles voltavam à Inglaterra com sedas, especiarias, algodão e tapetes. Novos grupos se formaram, mais notadamente a Muscovy Company, em 1555, a Eastland Company, na Escandinávia e no Báltico, em 1579, e a Levant Company, para negociar com a Turquia, em 1581.

Quando o *Golden Hind* voltou a Plymouth, em 1580, carregado de riquezas do Oriente, seu conteúdo reembolsou seus apoiadores com 50 libras para cada investida, sem contar, é claro, as 50 mil libras em peças espanholas de oito e barras de ouro levadas ao cofre da Torre como propriedade da Coroa.

Inspirados pelo sucesso de Drake, um fluxo regular de aventureiros se dirigiu às Índias por várias rotas. Em 1583, quatro comerciantes de Londres — James Story, John Newberry, Ralph Fitch e William Leeds — viajaram para a Índia por terra e apresentaram uma carta de amizade de Elizabeth para Aquebar, o imperador mongol. A descrição escrita de Fitch das grandes quantidades de rubis, diamantes, sedas, ouro e prata à mostra na corte mongol agitou Londres. Em 1586, Thomas Cavendish conduziu a terceira viagem de circum-navegação (depois de Fernão de Magalhães e Francis Drake). Ele voltou em 1588 carregando bens saqueados dos espanhóis, seus homens com roupas de seda chinesa, as velas no alto do mastro com enfeites dourados e a vela principal feita totalmente de damasco. Ele partiu para outra circum-navegação em 1591 e nunca mais foi visto.

Uma expedição comandada por James Lancaster também partiu em 1591 para a Índia, via Cabo. Sua missão era saquear, não comercializar. Durante a viagem de três anos, ele vagou entre o Cabo e as Molucas, liberou vários *indiamen* [navios de carga] portugueses de suas cargas e perdeu 90% da tripulação pelo escorbuto e para tempestades. Após tentar sem sucesso tomar dos portugueses a província de Pernambuco, no leste do Brasil, ele voltou a Londres, onde se tornou o principal elemento em um novo empreendimento, a EIC.[2]

As origens da VOC foram radicalmente diferentes e para entendê-las, precisamos primeiro descrever suas raízes políticas e sociais. Antes de meados do século XVI, onde hoje estão a Holanda e a Bélgica, havia dezessete províncias, quase todas situadas em planícies que faziam parte da Borgonha. Elas foram herdadas em 1506 pelo rei Carlos I, da Espanha, da Casa de Habsburgo, que depois se tornou imperador do Sacro Império Romano-Germânico. Quando seu filho, Filipe II, invadiu esse território em 1568 para reprimir a Reforma Protestante, as cinco províncias do norte se rebelaram. Elas declararam formalmente a sua independência em 1579 com a União de Utrecht, que formou então as Províncias Unidas — hoje os Países Baixos.

Nessa época, a Antuérpia (hoje na Bélgica) era o centro comercial do norte da Europa. Essa rica cidade atraía mercadores católicos e protestantes da Inglaterra, Alemanha e das novas Províncias Unidas. Todos estavam mais que satisfeitos em negociar com a Espanha e Portugal, não só pelas especiarias, mas também outros produtos, sendo um dos mais importantes o sal ibérico, usado para conservar o arenque holandês. Em troca, os holandeses enviavam seus produtos têxteis, cada vez mais sofisticados, além de grãos e madeira do Báltico.

Em 1585, o sobrinho de Filipe, o duque de Parma (Itália), invadiu a Antuérpia e, com uma decência incomum à época, permitiu que os protestantes da cidade partissem em paz. Quase ao mesmo tempo, seu tio embargou as Províncias Unidas e se apoderou de seus navios nos portos da

Espanha e de Portugal. Cada uma dessas três ações foi um enorme erro. De um só golpe, Filipe criou uma rede com os comerciantes e trabalhadores mais experientes do mundo — os agora exilados protestantes da Antuérpia, que então se dedicavam a se desviar dos portos ibéricos.[3]

O maior número de refugiados se instalou em Amsterdã, que era a capital da Holanda, mas até essa data um porto sem importância. (A "Holanda", na verdade, nesse período, era a maior das Províncias Unidas, não o país em si.) Entre 1585 e 1622, a população de Amsterdã ficou repleta de refugiados protestantes, passando de 30 mil a 105 mil habitantes, tornando-se uma das maiores cidades da Europa. Os rebeldes bloquearam a Antuérpia, que passou a ser uma cidade insignificante.[4]

No fim dos anos de 1500, um holandês, Jan Huyghen van Linschoten, daria o impulso final para a Holanda se lançar ao Oceano Índico. Durante vários anos, ele foi secretário do arcebispo de Portugal na cidade indiana de Goa, e após a morte do prelado, em 1588, decidiu tentar a sorte e avançou ainda mais para o Oriente. Ele não sonhava com grandes fortunas, mas em ser um pequeno comerciante: "Se eu tivesse apenas duzentos ou trezentos ducados, eles facilmente se transformariam seiscentos ou setecentos".[5]

Quando finalmente voltou para seu lar na Holanda, em 1592, van Linschoten começou a trabalhar em um livro, mais conhecido pelo apelido, *Itinerário,* descrevendo a botânica e a geografia comercial do Sudeste Asiático, além de oferecer conselhos sobre navegação. A recomendação mais útil do livro referia-se ao comércio nas Índias Orientais:

> Neste lugar, Sunda, há muita pimenta que é melhor que a da Índia ou Malabar, e cuja quantidade é tão grande que eles poderiam carregar todos os anos (mais de 225 toneladas)... Eles também têm muito olíbano, cânfora e diamantes, que os homens podem muito bem traficar sem grandes problemas, pois os portugueses não vão para lá, pois muitos habitantes de Java vão até Malaca para vender seus produtos.[6]

Em outras palavras, navegue para o sul de Sumatra e passe pelo Estreito de Sunda, ao norte (entre Java e Sumatra) para evitar os portugueses, que estavam satisfeitos por terem mercadores indonésios que os procuravam no oeste, em Malaca. Embora o livro tenha sido publicado só em 1596, as observações e os conselhos de van Linschoten passaram a ser de conhecimento geral e foram bem utilizadas na Holanda, logo depois de sua volta em 1592.

Traduzido depois para vários idiomas, o *Itinerário* despertou o interesse na França, na Inglaterra e na Alemanha.

Em 1594, incentivados pelas observações e cartas de navegação de van Linschoten (ainda não publicadas), quatro mercadores de Amsterdã fundaram a "Companhia das Terras Distantes", e um ano depois esse grupo enviou 4 navios e 249 marinheiros para a Índia. Como era comum na época, apenas 89 homens voltaram para casa em 1597. Pior, eles levavam só um pequeno carregamento de pimenta e nenhuma especiaria. Apesar da falta de sorte e planejamento, os mercadores ainda obtiveram um bom lucro, fato que não passou despercebido. Nos 12 meses seguintes, Terras Distantes e cinco novas companhias concorrentes enviaram não menos que 27 navios para o Oriente. Outra vez, apenas 14 navios e menos da metade dos homens voltaram para casa, mas os navios das Terras Distantes retornaram carregados com 300 toneladas de pimenta, conseguindo um enorme lucro para os investidores.[7]

Quando o primeiro desses navios chegou a Amsterdã, em 1601, os sinos da igreja soaram em comemoração. Segundo um observador: "Em toda a sua existência, a Holanda nunca viu cargas tão ricas."[8] Os holandeses foram tomados por um verdadeiro furor comercial que deixaria qualquer comerciante moderno orgulhoso. Jacob van Neck, o comandante da expedição bem-sucedida, notou que seu *modus operandi* "não era roubar a propriedade de ninguém, mas negociar de modo justo com todas as nações estrangeiras".[9] Isso logo mudaria.

Ao mesmo tempo, os acontecimentos também avançavam rapidamente na Inglaterra, onde, como em quase todas as outras nações da época, ninguém duvidava do rumo certo a tomar: a Coroa arrogaria direitos de monopólio do comércio para si mesma ou os passaria a um favorito da corte em troca de algum benefício. Elizabeth era mestra nesse tipo de compensação; em 1583, por exemplo, ela concedeu a Sir Walter Raleigh o monopólio de vinhos doces em toda a Inglaterra.

A Coroa apressou-se em explorar o comércio das especiarias devido ao sucesso dos holandeses, cujos mercadores controlavam o mercado da pimenta e rapidamente triplicaram seu preço. Comerciantes ingleses não poderiam ficar observando em silêncio.[10] Um grupo de mercadores londrinos, muitos dos quais já participavam da Levant Company, apresentou uma petição ao Conselho Privado com documentos intitulados Certas Razões pelas quais os Mercadores Ingleses Devem Comercializar nas Índias Orientais".O conselho deu sua aprovação, e ao longo do ano e meio seguinte, os organizadores realizaram reuniões e solicitaram uma subscrição de capital no total de 68 mil libras. Considerando o histórico da rainha de conceder monopólios por capricho, a organização não correu riscos: eles lhe apresentaram o *fait accompli*. Mesmo antes de pedirem uma autorização formal, eles tinham comprado, reformado e suprido cinco embarcações e então as carregaram com mercadorias a serem vendidas e presentes para os governantes locais.

Quando a petição chegou às mãos de Elizabeth, continha mais de cem assinaturas. Em 31 de dezembro de 1600, Elizabeth colocou seu selo e sua assinatura na autorização da nova companhia, válida por quinze anos; seis semanas depois, a flotilha, sob o comando de James Lancaster, deslizou pelo Tâmisa.[11]

O ano de 1601 foi igualmente movimentado na Holanda. Em resposta ao sucesso da segunda expedição das Terras Distantes, a sexta companhia holandesa em atividade enviou 14 expedições, consistindo em 65 navios, ao redor do Cabo da Boa Esperança. Nessa época, estava evidente que a corrida pelas especiarias estava saindo do controle, visto que as companhias concorrentes se amontoavam nas duas pontas da cadeia de suprimentos, ao mesmo tempo em que faziam os preços subirem na Indonésia, saturando o mercado em Amsterdã. Se os lucros não fossem totalmente eliminados do comércio, o governo holandês teria que regulá-lo.

Na Inglaterra, como já vimos, a inclinação natural de mercadores que iam às Índias era conseguir uma autorização de monopólio da Coroa. Mas a Holanda não era uma nação europeia absolutista, e o governo holandês estava mais inclinado a agir no interesse da nação como um todo, principalmente quando isso era politicamente vantajoso.

O que significava o termo "governo holandês"? Durante dois séculos depois de 1579, quando a União de Utrecht estabeleceu as províncias do norte em revolta contra a Espanha, a única instituição política nacional eram os Estados Gerais. Esse corpo representativo se encontrava em Haia e decidia a política militar e diplomática em conjunção com o Estatuder, um príncipe hereditário da Casa de Orange-Nassau. Do contrário, cada província tinha um governo independente, regulava seus comerciantes e empreendedores e defendia suas próprias companhias nos Estados Gerais, que frequentemente divergiam da Casa de Orange-Nassau. Criar uma companhia de comércio nacional não seria fácil.

Felizmente para os holandeses, em 1602, o talentoso líder dos Estados Gerais, Johan van Oldenbarnevelt, e o influente estatuder príncipe Maurício conseguiram persuadir as províncias a aceitar uma única organização combinada de monopólio para tratar de todo o comércio com as Índias.

Na nova organização, a VOC, era muito semelhante à nação que lhe deu origem. Cada uma das seis companhias originais tinha sua própria matriz, ou câmara. Um conselho de dezessete supervisores, os Heeren XVII, inspecionava esses seis escritórios. Os Heeren eram divididos de forma aproximadamente correspondente com a população nacional: um de cada uma das quatro províncias menores; quatro da segunda maior província, Zelândia; e oito da Holanda. Para que esta não comandasse em maioria absoluta, o 17º membro alternava-se entre a Zelândia e uma das quatro províncias restantes.

A autorização da Companhia a capacitava a contratar pessoal do exército com a condição de que jurassem fidelidade aos Estados Gerais e lutassem em guerras, contanto que fosse "defensiva". (A EIC também tinha permissão de realizar operações militares, e, como logo veremos, as companhias inglesa e holandesa muitas vezes exerceram esse privilégio uma contra a outra.) Considerando que a comunicação com as Índias Orientais demorava um ano em cada direção, a VOC se comportava como uma nação soberana aonde quer que fosse, com liberdade para destruir fisicamente os concorrentes asiáticos sempre o Heeren XVII ou um governador, ou comandante local, particularmente agressivo achasse factível.

A VOC, e junto com ela a Companhia das Índias Ocidentais (WIC), fundada vinte anos depois com o mesmo potencial militar, não demorou a usar a força das armas. Entre 1602 e 1663, as duas companhias atacaram colônias portuguesas e espanholas no Chile, no Brasil, na África Oriental e Ocidental, no Golfo Pérsico, na Índia, no Sri Lanka, na Indonésia, na China e nas Filipinas. Na realidade, a WIC e a VOS, duas companhias privadas, conduziram à Primeira Guerra Mundial, comercializaram especiarias na Ásia, açúcar no Brasil e escravos e ouro na África.[12]

Os resultados foram heterogêneos. Os holandeses tiveram êxito na Índia e na Indonésia; no final do século XVII, os portugueses foram deixados com apenas minúsculos territórios em Goa e no Timor. Em compensação, foram derrotados em Manila, Macau e, mais importante, na África. Incapazes de dominar as bases portuguesas em Angola e Moçambique, a VOC foi obrigada a criar um novo posto avançado na remota extremidade sul da África, na Colônia do Cabo, para proteger suas rotas no Oceano Índico.

Tão impressionante quanto a máquina de guerra da VOC e WIC era a potente arma financeira holandesa. Em 1602, investidores deram à VOC 6,5 milhões de florins em financiamento inicial — cerca de 100 milhões de dólares em moeda atual — para contratar pessoal, comprar navios e adquirir prata de artigos comerciáveis para trocar por especiarias. Esse capital era permanente, isto é, se as coisas andassem bem, ele geraria lucros que se destinariam principalmente à expansão dos negócios. Embora os investidores esperassem um modesto dividendo anual, eles não tinham motivos para esperar ter seus 6,5 milhões de florins de volta tão cedo. Isso pode não parecer estranho ao investidor moderno, mas no início do século XVII a aparência de capital permanente na Holanda demonstrava um grau de confiança extraordinário nas instituições financeiras do país.[13]

No início do século XVII, todas as estradas levavam aos Países Baixos. Essa nação, fisicamente menor que Portugal e com uma população apenas um pouco maior (1,5 milhão em 1600), formou o primeiro sistema comercial verdadeiramente global. Até hoje, sucesso ou fracasso no mercado mundial depende não de tamanho, mas das instituições políticas, legais e financeiras avançadas; em 1600, os Países Baixos tinham, de longe, a melhor, colocando-os na melhor posição para desafiar o império comercial de Portugal. De fato, a Holanda estava em meio à luta por sua independência da Espanha — a Guerra dos Oito Anos, que só terminaria em 1648, com o Tratado de Münster. Apesar desse conflito, a Holanda ainda estava em melhores condições que a Espanha, Inglaterra ou qualquer outra nação europeia. Excetuando as explorações de Drake, a derrota da Armada e a ligeira vantagem da EIC, o reino dos Tudors e dos Stuarts foi perturbado por conflitos religiosos, tinha apenas mercados financeiros primitivos e instáveis e acabou mergulhando em uma devastadora guerra civil. A França e a Espanha estavam em situação ainda pior, assoladas por monopólios envolvendo a Coroa e falência crônica. Em comparação, a confederação holandesa foi uma das poucas nações livres da maldição da monarquia absoluta, possuidora de instituições legais e financeiras fortes, e era relativamente tolerante com a ambição e capacidade de todas as religiões.

Dois simples pares de estatísticas contam a história. Historiadores de economia calculam que em 1600, o PIB *per capita* na Inglaterra era de cerca de 1.440 em dólares atuais, *versus* 2.175 dólares na Holanda. (Os números comparáveis da Espanha e de Portugal eram de 1.370 e 1.175 dólares, respectivamente.)[14] Esses números indicam uma lacuna tecnológica e comercial enorme separando a Holanda e a Inglaterra quando começou a corrida pela supremacia colonial, mas as diferenças institucionais e financeiras entre as duas nações provaram ser ainda mais importantes. Na Inglaterra, mutuários de renome (que quase certamente *não* incluíam a Coroa) pagavam 10% sobre seus empréstimos, *versus* 4% na Holanda, onde o governo conseguia seu crédito com o menor de todos os juros. Em comparação, na Inglaterra, onde a Coroa podia, e muitas vezes o fazia, negar seus empréstimos, os credores cobravam taxas maiores do que de bons mutuários comerciais.[15]

Por que as taxas de juros holandesas eram tão baixas? Em 1600, devido à sua curiosa geografia de planícies e capital cultural, os Países Baixos tinham se tornado a nação financeira mais avançada na Europa. Suas melhores terras cultiváveis ficavam abaixo do nível do mar, laboriosamente tratadas ao longo dos séculos com diques e moinhos de vento (estes, usados para alimentar bombas). Esses projetos eram financiados e administrados localmente, e as ricas novas terras que expuseram renderam não só lucros agrícolas, mas também uma população de aldeões empoderados e prósperos não controlados por nenhuma coroa ou senhor feudal.

Esses projetos de recuperação estimularam os mercados de crédito da nação. Diques e moinhos de vento eram caros, e as igrejas e os conselhos municipais locais obtinham fundos na forma de empréstimos. Isso tornou a Holanda uma nação de capitalistas; mercadores, aristocratas e até camponeses ricos costumavam investir seus florins poupados em títulos usados para financiar projetos de recuperação. Essa tradição foi adotada pelo comércio; depois de 1600, cidadãos holandeses achavam natural ter uma fração de um navio de carga que ia ao Báltico ou às Ilhas das Especiarias.[16] Por fim, mercadores e corretores dividiram a propriedade em partes ainda menores: não só quotas de metade ou de 1/4, mas de 1/32 ou até 1/64. Até hoje os holandeses estão entre os investidores internacionais mais agressivos do mundo.

Dividir propriedades dessa forma foi a essência das "finanças holandesas", cuja genialidade estava em permitir aos empreendedores e investidores diversificarem os riscos. Em 1610, documentos legais mostravam que os bens de um mercador pequeno burguês consistiam em quotas em 22 navios: 13 quotas de 1/16, 7 de 1/32, uma de 1/17, e outra de 1/28.[17] Quotas fracionárias não só facilitavam aos mercadores correrem riscos prudentes, mas também aos investidores aumentarem sua margem de segurança contendo o prejuízo causado pela perda de um único navio ou um resultado comercial insatisfatório. Isso, por sua vez, aumentava a disposição dos investidores em fornecer capital, o que diminuía ainda mais as taxas de juros.

Outra inovação financeira holandesa que serviu para reduzir os riscos (pelo menos quando usada adequadamente) foi o mercado futuro — a "compra de arenques antes de serem pescados".[18] Essencialmente, esses mercados designavam preços para certa quantidade de bens em algum ponto no futuro — por exemplo, 500 quilos de arenque dali a um ano. Esses instrumentos financeiros podiam então ser comprados e vendidos como o bem real. Os holandeses não inventaram esse conceito — ele era bem conhecido no sul da Europa e no mundo muçulmano —, mas eles o aperfeiçoaram e institucionalizaram em um grau nunca visto antes. Ao vender futuros, os fazendeiros e mercadores holandeses evitavam aumentos de preço desastrosos nesse meio tempo. Transportadores também podiam contratar seguros marítimos como proteção contra a perda da carga no mar, outro dispositivo de divisão de riscos. Cotas fracionadas, contratos futuros e seguro marítimo serviram para estimular o comércio.

Como Josiah Child, um inglês mercador, economista e governador da Companhia das Índias Orientais, explicou: "Todas as nações estão hoje mais ricas ou pobres na proporção exata do que pagam e costumavam pagar pelo Dinheiro dos Juros."[19] Por milênios, mercadores tinham que fazer empréstimos para financiar suas aventuras comerciais, e governos tiveram que fazer empréstimos para sustentar suas ambições militares. Tudo se mantendo constante, uma empresa holandesa podia fazer um empréstimo a juros de 4% de 2,5 vezes mais dinheiro do que uma companhia inglesa a uma taxa de 10%.

O mesmo se aplicava à capacidade de uma nação sustentar seu exército. Taxas de juros de 4% significavam dinheiro e poder; 10%, pobreza e impotência. A habilidade dos holandeses de emprestar, combinada com a política turbulenta dos ingleses, deu à Holanda uma vantagem que a Inglaterra só superaria depois que suas instituições financeiras e políticas foram reformuladas gerações mais tarde.

O triste estado dos mercados financeiros da Inglaterra se manifestou na fraca capitalização inicial da EIC: 68 mil libras, apenas 1/10 do capital da VOC.[20] Além disso, o capital de companhia inglesa *não* era permanente; ele tinha que ser totalmente devolvido aos investidores assim que os navios da Companhia voltavam pelo Tâmisa e sua mercadoria era vendida. Em várias ocasiões, os investidores foram pagos em especiarias, e não em dinheiro vivo, e levavam sacas de pimenta, em vez de libras esterlinas.[21]

Imagine por um momento as dificuldades da Microsoft e da Boeing em sua concorrência por empresas estrangeiras se tivessem que devolver todo o capital inicial investido sempre que finalizassem o desenvolvimento de um software ou uma aeronave, e depois repetir todo o processo a cada novo projeto. Imagine ainda que ocasionalmente enviassem uma pilha de discos de software ou um pedaço da fuselagem aos acionistas no lugar do valor dos dividendos. Isso descreve, de certa forma, a desvantagem enfrentada pelos concorrentes da Holanda.

Por quase um século, a EIC desempenhou o papel do insuportável irmão caçula da VOC. Em 1622, por exemplo, a companhia holandesa tinha 83 navios sob seu comando em águas asiáticas, enquanto os ingleses tinham somente 28, praticamente a proporção das taxas de juros entre as duas nações. Um observador holandês notou:

> É um grande erro de Vossas Excelências supor que as melhores oportunidades de comércio em todo o mundo podem ser controladas e mantidas com a posse de trinta, quarenta ou talvez cinquenta navios e barcos navegando nos mares.[22]

Finanças e navios não eram a única vantagem que os holandeses tinham sobre os ingleses. Mesmo que a estrutura da VOC refletisse as divisões nas Províncias Unidas, a EIC era ainda mais descentralizada. Menos uma companhia comercial do que uma guilda, a companhia inglesa permitia a cada um de seus membros comercializar por conta própria, tendo apenas o navio em comum com outros membros. Como viagens e mercadores eram financiados separadamente, quase não havia cooperação onde ela era importante: nos postos de comércio da EIC. Quando ocorriam disputas entre comerciantes ingleses na Ásia, elas tinham que ser resolvidas em Londres, a meio mundo e dois anos de viagem de distância. Em Bantam, em Java, perto da atual Jacarta, havia três escritórios comerciais diferentes. Não só os comerciantes da EIC negociavam os próprios produtos; eles estavam livres para concorrer diretamente com a própria companhia.[23] A VOC, ao contrário, enviava à Indonésia um forte governador-geral com autoridade total sobre todos os escritórios da companhia.

Como os Estados Gerais tinham dado origem à VOC, ela podia contar com o apoio do governo, militar e político. Mas a EIC, uma companhia privada de mercadores livremente confederados, não podia esperar proteção de ataques de potências comerciais no estrangeiro ou protecionismo em casa.

A descentralização da EIC também a deixou mais suscetível à corrupção que a VOC. Embora o comportamento dos comerciantes e marinheiros holandeses nem sempre fosse perfeito nessa questão, os empregados da EIC tratavam os navios como sua propriedade, transportando grandes quantidades de mercadorias por conta própria para e da Ásia. Como um funcionário da EIC escreveu aos diretores:

> No que se refere ao comércio particular dos ingleses... Vossas Excelências precisam acreditar que, se a Companhia da Inglaterra fosse atendida da maneira como os senhores são atendidos, ela teria ultrapassado a companhia holandesa há muito.[24]

Outra grande vantagem que os holandeses tinham em relação à Inglaterra e seus outros rivais europeus era a tecnologia marítima. A redução da pirataria nas águas do norte da Europa após 1595 permitiu o desenvolvimento de uma embarcação redonda, lenta, mas altamente eficiente, conhecida como *filibote,* ou "navio flauta", que exigia menos que a metade de tripulantes de outros navios com tonelagem semelhante. Inicialmente, a embarcação foi vitimizada pelo próprio sucesso; sua eficiência causou o desemprego de tantos marinheiros que muitos voltaram à pirataria.[25]

Em 1605, a VOC se deu conta de que, para seus lucros serem maximizados, ela precisaria do monopólio não só nos mercados de especiarias na Holanda, mas também no resto do mundo. Para atingir esse objetivo, ela precisaria de bases permanentes na Ásia, onde poderia armazenar mercadorias, reparar e abastecer os navios e coordenar as atividades sem interferência de governantes locais ou dos portugueses. No ano seguinte, a Companhia atacou Malaca, nas mãos dos portugueses, sem sucesso, e então voltou a atenção para o leste, as Ilhas das Especiarias e Java.

As forças espanholas de Manila tinham ocupado a Ilha de Ternate, nas Molucas, em 1606, e quando o sultão pediu ajuda à VOC, a companhia enviou tropas. Em várias décadas seguintes, os holandeses lentamente expulsaram os espanhóis das Molucas.[26] Devido ao atraso na comunicação entre as Índias e a Europa, a última batalha na guerra pela independência da Holanda contra os espanhóis ocorreu em Ternate, em 1649, um ano depois da assinatura do Tratado de Münster, em 1648.[27]

A medida seguinte após a tomada do comércio asiático pela VOC foi a conquista das ilhas de Banda pelos holandeses, pontos insignificantes nas Molucas visados na história por um solo único que as tornou a exclusiva fonte de noz-moscada e macis do mundo.

No século XVI, os portugueses e os espanhóis reduziram o norte das Molucas, produtora de cravos, à submissão, explorando a rivalidade entre suas ilhas, especialmente entre Ternate e Tidore. Ao mesmo tempo, os molucanos do sul, especialmente os bandaneses, prosperavam. Deixadas praticamente intocadas pelos ibéricos, elas colhiam noz-moscada e macis nas florestas que cobriam suas ilhas como faziam havia mais de mil anos. Elas ficaram ricas embarcando para Malaca, a 3 mil quilômetros para oeste, sua noz-moscada e seu macis, assim como cravos dos vizinhos do norte.

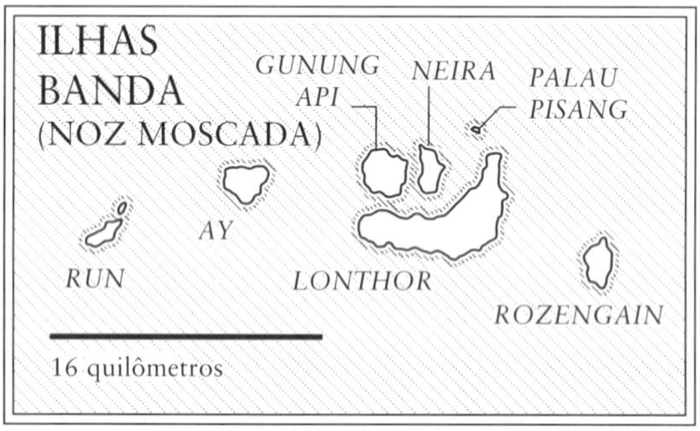

A VOC logo reconheceu que, se quisesse monopolizar o comércio de especiarias, os bandaneses teriam que partir. E assim foi, com brutalidade e eficiência, que se tornaram a marca registrada da política holandesa na Ásia. A maior e mais importante parte das ilhas de Banda consiste em três ilhas remanescentes de uma caldeira vulcânica — Lonthor, Neira e Gunung Api. A poucos quilômetros a oeste está a minúscula, mas fértil, Ay; e mais um pouco a oeste, a mais isolada do grupo, a ainda menor, Run.

Como os molucanos do norte, os bandaneses receberam bem os holandeses quando chegaram em 1599, como uma compensação à arrogância e ao proselitismo dos portugueses. A VOC facilmente enganou os ilhéus para que lhes vendessem a noz-moscada com exclusividade, a preços artificialmente baixos. Não se sabe se os bandaneses entendiam os documentos que assinaram, mas seja como for, logo surgiram as disputas. Os ilhéus eram totalmente dependentes da troca por comida com as ilhas vizinhas, um fato que pareceu não agradar aos holandeses no início. Simplesmente para evitar a fome, os bandaneses quase imediatamente "violaram" os "acordos" com a VOC. Pior, em 1609, os habitantes de Neira concederam ao capitão William Keeling, da EIC, permissão para a construção de um posto de comércio.

A desconsideração dos bandaneses pelas delicadezas da propriedade contratual dos europeus e a despreocupação do livre transporte dos britânicos, que não tinham gastado capital militar nas Molucas, enfureceram os holandeses, em grande parte porque a concorrência inglesa elevara os preços de compra. Nesse mesmo ano, a VOC enviou uma delegação a Lonthor para "negociar" um novo acordo. Os ilhéus caíram sobre os holandeses assim que aportaram e esquartejaram 47 soldados e oficiais. Um grupo de resgate holandês chegou tarde demais.

Entre os membros desse grupo estava um jovem "mercador júnior" cujo nome depois se tornaria sinônimo de eficiência e brutalidade holandesa: Jan Pieterszoon Coen. Antes de embarcar para as Índias, ele passara a adolescência como aprendiz em uma filial de uma companhia comercial holandesa em Roma, onde aprendera a nova ciência do método das partidas dobradas, que ainda não havia sido disseminada na Holanda.

Coen foi enviado, em 1607, para as Índias Orientais por três anos (durante os quais participou do grupo de resgate malsucedido em Lonthor). Ele então voltou à Holanda por dois anos. Em 1612, foi enviado outra vez como um "mercador sênior". Nessa posição, Coen submeteu uma análise brilhante, baseada nas novas técnicas contábeis, das operações da VOC, *Discoers Touscherende den Nederlantsche Indischen Staet*, que logo chamou a atenção da Heeren XVII. Em seu relatório, Coen, um verdadeiro ancestral espiritual do moderno contador, utilizou as inovadoras ferramentas de gestão do século XVII e observou que a empresa estava produzindo muito pouco lucro em suas complexas operações. Ele recomendou dois cursos de ação: primeiro, obter o monopólio das três preciosas "especiarias finas"

— noz-moscada, cravos e macis —, e segundo, que isso fosse conseguido a qualquer custo, incluindo a cruel exploração dos trabalhadores locais e a importação de colonos holandeses e mão de obra escrava.

Não se sabe se o envolvimento ou não de Coen no massacre de Lonthor seguia as recomendações do *Discoers* e sua futura brutalidade. Mas uma coisa é certa. O novo comércio devia ser realizado com a força das armas:

> Vossas Excelências devem saber por experiência que o comércio na Ásia deve ser realizado e mantido sob a proteção e o favor das armas dos senhores, e que estas devem ser pagas com os lucros do comércio, de modo que não podemos fazer negócios sem guerra, nem guerra sem comércio.[28]

Os primeiros a sentirem a força dessas armas foram os britânicos. Mesmo que o capitão inglês Keeling tivesse recentemente protegido a delegação da VOC em Ay do ataque dos nativos, os holandeses ainda desconfiavam, provavelmente de forma injusta, que ele conspirava com os bandaneses. Sem pessoal nem armas, tirados pelos holandeses, Keeling encheu seu barco de especiarias e partiu.

Nesse ponto, Neira já estava sob controle holandês. Lonthor, passando fome com o bloqueio, submeteu-se em seguida. Em 1610, o capitão David Middleton, da EIC, chegou a Neira. Impedido pela VOC, não carregou uma única noz-moscada. Então ele partiu secretamente para Ay, a poucos quilômetros a oeste, onde os habitantes locais ficaram felizes em carregar seus porões com especiarias finas, um truque usado por outros capitães da EIC nos anos seguintes.

Em 1615, a VOC perdeu a paciência com os ingleses e habitantes de Ay. Ela invadiu, só para ser repelida pelos ilhéus. Desta vez, suas suspeitas sobre a manobra dos ingleses foram procedentes. Armas inglesas foram descobertas na ilha e barcos ingleses observaram a ação, e talvez até tivessem disparado contra as forças da VOC. Os holandeses atacaram no ano seguinte, com resultados devastadores. Eles assassinaram centenas, dispersaram milhares e escravizaram os restantes. Ao perder o posto de comércio em Ay, a EIC simplesmente mudou sua base de operações para Run, alguns quilômetros a oeste. Nesse momento, Coen, que fora indicado para o posto de comandante local da VOC em Bantam, em Java, anos antes, advertiu os ingleses de que consideraria qualquer apoio dos bandaneses como um ato de guerra.

O aumento das hostilidades entre a VOC e a EIC gerou preocupação não só na matriz das companhias em Londres e Amsterdã, mas também em Windsor e Haia. Entre 1613 e 1619, os dois governos realizaram negociações de comércio tão contenciosas quanto qualquer conferência da OMC ou do GATT (Acordo Geral sobre Tarifas e Comércio). Os ingleses se enfureceram quando os holandeses enviaram como negociador-chefe ninguém menos que Hugo Grotius, o principal estudioso de assuntos legais da época e autor do princípio *Mare Liberum* — o conceito de que Deus concedera a todas as nações o direito de navegar pelos mares e negociar livremente.

Embora os ingleses o constrangessem citando suas teorias, Grotius era um retórico brilhante e não teve dificuldade em defender seu caso — o de que os ingleses, não tendo contribuído em nada para estabelecer o comércio com as Ilhas das Especiarias, não tinham nada a fazer ali. Exatamente quando as frotas da EIC e da VOC estavam prestes a entrar em confronto perto de Bantam, em março de 1620, o navio inglês *Bull* chegou com a mensagem para Coen do Heeren XVII: nove meses antes, as companhias haviam assinado um tratado de cooperação.

O acordo enfureceu Coen, que queria destruir até o último posto comercial e navio mercante inglês nas Índias Ocidentais. O termo concedia à EIC 1/3 dos lucros das Molucas, mas também a tornava responsável por 1/3 dos custos.

O arranjo deu a Coen as ferramentas para expulsar os britânicos, apesar de mais pacificamente do que gostaria. Como os ingleses não podiam competir financeiramente com os holandeses, era mais fácil ser mais esperto, especialmente para alguém como Coen, tão hábil na contabilidade quanto com um canhão. Repetidamente, ele apresentou à EIC enormes faturas de compras de especiarias, suprimentos para os navios e gastos militares que os ingleses não tinham a menor condição de pagar. Quando a Inglaterra alegou não ter fundos ou se recusou a oferecer navios de guerra para apoiar os ataques de Coen às ilhas, os holandeses se recusaram a deixá-los carregar especiarias.

Mais tarde naquele ano, a VOC, sem o apoio da Inglaterra, cometeu uma das atrocidades mais sangrentas da era colonial quando atacou a ilha de Lonthor e assassinou a maioria de seus quase 13 mil habitantes. Os poucos sobreviventes foram enviados para realizar trabalhos forçados em Java ou escravizados para cuidar dos craveiros que haviam sido deles. Nas décadas seguintes, os que foram enviados a Java foram devolvidos à terra natal quando os holandeses precisaram do conhecimento nativo para salvar os malcuidados bosques de noz-moscada.

Vários ilhéus escaparam para o oeste, especialmente para o porto buginês de Macáçar (situado ao longo das rotas marítimas que iam das Ilhas das Especiarias até Java e Malaca), onde se tornaram parte importante dessa comunidade comercial.[29] Enquanto isso, os ingleses foram deixados no controle nominal de Run e uma minúscula ilha vizinha. Embora os holandeses não tivessem expulsado fisicamente os britânicos de Run, com receio de transgredir o tratado de 1619, eles destruíram as árvores de noz-moscada.[30]

Enquanto consolidava seu monopólio nas Ilhas das Especiarias no leste do arquipélago indonésio, a VOC também estabelecia uma base importante na extremidade oeste de Java. Desafiando as ordens do Heeren XVII, o brilhante e monomaníaco Coen, que acabara de ser nomeado governador-geral, tomou Jacarta, uma pequena ilha de pescadores, do sultão de Bantam, em 30 de maio de 1619, e a renomeou como Batávia.

Em duas décadas, os holandeses conseguiram o que os portugueses foram incapazes de fazer no século anterior — adquirir o monopólio quase total de cravos, noz-moscada e macis. Mas, como os portugueses, eles não controlaram o comércio de pimenta, que estava por demais espalhado entre a Índia e a Indonésia.

A conquista das Ilhas das Especiarias foi parte de uma estratégia mais ambiciosa de tirar o controle do comércio asiático dos portugueses. Em 1622, os holandeses tiveram a ajuda involuntária dos persas e ingleses quando suas forças combinadas tiraram a ilha de Ormuz, guardiã da estreita entrada do Golfo Pérsico, das mãos dos portugueses. O imperador da Pérsia, Abbas I, havia muito pretendia reconquistar a posição de comando no golfo a fim de abri-lo para as exportações de seda, um monopólio real. Antes, a seda tinha que viajar por caravanas no território dos arqui-inimigos da Pérsia, os otomanos.

Ormuz, antes um dos postos de comércio mais movimentados e cosmopolitas do mundo, ficou deserto e nunca se recuperou, e sua queda mudou o aspecto do comércio na Ásia. Primeiro, os britânicos receberam uma base em Gombroon, no continente persa, depois renomeada como Bandar Abbas ("Porto de Abbas"), que dominou o estreito até os dias de hoje. Segundo, o golfo agora estava fechado aos portugueses e também aos gujaratis e acheneses do oeste de Sumatra. Isso, por sua vez, fechou o antigo comércio de caravanas no deserto da Síria, que por mil anos levou especiarias do Oceano Índico ao Levante e Veneza.

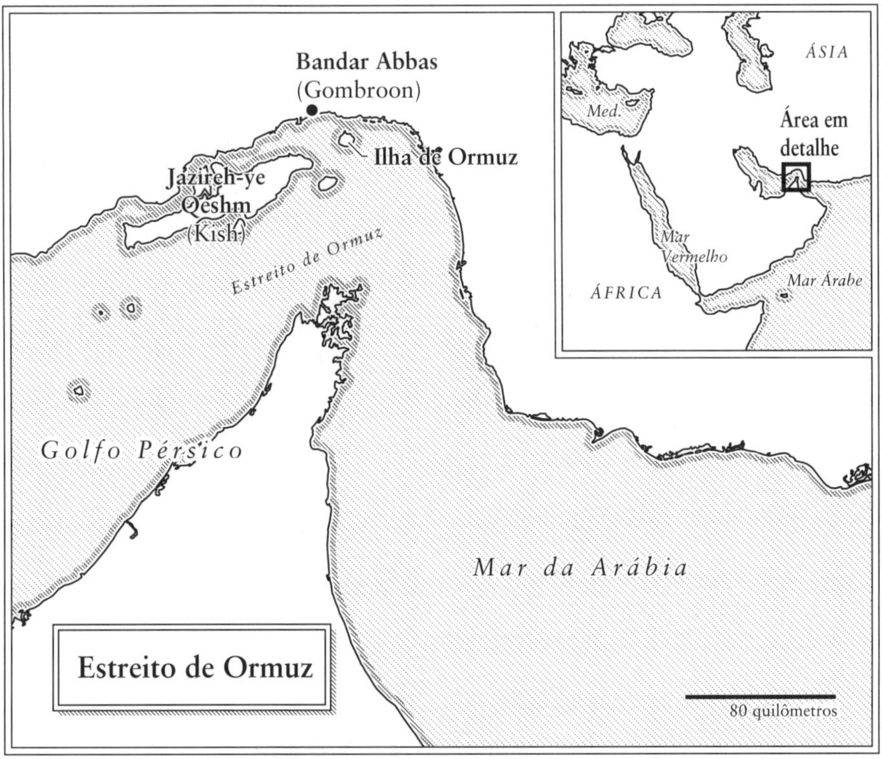

Paradoxalmente, o verdadeiro beneficiário da conquista anglo-persa de Ormuz foi a VOC.[31] Vitoriosos nominais em Ormuz, os persas e ingleses, tiraram pouca vantagem da conquista recente do golfo, os primeiros porque não tinham frota mercante, e os últimos porque não tinham mais especiarias das Molucas para levar às caravanas nos portos do Golfo Pérsico. Os holandeses praticamente haviam tirado os ingleses do comércio de especiarias, e só no final do século XVII a EIC conseguiria explorar outras mercadorias e, outra vez, desafiar a VOC.

Os holandeses aproveitaram esse golpe de sorte e tomaram o Sri Lanka dos portugueses em uma longa e sangrenta campanha que durou de 1638 até 1658 e adicionou o lucrativo monopólio da canela ao seu portfólio. Finalmente, eles fecharam completamente as últimas brechas para as Ilhas das Especiarias ao colocar o porto buginês de Macáçar, um importante mercado de especiarias para comerciantes asiáticos, nas mãos da VOC, em 1669, e tomar Bantam, a principal base inglesa na Indonésia, em 1682.

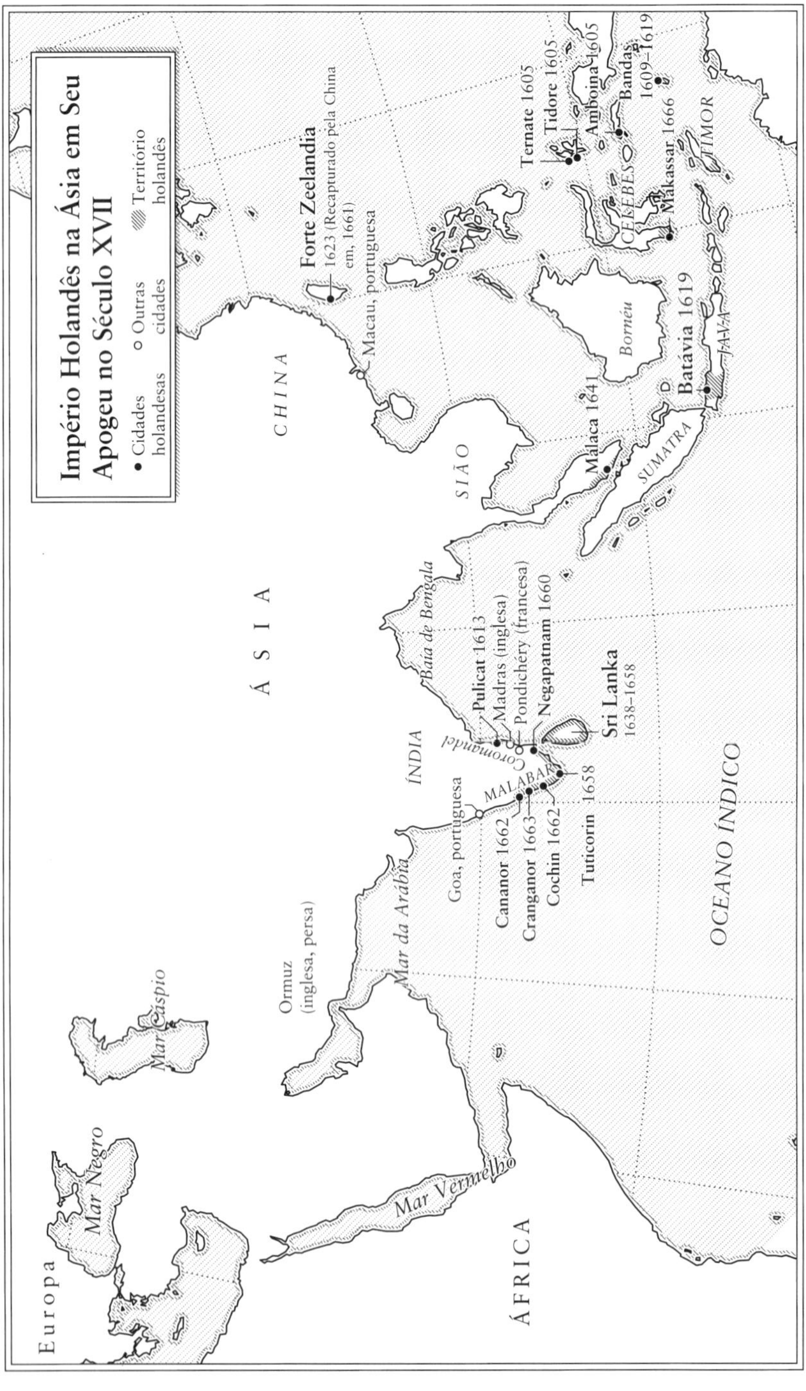

Império Holandês na Ásia em Seu Apogeu no Século XVII
• Cidades holandesas
○ Outras cidades
Território holandês
Europa
Mar Negro
Mar Cáspio
ÁFRICA
Mar Vermelho
Ormuz (inglesa, persa)
Mar da Arábia
ÁSIA
ÍNDIA
Goa, portuguesa
MALABAR
Cananor 1662
Cranganor 1663
Cochin 1662
Tuticorin 1658
Coromandel
Baía de Bengala
Pulicat 1613
Madras (inglesa)
Pondichery (francesa)
Negapatnam 1660
Sri Lanka
1638–1658
OCEANO ÍNDICO
SIÃO
CHINA
Macau, portuguesa
Forte Zeelandia
1623 (Recapturado pela China em, 1661)
Malaca 1641
SUMATRA
Bornéu
Batávia 1619
JAVA
CELEBES
Makassar 1666
Ternate 1605
Tidore 1605
Amboina 1605
Bandas
1609–1619
TIMOR

Com a queda de Ormuz e a quase eliminação do poder português no Oceano Índico, a única rota aberta aos concorrentes asiáticos era o Mar Vermelho. Depois de 1630, os turcos perderam o controle de sua entrada em Bab-el-Mandeb para um imã iemenita, que reabriu o comércio para todos, incluindo os europeus, pelo porto de Moca, perto de Áden. Embora o Mar Vermelho estivesse teoricamente aberto, os concorrentes da Holanda não tinham especiarias para transportar por ele. Os acheneses, que haviam desafiado o sistema de *cartaz* dos portugueses com sucesso no século XVI, desapareceram do Oceano Índico ocidental. As razões exatas para a sua queda não estão claras, mas é provável que os mercadores de Aceh não podiam comprar especiarias devido à crescente presença da VOC em Sumatra.

A tecnologia marítima holandesa havia se aprimorado a ponto de tornar a rota ao redor do Cabo da Boa Esperança muito mais rápida e barata do que o "Caminho de Sinbad" e a do Mar Vermelho. O controle da VOC sobre as Ilhas das Especiarias era tão completo, a navegação dos holandeses, tão eficiente, e as contas da Companhia, tão bem financiadas e geridas, que, no início do século XVII, eles inundaram intencionalmente o Mediterrâneo com pimenta e ervas finas do *oeste* via Gibraltar. Embora isso reduzisse os lucros, os preços baixos tornavam as rotas terrestres dispendiosas e, assim, condenou o antigo comércio veneziano pela costa leste do Mediterrâneo.[32] Um século e meio depois, Veneza, sem sua maior fonte de receita, seria alvo fácil para o exército de Napoleão.

No final, Tomé Pires, o farmacêutico, aventureiro e autor português que vimos no Capítulo 4, ainda não tinha entendido quando disse sua famosa frase: "Quem for senhor de Malaca será senhor de Veneza." Para ser senhor de Veneza, era necessário ser também senhor de Sunda, do Cabo da Boa Esperança e das Ilhas das Especiarias. Os portugueses ainda não tinham conseguido, mas em meados do século XVII, os holandeses finalmente dominaram o mercado de especiarias e derrubaram Veneza.

A parte mais lucrativa dos negócios da VOC ocorria totalmente na Ásia e, assim, evitava a longa e traiçoeira rota do Cabo. Quando o xogunato tokugawa expulsou os portugueses em 1638, a VOC adquiriu um posto de comércio japonês na pequena ilha de Dejima, no porto de Nagasaki. Os japoneses criaram essa ilha artificial com aterro com o exclusivo objetivo de obrigar o isolamento do que os tokugawas viam como as influências ocidentais mais perigosas: o cristianismo e as armas de fogo. Em Dejima, a prata era carregada em navios holandeses, até os tokugawas proibirem sua exportação em 1668, e os holandeses a substituíram por ouro e cobre.

Os holandeses se adaptaram bem aos seus anfitriões isolacionistas. Ambos gostavam de bebidas fortes e farras (que eram evitadas pelos abstêmios portugueses), e os calvinistas eram menos obcecados em salvar almas do que em obter lucros. (Carlos X, da Suécia, em resposta a um diplomata da Holanda que fizera um sermão sobre liberdade religiosa, foi famoso por tirar uma moeda holandesa do bolso com uma frase famosa, "*Voilà votre religion*".[33])

Durante os mais de dois séculos em que os tokugawas separaram o Japão do mundo exterior, Dejima serviu como a única janela para o Ocidente. No início, os holandeses da ilha recebiam apenas o básico, "provisões e prostitutas", mas logo a curiosidade dominou os japoneses. A atração da cultura ocidental e o conhecimento tecnológico, ou "o aprendizado holandês", ajudariam a abrir o Japão muito antes do surgimento dos navios negros do comodoro Matthew Perry em 1854.[34]

Enquanto se davam relativamente bem com os japoneses, os holandeses ofendiam os chineses ao se recusar a vender especiarias aos mercadores da China em Sumatra e Java. Lembre-se de que os chineses consumiam mais especiarias, principalmente pimenta, do que os europeus, e de que a VOC agora controlava a maior parte do comércio. Os chineses responderam enviando sua seda diretamente ao Japão e à Manila espanhola (de onde viajava em galeões de Manila ao México.) Coen retaliou capturando barcos na rota Cantão-Manila, alienando ainda mais os chineses, e em 1622, ele tentou tomar Macau. Quando a tentativa falhou, Coen forçou os chineses a ceder afundando oito barcos ao longo da costa sul da China. Com o comércio estrangeiro parado, os chineses concederam à VOC um posto de comércio permanente em Taiwan — Fort Zeelandia —, cujos depósitos logo se encheram de especiarias, sedas, porcelana e drogas.[35]

O centro comercial da Ásia continuou no oeste de Java, alcançado com facilidade pela rota das Quarentas Rangentes descoberta por Brouwer. Tivesse o Messias voltado à Terra em 1650, ele certamente teria trocado de navio na Batávia. Quase todos os carregamentos para e da Holanda passavam por esse grande porto, que também servia de centro nervoso de uma complexa rede de comércio intra-asiática. Ervas finas da Indonésia; ouro, cobre e prata do Japão; e chá, porcelana e seda da China transitavam por seus depósitos para as costas oriental e ocidental da Índia, onde eram trocados por algodão. O tecido indiano era então enviado para a Batávia para pagar por mais especiarias, sedas e outros produtos. Esse comércio asiático interno foi o mais próximo a uma máquina perpétua de dinheiro em movimento que o mundo já viu.[36] Somente os produtos mais sofisticados — as sedas mais finas, as especiarias de melhor qualidade, o ouro, a porcelana e joias preciosas — voltavam a Amsterdã pelo Cabo.

Um prisioneiro inglês do século XVII em Batávia calculou que em qualquer momento a VOC tinha até 200 navios e 30 mil homens nas Índias. Considerando a alta taxa de mortalidade entre os empregados — cerca de 1/4 dos homens morria apenas na viagem de ida —, a VOC precisava de um fluxo constante de candidatos, e não apenas das ruas das Províncias Unidas. Sua necessidade de mão de obra era tão grande que, a partir de meados do século XVII, a maioria de seus soldados e marinheiros vinha do estrangeiro, especialmente da Alemanha.

Esse terrível esforço de recrutamento era conduzido por grupos especializados, compostos principalmente de mulheres, as *zielverkoopers* (literalmente, "vendedoras de almas"). Seus alvos eram jovens estrangeiros, principalmente alemães, que inundavam as cidades holandesas em busca de fortuna. Em troca de uma redução no adiantamento e pagamento futuro pela Companhia, as mulheres anunciavam moradia, comida e o tipo de entretenimento geralmente procurado por jovens descompromissados durante as semanas e meses até partirem para a Ásia.

A realidade ficava longe da promessa. Um relato da época descreveu trezentos homens em um único sótão,

> onde deviam ficar dia e noite, realizavam suas funções naturais e onde não tinham lugar adequado para dormir, mas precisavam deitar-se amontoados uns sobre os outros, e a taxa de mortalidade era tão assustadora que os donos, sem ousar informar o número correto de mortes, às vezes enterravam dois corpos em um caixão.[37]

Holanda sendo Holanda, essa transação faustiana gerou um instrumento financeiro, neste caso o *transportbrief* — um título comercializável autorizando as *zielverkoopers* a reduzir os salários do candidato, pago pela Companhia, à medida que eram ganhos. Outros investidores então compravam esses títulos com desconto, o que refletia a alta taxa de mortalidade do pessoal da VOC, e os reuniam em grupos de capital humano diversificado e lucrativo. Esses magnatas eram chamados, naturalmente, de *zielkoopers* — *compradores* de almas. Quando, no século XVIII, a mortalidade entre os soldados e marinheiros da VOC disparou devido à negligência nos procedimentos da Companhia, muitos *zielkoopers* foram à falência.

Mais da metade do milhão de homens embarcados nos portos da Holanda para o Oriente nunca voltou. Nas palavras do historiador de economia Jan de Vries: "Não é exagero dizer que a Companhia limpou as ruas da cidade de mendigos e desempregados."[38] A baixa qualidade desses recrutas acabaria sendo o calcanhar de Aquiles da VOC. Em contraste, a EIC compreendeu que precisava de homens que sabiam navegar, lidar com cargas e lutar para servir em seus relativamente pequenos e pouco tripulados *indiamen*. A Companhia Inglesa selecionava só os candidatos mais qualificados e lhes concedia liberação das gangues da imprensa [entrada forçada na marinha] da Marinha Real.[39]

Se centenas de milhares deixaram os portos holandeses para levar uma vida miserável e aterradora no mar ou em pestilentos portos asiáticos, a volta das cargas do Oriente também era algo digno de nota. A VOC colocava navios-vigias em constante patrulha nas águas nacionais, e um prêmio em dinheiro ia para o capitão cuja tripulação fosse a primeira a identificar um *indiamen* vindo do Oriente.

Representantes da Companhia em altos cargos iam até os navios que chegavam em saveiros. O primeiro destino era o navio-chefe, onde o comandante da expedição lhes apresentava um breve relatório. Que mercadorias estavam a bordo? Quantos homens e navios foram perdidos? Alguma embarcação estranha tinha se aproximado durante sua chegada ao porto? O grupo de recepção então se dividia entre os navios que chegavam. O condutor de cada um entregava uma bolsa de couro, com diamantes e joias, e também o registro, que eram levados de volta ao saveiro dos delegados. Estes, então, inspecionavam as contas e as bolsas. Interrogavam os oficiais e a tripulação sobre a viagem. Os oficiais e ajudantes tinham algo a dizer sobre a tripulação? A tripulação tinha queixas sobre o comando do navio? Os delegados usavam botes de baixo calado especiais chamados de *lighters* para coletar cargas e prisioneiros, além de equipamentos, roupas e mercadorias pessoais da tripulação, e inspecionavam as armas e a munição do navio.

Funcionários especiais dos *lighters* desciam os fardos de especiarias para os botes à espera. Esse trabalho árduo e estafante fazia a garganta queimar; os homens aliviavam o desconforto com gim e biscoitos. Finalmente, os delegados iam aos porões do navio, onde supervisionavam o descarregamento dos pesados produtos de lastro: arroz javanês, cobre japonês e porcelana chinesa de qualidade inferior. (Porcelanas de primeira viajavam no convés superior.) Os *lighters* cheios voltavam para o porto fluvial onde se dividiam pela complexa rede de canais holandeses até os depósitos dos *kamers* (as filiais regionais da Companhia). Dever cumprido, os delegados partiam em seus saveiros e se reuniam no escritório principal, onde apresentavam as bolsas de couro com pedras preciosas ao Heeren XVII para serem abertas.

Agora vinha a parte difícil: distribuir a enorme quantidade de mercadorias sem reduzir os preços. A VOC usava vários arranjos diferentes, mas o mais comum envolvia vender todo o estoque de uma certa mercadoria a um preço fixo, com a promessa de que a Companhia não liberaria futuras ações durante um período determinado — em holandês, o *stilstand* —, para proteger o comprador. Por exemplo, em 1624, um grupo de três comerciantes de especarias combinara comprar mais de 900 toneladas ao preço de atacado de 4 milhões de florins com um *stilstand* de 24 meses. Mais de um século se passaria até que as empresas comerciais e os mercadores de qualquer outra nação conseguissem regular o comércio em uma escala tão grande.[40]

O controle da VOC do mercado de especiarias era tão completo que, por mais de cinco décadas após 1690, ele pôde fixar os preços da noz-moscada e dos cravos em um nível quase constante. Essa habilidade não foi aprendida com facilidade, principalmente se considerarmos a grande flutuação dos rendimentos das plantações. Em 1714, 680 toneladas de cravos foram colhidas no norte das Molucas; em 1715, 90 toneladas. Em 1719, a colheita foi imensa, e a demanda europeia, tão pequena, que a maior parte da noz-moscada e dos cravos teve que ser destruída. Certo ano, os holandeses plantaram agressivamente; no seguinte, derrubaram dezenas de milhares de árvores.[41]

Exatamente quando as frotas, os *lighters* e os depósitos gemiam com a opulência da Ásia, via-se a fartura da Europa se acabando: cordas da Alemanha, lonas da Rússia, madeira da Noruega, sal ibérico, sabonete francês, couro inglês, queijo de Edam, carvão de Newcastle, arenques da Holanda e moedas cunhadas em prata do Novo Mundo.

Poucas coisas estimulam tanto a inveja e a beligerância de outras nações quanto a riqueza originada pelo comércio. Essa tendência emocional subjacente permeou as relações anglo-holandesas durante os séculos XVII e XVIII, quando a Inglaterra e a Holanda se envolveram em quatro conflitos armados de grande escala. Essas eram literalmente guerras de comércio, não a pantomima comercial e diplomática estéril de nossa época.

A assinatura do Tratado de Münster, em 1648, que terminou a Guerra dos Oito Anos entre holandeses e espanhóis e deu à Holanda a sua independência, liberou todo o potencial comercial holandês, que antes fora limitado pela ameaça do domínio e bloqueio espanhóis.

O novo poder comercial da Holanda foi um golpe duro para a Inglaterra. Com a ameaça espanhola afastada, os ingleses não chegavam aos pés dos mercadores holandeses. Estes, de repente, estavam em todos os lugares no Báltico, na Espanha e no Mediterrâneo, carregando madeira, sal, vinhos e azeite em seus navios, que antes trafegavam sob a bandeira inglesa.[42]

A resultante queda na economia inglesa, além do domínio holandês no Oceano Índico e sua rejeição à abertura de Oliver Cromwell em formar uma união anticatólica depois da decapitação de Carlos I em 1649, levou à aprovação do Ato de Navegação em 1651. A lei proibia o comércio de terceiros na Inglaterra — isto é, embora fosse perfeitamente legal um navio estrangeiro desembarcar seus produtos nos portos de Londres, desembarcar produtos de outro país não era permitido. Como essa lei se aplicava à maioria das cargas dos navios holandeses, o ato acabou sendo uma declaração de guerra contra a Holanda.

A marinha e os piratas de Cromwell começaram a atacar centenas de navios holandeses, e sete meses após aprovação da lei começou a primeira guerra anglo-holandesa. Foram três conflitos entre 1652 e 1672, cada qual travado de perto, em que os holandeses geralmente venciam.

Na primeira guerra, que durou até 1654, a navegação da Holanda no norte da Europa foi devastada pela captura ou naufrágio de mais de 1.200 navios. Mesmo assim, no final, os holandeses usaram sua habilidade para controlar os pontos de estreitamento em Gibraltar e no estreito entre a Suécia e a Dinamarca. Mercadores ingleses, presos em portos suecos, italianos e alemães, e a Marinha Real, com seus suprimentos de madeira escandinava, ameaçaram e pressionaram o Parlamento para assinar a paz.

Mas por pouco tempo. A Holanda era mais vulnerável em Oresund, um estreito de cerca de 3 quilômetros de largura entre o que hoje é a cidade dinamarquesa de Helsingør (a Elsinore de Hamlet) e a cidade sueca de Helingsborg. Grãos, madeira e metais escandinavos e alemães vitais, que alimentavam e supriam a Holanda, e o arenque e os produtos manufaturados que pagavam por eles, atravessavam essa passagem essencial. Nos séculos XVI e XVII, os dinamarqueses, que podiam atirar em qualquer navio no estreito de fortes de ambos os lados, cobravam tarifas — as chamadas "taxas de som" — de todos os navios mercantes que passavam. Quando o poder naval e de comércio holandês cresceu, também cresceu a importância da estabilidade e estrutura tarifária razoável no estreito, e a mais fraca Dinamarca se viu como um Estado cliente da Holanda.

Em 1658, Carlos X da Suécia atacou Copenhague e o estreito. Como a Suécia e a Dinamarca eram aliadas da Inglaterra e da Holanda, respectivamente, essa se tornou uma guerra anglo-holandesa indireta. Os holandeses, embora feridos e exaustos do conflito de 1652–1654, reuniram suas últimas reservas navais e de terra para obrigar os suecos e ingleses, cuja marinha começara a patrulhar águas dinamarquesas, a recuar. Em uma série dramática de acontecimentos, os almirantes holandeses Obdam e de Ruyter romperam o cerco sueco em Copenhague, expulsaram os ingleses do arquipélago dinamarquês e abriram Oresund, escoltando um grande trem mercante sob fraco fogo sueco e aos olhos assustados de Carlos X, que observava do castelo de Helsingør.

O ressentimento pela hegemonia comercial dos holandeses não se limitava à Inglaterra. Em 1667, a França desafiou o comércio holandês no Báltico quando Colbert, ministro das finanças de Luís XIV, criou a Compagnie du Nord para levar sal e vinho francês para a Suécia e Alemanha, um comércio dominado pelos Países Baixos. Ao mesmo tempo, Colbert impôs tarifas draconianas aos tecidos, ao tabaco e ao óleo de baleia holandeses.

O formidável poder de fogo financeiro da Holanda ganhou o dia; a Compagnie não conseguiu equiparar a habilidade dos holandeses de pagar aos mercadores franceses com antecedência por seu vinho e sal. Colbert deveria saber que não poderia competir com a Holanda, que, para piorar a situação, mirou a Compagnie despejando madeira escandinava nos mercados franceses a preços reduzidos, diminuindo muito o valor da madeira importada pela Compagnie du Nord.

Os franceses responderam com uma competição comercial por outros meios e invadiram a Holanda em 1672. O estatuder Guilherme III derrotou os franceses abrindo os diques e inundando as rotas de aproximação a Amsterdã. Frustrados na confusão do comércio e no campo de batalha, Luís XIV e Colbert fecharam a Compagnie em 1675. Para piorar, em 1688, Guilherme invadiu a Inglaterra e subiu ao trono britânico como rei William com o objetivo único de estabelecer uma aliança antiFrança.

O período após 1648 marcou a era de ouro da Holanda, tão bem captada por Rembrandt e Vermeer. Não só ela tinha uma posição de domínio nas rotas de comércio mundiais, mas seus fabricantes tinham poucos concorrentes. No final do século XVII, os turcos passaram a apreciar muito a lã sedosa de Leiden, que artesãos venezianos não tinham condições de imitar; em 1670, o senado de Veneza concluiu que a única forma de reviver sua indústria têxtil seria importar equipamentos holandeses. Importadores ingleses enviavam o açúcar cru para ser refinado na Holanda, seu tabaco para ser processado, e seus diamantes brutos para serem lapidados. As donas de casa do continente exigiam Delftware, uma imitação barata da porcelana chinesa azul, e o sabonete e o óleo de baleia para lâmpadas comprados dos holandeses melhoraram os padrões de higiene dos europeus e tornavam as ruas mais seguras à noite. Mesmo o papel, a tradicional provisão dos fabricantes italianos e franceses, foi substituído pelas resmas macias e brancas vindas da cidade de Zaan, no norte.[43]

As decisões dos mercadores e políticos em Londres, assim como a mudança no paladar dos consumidores ocidentais, logo findariam a era de ouro da Holanda. Ironicamente, a tomada da Coroa inglesa por Guilherme III desencadeou eventos que abriram o caminho para a Inglaterra substituir a Holanda como superpotência militar e econômica do mundo. A era das especiarias estava chegando ao fim, e os britânicos, afastados das Índias Orientais, voltaram a atenção para o norte da Índia e da China, e no ocidente, para o Caribe e a África, onde prosperariam com as mercadorias do futuro: algodão, chá, açúcar, ópio e escravos.

10

Transplantes

Poucas imagens da história norte-americana são tão conhecidas quanto as dos primeiros patriotas da nação, fantasiados de índios com cobertores e rostos pintados de preto, atirando chá no porto de Boston em 16 de dezembro de 1773, ostensivamente exigindo "Não à tributação sem representação". Esse slogan incitante refletiu as necessidades da propaganda dos revolucionários mais que os fatos.

Quando Arthur M. Schlesinger Sr. — pai do ilustre historiador de Harvard e assistente de John F. Kennedy — tratou desse tema em um ensaio de 1917, intitulou-o de "A Revolta contra a Companhia das Índias Orientais".[1] Um historiador que escrevesse sobre o evento hoje poderia muito bem chamá-lo de "a primeira manifestação norte-americana contra a globalização".

No final do século XVIII, os britânicos em todos os lugares eram viciados em chá, e os colonos no Novo Mundo não eram exceção. Antes da Revolução Americana, o governador Thomas Hutchinson, de Massachusetts, que também era um comerciante, calculou que os norte-americanos consumiam cerca de 3 mil toneladas de chá por ano: mais de mil quilos *per capita*. Na verdade, o único imposto cobrado sobre o chá era uma taxa de importação de cerca de 10% imposta pelo Ato Townshend durante seis anos antes da "Festa do Chá", em Boston. Os colonizadores driblavam essa modesta taxa contrabandeando as folhas secas via Holanda e França. Apenas cerca de 5% do consumo era de fato declarado à Coroa. Por que, então, os habitantes de Boston se rebelaram em 1773, seis anos após o fato? Simples: eles jogaram o chá no porto porque temiam que a Companhia das Índias Orientais (EIC) o cobrassem deles.

Na crise global que se seguiu à Guerra dos Sete Anos — um conflito mundial devastador entre a França e Inglaterra, de 1756 a 1763 —, os ingleses se viram em dificuldades fiscais e decidiram reparar as finanças com recursos das colônias. A Lei do Selo de 1765, que taxava documentos legais, jornais, panfletos e até baralhos na América do Norte Britânica, provocou protestos generalizados; ela foi revogada no ano seguinte. Um ano depois, foi seguida por um Ato Townshend mais moderado, que também suscitou queixas de taxação sem representação.

A guerra também atingira a EIC fortemente e, no início dos anos de 1770, ela precisava muito do auxílio do governo. O Ato Townshend proibia a EIC de fazer leilões com intermediários, que então embarcavam as mercadorias a atacadistas norte-americanos, que finalmente as vendiam a comerciantes locais. Em maio de 1773, o Parlamento, a pedido da EIC, passou a Lei do Chá. Ela não impunha novos impostos, mas permitia à Companhia, pela primeira vez, importar chá diretamente da Ásia para a América. A lei reduziu o preço do chá pela metade e foi, portanto, um benefício dos consumidores da colônia.[2]

Os intermediários, eliminados pela lei, contrabandistas locais e mercadores de chá não ficaram felizes com a nova legislação. Quando a notícia de sua aprovação chegou em Boston em setembro de 1773, esses dois grupos agiram contra a "concorrência estrangeira desleal" por parte da EIC. Ignorando o inconveniente fato de que a lei pouparia a seus conterrâneos uma quantia substancial de dinheiro, mercadores e contrabandistas envolveram seus argumentos na conhecida linguagem protecionista do interesse nacional. Um editorialista escrevendo com o pseudônimo de "Um Patriota Consistente" ressaltou que a nova legislação custaria o sustento dos honestos mercadores americanos "para dar lugar a um fator da Índia Oriental, provavelmente no norte da Inglaterra, para prosperar às custas do que hoje são ganhos honestos de *nossos próprios* comerciantes".[3] Outros, confiantes na ignorância e partidarismo de seu público, lançaram o slogan da tributação sem representação e a ameaça exagerada do domínio de todo o comércio norte-americano pela Inglaterra. Porém, pelo menos um conselho municipal via os fatos com mais clareza e concluiu que os que protestavam o faziam "por que o novo Método de Venda neste País pela Companhia das Índias Orientais provavelmente feria o interesse particular de muitas pessoas que comercializam o Chá".[4]

Em novembro de 1773, os indiamen do Oriente, *Dartmouth, Beaver* e *Eleanor,* entraram no porto de Boston com as primeiras cargas do chá da EIC. Os conspiradores, provavelmente liderados por Samuel Adams, estavam bem preparados e muito disciplinados; eles limparam os deques quando terminaram e não pegaram o chá para uso pessoal ou venda posterior.

Na época da Revolução Americana, os conhecidos elementos da globalização estavam presentes. Corporações internacionais embarcavam seus produtos para o outro lado do planeta e moldaram as preferências do consumidor ao ponto de que uma bebida quente feita com folhas secas fosse considerada "um artigo comum e necessário à subsistência". Grupos de colonizadores com interesses especiais usaram o jargão protecionista contra o bem-estar de muitos e contra as grandes companhias, inesperadamente acusados de serem agentes de uma cultura estrangeira.

Antes de 1700, o comércio global girava em torno do comércio armado, que procurava preservar monopólios em artigos famosos de locais exóticos. Somente uma vez, no século XVII, os holandeses atingiram esse objetivo, quando dominaram o mercado de ervas finas nas Molucas e no Sri Lanka.

Depois de 1700, o padrão mudou totalmente. Novos produtos — café, açúcar, chá e algodão —, que antes eram pouco conhecidos no Ocidente e cuja produção podia ser facilmente transplantada a outros continentes, passaram a dominar o comércio global. Não era mais possível obter lucros imensos descarregando algumas toneladas de especiarias, seda ou incenso nos portos da Antuérpia, de Londres, Lisboa, Amsterdã ou Veneza. Além disso, as empresas teriam que estimular a demanda para os novos produtos para o mercado de massa.

A Figura 10-1, que mostra a porcentagem de importações para Amsterdã pela Companhia Holandesa das Índias Orientais (VOC), indica claramente a supremacia desses produtos. (Na verdade, essa representação subestima sua importância na Europa, visto que a EIC passou a controlar a maior parte na importação de têxteis e bebidas, mas comercializava muito poucas especiarias.) Ninguém podia esperar manter o monopólio em itens tão facilmente cultivados e produzidos, e a nação mais eficiente no novo comércio de altos volumes, a Inglaterra, lentamente percebeu que o livre-comércio pacífico servia melhor aos seus interesses.

A história do surgimento das multinacionais e dos bens para o mercado de massa começou com outro produto, o café, que durante mais de meio milênio foi mais que apenas uma bebida. A noz-moscada, o cravo-da-índia, a canela e a pimenta outrora fascinavam os ricos e poderosos, mas por fim, saíram de moda. Em contraste, o líquido escuro preparado com grãos torrados de *Coffea arabica* ainda prende a atenção de presidentes de corporações, primeiros-ministros e de um número sempre crescente da população do mundo. Durante cinco séculos após sua introdução no mundo islâmico, essa bebida quente e saborosa tem estimulado relações sociais, transações financeiras e, às vezes, revoluções.

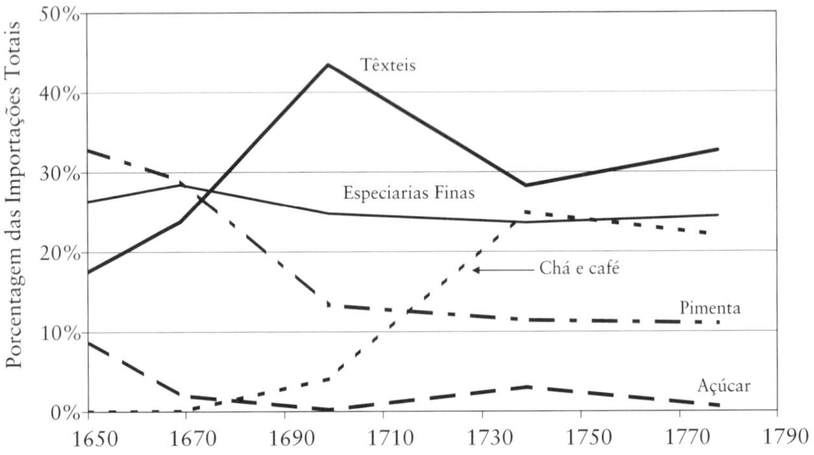

Figura 10-1. Importações da Companhia Holandesa das Índias Orientais em Amsterdã

Diz a lenda que por volta de 700 a.C., um pastor etíope notou que, ao chegar a um determinado pasto nas montanhas, seus camelos e cabras nunca descansavam, mas se agitavam a noite toda. Ele investigou e constatou que seus animais se alimentavam das frutinhas vermelhas de um pequeno arbusto. Quando ele mastigou algumas dessas frutas, também se sentiu revigorado.[5] Embora seja quase certo que esta história seja apócrifa, a maioria das autoridades concorda que o café foi primeiro cultivado na Etiópia logo depois de 1000 a.C. e então atravessou o Mar Vermelho até a Arábia Felix (hoje Iêmen), onde membros da seita sufi — um ramo místico do Islã — começaram a consumi-lo com regularidade.

Os sufis raramente eram sacerdotes em tempo integral; como a maioria dos crentes, eles trabalhavam durante o dia. De modo quase único entre os fiéis do mundo, eles resolveram esse problema realizando seus rituais, nos quais procuravam atingir uma espécie de transe isolado e imaterial, tarde da noite. Por volta do século XV, os sufis começaram a tomar café para ficar acordados, em vez do tradicional estimulante iemenita, as folhas de *qat*.

O fato de os sufis não serem eremitas monásticos, mas homens com ocupações comuns, apressou a disseminação do café da esfera religiosa para a secular. Um dos primeiros não sufis a notar seus efeitos curativos foram os muftis de Áden, que, quando adoeciam,

> tomavam um pouco de café na esperança de lhes fazer bem. Não só a saúde dos muftis era restaurada pela bebida, mas logo eles ficavam sensíveis às outras propriedades do café; em especial, ele clareava a mente, aumentava o ânimo e evitava o sono sem causar indisposição.[6]

No final do século XV, o café assumiu duas funções modernas como um estimulante social e auxílio para viver a vida monótona e cansativa do dia a dia.[7] Um antigo observador europeu, impressionado com sua promoção de honestas interações humanas e relações de negócios, notou que ele

> qualifica os homens a formar elos na sociedade, e compromissos rigorosos, mais que qualquer outra coisa... e a fazer suas contestações muito mais sinceras, já que elas vêm da mente livre de emanações, e não são facilmente esquecidas, o que ocorre com frequência quando são feitas pelos homens em seu vinho.[8]

Com o aumento da demanda, o cultivo organizado logo tomou conta das colinas ao norte do porto de Moca, no Iêmen, dentro de Bab-el-Mandeb. Suas plantações de café alimentaram um hábito que se espalhou depressa para o norte pelas rotas comerciais do Mar Vermelho. Por volta de 1500, o café chegou a Jidá, o ponto de transferência entre os grandes navios mercantes do Oceano Índico e as embarcações de baixo calado que percorriam o norte do Mar Vermelho. Ali ele se tornou sucesso instantâneo, e Jidá assumiu uma importância parecida com a de Seattle. Um observador europeu em Jidá notou:

> Eles tornaram seu uso tão comum, que era vendido publicamente em casas de café, onde se reuniam, com a desculpa de passar o tempo de modo mais agradável; ali, jogavam xadrez e mancala, até por dinheiro. Ali se divertiam, tocavam instrumentos e dançavam; coisas que os maometanos mais rígidos não aceitam; o que não falhou em causar problemas no final.[9]

Sempre que as cafeterias ficavam cheias, e as mesquitas, vazias, os problemas realmente chegavam. Em Meca, seu mensageiro foi o governador mameluco Khair Beg al-Mimar, um típico burocrata desmancha-prazeres, obcecado pelo medo de que em algum lugar, de alguma forma, as pessoas estavam se divertindo. Em 1511, com a colaboração de dois médicos persas, ele proibiu a bebida, por razões médicas e morais. Os habitantes de Meca menosprezaram a decisão, e uma regra formal vinda do Cairo sabiamente permitiu o consumo doméstico. Em alguns anos, Khair Beg e os dois médicos tiveram uma morte horrível, embora isso provavelmente tenha tido mais a ver com a conquista otomana do que com espressos.[10]

O mesmo tipo de moralidade ocorreu quando a bebida se espalhou para o norte e o leste no mundo muçulmano. Pequenas xícaras com o líquido forte não adoçado, às vezes aromatizado com cravos, anis ou cardamomo, chegaram aos haréns; as mulheres consideravam um fornecimento regular dos grãos torrados como obrigação conjugal essencial, e não fornecê-los era motivo de divórcio.[11]

Em 1555, um homem de negócios sírio chamado Shams levou os grãos e a sensação para Constantinopla, onde dentro de poucas décadas foram abertas centenas de cafeterias. Elas ficavam "lotadas dia e noite, as classes mais pobres realmente mendigando nas ruas com o único objetivo de comprar café".[12] Pouco tempo depois, o drama familiar se desenrolou no Bósforo, onde o perverso e inculto vizir Mahomet Kolpili, o poder por trás do sultão Murat IV, fechou as cafeterias, temeroso de que poderiam fomentar uma revolução. Mais ou menos no mesmo tempo, na Pérsia, a mulher do imperador Abbas I provou ser politicamente mais hábil; ela não fechou os estabelecimentos, mas infiltrou neles agentes que desviavam a conversa da política para temas mais aceitáveis.[13]

No início do século XVII, visitantes do Ocidente não deixavam de notar que entre 2 e 3 mil cafeterias prosperavam no Cairo. Em Constantinopla, o viajante Pietro della Valle observou que nas casas dos ricos,

> um grande fogo permanecia aceso (para manter o café quente) e pequenas tigelas de porcelana eram deixadas ao lado dele, já prontas com a bebida; quando estão quentes o suficiente, há homens com a função de não fazer outra coisa senão levá-las a todas as visitas... também oferecendo a cada pessoa sementes de melão para mascar e passar o tempo. E com as sementes e a bebida, que chamam de *kafoue,* eles se divertem... por um período de sete a oito horas.[14]

Qualquer mercadoria popular em Constantinopla logo se espalhava para o resto da Europa via Veneza, que então tinha restaurado as relações com os otomanos.[15] Teólogos católicos italianos, como seus colegas muçulmanos, alimentavam suspeitas sobre as propriedades morais da bebida, mas o Papa Clemente VIII poupou a Europa da controvérsia sobre a cafeína quando, por volta de 1600, recebeu uma xícara e a abençoou como uma bebida cristã. O médico francês Pierre de La Roque levou o café para Marselha em 1644, e mais tarde, seu filho escreveu *A Voyage to Arabia Felix* [Sem tradução até o momento], um livro popular que descreveu suas viagens como mercador e o início da história do café.

Em 1669, os turcos enviaram um embaixador, Suleiman Aga, para Versalhes. Insolente, usando um simples casaco de lã e se recusando a se curvar diante de Luís XIV, coberto de joias, ele tratou o Rei Sol como um igual e foi imediatamente banido para Paris. Sua embaixada pode ter falhado, mas seu café teve êxito. Em Paris, ele alugou uma grande casa em uma vizinhança elegante. Mulheres aristocráticas, atraídas pelos rumores sobre o ambiente exótico e perfumado da residência, ansiosamente buscavam audiências em seu interior, onde escravos núbios lhes serviam café em sofisticadas xícaras douradas de porcelana, finas como uma casca de ovo. Com as línguas soltas pela cafeína, elas revelaram a Suleiman que Luís convidara os turcos para irem a Paris com o único objetivo de deixar os austríacos ansiosos de que ele não os apoiaria durante o esperado cerco a Viena. Isso azedou ainda mais as relações entre Versalhes e os turcos.

A moda logo se espalhou por toda Paris quando os armênios, vestidos como turcos, com turbantes e túnicas, e carregando bandejas com bules e xícaras, vendiam a bebida nas ruas. Esses vendedores itinerantes abriram o caminho para quiosques em feiras, e estes acabaram se transformando em cafeterias. Uma das mais conhecidas foi a Procope, aberta em 1686 com o nome do garçom italiano de um dos primeiros donos de quiosques armênios. Um século depois, Robespierre e Marat conspiraram na Procope, e ela ainda atende clientes hoje, como o veneziano ainda mais famoso e caro Café Florian, fundado mais ou menos na mesma época.

Trazido não por mercadores, mas por soldados, o café também chegou a Viena de Constantinopla. Em 1683, os otomanos cercaram e dominaram Viena durante dois meses antes de serem obrigados a recuar por um exército austríaco formado basicamente por poloneses, entre os quais estava Franz George Kolschitzky. Já tendo servido como intérprete junto aos turcos, ele era ideal para o perigoso papel de mensageiro entre os defensores na cidade e seus aliados poloneses, que esperavam do lado de fora. Ele escapou da morte várias vezes atravessando as linhas inimigas com um uniforme turco e sua habilidade com o idioma.

Quando os poloneses finalmente libertaram a cidade, os turcos deixaram para trás não só a esperança de conquistar a Europa, mas também muitas cabeças de gado, camelos, tendas e ouro, distribuídos entre as tropas vitoriosas. Os defensores de Viena também herdaram sacas de café, mas ninguém as quis. Ao saber disso, Kolschitzky disse: "Se ninguém quer essas sacas, vou pegá-las para mim."[16] Tendo vivido entre os turcos, ele sabia exatamente o que fazer com os grãos. Reconstituindo a história da bebida em Paris, Kolschitzky começou vendendo-a nas ruas e de porta em porta. Mais tarde, alugou uma pequena casa, que se tornou o primeiro café vienense.

Em 1700, a maioria do café servido na Europa não ia para Veneza, Paris ou Viena, mas para as margens do Tâmisa. O fato de os britânicos agora estarem consumindo a maior parte de um dos produtos mais luxuosos da época sugere que a supremacia comercial europeia tinha passado para Londres, e nenhum grupo aceitava o aumento de energia e agudeza mental do café mais do que a nova classe de mercadores ingleses. Onde chegava, a bebida se tornava a "bebida do comércio".[17]

À rápida ascensão comercial da Inglaterra seguiu a Revolução Gloriosa de 1688, na qual o estatuder holandês protestante Guilherme III, junto com sua esposa real inglesa, Mary, depôs o último monarca católico, James II. Guilherme, agora rei Guilherme, queria a Coroa inglesa para unir a Inglaterra e a Holanda em uma aliança protestante contra Luís XIV. Para atingir o objetivo, ele prontamente dispensou os antigos direitos divinos dos reis e elevou o Parlamento à supremacia governamental. Em troca, o Parlamento concedeu a Guilherme uma sólida base tributária em impostos (especialmente sobre artigos de luxo como o café) para pagar por sua guerra contra a França.

Essa grande barganha — o Acordo Revolucionário de 1689 — teve efeitos abrangentes. Primeiro, a transferência do poder de um monarca absoluto para um corpo legislativo de representantes revigorou as normas da lei, o solo essencial em que as nações prosperam economicamente.[18] Segundo, a criação de um imposto para a Coroa facilitava ao governo pagar seus débitos, melhorando seu risco de crédito e reduzindo as taxas de juros extraordinariamente. Como um bônus, os credores perceberam que uma legislatura dominante formada por acionistas e empresários ricos diminuía a possibilidade de inadimplência. Entre 1690 e 1727, a taxa básica de juros caiu de mais de 10% para 4%.[19] Terceiro, após os eventos de 1688–1689, os financiadores holandeses deduziram que o vento do comércio mudara e partiram *en masse* para Londres. Um dos imigrantes foi Abraham Ricardo, pai do economista David Ricardo, sobre quem falaremos mais tarde.

O Acordo Revolucionário dinamizou a economia inglesa. Ele também fez os ingleses se tornarem os bebedores de café mais ávidos da Europa, visto que comerciantes do país, financistas e corretores se reuniam nas cafeterias de Londres. Nesses estabelecimentos, situados nos portos da cidade, onde as notícias dos mercados estrangeiros chegavam primeiro, os poderosos da nova economia comercial da Inglaterra se encontravam para fazer negócios, sua perspicácia não toldada pelo vinho e pela cerveja, como antigamente, mas aguçada pelo elixir do empreendimento.

Enquanto só os iemenitas cultivavam a planta, o café continuou raro e caro. Nas primeiras décadas do século XVIII, um crescente número de comerciantes europeus voltou-se para o Iêmen, primeiro para Moca, depois para a poeirenta cidade nas montanhas de Beit-el-Fakih, no distrito agrícola ao norte do porto. Agentes da VOC e da EIC foram seguidos por representantes de empresas comerciais francesas, flamengas e alemãs e até um número maior de mercadores muçulmanos.

Os europeus eram recém-chegados no comércio. Em meados do século XVIII, a maior parte do café ainda ia para os mercados tradicionais do Egito, da Turquia e da Mesopotâmia, no norte, ou para a Pérsia e a Índia, no leste. Durante os anos de 1720, por exemplo, o Iêmen exportou cerca de 7 mil toneladas (40 mil *bahars,* ou carregamentos de camelos) por ano para o mundo muçulmano, comparadas a apenas cerca de 2,5 mil toneladas para a Europa, a maioria para a Inglaterra.

Os agentes da EIC geralmente eram mais rápidos que os companheiros da VOC, muitas vezes deixando os holandeses comprarem grãos inferiores a preços mais altos. A falta de sucesso da VOC gerou corrupção e preguiça. Em especial, os comerciantes holandeses não estavam dispostos a deixar o conforto relativo de Moca e se aventurar até Beit-el-Fakih, como seus concorrentes estavam fazendo com frequência cada vez maior.[20]

Enquanto a moda do café se espalhava pela Europa depois de 1700, mais navios apareceram em Moca, e também em Hodeida e Lohaya, dois portos menores mais perto de Beit-el-Fakih. Os agentes europeus temiam a entrada de qualquer navio mercante nesses portos, mesmo das próprias companhias, pois isso invariavelmente causava aumento dos preços. Em um ponto, os grãos vendidos na origem no Iêmen atingiam 0,8 guildas por libra, ou cerca de 12 dólares em valores atuais; com esse preço, só os mais ricos podiam frequentar as cafeterias inglesas.[21]

Por volta de 1725, a competição acirrada entre companhias europeias nas duas pontas da cadeia de suprimentos reduzira os lucros do negócio. O aspecto mais notável do comércio de café do Iêmen foi um evento que *não* ocorreu. Enquanto empresas inglesas, holandesas, francesas, flamengas e alemãs concorriam agressivamente, desta vez eles evitaram totalmente uma guerra. Por um lado, os iemenitas avidamente saboreavam os lances frenéticos dos europeus. Quando o Parlamento precipitadamente ordenou que a EIC detivesse todos os súditos ingleses em Moca fora de suas funções, o administrador local foi contra, pois isso enfureceria o sultão, "que, acreditamos, interferiria para proteger o povo de qualquer navio que chegasse ao porto enquanto eles mostram igual respeito sem distinção aos europeus".[22]

Se os holandeses não conseguiam superar os rivais ingleses e franceses no comércio, eles poderiam ao menos superá-los transplantando o café para o Suriname, Sri Lanka e a Costa de Malabar. Depois de alguns contratempos iniciais, as mudas originalmente transplantadas do Iêmen para a costa de Malabar obtiveram bons resultados nas montanhas javanesas perto da Batávia. Em 1732, a Indonésia produzia cerca de 550 toneladas de café por ano, e fardos de grãos do Suriname e do Brasil se juntaram aos das Índias nos portos de Amsterdã. O aumento na oferta quebrou o monopólio do Iêmen e finalmente reduziu os preços. Produtores em novas áreas produziam café de modo mais barato do que no Iêmen, garantindo lucros atraentes aos holandeses.[23]

A queda nos preços causada pela produção em novas áreas na Indonésia e no Novo Mundo mudou os hábitos dos ingleses quanto à bebida. De repente, todo mundo podia pagar por uma xícara. Em 1726, um clérigo holandês queixou-se de que as costureiras não conseguiam passar um fio pela agulha se não tomassem um café pela manhã, e em 1782, um aristocrata francês resmungou, sarcástico:

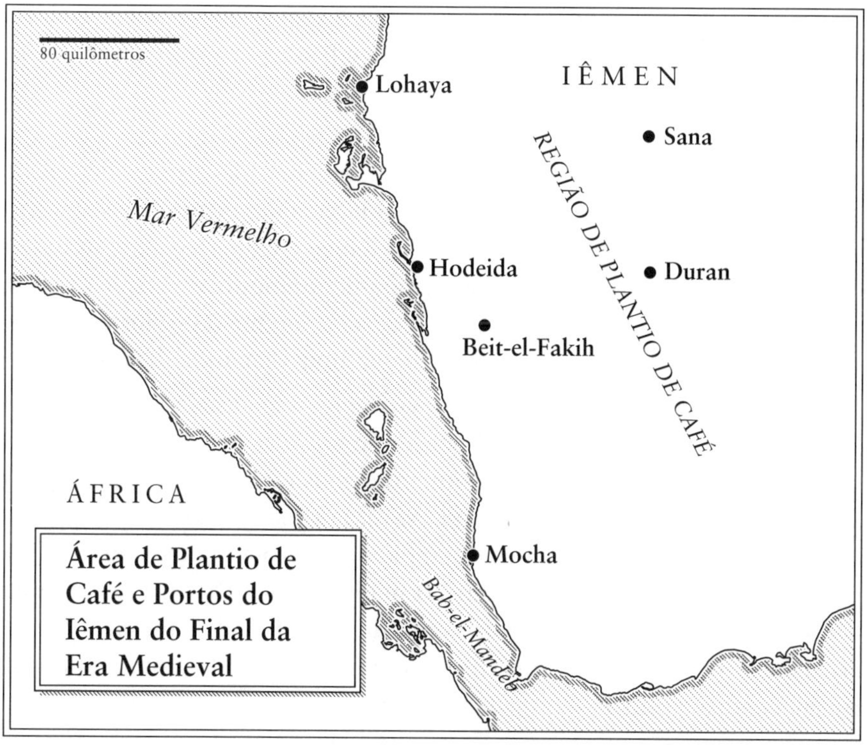

> Não há residência burguesa em que não lhe ofereçam um café, nenhum lojista, cozinheiro, camareira que não tome um café com leite pela manhã... Geralmente há um banco de madeira ao lado do quiosque ou loja do mercador. De repente, para sua surpresa, você vê uma mulher de Les Halles ou um porteiro chegar e pedir café... Essas pessoas elegantes o tomam em pé, cesto nas costas, a menos que por um refinamento sensual eles queiram colocar sua carga no banco e se sentar.[24]

A qualidade dos grãos javaneses não estava à altura do real produto de Moca. Embora os europeus geralmente não sentissem a diferença (exceto, talvez, pelo fato de que o café transplantado continha 50% mais cafeína que o do Iêmen), os consumidores muçulmanos sentiam e não tocavam na bebida mais barata da Indonésia. Nada demonstrava melhor a complacente obstinação da VOC do século XVIII que a reação de seus diretores — os Heeren XVII — diante do relato do desdém dos muçulmanos por uma xícara da Java. Esse ilustre grupo solenemente informava terem experimentado os grãos de Java e de Moca e não conseguiam sentir diferença entre eles. E não acreditavam que "um bando de turcos e persas grosseiros tinham línguas mais sensíveis que nós e outros como nós".[25]

Que a Inglaterra pudesse ter primazia no comércio de café (e, depois, de chá) não era um bom prenúncio para os concorrentes europeus. Esses produtos, afinal, se originaram em lugares — Iêmen e China — onde os holandeses e os franceses iniciaram um relacionamento muito antes que os ingleses. A pior situação para seus rivais, então, seria um novo produto que fosse cultivado em muitos locais e pelo qual havia uma demanda disseminada.

O algodão atendeu a esse objetivo com precisão. Esse tecido é tão comum na vida moderna que é fácil perder de vista as suas propriedades exclusivas biológicas e geográficas. Primeiro e mais importante, a *Gossypium hirsutum* — a espécie da planta responsável por mais de 90% da produção atual — contém quatro conjuntos completos de cromossomos, em vez dos dois na maioria das planas e animais. (Em termos científicos, ele é um organismo tetraploide, ao contrário da configuração diploide habitual.) Muitas variedades, incluindo a *G. hirsutum*, contêm um par de cromossomos de origem asiática e outro de origem americana.

Estudos científicos recentes que usam "relógios moleculares" de DNA sugerem, com surpresa, que essa hibridização entre as variedades no Velho e Novo Mundo ocorreu há cerca de 10 milhões de anos, muito antes da evolução dos seres humanos. Nos últimos milhões de anos, várias espécies cresceram em lugares tão diversos quanto Peru, Índia, leste e sul da África, Egito, Nova Guiné, Arábia, Cabo Verde, Austrália, Galápagos e Havaí.

Como o algodão desenvolveu essa habilidade única de se espalhar e até se cruzar em toda a Terra sem ajuda humana? A resposta parece estar em duas propriedades incomuns de suas sementes: primeiro, a capacidade de sobreviverem imersas em água salgada por vários anos; e, segundo, a tendência e propensão a se fixar em detritos flutuantes.

As fibras de algodoeiros antigos produziam fibras com o comprimento de apenas uma fração de uma polegada, em comparação ao produto agrícola moderno domesticado, que rende fibras de várias polegadas. Plantas e animais comercialmente mais importantes foram domesticados apenas uma vez, mas lavradores antigos no Velho e no Novo Mundo, por conta própria, usaram esse truque em pelo menos quatro ocasiões separadas — duas vezes nas Américas (*G. hirsutum* e *G. barbadense*), uma vez na Ásia (*G. arboreum*) e outra na África (*G. herbaceum*).[26]

Os variados tipos de solo da Índia produziram diferentes qualidades de algodão, o que, por sua vez, gerou uma ampla diversidade de tecidos indianos, como a fina musselina de Daca, no leste de Bengala, e cetins e chintz estampado de Gujarate. Assim como as indústrias modernas de automóveis, cinema e software se fixaram ao redor do conhecimento técnico que se acumulou em Detroit, Hollywood e Vale do Silício, respectivamente, no século XVI, as cidades indianas como Kasim Bazar e Ahmedabad atraíram fiadores, tecelões e arrematadores, e seus produtos ficaram mundialmente famosos. Dos quatro maiores centros têxteis da Índia — de Bengala, de Punjab, da costa (sudoeste) de Coromandel e Gujarate —, o último era, de longe, o mais importante e supria os impérios muçulmanos do Oriente Médio com tecidos comuns e os mais luxuosos pelas rotas do Mar Vermelho e do Golfo Pérsico.

Já na era moderna, os têxteis eram o principal produto manufaturado do mundo. Muitas vezes tecidos com prata, ouro e seda, eles também eram a principal forma de fazer fortuna para ricos e pobres; a maioria das famílias usava suas propriedades nas costas e as pendurava nas paredes e janelas. Ou seja, as pessoas herdavam esses tesouros têxteis dos pais; a moda permanecia relativamente imutável durante séculos, e todos, exceto os mais ricos, tinham apenas alguns itens.[27] Estilos não só eram estáticos ao longo do tempo, mas também eram rigidamente separados por classes. Uma estrutura social inflexível, reforçada por leis suntuárias, determinava quem poderia usar o quê. Em meados do século XVII, a EIC perturbou esse antigo modo de agir, virando os mundos da indústria, do comércio, da moda e do status social ingleses de cabeça para baixo em apenas algumas décadas. O instrumento da Companhia nessa revolução foi o algodão.

A transformação dos tecidos para um artigo comercial importante mostra uma grande semelhança com a do açúcar. Na criação da EIC, em 1600, o algodão era um produto de luxo comparável à seda; se era possível comprá-lo, mesmo como artigo de luxo, dependia do custo baixo da mão de obra indiana. Como o açúcar, o algodão é cultivado com facilidade, mas requer uma grande quantidade de mão de obra para ser processado. No início da era industrial, cultivar uns 500 quilos da mistura crua de fibras e sementes — as cápsulas — consumia apenas dois dias-pessoa de trabalho. Remover as sementes das cápsulas (descaroçamento), arranjar as fibras em ordem paralela (carda) e empacotar (fardos) exigia outras 70 dias-pessoa e rendia apenas 4 quilos de algodão cru ("algodão em rama").[28] Mulheres fiadoras ("spinster") exigiam mais 35 pessoas por dia para transformar essa quantidade de algodão em fio. Assim, cerca 13 dias de trabalho eram necessários para produzir cada meio quilo de fio de algodão, comparados a um ou 2 por meio quilo de lã, 2 a 5 para linho e 6 para seda.[29]

A Índia não só tinha mão de obra grande e barata, mas também séculos de experiência com tecelagem de algodão. A reunião de milhões de fibras de algodão curtas e frágeis em um fio durável não é tarefa fácil. Antes de 1750, os fiadores ingleses não conseguiam produzir fios de algodão longos o bastante para usar no sentido do comprimento da trama, de modo que o tecido feito em casa costumava ser uma mistura de linha ou lã e retalhos de algodão; apenas os fiandeiros mais experientes da Índia fabricavam um fio adequado para rolos de tecido de puro algodão. Assim, antes da invenção das práticas máquinas de fiar no século XVIII, quase todo o tecido de algodão usado no Ocidente vinha da Índia.

No início dos anos de 1600, a EIC comandou apenas uma pequena porção do importante comércio de especiarias; seu maior negócio eram as sedas da Pérsia, transportadas por camelos pelo deserto da Síria até os portos turcos. Não demorou para que a EIC começasse a explorar os mercados de tecidos da Índia também. Nesse estágio inicial, ninguém poderia imaginar que o comércio desses têxteis acabaria por deflagrar a Revolução Industrial, destruir a fabricação de têxteis da Índia, iniciar uma controvérsia sobre o livre-comércio na Inglaterra tão conflituosa quanto vemos na economia global atual e, por fim, mas não menos importante, dar origem ao Império Britânico.

Depois de várias décadas da criação da Companhia por Elizabeth I no último dia do século XVI, a Inglaterra via um caleidoscópio de tecidos, cores e padrões como nunca tinham sido vistos na Europa. As lãs pesadas, monocromáticas, tradicionais da Inglaterra não podiam concorrer com as roupas, as cortinas e os estofados feitos com os leves e alegremente coloridos tecidos indianos. Também não fazia mal que uma das organizações comerciais mais eficientes do mundo agora dominava o comércio de algodão.

A EIC não estava satisfeita em deixar a simples demanda de mercado controlar suas vendas e importações. Em meados do século XVII, a Companhia começou a manipular ativamente o gosto do consumidor e, nesse processo, inventou a indústria da moda e a sociedade de consumo como a conhecemos hoje.

A EIC compreendeu que, se os "líderes da moda" usavam chintz indiano e penduravam cortinas de calicô, outros iriam rapidamente copiá-los. Em uma sociedade monarquista corrupta e obcecada por classes, era relativamente fácil identificar e seduzir a fonte original — a família real. Se ela adotasse um certo estilo, a aristocracia a seguiria, e os aristocratas, por sua vez, seriam imitados pela pequena nobreza, que então seria servilmente copiada pelas elites comerciais, e então pelos camponeses mais humildes com alguns *xelins* para gastar.

No final do século XVII, o chintz indiano já não era tão preferido da classe média inglesa porque este imitava as sedas, os cetins e os tafetás mais caros usados pela aristocracia. Os membros da realeza, porém, evitavam as novas imitações do subcontinente, preferindo o "produto autêntico". Sir Josiah Child, governador da EIC, se dispôs a mudar as coisas. A Companhia dera como "presente" um jogo de utensílios de mesa de prata no valor de 3 mil libras para Carlos II, em 1660, mas os diretores decidiram que era inútil presentear com algo tão modesto. Em 1684, eles ofereceram ao monarca "contribuições voluntárias" de 324.250 libras, e, além disso, tanto o rei quanto o duque de York receberam ações da companhia. A criação da monarquia constitucional não encerrou esses favores. Em 1698, um mensageiro observou que nos aposentos da rainha "todos os artigos com bordados indianos em cetim branco foram presenteados pela Companhia".[30] Outros membros da nobreza não foram esquecidos; para eles não foram apenas calicôs e ações, mas também a participação em comitês e frete livre nos navios da EIC.[31]

No início do século XVIII, os tecidos de algodão tinham deposto sedas e lãs do auge do mundo da moda. Daniel Defoe observou:

> Nossas sedas trabalhadas e artigos finos submetem-se à nobre usurpação do calicô estampado; musselinas listradas galantemente depuseram a fabricação de rendas e, às vezes, são vendidas por um ótimo preço.[32]

A EIC também descobriu os efeitos salutares de mudanças anuais em estilo. Defoe zombou: "Que as roupas são jogadas fora na Inglaterra, não por estarem surradas, mas *simplesmente por estarem fora de moda*, é incrível, e isso talvez seja o equivalente às despesas para roupas em algumas nações." [33] A Companhia também estimulou o conceito de "desvestir", ou o que hoje chamamos de roupa de lazer — vestidos leves e camisões usados na privacidade do lar.[34]

Ao incluir a alta-costura e a casual aos serviços da EIC, Josiah Child não negligenciou o status dos postos avançados na Índia. Mesmo que uma década após a fundação, em 1600, a Companhia estabeleceu a primeira base de operações em Surat (norte de Bombaim), o principal porto Mongol, que sucedera Cambaia depois que este foi assoreado. Quando Child se tornou diretor em 1677, a EIC já tinha definido "presidências", ou postos de comércio, em Madras (na costa sudoeste da Índia) e Bombaim. (Bombaim tem este nome devido a *Bom Baia*, ou "good bay" [Boa Baía], dado a ela pelos portugueses. Em 1661, Carlos II, da Inglaterra, o recebera como dote de sua noiva portuguesa, Catarina de Bragança, e o porto logo superou o de Surat.[35]) Em 1690, sob a liderança de Child, uma terceira presidência foi criada em Calcutá. Por fim, esses postos de comércio, cujo principal objetivo era comprar têxteis, tornar-se-iam a base do Império Britânico.

Um evidente admirador do sistema holandês de postos de comércio fortificados, Child rapidamente instalou a presença militar da EIC nas três presidências. Essa política foi útil durante o conflito entre os mongóis e os hindus maratas, que se estendeu entre 1681 e 1707. Ele também solidificou as complexas "normas de comércio" exigidas pelo "ciclo de feedback" de dois anos entre a partida inicial de cargas de prata e artigos comerciáveis da Inglaterra e a volta para casa com calicôs.

No final do século XVII, a Companhia estava enviando para casa mais de 1,5 milhão de rolos de algodão e peças de roupa por ano, que representavam 83% do total de suas importações.[36] As especiarias não tinham mais importância; o algodão era a mercadoria da vez.

É desnecessário dizer que os concorrentes da EIC protestaram. Por exemplo, a Levant Company tentou, em 1681, proibir a importação dos tecidos de algodão superiores da Índia.[37] Seus argumentos carregavam o conhecido invólucro protecionista hipócrita, alegando que as compras da EIC tinham esgotado o ouro da Inglaterra para adquirir

> calicôs, pimenta, sedas trabalhadas e um enganoso tipo de seda crua — calicôs e sedas trabalhadas fabricadas na Índia sendo um claro dano

> aos pobres dessa nação, e as sedas cruas, à infalível destruição do comércio turco.[38]

Isso não foi tudo. A EIC também foi acusada de exportar tecnologia inglesa avançada para a Índia, tendo enviado

> para a Índia fiandeiros, tecelões e tingidores e realmente estabeleceu lá uma fábrica de seda... importando-a pronta e tingida para a Inglaterra representa indizível empobrecimento dos trabalhadores deste reino que de outra forma estariam empregados aqui, causando a ruína de milhares de famílias.[39]

Josiah Child, recentemente promovido a governador da EIC, saiu-se bem, como muitas vezes fazia:

> No fundo, a verdade sobre o caso é a seguinte: a importação de seda crua melhor e mais barata da Índia pode tirar o lucro de alguns mercadores turcos, mas beneficia o reino. E então? Devemos interromper o comércio porque prejudica um outro? Dessa forma, não haveria nada na nação além de uma confusão interminável.[40]

Modernizando a gramática e mudando alguns substantivos, a conversa acima facilmente passaria por um *talk show* de televisão realizado entre oponentes e apoiadores do acordo comercial internacional mais recente.

Nos anos finais do século XVII, três grupos na Inglaterra se uniram em uma estranha aliança protecionista destinada a acabar com as importações de algodão da Ásia: os moralistas, zangados pela disrupção social causada pelas novas roupas finas; tecelões de seda e lã, redundantes por causa do produto estrangeiro mais barato e melhor; e os mercantilistas, zangados com a saída da prata para pagar por simples itens de moda. Essas forças se ergueram contra a EIC e causaram consequências negativas para a Companhia e também revoluções na economia, na estrutura social e no império inglês. Além disso, como veremos no Capítulo 11, elas também destruíram os alicerces da economia da Índia, sua indústria têxtil.

Dos três grupos de oposição ao comércio com a Índia, os mercantilistas foram os mais influentes. O debate entre eles e os defensores do livre-comércio que apoiavam a EIC envolviam as mentes econômicas mais talentosas do país e se expressaram no equivalente dos blogs políticos da época, o panfleto, que geralmente era vendido por alguns centavos. A teoria mercantilista era pura simplicidade: a riqueza da nação era medida pela quantidade de ouro e prata que possuía.

Em outras palavras, o comércio internacional consistia em um jogo de soma zero no qual os ganhos de uma nação eram gerados apenas às custas de outra, e a única forma de um país enriquecer era conseguir ouro e prata do estrangeiro exportando mais que importava. Em linguagem moderna, a rota para a riqueza era uma balança comercial positiva. Isso também era um sombrio cabo de guerra, visto que cada soberano de ouro ou peça de oito obtido por uma nação vinha de um concorrente. Nas palavras de um antigo comerciante da EIC, Thomas Mun: "Precisamos sempre observar esta regra: vender mais para estrangeiros por ano do que compramos deles em termos de valor."[41]

Nem todas as importações e exportações eram iguais no esquema mercantilista. O ideal é que uma nação importe somente matérias-primas e exporte apenas produtos acabados, pois essa prática maximiza o emprego. Da mesma forma, povos prudentes evitam o consumo de produtos de luxo estrangeiros, visto que eles fazem desaparecer grandes quantidades de ouro e prata e enfraquecem o emprego doméstico, um princípio que visava diretamente a EIC. O mercantilista buscava diminuir importações com tarifas elevadas ou, ocasionalmente, com a proibição total, e estimular as exportações eliminando taxas de embarque e até subsidiando-as.

Hoje, a falácia desses argumentos é óbvia: as nações enriquecem principalmente com a melhoria da produtividade industrial e agrícola. O consumo de artigos de luxo estrangeiros causa pouca preocupação, e poucos norte-americanos se importam com quantas barras de ouro estão nos cofres em Fort Knox ou no New York Federal Reserve Bank. (O fantasma do mercantilismo ainda assombra o mundo moderno na forma de restrições e taxas de importação e, mais danosamente, subsídios agrícolas.)

Há trezentos anos, quando a Inglaterra debatia o comércio com a Índia, poucos detectaram as falhas do mercantilismo.[42] Um observador, Roger Coke, notou que a Holanda, a nação com a maior renda *per capita* do mundo, "importava tudo", enquanto a empobrecida Irlanda exportava muito mais que importava.[43] Outro, Charles Davenant, convenientemente explicou que os benefícios de manter uma nação "suprida de forma mais barata" com importações compensava em muito o dano feito ao emprego doméstico. Ele argumentou que o comércio não era realmente um jogo de soma zero, "Pois todo o comércio tem uma dependência mútua, e um gera o outro, e a perda de um frequentemente faz perder metade de todo o resto". Em sua opinião, medidas protecionistas eram "desnecessárias, não naturais e podem não ter efeito para o bem público"; além disso, elas encorajaram indústrias domésticas ineficientes com preços altos artificiais, desperdiçando dinheiro inutilmente.[44]

De longe um dos primeiros e mais notável defensor do livre-comércio foi Henry Martyn, cujo *Considerations upon the East India Trade* [*Sem tradução até o momento*] precedeu *A Riqueza das Nações*, de Adam Smith, em 75 anos. Martyn viu com clareza que os mercantilistas, ao equipararem ouro com riqueza, repetiam o erro do rei Midas. Metais preciosos só são úteis porque podem ser trocados por coisas que queremos ou de que precisamos. A verdadeira riqueza de uma nação, diz ele, era definida por quanto ela *consumia:*

> O ouro só é secundário e dependente, tecidos e manufaturados são as principais riquezas reais. Não são essas as coisas que os ricos apreciam em todo o mundo? E aquele país que imagina ser a maior riqueza é o que ele tem em abundância A *Holanda* é a loja dos fabricantes de todos os países; tecidos *ingleses*, vinhos *franceses*, sedas *italianas* são apreciadas lá. Se essas coisas não fossem riquezas, eles não dariam seu ouro por elas.[45]

Martyn apreciava a fonte de riqueza proporcionada pelo comércio:

> Por que estamos cercados pelo mar? Certamente o que os nossos querem em casa pode ser trazido pela ida de nossos navios a outros países, o menor e mais fácil trabalho. Assim saboreamos as especiarias da *Arabia*, sem nunca ter sentido o sol escaldante que as traz; brilhamos nas sedas que nossas mãos nunca teceram; bebemos das vinhas que nunca plantamos; os tesouros dessas minas são nossos, as quais nunca escavamos; avançamos até o fundo e colhemos as safras de todos os países do mundo.[46]

Martyn admitiu livremente que os baratos produtos da Índia custavam os empregos dos tecelões ingleses, mas ele viu o desperdício em um trabalho que poderia ser mais bem aplicado em outras tarefas:

> Se a providência divina tivesse fornecido grãos para a *Inglaterra* como *Manna* até hoje para *Israel*, o povo não seria bem empregado para arar, semear e colher. Igualmente, se as *Índias Orientais* nos enviassem tecidos em troca de nada, tão bons ou equivalentes aos feitos na *Inglaterra* pelo prodigioso trabalho do povo, estaríamos muito doentes em recusar o presente.[47]

Os brilhantes insights econômicos de Martyn estavam muito adiante de seu tempo, e, ao contrário de Adam Smith, ele não seria um nome familiar. No caso das importações da Índia pela EIC, os registros legislativos mal mencionam a ele, Coke e Davenant; somente o mercantilista John Pollexfen, membro do Conselho do Comércio, influenciou o debate parlamentar do modo que Smith faria no século XIX.[48]

A verdadeira batalha — a política — começou em 1678. Naquele ano, o parlamento, ciente da dificuldade de ditar a moda para os vivos, exigiu que pelo menos os mortos fossem enterrados com roupas de lã. Na década seguinte, a EIC e seus aliados derrotaram por pouco uma série de leis voltadas para suas importações. Alguém exigira o uso da lã para todos os estudantes, o corpo docente, juízes e advogados; outro, o uso da lã por todos os cidadãos professores seis meses por ano; outro ainda, o uso de chapéus de feltro por todas as serventes que ganhassem menos que 5 libras por ano.

Na época da Revolução Gloriosa de 1688, a controvérsia do calicô se intensificou. Com a ascensão do rei holandês Guilherme, a Companhia perdeu muito de sua antiga influência sobre a monarquia. Uma lei sobre a terra, recém-ajustada, pagou pelo conflito do rei Guilherme com a França e onerou os proprietários de terras ingleses. Por outro lado, os proprietários viam a classe de comerciantes como vilões que cometeram o pecado capital do dogma mercantilista: esgotando o outro e a prata do reino para pagar por frivolidades asiáticas. A nova classe de comerciantes, representada pela EIC, se viu atacada por moralistas, tecelões e mercantilistas e lutando na retaguarda conta as forças do protecionismo.

Em 1696, tecelões e fiandeiros da Cantuária, Norwich, Norfolk e Cambridge, empobrecidos pela concorrência dos calicôs, pediram ajuda ao Parlamento. A Câmara dos Comuns reagiu com uma lei draconiana que proibiria a importação de qualquer tecido de algodão para o reino e penalizou os transgressores com uma multa de 100 libras — cinco a dez anos de salários do trabalhador comum. Os proponentes da lei reuniram um grande grupo de testemunhas que foram prejudicadas pelo comércio com a Índia — não só fabricantes de lã e seda, mas também laqueadores, fabricantes de móveis e leques sem trabalho por causa dos produtos indianos mais baratos. A oposição vem da EIC e seus apoiadores — tapeceiros, vendedores de tecidos, tingidores e estampeiros de calicô.

A lei passou na Câmara dos Comuns, mas foi derrubada a portas fechadas na Câmara dos Lordes, provavelmente por uma chuva de subornos de Child. Os tecelões, atingidos por essa traição, marcharam até o Parlamento, que retomou a lei em 1696. Em janeiro de 1697, 5 mil tecelões, agitados pelo falso rumor de que a lei fora derrubada outra vez, cercaram o Parlamento e conseguiram entrar no saguão dos Comuns. Os membros trancaram a porta da câmara principal, e os tecelões foram até a matriz da EIC, onde também não conseguiram entrar. A segurança foi reforçada no Parlamento e na EIC, e uma assustada Câmara dos Comuns aplacou os tecelões mais uma vez aprovando a lei. Mais uma vez, Child preparou o terreno para os integrantes da Câmara dos Lordes "presenteando generosamente as senhoras que tinham grandes poderes".[49] Mas, novamente, milhares de tecelões marcharam enfurecidos, desta vez para a casa de Child, onde os soldados atiraram contra a multidão, matando um e ferindo vários outros.

Patrocinadores mais ricos agora agiram contra a EIC. Durante vários anos, pequenos comerciantes particulares negociaram em portos asiáticos, violando o monopólio da Companhia. Em 1698, o Parlamento concedeu status oficial a esses "intrusos", como eram chamados, e lhes deu autorização para criar a Nova Companhia das Índias Orientais. Para restabelecer o monopólio, a EIC original foi obrigada a comprar a maioria das ações da nova empresa e então fundir suas operações com a antiga.

Nesse momento decisivo, em 1699, Child morreu. Sem sua presença intelectual e seus bolsos cheios, as forças da proteção finalmente triunfaram. Em abril de 1700, o partido dos interesses dos donos de terra, os Tories, conseguiu passar a Lei da Proibição, que proibia a importação de calicôs e sedas pintadas ou tingidas; tecidos não pintados ainda eram permitidos, embora ficassem sujeitos ao pagamento de uma taxa de importação de 15%.[50]

A Lei 1701 (com o nome do ano em que entrou em vigor), não deu resultado por três motivos. Primeiro, calicôs se tornaram um fruto proibido e, assim, ainda mais desejados. Segundo, o contrabando, acompanhamento inevitável da proibição, disparou nos anos após a aprovação da lei. Nas palavras de um panfletário: "Por ser uma ilha, a Inglaterra tem milhares de locais para desembarcar mercadorias."[51] Embora a maioria dos calicôs contrabandeados fosse comprada por comerciantes franceses e holandeses, nenhuma quantidade entrou no país na bagagem particular dos empregados da EIC. Terceiro, e a pior de todos para os tecelões, a lei auxiliava os fabricantes nacionais de algodão fornecendo-lhes grandes quantidades do tecido indiano para alimentar seu avançado maquinário de estampagem, Os fabricantes de lã logo se deram conta de que a lei piorava a sua situação. Antes da aprovação:

> Calicôs estampados na Índia eram mais usados pelos ricos, enquanto os pobres continuavam a usar nossos artigos de lã. Os calicôs agora estampados na Inglaterra têm preço tão baixo e estão tanto na moda que as pessoas de todos os tipos e posições se vestiam e decoravam a casa com eles.[52]

Isso exagerava o caso. Devido à grande quantidade de mão de obra exigida para transformar algodão cru em um tecido fino, os calicôs acabados eram ainda mais caros que roupas de lã ou de seda. A crise econômica em 1719, causada pela guerra com a Espanha, levou os tecelões de seda e lã ao desespero. Em 10 de junho daquele ano, várias centenas de trabalhadores de Spitalfields, o bairro dos tecelões e seda de Londres, atacaram lojas que vendiam calicôs, oficinas de estampagem de algodão e até pessoas desafortunadas por estarem usando o tecido. Em alguns casos, os "caçadores de calicôs" arrancavam o detestado tecido de quem o usava, mergulhavam as roupas em corrosivo ácido nítrico, os prendiam em varas e depois desfilavam com esses variados troféus pelas ruas. Durante meses, os tecelões aterrorizaram Londres. Os distúrbios terminaram só no início do inverno, quando mesmo as mulheres mais elegantes se vestiam com lã, mais quente.[53]

O espectro da insurreição assustou o Parlamento e a nova monarquia hanoveriana. Eles debateram como apaziguar a multidão de tecelões que, vez ou outra, rodeavam o Parlamento, zangados, cantando e exigindo ação. A batalha legislativa se arrastou durante dois anos. Finalmente, em 1721, após o caos econômico causado pelo colapso da Bolha do Mar do Sul, o Parlamento proibiu até a importação de puro algodão indiano. Usá-lo também se tornou um crime; transgressores eram multados em 5 libras, que poderiam ser reivindicadas pelo informante. Daí em diante, só algodão cru ou em fio podia ser importado. Curiosamente, o Parlamento permitiu uma exceção para proibir o tecido: mulheres podiam usá-lo se fosse tingido em um antiquado azul.[54]

Inevitavelmente, essas medidas protecionistas geraram os resultados opostos para a indústria de lã e os tecelões de seda. No início do século XVIII, o calicô era o clássico "artigo de alto valor agregado". A riqueza de Creso aguardava os que podiam preencher o espaço entre o barato algodão cru e o caro, macio e leve tecido desejado pelos consumidores. A demanda alta e os preços elevados dos calicôs, combinados com a indisponibilidade do tecido indiano, levou inovadores a melhorar os processos de fiação e tecelagem.

E foi o que fizeram. Apenas doze anos após a aprovação da lei de 1721, John Kay aperfeiçoou a lançadeira transportadora que dobrou a produtividade dos tecelões. Isso serviu para aumentar a demanda por fios, cuja fiação era mais difícil de mecanizar. Em 1738, Lewis Paul e John Wyatt patentearam a primeira máquina de fiar mecânica, mas o equipamento comercialmente viável só ficou disponível em meados de 1760, quando essas máquinas foram inventadas por James Hargreaves, Richard Arkwright e Samuel Crompton. (Elas eram, respectivamente, a spinning jenny, a máquina de fiar hidráulica e a mule [mula], esta última assim chamada porque era um híbrido das duas primeiras.)[55]

Como famosamente disse o historiador de economia Eric Hobsbawm: "Quem falar em Revolução Industrial estará falando de algodão." As novas máquinas que eram o centro da grande transformação tornaram supérfluos muitos milhares de fiandeiros e tecelões, que iniciaram uma revolta "quebrando máquinas" nos séculos XVIII e XIX antes de finalmente desaparecerem nas novas fábricas.[56] (O termo "ludita" se originou do nome do provável líder fictício dos tumultos de quebra de máquinas nos anos de 1810, Ned Ludd.)

Imediatamente após a lei de 1721, a importação preferida da EIC era o fio indiano, mas com o surgimento dessas novas e engenhosas máquinas, o algodão cru tornou-se a matéria-prima da Revolução Industrial e o produto comercializado favorito. No início dos anos de 1720, a EIC importou cerca de 1,5 milhão de libras de algodão em rama por ano da Índia; essa quantidade subiu para cerca de 30 milhões de libras até o final dos anos de 1790.[57]

Nos 75 anos seguintes, a indústria de algodão da Inglaterra aumentou a demanda por seus novos produtos baratos inventando a máquina multifacetada de marketing: revistas de moda, um ciclo de estilo cada vez mais curto, lojas de varejo e depósitos regionais alimentados pelas estradas e rodovias com pedágio recém-privatizadas.[58]

As plantações de algodão da Ásia não eram mais suficientes para satisfazer a voracidade das escuras e satânicas fábricas. As indústrias inglesas produziam um milhão de libras de tecido acabado em 1765, 2 milhões em 1775 e 16 milhões em 1784. Colonizadores ingleses começaram a plantar algodão na tropical América do Sul e nas Índias Ocidentais, que já eram bem abastecidas de mão de obra escrava, mas até eles não conseguiam satisfazer a demanda de Lancashire por algodão cru. A oferta não vinha do império, mas sim dos recém-independentes Estados Unidos.

Na época do primeiro censo, em 1790, a jovem república tinha em torno de 700 mil escravos (cerca de 1/6 da população total), a maioria dos quais vivia no sul. Mas devido a uma depressão agrícola, naquela época o sul exportava mais escravos do que importava. Em 1794, a situação mudou quando Eli Whitney inventou o descaroçador de algodão — um dispositivo rústico que separava as fibras das sementes. Essa máquina converteu a grande bacia arável do sul em uma fábrica de algodão inglesa, apenas a algumas semanas de navio de Bristol e Liverpool (em comparação a seis meses para contornar o cabo africano a partir da Índia).

Em 1820, as exportações de algodão, principalmente para a Inglaterra, aumentaram para 200 milhões de libras por ano, e na véspera da Guerra Civil, esse número dispararia para 2 bilhões de libras.[59] A Inglaterra, indignada com a defesa agressiva da escravatura pela Confederação e o desdém para com a ralé escocesa e irlandesa que colonizou o sul, deveria, por direito, ficar do lado da União. Porém, a influência negativa do Rei Algodão era tal, que a Inglaterra permaneceu neutra durante todo o conflito.

Exatamente quando a perda das Ilhas das Especiarias para os holandeses no século XVII forçou a EIC a mudar o foco para os têxteis indianos, a perda do altamente lucrativo comércio de algodão e seda acabados no século XVIII outra vez mudou seu centro de gravidade. Desta vez, ela se voltaria para a China e o comércio de chá.

Enquanto a Índia era uma terra fracionada, dividida entre tradições étnicas, religiosas e políticas e, portanto, altamente suscetível à manipulação dos europeus, a China era um país etnicamente coerente e centralizado. Ela mantinha controle sobre os mercadores ocidentais e permitia sua entrada apenas no Cantão. Pior, os chineses tinham pouco apetite por produtos do Ocidente além de novidades mecânicas, como relógios de pulso e de parede e "singsongs" (intrincadas caixas de música europeias preferidas pela casa imperial) ou artigos estratégicos excepcionais que lhes faltavam, como o cobre. Esse desequilíbrio comercial explodiria em uma guerra aberta em meados do século XIX, e esse conflito ainda envenena o comércio e a política atual entre a China e o Ocidente.

Os navios chineses da EIC eram destinados ao transporte de chá, fabricados para serem velozes e cheios de baús especialmente desenhados para proteger sua carga preciosa, porém perecível. Como os holandeses evitaram os portugueses contornando Malaca, assim fizeram os ingleses ao ficarem longe do estreito para evitar os holandeses. Na saída, os esguios navios chineses seguiam a rota do Velho Marinheiro das frígidas Quarentas Rangentes ao sul da Austrália antes de virar para o norte. Voltando para casa, eles evitavam as patrulhas holandesas seguindo para o sudeste no Pacífico antes de passar pela extremidade leste da Nova Guiné e o raso Estreito Torres, ao norte da Austrália.

Como a China costumava excluir os ocidentais, os europeus sabiam pouco mais sobre o cultivo do chá do que na época de Marco Polo. O processo de produção era muito mais complexo do que simplesmente cultivar e secar as folhas. Quando o chá apareceu nos portos de Cantão, ele tinha sido processado, transportado e armazenado inúmeras vezes. A cada etapa, era provado e misturado com folhas de outras cidades e províncias, e adulterado com ingredientes tão exóticos quanto bergamotas ou desonestos, como serragem.

O café surgira um século antes do chá; a VOC levou as primeiras cargas das folhas secas de chá para Amsterdã por volta de 1610; os primeiros carregamentos chegaram à Inglaterra por volta de 1645; e em 1657, o Café Garroway's no distrito financeiro de Londres começou a vender a bebida.[60] Quando Catarina de Bragança, de Portugal, casou com Carlos II, ela levou para a corte inglesa não só o dote de Bombaim, mas também o preparo do chá, que então já tinha se estabelecido em Lisboa. Como com o algodão, o caminho para o sucesso comercial na Inglaterra passava diretamente pelos aposentos reais; não demorou para que a nobreza, os pequenos aristocratas e comuns aspirantes os seguissem. Em 1685, a EIC informou aos seus compradores em Cantão:

> O *Thea* é cultivado aqui para ser uma mercadoria, e temos oportunidade de dar presentes com ele para nossos grandes amigos na Corte; gostaríamos que nos enviassem de cinco a seis caixas do melhor e mais fresco *Thea* todos os anos.[61]

Em 1700, meio quilo de folhas pelas quais o camponês chinês ganhava apenas um centavo era vendido nas lojas europeias por cerca de 3 libras. Em 1800, esse preço despencou 95% para cerca de 3 xelins, deixando o chá acessível à maioria dos cidadãos. Em 1700, somente os mais ricos tomavam chá; em meados do século, quase todos os membros da burguesia (incluindo o famoso Dr. Johnson) o consumiam com regularidade; em 1800, ele era bebido até em albergues.

A Companhia mais do que compensou a queda nos preços com o aumento no volume, que ao longo do século XVIII passou de 50 toneladas por ano para 15 mil toneladas. Mesmo que a maior parte do chá fosse exportada para lugares como Paris e Boston, ainda restavam meio ou um quilo por ano para cada inglês. Talvez a EIC ganhasse um xelim a cada meio quilo, uma margem de lucro pequena, mas multiplicada por milhares de toneladas por ano, era o suficiente para inspirar ódio e inveja em todos os níveis da sociedade britânica. Ainda mais perversidade era reservada à Coroa, que recolhia impostos que totalizavam até 100% da taxa de atracagem na Inglaterra. À medida que os ingleses ficavam viciados no chá, a Coroa ficava ainda mais viciada nos impostos sobre sua importação.

O contrabando inevitavelmente acompanhava as altas tarifas. A costa sul e o sudoeste da Inglaterra tornaram-se um paraíso para desembarcar chá contrabandeado, enquanto comerciantes franceses preferiam as ilhas do Canal. Era normal os comerciantes irem de bote até as embarcações à espera para comprarem a carga ilícita que acabava seguindo para cavernas, castelos, residências particulares e até criptas de igrejas. Mulheres que viajavam ao estrangeiro equipavam suas anáguas com bolsos ocultos. Até 3/4 da bebida consumida na Inglaterra vinha do contrabando, uma proporção ultrapassada só pelas colônias americanas. Em meados do século XVIII, o conflito entre contrabandistas e agentes da alfândega atingiu o nível de uma guerra. A lápide de um contrabandista dizia:

Um pouco de chá, nem uma folha roubei
Pelo derramamento de sangue sem culpa, a Deus rogarei

Ponha o chá em uma balança, o sangue humano na mão
E pense no que significa matar um indefeso irmão.[62]

Ironicamente, os contrabandistas, ao reduzirem drasticamente o preço do chá, aumentaram seu consumo. Em 1784, o governo finalmente refletiu e reduziu as tarifas de 120% para 12,5%.

A explosão da importação de chá durante o século XVIII não pode, porém, ser creditada inteiramente aos contrabandistas, e muito menos ao sistema de comercialização da EIC. Como o chá era relativamente barato na China, era servido lá morno, sem afetação, em xícaras sem asas. Os japoneses, devido ao seu custo, o serviam com mais cerimônia, e os europeus o serviam quente, para dissolver rapidamente o açúcar usado para torná-lo agradável ao paladar ocidental. Esse costume exigiu uma nova invenção: xícaras com asas.

As xícaras sem asas chinesas eram empilhadas com facilidade e podiam ser embarcadas como lastro e vendidas por alguns centavos. As asas foram adicionadas depois, e, em meados do século XVIII, fabricantes de asas tinham se tornado presença obrigatória na maioria as grandes cidades europeias. Aos poucos, os segredos de fabricar porcelana fina foram descobertos pelos artesãos europeus como Josiah Wedgwood, cuja habilidade técnica foi superada apenas por sua inventividade comercial.

O consumo de chá floresceu à medida que bebida e xícara se combinaram para mudar o ritmo da vida diária na Inglaterra, marcando o dia com ocasiões cerimoniosas, em torno das quais a atividade social e conversas organizadas fluíam, das residências mais sofisticadas aos locais mais humildes. Os aristocratas criadores de moda ficavam surpresos e aborrecidos com o fato de os plebeus terem adotado o que antes era sua exclusividade.[63] Já em 1757, um observador zombou:

> O trabalhador e o operário imitarão o senhor. Os servos de seus servos, até os mendigos, só ficarão satisfeitos se consumirem o produto da China, tão distante.[64]

As histórias do chá e do açúcar também estão interligadas, e seu consumo, quase equiparado. Os plantadores de açúcar estimularam o consumo do chá, compreendendo que era interessante para eles, e a EIC fez o mesmo em relação ao açúcar, que, de outra forma, tinha pouco comércio direto.

No século XVIII, alguns observadores se surpreenderam com o fato de que esses dois itens, considerando de necessidades elevadas às menores, cresciam a milhares de quilômetros da Inglaterra e em lados opostos do mundo.

A história do açúcar não pode ser entendida sem conhecermos a história do Caribe. Desde 1492, a Espanha reivindicava o Caribe como sendo sua propriedade exclusiva, enquanto os holandeses, ingleses e franceses tentavam havia seculos tomá-lo das mãos espanholas. Em 1559, os franceses e espanhóis concordaram que a região estava "além da linha" — ou seja, isenta de quaisquer tratados e acordos que os ligavam ao resto do mundo. A região estava ali para ser tomada — o Oeste Selvagem dos anos de 1600 e 1700 — e exercia uma atração irresistível sobre os aventureiros de toda a Europa.

O Caribe não era um paraíso tropical do fim da Era Medieval, mas sim um turbilhão hobbesiano de cobiça e barbárie. Europeus que navegavam para o oeste desrespeitavam não só as obrigações dos tratados de seus países de origem, mas também os costumes e limites do comportamento normal. Esses desvios se manifestavam sob todas as formas de excesso: bebida, gastos exorbitantes, violência contra os nativos, os escravos e uns contra os outros. Quando um francês não conseguia achar um holandês, espanhol ou inglês para matar, um conterrâneo era mais que suficiente. Como era comum, os primeiros esforços ingleses na região foram conduzidos por piratas como Drake e seu primo Hawkins, que vendiam escravos para fazendeiros europeus quando não estavam saqueando navios de Portugal ou da Espanha.

Tradicionalmente, geógrafos dividiram as ilhas do Caribe entre Grandes Antilhas — Cuba, Hispaniola, Porto Rico e Jamaica — e Pequenas Antilhas: as numerosas ilhas menores que se curvavam em direção à Venezuela. Os espanhóis logo colonizaram as Grandes Antilhas, que então ocuparam um papel secundário em relação as muitas riquezas do México e da América do Sul. Isso deixou apenas os restos, as Pequenas Antilhas, para os franceses, holandeses e ingleses. Embora os espanhóis tivessem pouco interesse territorial nessas ilhotas, elas não podiam ser ignoradas, visto que os navios do tesouro que levavam prata do México e da América do Sul tinham que navegar pelas passagens estreitas e estratégicas entre elas a caminho de casa.

Os ingleses começaram modestamente no Caribe adquirindo a pequena ilha de São Cristóvão (hoje Saint Kitts), em 1623. Ela logo seria perdida para a França, depois recuperada por meios diplomáticos. (Mais de um século depois, Alexander Hamilton nasceu na vizinha Nevis.) Em 1627, a Inglaterra começou a plantar uma cultura de subsistência em Barbados, uma ilha maior (430 km^2), desabitada e isolada bem ao leste do arquipélago principal.

Em 1625, a coroa concedeu Barbados a dois "detentores de patentes" concorrentes reais, William Courteen e o conde de Carlisle. Quando este venceu, por volta de 1630, distribuiu a colonizadores de terras entre 30 e mil acres. Esses primeiros fazendeiros imigrantes produziam alimentos para si mesmos e também culturas comerciais, sendo o tabaco e o algodão as mais importantes.

Cada um dos novos proprietários, por sua vez, costumava atrair trabalhadores pagos e servos por contrato da Inglaterra com a promessa de pequenos terrenos, geralmente de 10 acres, ao final do serviço. Inicialmente, a maioria dessas promessas era cumprida, mas quando as terras acabaram, nos anos de 1630, novos imigrantes se viam diante da desagradável escolha entre ir para outras ilhas em busca de terras, ficar em Barbados ou voltar de mãos vazias para a Inglaterra.

No começo, a sociedade da ilha não era radicalmente diferente da inglesa, com poucos ou nenhum escravo. Por volta de 1640, os habitantes notaram o rápido aumento da demanda europeia por açúcar e decidiram se associar para plantar cana, que chegou do Suriname logo após a colonização de Barbados.

A sorte sorriu para a ilha, pois exatamente nesse momento, pequenos intrusos em busca de comercializar açúcar sem depender do monopólio da Companhia Holandesa das Índias Ocidentais (WIC) apareceram no Caribe oferecendo aos colonos franceses e ingleses seu conhecimento na plantação de cana e escravos. Mais auxílio veio entre 1645 e 1654, quando colonos portugueses expulsaram a WIC do Brasil e produtores judeus holandeses e portugueses, sem interesse em ficar em uma colônia recém-reconquistada por portugueses católicos, ofereceram seus serviços no Caribe.

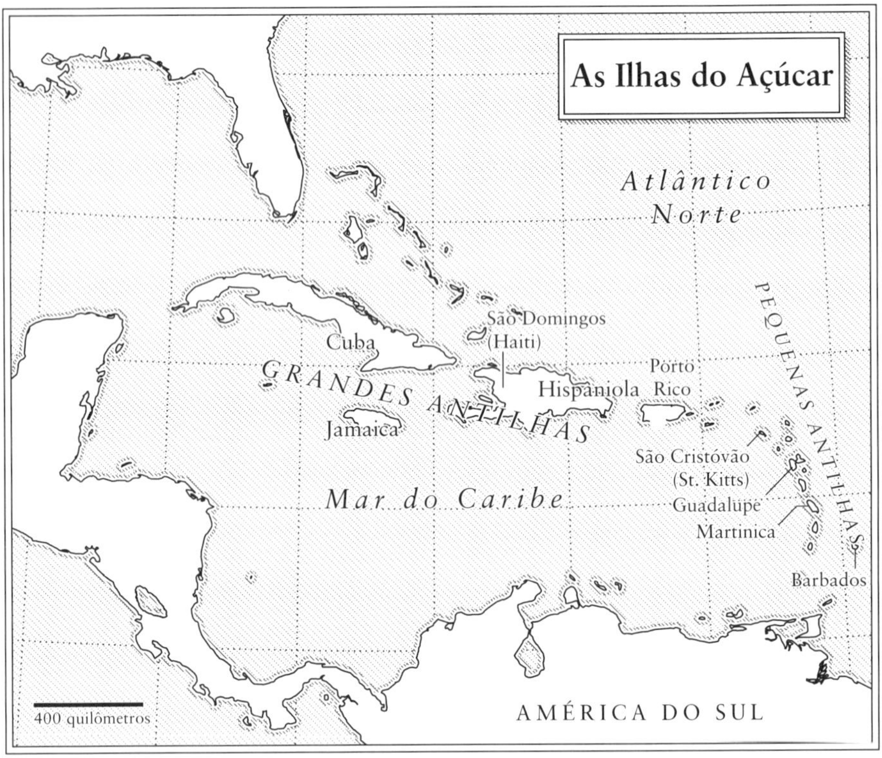

Dentro de poucas décadas, os primeiros fazendeiros ingleses e seus servos haviam desmatado quase todas as terras em Barbados e plantado cana-de-açúcar. Em 1660, ela tinha mais colonos do que a Virgínia e o Massachusetts, mais que quatrocentos habitantes por metro quadrado, ou quatro vezes a densidade populacional da Inglaterra. Ela se tornou o maior produtor de açúcar do mundo, atendendo a quase 2/3 do consumo dos ingleses.[65] Como essa pequena ilha foi capaz de competir com produtores muito maiores no Brasil e nas Grandes Antilhas? Parte da resposta pode ser encontrada no solo fértil e na direção em que soprava o vento, que oferecia relativa proteção contra furacões. O crédito também pertence à mentalidade capitalista dos fazendeiros ingleses, que eram donos de suas terras (ou, pelo menos, as arrendavam dos proprietários), contratavam mão de obra e colhiam seus próprios lucros. Os brasileiros, em comparação, usavam um modelo de divisão de plantações paternalista, no qual pequenos fazendeiros enviavam sua cana para o moinho do proprietário e, em troca, recebiam apenas uma fração do açúcar refinado que rendia.[66] Com os preços do açúcar muito elevados e terras baratas em Barbados, os produtores plantavam uma pequena área com cultura de subsistência, obrigando a ilha a importar quase todos os seus alimentos, um padrão que se repetiria depois nas maiores ilhas de açúcar do Caribe.

De todas as ilhas, Barbados era a que mais atraía os ingleses. Sua terra fértil produzia cana em abundância, e suas montanhas frescas lembravam a terra natal aos saudosos ingleses. Um dos primeiros colonizadores, Richard Ligon, descreveu sua primeira visita com entusiasmo:

> Quanto mais nos aproximávamos, mais linda era a paisagem... Lá vimos as árvores altas e frondosas, com seus galhos compridos e as pontas cheias de flores... mostrando toda a sua perfeição e beleza. E elas retribuíam, gratas, com sua sombra fresca... As plantações apareciam, umas sobre as outras, como os vários andares de um edifício, que nos proporcionavam grande deleite.[67]

O comércio para o leste dava muita força aos moedores de cana, e em 1660 a ilha estava pontilhada de centenas de pitorescos moinhos de vento. Mas a atração maior para os colonizadores não tinha a ver com a estética: ela tinha se tornado um dos locais mais ricos do mundo, e sua aristocracia agrícola, tema de lendas divertidas.

Antes do surgimento das plantações de açúcar no Novo Mundo, as plantações distantes do Mediterrâneo e das ilhas do Atlântico leste geralmente embarcavam barris de açúcar bruto "muscovado" para refinarias industriais na terra natal para ser processado e transformado no açúcar branco e fino que os consumidores adoravam. Quando a produção de Barbados aumentou, os plantadores adquiriram a sofisticada tecnologia de cristalização e ultrapassaram as refinarias europeias. Os refinadores ingleses reagiram com a previsível linguagem protecionista do interesse nacional:

> Um navio de branco traz o carregamento de três de mascavo... Esse é o jeito de manter berçários para nossos marinheiros? Como a refinação tem sido uma ocupação realizada antes mesmo de termos plantações, é absurdo que devemos perdê-las para tê-las.[68]

Eles não precisavam ter se preocupado, pois os industrialistas de Barbados logo deixaram o ouro branco em troca de um produto da cana cujo nome se tornou sinônimo da ilha: rum. A bebida alcoólica adocicada, primeiro fermentada por escravos de Barbados com o melaço, a sobra do processo de refinação, logo encontrou demanda na África, onde era preferido ao conhaque inglês. Não demorou para que os comerciantes caribenhos despachassem navios carregados de rum para o Golfo da Guiné para ser trocado por escravos. Os plantadores de Barbados voltaram suas fábricas para a produção do rum e mantiveram a ilha como o lugar mais rico do Caribe até bem depois do início do século XVIII, mesmo com a produção de açúcar tendo caído para trás daquela da Jamaica, de São Domingos (hoje Haiti) e das Ilhas de Sotavento.[69]

Embora alguns dos colonizadores originais tenham ficado para se unir à elite de produtores, muitos venderam a propriedade, que tinha valorizado dez vezes só nos anos de 1640, e se aposentaram na Inglaterra. Os que ocuparam seu lugar não eram em nada parecidos com os corajosos fazendeiros que transformaram a floresta tropical em fazendas nos anos de 1620 e 1630. O tamanho ideal de uma plantação de açúcar em Barbados parecia ser de 200 acres, grande o suficiente para tornar seu moinho econômico. Depois de 1650, comprar uma das fazendas cada vez mais caras exigia uma boa linha de crédito: muitos dos recém-chegados eram os pobres filhos mais jovens da aristocracia estabelecida, merecedores de crédito, geralmente recém-saídos das batalhas da guerra civil inglesa. Típico entre os novos era Thomas Modyford, que

> tinha se decidido a não voltar para a Inglaterra antes de fazer essa viagem, trabalhar e poupar mil libras esterlinas, e tudo com sua plantação de açúcar.[70]

A Inglaterra, devido ao apetite aumentado pelo açúcar de Barbados, lançou o olhar a outras ilhas do Caribe. Não havia como evitar o conflito com a Espanha, que havia muito ocupara as melhores propriedades caribenhas. Os ingleses finalmente se estabeleceram na Jamaica, 26 vezes maior que Barbados. Em 1655, a ilha maior fora atacada, e suas cidades, incendiadas por piratas e militares ingleses em várias ocasiões. Naquele ano, os soldados ingleses a invadiram (sob comando do Almirante William Penn, pai do fundador da Pensilvânia), e em 1658, eles expulsaram os últimos espanhóis. A partir daquele momento, os ingleses lutaram para tornar a Jamaica seu depósito de açúcar, em certo momento atraindo 1/3 do tráfico de escravos africanos.[71]

O apogeu de Barbados foi relativamente curto. Depois de 1680, com a queda do preço do açúcar, o pagamento de impostos ingleses, o solo empobrecido e as florestas arruinando suas plantações, muitos fazendeiros escaparam para pastos mais verdes no Novo Mundo. Modyford, por exemplo, já um dos homens mais ricos do mundo, foi para a Jamaica, onde se tornou governador. Outros voltaram como proprietários à Inglaterra, onde se tornaram o protótipo do *nouveau riche* do século XVIII, retratados constantemente na literatura da época. No entanto, outro grupo percorreu uma estrada ainda maior e mais promissora: onde hoje fica a Carolina do Sul, eles recriaram a sociedade de plantadores que deixaram para trás na ilha. Essa herança de Barbados se manifestou na sociedade mais intensiva de escravos do continente norte-americano e em um estilo político que séculos depois criou o Forte Sumter e Strom Thurmond.[72]

Os portugueses, ingleses e holandeses que agiam "além da linha" no Novo Mundo se tornariam três dos maiores consumidores de trabalho escravo da história da humanidade. Essa foi uma das consequências não planejadas e imprevistas da logística da economia agrícola.

Plantar cana requer muitos trabalhadores, o que os países da Europa não podiam fornecer. Como o historiador Richard S. Dunn descreveu os eventos no Caribe britânico: "O avanço da violência foi fatalmente fácil: de explorar os pobres trabalhadores ingleses a abusar de empregados da colônia a sequestrar e usar prisioneiros a escravizar negros africanos."[73]

Os primeiros trabalhadores nos campos de cana do Caribe Britânico foram homens brancos livres, mas no final do século XVII, quase 1/3 da mão de obra era de prisioneiros.[74] Ouvia-se falar de jovens sendo sequestrados (ou levados a Barbados, uma expressão análoga ao mais moderno "*shanghaied*" [sequestrar e obrigar a trabalhar em um navio]) nas ruas de Bristol ou Liverpool para trabalhar nos campos de cana. Mesmo quando disponíveis, os trabalhadores ingleses costumavam ser rudes e não cooperativos; na melhor das circunstâncias, eles ficavam na plantação por apenas alguns anos até que seus contratos, os seus termos de prisão, sua paciência ou sua vida se acabassem. Era necessária uma solução mais permanente.

Por volta de 1640, um grupo de plantadores de Barbados visitou plantações de holandeses no Brasil e ficaram muito impressionados com as vantagens do trabalho de escravos negros. Os africanos haviam sido lavradores por milênios; eles não só eram hábeis com o arado e a enxada, mas também eram, ao contrário dos ingleses, acostumados ao calor e resistentes aos grandes matadores das ilhas do açúcar — a febre amarela e a malária. Melhor que tudo, eles eram baratos, em comparação com a mão de obra inglesa, em termos de preço inicial e sustento. Depois de 1660, os africanos nas plantações logo se transformaram em centenas e passaram a ser a norma.[75]

No início, os portugueses, que conheciam a costa africana ocidental, supriam as necessidades dos ingleses no Caribe, mas logo os britânicos entraram no comércio. Só quatro meses depois da restauração da monarquia em 1660, e conforme a tradição da época, Carlos II criou uma empresa monopolista, alegremente chamada de "Royal Adventurers into Africa" [Aventureiros Reais na África] para lidar com o comércio de escravos. Seus acionistas incluíam a maior parte da família real, Lorde Sandwich e Lorde Ashley, que, em uma das ironias ideológicas mais deliciosas da história, foi o principal patrono e protetor do filósofo John Locke. A Companhia se preocupava principalmente com o maior produto de exportação da África, o ouro, mas também entregou vários milhares de escravos a Barbados.

A "Aventureiros", cronicamente mal gerida, foi desfeita em 1672 e substituída por uma organização de monopólio ainda mais espantosa — a Royal African Company (RAC) [Companhia Africana Real]. Desta vez, talvez informado por Ashley a respeito da lucratividade do tráfico de escravos, o próprio Locke tornou-se um acionista minoritário. Uma criação da monarquia, a RAC não se deu bem após a Revolução Gloriosa, em 1688, e perdeu o monopólio uma década depois. (Com monopólios, a escolha do momento é tudo, e a da RAC não foi boa; Carlos II havia lhe concedido o direito exclusivo de comercializar com a África durante mil anos). Após perder o monopólio de escravos, a RAC cobrou 1/10 de royalties das vendas de escravagistas independentes — "os pagadores de dez por cento", como ficaram conhecidos. Antes da RAC desaparecer na obscuridade no século XVII, ela tinha embarcado 75 mil escravos para o outro lado do Atlântico. Dessa quantidade, apenas 1/6 não sobreviveu à jornada. (A taxa de mortalidade certamente era mais alta entre os tripulantes brancos, que não só eram mais suscetíveis às doenças tropicais do que os escravos, mas também mais baratos para substituir.)[76]

Milhões seguiriam. Mesmo na ausência de restrições religiosas e culturais contra a escravidão, era difícil e caro caçar, capturar e transportar seres humanos; antes, a maioria de escravos negros caía nas mãos de exércitos de tribos inimigas, não compradores de escravos. A suscetibilidade dos europeus a doenças infecciosas ditava uma presença branca mínima nas costas da África, limitada à vista às tripulações e a alguns agentes permanentes, cuja função principal era cobrir governantes locais de presentes e subornos de todos os tipos.

Como os habitantes locais nos portos escravistas não continham esse tratamento desumano de seus irmãos, os cativos geralmente já haviam passado por várias mãos antes de chegar à costa e garantir que não eram da mesma tribo étnica de seus carcereiros finais. Já no século XIX, portugueses, ingleses, holandeses e franceses em geral não tinham ideia de como suas cargas humanas foram adquiridas e, muitas vezes, de sua origem geográfica exata. Mesmo que quisessem eles mesmos capturar os escravos, os europeus não teriam sobrevivido tempo suficiente para fazê-lo. Os registros da RAC mostram que 60% de seu pessoal na África morreu no primeiro ano, e 80%, até o sétimo ano, e só um entre dez foi liberado vivo do serviço à Companhia.[77] Um dos historiadores mais proeminentes da escravidão, David Brion Davis, destaca:

> Há muito corre a história de que os europeus fisicamente escravizavam os africanos — como se pequenos grupos de marinheiros, altamente vulneráveis a doenças tropicais e sem linhas de fornecimento com sua terra natal, poderiam sequestrar entre 11 e 12 milhões de africanos.[78]

Como os europeus pagavam pelos escravos? Geralmente, com tecidos. Os registros da RAC mostram que, no final dos anos de 1600, quase 3/4 do valor dos bens comercializados para a África se referiam a tecidos, quase sempre de fabricação inglesa, mas com uma considerável parcela de calicôs indianos. Os não têxteis consistiam principalmente em ferro em bruto, armas de fogo e búzios.[79]

Após trocar os produtos por escravos, os europeus continuavam com a barbárie. Cada cativo tinha um espaço de aproximadamente meio metro quadrado no navio — mais ou menos o mesmo espaço por passageiro em um trem do metrô ou avião, mas sem instalações sanitárias, ventilação ou alívio do ambiente escaldante, e não por minutos ou horas, mas por semanas. Mesmo nas melhores circunstâncias — isto é, na ausência de epidemias, que quase sempre varriam os porões —, os cativos eram amontoados em poças de seus próprios dejetos. Adicione a isso doenças gastrointestinais e feridas abertas causadas pelas correntes e imobilidade, e as circunstâncias dos escravos logo superam os limites da imaginação humana. O testemunho no Parlamento do oficial de um navio, o *Alexander*, revelou que:

> Quando usados para depositar escravos, o espaço era ocupado ao máximo, amontoando uns sobre os outros. Eles não tinham nem o espaço que um homem tem em seu caixão, no comprimento ou na largura. Era impossível que eles se virassem ou mudassem de lugar — ele disse que não consegue conceber uma situação tão terrível ou repulsiva como a dos escravos com diarreia: no *Alexander*, o convés ficava coberto de sangue e muco e parecia um matadouro. O mau cheiro e o ar pestilento eram insuportáveis.[80]

Poucos temas carregam o peso emocional do comércio de escravos, e até muito recentemente, a maioria das aproximações quanto ao volume, a nacionalidade e a mortalidade refletia as necessidades ideológicas de quem os calculava, e não a realidade objetiva. Somente em 1950 o tema tornou-se objeto de séria pesquisa histórica, quando estudiosos como Philip Curtin e David Eltis se esforçaram para obter um censo significativo e preciso da escravidão.

O quadro que seus dados mostram é assombroso.[81] Entre 1519 e a abolição da escravidão no final dos anos de 1860, 9,5 milhões de escravos africanos chegaram ao Novo Mundo; a Figura 10-2 revela o tráfego transatlântico anual. Como as melhores estimativas de mortalidade durante a Passagem do Meio estão em torno de 15%, isso significa que 11 milhões de cativos iniciaram a jornada na África.

A maioria dos 9,5 milhões que sobreviveram à Passagem do Meio cortaram, moeram e ferveram cana.[82] Oitenta por cento dos escravos foram para o Brasil e o Caribe, enquanto quase todo o resto foi para a América do Norte e do Sul espanholas. Tão impressionante foi essa migração involuntária, que já em 1580 os escravos somavam mais da metade dos viajantes ao Novo Mundo; em 1700, 3/4; e em 1820, 90%. De fato, a colonização das Américas não teria sido possível sem os escravos negros, que eram 77% dos que cruzaram o Atlântico antes de 1820.[83] Só depois da metade do século XIX, quando a instituição foi finalmente proibida, a maioria dos imigrantes era branca.

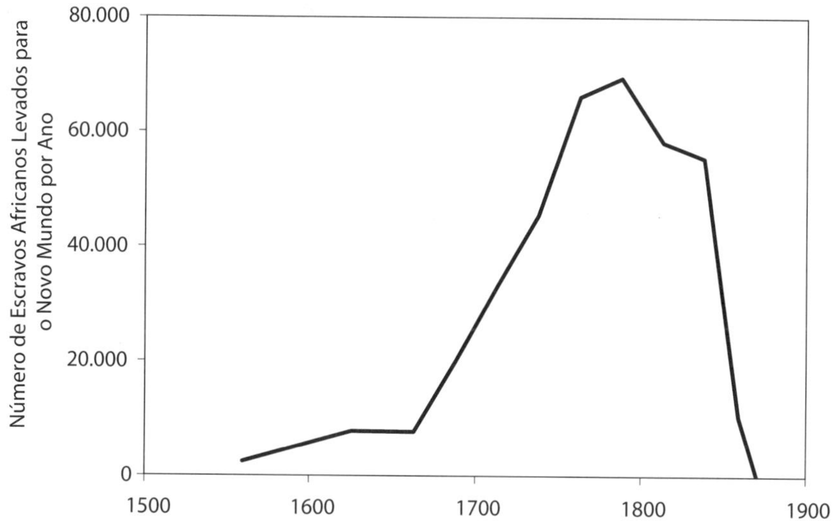

Figura 10-2. Comércio Transatlântico Anual de Escravos

Surpreendentemente, só cerca de 400 mil — aproximadamente 4,5% — foram para colônias na América do Norte. A Tabela 10-1, que resume as proporções de escravos que chegaram ao Novo Mundo segundo destino e proporções de seus descendentes vivos em 1950, esclarece o enigma. Primeiro, note que, apesar do fato de os Estados Unidos e o Canadá terem recebido menos que um escravo em vinte, essas duas nações hoje contêm cerca de um em cada três de seus descendentes. O padrão oposto ocorre no Caribe, que recebeu mais que 2/5 de escravos, mas hoje contém apenas 1/5 de seus descendentes, sugerindo que foi difícil manter a população escrava nas ilhas.

Como os escravos conseguiram aumentar sua população no Canadá e nos Estados Unidos? A resposta é que o açúcar é a mais mortal das plantações e a cana não era cultivada na maior parte da América do Norte britânica. Cortar, moer e ferver representava excesso de trabalho e morte precoce para milhões de africanos — na maioria homens, visto que os vigorosos eram os escolhidos para as plantações. Nada como as ilhas do açúcar, exemplificadas por Barbados, pela Jamaica e pelas ilhas de Barlavento e Sotavento e São Domingos, tinha sido visto antes, e esperamos que nunca mais seja visto no futuro. Essas sociedades eram formadas quase que totalmente por negros africanos e especialmente dedicadas à produção de um produto. As ilhas de açúcar dependiam da importação de comida e outros itens essenciais. Sua mão de obra escrava era tão devastada pelo excesso de trabalho, pela desnutrição e por doenças, que um constante fluxo de novos seres humanos era necessário só para manter o equilíbrio de quantidade de escravos.

Tabela 10-1. Proporções de Importação de Escravos para o Novo Mundo entre 1500 e 1880, e suas Populações de Descendentes em 1950.

	Proporção de Escravos Importados para o Novo Mundo entre 1500 e 1880	Proporção de Descendentes de Africanos no Novo Mundo em 1950
EUA e Canadá	4,5%	31,1%
México e América Central	2,4%	0,7%
Ilhas do Caribe	43%	20%
Brasil	38,2%	36,6%
Outros na América do Sul	11,8%	11,6%

Essa não era a ligação do escravo doméstico ou de um harém no Oriente Médio, que muitas vezes era tratado como membro da família e com permissão de ter um negócio; tampouco dos mamelucos, que podiam ser alforriados e até subirem ao poder, por conversão e serviço. Em vez disso, era um incessante e fatal inferno de trabalho no calor nos campos e nas fábricas sob a constante vigilância de um grupo de capatazes.[84]

A "temporada de moagem" mostrou ser especialmente mortal. Como o caldo de cana fica azedo se não for extraído e cozido dentro de 24 horas após o corte, a sequência de produção tinha de ser realizada em turnos incessantes de trabalho exaustivo nos campos, nos moinhos de três cilindros e no calor infernal nas casas das caldeiras. Isso fazia o valor dos escravos robustos aumentar e significava uma escassez que mulheres nas ilhas, Naturalmente, seguia-se uma reduzida taxa de natalidade, não só por causa do número reduzido de mulheres, mas também por causa da instabilidade social resultante desse desequilíbrio. Além disso, donos de plantações não tinham uso para filhos de escravos, visto que eles teriam que ser alimentados durante mais de uma década antes de renderem vantagens econômicas; era melhor importar jovens rapazes saudáveis, que poderiam ser comprados e mantidos durante três ou quatro anos. Crianças eram tão indesejáveis que eram vendidas por 1/20 ou 1/10 do preço de um adulto.[85]

A morte era uma companheira constante nas plantações de cana, e as colônias que dependiam muito dessa cultura tinham mais dificuldades em manter sua população de escravos. A população negra na América do Norte britânica, que plantava pouca cana, aumentava quase tão depressa quanto a de brancos. A única exceção no padrão de menor mortalidade entre os escravos na América do Norte era encontrada no sul da Luisiana, um dos poucos lugares do continente que cultivavam a cana. Por outro lado, uma exceção à alta mortalidade entre os escravos no Brasil ficava na província de Minas Gerais, que era mais dependente do trabalho "mais fácil": café e laticínios.[86]

O quadro mortal dos "dados demográficos do açúcar" é visto facilmente hoje nas diferenças culturais entre a população negra nos Estados Unidos e no Canadá e no resto do hemisfério. A América do Norte britânica, devido ao seu crescimento populacional intenso, exigia menor compra de novos escravos africanos. Depois de 1800, a fertilidade relativamente alta e a baixa taxa de mortalidade entre os escravos nos Estados Unidos significava que os donos de plantações do sul simplesmente não precisavam importar mais africanos. A proibição do comércio de escravos em 1808 passou com facilidade pelo Congresso, dominado por membros do sul, por esse simples motivo: a abolição da escravatura abalou os concorrentes do Caribe e do Brasil. Em 1808, quase todos os escravos norte-americanos eram nascidos no país, e com a Guerra Civil, restou muito pouco da memória cultural africana.[87] As ilhas caribenhas e o Brasil, por outro lado, requeriam um constante fluxo de africanos; já no século XX, a língua iorubá floresceu em Cuba, o último baluarte da sociedade de plantadores no Novo Mundo, e as influências africanas ainda são sentidas na cultura caribenha.

O comércio transatlântico entre os séculos XVII e XIX — café, algodão, açúcar, rum e tabaco do Novo Mundo para a Europa; bens manufaturados, especialmente têxteis, da Europa para a África; e escravos da África para o Novo Mundo — foi descrito como tendo um "padrão de comércio triangular" e ensinado à maioria das crianças nas escolas. Essa imagem super simplificada ignora a realidade de distâncias menores. Um navio inglês podia levar índigo da Jamaica para a Filadélfia, depois grãos dali para Londres, e então tecido de lá para Le Havre, então sedas francesas para a costa de escravos na África, e assim por diante.

No Oriente, os fatos não ocorriam com essa tranquilidade. Apesar de os ingleses terem ficado loucos pelos calicôs e apaixonados por chá, era mais difícil encontrar artigos comerciáveis para trocar por eles, principalmente pelos autossuficientes chineses. Era necessário um sistema que fluía com mais regularidade, semelhante ao conseguido no Atlântico. Assim como o braço do triângulo comercial de venda de escravos no Atlântico envenenou as relações raciais durante séculos, as desigualdades do comércio da Índia e da China no século XIX afetariam profundamente as relações entre Oriente e Ocidente até os dias hoje.

11

O Triunfo e a Tragédia do Livre-comércio

Há motivo de apreensão de que em séculos ou milênios futuros a China seja ameaçada com o choque com as nações do Ocidente. — Kang Hsi, imperador da China, advertindo sobre a presença britânica em Cantão em 1717[1]

Em 30 de março de 1802, William Jardine, um escocês de 18 anos, embarcou como auxiliar de cirurgia no *Brunswick*, a caminho da China. Ele era o típico jovem promissor da Companhia das Índias Orientais (EIC). Após a morte do pai, um humilde fazendeiro nas Highlands, William conseguiu concluir a faculdade de medicina em Edimburgo com a ajuda de um irmão mais velho.

Naqueles dias, conseguir emprego em um *indiaman* era coisa rara. A vantagem não vinha do salário pago pela Companhia — um adiantamento miserável de dois meses no valor de 5 libras (cerca de 800 dólares em moeda atual) no caso de Jardine — mas por causa da "tonelagem privilegiada" designada para a tripulação. A EIC concedia 2 toneladas a um auxiliar de cirurgia, 3 para um cirurgião e 56 na ida e 38 na volta para o capitão. O tripulante de um *indiaman* podia vender seus bens para comerciantes particulares por 20 a 40 libras por tonelada, mas um empreendedor como Jardine se sairia muito melhor. A carreira de jovem médico, que fundaria depois um dos maiores impérios comerciais do mundo moderno, é uma imagem clara das mudanças que ocorriam no mundo dos negócios no início do século XIX.

Embora não haja registro da habilidade médica de Jardine, há poucas dúvidas de que ele realizava suas tarefas com competência e consciência, visto que na viagem seguinte ele foi promovido a cirurgião do navio. Mas seu verdadeiro talento era outro. Nas seis viagens que fez ao Oriente com a EIC, ele acumulou uma considerável fortuna pessoal trocando prata e mercadorias da Inglaterra e Índia por produtos chineses, especialmente chá e seda.

Pelos padrões do século XIX, sua permanência de quinze anos na EIC era muito comum, apesar do fato de quatro de suas viagens terem ocorrido em tempo de guerra. Na segunda, em 1805, seu navio, o desafortunado *Brunswick*, foi capturado perto do Sri Lanka pelos franceses, que o transferiram a uma prisão no Cabo da Boa Esperança, então controlado pela recém-conquistada República Holandesa, e permitiram que voltasse para casa em um navio americano. Como era política da Companhia pagar somente aos que serviam em missões bem-sucedidas, ele perdeu o salário da jornada.

Contudo, o evento mais digno de nota em sua viagem foi conhecer um mercador pársi, extravagante e ambicioso, Jamsetjee Jeejeebhoy, que até pelos padrões da época transpirava um exotismo extraordinário. Embora os pársis fossem um grupo étnico indiano e vivessem na região de Bombaim, eles praticavam um ramo do zoroastrianismo persa. Dadas suas antigas origens persas-indianas, não é surpresa que eles estivessem profundamente envolvidos no comércio de varejo do Oceano Índico. Eles conheciam a China, para quem tinham enviado algodão cru e acabado, mirra, marfim, barbatanas de tubarão e uma série de outros artigos, conquistando a reputação de "Judeus da Índia".[2] (Esse termo ignorava o fato de que os verdadeiros judeus viveram no subcontinente por milênios, talvez já na época do reinado de Salomão.)

Nascido em uma família pobre, mas religiosa, em 1783, Jeejeebhoy foi aprendiz do tio, um *wallah* de garrafas (isto é, um vendedor de garrafas). O jovem logo ficou entediado com a profissão que a família tinha escolhido para ele e, dentro de um ano, embarcou para a China, a primeira de várias estadas na década subsequente. Como Jardine, ele perdeu sua carga e seu dinheiro para os captores do *Brunswick*, mas nas quatro décadas posteriores esses dois irmãos no comércio acumulariam fortunas e títulos de cavaleiro — Jeejeebhoy sendo o primeiro indiano a recebê-lo — no mundo moralmente ambíguo do comércio marítimo entre a Índia e a China, o assim chamado "comércio entre países".[3]

Se Jardine representava o novo tipo de mercador inglês em Cantão, então o comissário Lin Tse-hsü personificava a sociedade e a cultura chinesa na cidade. Vindo de uma longa linhagem de estudiosos e políticos, Lin seguia o tradicional caminho mandarim de imersão na meritocracia acadêmica — sucesso em exames de qualificação rigorosos seguido por avanços por meio da burocracia do governo. Ele serviu sucessivamente como secretário do governo na província de Fuquiém, compilador da academia provincial, examinador-chefe da província, juiz de circuito, comissário judicial, comissário financeiro, diretor de conservação do rio, governador da província e governador-geral da província, antes de finalmente ser indicado ao cobiçado cargo de comissário imperial, em 1838. Ao longo do caminho, ele aconselhou o imperador sobre a política do ópio e, como comissário imperial, repeliu os ingleses em uma luta memorável que azedou as relações do Oriente com o Ocidente até hoje.[4]

O mundo do comércio em que Jardine, Jeejeebhoy e Lin operavam obedecia a regras e costumes havia muito estabelecidos. Em 1650, os Ching manchus, a última dinastia chinesa, conquistou Pequim e destronou os Mings. Doze anos depois, começou o reino de 66 anos — de 1662 a 1722 — do imperador K'ang-hsi, a contraparte asiática de Luís XIV. Inicialmente, K'ang-hsi reverteu o isolacionismo Ming e abriu o país para comerciantes estrangeiros, mas ele logo recuou e definiu um conjunto de normas diplomáticas e comerciais que ficaram conhecidas como "o Sistema de Cantão", devido ao nome da cidade à qual os mercadores do ocidente eram confinados.[5] O fato de Cantão estar quase tão distante do centro do poder em Pequim quanto poderia e ainda ter um porto de águas profundas não foi acidental.

O principal participante europeu nesse sistema consagrado que recebeu o jovem Jardine em sua primeira visita a Cantão foi, é claro, seu empregador, a EIC (ou, como ficara conhecido nessa época, a "Honrosa Companhia"). Durante mais de um século, seu monopólio no tráfego com o Oriente fora ameaçado por "intrusos", que cada vez mais eram seus antigos empregados.

Quando o século XVIII chegava ao fim, um inimigo doméstico novo e mais forte apareceu para atormentar a Honrosa Companhia — Adam Smith e seus discípulos, que praticavam a nova ciência da "economia política". Sua credibilidade se originou de *não* terem ninguém defendendo interesses próprios na antiga luta entre monopolistas e adeptos do livre-comércio. Por mais persuasivos que Thomas Mun e Josiah Child fossem, eles tinham sido, afinal, diretores da Companhia que se beneficiaram de seu monopólio no comércio com o Oriente e, ao mesmo tempo, foram prejudicados pelo protecionismo dos fabricantes têxteis nacionais.[6] Agora, estudiosos respeitados sem interesse financeiro no resultado do debate apresentavam argumentos sólidos a favor do livre-comércio.

A convincente análise de Smith sobre a EIC acabaria aplicando o golpe mortal em seu monopólio no Oriente. A Companhia não era só a maior empresa comercial do mundo, mas também monopólio da Coroa, e não é surpresa que Smith tivesse muito a dizer sobre suas operações.

A análise de Smith sobre a política da Companhia na Índia, e também com seu comércio com a China, não pode ser entendida sem algum conhecimento da história da Índia. Em 1757, um impetuoso jovem coronel da EIC, Robert Clive, derrotou o mogol Nawab de Bengala e seus aliados franceses na Batalha de Plassey (a cerca de 60 quilômetros ao norte da atual Calcutá). Assim, ele conseguiu para a EIC uma primeira presença territorial significativa no subcontinente — resumindo, o atual Bangladesh e o vizinho leste da Índia, mais ou menos do tamanho do Novo México. Mais importante, Clive também herdou o velho *diwani* mogol — o direito de o governante cobrar taxas —, que naquela época, no lugar de dinheiro, era uma porção do produto da terra, especialmente algodão.[7] A Companhia, agora com poucos homens, dirigia diretamente uma pequena porção do território indiano e, sabiamente, deixou a estrutura institucional mogol intacta. Um dos decretos da EIC refletia a fragilidade de seu controle a nível local: "Não deve haver restrições sobre o número de mulheres do Príncipe, sejam esposas ou concubinas, como ele achar adequado. Eles não poderiam empregar seu dinheiro de modo mais prejudicial."[8]

Smith, que escreveu menos de duas décadas após a Batalha de Plassey, descreveu os bengaleses como uma sociedade decadente, cujos cidadãos incultos estavam condenados a "passar fome ou ser motivados a buscar a sobrevivência pela mendicância ou pela perpetração das maiores iniquidades".[9] Ele culpou a Honrosa Companhia por essa situação. A tarefa do governo, Smith afirmou, era cuidar dessas pessoas e garantir que a grande quantidade de empresas concorresse umas com as outras por negócios e capital de investimento, precisamente o que um monopólio deseja evitar. Deixar um monopólio controlar o governo era, portanto, uma receita para o desastre, como ocorreu quando a Companhia restringiu o comércio de arroz em Bengala e causou uma fome que matou 1/6 da população.[10]

Por mais reverenciado que Smith seja hoje, em sua época não passava de um homem com ideias, entre muitos, com pouca influência sobre a política. A vitória do livre-comércio na Inglaterra durante o século XIX seria conquistada não pelos economistas, mas por seus discípulos, os intransigentes capitães da Revolução Industrial, donos de fábricas em Manchester, que tinham interesse próprio em mercados internacionais abertos para seus produtos baratos.

O primeiro conflito surgiu com o Charter Act de 1793, no qual o Parlamento, com relutância, permitiu a comerciantes privados uma ajuda de custo anual de três mil toneladas (cerca de quinze carregamentos) a serem divididas entre eles. O "Sistema Continental" de Napoleão, que proibia seus aliados de comercializar com a Inglaterra, se viu diante das igualmente famigeradas "Ordens no Conselho" britânicas de 1807 e 1809, que obrigavam que todo o tráfego com destino à Europa parasse primeiro na Inglaterra. Isso desencadeou a Guerra de 1812, que abalou o fluxo de algodão americano para a Inglaterra. Agora, de repente dependentes do algodão mais caro do monopólio indiano da EIC, os donos de moinhos em Lancashire se enfureceram. O Parlamento repetiu a ordem em junho de 1812, tarde demais para impedir a guerra com os americanos, e em julho de 1813 votou pelo fim do monopólio da EIC na Índia. Como nessa época o comércio com Cantão não era importante para os comerciantes particulares nem para os donos em Lancashire, a Companhia conservou o monopólio na China e o Sistema de Cantão continuou viável por mais vinte anos.[11]

O Sistema de Cantão limitava mercadores ingleses a negociar só com umas poucas empresas de comércio oficialmente sancionadas na China, ou *hongs*, e permitiu a uma pequena colônia de estrangeiros apenas alguns metros quadrados. Além disso, os comerciantes não podiam residir lá de forma permanente, mas só durante os vários meses entre a monção de verão, que os levava para a China, e a monção de inverno, que lhes permitia sair.

O estuário do Rio das Pérolas proporcionou o palco geográfico para o grande drama que abalaria as relações Oriente-Ocidente. Um marinheiro que se aproximasse de Cantão via primeiro um grupo de ilhas guardando a baía a cerca de 32 quilômetros de sua entrada. Na extremidade oeste ficava a pequena península de Macau, o posto comercial português, e na extremidade leste, as ilhas de Lantau e Hong Kong, com seu magnífico porto. A baía se estende ao norte por 60 quilômetros, e mais ou menos no centro está a Ilha de Lin Tin, um local ideal para o contrabando.

Ao norte da baía está o Rio das Pérolas, chamado de Bogue, onde o imperador tinha posicionado uma impressionante série de peças de artilharia, destinadas a evitar que navios inimigos e piratas subissem o rio até Cantão. Havia apenas um problema com a configuração dessas armas — elas eram permanentemente presas ao chão em uma montagem fixa. Em outras palavras, elas não podiam realmente *mirar* algum navio. Como disse um historiador, "Elas mais pareciam fogos de artifício do que material bélico", uma deficiência que ficaria dolorosamente óbvia durante as futuras Guerras do Ópio.[12] O rio então faz uma curva de mais 60 quilômetros ao norte, depois para oeste, em direção a Cantão. Em seu curso há inúmeras ilhas, sendo Huangpu a mais importante, a leste de Cantão, onde o Sistema de Cantão exigia que os navios estrangeiros aportassem e transferissem suas cargas para pequenos barcos.

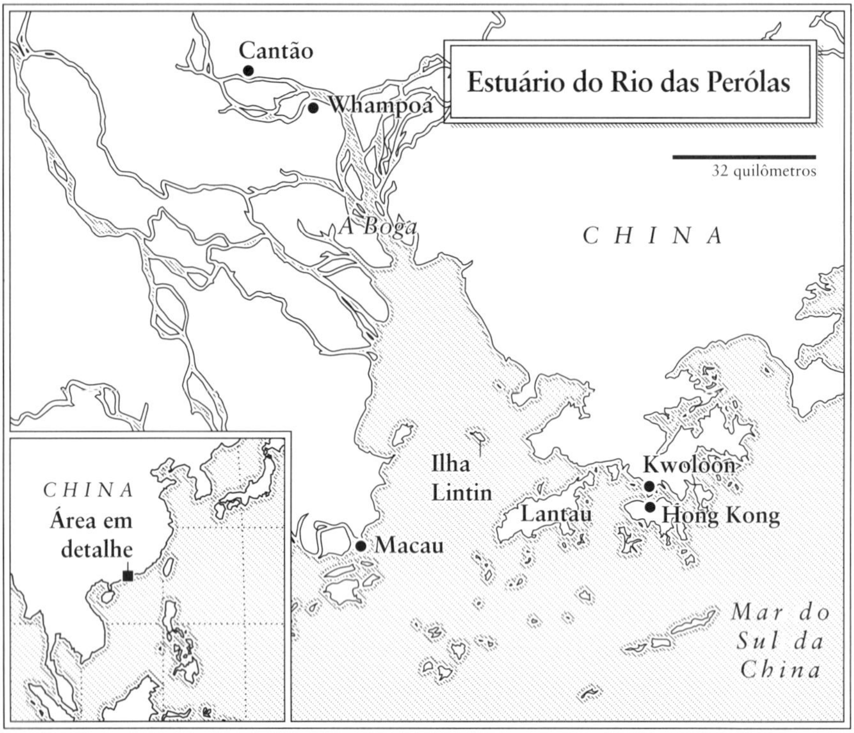

As barreiras entre o leste e o oeste da China não eram apenas geográficas. Tecnicamente, a China não se envolvia no comércio. Em vez disso, ela aceitava taxas para o imperador, que então retribuía com presentes para os requerentes estrangeiros. Na prática, porém, a troca de tributos por presentes se parecia muito com o comércio normal em outros armazéns asiáticos. A China cometeu o erro de ver a Inglaterra como um estado vassalo comum, como o Sião, uma falha que lhe sairia muito cara.

Os mal-entendidos comerciais e diplomáticos eram ao mesmo tempo trágicos e cômicos. Em 1793, quando George III enviou Lorde George Macartney para Pequim como embaixador, os chineses afixaram ao seu barco fluvial uma placa que dizia "Tributo dos Bárbaros Vermelhos". Ao contrário da lenda popular, Macartney concordou com o *kowtow* (uma complexa manobra que consistia em se curvar uma vez, ajoelhar uma vez e encostar a testa no chão nove vezes), mas somente com a condição de que os cortesões do imperador fizessem o mesmo diante de um retrato do monarca inglês, que Macartney tinha cuidadosamente conseguido para a ocasião. Os horrorizados chineses recusaram, educadamente, de modo que nenhum *kowtow* ocorreu naquele dia em ambos os lados.[13]

Embora alguns europeus ficassem fluentes nos dialetos chineses, estes quase nunca ficaram fluentes em alguma língua europeia. Por exemplo, o comissário Lin contratou os melhores tradutores que conseguiu encontrar; um exame posterior de seu trabalho mostrou que não passava de um *pidgin* [uma mistura de outras línguas que serve de meio de comunicação entre os falantes de idiomas diferentes] O mais importante é que um abismo de cultura e classes separava a China e a Inglaterra; no século XVIII, comerciantes ingleses ocupavam as mais elevadas posições na sociedade britânica, enquanto na China, mercadores foram desprezados como ralé por milênios.[14]

No início, o Sistema de Cantão era apropriado à EIC. Os *hongs* tinham o monopólio do comércio do lado chinês, e a Companhia, tendo afastado os portugueses e holandeses da China no século anterior, controlava todo o comércio do lado europeu. Consequentemente, o monopólio dos *hongs* e da Companhia se encaixava como peças de um quebra-cabeça.

Sob a superfície, as coisas não iam tão bem. Primeiro, a EIC financiava suas operações com o grande capital disponível em Londres, enquanto a China era uma sociedade a nível de subsistência com apenas mercados financeiros muito rudimentares, pouco capital e taxas de juros exorbitantes. Essa condição enfraquecia sobremaneira os parceiros *hong* da EIC.

As elevadas taxas de juros eram uma faca de dois gumes. Por um lado, elas permitiam lucros enormes à Companhia e a eventuais comerciantes ingleses privados ao tomar emprestado a juros baixos na Inglaterra e emprestar a taxas astronômicas na China. Mas não foi bom para a EIC ter parceiros comerciais cronicamente insolventes que sempre precisavam ser resgatados. Mesmo hoje, o comércio internacional é um empreendimento altamente incerto, e os mercadores muitas vezes têm que arcar com perdas.

O crédito adequado está para o comércio assim como a altitude está para a aeronave; sem isso, o risco de entrar em terreno comercial perigoso é grande. Cedo ou tarde, todos os empreendimentos comerciais perdem cargas ou encontram mercados desfavoráveis. Sem grandes reservas de capital e a capacidade de tomar emprestado a baixas taxas de juros, a falência é inevitável. Estendendo um pouco mais a analogia, se o sistema *hong* era uma aeronave incapaz de ficar a uma altitude segura, ele também operava apenas com um motor. Os chineses não tinham um sistema de seguros em operação; quando um incêndio devastou Cantão em 1822, a maioria dos comerciantes locais foi destruída.[15]

Em meados do século XIX, surgiu um problema ainda mais grave: os ingleses tinham desenvolvido um crescente gosto por chá, mas os chineses desejavam poucas coisas da Inglaterra. Nas palavras de um comissário de comércio inglês do século XIX, Robert Hart:

> Os chineses têm a melhor comida do mundo, o arroz; a melhor bebida, o chá; e as melhores roupas, algodão, seda, peles. Possuindo esses itens básicos e seus inúmeros acessórios nativos, eles não precisam gastar um centavo em qualquer outro lugar.[16]

As receitas do cobre e novidades mecânicas — os únicos itens que a China queria do Ocidente — não pagavam nem uma pequena parte das compras de chá. Se os ingleses queriam chá, teriam que pagar em prata. Os registros da EIC do século XVIII mostram que cerca de 90% do valor das exportações da Inglaterra para a China eram pagos com lingotes.[17] Em 1751, por exemplo, quatro navios ingleses chegaram à China levando 10.842 libras em bens comerciáveis e 119 mil libras em prata.[18]

Embora os chineses não valorizassem as mercadorias inglesas, eles gostavam muito do algodão indiano, uma mercadoria que a EIC agora tinha em abundância, obtido do antigo *diwani* mogol em Plassey. Embora a China cultivasse algodão havia milênios, antes de 1800 a produção doméstica era inadequada, e os chineses tinham que importar fardos de algodão cru e calicôs da Índia. Um sistema triangular, similar ao do realizado no Atlântico, começou a florescer: bens manufaturados ingleses para a Índia, algodão da Índia para a China e chá chinês para a Inglaterra. Cada vez mais, a Inglaterra começou a exportar algodão das novas fábricas de Lancashire para a China e a Índia.

Por volta dos anos de 1820, a demanda da China por algodão indiano caiu devido a crises econômicas e ao aumento do cultivo doméstico. Os ingleses, mais uma vez, reduziram a troca de chá por prata e voltaram o olhar para outro cultivo *diwani*, o ópio, cujos principais campos indianos ficavam nos territórios ao redor de Patna e Varanasi conquistados por Clive em 1757.

Durante vários milhares de anos, os humanos desidrataram o suco resinoso da papoula-comum, *Papaver somniferum*, e o transformaram em ópio. Como com muitas outras culturas modernas, a papoula é um cultivar, isto é, uma variedade cultivada que não cresce com facilidade na natureza, o que indica que as sociedades agrícolas encaram as drogas com tanta seriedade quanto os alimentos.

É provável que os seres humanos, no início, extraíam o ópio para consumo no sul da Europa, e os gregos e romanos faziam dele uso generalizado. Comerciantes árabes transplantaram a papoula para os solos e climas mais receptivos na Pérsia e na Índia, e depois na China, onde seu uso é registrado já no século VIII d.C.[19]

Em quase todos os registros históricos, nenhuma vergonha foi associada ao consumo do ópio como analgésico, relaxante e auxiliar no trabalho ou estimulante social. Os holandeses na Indonésia foram os primeiros a fumar ópio, no início dos anos de 1600, quando começaram a adicionar alguns grãos à nova importação do Novo Mundo, o tabaco. É provável que os chineses tenham adquirido a prática da base holandesa em Formosa, de onde o cachimbo de ópio rapidamente se espalhou para o continente.[20] Já em 1512, Pires observou o comércio de ópio em Malaca, séculos antes de os ingleses e holandeses se envolverem no comércio. Isso indica que a droga era um item de consumo elevado no comércio do Oceano Índico muito antes de os ingleses o dominarem.[21]

Os europeus do século XIX engoliam quantidades enormes de ópio, enquanto os chineses fumavam o deles. Como inalar ópio é mais viciante que consumi-lo por via oral, ele era considerado muito mais perigoso na China do que em outras nações do Ocidente. Na Inglaterra, organizações hortícolas concediam prêmios para papoulas especialmente potentes cultivadas no país (embora a maioria do ópio usado na Inglaterra viesse da Turquia), e a droga era consumida sem culpa por todas as classes, estando Samuel Taylor Coleridge ("Kublai Khan"), Thomas de Quincey (*Confessions of an Opium Eater*) e Sherlock Holmes, de Arthur Conan Doyle, entre os consumidores mais famosos. A droga podia ser comprada livremente na Inglaterra até que foi aprovada a Lei de Produtos Farmacêuticos, em 1868; outras nações ocidentais só limitaram seu uso por volta de 1900.

Na época em que a EIC assumiu o controle de Bengala, os portugueses embarcaram ópio de Goa para Cantão durante um período. As autoridades chinesas proibiram seu uso em 1729 por motivos que nunca ficaram claros.[22] No final do século XVIII, a EIC não era vista diretamente envolvida no fornecimento de ópio para a China, o que despertaria a ira do imperador. Em resposta, a Honrosa Companhia, nas palavras do historiador Michael Greenberg, "aperfeiçoou a técnica de cultivo de ópio na Índia, rejeitando-a na China".[23]

Ela o conseguiu supervisionando de perto a produção e mantendo o monopólio de preço e controle de qualidade na ponta indiana da cadeia de suprimentos. As marcas registradas da Companhia, Patna e Varanasi (nomes de cidades do norte da Índia que abrigavam suas agências principais de ópio), passaram a significar excelência para usuários chineses, e as caixas da droga com seu nome eram vendidas a preços elevados.

A EIC vendia seu valorizado produto para comerciantes privados como Jardine, que o enviava para a montanhosa Ilha de Lintin, no estuário do Rio das Pérolas, onde instalou sua base em velhos navios facilmente defendidos longe da praia (ao contrário do porto fluvial de Huangpu, no Cantão, onde as cargas legítimas eram desembarcadas). Contrabandistas locais levavam o produto rio acima e conseguiam passar pelos fiscais de alfândega do Cantão. Eles pagavam prata chinesa para comerciantes privados ingleses, que a trocavam nas empresas EIC por títulos que podiam ser sacados em contas da Companhia em Calcutá ou Londres. A Companhia, por sua vez, usava a prata obtida dos comerciantes privados para pagar o chá.[24]

A popular imagem de toda a população chinesa e sua economia devastadas pelo ópio é um equívoco. Primeiro, a droga era muito cara e destinada principalmente aos mandarins e às classes de elite de comerciantes. Segundo, como o álcool, ela era extremamente viciante para apenas uma pequena parte dos usuários. Até as mal-afamadas "casas de ópio", onde se comprava e fumava ópio, sobreviveram à sua péssima reputação, como descobriu um desapontado Somerset Maugham:

> E quando fui levado a uma "casa de ópio" por um convincente eurasiano, a escada estreita e sinuosa pela qual me conduziu preparou-me suficientemente para receber a emoção que eu esperava. Fui levado a uma

> sala relativamente bem arrumada, bem iluminada, dividida em cubículos cujo piso, coberto com esteiras limpas, formava um sofá conveniente. Em um deles, um senhor idoso, com cabelos grisalhos e mãos muito bonitas, lia um jornal com tranquilidade, com seu longo cachimbo ao lado... (em outra, quatro homens estavam agachados sobre um tabuleiro de xadrez, e mais adiante, um homem embalava um bebê... Era um local alegre, confortável, acolhedor e aconchegante. Ele me lembrava um pouco das pequenas e íntimas cervejarias de Berlim, onde o trabalhador cansado podia ir à noite e passar uma hora em paz.[25]

Pesquisas acadêmicas sobre o consumo de ópio na China confirmam a observação de Maugham: era uma droga social que prejudicava apenas uma pequena porcentagem de usuários. Um estudioso moderno calcula que, embora metade dos homens e 1/4 das mulheres fossem usuários ocasionais, em 1879 só um chinês em cem inalava ópio suficiente para se arriscar ao vício.[26]

O imperador e os mandarins manifestaram alguma indignação moral quanto à debilitação causada pelo ópio, mas eles estavam muito mais preocupados com os danos causados à balança comercial. A China aderiu ao mercantilismo no estilo europeu com tanta firmeza quanto qualquer monarquia ocidental do século XVII. Antes de 1800, o comércio de chá era, pelo menos em termos da ideologia mercantilista da época, integralmente favorável aos chineses. Os registros da EIC indicam 1806 como o ano em que o fluxo da prata foi revertido. Após essa data, o valor das importações do ópio superou o de chá, e a prata chinesa começou a *sair* do Reino Celestial pela primeira vez. Após 1818, a prata consistia em 1/5 do valor dos bens exportados pela China.

Nos anos de 1820, um poderoso grupo de mandarins começou a apoiar a legalização do ópio como forma de reduzir seu preço e estancar a fuga da prata. Um deles, Hsü Nai-chi, escreveu um memorando ao imperador observando que alguns usuários estavam realmente enfraquecidos, mas o dano fiscal à nação era muito pior. Ele recomendou a legalização com a recomendação que o ópio fosse adquirido somente como permuta (possivelmente por chá), não por prata. A ampla circulação desse memorando entre os comerciantes estrangeiros de Cantão lhes deu a esperança de que a legalização era iminente. Contudo, a proposta de Hsü foi derrotada em uma amarga batalha na corte imperial.[27]

No início do século XIX, os ingleses controlavam apenas uma pequena parte do subcontinente indiano, e não demorou para que comerciantes pársis, especialmente Jamsetjee Jeejeebhoy, superassem o monopólio de ópio da EIC em Bengala embarcando seu produto local, chamado *malwa,* a partir dos portos de Malabar e Gujarat. (*Malwa* era o termo genérico para o ópio que não pertencia à EIC, embarcado para portos ocidentais, em comparação com o das marcas da Companhia, Patna e Varanasi, exportados do porto oriental de Calcutá.) Por fim, a Companhia compreendeu a vantagem em centralizar os embarques de *malwa* em seus convenientes portos de Bombaim, e após 1832, ela começou a cobrar uma modesta taxa de trânsito dos mercadores locais.

No início do século XIX, começaram a aparecer brechas no monopólio da Honrosa Companhia. Além de usar comerciantes privados para enviar ópio para a China, a EIC começou a licenciar alguns "mercadores do país" para conduzir uma comercialização legítima também para Huangpu, usando o que restara da força de seu monopólio para mantê-los sob controle. Mercadores de peles norte-americanos, liderados por John Jacob Astor, forçaram algumas das primeiras aberturas no sistema de monopólio com peles de focas e lontras marinhas do noroeste do Pacífico, itens altamente apreciados na China.[28] A EIC, com receio de ofender a nação independente forte e imprevisível que causara uma derrota dolorosa ao país natal na Guerra Revolucionária, deixou os americanos em paz.

Mesmo antes do surgimento dos antigos colonos, outros mercadores ingleses privados usaram outra manobra para contornar o monopólio da EIC: a cobertura diplomática estrangeira. Em 1780, um inglês, Daniel Beale, viajou para a China sob cores austríacas para um encontro com o cônsul da Prússia. Ele usaria esse encontro para se envolver no lucrativo comércio entre a Índia e a China, livre do controle da EIC. Outro inglês, John Henry Cox, o proeminente importador de "singsongs" para a China, tentou evitar a interferência da EIC em uma comissão naval sueca; quando a Companhia ainda se recusou a permitir a entrada de sua embarcação, ele substituiu a bandeira sueca pela prussiana. Polônia, Gênova, Sicília e Dinamarca iriam facilmente e, presumivelmente a um bom preço, estender os privilégios diplomáticos para comerciantes ingleses.[29]

Quando Jardine voltou a Londres em 1817 e deixou o serviço na Companhia como um homem rico, ele formou uma parceria com outro ex-funcionário da EIC, cirurgião do navio, Thomas Weeding, que obteve uma licença-prêmio da empresa para atuar como comerciante independente do país. Os dois uniram forças com um pársi de Bombaim, Framjee Cowasjee, e em 1819, Jardine partiu para Bombaim, onde conseguiu 649 baús de *malwa*, que o parceiro então vendeu por $813 mil no Cantão.[30] (Daqui em diante, neste capítulo, o símbolo do dólar representa oito peças de reais espanhóis. Esse símbolo conhecido provavelmente tem origem no brasão de armas gravado nessas moedas). Esse seria o primeiro de muitos negócios de contrabando de Jardine. Em Bombaim, ele voltou a encontrar Jeejeebhoy, com quem formaria uma longa e lucrativa relação comercial. Ali, ele também conheceu James Matheson; mais tarde, os dois fundariam a grande empresa que ainda leva seus nomes — Jardine Matheson e Companhia.

Matheson vinha de uma família escocesa rica o bastante para comprar a licença necessária da EIC para ser um comerciante independente na Inglaterra. Isso lhe poupou do longo aprendizado na Companhia pelo qual Jardine passou. Por fim, Matheson tornou-se o "cônsul holandês" em Cantão, uma posição que lhe permitiu escapar totalmente das limitações de sua licença impostas pela EIC.

Matheson também inventou outra manobra que depois assumiria importância global. Embora o transporte de mercadorias diretamente da Índia para a China por comerciantes privados prejudicasse o monopólio da EIC com a China, era totalmente legal embarcar mercadorias enviadas de, por exemplo, Calcutá para o estreito de Malaca ou do estreito para Cantão. Em 1822, o astuto escocês primeiro aproveitou a vantagem dessa condição legal, transferindo suas cargas de um navio a outro no novo porto de Singapura, apenas três anos depois de Stamford Raffles fundá-lo em uma pantanosa e palúdica ilha.[31]

A riqueza de Matheson lhe deu liberdade para estudar e ser jornalista. Como muitos brilhantes mercadores jovens da época, ele adotou a ideologia de livre-comércio defendida por Adam Smith em *A Riqueza das Nações*. Em 1827, Matheson fundou o primeiro jornal de língua inglesa na China, o *Canton Register*, um *broadsheet* [de formato standard de 55cm] que divulgava notícias sobre navegação, tabulava os preços do ópio e publicava editoriais contra a tirania da EIC. No mesmo ano, após a morte de seu sócio original, o espanhol Xavier Yrissari, ele informou aos clientes chineses que dali em diante a gerência geral dos negócios seria realizada por William Jardine. Em 1830, a nova empresa, Jardine Matheson e Companhia, estava contrabandeando cerca de 5 mil baús de ópio por ano para a China, e como qualquer organização nova e vigorosa, ela buscou eficiência em todas as direções.

Coube a um notável membro da Jardine Matheson, o linguista e médico missionário Karl Friedrich August Gutzlaff, desmontar o Sistema de Cantão. Ele o fez trabalhando na pequena embarcação de contrabando que ia até a costa da Manchúria, vendendo *malwa* a mercadores locais, desafiando diretamente as autoridades chinesas.[32] Gutzlaff, um luterano da Pomerânia intensamente anglófilo que falava os principais dialetos chineses, casou-se sucessivamente com três inglesas e acreditava intensamente na capacidade de o comércio levar a salvação aos pagãos chineses.[33] Infelizmente para sua reputação histórica, ele escolheu o ópio como o veículo preferido para a redenção em Cristo.

O historiador Carl Trocki oferece essa vívida imagem do cotidiano em um veleiro mercante de ópio da costa. Após ancorar em uma baía segura, a tripulação do barco o via

> invadido por chineses, enquanto o capitão, o *shroff* (testador e trocador de moedas), e outro europeu sentavam-se ao longe vendendo ópio a "todos os interessados, de todas as classes". Enquanto esperavam, alguns fumavam ópio e adormeciam no sofá de sua cabine, e outros, às vezes, cochilavam no chão enquanto o ábaco chacoalhava e os chineses e europeus se comunicavam por sinais. Em quatro dias, a tripulação vendeu ópio no valor... de cerca de $200 mil.[34]

Embora a EIC estivesse perdendo uma fatia do mercado continuamente para os comerciantes privados, ela foi a pioneira em um avanço marítimo que teria um impacto econômico e histórico significativo. Por quase 2 mil anos, a monção permitia aos marinheiros somente uma viagem de ida e volta entre a Índia e a China. Essa limitação seria contornada não pela nova tecnologia a vapor, mas sim por melhorias no design do casco e das velas. Durante a Guerra de 1812, os americanos fabricaram uma embarcação revolucionário cuja velocidade possibilitava aos seus corsários destruir navios ingleses e furar bloqueios — o *clipper* de Baltimore. O mais famoso, o *Prince de Neufchatel,* capturou vários mercadores ingleses antes de ser encurralado por três fragatas da Marinha Real, pouco antes do final da guerra. Os ingleses rebocaram o *clipper* para uma doca seca e desvendaram os segredos de sua velocidade: um casco estreito de linhas afiladas que o mantinha navegando reto mesmo com o mais forte dos ventos; e velas grandes bem esticadas, características facilmente visíveis em iates de corrida até nos dias de hoje. O erro fatal do capitão do *Prince de Neufchatel*, na verdade, fora sobrecarregar o navio com muitas velas, que tinham que ser baixadas durante tempestades, que prevaleceram durante esse encontro final.[35]

Um comandante da Marinha Real, William Clifton, acabou se apoderando das especificações do *clipper*. Após deixar a Marinha, ele comandou embarcações da EIC e se deu conta de que o casco esguio e as velas esticadas do *clipper* Baltimore eram o segredo para vencer as monções. Em 1829, a EIC, com o apoio de seu governador-geral, Lorde William Bentinck, contratou a construção do *Red Rover*, uma embarcação de 255 toneladas que combinava um casco semelhante ao do Baltimore com a configuração de vela aprovada pela Marinha (*bark sail*).[36] Em 4 de janeiro de 1830, o novo e esguio navio deixou o ancoradouro no Rio Hooghly e se dirigiu a Singapura a favor do vento, chegando apenas 16 dias mais tarde. Menos de uma semana depois, ele navegou para o norte enfrentando a monção e chegou em Macau em apenas 22 dias. Clifton completou três viagens de ida e volta entre a Índia e a China naquele ano, um desempenho que lhe rendeu aclamação e um prêmio de 10 mil libras da EIC.[37] O *Red Rover* finalmente encontrou seu fim, juntamente com toda a tripulação, em uma tempestade na Baía de Bengala, em 1853, uma carreira excepcionalmente rara entre os *clippers* chineses, que passavam a maior parte de sua vida útil enfrentado as monções violentas.[38]

Contudo, os *clippers* não eram baratos. Um deles, o *Lanrick*, custou 65 mil dólares à empresa, mas comportava 1.250 baús de ópio, que renderiam 25 mil dólares por viagem, assim pagando o preço de compra do navio na terceira viagem de ida e volta, ou seja, dentro de um ano.

Embora a EIC introduzisse *clippers* no comércio com a China, no final as companhias particulares exploraram com sucesso o potencial do novo navio. Jardine Matheson e outros no comércio do país aprenderam que era mais lucrativo agir como intermediários e conectar os vendedores de *malwa* em Bombaim aos compradores na ilha Lintin. A comissão, 20 dólares por baú, era um lucro mais confiável que comprar e vender ópio diretamente eles mesmos.[39]

Em 1830, uma coalizão de comerciantes do país e interesses fabris de Manchester liderada por um ávido Jardine esperava o futuro vencimento da autorização da EIC e fizeram uma petição ao Parlamento em favor de um "novo código comercial". No espírito da época, o Parlamento concordou. O monopólio da EIC no comércio no Oriente finalmente acabou para sempre em abril de 1834. Quase imediatamente, os mercadores privados, já em controle do ópio, se apoderaram do venerável e lucrativo comércio de chá, o último produto importante e protegido da Companhia.

Que diferença fizeram 150 anos! Em 1700, a Honrosa Companhia estava na vanguarda do livre-comércio, enquanto a indústria têxtil protecionista inglesa procurava manter seu monopólio em vias de extinção. No início do século XIX, essas posições tinham sido invertidas: a esclerótica EIC procurou desesperadamente manter sua posição de privilégio, enquanto os produtores de algodão pressionavam por um comércio ilimitado, prevendo que "se pudéssemos convencer cada pessoa na China a alongar sua camisa em 30cm, poderíamos manter os moinhos em Lancashire trabalhando sem parar".[40] Antes de 1700, a crença globalista de Child e Martyn conquistou notável pouca atração do público, mas em 1830, prevaleciam os princípios do livre-comércio de Adam Smith, conforme personificados por William Jardine e James Matheson. Durante séculos antes da chegada dos europeus, os depósitos no Oceano Índico viveram mercados razoavelmente abertos. Agora o Ocidente, de posse de novas tecnologias marítimas e militares, rejeitaria seus modos monopolistas armados e adotou o livre-comércio, quisessem ou não os chineses e indianos.

O ano de 1828, dos quais temos registros especialmente detalhados, nos proporciona uma imagem do comércio da China imediatamente antes da extinção do monopólio da Companhia. De cerca de 20 milhões de dólares em importações para Cantão, mais de 3/4 foram ganhos pelos comerciantes privados do país, e 3/4 deles vinham do ópio. Em outras palavras, o ópio compunha mais da metade do comércio inglês, do qual a maior parte estava em mãos de particulares. Mais de 99% das exportações da EIC da China consistiam em chá, que antes de 1834, comerciantes privados, que eram pagos principalmente em prata, não tinham permissão de vender.[41]

Após 1834, sem o monopólio da Companhia, os comerciantes privados expandiram o alcance de suas operações; eles agora estavam livres para ignorar o Sistema de Cantão, que fora aplicado quase tão vigorosamente pela EIC quanto pelo imperador. Os *clippers*, esguios e rápidos, mostraram ser ideais para cargas de alto valor como o ópio e o chá. No final dos anos de 1830, esses navios permitiram a empresas como a Jardine Matheson controlar tanto o antigo comércio do país quanto o novo comércio costeiro, cujo pioneiro fora Gutzlaff. As importações de ópio cresceram devagar, de cerca de 4 mil baús por ano em 1800 para uns 10 mil em 1825. Após as companhias privadas tomarem o comércio na China da EIC, o volume disparou para 40 mil baús no final dos anos de 1830.[42]

Quando a EIC desistiu do monopólio em 1834, seu seleto comitê, que regulava o comércio inglês, abriu caminho para um superintendente para o comércio na China, indicado pela Coroa e muito influenciado pelos fortes comerciantes privados e pelo seu ódio pelo governo chinês. Os problemas desse primeiro superintendente, o incapaz Lorde William John Napier, simbolizaram o abismo cultural entre a China e o Ocidente. Napier chegou sem ser anunciado às instalações da EIC em Cantão às 2h de 25 de julho de 1834; quando amanheceu, ele já tinha hasteado a bandeira do Reino Unido, uma grave afronta aos chineses. Essa gafe foi apenas o começo. Em seguida, Napier mandou traduzir uma carta de apresentação para o chinês que foi entregue ao governador-geral local. Depois de 48 horas após sua chegada a Cantão, o superintendente tinha transgredido vários decretos imperiais sobre os bárbaros: ele viajou rio acima até o Cantão sem autorização, fixou residência ali, enviou uma carta diretamente para o governador-geral (não por meio dos mercadores *hong*) e escrita em chinês (e não em inglês). Os chineses repudiaram Napier, fecharam todo o comércio com os ingleses e dispararam contra seus navios. Jardine e os outros comerciantes privados, que tinham encorajado a ida do superintendente, compreenderam que exageraram e apaziguaram os chineses negociando a partida apressada do desafortunado.[43]

Quatro anos depois, foi a vez de o imperador passar dos limites quando indicou o brilhante, mas igualmente desajeitado, Lin como comissário e preparou o terreno para um confronto muito mais desastroso entre os dois governos. Mesmo antes da indicação de Lin, as autoridades chinesas tinham começado a prender um grande número de contrabandistas de ópio e interromperam o comércio. Em março de 1839, Lin aumentou a pressão responsabilizando criminalmente os mercadores estrangeiros por quaisquer carregamentos ilícitos. Logo depois, Lin ordenou a decapitação pública de negociantes de ópio sob o olhar horrorizado dos europeus, e então manteve todos os residentes estrangeiros — ingleses, americanos, pársis e franceses — reféns em seus depósitos durante várias semanas, até concordarem em entregar 20 mil baús de ópio. Os estrangeiros foram liberados só depois que as forças de Lin destruíram a enorme carga.

O novo superintendente de comércio, Charles Elliot, era um capitão da Marinha Real aposentado e veterano das patrulhas antiescravagistas na África Ocidental. (Em certo momento, ele exerceu a função de "protetor dos escravos".) Um calvinista rígido, inconformado com o comércio do ópio, compartimentou suas crenças religiosas e seus deveres oficiais bem o suficiente para apaziguar os comerciantes privados cada vez mais desesperados, compensando-os pelo ópio confiscado. Essa ação lançou o governo inglês diretamente no confronto.

Uma faísca foi o suficiente. Muitos meses depois, em agosto de 1839, após o assassinato de um morador local por um marinheiro inglês embriagado, Lin cortou o suprimento de comida e água das forças navais inglesas e exigiu que o marinheiro fosse entregue para julgamento. Elliot se recusou e, em vez disso, submeteu o réu a um júri inglês de mercadores, que o condenaram a pagar uma multa e passar seis meses na prisão na Inglaterra. (Quando o marinheiro chegou a seu país, ele foi libertado com a justificativa de que o júri, que incluía James Matheson, fora formado de modo inadequado.[44]) Por volta do meio-dia de 4 de setembro, Gutzlaff, sob ordens de Elliot, apresentou cartas aos comandantes de dois navios chineses perto de Kowloon e os informou de que, se os suprimentos não fossem retomados dentro de trinta minutos, seus navios seriam afundados. Nenhuma comida ou água foi entregue, e o HMS *Volage* disparou contra as embarcações. Em retaliação, Lin proibiu todo o comércio com a Inglaterra para sempre e mandou que atirassem nos navios ingleses.

Enquanto isso, Jardine e outros veteranos do bloqueio de Lin nos depósitos em Cantão voltaram para a Inglaterra. Ao chegarem, eles pediram que o gabinete do primeiro-ministro dos Whigs [partido político], Lorde Melbourne, exigisse desculpas dos chineses e negociasse um tratado mais "justo" que abriria muitas outras portas para o Ocidente. Mensagens de Elliot, cujo orgulho e reputação foram abalados pela falta de tato de Lin, também defendiam o uso de firmeza com os chineses.

Jardine e seus aliados recomendaram que suas exigências fossem apoiadas com força naval. Tudo o que restou foram meios de financiar a guerra. Thomas Babington Macaulay, ministro da Guerra, os forneceu: fazer os chineses pagarem as reparações. Melbourne enviou uma força de uma dúzia de soldados e vários milhares de marinheiros, que chegaram à China em junho de 1840.

A Primeira Guerra do Ópio tinha começado. Ela terminaria só em 1842, e o malfadado Tratado de Nanquim, que concedeu uma recompensa monetária à Inglaterra, eliminou o monopólio *hong*, definiu tarifas de exportação e importação chinesas baixas e reabriu Cantão e mais quatro portos citados no tratado (Xangai, Xiamen, Fucheu e a Ilha de Ningbo). Nesses portos, os ingleses tinham o privilégio de extraterritorialidade (imunidade contra a lei chinesa) e eram governados por cônsules ingleses. Não foi feita nenhuma menção ao ópio, cuja importação contínua estava tacitamente entendida por ambas as partes. Até hoje, a humilhação do Tratado de Nanquim incomoda a consciência nacional chinesa. Que nenhum americano em cem tenha ouvido falar dele não é um bom prenúncio para as relações sino-americanas no século XXI.

Além disso, os ingleses procuravam uma colônia permanente. Há muito, Matheson desejava Formosa, mas de Londres Jardine argumentou que a ilha era grande demais para ser pacificada e sugeriu o porto de Ningbo. Nenhum dos dois conseguiu o que queria; Elliot, um antigo oficial da marinha, cobiçava o ótimo porto de Hong Kong e, por iniciativa própria, fez com que sua transferência fosse inserida no tratado. Mesmo antes de ele ser assinado, Matheson mudou a sede da sociedade para lá, dando início à ascensão da ilha e da empresa para a prosperidade.

Na verdade, Elliot não era o único inglês que alimentava dúvidas quanto à moralidade do comércio de ópio. O clero anglicano e o líder da oposição Tory, Robert Peel, encabeçaram um movimento contra ele. O defensor mais eloquente da proibição foi um deputado de 30 anos, William Gladstone, cuja irmã fora destruída pelo vício. Quando Peel ingressou no Parlamento, em 1840, para condenar o ataque à China, o jovem Gladstone proferiu um discurso inflamado na Câmara dos Comuns que lhe deu destaque público. Décadas mais tarde ele serviria quatro mandatos como primeiro-ministro,

Em geral, na Inglaterra de meados do século XVIII, o ópio ainda era um remédio benigno dado para bebês com cólicas e engolido aos poucos por velhas senhoras para aliviar as enfermidades da idade. O novo movimento pela proibição não se equiparava ao que o historiador W. Travis Hanes chamou de "grande ópio" — o consórcio dos mercadores chineses e seus aliados em Londres liderados por William Jardine.[45]

O tráfico de ópio cresceu ainda mais depressa depois da Primeira Guerra do Ópio. Em 1845, por exemplo, o auditor-geral da nova colônia de Hong Kong calculou que, em qualquer época, havia oitenta *clippers* transportando ópio para a China e retornando com chá, 1/4 dos quais da Jardine Matheson. Aos poucos, a Jardine Matheson se tornou o foco do crescente sentimento antiópio na Inglaterra.

Em particular, a Jardine Matheson estava satisfeita com o comércio ilícito e temia a possibilidade da legalização, que os chineses apoiavam de tempos em tempos, já que isso abriria o tráfico à concorrência de "homens com pouco capital".[46] Seus receios tinham fundamento. Em 1858, o Tratado de Tientsin, que finalizou a Segunda Guerra do Ópio, obrigou os chineses a legalizarem o ópio (além de conceder mais portos, pagando por mais ressarcimentos e entregando Kowloon). A legalização do comércio significava que qualquer um poderia comprar *malwa* em Bombaim, transportá-la em um dos novos navios da Companhia de Navios a Vapor Peninsular e Oriental e vendê-la em Hong Kong. Dentro de alguns anos, a Jardine Matheson se viu obrigada a deixar o comércio de ópio por homens como David Sassoon, um mercador de Bombaim de origem judia de Bagdá. O conhecimento de Sassoon dos produtores indianos locais, as amplas conexões comerciais da família e a legalização lhe permitiram tirar o controle dos "velhos" comerciantes ingleses. Sassoon seria acompanhado no comércio do ópio por muitos mercadores indianos, principalmente os herdeiros pársis de Jeejeebhoy.

A retirada da Jardine Matheson do comércio de ópio acabou sendo vantajosa, pois ela foi obrigada a se diversificar. As importações de ópio chegaram ao auge, a aproximadamente 100 mil baús por ano, em 1880.[47]

Normas sociais podem mudar com muita rapidez. Por exemplo, em 1600, mesmo o europeu mais esclarecido não via nada de errado com a escravidão de negros; em 1800, poucos europeus e não muitos chineses culparam a Inglaterra por exportar ópio para a China. Não se deve ignorar que o tabaco, que pelo menos é tão viciante quanto o ópio e matou muito mais pessoas, hoje é agressivamente comercializado em todo o mundo pelos herdeiros corporativos de William Jardine e James Matheson.

Se a importação de um produto prejudicial, o ópio, não fazia bem à China, a importação de bons tecidos de algodão manufaturados e inofensivos é hoje responsabilidade por ter mergulhado a Índia na pobreza. Certamente, foi assim que Karl Marx viu quando citou o governador-geral da EIC, William Bentinck: "A miséria dificilmente encontra paralelo na história do comércio. Os ossos dos tecelões de algodão estão cobrindo as planícies da Índia."[48] Os fundadores da Índia tinham a mesma opinião, como muitos indianos da atualidade.

A narrativa padrão é mais ou menos esta: os ingleses proibiram a exportação de bens manufaturados pela Índia, enquanto permitiam "entrada livre" para produtos ingleses. O resultado foi a destruição da celebrada indústria têxtil indiana. Nas palavras de Jawaharlal Nehru, pai fundador da Índia moderna e seu primeiro-ministro inicial:

> O fim da classe de artesãos levou ao desemprego em uma escala prodigiosa. O que fariam todos aqueles milhões, que até então tinham se dedicado à indústria e à manufatura? Para onde iriam? Sua antiga profissão não estava mais à sua disposição, o caminho para uma nova estava bloqueado. Claro, eles poderiam morrer; esse modo de escapar de uma situação intolerável está sempre aberto. Dezenas de milhões morreram.[49]

Marx e Nehru captaram a verdade essencial; em 1750, a Índia fornecia quase 1/4 da produção têxtil do mundo: em 1900, sua produção escolhera a menos de 2%.[50]

A perda geral para a economia indiana foi relativamente modesta, visto que a maior parte da produção nacional era agrícola: algo em torno de 2 a 6 milhões de empregos — no máximo, 3% da força de trabalho —, não os milhões da prosa apocalíptica de Marx e Nehru.[51] (Em comparação, o desemprego nos Estados Unidos durante a Grande Depressão ultrapassou 30%.) Alguns historiadores argumentam que, devido à importação de fios ingleses superiores e mais baratos, a indústria da tecelagem doméstica realmente se expandiu. Curiosamente ausente da maioria das discussões está o fato indiscutível de que centenas de milhões de indianos, pobres e ricos, podiam se vestir com tecidos ingleses, que eram mais baratos e mais bem-feitos.[52]

A Índia não ficou mais pobre; ao contrário, o Ocidente, em rápido processo de industrialização, ficara mais rico. Historiadores econômicos modernos, na Europa e na Índia, hoje atribuem os problemas da Índia nos séculos XVIII e XIX a vários fatores não relacionados à política comercial inglesa: solos inférteis, a frequente falta das chuvas de monções, sistemas de transporte inadequados no interior, falta de mercados de capital operantes e a morte, em 1707, do último grande imperador mongol, Aurangzeb.[53]

Podemos culpar os ingleses, como Nehru fez, por deixar as mercadorias inglesas entrarem na Índia sem pagar impostos enquanto barravam o fluxo de produtos indianos na direção oposta? Apenas em um pequeno grau: em meados do século XIX, a maioria das importações inglesas para a Índia estava sujeita a um imposto entre 3,5% e 7% (dependendo se chegavam em navios ingleses ou não). O imposto comparável pago sobre produtos estrangeiros (incluindo os indianos) que chegavam à Inglaterra ficava entre 15% e 20%; produtos agrícolas, como o açúcar indiano e o algodão cru, incorriam em uma taxa muito mais baixa.[54] Isso, naturalmente, era discriminatório, mas não proibitivo. Tampouco pode-se argumentar de forma realista que o abuso dos *diwani* pelos ingleses esgotou a riqueza da Índia. Os ingleses gastaram uma proporção muito maior dos *diwani* em obras públicas, como o amplo sistema de ferrovias no subcontinente, do que foi gasto pelos mongóis, apreciadores de luxo, e em qualquer caso as receitas não somaram muito mais que 1% da renda nacional.[55, 56]

Após analisar as variadas negociações da Inglaterra em ópio chinês e algodão indiano, agora nos voltamos ao episódio historicamente mais significativo da história do século XIX: seu comércio de grãos com o continente.

Desde pelo menos o século XV, a Coroa considerou adequado exercer uma microgerência em relação ao comércio vital de grãos com uma série de "Leis dos Cereais". Na Inglaterra, "milho" significava todos os grãos — cevada, centeio e, principalmente, trigo. (O milho era desconhecido na Europa antes de Colombo.) Entre 1660, quando começaram a ser feitos os registros legais e a abolição em 1846, não menos que 127 Leis dos Cereais foram promulgadas para controlar todas as facetas imagináveis do comércio de grãos e outros alimentos: transações de varejo e atacado, armazenamento, importação, exportação e, o mais crítico de todos, taxas do governo. A grande batalha do século XIX em torno do livre-comércio foi, de várias maneiras, um debate sobre a sensatez do envolvimento invasivo do governo no que era cada vez mais um comércio internacional.[57]

Até meados do século XVIII, a riqueza e o poder da Inglaterra não vinham do comércio ou da manufatura, mas da força de sua agricultura, que tinha se tornado tão eficiente que, em 1800, apenas 2/5 da força de trabalho eram necessários para alimentá-la.[58] Durante o turbulento século XVII, os fazendeiros ingleses exportaram poucos grãos. Quando a paz e a estabilidade institucional finalmente chegaram às vésperas da Carta de Direitos de 1689, a Inglaterra se tornou o celeiro do norte da Europa.

Então, tão rapidamente quanto surgiu, o superávit desapareceu. Quatro eventos consumiram o dinheiro. Primeiro, uma série de conflitos graves tomou conta da Europa e abalou o comércio regional de grãos. Entre a Guerra dos Sete Dias, em 1756, e o fim das guerras franco-napoleônicas em 1815, a Inglaterra estava envolvida em algum conflito global ou se preparando intensivamente para um. Segundo, durante o século XVIII, a população da Inglaterra quase dobrou, para 9 milhões. Terceiro, a rápida industrialização após 1760 mudou os trabalhadores e o capital financeiro de fazendas para fábricas. Finalmente, uma série de colheitas perdidas começou em 1756 e continuou, de modo intermitente, por cerca de duas décadas. Na maioria dos anos depois de 1780, a Inglaterra era um grande importador de grãos, principalmente da Dinamarca, da Polônia e da costa da Alemanha. O ano de 1808 foi a última vez em que a Inglaterra exportou mais grãos do que comprou.[59]

Durante os anos de autossuficiência e riqueza, não muitas pessoas, até fazendeiros, tinham dado muita importância às Leis dos Cereais. Às vezes esses estatutos favoreciam a aristocracia fundiária impondo altas taxas e, assim, desencorajando importações, ou até pagando um valor sobre as exportações aos comerciantes, e às vezes eles favoreciam habitantes da cidade fazendo o contrário. Mas, quase sempre, as leis eram irrelevantes: a economia medieval era altamente autossuficiente, e, seja como for, o pessoal responsável por aplicá-las era tão pouco nas sociedades medievais que raramente conseguiam fazer cumprir esses estatutos obscuros.

A importância das Leis dos Cereais aumentou com o início da Guerra dos Sete Anos em 1756; a escassez de alimentos varreu os centros industriais do norte, e revoltosos saquearam celeiros e até padarias. Comerciantes de grãos, que durante séculos ignoraram ou simplesmente não tinham ciência das restrições de vendas impostas pelas Leis dos Cereais, de repente se viram condenados à forca por tribunais reunidos apressadamente. (No final, a maioria foi perdoada ou "transportada" para a Austrália.)

De um momento para outro, a política comercial agrícola foi para o primeiro plano do debate político. Nas décadas seguintes, o Parlamento aprovou uma série de Leis dos Cereais destinadas a aumentar o suprimento dos consumidores e defender a aristocracia fundiária. Não ocorreu uma coisa nem outra. Após 1793, a guerra com a França revolucionária e uma série de colheitas perdidas causaram escassez novamente. O preço do trigo, que custava em média 40 xelins por quarto (250 quilos), disparou para mais de 100 xelins, como mostra a Figura 11-1. Em 29 de outubro de 1795, quando o rei estava a caminho de proferir um discurso no Parlamento, uma turba cercou sua comitiva. Tiros foram disparados em sua carruagem enquanto a multidão gritava "Paz! Paz!"

O governo fez tudo ao seu alcance. Ele proibiu a exportação de grãos e seu uso em destilarias, eliminou todos os impostos de importação e comprou trigo do Báltico pelos canais oficiais. A Marinha confiscou grãos dos navios neutros com destino à França. Essas ações não só não foram suficientes para impedir a fome generalizada, mas também enfureceram os ricos donos de terras que não mais podiam se aproveitar do povo faminto e empobrecido.

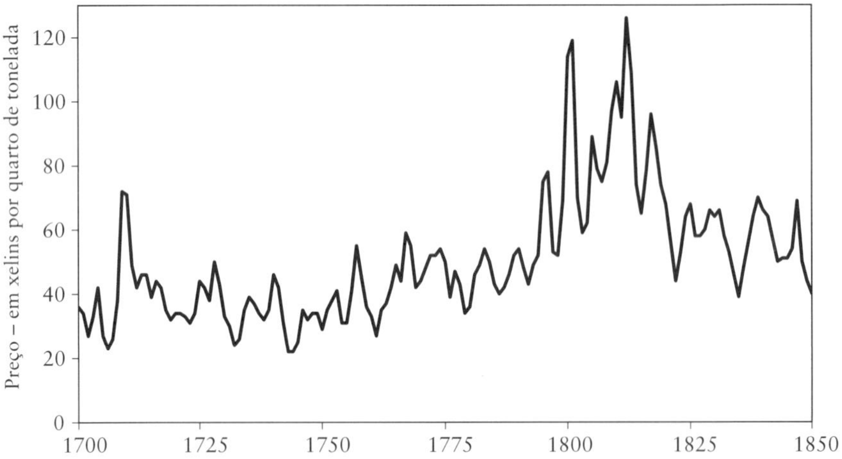

Figura 11-1. Preço do Trigo na Inglaterra 1700–1850

O governo então ofereceu prêmios para *importações* e estimulou os consumidores a comerem pão feito com uma mistura de trigo e cevada ou centeio. Mas no final do século XVIII, mesmo os pobres tinham se habituado ao pão branco, e os padeiros se recusaram a fazer pães com a mistura de grãos, que não eram vendidos e ficavam para mofar.[60]

Depois de 1800, colheitas favoráveis reduziram os preços por algum tempo, e em novembro de 1804, proprietários de terra aproveitaram a vantagem da escassez geral dos tempos de guerra e pressionaram o Parlamento a aprovar uma lei usando uma "escala móvel" de taxas sobre o trigo estrangeiro.

Instituir esse imposto oneroso sobre o trigo estrangeiro, para o qual os custos de transporte já eram mais altos do que o do trigo doméstico, garantiu aos fazendeiros ingleses um preço mínimo de 63 xelins por quarto, um aumento de mais que 50% que seu nível histórico. A Lei dos Cereais de 1804 revelou a mentalidade e o poder político dos produtores ingleses e claramente mostrou a faca de dois gumes do protecionismo, que busca proteger produtores domésticos (neste caso, a aristocracia fundiária inglesa) às custas dos consumidores. Basicamente, os proprietários ingleses procuraram tornar permanentes os altos preços dos grãos dos tempos de guerra.

A lei quase não teve efeito, porque colheitas fracas e as guerras francesas cada vez mais frequentes logo fizeram os preços do mercado subirem para mais de 100 xelins. Em 1809, a escassez na Inglaterra se combinou com uma colheita excelente na França que deu a Napoleão uma incrível oportunidade de obter grandes lucros com a venda de grãos para o inimigo.[61]

Tabela 11-1. Taxas de Importação sobre o Trigo: Lei dos Cereais de 1804

Preço dos grãos (xelins por quarto de tonelada)	Taxa de importação (xelins por quarto de tonelada)
Abaixo de 63	24,25
Entre 63 e 66	2,5
Acima de 66	0,5

Em outubro de 1813, a Inglaterra e seus aliados invadiram a França, e em abril de 1814, Napoleão foi enviado a Elba. Entre essas duas datas, o preço do trigo caiu de mais ou menos 120 para 70 xelins, e os proprietários ingleses, agora acostumados a preços de mercado com três dígitos, novamente pediram que a legislação estendesse seus altos lucros aos tempos de paz. Outra vez, os pobres marcharam nas ruas e cercaram o Parlamento.

Nesse ponto, a antiga história das Leis dos Cereais convergiu com a saga de uma família com o mesmo tempo de existência — a dos Ricardos. Pouco tempo depois da expulsão e assassinato de judeus de Portugal no início do século XVI, muitos membros desse notável clã encontram refúgio no porto livre de Livorno, ao norte de Roma. Única entre as cidades-estado italianas, Livorno não obrigou os judeus a usar emblemas, morar em guetos ou tolerar sermões dos padres.

O principal negócio dos judeus de Livorno era o antigo comércio de coral-vermelho do Mediterrâneo, mas quando o suprimento se esgotou, a tolerante e promissora Amsterdã chamou o membro de um clã, Samuel Israel, que se mudou para a república holandesa por volta de 1680. Ali, a família prosperou; o neto de Samuel, Joseph Israel Ricardo, tornou-se um bem-sucedido corretor de valores, ajudou a criar a bolsa de valores de Amsterdã e estava intimamente envolvido em financiar os esforços militares da Holanda durante a Guerra dos Sete Anos.

A missão de Joseph Ricardo de financiar as forças armadas da Holanda muitas vezes o levava a Londres. Seu filho, Abraham Israel Ricardo, não pôde deixar de notar que o capital inglês tinha substituído Amsterdã como centro financeiro do mundo. Por volta de 1760, Abraham Israel Ricardo estabeleceu a família junto ao Tâmisa. Seu filho David se tornaria um grande defensor e teórico do livre-comércio e também o primeiro e mais influente oponente a se manifestar contra as leis dos grãos.[62]

David nasceu em 1772, quatro anos antes da publicação de *A Riqueza das Nações*, de Adam Smith, que intensamente defendia o livre-comércio. Aparentemente, ele leu o livro pela primeira vez aos 27 anos em uma biblioteca em Bath, onde sua mulher estava cuidando da saúde. Anos depois, ele ultrapassou o sucesso do pai na bolsa de valores de Londres, e em 1815, o jovem corretor obteve grandes lucros com a compra de títulos do governo, cujo valor aumentou após a vitória em Waterloo (juntamente com Nathan Mayer Rothschild, que soubera da vitória com antecedência). David usou sua nova fortuna para obter uma cadeira na Câmara dos Comuns e atender a interesses intelectuais. Em certo momento, ele adquiriu uma cópia do livro de Smith, no qual depois foram encontradas 150 anotações. Essas observações formavam a base do seu famoso *Princípios de Economia Política e Tributação*, publicado em 1817.

Princípios provou ser um valioso sucessor de *Riqueza das Nações;* nas palavras do historiador David Weatherall, "Adam Smith explicou o que era o sistema capitalista. David Ricardo explicou como o sistema capitalista funciona".[63] O famoso capítulo de Ricardo sobre livre-comércio começa com essa declaração direta, que vira o mercantilismo de cabeça para baixo: "Não obteríamos mais valor se, pela descoberta de novos mercados, conseguíssemos duplicar os bens estrangeiros recebidos em troca de determinada quantidade dos nossos." Ricardo continua descrevendo a lei da vantagem comparativa, na qual ele apresenta a seguinte situação hipotética. Imagine que são necessários 120 ingleses para produzir uma determinada quantidade de vinho e 100 para produzir uma certa quantidade de tecido, enquanto são necessários apenas 80 e 90 portugueses para produzir as mesmas quantidades de vinho e tecido. Mesmo que Portugal fosse mais eficiente que a Inglaterra para produzir vinho e tecido, Ricardo argumenta que era melhor para Portugal se concentrar no que fazia melhor — vinho, que precisa apenas de 80 trabalhadores para ser produzido —, e trocar o vinho que não consumia por tecido feito na Inglaterra, em vez de fazer seu próprio tecido.[64] Mas as conclusões de Ricardo se mostraram obscuras demais para seu público contemporâneo, e mesmo hoje, muitas vezes a lei da vantagem comparativa é mal compreendida.[65]

Um exemplo mais convincente será suficiente. Imagine por um momento que um famoso advogado cujos serviços são tão procurados que ele cobra mil dólares a hora. Imagine também que ele é muito hábil no trabalho com madeira — tão eficiente que ele é duas vezes mais produtivo que o carpinteiro comum. Reformar uma cozinha, por exemplo, que pode exigir 200 horas de trabalho do carpinteiro, exigiria de nosso talentoso advogado apenas 100. Como o carpinteiro médio ganha 25 dólares por hora, as habilidades de carpintaria de nosso advogado valem 50 dólares no mercado.

Se a família do advogado precisa de uma nova cozinha, deve ele mesmo fazer o trabalho, já que é duas vezes mais produtivo que o carpinteiro médio? Não quando suas habilidades legais valem mil dólares a hora. Nas 100 horas que passaria na cozinha, ele teria ganho 100 mil dólares em seu escritório. É muito melhor ele contratar um carpinteiro menos eficiente por 200 horas, que lhe custariam só 5 mil dólares. Tirando a diferença, o advogado fica em melhor situação trabalhando cinco horas em sua profissão para pagar o carpinteiro para reformar a cozinha do que trabalhando 100 horas fazendo o trabalho sozinho. Em termos econômicos, o advogado tem uma *vantagem comparativa* no trabalho legal e uma *desvantagem comparativa* ao trabalhar com madeira. (Observe que prazer e preferência não entram na análise de Ricardo. Nosso advogado pode *gostar* de carpintaria e decidir ele mesmo fazer o serviço — uma escolha emocional válida, mas não economicamente racional.)

Infelizmente, *Princípios* e o próprio Ricardo chegaram muito tarde para salvar a Inglaterra da draconiana Lei dos Cereais de 1815. Em resposta a um trato pró-Lei dos Cereais de Thomas Malthus, Ricardo escreveu um panfleto anti-Lei dos Cereais, "Um Ensaio sobre a Influência do Preço Baixo dos Grãos nos Lucros das Ações". Nele, ele ressaltou que a maior vantagem da "verdadeira" Inglaterra (em comparação com a hipotética de *Princípios*) estava no maquinário das fábricas. A Lei dos Cereais, ele escreveu, impedia a compra de grãos estrangeiros e obrigava a Inglaterra a desperdiçar mão de obra preciosa em lavouras menos produtivas. Isso só beneficiava a aristocracia fundiária. O panfleto de Ricardo convenceu poucas pessoas. O seu influente *Princípios* só foi publicado em 1817, e ele só ingressou no Parlamento em 1819.

A ideia de depósitos alemães, poloneses e dinamarqueses repletos de grãos baratos incitou os trabalhadores pobres da Inglaterra. No fim, a turba se mostrou mais eficiente do que as forças do discurso racional, mas não na direção pretendida. Em março de 1815, manifestantes contra a Lei dos Cereais correram pelas ruas de Londres e invadiram as casas dos apoiadores da lei, incluindo a de Lorde Castlereagh, o notoriamente repressivo primeiro-ministro, e Frederick Robinson, que apresentara a lei. Como consequência das guerras francesas, trabalhadores famintos rebelados *pediam* o livre-comércio, assim como hoje trabalhadores em situação mais confortável se rebelam contra ele. A falta de leis provou-se quase igualmente contraproducente, obrigando políticos pró-revogação e jornais a rejeitarem seus aliados turbulentos.

Em 1815, os direitos da terra ditavam as normas. A famigerada legislação daquele ano, cuja aprovação não só exigia a maioria dos votos nas duas câmaras, mas também preparava as baionetas do lado de fora, proibiu totalmente a importação de grãos quando o preço do trigo caía abaixo de 80 xelins por quarto.[66] Pouco tempo depois, os preços dos grãos caíram brevemente abaixo desse valor, e Ricardo participou de uma ação de retaguarda bem-sucedida escrevendo mais panfletos e proferindo mais discursos na Câmara contra as exigências dos proprietários de terra por ainda mais proteção.[67] Ele morreu em 1823, aos 51 anos, seu sonho de um livre-comércio global não realizado.

A legislação protecionista geralmente atinge os fracos e impotentes com mais força, e a Lei dos Cereais de 1815 não foi exceção. Como raramente o preço do trigo subia acima de 80 xelins em tempos de paz, e como a autossuficiência agrícola inglesa estava desaparecendo rapidamente, a lei efetivamente manteve o grão estrangeiro de fora e obrigava os pobres a pagar um preço artificialmente inflacionado por seu pão diário. A subsequente aplicação da lei não causou o tipo de violência que ocorreu em sua votação, mas os grãos caros ainda estavam no alto da lista de queixas que baseavam os esforços de uma mudança política na Inglaterra pós-guerra. Esses esforços muitas vezes se tornavam extremos, como no "Massacre de Peterloo", em 1819, um ataque sem sentido pela cavalaria em pânico em uma manifestação pacífica em Manchester. [68, 69]

Mais tarde, no século XIX, os fabricantes cada vez mais prósperos, que se beneficiariam do grão barato com que alimentariam sua faminta força de trabalho, começaram a desafiar a aristocracia fundiária. Em 1828, os homens de Lancashire forçaram a aprovação de uma lei que substituía a rígida barreira de 80 xelins por uma escala móvel, semelhante à de 1804.[70] Em 1840, a maré intelectual tinha se virado a favor do livre-comércio; no entanto, a nova lei, embora um pouco menos brutal que a de 1815, ainda prejudicava os pobres famintos da Inglaterra. Um improvável visionário, Richard Cobden, administrou o golpe de misericórdia aos estatutos, e seu sucesso final ainda é importante na controvérsia atual sobre a globalização, assim como no processo democrático em geral.

Cobden nasceu em uma família pobre de um pequeno produtor rural em 1804 e entraria na vida pública no momento certo — às vésperas da Lei da Reforma de 1832. Aos dez anos, Richard vivenciou a perda da fazenda da família. Seu tio, um mercador de tecidos, o enviou para o tipo de instituição para meninos que Charles Dickens tornou famosa. (Mais tarde, ao ler *Nicholas Nickelby,* Cobden ficou chocado ao reconhecer o internato do romance, Dotheboys Hall.[71]) Aos 15 anos, ele foi aprendiz como auxiliar do tio, um mercador de calicô, e aos 20 estava viajando pelo interior vendendo tecidos de algodão estampados. Aos 30, ele e o irmão mais velho, Frederick, tinham fundado sua própria fábrica de estampagem em Manchester e se tornaram homens financeiramente independentes.

Embora tivesse talento para tanto, Cobden nunca ficou muito rico, apreciando buscas intelectuais, viagens e política muito mais que o comércio de algodão. Aos 33, ele tinha estado no continente, no Oriente Médio e nos Estados Unidos, registrando sobre o último: "Se conhecimento é poder e educação lhe dá conhecimento, então os norte-americanos inevitavelmente se tornarão as pessoas mais poderosas do mundo."[72] As viagens lhe ensinaram que a Inglaterra prosperaria só se fosse capaz de vender seus produtos manufaturados por um preço inferior ao de outros países. A intervenção militar consumia impostos, que elevavam o preço das exportações inglesas, e gastar demais pela proteção do grão nacional para alimentar os trabalhadores ingleses fazia o mesmo. Ambos prejudicavam a nação.[73] De seu raciocínio nasceu naturalmente a crença no pacifismo, na cooperação internacional e, mais importante, no livre-comércio. Em 1840, a Inglaterra enviava 1/3 de suas exportações — principalmente tecido e roupas de algodão — para os Estados Unidos, em troca do algodão cru do sul. Não escapou ao jovem industrial que esse comércio não exigia uma proteção naval cara.

Cobden não estava só com suas ideias. Nos anos de 1830, dois companheiros muito estranhos também chegaram à conclusão de que a Lei dos Cereais deveria desaparecer: os interesses no algodão em Manchester e os cartistas, um grupo de radicais sem lei dedicados a ampliar o privilégio do voto para além da aristocracia fundiária. Em setembro de 1838, representantes desses dois grupos se encontraram em Manchester e fundaram a Liga Anti-Lei dos Cereais. Cobden, o defensor do livre-comércio mais conhecido na Inglaterra, assumiu sua liderança um ano depois.[74]

Em 1838, a Liga se viu no lugar certo na hora certa. Antes dos anos de 1830, a comunicação e o transporte eram proibitivamente caros. Um mundo em que somente os ricos podem escrever cartas ou viajar longas distâncias tira direitos de quem não pode fazê-lo. Na Inglaterra, isso significava que os proprietários de terra estabelecidos, inflexíveis, facilmente levavam vantagem em sua luta com os pobres consumidores pela proteção dos grãos.

As tecnologias da época que se desenvolviam rapidamente, principalmente os motores a vapor, reduziram muito esse desequilíbrio. A Liga Anti-Lei dos Cereais era agora capaz de enviar seus palestrantes carismáticos — o charmoso e convincente Cobden e o impetuoso e emotivo John Bright — a disparar pelo país para organizar e conquistar apoio.

A Liga desenvolveu muitas das ferramentas sofisticadas usadas por grandes partidos políticos atuais em grupos de interesse especial: mala direta, viagens de campanha cuidadosamente organizadas, exploração de subtextos religiosos, apuração de votos meticulosa e desafios legais dirigidos.

Logo após assumir a liderança da Liga, Cobden se viu na companhia de outro visionário de origem humilde, Rowland Hill, um apaixonado defensor do "*penny post*" [cartas por um centavo]. Em 1838, a Inglaterra estava a caminho de ser atendida por um serviço ferroviário de alta velocidade, que radicalmente reduziu os custos de transporte. O governo, porém, não repassou a economia a quem escrevia cartas. Naqueles dias, a postagem era paga pelo *destinatário* e mostrou com clareza: uma carta enviada de Edimburgo a Londres, por exemplo, custava um xelim — quase o salário de um dia de um lavrador ou operário.

Pagamento pelo destinatário e custos elevados levaram a todos os tipos de expedientes e abusos. Viajantes costumavam levar cartas para amigos, parentes e estranhos, e várias cartas eram escritas em uma única folha, que era enviada a uma cidade distante, onde era então cortada e entregue a vários destinatários diferentes lá. Livros enviados da tipografia para a livraria levavam muitas cartas, colocadas entre suas páginas. Os empregados davam o endereço de seu local de trabalho, e a franquia legislativa — o privilégio de enviar cartas de graça — era um dos importantes benefícios de um emprego público.[75]

Hill reconheceu que custava aos Correios apenas 1/36 de um centavo para levar uma carta de Londres a Edimburgo, e Cobden logo se viu convencido por Hill a usar seu lendário charme e suas habilidades de persuasão para o benefício de um seleto comitê na Câmara dos Comuns. A postagem mais barata, disse Cobden ao comitê, permitiria que os 50 mil irlandeses que trabalhavam em Manchester escrevessem com regularidade para as famílias na terra natal; quando os membros questionaram se os Correios poderiam lidar com tal quantidade de cartas, ele simplesmente informou que um elefante fora recentemente enviado de trem de Londres para Manchester a 32 quilômetros por hora.

O Parlamento aprovou a medida da postagem por um centavo, e ela foi colocada em prática em 10 de janeiro de 1840. Primeiro houve confusão sobre exatamente como implementar o esquema; Cobden sugeriu "algo semelhante ao selo em remédios patenteados, algo a ser afixado pela pessoa com cola no envelope, depois carimbado no correio", resultando nos selos adesivos modernos.[76]

Cobden sabia exatamente o que estava fazendo; quando a postagem por um centavo finalmente saiu da Câmara dos Lordes, diz-se que ele gritou de alegria: "Lá se vão as Leis dos Cereais!"[77] Correio barato tornou-se a mais poderosa arma no arsenal das forças de revogação, uma verdadeira artilharia de propaganda. Além disso, a Liga Anti-Lei dos Cereais podia ter acesso à riqueza dos donos de moinhos, a verdadeira origem das riquezas da Revolução Industrial.

A combinação de recursos generosos e postagem barata possibilitou à Liga cobrir o lamentável pequeno número de votantes da Inglaterra — apenas 7% de homens adultos após a Lei da Reforma de 1832.[78] A distribuição de informações era sistemática e monotonamente regular. Era composta de um jornal diário, o *The Anti-Corn Law Circular;* um semanal, bem escrito, *The League;* e um incessante fluxo de panfletos. No auge do esforço no início dos anos de 1840, Cobden calculou que mais de 1/3 dos 8 mil eleitores da nação recebiam o *The League* com regularidade.[79]

As forças da revogação listavam não só o novo poder das ferrovias e o "*penny post*", mas também um muito antigo: os mensageiros de Deus na terra. Os defensores do livre-comércio usavam o fervor religioso de seus aliados cartistas e abolicionistas. Em uma reunião da Liga, setecentos ministros declararam em Manchester que as Leis dos Cereais "se opunham às leis de Deus", talvez a primeira e última vez em que o Todo-Poderoso foi tão dramaticamente invocado ao lado da redução de tarifas.[80]

A Liga também colocou pelotões de advogados nos condados e bairros para sondar eleitores e certificar-se de suas inclinações políticas. Qualquer proprietário de terra cujo registro ou qualificação fosse questionável viu seus privilégios contestados, e, a fim de evitar que a oposição fizesse o mesmo, os documentos dos prováveis defensores do livre-comércio foram corrigidos. Essa estratégia quase sempre resultava na desqualificação de um em seis eleitores tories em determinado distrito. Finalmente a Liga foi capaz de aproveitar seus poderosos recursos financeiros elevados para comprar blocos de propriedades em nome de inquilinos pobres, para que cada um recebesse 40 xelins por ano de aluguel — o suficiente para se qualificar para a franquia.[81]

Quando não estavam ocupados em Westminster, Cobden e seu colega John Bright viajavam pelo país, o primeiro falando dos fatos com seu charme e maestria, o segundo envolvendo o público com a furiosa indignação moral sobre os pérfidos donos de terras. As novas ferrovias os levavam de uma cidade a outra quase de hora em hora, e eles chegavam a cada novo local refeitos e descansados, um feito inimaginável nos dias de cavalos e carruagens.

Em 1841, o governo whig de Lorde Melbourne caiu e precipitou uma eleição geral. Cobden fora derrotado por pouco na corrida por uma cadeira na Câmara dos Comuns quatro anos antes, mas agora era tão conhecido pessoalmente que venceu a eleição com facilidade, junto com vários outros candidatos da Liga, incluindo John Bright.

A eleição também viu os tories recuperarem o poder e devolver Robert Peel à 10 Downing Street, a residência que perdera em 1835. A visão política de Peel e seu persistente empirismo o colocavam muito à frente e fora de contato com o grupo reacionário de aristocratas fundiários defensores do tories. Nos anos seguintes, Cobden lutou com ele por causa da Lei dos Cereais, e embora às vezes suas conversas se tornassem azedas, o domínio de Cobden dos fatos e sua conduta agradável e lógica lentamente venderam a oposição do primeiro-ministro à revogação.

A essência do argumento de Cobden era a seguinte. Permitir a entrada do grão estrangeiro barato ajudava o trabalhador de duas formas: primeiro, fornecia-lhe pão com facilidade, e segundo, esse pão seria pago pelos fabricantes ingleses, cuja produção dava emprego ao trabalhador. Em resumo, o comércio interno de necessidade produziu o comércio externo.[82] Durante um dos discursos de Cobden na Câmara, Peel virou-se para o deputado, Sidney Herbert e disse: "Você precisa responder isso, pois eu não posso."[83]

Ambos os lados procuravam explorar as péssimas condições de trabalho da época. Em especial, os tories podiam vociferar com justa indignação (e sem hipocrisia) nos moinhos escuros e satânicos, de propriedade, na maioria, de membros da Liga. Mal Cobden tomou posse em 1841, foi atacado como um proprietário de moinho cruel e investigado por irregularidades na contabilidade. As fábricas de Cobden eram, para a época, geralmente bem geridas e humanas, e ele facilmente evitou um processo. Em 1844, Lorde Ashley Cooper, um membro tory do parlamento cuja família era dona de grandes propriedades agrícolas, introduziu uma medida que restringiria radicalmente as horas de trabalho nas fábricas e o trabalho infantil. A lei foi depois enfraquecida e passou com a intervenção de Peel, e em 1845, Cooper foi atrás das estamparias de calicô, uma jogada obviamente destinada a Cobden. Quando Cooper ressaltou que crianças trabalhavam muitas horas nas fábricas por uma bagatela de 3 xelins por semana, Cobden retrucou que pelo menos elas trabalhavam em local fechado e que crianças que trabalhavam na lavoura o faziam ainda mais horas sob quaisquer condições de tempo pela metade do salário.[84]

A vitória na batalha pela revogação veio aos trancos e barrancos. Em 1842, colheitas pobres fizeram Peel convencer seu gabinete a cortar pela metade a escala móvel de 1828 de taxas de importação de grãos, e em 1843, o Parlamento reduziu a tarifa sobre o trigo canadense a apenas um xelim por quarto.[85] Fazendo isso, o primeiro-ministro não agradou ninguém — certamente não a Cobden, Bright e seus colegas da Liga, que desdenharam da medida fria, e certamente não muitos de seus colegas tories, aborrecidos com a traição de Peel a sua classe. Dois anos depois, porém, uma colheita generosa tirou a pressão de cima dos proprietários, e a Liga fez pouco progresso no Parlamento.

Então, em 1845, os deuses da agricultura liberaram sua fúria sobre as ilhas britânicas e precipitaram um dos episódios mais dramáticos da história política inglesa. Julho e agosto daquele ano viram um frio "inverno verde" que arrasou as plantações de trigo. Quase ao mesmo tempo, uma praga nas batatas apareceu no sul da Inglaterra e se espalhou como fogo até a Irlanda, jogando o povo muito além dos limites da fome. Enquanto o ano tenebroso continuava, o governo de Peel assistia, horrorizado. Uma comissão de socorro foi autorizada a comprar milho norte-americano, e uma comissão especial relatou que a praga era ainda mais desastrosa do que haviam temido. Em 22 de novembro, ocorreu o inevitável quando o líder da oposição whig, Lorde John Russell, declarou-se a favor da revogação.

Nesse ponto, até os tories mais convictos entenderam que, a fim de evitar a fome em massa, os portos ingleses e irlandeses teriam que ser abertos ao grão estrangeiro. Peel também entendeu que, uma vez abertos, eles não poderiam ser fechados sem arriscar o início de uma revolução; duas semanas depois, ele reuniu seu gabinete e o informou de que pretendia pedir a revogação.[86] Quando dois de seus ministros recusaram seu apoio, ele entregou sua demissão à rainha. Russel provou ser incapaz de formar um governo whig, porque o partido tinha apenas uma minoria na Câmara dos Comuns, e Peel voltou ao posto em 20 de dezembro.

Em janeiro de 1846, Peel não teve escolha senão admitir publicamente que Cobden e a Liga havia muito tinham provado estarem certos e que ele tinha mudado de ideia sobre a Lei dos Cereais. Seus companheiros tories que não se converteram teriam que ser convencidos.[87] Esse notável ato de autossacrifício selou seu destino político e sua reputação como líder da Inglaterra no século XIX. Em 25 de junho, a revogação foi aprovada na Câmara dos Lordes, e dentro de alguns dias, a elite de proprietários de terras dos tories, liderada por Benjamin Disraeli, obrigou Peel a deixar o cargo.[88, 89] Peel salvara a própria classe, a aristocracia fundiária, dela mesma e, no processo, foi execrado por ela.

Embora a revogação em 1846 signifique um divisor de águas histórico na política do comércio mundial, nessa data a maior parte do serviço pesado já tinha sido realizada. A lei de 1842 baixara tarifas ainda mais que a revogação final, e estudos modernos indicam que em 1846 os impostos efetivos havia muito tinham se tornado economicamente insignificantes.[90]

Cobden continuou no Parlamento. A fim de disseminar a ideia do livre-comércio, ele viveu cada vez mais no estrangeiro. Mais tarde, encontrou um aluno disposto no imperador Napoleão III, da França, o primeiro sobrinho de Napoleão.

Em 1859, as relações anglo-francesas tinham se deteriorado quase ao ponto de guerra, principalmente devido à histeria nascida da desconfiança inglesa de seu inimigo histórico, e Cobden se viu em uma missão não oficial em Paris para defender um tratado de redução de tarifas entre Inglaterra e França. Ele se encontrou com Napoleão III e seus ministros em várias ocasiões. O Imperador observou que, embora gostaria de revogar as tarifas de importação do país, "As dificuldades são grandes. Não fazemos reformas na França; apenas revoluções".[91] Napoleão III era mais que receptivo aos conselhos idealistas de Cobden, mas os capitães da indústria da França e seus aliados no governo não queriam fazer parte do livre-comércio. A essa altura, Cobden já era mestre na arte de fazer declarações protecionistas. Uma passagem em seu diário fala ao mundo moderno e também a Napoleão III:

O imperador repetiu para mim os argumentos usados por alguns de seus ministros para dissuadi-lo de uma política de livre-comércio, especialmente M. Mange, seu ministro das Finanças, salientara que se ele apenas mudasse o sistema da proibição para... impostos moderados, o que causaria uma grande importação de mercadorias estrangeiras, então, para cada peça fabricada no exterior admitida para consumo na França, uma fabricada aqui deverá ser substituída. Ressaltei o erro do argumento de M. Mange na suposição de que todo mundo na França estivesse suficientemente vestido e que nenhum aumento de consumo iria ocorrer. Observei que muitos milhões na França nunca usaram meias, e, no entanto, meias eram proibidas. Ele observou que sentia dizer que dezenas de milhões da população quase nunca comiam pão, mas subsistiam com batatas, nozes etc.[92]

O fato de Napoleão III ser tão receptivo ao livre-comércio não é surpresa; ele fora exilado na Inglaterra em 1846, exatamente quando a revogação foi aprovada, e ficou lá durante dois anos, um momento em que a nação estava sob a influência intelectual de Smith, Ricardo e do próprio Cobden. Os fabricantes de algodão franceses, devastados pelo tecido inglês melhor e mais barato, bombardearam o imperador com pedidos especiais de protecionismo, mas ele também ouviu os que apoiavam o livre-comércio: produtores de vinho, seda e móveis finos, todos ansiosos para exportar seus produtos. Muitos fabricantes franceses que dependiam de material estrangeiro, como fabricantes de máquinas que consumiam grandes quantidades de ferro importado, também pressionavam por tarifas mais baixas.[93]

Nos anos de 1850, o catecismo do livre-comércio se espalhou pelo Canal; organizações antitarifas surgiram na Bélgica e na França e inspiraram uma geração de economistas liberais. O mais proeminente deles foi um professor de economia política que também era deputado na Assembleia Nacional, Michel Chevalier. Ele escreveu:

A adoção do livre-comércio pela Inglaterra é um dos eventos mais importantes do século. Quando uma nação tão poderosa e esclarecida não só coloca esse princípio em prática mas também lucra com ele, como podem esses imitadores não fazer o mesmo?"[94]

Em 1860, Cobden e Chevalier guiaram o tratado anglo-francês entre uma saraivada de pedras provocada pela oposição de ambos os lados do

Canal, suscitando esse elogio a Cobden da parte de William Gladstone, do Partido Liberal:

> Raro é o privilégio de qualquer homem que há quatorze anos prestou um serviço importante ao seu país, e que agora com o mesmo entusiasmo, sem ter terras ou títulos, não tendo nenhuma marca que o distinga do povo que ama, teve a permissão de prestar outro serviço memorável para este país soberano.[95]

O Tratado Cobden-Chevalier derrubou as tarifas de importação em ambos os lados. Nos anos seguintes, Itália, Suíça, Noruega, Espanha, Áustria e cidades hanseáticas também entraram no clima da época. Esse período viu, pela primeira vez, o amplo uso da cláusula MFN [*most-favored-nation* — nação mais favorecida]. O status MFN, que remonta a tratados do século XII, é semelhante à oferta "Eu cubro qualquer preço" da concessionária de automóveis local. A nação que a concede promete tarifas tão baixas quanto as oferecidas em qualquer país, e se no futuro ela baixar ainda mais as taxas de outro país, deverá fazer o mesmo para todos seus parceiros MFN. Quando a bola da MFN começou a rolar nos anos de 1860, o "desarmamento" das tarifas se disseminou pelo continente. Impostos que chegavam a 50% desapareceram totalmente em alguns bens manufaturados.[96]

Entre a publicação de *Riqueza das Nações* em 1776 e a revogação das Leis dos Cereais em 1846, Smith, Ricardo e Cobden lançaram as bases teóricas e políticas da nova economia global, que teve seu apogeu nas décadas após a assinatura do Tratado Cobden-Chevalier. Protecionistas previram uma catástrofe para os fazendeiros devido aos grãos baratos importados. Primeiro, isso não ocorreu, visto que a crescente população europeia garantiu preços elevados de alimentos. Mas uma geração após a revogação, uma avalanche de grãos baratos das Américas, da Austrália, da Nova Zelândia e da Rússia enterrou fazendeiros ingleses e do continente. Em 1913, a Inglaterra importou 80% de seu trigo, mas no início do século XX, nenhum inglês lúcido trocaria o presente industrial da nação pelo passado agrícola.[97]

A invasão dos grãos do Novo Mundo ocorreu de modo diferente no continente, onde os anos de 1880 viram o início de uma intensa reação negativa contra o livre-comércio que duraria até meados do século XX. Essa reação do século XIX contra a nova economia global obrigatoriamente chega ao século XXI: embora o livre-comércio beneficie a humanidade como um todo, também produz perdedores que não podem aceitar passivamente a nova ordem.

12

O QUE HENRY BESSEMER CRIOU

Se as pessoas transportassem suas fábricas para a América ou China sempre que pudessem para poupar uma pequena porcentagem de suas despesas, os lucros seriam os mesmos... em todo o mundo todas as coisas seriam produzidas em lugares em que a mesma mão de obra e capital as produziriam em maior quantidade e qualidade. Mesmo agora, a tendência para esse estado de coisas pode ser observada. — John Stuart Mill, 1848[1]

A dança da moderna manufatura internacional confunde a imaginação. A miríade de componentes no seu laptop, reprodutor digital de música e automóveis foi desenhada, produzida e montada em diferentes continentes, alguns fazendo duas ou mais viagens transoceânicas antes de você comprar o produto final.

Os que pensam que esse é um fato novo deveriam visitar a antiga cidade mineradora de cobre de Jerome, no norte do Arizona. Hoje, uma antiga fundição está no centro desse pequeno e pitoresco ponto turístico, testemunha viva de uma história passada. Com algum esforço, essa máquina bojuda e feia mostra uma notável narrativa sobre o comércio global no final do século XIX.

Sua história começa no final da era medieval no extremo ocidente da Inglaterra, onde os córnicos e galeses se tornaram líderes em mineração e metalurgia. Havia muito eles forneciam a maior parte do cobre, estanho e minério de ferro da Europa. Quase tão importante, suas minas produziam o melhor carvão sem enxofre, essencial para o processo de fundição.

Em 1820, os novos e eficientes fornos reverberatórios (nos quais a chama e a mistura de minério e carvão ou hulha eram separados) começaram a exceder a produção das minas inglesas e irlandesas. As fundições importavam minério de onde o encontravam: primeiro da Espanha, de Cuba e da Austrália, e depois do Cabo Horn, no Chile, e do Arizona. Em troca, o carvão do oeste da Inglaterra enchia os navios que partiam.

O tranquilo porto galês de Swansea, com um atracadouro raso protegido por um perigoso banco de areia, era o centro desse volumoso comércio de longa distância. As peculiaridades de suas cargas — carvão e minério — e as instalações portuárias primitivas em ambas as pontas das rotas exigiam embarcações de baixo calado construídas para capacidade, não rapidez. Ironicamente, embora o País de Gales produzisse e exportasse grande parte do carvão do mundo, os navios que o levavam — os barcos de minério — eram impulsionados por velas até o início do século XX.

O escritor e marinheiro Joseph Conrad captou o espírito do comércio após uma visita a um ex-capitão moribundo:

> Ele tinha "prestado serviço" no... famoso comércio de minério de cobre nos velhos tempos entre Swansea e a costa chilena, carvão para fora, e cobre para dentro, carregados em ambas as direções, como se em um irresponsável desafio aos mares do Cabo Horn — tarefa esta para navios sólidos e uma boa escolha de força para marinheiros do oeste do país. Toda uma frota de barcos transportadores de cobre, com estrutura e cascos fortes, bem equipada e grande, era posta ao mar, com tripulantes robustos e comandada por jovens mestres, e estava envolvida no hoje há muito extinto comércio.[2]

As cargas que entravam e saíam podiam matar de formas estranhas. Os ricos minérios de cobre do Novo Mundo eram extraordinariamente densos, às vezes contendo mais de 50% do metal.[3] Se não fossem bem embalados em baús especiais, o minério podia se deslocar e causar um desequilíbrio mortal no navio. Além disso, ferro e cobre não se dão bem juntos, e o minério que achava o caminho para o fundo da embarcação poderia afundá-la corroendo seus pregos.

Saindo de Swansea, o carvão também trazia seu próprio perigo — fogo. A propensão do pó de carvão a entrar em combustão espontânea garantia que durante um ano comum no final do século XIX, cerca de 6 dos aproximadamente 150 barcos levando a carga se incendiavam no mar. Um fogo de carvão que ardia em seu porão, não detectado por dias, era quase impossível de apagar, sua única vantagem sendo que muitas vezes queimava devagar o bastante para ser controlado ou, pelo menos, permitir que a tripulação abandonasse o navio com tranquilidade.

No início, o minério estrangeiro, lucrativo devido à sua pureza, parecia atender às preces da indústria de fundição galesa. Se os donos de fábricas tivessem sorte, o minério também continha grande quantidade recuperável de prata. Já em 1850, a maior parte do minério de cobre do mundo ainda estava sendo fundida no sul do País de Gales.

No longo prazo, a Cornualha e o País de Gales não poderiam esperar manter a lucrativa indústria de fundição de cobre para si mesmos. Seus mineradores, desocupados pelo fechamento de minas esgotadas, havia muito tinham levado seus conhecimentos para o outro lado do oceano; poucos campos de mineração no Novo Mundo não tinham um contingente de "Cousin Jacks" (como os homens da Cornualha eram chamados). No final do século XIX, trabalhadores galeses também começaram a migrar para o estrangeiro. Com sua ajuda, a tecnologia de refino norte-americana logo ultrapassou a das fábricas do Velho Mundo.

Com a chegada da ferrovia nas regiões de cobre em Montana, Utah e Arizona, surgiu um novo padrão de comércio. A experiência de Jerome era típica. Em 1882, operações de fundição eram realizadas ali, e ela se tornou um importante centro de operação de mineração e fundição.[4] Bom coque (carvão carbonizado) galês dava a volta no Cabo Horn até São Francisco; dali ia de trem para Ashfork, Arizona, onde os trilhos terminavam; depois seguia em vagões puxados por mulas os últimos 95 quilômetros pelas montanhas até Jerome. Ali o coque fundia o minério local em puro cobre, que era enviado de volta à Europa pelo caminho reverso — no total, uma viagem de ida e volta de 50 mil quilômetros, um ciclo de manufatura que impressionaria até um moderno fabricante de computadores.[5]

O século XIX causou mudanças no comércio mundial que não encontrarão correspondência mesmo no século XX. Em 1900, o comércio transcontinental de bens de luxo e cargas a granel tinha se tornado parte do dia a dia. Imagine por um momento dois viajantes do tempo: o primeiro enviado do ano de 1800 para o de 1900, e o segundo de 1900 a 2000. Nosso viajante do século XX, partindo em 1900, já estaria familiarizado com a comunicação global instantânea, trens de passageiros correndo a mais de 90 km/h e alimentos perecíveis enviados do outro lado do mundo em vagões e navios refrigerados. Em comparação, nosso viajante do século XIX, partindo de 1800, nunca teria visto informações, pessoas ou produtos viajarem com velocidade maior do que a de um cavalo. Para esse viajante, a simples ideia de comprar tulipas cultivadas em outro continente, comer morangos fora da estação vindos do outro lado do oceano ou ler as notícias no dia em que aconteceram em qualquer lugar do planeta — coisas que ocorriam diariamente em 1900 — teria parecido fantástico.

A história da revolução do comércio do século XIX não pode ser contada de forma linear, pois envolve vários fatos interligados, acontecendo quase que simultaneamente. Os anos de 1800 viram o advento do barco a vapor, as estradas de ferro, o telégrafo e modernos sistemas de refrigeração natural e artificial, tudo aumentado pelo novo processo de produção de aço barato e de alta qualidade. Isso se combinou para abrir o Novo Mundo, a Austrália e a Ucrânia à exploração agrícola, o que, por sua vez, provocou uma violenta reação protecionista na Europa continental que continua até hoje.

De seu nascimento em 1776, os Estados Unidos eram uma pequena confederação agrária que se estendia o longo da costa leste da América do Norte limitada pela cordilheira dos Apalaches. Os estados do norte e do sul eram divididos não só pela peculiar instituição da escravatura, mas também pelas profundas e persistentes diferenças na política comercial. Não é exagero considerar a luta pelas tarifas igual à pela abolição como causa da Guerra Civil. Só uma minoria de sulistas possuía escravos, e uma minoria ainda mais significativa de nortistas eram abolicionistas, mas quase todos os norte-americanos consumiam ou produziam itens comerciáveis. No início dos anos de 1830, a disputa sobre tarifas quase desencadeou esse armagedom prematuramente, um fato evitado apenas pela habilidade política de Andrew Jackson, Henry Clay e o velho James Madison.

O rolo compressor industrial britânico amedrontava as pequenas, mas crescentes, instalações fabris reunidas na Nova Inglaterra e nos estados do Meio Atlântico. Alexander Hamilton sentia que as jovens indústrias dos EUA precisavam de proteção contra os colossos estrangeiros, mesmo que na forma de subsídios, não de tarifas. Quase tão influente foi um brilhante economista nascido na Alemanha, Georg Friedrich List, que passara vários anos na América fazendo fortuna no negócio das ferrovias. Ao voltar para a Alemanha em 1832 como cônsul americano, ele se dedicou à economia do comércio. Adam Smith e David Ricardo tinham errado, ele achava; ambos tinham escrito que as nações se beneficiariam de uma política de livre-comércio mesmo diante do protecionismo dos vizinhos, mas List pensava que retaliar era melhor. Nos Estados Unidos, ele se fascinou pelo Sistema Americano de Hamilton — um plano para uma infraestrutura nacional, amplamente paga por taxas de importação. List também concordava com Hamilton sobre novas indústrias; as nações deveriam proteger seus novos empreendimentos de concorrentes estabelecidos e mais fortes, como a Inglaterra.[6] O principal discípulo norte-americano de List era o influente Henry Carey, um magnata de seguros e economista da Filadélfia que acreditava com firmeza que o caminho para a prosperidade nacional era pavimentado com tarifas elevadas.

Quando os tempos são difíceis, fazendeiros e trabalhadores exigem proteção. Esse certamente foi o caso quando os preços dos grãos caíram após as guerras napoleônicas. Fazendeiros norte-americanos procuraram manter o mercado doméstico de grãos para si mesmos, e donos de fábricas na Nova Inglaterra exigiram proteção da acirrada concorrência dos moinhos de Lancashire.

Antes da adoção do imposto de renda durante o século XX, taxas de importação financiaram 90% do governo norte-americano.[7] Isso significava que as tarifas deveriam ser aumentadas durante depressões econômicas, precisamente a coisa errada a se fazer durante uma crise. Esses três elementos — o receio das fábricas inglesas, as frequentes crises econômicas e a necessidade de aumentar a receita — impulsionaram o protecionismo do norte, que duraria até depois do início do século XX.

O Sul, em comparação, defendia o livre comércio. Um visitante casual aos portos antes da Guerra Civil teria entendido o motivo dessa posição. Em um único dia, em 1798, um observador contava não menos que 117 navios no porto de Charleston, ou trazendo produtos de lugares como Liverpool, Glasgow, Londres, Bordeaux, Cádiz, Bremen e Madeira, ou levando algodão, tabaco, arroz e índigo, nenhum dos quais precisava de um sopro sequer de proteção tarifária.[8]

Antes de 1820, o sul tinha poucas desavenças com o norte; Dixie [a região do sul dos Estados Unidos] sustentava amplamente o Sistema Americano. Mas nesse ano, o Compromisso do Missouri fez se conscientizar da capacidade da crescente maioria do norte em restringir a escravatura. Isso, por sua vez, focou a atenção dos sulistas em outras divergências com o norte, entre as quais a principal era a questão das tarifas. As duas questões puseram fim à "Era dos Bons Sentimentos".

As exportações de algodão, índigo e arroz do sul continuaram a prosperar, mas à medida que o norte e o oeste da nova nação cresciam, os bens europeus chegavam cada vez mais à cidade de Nova York. Essa metrópole em crescimento estava rapidamente se tornando a capital financeira do país, e após 1825, o ponto de distribuição para o fluxo rumo ao oeste de bens de exportação pelo Canal Erie. Os sulistas previram uma conspiração no domínio da cidade de Nova York, e, para piorar a situação, o Congresso aprovou uma série de aumentos significativos de tarifas nos anos de 1820. Aos olhos dos sulistas, os mais graves eram os sobre a lã inglesa de má qualidade, ou "tecidos de negros", usados pelos escravos. Membros da Casa dos Representantes de estados do Meio Atlântico apresentaram 60 votos contra 15 a favor da Lei de 1824, enquanto os votos dos sulistas foram de 64 a 3 contra ela.[9] Tivesse uma votação direta pela abolição sido apresentada ao Congresso naquele ano, o resultado dificilmente teria sido mais polarizado.

Os dois protagonistas da controvérsia sobre as tarifas dos anos de 1820 e 1830 foram Andrew Jackson e John Calhoun, da Carolina do Sul, este último vice-presidente de Jackson e seu antecessor, John Quincy Adams. A coalizão de Jackson assegurou a Calhoun que não aprovaria a lei tarifária ainda mais restritiva ameaçada pelos homens de Adams. A promessa não foi cumprida. A coalizão Jackson votou com os homens de Adams para passar a draconiana Lei de 1828, mais conhecida como a "Tarifa das Abominações". Essa legislação inflamou o crescente distanciamento entre norte e sul.[10]

Em nenhum lugar a revolta foi maior do que na Carolina do Sul, que tinha sido colonizada havia quase dois séculos por plantadores de açúcar expatriados de Barbados. Entre os censos de 1790 e 1830, a proporção de escravos aumentara de 42% para 54% da população. Isso transformou o estado em uma Esparta americana, com uma minúscula elite branca posicionada acima de uma enorme população de hilotas negros. A Carolina do Sul, ansiosa com negros inquietos em casa e abolicionistas no norte, levou a oposição a novas tarifas e garantiu o direito dos estados de anular os estatutos federais que considerava inconstitucionais. Um congressista da Carolina do Sul, o persistente George McDuffie, criticou as leis de 1824 e 1828 e propôs a "teoria dos quarenta fardos", que enganosamente equiparou a tarifa de 40% sobre têxteis importados com uma redução de 40% no padrão de vida. "O fabricante realmente invade seus celeiros e rouba quarenta de cada cem fardos que você produz."[11]

Depois da aprovação da Tarifa das Abominações, em 1828, o Legislativo da Carolina do Sul pediu ao vice-presidente Calhoun, o melhor constitucionalista do sul, conselhos sobre como o estado poderia anular a lei. Ele o fez, mas em segredo. Durante quatro anos o sul pressionou ao máximo pela redução dos impostos.

Andrew Jackson, que nascera na Carolina do Sul e havia sido criado no Tennessee, assumiu a presidência em 1829 determinado a dissipar as hostilidades entre os donos de escravos do sul e os defensores do livre comércio. Mas ele também queria pagar a dívida nacional, e isso exigia a manutenção da receita gerada pelos impostos. Comparando essas duas metas conflitantes, ele manteve a nação unida adotando um "meio-termo justo": a Lei da Tarifa Moderada, de 1832. Jackson foi ajudado pelo octogenário James Madison, que avisou aos colegas do sul para não pressionarem demais o norte. Madison focou seu poder de persuasão em Henry Clay, líder do recém-criado e protecionista Partido Whig e ardente defensor do Sistema Americano de Hamilton.

A lei de 1832[12] reduziu apenas um pouco os impostos sobre alguns bens manufaturados. Jackson achou que essas concessões abrandariam o sul, mas isso não ocorreu, já que a lei manteve as tarifas sobre têxteis importados, especialmente nos tecidos para negros, em 50%.[13] Em 24 de novembro de 1832, uma convenção estadual na Carolina do Sul aplicou a estratégia legal secreta de Calhoun para aprovar a Portaria da Anulação, que declarava ilegais as tarifas de 1828 e 1832 em suas fronteiras. No final do ano, Calhoun deixou a vice-presidência, voltou para casa e foi eleito senador. Jackson respondeu depressa, primeiro com palavras (declarando que a Carolina do Sul estava em "um estado de insanidade"), depois enviando uma esquadra naval para Charleston e até ameaçando prender o governador da Virgínia, caso ele fosse tão tolo a ponto de impedir as tropas federais de passarem por seu estado para pacificar a Carolina do Sul.[14]

Nesse ponto, Jackson estava furioso com o sul e parecia inclinado a um confronto violento. Mas o protecionista Henry Clay, "o Grande Conciliador", salvou o presidente dele mesmo. Clay se deu conta de duas coisas: primeiro, que só mais uma redução nos impostos sobre produtos importados evitaria que o sul anulasse as leis tarifárias anteriores e precipitasse um confronto; e segundo, que Jackson desejava a autoridade para fazer a Carolina do Sul cada vez mais radical obedecer.[15]

Clay atingiu as duas metas e, assim, adiou a Guerra Civil por uma geração. Em 1º de março de 1833, a "Tarifa de Conciliação", pela qual as taxas caíram lentamente ao longo dos anos seguintes, foi aprovada no Congresso. Isso separou a enfurecida Carolina do Sul, assustada diante de sua maioria crescente de escravos e compromissada com a anulação, do resto do sul. No mesmo dia, a "Lei da Força", que autorizava o presidente a tomar quaisquer medidas cabíveis para cobrar impostos e manter a União, também foi aprovada. Vencido, Calhoun não teve escolha senão aceitar, e em 3 de março ele correu em um carro aberto dos Correios debaixo de uma chuva gelada para Colúmbia, na Carolina do Sul, para evitar que a convenção do estado aprovasse o decreto de anulação.

Oito dias depois, convencido por Calhoun de que a Tarifa de Conciliação havia retirado o apoio dos demais estados sulistas, a convenção recuou. Ela anulou a Lei da Força, mas esse foi um gesto inútil: a aceitação da Tarifa de Conciliação significava que não havia necessidade de recorrer a ela.

Graças à hábil manobra de Jackson e Clay, a Carolina do Sul se viu sozinha em sua luta de força com o governo federal sobre a anulação das leis de tarifas. No geral, Calhoun ainda acreditava na União, mesmo que muitos de seus colegas do estado não acreditassem. Ele viu a anulação como um meio de neutralizar a secessão e manter seu estado natal dentro do sistema nacional, onde ele de fato permaneceu por outra geração.[16]

Duas décadas depois, em 1856, a pobre apresentação feita pelo abolicionista John C. Frémont, o primeiro candidato presidencial republicano, contra James Buchanan, convenceu o novo partido de que só sua plataforma antiescravagista era inadequada. A Pensilvânia, o estado mais protecionista da União, fora essencial na eleição, e continuaria assim na eleição de 1860. Já sob a influência do arquiprotecionista Henry Carey, Abraham Lincoln assumiu o clamor por tarifas mais altas e venceu no Keystone State [Estado da Pedra Angular, Pensilvânia] e na Casa Branca. Carey se tornaria seu conselheiro-chefe de Economia.[17]

Quando a Carolina do Sul novamente incitou conflito em 1861, os secessionistas conseguiram vantagem em todo o sul e o norte, e não seriam tão compreensivos quanto foram na geração anterior. Segundo a mitologia Confederada, um unionista da Virgínia, coronel John Baldwin, ofereceu a

Lincoln o adiamento da convenção do estado sobre a secessão em troca da evacuação de Fort Sumter. Diz-se que Lincoln respondeu: "O que acontecerá com minhas tarifas?"[18]

Em 1861, o equilíbrio do poder econômico e potencial militar mudara em favor do norte. Se Jackson, Clay e Madison tivessem agido com menos sensatez, a controvérsia sobre as tarifas dos anos de 1830 e a subsequente crise de anulação possivelmente teriam terminado com a derrota da União.

É claro que as raízes do descontentamento dos sulistas se espalharam além da política comercial; em 1833, moderados no Congresso acusaram as forças de anulação, voltadas para os direitos dos estados e a sobrevivência da escravidão, de usar a lei de tarifas como uma desculpa conveniente para separar a União.[19] Calhoun admitiu o fato. Ao conversar com um amigo do norte, ele explicou: "A tarifa é a ocasião, e não a causa real do desafortunado estado da situação."[20] Mesmo assim, não há dúvidas de que a separação entre defensores do livre comércio e protecionistas foi a causa da Guerra Civil. Depois da eleição de Lincoln, um editorial adequadamente intitulado *Natchez* (Mississippi) *Free Trader* declarou:

> Antes do próximo 4 de março (Dia da Posse), os sinais dos tempos mostram que uma Confederação Sulista será formada e o princípio do livre comércio será estabelecido. Então o norte, prostrado na poeira, sentirá a joia preciosa que perdeu e nunca recuperará. O sul não precisa de uma alfândega e prosperará com o livre comércio como nunca faria sem ele.[21]

Em 1861, secessão e guerra fizeram o norte ter necessidade de obter recursos para seu exército e, depois, pensões e reconstrução; pagar tudo isso exigiria bilhões em taxas de importação. A União, agora livre da oposição do sul, estava livre para construir as mais altas barreiras tarifárias do mundo. Durante mais de um século após a Guerra Civil, essa enorme barreira protegeu as indústrias norte-americanas da concorrência inglesa.

Por mais que o debate sobre a proteção agitasse os Estados Unidos e a Europa no início do século XIX, a questão seria superada com uma queda drástica nos custos de transporte. Depois de 1830, fretes baratos criariam um novo mercado global revolucionário para o produto a granel mais importante do mundo: os grãos.

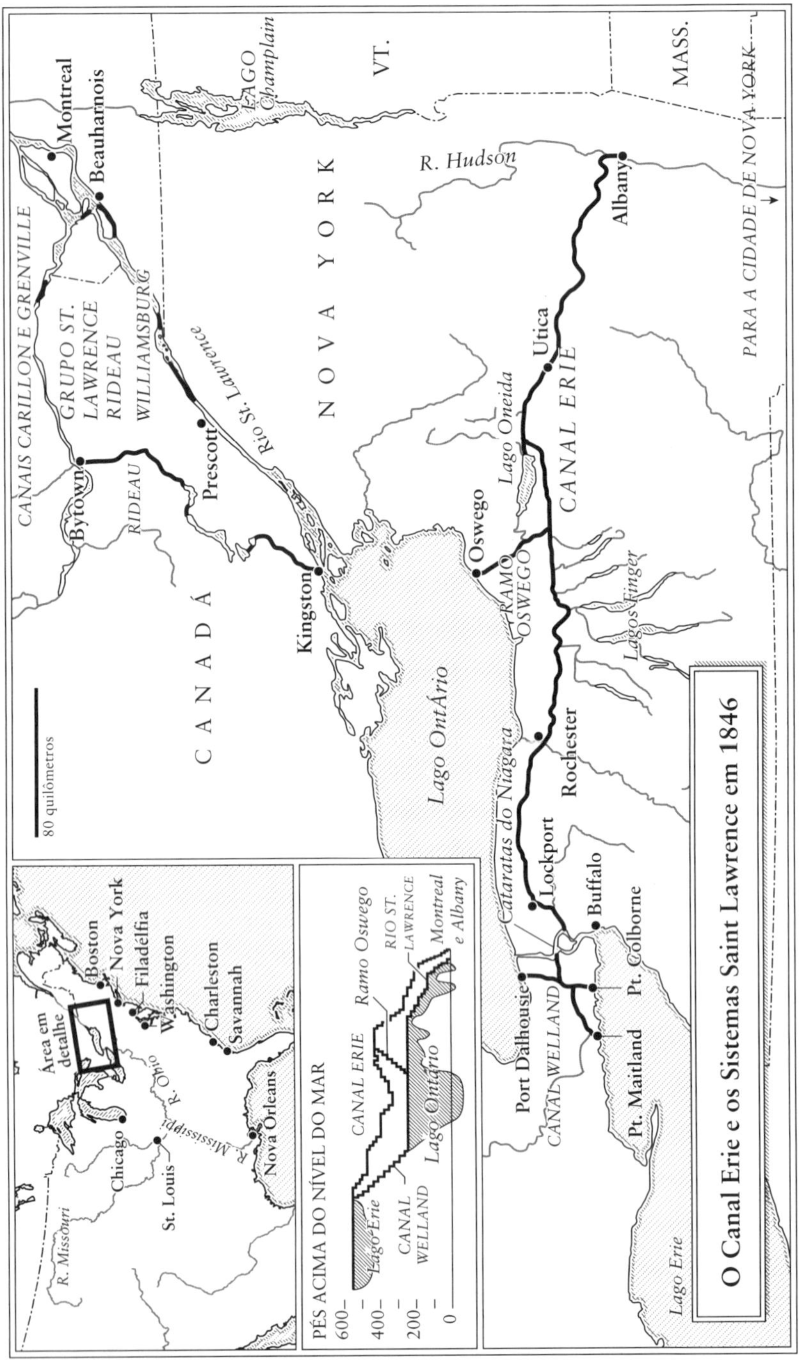
O Canal Erie e os Sistemas Saint Lawrence em 1846
80 quilômetros
Montreal
Beauharnois
CANAIS CARILLON E GRENVILLE
GRUPO ST. LAWRENCE
RIDEAU
WILLIAMSBURG
Bytown
RIDEAU
Prescott
Rio St. Lawrence
C A N A D Á
N O V A Y O R K
LAGO Champlain
VT.
MASS.
R. Hudson
Albany
PARA A CIDADE DE NOVA YORK
Utica
Lago Oneida
CANAL ERIE
Oswego
RAMO OSWEGO
Kingston
Lagos Finger
Lago Ontário
Rochester
Cataratas do Niagara
Lockport
Buffalo
Pt. Colborne
Port Dalhousie
CANAL WELLAND
Pt. Maitland
Lago Erie
Área em detalhe
Boston
Nova York
Filadélfia
Washington
Charleston
Savannah
Nova Orleans
Chicago
St. Louis
R. Missouri
R. Ohio
R. Mississippi
PÉS ACIMA DO NÍVEL DO MAR
600
400
200
0
Lago Erie
CANAL WELLAND
CANAL ERIE
Lago Ontário
Ramo Oswego
RIO ST. LAWRENCE
Montreal e Albany

O historiador econômico Paul Bairoch calcula que, em 1830, o trigo era vendido por cerca de 95 dólares por tonelada na Europa, e o custo do transporte por tonelada e 1.600 quilômetros era de 4,62 dólares pelo mar, 28 dólares por canal ou rio e 174 dólares por estrada. (Os preços foram convertidos para dólares de 2007.) As férteis novas terras dos EUA podiam produzir grãos por quase a metade do custo que na Europa — 47,50 dólares por tonelada, dando uma vantagem de preço de 47,50 dólares sobre o grão cultivado na Europa. Custava 17 dólares para transportar uma tonelada de trigo do Novo Mundo a uma distância de 5.800 quilômetros pelo oceano; isso deixava uma vantagem de 30 dólares sobre o grão plantado na Europa. Porém, quando se levavam em conta os custos de transporte marítimo, o desperdício e o seguro, o ponto de equilíbrio provavelmente não era mais do que algumas dezenas de quilômetros para o interior a partir de portos norte-americanos.[22]

Esses números demonstram que, em meados do século XIX, os custos de transporte eram tão altos que grãos e outros produtos a granel da América não podiam competir na Europa. Em outras palavras, os custos do transporte terrestre para produtos a granel eram tão altos que as taxas incorridas sobre eles eram irrelevantes.

Nem o sistema do Mississippi e nem o dos Grandes Lagos proporcionavam transporte barato ou eficiente o suficiente para pagar a conta. A solução seria o Canal Erie, um canal de 580 quilômetros que cortava a região selvagem desabitada ao sul das Cataratas do Niágara até o Rio Hudson, em Albany, atravessando vários metros de elevação ao longo do caminho.

Em sua abertura em 1825, o canal levava 185 mil toneladas por ano de carga para o leste. O tráfego na nova hidrovia cresceu tão depressa que ela logo foi alargada e melhorada com eclusas duplas; em 1845, eram transportadas por ela 1 milhão de toneladas; em 1852, 2 milhões; e em 1880, seu auge, 4,6 milhões. O sucesso do Erie desencadeou uma explosão de canais que proporcionaram aos EUA mais de 5 mil quilômetros de hidrovias artificiais até 1840.

Historiadores havia muito se perguntavam como o tráfego do Canal Erie continuou a aumentar durante cinquenta anos diante da concorrência das ferrovias.[23] A tonelagem do canal cresceu tão prodigiosamente por mais de meio século *por causa* do cavalo de ferro (o trem). Antes das estradas de ferro, o transporte do canal sofria das mesmas deficiências que o transporte marítimo: devido ao custo astronômico do transporte rodoviário, um carregamento de grãos cultivados a mais de 30 ou 50 quilômetros de um porto poderia muito bem ter vindo do outro lado do mundo. A tecnologia primitiva do trem a vapor e os trilhos de ferro de meados do século XIX não foram capazes de levar com eficiência as safras aos portos e, depois, para o outro lado do oceano. Era necessário ter uma tecnologia metalúrgica mais avançada para tornar a nova cadeia de suprimentos interna viável.

O principal obstáculo eram as propriedades mecânicas do ferro. Os trilhos de ferro forjado eram macios demais para suportar o peso dos trens e se desgastavam depressa; caldeiras feitas de ferro não eram fortes o bastante para suportar pressões elevadas.

Era necessário aço forte e flexível para os trilhos e as caldeiras, mas antes de Henry Bessemer inventar seu incrível processo, em meados dos anos de 1850, ele era caro demais para qualquer dessas aplicações. Depois que essa técnica foi aperfeiçoada por Charles William Siemens e Pierre Martin, o preço do aço caiu a apenas algumas libras esterlinas por tonelada, cerca de 1/10 do valor anterior.[24]

A troca do ferro pelo aço mais forte e flexível para caldeiras e pistões possibilitou uma usinagem de máquinas mais fina e, mais importante, maiores pressões e eficiência de combustível. Porém, novas melhorias geralmente criam novos problemas: cascos de madeira não suportavam a pressão do novo sistema de propulsão. Placas de aço permitiam cascos mais fortes e leves, e hélices e eixos de aço alcançavam velocidades de rotação mais altas do que o ferro. O terreno agora estava preparado para o triunfo do vapor nos oceanos.

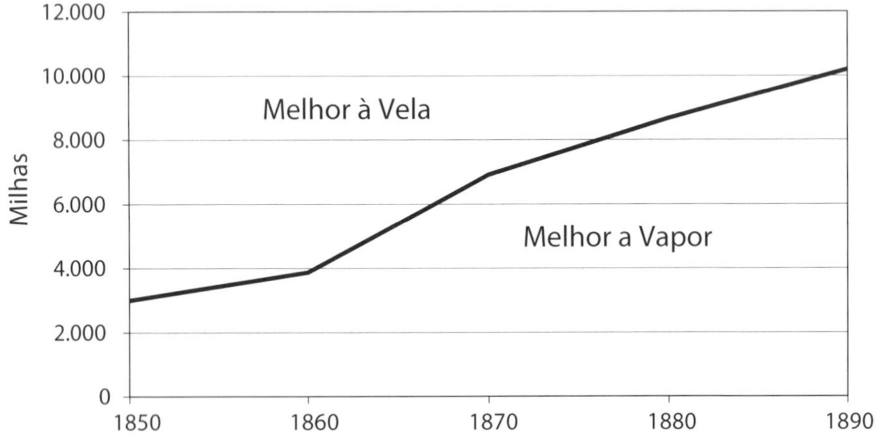

Figura 12-1. Ponto de Equilíbrio entre Vela e Vapor

A vitória do vapor não chegaria com facilidade aos mares profundos. Ao mesmo tempo em que a nova máquina de aço e os projetos do casco possibilitavam a navegação de navios a vapor no oceano, melhorias radicais também estavam sendo feitas no projeto das velas e dos cascos de madeira, especialmente para os *clippers* descritos no Capítulo 11. A necessidade de reabastecer o navio a vapor significava que, quanto mais longa a rota, menos competitivo em termos de preço o navio se tornava. No final do século XIX, designs de "*clippers* extremos", representados pelo *Cutty Sark*, suportavam velocidades acima de 15 nós e dominavam rotas de longa distância.[25] Nas Quarentas Rangentes, um *clipper* bem ajustado suportava velocidades de até 20 nós, o que nenhum navio a vapor da época era capaz de alcançar.[26]

Historiadores econômicos calcularam como a capacidade de transporte dos navios a vapor (a tonelagem não usada para carvão e, assim, disponível para cargas) caiu com a distância, como mostra a Figura 12-1. Abaixo de uma capacidade de carga de aproximadamente 75% (isto é, usando mais que 1/4 do deslocamento para carvão), esse "limite vapor-vela" gradativamente aumentou à medida que máquinas mais eficientes consumiam menos combustível. Em 1850, o vapor perdeu para a vela mais de 4.500 quilômetros, mas em 1890 esse limite aumentara para 16 mil quilômetros. A épica competição entre vapor e vela que se estendeu ao longo do século XIX tinha praticamente acabado. No início do século XX, a propulsão a vapor era econômica em todas as rotas marítimas, menos nas mais longas.[27]

Navios de metal impulsionados por vapor apresentavam outras desvantagens. Um navio a vapor custava cerca de 50% mais que um de madeira do mesmo tamanho e precisava de uma tripulação 50% maior. As empresas de navios a vapor gastavam somas enormes limpando os cascos de ferro, pois os fundos de metal sujavam-se facilmente com cracas e algas marinhas. (O cobre resiste mais a esses inconvenientes. Uma fina camada dele poderia ser facilmente pregada sobre o casco de madeira, mas corroeria rapidamente um casco de ferro ou aço.) Se um trabalhador das docas ou um auxiliar de navio não soubesse se uma chegada programada era movida à vela ou a vapor, todas as dúvidas eram removidas quando a embarcação se atrasava. Joseph Conrad, outra vez:

> O veleiro, quando o vi em seus melhores dias, era uma criatura sensível. Nenhum navio de ferro do passado jamais atingiu as maravilhas da

velocidade que os navegadores famosos de seu tempo obtiveram de seus antecessores de madeira revestida de cobre. Tudo foi feito para tornar o navio de ferro perfeito, mas nenhuma sagacidade do homem conseguiu criar a composição para um revestimento eficiente para manter o fundo limpo com a suavidade do revestimento de metal amarelo. Depois de algumas semanas no mar, um navio de ferro começa a ficar lerdo como se tivesse se cansado cedo demais.[28]

Dois outros fatores ajudaram a manter a vela viva. O primeiro foi a madeira norte-americana barata; em meados do século XIX, os Estados Unidos brevemente ultrapassaram a Inglaterra como líder mundial na construção de navios (embora a maioria dos *clippers* norte-americanos navegasse com a bandeira do Reino Unido). O segundo foi o aprimoramento na observação meteorológica. Começando com as viagens do capitão James Cook, no século XVIII, marinheiros e geógrafos norte-americanos e ingleses sistematicamente mapeavam os ventos e as correntes oceânicas do mundo. Veleiros não mais navegavam pelos mares usando vagas regras básicas sazonais, mas podiam manter as rotas mais vantajosas em uma certa época do ano. Durante o século XIX, esses avanços reduziram a viagem de 17 mil quilômetros da Inglaterra para a Austrália contornando o Cabo de 125 para 92 dias.

Aos poucos, a maior eficiência das máquinas a vapor superou a valente ação defensiva das velas. Em 1855, navios a vapor carregavam 1/3 do comércio da Inglaterra com o Mediterrâneo ocidental e quase todo seu comércio com o norte da Europa, e em 1865, o navio a vapor *Halley* transportou uma carga de café do Rio de Janeiro para Nova York, derrubando o mito de que somente navios de madeira preservavam o sabor dos grãos, e navios de ferro passaram a dominar o comércio da costa leste das Américas do Norte e do Sul.[29]

A abertura do Canal de Suez, em 17 de novembro de 1869, encurtou a distância entre Londres e Bombaim de 18 mil quilômetros para menos de 10 mil quilômetros. Isso derrubou a vantagem do longo alcance da vela. Como o limite vela-vapor (mostrado na Figura 12-1) em 1870 era de cerca de 11 mil quilômetros, isso significava que a abertura do canal abruptamente tornou a vela não econômica entre a Europa e a Ásia. Pior, veleiros não podiam viajar para o norte até o Mar Vermelho contra o vento e tinham que ser rebocados em ambas as direções pelo canal. Durante os primeiros cinco anos da operação do canal, nem mesmo um em vinte dos navios em trânsito era um veleiro.

A Figura 12-2 mostra a drástica queda na construção de navios de madeira causada pelo Canal de Suez. Nos vinte anos seguintes, os velhos navios de madeira restantes se desgastaram e foram substituídos por navios de ferro; em 1890, a tonelagem total global dos navios a vapor ultrapassou a dos veleiros de forma permanente.[30]

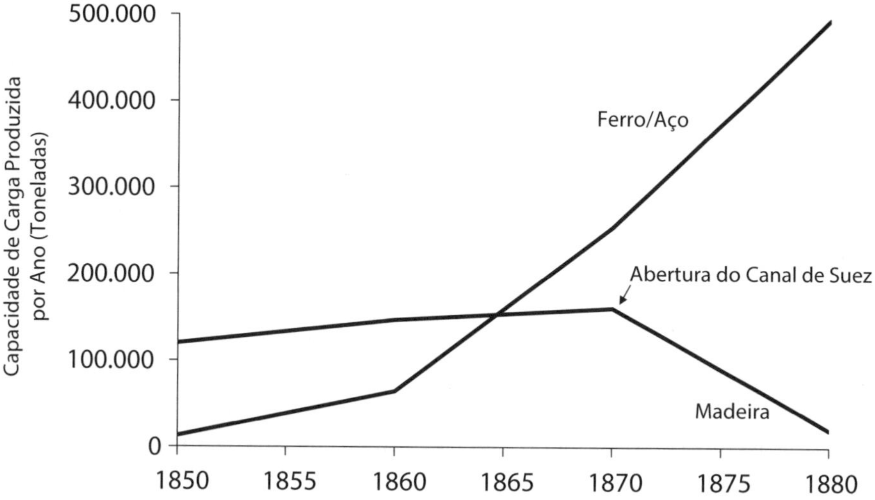

Figura 12-2. Construção Anual de Navios no Mundo

Teoricamente, a vela teria competido bem com o vapor nas longas distâncias do comércio da China. Mas como as exportações da China consistiam principalmente em chá de valor elevado, os transportadores ficavam satisfeitos em pagar o frete mais caro do navio a vapor depois da abertura do Canal de Suez. O último dos famosos *clippers* partiu de Cantão no final dos anos de 1870.

Como o canal reduzia a rota entre Sydney e Londres em apenas 1.600 quilômetros contornando o Cabo, a maioria do tráfego australiano continuou aberto à vela. Mesmo assim, cargas de alto valor — passageiros e artigos de luxo — usavam o navio a vapor, deixando apenas minérios e nitratos de baixo valor serem transportados por vela.[31] Em 1914, a abertura do Canal do Panamá, que eliminou o longo trecho ao redor do Cabo Horn, baixou a última cortina da era dos veleiros.

Vapor e aço causaram uma revolução comercial não só nos oceanos do mundo, mas também em seus rios, canais e na terra. Essas mudanças foram especialmente importantes em vastos espaços abertos do Novo Mundo inatingíveis por barcos, e eles voltam a nossa narrativa para o Canal Erie.

Quando foi aberto, em 1825, o Canal reduziu em muito o preço do transporte hidroviário para o interior, mas a barreira terrestre continuava. Sem um transporte ferroviário eficiente, o sistema dos Grandes Lagos dava acesso só a um estreito território a poucas dezenas de quilômetros das margens dos lagos Erie, Huron e Michigan.

Trilhos de aço fortes e baratos e caldeiras de aço de alta pressão levaram as riquezas norte-americanas para o resto do mundo. Em 1830, custava 173,82 (em dólares atuais) transportar uma tonelada de mercadorias a 1.600 quilômetros em carroças; em 1910, o preço para transportar a mesma carga por trem era de apenas 22,43 dólares, 1/8 custo e muitas vezes mais rápido do que em 1830.[32]

Nenhum ponto da zona rural da Inglaterra fica a mais de 110 quilômetros de distância do mar. Durante séculos, esse fato geográfico se combinou com o gasto proibitivo das carruagens para dar ao país uma vantagem incalculável sobre seus vizinhos do continente. Com a chegada do transporte barato ferroviário e pelo canal, essa vantagem desapareceu; para os fazendeiros de todo o globo, o mundo ficou plano rapidamente após Bessemer despejar o primeiro aço de seus cadinhos.

Quando as eclusas de Soo ligaram o Lago Superior ao sistema dos Grandes Lagos e ao Canal Erie, em 1855, elas deram acesso não só aos produtos agrícolas das Grandes Planícies, mas também aos enormes depósitos de minério de ferro de Minnesota, com que ainda mais trilhos, caldeiras e placas de aço para navios poderiam ser feitos.

Porque as leis da física ditam que transporte hidroviário é inerentemente mais eficiente que o transporte terrestre, continuava mais barato enviar cargas pelo canal do que por trem. Com o tempo, porém, os transportadores valorizaram cada vez mais a velocidade e confiabilidade da ferrovia. Grãos enviados diretamente por vagão de carga para a costa leste chegavam mais depressa, tinham menos probabilidade de estragar no verão e não exigiam dois transbordos caros e arriscados do sistema lacustre: do trem para o vapor lacustre e de lá para a barca do canal. Transportadores pagavam prêmios elevados de seguro para as cargas no sistema lacustre, enquanto as ferrovias sensatamente assumiam responsabilidade direta pelo conteúdo dos vagões. Além disso, as ferrovias podiam continuar operando em todas as condições de tempo no inverno, quando os lagos congelavam.

Durante o século XIX, as vantagens da ferrovia cresceram. Antes de 1873, o trigo era enviado para o leste via Chicago por trem apenas quando os lagos estavam congelados; depois dessa data, quase todo o trigo era transportado diretamente por trem; a transição pelo milho mais barato veio em 1884. A transformação de Chicago no proeminente centro ferroviário não foi acidental. Das margens no sul do Lago Michigan, a ferrovia levava uma vantagem decisiva sobre a rota lacustre para o leste, pois a viagem de trem de Chicago para a Costa Leste era muito mais direta que a rota semicircular ao redor dos lagos Huron e Michigan. Embora a tonelagem no Canal Erie tivesse aumentado por mais de meio século depois de sua abertura em 1825, atingindo o auge somente em 1885, o valor da carga transportada começou a cair bem antes disso, em 1853, porque as estradas de ferro tomaram as mercadorias de alto custo e deixaram os lagos e canais com produtos baratos a granel como minério de ferro.[33]

Antes da abertura do Canal Erie, Nova York e Pensilvânia estavam em primeiro e segundo lugares na produção de trigo nos Estados Unidos. Aproximadamente depois de 1870, Illinois e Iowa assumiram a posição deles. A abertura do Lago Superior com o Canal Soo proporcionou fácil acesso às Grandes Planícies do norte e alterou em muito o cenário agrícola da nação; em 1895, as Dakotas e Minnesota ditavam com o que se fazia o pão.[34]

Os produtores de trigo e milho norte-americanos se beneficiavam grandemente de carregar seu grão diretamente nos vagões que alimentavam os navios a vapor com destino à Europa, mas não eram os únicos. Fazendeiros da Argentina, da Austrália, da Nova Zelândia e nos extremos da Ucrânia também se beneficiavam do nascimento da era do transporte barato.

Em 5 de setembro de 1833, o *clipper* norte-americano *Tuscany* apareceu na foz do Rio Hooghly, na Índia, e contratou um piloto fluvial e subiu para Calcutá. A notícia de sua chegada foi logo espalhada rio acima, lançando a cidade, cujo nome é sinônimo de calor escaldante, em um estado de agitação. O *Tuscany* levava uma carga nova e valiosa: mais de 100 toneladas de gelo cristalino da Nova Inglaterra.

Naquele ano, o gelo já vinha sendo transportado por grandes distâncias havia quase três décadas. Esse comércio foi criação de um excêntrico de Boston, Frederic Tudor. Em uma visita a Havana durante um verão, em sua juventude, ele imaginou que poderia ficar rico apresentando bebidas geladas à cidade. E estava certo. Começando pelo Caribe, ele expandiu suas operações pela Europa e pelos Estados Unidos, especialmente Nova Orleans, onde o gelo Tudor se tornou o famoso coquetel *mint julep*.

Levar uma carga congelada de Massachusetts para a Índia em um veleiro não é tão difícil quanto parece — quanto maior o bloco de gelo, mais devagar ele derrete. Uma camada isolante de serragem e um pouco de ventilação eram suficientes para manter 2/3 de 150 toneladas íntegras na viagem de quatro meses.

A parte difícil de transportar gelo para os trópicos era coletar a carga fria e cristalina em quantidade, qualidade e forma suficientes. O problema foi resolvido por Nathaniel Wyeth, um hoteleiro que vendia gelo para Tudor como atividade secundária. A invenção de Wyeth, patenteada em 1829, criou uma das maiores indústrias da Nova Inglaterra no século XIX. Seu cortador de gelo puxado por cavalos, que montava uma engrenagem de corte sobre uma estrutura retangular, rendia blocos de 50cm que eram carregados e empilhados com facilidade.

Começando com os primeiros carregamentos para o Caribe, Tudor passou a armazenar frutas da estação em seus depósitos refrigerados — normalmente maçãs Baldwin do sul para Havana e laranjas para o norte. Ainda mais ao norte, as primeiras barcas do Canal Erie levavam peixe refrigerado dos Grandes Lagos para Nova York. Parece estranho, mas Tudor pouco fez para explorar esse avanço. Até o dia em que morreu, em 1864, ele lidou quase que com exclusividade com gelo, e coube a outros desenvolver o que seria um negócio muito maior, o transporte de perecíveis.[35]

Já depois do início do século XX, a maior parte da refrigeração da América era colhida de lagos e rios da Nova Inglaterra e do norte do meio-oeste e carregado em navios, barcas e vagões de trem especialmente projetados que resfriavam uma crescente quantidade de produtos com destino à Costa Leste, o Caribe e a Europa.

Uma das fontes menores de Tudor era o Lago Walden. Henry David Thoreau, demonstrando pouco conhecimento sobre as rotas de comércio, a temperatura do mar e os aspectos físicos da transferência de calor, observou sobre um bloco de gelo errático de Tudor caindo no porto de Calcutá:

> A água pura do Walden misturou-se à água sagrada do Ganges. Com ventos favoráveis, ele é empurrado em direção das fabulosas ilhas de Atlântida e Hespérides, contorna Hanno e, flutuando por Ternate e Tidore e a foz do Golfo Pérsico, derrete sob os ventos tropicais dos mares indianos e acaba em portos de que Alexandre só ouviu falar.[36]

Veículos refrigerados apareceram nos anos de 1830. Fotografias tiradas em Promontory, Utah, em 1689, logo após a chegada da estrada de ferro transcontinental, revelam uma longa fila de diferentes carros de frutas da Union Pacific usados para transportar uvas, peras e pêssegos fora da estação para assombrados moradores do leste. Outras cargas refrigeradas iam de flores a peças de carne, e esses luxos abundantes alimentavam a demanda dos consumidores por mais. Em meados do século XIX, uma tonelagem maior de gelo com destino à Índia e a Europa, contornando o Cabo Horn para a Costa Oeste, era embarcada no porto de Boston mais do que qualquer outro produto. Às vezes os carregamentos viajavam até a China e a Austrália.[37]

Por volta da mesma época, um embalador de carne da Nova Inglaterra, Gustavus Swift, decidiu mudar o negócio para o centro ferroviário em Chicago. Ao descobrir que as companhias ferroviárias não estavam dispostas e nem podiam oferecer vagões refrigerados, ele começou a experimentar vários designs de vagões. Ele se fixou em um inventado por Andrew Chase que tinha dois tanques superiores de gelo facilmente carregáveis nas duas extremidades, uma configuração que depois foi melhorada por outro embalador de carne, Philip Armour, que acrescentou uma eficiente mistura de gelo moído e sal.[38] Em 1880, as ferrovias e transportadoras privadas tinham mais de 1.300 vagões refrigerados; em 1900, esse número disparou para 87 mil. Essa quantidade finalmente atingiu o pico em 1930, com 181 mil vagões.[39]

Em 1875, o distribuidor norte-americano de carne Timothy Eastman transportou a primeira carne resfriada de Nova York à Inglaterra. Ele enviou cerca de 1/4 do volume do porão com gelo e esfriou a carga adjacente com ventiladores. A rainha Vitória considerou a carne "muito boa", continuando a tradição secular de endosso real a novos bens de consumo, trazendo carnes resfriadas para as mesas inglesas.

Poucas áreas habitadas do mundo são afortunadas a ponto de terem uma estação confiável de coleta de gelo. Até na área de Boston onde Tudor operava, um inverno ameno muitas vezes resultava em um "fracasso de colheita", induzindo o pânico às partes mais refinadas do sul e movendo o pessoal de corte para o Maine. No século XIX, o público também se preocupava com a pureza do gelo colhido pelos cortadores Wyeth puxados por cavalos em lagos e rios cada vez mais poluídos. Norte-americanos e europeus começaram a pesquisar o congelamento artificial.

Antes de meados do século XIX, refrigeração doméstica significava caixas de gelo. No início do século XX, a maioria das famílias norte-americanas tinha esses "refrigeradores" — caixas de cedro ou carvalho com isolamento, projetadas para manter uma pequena quantidade de carne ou laticínio frio com o gelo reposto a cada poucos dias.

A refrigeração mecânica não teve um Alexander Graham Bell ou Thomas Edison. Os princípios básicos da refrigeração artificial eram conhecidos desde tempos pré-históricos pelo frio do vento ou a pele úmida. (Em termos de física moderna, a evaporação consome o calor e, assim, produz resfriamento.) No Antigo Egito, os ricos faziam os escravos umedecerem vasos de barro ao ar livre, que se resfriavam na exposição à brisa da noite; os indianos registraram a primeira produção artificial de gelo com um tratamento similar cobrindo poços cheios de água.

Em 1755, William Cullen, um médico escocês, fez um avanço simples, mas de longo alcance, quando gerou vácuo em um recipiente cheio de água. Isso fez a água ferver à temperatura ambiente (ou pelo menos o similar a isso na Escócia). Como a fervura é essencialmente uma rápida evaporação, ela produz um drástico resfriamento — o mesmo fenômeno que ocorre quando você sai da água para um ar congelante depois de nadar. Não demorou muito e Cullen fabricou gelo em temperatura ambiente. As variações de sua técnica básica logo se multiplicaram; a mais assustadora delas envolveu o uso de ácido sulfúrico concentrado, que absorve a água agressivamente para acelerar sua evaporação.

Físicos aperfeiçoaram o método de Cullen com o uso de éter, que ferve a uma temperatura muito mais baixa que a água e, assim, é um agente resfriador mais eficaz. Finalmente, a descoberta da termodinâmica revelou que certos gases, especialmente o amônio e o dióxido de carbono, também podem existir como sólidos ou líquidos a uma temperatura baixa o suficiente ou pressão suficientemente alta, proporcionando um resfriamento mais eficiente.

A Figura 12-3 mostra o funcionamento de um antigo dispositivo de refrigeração mecânico simples. O compressor suga o amônio do sistema à esquerda do diagrama, produzindo baixa pressão ali, e o comprime na metade à direita. Como o amônio ferve no lado de baixa pressão, ele resfria um invólucro de água salgada (que congela a baixa temperatura) que circula para fora para a tarefa a ser realizada — máquina para fazer gelo no caso de uma fábrica de gelo, ou o compartimento refrigerado de um navio. No lado de alta pressão, o amônio condensa, produzindo calor "residual", que é liberado.

Esses primeiros refrigeradores mecânicos pesados, ineficientes e movidos a vapor produziram dezenas de inventores com numerosas patentes e eram usados em fábricas fixas de gelo longe de fontes naturais de gelo — no Caribe, ao sul da linha Mason-Dixon, em cidades da Costa Oeste e, especialmente, em fábricas de embalagem de carnes da Argentina e da Austrália. O comércio de Tudor para Calcutá, que cresceu com regularidade por quase meio século após sua primeira entrega em 1833, teve um final repentino alguns anos depois da abertura da primeira fábrica de gelo artificial na cidade, em 1878.[40]

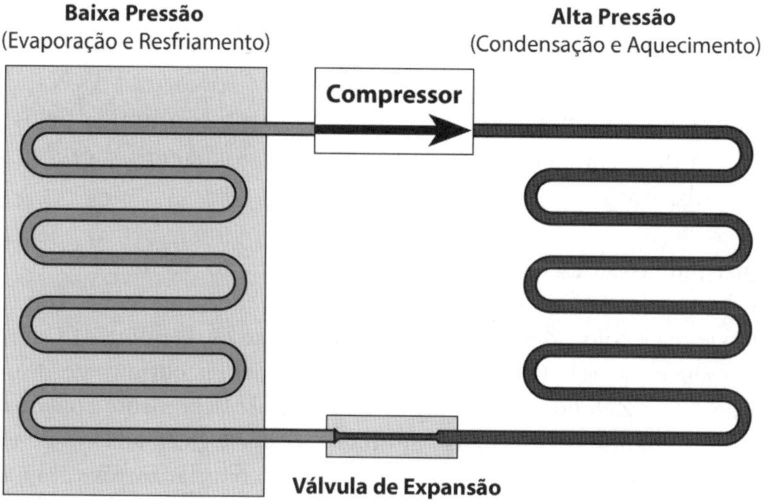

Figura 12-3. Esquema da Primeira Unidade de Refrigeração Mecânica

A produção artificial e natural se complementaram de modo favorável; o gelo feito em fábricas em Nova Orleans ou na Califórnia enchia os tanques de refrigeração de vagões refrigerados com destino ao norte ou leste; blocos tirados dos rios do meio-oeste e de lagos da Nova Inglaterra resfriavam os fretes que iam para o sul e o oeste.

O sócio de Timothy Eastman, Henry Bell, desconfiou que as novas máquinas de refrigeração artificial poderiam ser mais econômicas do que o gelo transportado por navios. Em 1877, ele consultou o famoso físico Sir William Thompson (depois Lorde Kelvin) sobre a viabilidade de transportar carne artificialmente refrigerada e congelada. (A firma norte-americana Kelvinator depois usaria seu nome.) Não tendo tempo ou inclinação para esquemas comerciais, Thompson apresentou Bell a seu parceiro J. J. Coleman, e os dois fundaram a Bell-Coleman Mechanical Refrigeration Company.[41] Juntos, construíram uma frota de navios mecanicamente refrigerados, um dos quais, *Circassia,* levou a primeira carne norte-americana mantida refrigerada pelas novas máquinas.[42]

Em 1881, a Austrália abrigava 65 milhões de ovelhas, 8 milhões de cabeças de gado e apenas um pouco mais que 2 milhões de pessoas; a refrigeração artificial permitiu que grande parte da carne de carneiro fosse enviada a açougues ingleses. Em 1910, os Estados Unidos enviavam cerca de 100 mil toneladas de carne para a Inglaterra por ano, e a Argentina, uma quantidade ainda maior de carne bovina e ovina. (A carne norte-americana era resfriada, enquanto a da Argentina e da Austrália era congelada a cerca de -8°C, por causa da maior distância que tinha que percorrer.) Às vésperas da Primeira Guerra Mundial, cerca de 40% da carne consumida pelos ingleses vinham do estrangeiro.[43] O correspondente do *Scientific American,* de Londres, observou:

> Fiquei muitas vezes no grande armazém junto ao Tâmisa e vi barcas que levavam carcaças de carneiro... empilhadas como lenha, tratadas como lenha e colocadas embaixo dos grandes arcos da ponte da Cannon Street, em espaços em que cabiam 80 mil. Lá você encontra carne de ovelha da Nova Zelândia e da América do Sul, artificialmente congeladas no início, mantidas congeladas durante a viagem, guardada em depósitos sob os grandes arcos da ponte e entregues congeladas aos varejistas. Toda essa carne é enviada pela Armour, Hammond, Eastman e outros transportadores.[44]

A indústria da carne refrigerada teve ainda outro impulso nas vendas por Edward L. Bernays, pioneiro de relações públicas e sobrinho de Sigmund Freud. Por volta dos anos 1920, norte-americanos e ingleses tinham reduzido seu café da manhã a um suco preparado rapidamente, torrada e café ou chá. Bernays conduziu a primeira campanha de "três entre quatro médicos recomendam" para a Beechnut Packing Company, de Nova York. Ela se fixou em cafés da manhã reforçados (e artérias obstruídas), definindo bacon com ovos como a refeição matinal tradicional de pessoas que falam inglês em ambos os lados do Atlântico.[45]

Durante toda a história, aumentos em volume sempre beneficiaram alguns e prejudicaram outros. A queda nos custos de transporte possibilitou a fazendeiros e criadores nos Estados Unidos, no Canadá, na Argentina, na Nova Zelândia, na Austrália e na Ucrânia enterrar a Europa sob montanhas de grãos e carne. Por outro lado, construtores de navios norte-americanos, que tinham contado com madeira barata nacional e seu conhecimento de navios a vela perderam para a tecnologia britânica do vapor e do aço. Entre 1850 e 1910, 2/5 da tonelagem no Atlântico navegavam sob a bandeira inglesa, comparadas a somente 1/10 sob a bandeira dos EUA.[46]

A Índia também perdeu. Seus plantadores de algodão e juta prosperaram, mas seu setor baseado no transporte marítimo foi devastado pela combinação do vapor e do Canal de Suez. No início da Primeira Guerra Mundial, os navios da Índia não podiam nem atender seu comércio costeiro, e a indústria de construção naval desapareceu quase que totalmente.[47]

Embora observadores otimistas, como o correspondente da *Scientific American*, ficassem maravilhados diante dos milagres do comércio global, um efeito adverso estava se formando. A reação europeia à avalanche de produtos agrícolas do Novo Mundo impediria o movimento de livre comércio por mais de meio século, contribuindo em grande parte para dois conflitos mundiais devastadores e criando o cenário das batalhas atuais sobre a globalização.

13

Colapso

Aprendemos que uma tarifa protetiva proibitiva é um tiro que sai pela culatra.
— Cordell Hull[1]

Foi a pior época para se ser um norte-americano. Em todo o mundo, líderes políticos e editorialistas condenaram nossa política externa, que era vista, corretamente, como unilateral, arrogante e perigosa. Europeus indignados organizaram boicotes aos nossos produtos. Escreveu um homem de negócios italiano a outro: "O motorista de um carro norte-americano em nossa província, especialmente no ambiente da cidade, é continuamente motivo de gestos obscenos e xingamentos indignos de um povo civilizado."[2] Os franceses, como sempre, se preocupam com o crescente poder dos Estados Unidos. Um editorialista parisiense encarou a oposição ao monstro do outro lado do Atlântico como dever de todos os europeus: "O único meio de lutar contra a hegemonia norte-americana."[3]

O que incitou esse vigoroso antiamericanismo? A invasão do Iraque? O conflito no Vietnã? A onipresença global do McDonald's, da Microsoft e da Disney? O período em questão era 1930–33, e a questão era a Tarifa Smoot-Hawley.

Uma das leis mais notórias já aprovadas pelo Congresso, ela também é uma das menos compreendidas. A Smoot-Hawley aumentou extraordinariamente as tarifas dos EUA, mas elas já eram muito altas. Mais importante, e contrário à percepção popular, ela não causou, tampouco aprofundou muito, a Grande Depressão, nem se afastou muito da política comercial norte-americana anterior. Em vez disso, a Smoot-Hawley representou a forte onda de protecionismo mundial que atingia o novo comércio agrícola global.

A história começa com uma rápida olhada na teoria do comércio no século XX. Os grandes pensadores pré-modernos desse campo — Henry Martyn, Adam Smith e David Ricardo — descreveram os benefícios *gerais* do livre-comércio. Eles compreendiam, mas praticamente ignoraram o fato de que uma minoria significativa de pessoas inocentes costumava ser prejudicada. Seus descendentes do século XX — Bertil Ohlin, Eli Heckscher, Paul Samuelson e Wolfgang Stolper — forneceram uma estrutura que identifica quem ganha, perde e como reagem.

Em 1860, o norte da Europa, aproveitando a boa fase da anulação das Leis dos Cereais, a assinatura do Tratado Cobden-Chevalier e o "desarmamento das tarifas" que as seguiu, parecia seguir com firmeza na estrada para o livre-comércio. Essa viagem agradável e lucrativa não duraria muito.

Transporte mais barato equivale a convergência de preços. Entre o final dos anos de 1850 e 1912, o custo de enviar um alqueire de grãos de Chicago a Liverpool caiu de 35 centavos de dólar para cerca de 10 centavos. Como transporte mais rápido e confiável também significava manejo e despesas de seguro menores, a economia real para os consumidores era ainda maior.

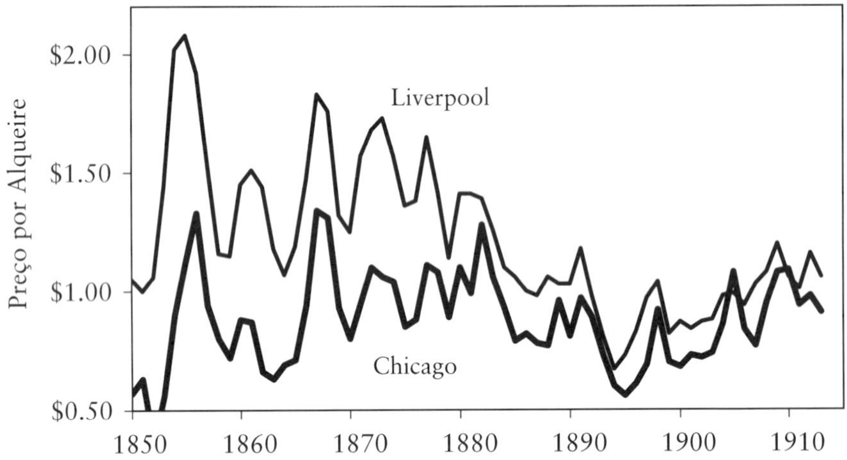

Figura 13-1. Preços do Trigo em Liverpool *vs.* Chicago, 1850–1913

Previsivelmente, durante as seis décadas anteriores à Primeira Guerra Mundial, os preços do trigo no Velho e Novo Mundo se aproximaram, como mostra a Figura 13-1.[4] Um esquema de convergência de preços similar no final do século XIX podia ser visto igualmente em matérias-primas e produtos manufaturados: carne, cobre, ferro, maquinário e têxteis. Em 1870, a carne era vendida por um valor 93% mais alto em Liverpool do que em Chicago; em 1913, essa diferença havia diminuído para apenas 16%.

A drástica melhoria da eficiência do transporte não só produziu convergência nos preços agrícolas, mas também eliminou o amigo do produtor em tempos difíceis: os preços altos. Em um mundo em que era caro importar grãos do vale vizinho, quanto mais do outro lado do oceano, uma safra insuficiente era parcialmente compensada pelo aumento de preços. Em um mercado de agricultura global com transporte barato, até essa desvantagem desapareceu.[5] A perda dessa proteção conhecida oferece um exemplo tão intenso quanto qualquer dos riscos de uma economia globalizada.

A situação se reverteu com os produtos manufaturados, que no início eram mais baratos no Velho Mundo, rico em mão de obra e capital. Em 1870, o ferro-gusa era 85% mais caro nos Estados Unidos do que na Inglaterra; em 1913, essa diferença tinha diminuído para 19%. Entre essas duas datas, o diferencial para o cobre fundido caiu de 32% a zero, e a estrutura de preços para têxteis realmente se inverteu: os têxteis eram 13,7% mais caros em Boston do que em Manchester em 1870 e 2,6% mais caros em Manchester em 1913.[6]

Os preços dos grãos tradicionais não só começaram a caminhar juntos ao redor do planeta, eles também dançavam em sincronia com o principal produto básico do Oriente, o arroz. O nexo do mercado integrado de arroz-trigo era a Índia; um aumento no preço do trigo em Bombaim também aumentava o do arroz, visto que os indianos consumiam ambos. Além disso, a expansão de linhas telegráficas de longa distância, submarinas e terrestres, nos anos de 1860 e 1870, significava que um movimento nos grãos em Calcutá era imitado no mesmo instante nos mercados de Londres, Sydney e Hong Kong.[7]

No início do século XX, dois economistas suecos, Eli Heckscher e Bertil Ohlin, ficaram intrigados com esses dados e chegaram à conclusão de que algo mais profundo estava ocorrendo. A "economia clássica" de Adam Smith, David Ricardo e John Stuart Mill estipulava três insumos para todos os produtos: mão de obra, terra e capital — pagos por, respectivamente, salários, arrendamentos e juros.[8] O insight básico de Heckscher e Ohlin era o de que a queda nos preços de transporte havia criado não só uma convergência global dos preços das mercadorias, mas também uma convergência dos preços dos três fatores básicos de insumo: salários, arrendamentos e taxas de juros.[9]

Pesquisas recentes confirmaram sua hipótese. No início do século XIX, mão de obra e capital eram mais abundantes no Velho Mundo do que no Novo, portanto, salários e taxas de juros eram baixos no primeiro e altos no segundo. Em comparação, a terra era muito mais abundante no Novo Mundo, e, assim, os arrendamentos eram mais baixo lá. Os historiadores econômicos Kevin O'Rourke e Jeffrey Williamson notaram que em 1870, no Novo Mundo, os salários médios reais (definidos como real poder de compra) eram 136% mais altos do que os do Velho Mundo; em 1913, essa diferença tinha caído para 87%. Ainda mais surpreendente, entre essas datas o valor real dos arrendamentos subiu 248,9%, enquanto na Inglaterra eles *caíram* 43,3%.[10]

As razões para a convergência de arrendamentos eram muito claras. O transporte barato inundou a Europa com grãos e carne, reduzindo os preços no Velho Mundo e elevando-os no Novo, onde antes teriam sido desperdiçados. Isso, por sua vez, baixou o valor das terras cultiváveis no Velho Mundo, enquanto o elevou no Novo.

É ainda mais fácil entender a convergência nos mercados de capital. O telégrafo removeu a incerteza sobre taxas de juros distantes e até possibilitou a obtenção instantânea de capital e crédito "por telegrama".

As razões para a convergência salarial são mais controversas. A explicação mais óbvia e provável é a migração motivada por salários mais altos no Novo Mundo. Os europeus não emigravam para o Novo Mundo em busca de liberdade ou ruas pavimentadas com ouro; eles simplesmente queriam melhores salários por hora. Durante o século XIX, um carpinteiro irlandês podia ter uma vida bem melhor em Nova York, e um camponês italiano poderia prosperar nos infindáveis pampas argentinos de um jeito que nunca conseguiria no solo infértil de sua terra natal. Mas enquanto muitos europeus migravam para o outro lado do Atlântico, essas diferenças de salário desapareceram aos poucos, reduzindo a imigração mesmo antes da instituição de restrições legais. Em 1900, os salários reais eram quase três vezes maiores na Argentina do que na Itália. Em 1950, eles eram iguais, e em 1985, o italiano médio ganhava quatro vezes mais que seus parentes imigrantes argentinos.[11]

Se classificássemos a revolução do transporte do século XIX com pontos, os trabalhadores do Velho Mundo e donos de terras do Novo (principalmente fazendeiros) ganhariam, e donos de terras do Velho Mundo e trabalhadores do Novo perderiam. De fato, os trabalhadores norte-americanos melhoraram entre 1870 e 1913, mas sua imensa vantagem em relação aos colegas ingleses diminuiu muito. O mesmo não pode ser dito dos donos de terras ingleses, que viram suas rendas caírem desastrosamente.

Em 1941, como resultado do fracasso de Smoot-Hawley e em meio à guerra mundial para o qual ela contribuiu, um instrutor austríaco na Universidade de Harvard, Wolfgang Stolper, procurou um jovem colega, Paul Samuelson, com uma questão sobre a teoria do comércio. Ele se perguntava por que a economia clássica ensinava que todas as nações se beneficiavam do comércio quando a obra de Heckscher e Ohlin sugeria que, com o aumento do comércio, os salários em algumas nações cairiam, prejudicando os trabalhadores. Samuelson se deu conta de que Stolper estava diante de uma descoberta importante, e juntos colaboraram no que seria conhecido como o Teorema Stolper-Samuelson, uma estrutura que fornece informações sobre a política do comércio global: quem tira o palito mais longo, quem tira o menor, e, mais importante, como as consequências econômicas afetam o destino das nações.

A matemática é a linguagem do economista, e para que seu modelo funcionasse, Stolper e Samuelson poderiam permitir apenas dois produtos e dois fatores de insumo — um que fosse escasso em relação ao de outras nações, e um segundo que fosse abundante em relação a elas. Seu modelo previu que a proteção beneficiava os que predominantemente tinham um fator relativamente escasso e prejudicava os que tinham um relativamente abundante.[12] Com o livre-comércio, ocorria o contrário. (Os fatores considerados eram tipicamente os insumos das economias clássicas: terra, mão de obra e capital.)

Vejamos como isso funciona. Se a mão de obra é escassa na nação A e abundante na nação B, os salários baixarão em B, e produtos de mão de obra intensiva feitos em B serão consequentemente mais baixos também. Com o livre-comércio, comerciantes e consumidores preferirão os bens mais baratos feitos em B aos feitos em A. Trabalhadores em B se beneficiarão, e trabalhadores em A perderão. Isso também se aplica aos dois outros fatores; o livre-comércio ajuda os fazendeiros em países com muita terra e prejudica os de países com poucas terras, e ajuda capitalistas em países ricos com capital abundante e prejudica capitalistas em países pobres.[13]

Nos termos de Stolper e Samuelson, "livre-comércio" e "proteção", se referem não só aos níveis tarifários e proibições, mas também aos custos do transporte. Reduzir o preço do transporte exerce o mesmo efeito que reduzir tarifas: em outras palavras, a redução de 50 centavos de dólar por alqueire no transporte e uma redução de 50 centavos por alqueire nas tarifas deveriam aumentar o comércio de grãos, aproximadamente, na mesma quantia.

O que isso significa na prática? Antes de 1870, a Inglaterra tinha abundante capital e mão de obra em relação a outras nações, e pouca terra. Em comparação, os Estados Unidos tinham capital e mão de obra relativamente escassos, mas terra em abundância. As tarifas aumentaram muito durante esse período em todo o mundo, principalmente nos Estados Unidos após a Guerra Civil, mas o comércio ficou mais livre à medida que os custos de transporte, que se reduziam rapidamente, mais do que compensavam as tarifas elevadas. A Tabela 13-1 mostra a "grade Stolper-Samuelson" de alguns períodos de tempo e países representativos.

O Teorema Stolper-Samuelson prevê que os principais beneficiários do aumento do comércio seriam os donos de fatores abundantes em cada nação: capitalistas e trabalhadores na Inglaterra e donos de terras (isto é, fazendeiros) nos Estados Unidos. Isso foi exatamente o que ocorreu, e, assim, não foi coincidência que todos esses grupos defendessem o livre-comércio. Da mesma forma, não é surpresa que os donos de fatores escassos em cada nação — donos de terras na Inglaterra e trabalhadores e capitalistas norte-americanos — buscassem proteção.

E a Europa continental? Em geral, essas nações tinham terra e capital escassos, mas mão de obra em abundância. O Teorema Stolper-Samuelson prevê que a queda nos custos de transporte após 1870 teria gerado uma onda de protecionismo por capitalistas e fazendeiros continentais. Outra vez, a teoria acerta em cheio: fazendeiros europeus reagiram com intensidade e levaram ao fim a era do livre-comércio que começou com a revogação da Lei dos Cereais e o Tratado Cobden-Chevalier.

Na verdade, os franceses nunca ficaram satisfeitos com o Tratado, que era visto por suas forças democráticas e por fazendeiros como um "coup d'état real" aplicado pelo déspota Napoleão III. Quando a humilhante Guerra

Franco-Prussiana de 1870–1871 levou o Segundo Império de Napoleão III ao fim, o apoio dos franceses ao livre-comércio desapareceu com ele.

A criação de um novo Estado francês, a Terceira República, ocorreu quase simultaneamente com a inundação de trigo do Novo Mundo. Desde tempos imemoriais, as barreiras do relevo e a distância protegeram os fazendeiros da França, principalmente os do interior. A ferrovia e o navio a vapor destruíram essas barreiras tranquilizadoras, e, em 1881, a importação líquida de trigo da França ultrapassou a marca de 1 milhão de toneladas. Os grãos importados mais baratos obrigaram um crescente número de fazendeiros franceses a mudar de atividade, e eles exigiram um novo isolante para substituir o anterior, proporcionado pela carroça e por estradas esburacadas. Havia fazendeiros demais na França para serem ignorados por um governo eleito; mesmo no final do século XIX, cerca de metade da mão de obra ainda trabalhava na terra. Seu protecionismo foi apoiado por financiadores de mãos atadas, donos de outro fator escasso, o capital. Os financiadores da nação, sobrecarregados de dívidas devido à desastrosa Guerra Franco-Prussiana, também viam a salvação em receitas tarifárias mais altas. Essa combinação de capitalistas franceses e fazendeiros provou ser decisiva. Em comparação, na Inglaterra, apenas 1/6 da mão de obra trabalhava na terra. E os financiadores ingleses, fortemente abastecidos com capital da indústria e do comércio, opunham-se à proteção.[14]

Tabela 13-1. Categorias Stolper-Samuelson

	Fator(es) Abundante(s) (Pró-Livre-comércio)	Fator(es) Escasso(s) (Pró-Protecionismo)
Estados Unidos antes de 1900	Terra	Mão de Obra, Capital
Estados Unidos após 1900	Terra, Capital	Mão de Obra
Inglaterra, 1750–hoje	Mão de Obra, Capital	Terra
Alemanha antes de 1870	Mão de Obra, Terra	Capital
Alemanha 1870–1960	Mão de Obra	Capital, Terra
Alemanha após 1960	Mão de Obra, Capital	Terra

Mais uma vez, os diferentes resultados na Inglaterra e na França corresponderam à previsão de Stolper-Samuelson: na Inglaterra, os fatores abundantes de mão de obra e capital que favoreciam o livre-comércio combinaram-se para derrotar o fator escasso que favorecia o protecionismo, os donos de terras. Na França, os fatores escassos que favoreciam o protecionismo, o capital e donos de terra, combinaram-se para derrotar o fator abundante que favorecia o livre-comércio, a mão de obra.

Em meados do final do século XIX, cada nação importante tinha seu discípulo de Friedrich List e sua "economia nacionalista", como sua marca de protecionismo ficou conhecida: Henry Carey nos Estados Unidos; Joseph Chamberlain na Inglaterra; e na França, Paul-Louis Cauwès, reitor da escola de Direito da Sorbonne. Em 1884, a França revogou uma lei, passada cerca de um século antes pelo governo revolucionário, que impedia fazendeiros e outros trabalhadores de se unirem em associações baseados em interesses econômicos. Quase imediatamente após a revogação, surgiram *sindicatos* agrícolas que exigiram uma barreira tarifária. Uma resultante onda de leis aos poucos elevou impostos sobre grãos importados, animais de fazenda e carne. A eleição geral de 1889 enviou à Assembleia um grande número de deputados protecionistas, principalmente dos redutos agrários da Normandia e da Bretanha.

Uma incrível série de manobras e debates parlamentares se seguiu, cujo ponto alto foi um duelo verbal entre Léon Say, economista liberal e ministro das Finanças, e o protecionista Félix Jules Méline, um discípulo de Cauwès e futuro primeiro-ministro da França. Em protesto contra qualquer outro aumento de tarifas, Say argumentou que a luta não era só entre proteção e livre-comércio, mas sim uma mera faceta de "um grande combate do indivíduo contra o Estado".[15] A eloquência de Say não convenceu a Assembleia, que no início de 1892 aprovou a "Tarifa Méline". Ela quase dobrou as taxas existentes e foi seguida por mais aumentos, que continuariam até a Segunda Guerra Mundial.

As tarifas não impediram o declínio da agricultura na França e serviram só para sobrecarregar os cidadãos com o alto preço dos alimentos. Embora muitos observadores franceses censurassem o medo dos compatriotas da nova economia global, outros foram mais fatalistas. Em um comentário tão descritivo da característica nacional quando escrito em 1904, o economista Henri Truchy notou:

> Achamos melhor nos contentar com um mercado doméstico sereno do que arriscar os perigos do mercado mundial, e criamos uma sólida barreira de tarifas. Dentro dos limites desse mercado limitado mas garanti-

do, os franceses vivem com calma e conforto suficientes e, ao deixar aos outros o tormento das grandes ambições, não são mais que espectadores das lutas pela supremacia econômica.[16]

Porém, muitos ingleses se incomodaram pelos danos causados à aristocracia fundiária pelos grãos e pela carne do Novo Mundo. Nas palavras do historiador econômico Charles Kindleberger:

> Nenhuma ação foi tomada para deter a queda dos preços agrícolas ou ajudar a comunidade rural... Arrendamentos caíram, homens jovens trocaram a fazenda pela cidade, terras cultivadas diminuíram rapidamente. A resposta à queda de preços mundiais do trigo foi promover o fim da agricultura como a atividade econômica mais poderosa na Inglaterra.[17]

Após 1890, algumas indústrias inglesas, notadamente a de aço, refinamento de açúcar e joias, começaram a sentir as dificuldades dos donos de terras e enfrentaram uma crescente concorrência norte-americana com gritos de "comércio justo". A Inglaterra estava começando a contrair o vírus do protecionismo, disseminado por Joseph Chamberlain, um político proeminente (primeiro no Partido Liberal e depois no Liberal Unionista), presidente da Junta Comercial e pai do futuro primeiro-ministro Neville Chamberlain. Seu protecionismo fugia um pouco da variedade continental comum. Ela teria criado uma barreira tarifária elevada em todo o império e as Comunidades das Nações [Commonwealths], em cujo âmbito haveria livre-comércio — a assim chamada "preferência imperial". Mas a Inglaterra não estava preparada para abandonar o livre-comércio. As propostas de Chamberlain tornaram-se uma questão importante nas eleições gerais de 1906, nas quais ele e seus apoiadores foram totalmente derrotados.[18]

Embora quase toda a Europa continental tivesse se protegido das importações estrangeiras com barreiras e até os ingleses ficassem inquietos quanto à sua política de livre-comércio, uma nação tomou um caminho diferente baseada em, entre todas as coisas, porcos e vacas. A melhor carne vem dos animais mais jovens, e um abate precoce representa uma alimentação mais intensa para que cheguem ao peso certo. Após 1870, a combinação da alta demanda, transporte refrigerado barato e ração de milho de baixo custo fez os astros se alinharem de forma quase perfeita para os produtores de carne bovina, suína, queijo, leite e manteiga. Durante séculos, as nações do norte da Europa mantiveram a liderança na pecuária de qualidade, mas curiosamente, só a Dinamarca abriu seus mercados e tirou vantagem da situação.

Geralmente, grandes indústrias nascem de empresas simples em circunstâncias humildes. Em 1882, um grupo de produtores de laticínios na vila de Hjedding no leste da Jutlândia (uma grande península da Dinamarca) organizou uma cooperativa a fim de comprar novas e caras máquinas de separação de leite e vender o creme e a manteiga em conjunto. Eles elegeram três diretores que, após uma longa noite de negociação, chegaram a um acordo com os membros que se tornaria o fundamento do crescimento da Dinamarca para a prosperidade no início do século XX.

O contrato era um modelo de simplicidade: todas as manhãs, o leite era apanhado pelo caminhão da cooperativa, levado à fábrica e processado por técnicos experientes. O leite magro era devolvido ao fazendeiro, a manteiga era vendida no mercado aberto, e os lucros da cooperativa eram divididos entre os participantes de acordo com a qualidade e quantidade do leite integral entregue. Os membros concordaram em entregar à cooperativa todo o leite que não era imediatamente consumido na fazenda e coletá-lo segundo rigorosos padrões de higiene. O arranjo se mostrou extremamente bem-sucedido, e em menos de uma década os fazendeiros dinamarqueses haviam organizado mais de quinhentas cooperativas.

Mas esse foi só o prelúdio do evento principal: bacon. Em 1887, um grupo de criadores de porcos no leste da Jutlândia, insatisfeitos com o serviço ferroviário, se associou usando o modelo de Hjedding e construiu uma fábrica de embalagem de carne de ponta. Dessa vez, o governo se envolveu: a qualidade dos porcos varia mais que a do leite, e o Departamento de Agricultura Dinamarquês criou estações experimentais a fim de fornecer aos fazendeiros os melhores animais de criação. Em 1871, a Dinamarca tinha 442 porcos; em 1914, eles eram 2,5 milhões. Entre essas duas épocas, as exportações de carne de porco aumentaram de cerca de 5 mil toneladas para 300 mil toneladas. No início dos anos de 1930, com mais que a metade de todos os dinamarqueses adultos membros de cooperativas, essa pequena nação exportou 332 mil toneladas de carne de porco — quase metade da quantidade comercializada no mundo.

O governo também ofereceu estímulo moral aos produtores e sugeriu às organizações de criadores de porcos e laticínios que registrassem a marca de qualidade de seus produtos no estrangeiro. A marca Lur, que evoluiu para o rótulo Lurpak, é hoje vendida em supermercados em todo o mundo.[19]

Tanto as cooperativas de laticínios quanto a de carne de porco requeriam grandes quantidades de capital emprestado para comprar fábricas, equipamentos, veículos e trabalhadores. A experiência dinamarquesa continua até hoje uma lição sólida, embora quase esquecida, da reação adequada do governo diante do desafio da competição global: apoio e financiamento, mas sem proteção.

Na Alemanha, o espectro de produtos agrícolas baratos do Novo Mundo e bens manufaturados da Inglaterra teve um resultado muito menos positivo. Durante séculos, a vida econômica e política alemã foi dominada pelos *junkers*, o equivalente prussiano da aristocracia fundiária da Inglaterra.[20] Esses fazendeiros independentes dominaram a fronteira do "leste selvagem" da Alemanha com a Polônia e a Rússia e durante séculos acumularam uma crescente porcentagem das terras aráveis da nação. Nada podia pará-los; mesmo a abolição da escravidão na Prússia, em 1807, permitiu aos *junkers* explorar suas conexões e se apropriar mais das terras dos camponeses. (E nada os impediu até que os soviéticos confiscassem suas propriedades em 1945.)

Antes de 1880, o fator usado mais intensamente pelos *junkers*, a terra, era abundante, comparada com a terra nos vizinhos da Alemanha na época. A Alemanha vinha exportando trigo e centeio e uma das principais fornecedoras desses dois grãos vitais para a Inglaterra. Naturalmente, naqueles dias os *junkers* eram adeptos do livre-comércio. Segundo o historiador econômico Alexander Gerschenkron, eles

> não com muita consistência, mas convenientemente, tinham conseguido encontrar um lugar para Adam Smith no sistema de sua filosofia geral e não tinham nada além de desprezo e ódio pelas doutrinas protecionistas de seu conterrâneo Friedrich List.[21]

Depois de 1880, os latifúndios alemães pareciam insignificantes em relação aos dos novos colossos agrícolas: os Estados Unidos, o Canadá, a Argentina, a Austrália, a Nova Zelândia e a Rússia. De repente, os *junkers* passaram de ser donos de muitas fábricas que adotavam o livre-comércio para serem donos protecionistas com fatores escassos. Como na França, uma série de leis protecionistas, mais notadamente a "Tarifa Büllow", de 1902, aumentou em muito as taxas de importação, especialmente de grãos.

Essa reação protecionista beneficiou só a aristocracia produtora de grãos e, de outro modo, foi um desastre absoluto. Com o passar do tempo, os *junkers* induziram os camponeses do norte da Alemanha a apoiar as tarifas protegendo suas vacas e seus porcos com impostos protetivos para animais e carnes importadas. Tão experientes em pecuária quanto os vizinhos dinamarqueses, esses pobres fazendeiros se viram privados da ração barata que os faria prosperar. O "matador silencioso" do protecionismo — o aumento do custo das matérias-primas para as indústrias nacionais — tinha atacado outra vez.

O pior ainda viria. Dê outra olhada na Tabela 13-1. Observe que em cada nação e período de tempo, os donos dos fatores lutavam uns contra os outros em uma base de dois contra um.[22] Na Inglaterra e na América antes de 1900, mão de obra e capital se viram do mesmo lado — pelo livre-comércio para os primeiros, e por proteção no segundo. Na Alemanha, capital de terra (a colisão de "ferro e centeio", assim chamada porque a indústria do ferro era uma consumidora intensiva do fator de mão de obra escasso), se viram em posição oposta aos trabalhadores urbanos, que tendiam ao marxismo.

Os trabalhadores urbanos alemães defendiam o livre-comércio, não só porque representavam o fator abundante, mas também por causa das perversidades da visão do mundo marxista. O livre-comércio era um ingrediente essencial na receita revolucionária, visto que apoiava o desenvolvimento industrial e o capitalismo total, que então inevitavelmente se desintegraria e abriria o caminho para o comunismo.[23] Marx, contrário a esse conceito, opunha-se a essas tarifas:

> O sistema protetivo atual é conservador, enquanto o sistema de livre-comércio é destrutivo. Ele desfaz antigas nacionalidades e empurra o antagonismo do proletariado e da burguesia a um ponto extremo. Ou seja, o sistema de livre-comércio acelera a revolução social. Somente nesse sentido revolucionário, senhores, que eu voto a favor do livre-comércio.[24]

Ao identificar quem defende e quem se opõe a mercados abertos, Stolper-Samuelson ajudam a explicar alianças políticas. No século XX, o mundo descobriria que a coalizão alemã de donos de terra xenofóbicos e protecionistas e capitalistas se associando contra trabalhadores socialistas defensores do livre-comércio eram a receita para o racismo. Por outro lado, na

Inglaterra do século XIX, capitalistas e trabalhadores se uniram em favor do livre-comércio contra a velha oligarquia fundiária, um avanço profundamente democrático. (Capitalistas e trabalhadores norte-americanos fizeram o mesmo, mas com um objetivo diferente — o protecionismo.) É óbvio que essa interpretação de Stolper-Samuelson, desenvolvida pelo cientista político da UCLA Ronald Rogowski, é um modelo simples que não leva em conta raça, cultura ou história, e Rogowski repetidamente adverte que seu modelo é só parte da história. Assim, os *insights* que possibilita sobre processos políticos em todo o mundo são notáveis.[25]

A rápida elevação das barreiras tarifárias entre 1880 e 1914 deveria afetar o comércio global. Na verdade, isso não ocorreu; entre essas duas datas, o volume do comércio mundial praticamente triplicou, motivado por duas forças. Primeiro, a máquina a vapor continuava a se mostrar mais forte que a alfândega, já que a redução das despesas de transporte mais do que compensava os impostos elevados. Segundo, o planeta havia ficado muito mais rico, com o PIB mundial real quase quadruplicando durante esse período de 34 anos. Tudo o mais constante, sociedades mais ricas comercializam mais, visto que têm mais excesso de bens para trocar. Isso significa que, em geral, o volume do comércio cresce mais depressa que a riqueza; entre 1720 e 1998, o PIB mundial real cresceu, em média, 1,5% ao ano, enquanto o valor real do comércio cresceu 2,7% ao ano.[26]

Desde a Guerra Civil, a política de tarifas norte-americana seguiu um ciclo monótono de protecionismo sob os Republicanos e moderação sob os Democratas. Na eleição de 1888, o republicano Benjamin Harrison derrotou por uma pequena margem o democrata Grover Cleveland (que, na verdade, venceu nos votos populares). A delegação republicana do Congresso, liderada pelo senador William McKinley, encarou isso como uma "autorização" para aprovar a notória tarifa que leva seu nome e o levou à presidência oito anos depois. Após a eleição do democrata Woodrow Wilson em 1912, a Tarifa McKinley foi substituída pela Tarifa Underwood, que aos poucos levou as taxas de importação a um nível historicamente baixo de 16% em 1920.

A Tarifa Underwood foi uma vitória curta para os norte-americanos defensores do livre mercado. Não muito tempo após sua aprovação, os republicanos retomaram a presidência e o Congresso. Dois anos depois, em 1922, a tarifa protecionista Fordney-McCumber foi transformada em lei pelo presidente Harding. Não demorou para que as taxas de importação chegassem a 40%.

Além de serem absurdamente altas, as tarifas republicanas também tendiam a ser "autônomas". Isto é, elas eram definidas pelo Congresso e, embora dessem ao presidente poder de punir parceiros comerciais com taxas mais altas, não lhe permitiam reduzir seu valor. As tarifas democráticas, como a Lei Underwood, geralmente abriam a possibilidade de reduções e conversas com parceiros comerciais, embora essas opções raramente fossem exploradas por medo de irritar legisladores republicanos.[27]

Entre 1830 e 1910, os custos do transporte por mar, canal ou rio e terra tinham caído para 65%, 80% e 87%, respectivamente. Na época da Primeira Guerra Mundial, a eficiência do transporte já estava esgotada. Certamente, grandes avanços no transporte — o motor de combustão interna, o avião e o contêiner marítimo — foram feitos no século XX. Mas quando irrompeu a Grande Guerra, mesmo cargas a granel, como minério, guano e madeira, rotineiramente contornavam o Cabo Horn — e com navios a vela. O lento ritmo de melhoria na eficiência do transporte não mais compensava os grandes aumentos nas tarifas ou uma grave recessão econômica mundial. Infelizmente, tanto a depressão mundial quanto a rápida subida das barreiras tarifárias combinaram-se para o fiasco criado por Herbert Hoover.

Um bem-sucedido engenheiro de minas que tinha se voltado para o serviço público, Hoover ficou famoso ao dirigir esforços de alívio para uma Europa destruída pela guerra. Quando questionado sobre a sensatez de alimentar os russos, alguns dos quais bolcheviques, como resultado da revolução, dizem que ele respondeu: "Vinte milhões de pessoas passam fome. Qualquer que seja a sua inclinação política, elas precisam ser alimentadas!"[28]

Hoover sempre tinha sido um protecionista e continuou sendo durante seu mandato de secretário do Comércio de Harding e Coolidge. Embora leitor de livros sobre mineração, ele nunca tinha lido ou entendido Ricardo e acreditava que as nações deveriam importar só os produtos que não podiam fabricar elas próprias. Em 1928, ele apelou abertamente para fazendeiros, um eleitorado tradicionalmente democrata, que tinham sido prejudicados pela queda dos preços:

> Entendemos que há certas indústrias que não podem concorrer com êxito com produtores estrangeiros por causa dos salários e custo de

> vida mais baixos no exterior e prometemos que no próximo Congresso Republicano será feito um exame e, onde necessário, uma revisão dessas questões para que a mão de obra norte-americana nessas indústrias possa outra vez comandar o mercado doméstico, manter seu padrão de vida e contar com emprego estável em seu ramo de atividade.[29]

Seria mais adequado chamar a lei que ele acabou assinando de "Tarifa Hoover", mas esse ultraje caiu sobre seus patrocinadores republicanos, o senador Reed Smoot, de Utah, e o representante Willis Hawley, do Oregon. Ao elevar a tarifa média em bens tributáveis para cerca de 60%, a Smoot-Hawley não foi uma surpresa; ela simplesmente impulsionou para a estratosfera as já elevadas taxas da Lei Fordney-McCumber.

Mesmo antes da aprovação da Smoot-Hawley, dois grupos reagiram horrorizados: europeus e economistas. Quando a lei chegou ao senado, ministros estrangeiros em todo o mundo enviaram protestos para o Departamento de Estado e boicotes já estavam sendo preparados; praticamente todos os economistas norte-americanos com alguma proeminência — 1.028 no total — assinaram uma petição para Hoover pedindo o veto.[30]

Em vão. Em 17 de junho de 1930, ele transformou a Smoot-Hawley em lei e desencadeou uma retaliação e guerra comercial. Atingindo dezenas de itens, a lei pareceu destinada a ofender todos e quaisquer parceiros comerciais. Ela também apresentou várias "barreiras não tarifárias". Por exemplo, rolhas de garrafa representavam metade das exportações da Espanha para os Estados Unidos; não só a nova lei aumentou as tarifas das rolhas a níveis proibitivos, ela também exigiu que elas fossem impressas com o país de origem, um processo que custava mais que as próprias rolhas.

A lei disparou tarifas altas em relógios estrangeiros, especialmente os baratos que concorriam com os norte-americanos de "um dólar". Um trabalhador suíço em dez ou trabalhava na indústria de relógios ou estava intimamente ligado a ela, e a questão fez a normalmente tranquila e pacífica nação ficar muito irritada. Os relógios e as rolhas ilustram bem a impotência de pequenas nações; embora o transporte para os Estados Unidos representasse 10% das exportações suíças, o comércio na direção oposta era de apenas 1/10 de 1% das exportações norte-americanas. A sensação de impotência entre os suíços e espanhóis aumentou sua fúria.

As grandes nações do continente, Itália, França e Alemanha, estavam em melhor situação de revidar, e elas o fizeram para atingir o orgulho da indústria norte-americana: seus automóveis e rádios, elevando as taxas de importação bem acima de 50%. Foi preciso pouco para fazer Benito Mussolini agir; um aficionado por carros que abominava a indiferente qualidade do maior fabricante italiano, a Fiat, *Il Duce* por anos tinha resistido às exigências de protecionismo do presidente, Giovanni Agnelli. A Smoot-Hawley finalmente esgotou sua paciência, e ele reagiu com tarifas próximas a 100% que quase impediram a importação de automóveis norte-americanos.[31] (Algumas coisas nunca mudam: os Agnellis continuaram a controlar a Fiat, produzir carros de má qualidade e exigir proteção até quase o século XXI.) Em 1932, mesmo o livre-comércio inglês aplicou aumentos, aprovando uma tarifa de 10% na maioria dos bens importados e convocando uma Convenção da Commonwealth em Ottawa que ergueu uma barreira protecionista ao redor do império.

E assim foi, em todo o mundo, durante três anos após a aprovação da Smoot-Hawley, em 1930, quando a renda francesa, as frutas espanholas, a madeira canadense, a carne argentina, os relógios suíços e os carros norte-americanos lentamente desapareceram dos portos mundiais. Em 1933, todo o globo parecia caminhar para o que os economistas chamam de autarquia — uma condição na qual as nações atingem autossuficiência em todos os produtos, não importa o quanto sejam ineptas em produzi-los.

Os EUA tinham levado o mundo à beira do colapso comercial internacional, e seria preciso um norte-americano para reverter o processo. Nascido em uma cabana de madeira no leste produtor de tabaco, no Tennessee, Cordell Hull adquirira uma simples compreensão da economia ricardiana e, mais importante, do valor moral do comércio. Seu entendimento do tema é mais bem revelado nesse trecho de suas memórias:

> Quando eu era um garoto em uma fazenda no Tennessee, tínhamos dois vizinhos — vou chamá-los de Jenkins e Jones — que eram inimigos. Durante vários anos havia um mal-estar entre os dois — não sei o motivo —, e quando se encontravam na estrada, na cidade ou na igreja, eles se fitavam com frieza e não se falavam.
>
> Então uma das mulas de Jenkins ficou manca quando ele mais precisava dela para arar a terra. Ao mesmo tempo, Jones estava com pouca ração para seus porcos. Ele já estava quase acabando de arar suas terras e tinha ração sobrando. Um amigo comum reuniu os dois homens e Jones deixou Jenkins usar sua mula em troca do milho para os porcos.

Como resultado, não demorou para que os dois se tornassem melhores amigos. Uma troca com bom senso e uma política de boa vizinhança os tornaram cientes da necessidade econômica mútua, gerando paz entre eles.[32]

Como congressista democrata por quase 25 anos, Hull lutou valentemente na retaguarda contra Fordney-McCumber e Smoot-Hawley e, em 1930, conquistou uma cadeira no Senado, para deixá-la dois anos depois, quando Roosevelt o nomeou secretário de Estado. Ao chegar em Foggy Bottom, ele foi confrontado por não menos que 34 protestos contra as tarifas norte-americanas de governos estrangeiros.

Como Cobden um século antes, ele levou sua mensagem ao país e depois para o estrangeiro. Com o comércio atingindo uma paralisação e o mundo na agonia da depressão, ele argumentava com qualquer um que o ouvisse que, nas atuais e difíceis circunstâncias: "Deveria ser óbvio que tarifas altas não podem ser produtoras infalíveis e inevitáveis da prosperidade que queríamos que fossem."[33] Não se pode esperar que nações estrangeiras, ele continuou, comprassem nossos produtos se elas não poderiam ganhar dinheiro vendendo para nós.

Seu público mais crítico foi o novo presidente, cujo receio era o de que os republicanos os fizessem recuar quase imediatamente de suas promessas de campanha sobre o livre-comércio. Hall o convenceu aos poucos, ressaltando que as tarifas Fordney-McCumber e Smoot-Hawley enfraqueciam a capacidade do presidente de conduzir relações comerciais internacionais. O esperto Hull propôs a Roosevelt que Smoot-Hawley simplesmente sofresse "emendas" de modo a lhe permitir aumentar ou reduzir as taxas pela metade e, unilateralmente, oferecer às nações estrangeiras outras concessões limitadas, como a garantia de que um item livre de impostos da lista continuaria ali. A legislação resultante, a Lei dos Acordos de Comércio Recíprocos de 1934, verificou a marcha de quase meio século em direção à proteção e autarquia. Ela foi adotada durante três aos e foi, então, repetidamente renovada pelo Congresso.

Hull começou aos poucos e primeiro negociou um acordo com Cuba, depois afastou o Canadá dos Acordos de Ottawa. Em seguida, ele negociou acordos com quase todo o resto do hemisfério, seguidos por tratados com importantes nações europeias, Austrália e Nova Zelândia antes de finalmente negociar um acordo essencialmente simbólico com a Inglaterra exatamente quando as luzes se apagavam na Europa pela segunda vez em uma geração. Hull serviu o mais longo mandato como secretário de Estado na história norte-americana — quase doze anos — antes de finalmente se demitir em 1944 devido a problemas de saúde.

É claro que houve vencedores durante a derrocada do comércio entre 1930–1933: Fiat, produtores de vinho da Califórnia, fabricantes de relógios em Waltham, Massachusetts, e de rádio na Alemanha. Mas, em geral, o dano já havia sido causado. Quanto? De um ponto de vista econômico, surpreendentemente pouco. Para começar, como o crescimento econômico é um potente impulsionador do comércio, provar um efeito na direção oposta — que o protecionismo deixa o mundo pobre (ou que o livre-comércio o deixa rico) — é um problema. Entre 1929 e 1932, o PIB real caiu 17% em todo o mundo, e 26% nos Estados Unidos, mas a maioria dos historiadores econômicos hoje acredita que só uma minúscula parte dessa imensa perda no PIB no mundo e nos Estados Unidos pode ser atribuída às guerras tarifárias.

Um cálculo aproximado mostra que isso deve ser verdade. Na época da aprovação da Smoot-Hawley, o volume do comércio foi responsável por apenas cerca de 9% da renda econômica mundial. Tivesse todo o comércio mundial sido eliminado e não tivesse sido encontrado nenhum uso doméstico para os produtos anteriormente exportados, o PIB do mundo teria caído na mesma proporção — 9%. Entre 1930 e 1933, o volume do comércio mundial caiu de 1/3 para 1/2. Dependendo de como a queda é medida, isso representa de 3% a 5% do PIB mundial, e essas perdas eram parcialmente geradas por produtos domésticos mais caros.[34] Assim, o dano causado não poderia ter excedido 1% ou 2% do PIB mundial — nada próximo da queda de 17% vista durante a Grande Depressão.

Ainda mais impressionante, as nações mais dependentes do comércio não sofreram o maior dano. Por exemplo, na Holanda, o comércio era responsável por 17% do PIB, e, mesmo assim, sua economia se contraiu apenas 8% nesses anos. Em comparação, o comércio era menos de 4% do PIB nos Estados Unidos e, no entanto, sua economia sofreu uma retração de 26% durante a Depressão.[35] A conclusão inevitável é: ao contrário da percepção pública, Smoot-Hawley não causou, nem mesmo aprofundou significativamente, a Grande Depressão. [36]

Se a guerra comercial dos anos de 1930 não prejudicou muito a economia mundial, ela certamente abalou o comércio internacional. Como mencionamos, o comércio sofreu uma grande queda durante os anos da Smoot-Hawley. Entre 1914 e 1944, o volume do comércio mundial estagnou, um evento sem precedentes em três décadas de história moderna, durante as quais o PIB mundial aproximadamente dobrou, apesar dos dois conflitos globais devastadores.

Recentemente, historiadores econômicos calcularam que as guerras tarifárias dos anos de 1930 causaram menos que a metade dessa queda no comércio, o resto devendo-se à Grande Depressão, que reduziu a demanda por produtos estrangeiros. É interessante notar que a combinação de "tarifas específicas" e deflação causou pelo menos tanto dano não intencional quanto o aumento intencional nas taxas de impostos. Tarifas específicas são as calculadas com base no peso ou na unidade; se o preço por quilo cai e a tarifa por quilo não, isso aumenta não intencionalmente as taxas *ad valorem*. Isto é, uma tarifa específica de 20 centavos de dólar por meio quilo sobre a carne que vale 30 centavos representa uma tarifa de 50%; se o preço da carne cair para 20 centavos, a efetiva taxa *ad valorem* é agora de 100%.[37]

A guerra tarifária não causou à economia mundial um dano real, que foi mínimo, ou mesmo ao comércio mundial, que se recuperou com relativa rapidez. Em vez disso, houve danos aos intangíveis do comércio: a expansão do consumo além dos produtos domésticos, comércio com estrangeiros e vivendo entre eles, e entendendo seus motivos e suas preocupações. Os fazendeiros Jones e Jenkins da parábola de Hull finalmente conseguiram entender que valiam mais um para o outro vivos do que mortos, mas no período anterior à Segunda Guerra Mundial, as nações do mundo só perceberam isso quando era muito tarde. Os benefícios políticos e morais do comércio tinham, de fato, sido descritos com eloquência por John Stuart Mill cerca de um século antes:

> As vantagens econômicas do comércio são superadas em importância por aquelas de seus efeitos, que são intelectuais e morais. Dificilmente será possível superestimar o valor, na baixa condição atual do desenvolvimento humano, de colocar seres humanos em contato com pessoas diferentes deles e com formas de pensar e agir distintas daquelas com as quais estão acostumados... Primeiro, o comércio ensinou as nações a verem com boa vontade a riqueza e prosperidade umas das outras. Antes, o patriota, a menos que suficientemente avançado para sentir o mundo seu país, desejava que todos os países fossem fracos, pobres e mal governa-

> dos, menos o dele: hoje ele vê em sua riqueza e seu progresso uma fonte direta de riqueza e progresso para o próprio país.[38]

Durante a primeira metade do século XX, patriotas no mundo todo sentiam que cada vez menos o mundo era seu país, e isso causava sofrimento. Os EUA aprenderam do modo mais difícil que proteção chama retaliação; uma nação não pode exportar se não importar.

Aprenderam também que uma guerra comercial podia iniciar uma guerra real, e mesmo antes de os Estados Unidos entrarem na Segunda Guerra Mundial, historiadores e homens de Estado sentiam que seu isolacionismo e protecionismo havia contribuído para a catástrofe. O historiador John Bell Condliffe, escrevendo em 1940, profeticamente observou: "Se há um sistema internacional que deve ser restaurado, esse é o sistema dominado pelos norte-americanos, baseado na *pax americana*."[39] Albert Hirschman, um dos participantes dos eventos do período, notou em 1945:

> Guerras comerciais, sem dúvida, aguçam antagonismos nacionais. Elas também oferecem ótimas oportunidades para que líderes nacionalistas despertem o ressentimento popular... relações econômicas internacionais lhes proporcionam um excelente instrumento para atingir seus meios, assim como a promessa de uma vitória rápida e esmagadora por superioridade aérea contribuiu de modo significativo para a atual guerra.[40]

Quando os Estados Unidos emergiram dos horrores da Segunda Guerra Mundial, eles começaram a longa e difícil tarefa de derrubar as barreiras tarifárias erguidas ao longo de quase todo o século anterior. Os que buscam as origens da atual economia globalizada com domínio multinacional as encontrará no há muito esquecido relatório do Departamento de Estado publicado em 1945, *Propostas para a Expansão do Comércio e Emprego*. Embora esse notável documento tenha se originado da burocracia norte-americana dos tempos de guerra, ele foi influenciado pelo espírito de Smith, Ricardo, Cobden e Hull.[41]

Seus redatores sentiram que eram participantes em um momento histórico único — em que tudo ao seu redor estava desfeito e em que o destino de todo o mundo dependia de como eles reuniriam os pedaços. Como dizia a frase inicial do *Propostas*, "O principal prêmio da vitória das Nações

Unidas é um poder limitado e temporário para criar o mundo em que queremos viver".[42]

Propostas continuou catalogando os erros cometidos e sugerindo como, em geral, evitar repeti-los e, então, mais especificamente, como negociar reverter o protecionismo que tinha minado o comércio internacional desde 1880. Tratava-se de nada mais nada menos que um caminho para uma nova *pax americana* comercial. O historiador econômico Clair Wilcox, escrevendo em 1948, soube resumir a transformação da América de uma autarquia a líder da nova ordem comercial internacional:

> Após a Primeira Guerra Mundial, fizemos novos empréstimos para o resto do mundo. Agora estamos fazendo esses empréstimos outra vez. Mas então, procuramos recuperar, com juros, somas que adiantamos aos nossos aliados para financiar o prosseguimento da guerra. E, ao mesmo tempo, aumentamos nossas tarifas tão depressa e por tanto tempo que se torna difícil, se não impossível, que qualquer uma dessas dívidas seja paga. Porém, agora amortizamos o saldo dos tempos de guerra da conta empréstimo-arrendamento e assumimos a liderança em reduzir as barreiras comerciais. Finalmente, reconhecemos as exigências de nossa posição como o maior credor do mundo. Demonstramos que podemos aprender com a história.[43]

A primeira ordem dos negócios era conseguir que a Inglaterra subisse a bordo. Em 1945, as posições da Inglaterra e dos Estados Unidos se inverteram totalmente; a pesadamente endividada Inglaterra procurou acabar com as importações para não acabar com suas parcas reservas financeiras, enquanto o Departamento de Estado dos EUA queria abrir o comércio do mundo o mais rápido possível. Após difíceis negociações, os vitoriosos chegaram a um consenso: as conversas comerciais multilaterais continuariam, mas com todos os participantes com permissão de uma "cláusula de escape" caso determinassem que tarifas menores poderiam produzir "danos repentinos e disseminados aos produtores envolvidos".

O recém-aberto comércio mundial era, pelo menos no início, uma criatura norte-americana, um acidente das singulares condições econômicas internacionais no final da guerra. Com os Estados Unidos sendo o último sobrevivente, fazendeiros, trabalhadores e capitalistas norte-americanos tinham pouco medo da concorrência estrangeira em qualquer esfera. Nos anos logo após a guerra, os norte-americanos das mais diversas opiniões ofereceram pouca resistência à redução das tarifas.[44]

No início de 1947, agentes comerciais das 22 maiores nações, usando o *Propostas* como modelo, reuniram-se em Genebra em uma atordoante rodada de mais de mil conferências bilaterais cobrindo mais de 50 mil produtos. As negociações renderam um documento que ficou conhecido como Acordo Geral e Tarifas e Comércio (GATT), assinado por 23 nações (com o nascimento do Paquistão durante o processo) em 18 de novembro de 1947.

Tabela 13-2. Rodadas do GATT

Ano	Rodada/Evento	Ação
1947	Genebra	45 mil reduções em tarifas bilaterais, cobrindo 1/5 do comércio mundial.
1949	Annecy, França	5 mil reduções em tarifas bilaterais.
1951	Torquay, Inglaterra	8.700 reduções em tarifas bilaterais, cobrindo a maioria dos itens não afetados anteriormente.
1955–1956	Genebra	US$2,5 bilhões de redução em tarifas bilaterais.
1960–1962	Rodada Dillon	US$5 bilhões em reduções de tarifas bilaterais; conversas EEC começam.
1964–1967	Rodada Kennedy	US$40 bilhões de redução em tarifas bilaterais, definição de normas de negociação.
1973–1979	Rodada Tóquio	US$300 bilhões de redução em tarifas bilaterais, procedimentos em resolução de disputas, definição de licenças.
1986–1993	Rodada Uruguai	Mais reduções de tarifas, dificuldades em racionalizar tarifas agrícolas.
1995	Criação da OMC	A OMC assume o processo GATT.
2001–presente	Rodada Doha	Conversas paralisadas sobre questões Norte/Sul e subsídios agrícolas.

Apenas três dias depois, 56 nações entraram em negociação em Havana para a formação da Organização Internacional do Comércio (ITO), que supervisionaria as rodadas subsequentes do GATT. Curiosamente, a ITO desapareceu, vítima da indiferença do Congresso dos EUA e da vitória republicana nas eleições do Congresso de 1946, enquanto o GATT prosperava.[45] No final da terceira rodada em Torquay, Inglaterra, em 1951, as barreiras pré-guerra a produtos industriais tinham sido amplamente derrubadas. Essa queda se reflete nos níveis das tarifas dos Estados Unidos, apresentadas na Figura 13-2.

Os autores anônimos de *Propostas* tinham, talvez involuntariamente, resolvido um dos principais problemas do livre-comércio, que modernos economistas e sociólogos chamam de a "lógica da ação coletiva".[46] O livre-comércio oferece benefícios modestos para a maioria da população, enquanto prejudica muito pequenos grupos em indústrias e ocupações específicas. Imagine, por exemplo, que os Estados Unidos proíbam a importação de arroz cultivado no exterior. Essa medida enriqueceria muito alguns milhares de produtores nacionais, pois eles ganhariam milhões, e a maioria dos norte-americanos não notaria os poucos dólares adicionais anuais embutidos em suas compras de mercado. Produtores domésticos, todos com grande interesse na questão, resistiriam a qualquer tentativa de abrir o mercado para o arroz estrangeiro muito mais intensamente do que as centenas de milhões de consumidores que se beneficiariam um pouquinho todos os anos do arroz importado mais barato. O GATT, em essência, criou uma "união de consumidores" globais que representa bilhões de compradores mundiais desfavorecidos, cada qual pilhado em alguns centavos, francos ou ienes a cada toque da caixa registradora.

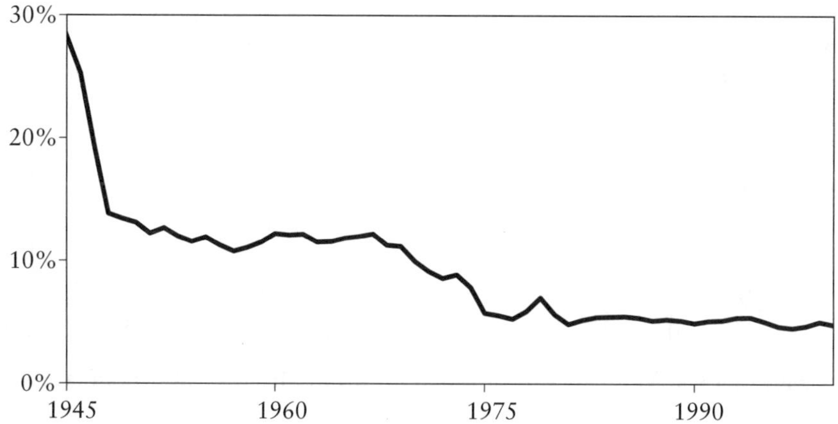

Figura 13-2. Tarifas de Importação nos EUA em Bens Tributáveis sob o GATT

Como uma estimativa aproximada, então, podemos dividir a história da globalização moderna em quatro períodos. O primeiro abrange os anos de 1830 e 1885, quando os custos de transporte e comunicação em rápida queda, combinados com tarifas relativamente baixas (exceto nos Estados Unidos), aumentaram em muito o volume do comércio e produziram uma convergência global de salários, preços de terras e arrendamentos e taxas de juros. No segundo período, por volta de 1885 a 1930, a intensa concorrência agrícola entre as Américas, a Austrália e a Ucrânia causou uma reação protecionista na Europa; isso foi facilmente superado pela contínua redução nos preços dos transportes.[47] O terceiro período, que começou com a aprovação da Lei Smoot-Hawley em 1930, viu as lentas melhorias na tecnologia dos transportes serem abafadas por fortes subidas nas tarifas. Esses eventos resultaram em uma devastadora queda do comércio mundial.[48] Durante o quarto período, que começou em 1945, a iniciativa de livre-comércio liderada pelos Estados Unidos, como descrito no *Propostas,* abriu as comportas do comércio mundial. O verdadeiro valor desse comércio explodiu a uma taxa surpreendente de 6,4% por ano durante o meio século seguinte. Entre 1954 e 1998, o volume do comércio mundial aumentou de 5,5% do PIB do mundo para 17,2%.

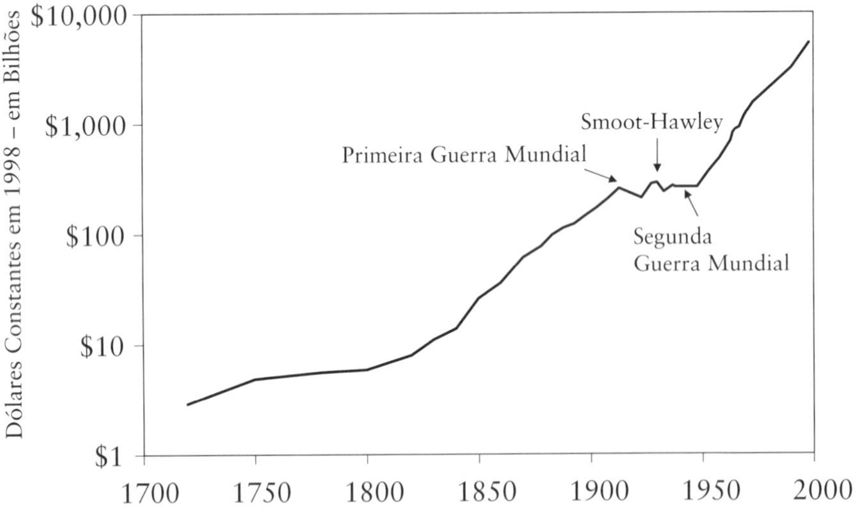

Figura 13-3. Valor Real do Comércio Mundial: 1720–2000 (Dólares Constantes de 1998)

O aumento pós-guerra no volume do comércio e o quase simultâneo crescimento dos sindicatos de estivadores combinaram-se para fazer o trajeto do depósito para o vagão de frete (ou, cada vez mais, caminhões a diesel) quase tão caro quanto a jornada pelo oceano. Um exaustivo estudo do governo sobre o frete em uma viagem transatlântica por um navio, o *SS Warrior*, constatou que mais de 1/3 do custo de levar a carga ao seu destino final era incorrido no píer. Para cargas do e para o Havaí, o custo ficava perto de 50%.

Os pais fundadores dos EUA cometeram poucos erros ao elaborar a Constituição, mas certamente nenhum foi mais prejudicial do que as cinco palavras "adicionais" na famosa Cláusula do Comércio do Artigo I, que deu ao governo federal o poder de "regular o comércio com nações estrangeiras, *e entre os vários estados* e com as tribos indígenas". O poder de regular o comércio entre os estados acabou criando a Comissão de Comércio Interestadual (ICC), em 1887, que regulava quase todos os aspectos do transporte de longa distância nos Estados Unidos e prejudicou quase todos os setores que tocou e paralisou a inovação dos transportes até finalmente ser abolida em 1995.

Durante mais de um século, os mercadores procuraram um dispositivo de transporte "intermodal" que pudesse carregar produtos de forma integrada entre trens, caminhões e navios. Em 1837, um transportador marítimo em Pitsburgo, James O'Connor, criou um vagão de carga que podia receber rodas de trem ou montado sobre uma barca, e em 1926, a Chicago North Shore e a Milwaukee Railway começaram a levar trailers em vagões de plataforma. A ICC decidiu que esses dispositivos intermodais estavam sob sua autoridade e prontamente fizeram seu desenvolvimento parar.

Em meados dos anos de 1950, dois eventos revolucionaram a tecnologia. O primeiro foi a criação de um visionário executivo de uma empresa de transportes, Malcolm McLean: o protótipo do moderno contêiner de transporte, especificamente projetado para ser colocado dentro de um navio-tanque militar, escolhido devido ao seu casco retangular. O segundo foi uma decisão do tribunal federal em 1956 que retirou os contêineres intermodais da supervisão do ICC.

A adoção disseminada do novo sistema de McLean viu os custos nos portos desabarem nas décadas seguintes. Se o frete internacional era barato antes de 1960, depois ele ficou praticamente gratuito — no jargão pouco amável dos economistas, "sem fricção".[49] Livres das pesadas tarifas e custos de transporte, os produtos começaram a circular mais livremente pelo globo. Se camisas e carros podiam ser produzidos mesmo que um pouco mais baratos em determinado país, então a produção mudaria para lá.

Ao mesmo tempo em que os custos de transporte encolhiam a quase zero, a Europa enriquecia. A nova riqueza do continente alinhou capitalistas europeus, agora donos de um fator abundante, com mão de obra favorável a tarifas mais baixas. Como previsto por Stolper-Samuelson, os europeus adotaram o livre-comércio e a democracia. Embora a Comunidade Europeia apoiasse seus fazendeiros com subsídios de acordo com a assim chamada Política Agrícola Comum, isso não evitou o declínio da agricultura: em 1950, os fazendeiros eram 35% da força de trabalho do continente; em 1980, eram só 15%.

O período posterior à Segunda Guerra Mundial veria reviravoltas ainda maiores nas políticas comerciais dos principais partidos dos EUA. À medida que a nação ficava cada vez mais próspera, e seu capital, ainda mais abundante, os Republicanos, o partido tradicional de capital, mudaram sua defesa ao protecionismo para o livre-comércio. (Essa troca ocorreu durante a administração Eisenhower.) Os Democratas, por outro lado, tradicionalmente representavam os trabalhadores, os donos de um fator escasso, e fazendeiros, donos de um fator abundante. Ao longo do século XX, o tamanho relativo da força de trabalho cresceu, enquanto a população rural diminuiu; hoje, os fazendeiros constituem só 1% da força de trabalho. Como resultado dessa troca em seu eleitorado, os Democratas viraram na direção do protecionismo, e, em resposta, os fazendeiros desertaram em massa para o partido Republicano.

Ronald Rogowski oferece uma reviravolta final e intrigante para Stolper-Samuelson; assim como seu paradigma sugere quem defende ou se opõe ao livre-comércio, também sugere que grupos veem seu poder aumentado ou diminuído pela política comercial de seu país. O crescimento do protecionismo nos anos de 1930 empoderou os donos de fatores escassos nos Estados Unidos (mão de obra, representada pelo partido Democrata) e na Alemanha (terra e capital, representados mais intensamente pelos nazistas). Assim também o aumento do livre-comércio hoje empodera os que o defendem, principalmente donos de fatores abundantes dos EUA — terra e capital —, representados pelo partido Republicano. Rogowski observou em 1987:

> Até onde se pode prever, os Democratas... defenderão cada vez mais o protecionismo e, como o Partido Trabalhista na Inglaterra, serão reduzidos a um partido regional de declínio industrial. Nos florescentes Ocidente e Sul voltados para a exportação, os Republicanos atingirão algo perto do domínio de um partido.[50]

Nos vinte anos seguintes, a previsão de Rogowski tornou-se cada vez mais verdadeira. Apenas muito recentemente o protecionismo voltou a ganhar força nos, até esta data, solidamente Republicanos Oeste e Sul. Ainda não sabemos até quando eles manterão o domínio dessas regiões diante dos colossais erros da administração Bush em política externa.

Embora o GATT tenha alterado extraordinariamente o equilíbrio de poder na batalha entre protecionismo e livre-comércio, não teve êxito com todos os produtos. A agricultura e os têxteis representam os dois maiores e mais antigos setores econômicos do mundo. Ao longo dos séculos, ambos adquiriram muita experiência em política e propaganda e conseguiram, dessa forma, escapar, ao grande custo para os consumidores, dos rigores no novo mercado global. Na maioria dos países, fazendeiros tiveram êxito em se apresentar como a "alma da nação", apesar do fato de que não constituem mais do que uma pequena porcentagem da força de trabalho na maioria dos países desenvolvidos.

Desde o início, os fazendeiros do mundo e fabricantes de tecidos conseguiram se excluir da estrutura do GATT e manter tarifas elevadas e ainda mais importante, barreiras não tarifárias como cotas, restrições e subsídios na produção doméstica e exportações.

A sobrevivência da proteção para tecidos e produtos agrícolas claramente custou caro para as nações em desenvolvimento, visto que essas são duas áreas nas quais elas têm as maiores vantagens comparativas. Exatamente como e por que isso ocorreu é tema de controvérsia. Segundo uma interpretação, o GATT ainda é mais um mecanismo para racionar migalhas da mesa do homem branco para as nações mais pobres do mundo, enfraquecendo-as exatamente nas áreas nas quais estão em melhor condição de competir. Segundo uma explicação alternativa, as nações em desenvolvimento têm forte inclinação à autarquia e são essencialmente indiferentes ao processo do GATT, relutantes ou incapazes de encontrar um meio-termo junto aos países desenvolvidos.

As evidências favorecem a última explicação. Nações em desenvolvimento costumam cobrar tarifas de importação agrícolas acima de 50% (mais de 100% na Índia), comparadas com 30% na Europa e 15% nos Estados Unidos. Segundo, até muito recentemente, muitas nações em desenvolvimento, lideradas pela Índia, abertamente defendem uma política de "substituição de importação" — o estímulo de uma série de indústrias domésticas com altas tarifas. (A autarquia indiana é simbolizada em sua bandeira nacional original pelo *chakra* de Gandhi, ou roda de fiar. Exatamente antes da independência, ela foi substituída, para desalento de Gandhi, pelo *ashoka chakra*, a roda da lei.) Finalmente, como veremos no Capítulo 14, as nações em desenvolvimento que se abriram para o comércio internacional apresentaram grande prosperidade.[51]

Para ver o rosto do moderno protecionismo, conheça os Fanjuls. Os herdeiros dos ricos produtores de açúcar de Cuba que fugiram da ilha após a vitória de Fidel Castro, em 1958, e uma das famílias mais ricas da Flórida, esses três irmãos hoje possuem 160 mil acres de campos de cana de qualidade na Flórida, além de 240 mil acres na República Dominicana. O Departamento de Trabalho repetidamente apontou sua *holding*, Flo-Sun, por abuso e pagamento insuficiente dos trabalhadores, e o Departamento do Interior extraiu deles um grande acordo para escoamento de produtos tóxicos de seus campos para os Everglades.[52]

Uma agência federal, porém, olha os Fanjuls com mais otimismo: o Departamento de Agricultura, que nos últimos anos lhes pagou uma média de US$65 milhões por ano por seu açúcar — mais que o dobro do preço mundial — como parte de um amplo sistema de apoio agrícola que custam aos contribuintes US$8 milhões ao ano.[53] Para os Fanjuls, esse subsídio de US$65 milhões não passa de trocados; o principal são as cotas, que elevam os preços dos alimentos mantendo plantações estrangeiras fora dos Estados Unidos e, em 1998, roubaram dos consumidores norte-americanos cerca de US$2 bilhões só em açúcar.[54] Não é coincidência que a República Dominicana, lar de imensas plantações dos Fanjuls, tenha a maior cota de importação entre as nações produtoras de açúcar do mundo. E isso não é tudo: o Corpo de Engenheiros do Exército gasta por volta de US$52 milhões por ano mantendo esses campos de açúcar secos, prejudicando ainda mais o meio ambiente.[55]

Como os Fanjuls e seus pares conseguiram garantir essa benevolência do governo durante décadas? Contribuindo generosamente para várias campanhas políticas de forma direta e indireta. Uma das passagens mais fascinantes nas referências do conselho independente nos procedimentos de impeachment contra William Clinton se relaciona com o namorico com Monica Lewinsky. O presidente demonstrou seu famoso talento para multitarefas ao combinar essas sessões com conversas ao telefone. Somente em uma ocasião ele pediu à dedicada auxiliar para deixar a sala para que ele pudesse falar em particular. Do outro lado da linha não estava o primeiro-ministro britânico, tampouco o Papa, mas Alfonso ("Alfie") Fanjul.[56]

Desde a criação do GATT, praticamente todas as nações evitaram esforços para reduzir as barreiras tarifárias ao comércio agrícola — as nações ricas com barreiras não tarifárias (especialmente subsídios) e as pobres com tarifas diretas.[57] Após os ataques de 11 de setembro, os Estados Unidos e a Europa convocaram uma Rodada em Doha para a conferência do GATT sob os auspícios da recém-formada Organização Mundial do Comércio (OMC) — sucessora da ITO. A Rodada Doha procurou explicitamente pôr fim a todos os subsídios até 2013 a fim de aliviar a pobreza no mundo em desenvolvimento, o terreno para a criação do terrorismo internacional.

Negociações falharam ignominiosamente em julho de 2006 sob uma chuva de recriminações mútuas. Nenhum dos principais grupos na conferência — norte-americanos, europeus e nações em desenvolvimento — poderia ofender seus sacrossantos fazendeiros. Um observador notou que o fracasso em Doha foi "uma grande vitória para os lobistas da agricultura", e o representante da Índia declarou: "Não podemos negociar subsistência e modo de vida... nem deveriam nos pedir para fazer isso." O negociador europeu Peter Mandelson notou com franqueza ainda maior antes das palestras que o continente perderia "quase nada" se as negociações falhassem.[58] Resta um consolo: à medida que o mundo se torna um local mais rico, alimento e vestuário protegidos constituem uma proporção ainda menor da economia global. (Em 2006, por exemplo, os norte-americanos gastaram menos que 10% de sua renda em alimentos, contra 24% em 1929.[59])

O comércio mundial não se desenvolveu ao ponto descrito por John Stuart Mill na epígrafe do Capítulo 12, onde "todas as coisas seriam produzidas em lugares em que a mesma mão de obra e o mesmo capital as produziriam em maior quantidade e qualidade", mas está chegando lá depressa. No processo, as fricções e as crises descritas nos capítulos anteriores se multiplicarão e acelerarão.

14

A Batalha de Seattle

Nossos argumentos não oferecem munição política para os protecionistas... Eles têm mostrado que os danos infligidos pelo livre-comércio a um fator de produção são necessariamente menores que o ganho em outro. Logo, sempre é possível subornar o fator oprimido com um subsídio ou outro dispositivo redistributivo para que todos os fatores fiquem em melhor situação como resultado do comércio. — Wolfgang Stolper e Paul Samuelson[1]

Em janeiro de 1999, os líderes políticos de Seattle tinham todo o direito de se orgulhar quando sua oferta para sediar a Terceira Conferência Ministerial da OMC mais tarde naquele ano venceu a de San Diego. Não só milhares de visitantes lotariam hotéis e restaurantes, mas o encontro mostraria a cidade aos líderes mundiais, incluindo o presidente e o secretário de Estado dos EUA.

Norm Stamper, o conceituado chefe de polícia de Seattle, também sabia que a conferência atrairia dezenas de milhares de manifestantes antiglobalização e que a última conferência ministerial, realizada dezoito meses antes em Genebra, havia se tornado violenta. Mas esse eram os Estados Unidos, não a Europa; o país não tinha visto protestos políticos violentos significativos por uma geração, e certamente os 1.200 bem treinados policiais sob seu comando estavam preparados para qualquer desafio. Além disso, a AFL-CIO, o maior contingente do protesto, tinha prometido manter o controle.

Stamper e a AFL-CIO calcularam mal. Uma minoria de manifestantes, bem armados com garrafas, máscaras de gás, pés de cabra, marretas e tripés para erguer observadores acima da multidão provocou o caos. No terceiro dia da conferência, os melhores de Seattle tinham perdido o controle. Turbas cortaram pneus, quebraram janelas e saquearam lojas, e mais de mil agressores fizeram um cerco a uma delegacia durante horas até que seus atônitos defensores dispersaram o ataque com gás lacrimogênio e balas de borracha.[2]

Os manifestantes obrigaram a conferência a ser interrompida e focar a atenção do mundo no processo do livre-comércio mundial. Terá a Batalha de Seattle representado algo novo na história do comércio mundial?

Dificilmente. Quase nenhuma tática de exposição, econômica ou ideológica, separou os agitadores de Seattle dos antiglobalistas de séculos anteriores: produtores da Madeira irritados com as importações de açúcar do Novo Mundo; barbeiros espanhóis da Cidade do México e produtores de seda ansiosos por causa da mão de obra e têxteis asiáticos baratos; refinadores de açúcar mascavo zangados com a concorrência das fábricas de Barbados; os tecelões de lã que atacaram a casa de Josiah Child, a sede da EIC e o Parlamento; ou os participantes da Festa do Chá em Boston. Se os arqueólogos tivessem descoberto que há 4 mil anos os fazendeiros de Dilmun, insatisfeitos com o despejo dos grãos sumérios, tinham saqueado a alfândega, dificilmente ficaríamos surpresos.

Este capítulo final faz duas perguntas simples: o que a história do comércio mundial nos ensinou? Como podemos aplicar essas lições aos debates atuais sobre globalização?

O instinto de vender e trocar faz parte da natureza humana; qualquer esforço de reprimi-lo está condenado a falhar no longo prazo. Desde que os homens começaram a desafiar os mares e desertos com navios e camelos, levavam consigo bens comerciáveis. No início da era comum, as extremidades da Europa e da Ásia civilizadas conheciam e cobiçavam os artigos de luxo umas das outras. No final do século XIX, a maioria das características que consideramos peculiares no comércio global moderno — comunicação instantânea, comércio de longa distância de bens a granel e perecíveis e um ciclo de fabricação intercontinental — já estavam estabelecidas. Os debates atuais sobre a globalização repetem, quase palavra por palavra, os de eras anteriores. Onde quer que o comércio chegue, ressentimento, protecionismo e seus constantes companheiros — contrabando, desrespeito às autoridades e, ocasionalmente, guerras — os seguirão.

Navios sempre foram e, em um futuro previsível, serão o método mais eficiente de transporte de longa distância. O comércio por mar, por sua vez, requer estabilidade política em pontos de estreitamento marítimo críticos. Desde tempos antigos, a geografia costeira complexa da Europa ensinou aos mercadores e marinheiros o valor de passagens e estreitos estratégicos, cuja captura podia levar a fome a uma nação ou aos seus inimigos. Por pelo menos 2.500 anos, o Helesponto e o Bósforo têm sido pontos de estreitamento marítimo essenciais; e continuam assim até hoje. Quando os europeus se aventuraram pelo Oceano Índico no rastro de Vasco da Gama, seus primeiros alvos, nem sempre atingidos, eram os estreitos de Malaca, Ormuz e Bab-el-Mandeb.

Pouco mudou, exceto pela adição de mais dois pontos de estreitamento feitos pelo homem em Suez e no Panamá. Hoje, cerca de 80% do comércio mundial viaja por navio, a maioria dos quais passa por uma, às vezes duas ou três, dessas sete passagens críticas.

Por qualquer medida — volume físico, valor monetário ou importância estratégica —, o petróleo é o produto mais crítico transportado, ocupando a qualquer momento quase metade da tonelagem comercial do planeta. Atualmente, o mundo bombeia e transporta cerca de 80 milhões de barris por dia, dos quais os Estados Unidos usam 1/4: 20 milhões de barris. Cerca de 3/5 deles, ou 12 milhões de barris por dia, precisam ser importados. O petróleo não só impulsiona o mundo, mas também o lubrifica, fertiliza e fornece o principal ingrediente do material manufaturado mais onipresente no mundo moderno, o plástico. Caso as linhas de fornecimento de petróleo fossem seriamente interrompidas, muita atividade do planeta literalmente pararia, e centenas de milhões de pessoas passariam fome.

O volume da importação de petróleo norte-americano corresponde mais ou menos à quantidade de petróleo bruto que passa diariamente pela entrada do Golfo Pérsico no Estreito de Ormuz. Uma quantidade menor, mas ainda estrategicamente importante, também passa por Dardanelos e Bósforo (essas duas passagens juntas serão chamadas daqui em diante de Estreitos Turcos), Bab-el-Mandeb, o Canal de Suez, o oleoduto do Egito (paralelo ao Canal de Suez) e o Canal do Panamá. Finalmente, a maioria do petróleo que sai por esses estreitos do Oriente Médio vai para a Ásia Oriental também deve passar por Malaca. O repentino fechamento de qualquer uma dessas passagens transformaria o mundo em um caos.

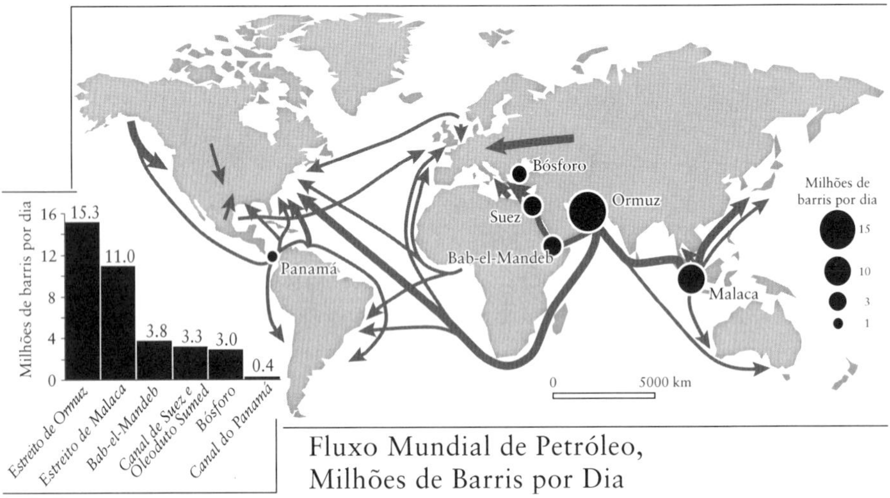

Fluxo Mundial de Petróleo,
Milhões de Barris por Dia

Nas próximas décadas, um evento desses não é meramente possível ou provável, mas quase certo. Os que duvidam devem pensar na história recente. A área de Suez desencadeou dois conflitos só no século XX: um em 1956, envolvendo o Egito, Israel, a Inglaterra e a França; e outro em 1967, a Guerra dos Seis Dias, após a qual ele ficou fechado durante quinze anos.

Ormuz é ainda mais problemático. Em seu Discurso sobre o Estado da União em 1980, o presidente Carter enunciou o que seria conhecido como a Doutrina Carter:

> Uma tentativa de uma força externa para obter controle da região do Golfo Pérsico será considerada como um ataque aos vitais interesses dos Estados Unidos da América, e tal ataque será repelido por quaisquer meios necessários, incluindo força militar.[3]

Durante a guerra Irã/Iraque em 1981–1988, essas duas nações se envolveram em uma "Guerra dos Petroleiros": navios combatentes e neutros (especialmente navios do Kuwait) foram atacados. De forma ameaçadora, os iraquianos repetidamente tentaram destruir a principal instalação de exportação do Irã na ilha Kharg. Quando a Lloyd's de Londres aumentou drasticamente os prêmios de seguro de navios que passavam pelo Golfo, a União Soviética e os Estados Unidos fretaram navios e "trocaram as bandeiras" com suas cores para obrigar os combatentes a pensarem duas vezes quanto a ataques contínuos.

A medida não funcionou, apesar do fato de que, no final dos anos de 1980, pelo menos 10 navios ocidentais e 8 regionais patrulhavam o Golfo. Em 17 de maio de 1987, um míssil iraquiano "equivocadamente" atingiu o *USS Stark* e matou 37 marinheiros. Como os Estados Unidos tinham tomado o lado do Iraque, o presidente Reagan culpou os iranianos pelo incidente e por terem iniciado o conflito, uma acusação tão falsa quanto bizarra.

Quando os iranianos atingiram um dos navios com novas bandeiras, o *Sea Isle City*, forças norte-americanas retaliaram destruindo duas plataformas de petróleo do Irã.[4] Após uma trégua em agosto de 1988, a situação se acalmou, só para enfrentar um novo perigo em 2000, quando a Al Qaeda atacou o *USS Cole* no porto de Áden em Bab-el-Mandeb, matando 17 pessoas. O sistema de comércio mundial é muito vulnerável a esses três pontos de estreitamento — o Canal de Suez, o Estreito de Ormuz e Bab-el-Mandeb —, pois todos se encontram em uma região muito instável, a fácil alcance de participantes hostis ao Ocidente.

Mesmo as passagens "seguras" têm problemas. Embora os Estreitos Turcos tenham sido tranquilos em várias décadas passadas, viram a luta violenta na Guerra da Crimeia e na Primeira Guerra Mundial. Em 1936, a Convenção de Montreux, embora dando controle nominal dos estreitos à Turquia, concedeu direito de passagem livre por eles a todas as nações. Na prática, essa convenção permite à Turquia "medir" o tráfego nos estreitos, mas não embarcar ou inspecionar os navios em trânsito.

Essa não é uma diferença pequena, e para quem tenha visto o espetacular e lindo Bósforo, o significado é óbvio. Com extensão um pouco maior que 900 metros de diâmetro em seu ponto mais estreito e ladeado por 30 quilômetros com casas ricas em ambos os lados, ele ficava repleto com uma fila interminável de petroleiros, navios de carga, balsas de longa distância e transatlânticos de luxo coreografados em vias de ida e volta, e mais milhares de embarcações menores. Há muito os estreitos atingiram sua capacidade máxima, e colisões fatais e derramamentos se tornaram rotina. Pior, quando navios com mais de 150 metros entram no Bósforo, uma ocorrência quase constante, a faixa oposta precisa ser fechada porque o raio de manobra desses colossos é muito amplo, causando terríveis atrasos.

As recém-descobertas reservas de petróleo da região do Mar Cáspio fluem pelos estreitos, e a possibilidade de um derramamento acidental fez os turcos aumentarem os limites dos poderes concedidos a eles na Convenção de Montreux, proibindo, por exemplo, o tráfego noturno de petroleiros maiores. Em 2001, a Turquia anunciou planos de impor taxas significativas aos petroleiros, embora esses impostos sejam, pelo menos tecnicamente, uma violação da Convenção de Montreux e das leis internacionais.

Com sorte, essas questões serão resolvidas com diplomacia. Mais grave é a possibilidade de terrorismo, seja da Al Qaeda ou rebeldes curdos. Cientistas calcularam que a detonação de um grande petroleiro de gás natural líquido no Bósforo causaria uma destruição superior à de um terremoto 8.0 na escala Richter.[5]

Mais ao leste, petróleo com destino ao Japão, à Coreia e à China passa pelo Estreito de Malaca, que é perturbado por piratas, pelo grupo terrorista Jamal Islamiya e por disputas pelos altos custos de dragagem entre as três nações que têm limites em suas costas: Malásia, Indonésia e Singapura. A Sétima Frota dos Estados Unidos atualmente patrulha esse estreito, e não é difícil imaginar um futuro conflito sino-americano devido à preocupação da China sobre o controle estrangeiro de seu petróleo, cada vez mais importante, e das rotas de transporte de mercadorias para o Oriente Médio e a Europa.

A insegurança assombra até pontos de estreitamento no hemisfério ocidental. Em 1989, quando Manuel Noriega anulou a eleição de Guillermo Endara para presidente do Panamá, os Estados Unidos invadiram ostensivamente para recolocar Endara no poder. Se os mesmos eventos tivessem ocorrido em Honduras ou no Paraguai, parece improvável que as tropas norte-americanas se envolveriam diretamente ou que seus líderes teriam acabado em uma prisão em Miami.

Pontos de estreitamento podem afastar até os melhores vizinhos. A antes obscura Passagem Noroeste, que durante muito tempo frustrou exploradores europeus até ser conquistada por Roald Amundsen, em 1906, recentemente provocou um confronto entre os Estados Unidos, que consideram a passagem uma rota marítima internacional, e o Canadá, que reivindica a soberania sobre a entrada leste no Estreito de Davis (entre a ilha de Baffin e a Groenlândia). Em 1969, a primeira circulação comercial na passagem pelo petroleiro *Manhattan*, da *Humble Oil,* chamou a atenção do Canadá, e quando um barco da guarda costeira norte-americana passou por ela em 1985, os canadenses apresentaram um protesto formal.[6]

Devido ao aquecimento global, é provável que a Passagem Noroeste fique navegável o ano todo em uma ou duas décadas, e seu surgimento como uma rota marítima causará intensas discussões entre Ottawa e Washington por anos futuros. Não muito tempo depois que a Passagem Noroeste se abrir, mais elevações nas temperaturas no mundo provavelmente facilitarão o aparecimento de rotas na região do Polo Norte pelo Estreito de Bering da Ásia Oriental para a Europa e a costa leste norte-americana, reduzindo em mais de 1/3 a distância na rota atual via Suez. Novas rotas da Europa para a costa oeste norte-americana também seriam possíveis; essas rotas transpolares quase certamente causarão tensão entre os Estados Unidos e a Rússia pelo controle do Estreito de Bering.[7]

* * *

Defensores do livre-comércio superestimaram seus benefícios econômicos. A história do século XIX lança dúvidas sobre o conceito de que o comércio é um mecanismo de crescimento. Se o livre-comércio fosse o caminho para a riqueza nacional, então os Estados Unidos, que durante a maior parte de sua história aplicaram tarifas muito elevadas, nunca teriam prosperado. A "era de ouro" da redução de tarifas na Europa, de 1860–1880, deveria ter sido uma época de maior crescimento que entre 1880 e 1900, um período de protecionismo; na verdade, o crescimento foi maior durante esse último período. Além disso, após 1880, a economia protecionista do norte da Europa avançou mais depressa do que a do livre-comércio na Inglaterra.

Esse ponto não é ignorado por norte-americanos protecionistas mais bem informados, como o candidato à presidência de 1996, Patrick Buchanan, que escreveu:

> Atrás de uma barreira tarifária construída por Washington, Hamilton, Clay, Lincoln e os presidentes republicanos que se seguiram, os Estados Unidos passaram de uma república agrícola costeira à maior potência industrial que o mundo já viu — em um único século. Tal foi o sucesso da política chamada de protecionismo que hoje é tão criticada.[8]

Buchanan não está só em sua declaração; ele é acompanhado por uma série de historiadores econômicos, incluindo o falecido e altamente respeitado Paul Bairoch.[9] Técnicas modernas quantitativas confirmam que as evidências do livre-comércio como uma máquina de crescimento no século XIX são fracas, na melhor das hipóteses. Na verdade, vários estudos quantitativos rigorosos sugeriram que durante os anos de 1880, o protecionismo realmente pode ter impulsionado o desenvolvimento econômico. Uma detalhada análise de "e se" do protecionismo norte-americano pelo historiador econômico Mark Bils mostra que Hamilton, os Adams e Carey podem ter estado certos o tempo todo: sem tarifas altas, "cerca de metade do setor industrial da Nova Inglaterra teria falido".[10] Outro notável historiador econômico, Kevin O'Rourke, estudou oito nações europeias ricas, os Estados Unidos e o Canadá durante o final do século XIX e ficou surpreso ao constatar uma correlação *positiva* entre níveis de tarifas e crescimento econômico — quanto maior a tarifa, melhor os resultados do país. Na linguagem sutil da economia acadêmica, ele concluiu:

> Parece que a hipótese de Bairoch (que as tarifas estavam positivamente associadas ao crescimento no final do século XIX) é perfeitamente correta quando testada com dados disponíveis recentemente e controlando outros fatores que influenciam o crescimento.[11]

Um estudo rigoroso conduzido sobre o afastamento da Inglaterra do livre-comércio em 1932 também concluiu que as tarifas daquele ano impulsionaram a economia.[12]

Nem todos os historiadores do comércio concordam que as altas tarifas nos EUA no século XIX foram benéficas. Bradford DeLong, de Berkeley, observa que o protecionismo atrasou a aquisição de tecnologias inglesas de vapor e industriais de ponta por empresários da Nova Inglaterra, prejudicando setores que poderiam ter se beneficiado delas. Embora Bils possa estar correto ao dizer que tarifas mais baixas teriam devastado indústrias existentes na Nova Inglaterra, DeLong argumenta que a nação teria acabado com um setor industrial "de alta tecnologia" de capital intensivo diferente e muito mais próspero.[13]

Após 1945, porém, o cenário muda. Uma análise detalhada do historiador econômico Edward Denison mostrou que as reduções das tarifas do GATT entre 1950 e 1960 geraram um pouco de crescimento, somente 1% a mais, no geral, durante essa década no norte da Europa; não houve nenhum efeito nos Estados Unidos.[14]

Após 1960, surgem evidências mais sólidas a favor do benefício do livre-comércio, especialmente no mundo em desenvolvimento. Em 1995, os economistas Jeffrey Sachs e Andrew Warner examinaram a experiência com mercados abertos internacionais no final do século XX. Eles começaram dividindo o mundo em desenvolvimento em três grupos: nações que sempre tiveram políticas de mercado razoavelmente aberto, as que se converteram do protecionismo em dado momento e as que sempre foram altamente protecionistas. A Tabela 14-1 mostra as nações no primeiro e no último grupo.[15]

As duas listas falam por si: em 2006, o PIB médio do grupo das "sempre abertas" era de US$17.521, em comparação a US$2.362 para o grupo "sempre fechado". Em seguida, Sachs e seus colegas observaram o efeito da política comercial na capacidade da nação de se unir ao "clube da convergência" das economias mais prósperas do mundo.[16] Desta vez, eles analisaram a relação tanto nas nações desenvolvidas quanto nas em desenvolvimento entre o PIB *per capita* em 1970 e taxas de crescimento dos 20 anos seguintes. Eles constataram que as nações adeptas do livre-comércio tinham altas taxas de crescimento. Isso é especialmente verdade para as que iniciaram 1970 com PIBs *per capita* relativamente baixos; essas nações cresceram a taxas muitas vezes superiores a 5% ao ano. As nações inicialmente ricas cresceram menos depressa, a 2% ou 3% ao ano. Em outras palavras, nações pobres que adotam o livre-comércio tendem a alcançar as ricas.

Tabela 14-1. PIB *per capita* em Nações Abertas e Fechadas ao Comércio Mundial.

Nação Sempre Aberta	2006 PIB Per Capita	Nação Sempre Fechada	2006 PIB Per Capita
Barbados	US$17.610	Argélia	US$7.189
Chipre	US$21.177	Angola	US$2.813
Hong Kong	US$33.479	Bangladesh	US$2.011
Ilhas Maurício	US$12.895	Burkina Faso	US$1.285
Singapura	US$28.368	Burundi	US$700
Tailândia	US$8.368	Rep. Cen. Afr.	US$1.128
Iêmen	US$751	Chade	US$1.519
		China	US$2.001
		Congo	US$1.369
		C. do Marfim	US$1.600
		Rep. Dom.	US$7.627
		Egito	US$4.317
		Etiópia	US$823
		Gabão	US$7.055
		Haiti	US$1.791
		Irã	US$7.980
		Iraque	US$2.900
		Madagascar	US$900

(continua)

(continuação)

Tabela 14-1. PIB *per capita* em Nações Abertas e Fechadas ao Comércio Mundial.

Nação Sempre Aberta	2006 PIB Per Capita	Nação Sempre Fechada	2006 PIB Per Capita
		Malawi	US$596
		Mauritânia	US$2.535
		Moçambique	US$1.379
		Myanmar	US$1.693
		Níger	US$872
		Nigéria	US$1.188
		Paquistão	US$2.653
		Papua NG	US$2.418
		Ruanda	US$1.380
		Senegal	US$1.759
		Serra L.	US$903
		Somália	US$600
		Síria	US$3.847
		Tanzânia	US$723
		Togo	US$1.675
		Zaire	US$774
		Zimbábue	US$2.607

Em seguida, Sachs e Warner realizaram o mesmo exercício para nações com políticas geralmente protecionistas no mesmo período. Seus PIBs mal aumentaram, atingindo uma taxa média de apenas 0,5% ao ano.

Quando os pobres protegem, eles estagnam e recuam ainda mais em relação às nações desenvolvidas. (Recentemente, o professor Sachs ficou famoso por suas visões controversas sobre a necessidade de redistribuição de riqueza das nações desenvolvidas para as em desenvolvimento. Sua pesquisa anterior sobre a ligação entre crescimento e comércio tem mais respeito entre os economistas que seus pronunciamentos mais recentes.)

Como conciliar a diferença entre os dados dos séculos XIX e XX? Sachs e Warner começaram observando pesquisas de terceiros que mostram que no Japão e nos Estados Unidos, a receita das prefeituras e estados individuais, respectivamente, convergiram durante os séculos XIX e XX, assim como as economias dos países em desenvolvimento tinham convergido por meio do comércio no final do século XX.

E aí está a solução da charada: durante o século XIX, o comércio dentro de uma nação era muito mais importante do que o comércio com outros países. Contanto que os mercados internos do país estejam abertos, uma barreira tarifária contra bens estrangeiros causa pouco dano. Antes do século XX, o comércio externo constituía só uma pequena parte da economia da maioria das nações. Por exemplo, em 1870, as exportações constituíam só 2,5% do PIB norte-americano; na França, 4,9%; e mesmo na Inglaterra do livre-comércio, apenas 12,2%. À medida que o comércio cresceu, a economia mundial ficou mais dependente dele, com exportações passando de 4,5% do PIB mundial em 1870 para 17,2% em 1998.

A geografia também contribui: quanto maior e mais diversificada economicamente a nação, mais autossuficiente ela é, e menos importante se torna o comércio. Desde a independência, os Estados Unidos têm sido a mais autossuficiente das nações; hoje as importações constituem só cerca de 14% de seu PIB. A Holanda se encontra no outro extremo, com importações somando 61% de sua economia.[17] Isso é consistente com os dados de Edward Denison do período de 1950–1962, que mostraram os maiores benefícios na queda das tarifas no mundo nos Países Baixos, na Bélgica e na Noruega; menos benefícios para países maiores com economias mais diversificadas, Alemanha e França; e nenhum para os Estados Unidos.[18]

No século XIX, as nações, especialmente as grandes e autossuficientes como os Estados Unidos, podiam se dar bem com políticas de comércio protecionistas. Na economia globalmente integrada do século XXI, autarquias se tornam uma proposta muito mais arriscada. Além disso, a maioria dos danos às economias dos países em desenvolvimento foi autoinfligida; parafraseando Cordell Hull, o protecionismo é uma arma que se volta principalmente contra os menos afortunados.

As recompensas intangíveis do livre-comércio são subestimadas. Há um século e meio, o economista francês Frédéric Bastiat supostamente disse: “Quando os produtos não puderem atravessar as fronteiras, os soldados o farão.”[19] O Comitê do Nobel certamente concordou quando concedeu o prêmio da Paz em 1945 a Cordell Hull por seu papel na reabertura do comércio mundial nos anos de 1930 e 1940.

A vida na Terra está se tornando lentamente menos violenta, principalmente devido à maior compreensão de que vizinhos são mais úteis vivos do que mortos. Os que duvidam dessa avaliação animadora deveriam considerar alguns dados da Organização Mundial da Saúde (OMS). Suas estatísticas mostram que em 2004, a violência foi responsável por apenas 1,3% das mortes no mundo, o índice mais baixo de todos, e que no início do século XXI, as baixas em combate por ano caíram para 1/30 do que eram nos anos de 1950. Isso parece ser parte de uma tendência histórica de longo prazo; dados arqueológicos indicam que até 20% da população da Idade da Pedra sofreu mortes violentas, uma constatação apoiada por pesquisas em sociedades de caçadores-coletores modernas.[20] Talvez a evidência mais forte que apoia a conexão entre comércio e paz seja a União Europeia, que tornou conflitos militares entre seus membros altamente improváveis — isso em um continente que viu guerras praticamente contínuas antes de 1945. Em termos microeconômicos, não faz sentido bombardear os que compram e produzem nossas camisas, nossos notebooks e automóveis.

As maiores ameaças à segurança mundial hoje não vêm de exércitos convencionais, mas sim do terrorismo baseados em Estados desestruturados — exatamente as partes do mundo que se beneficiariam mais de um comércio mais livre e uma redução nos subsídios agrícolas. Parafraseando Bastiat, se algodão, açúcar e arroz podem cruzar fronteiras, então talvez os terroristas não possam fazê-lo.

* * *

Embora o livre-comércio tenha beneficiado a humanidade como um todo, também gerou muitos perdedores. A futura expansão do comércio mundial, resultante de maior prosperidade, tarifas mais baixas e custos de transporte irrisórios, criará ainda mais vencedores, assim como uma crescente minoria de perdedores. Não tratar esses perdedores com justiça e solidariedade é uma receita para o fracasso. Novamente, Stolper-Samuelson proporcionam a estrutura adequada. Em vez de dois ou três fatores, considere apenas a mão de obra. Agora divida-a em duas categorias: altamente qualificados e pouco qualificados. Comparadas com o resto do mundo, as nações desenvolvidas estão relativamente bem providas com abundante mão de obra altamente qualificada e têm relativamente pouca mão de obra não especializada.

Quem o livre-comércio prejudica no mundo desenvolvido? O fator relativamente escasso: mão de obra não qualificada. Quem se beneficia?

Trabalhadores altamente especializados. Além disso, a globalização aumenta a desigualdade de renda em nações ricas, já que as rendas ajustadas pela inflação dos altamente qualificados sobe rapidamente, e a dos com pouca qualificação sobe mais lentamente ou até cai.

Outra vez, Stolper-Samuelson revivem no mundo real. Na geração passada, a desigualdade de renda cresceu extraordinariamente nos Estados Unidos. A Figura 14-1 mostra dados do Departamento do Censo com as famílias separadas em dois grupos — no quintil superior, ou 20%, e os 80% inferiores —, e então calcula suas participações na renda nacional total nos últimos 35 anos.

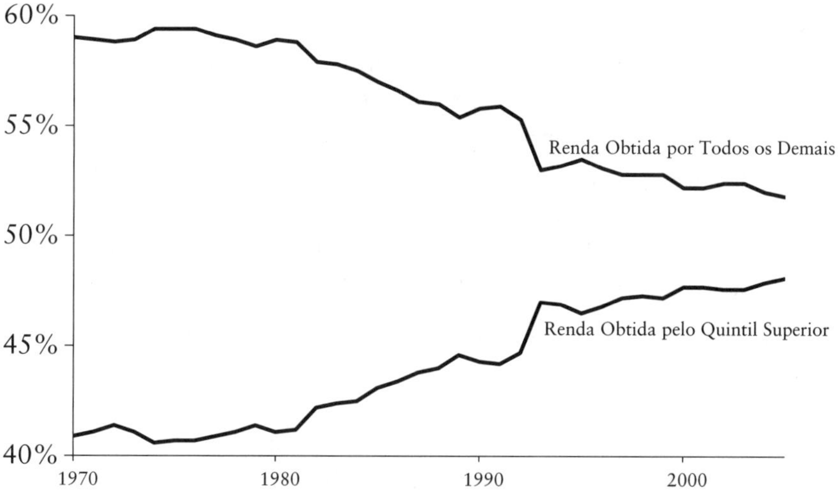

Figura 14-1. Participação na Renda Nacional Total

Esse gráfico mostra com clareza que nos EUA, o quintil superior, ou 20% da população, ficou relativamente mais rico, aumentando em 1/6 sua participação na renda (de 41% para 48%) entre 1970 e 2005, enquanto os demais ficaram relativamente mais pobres.

A maioria das pessoas descreveria os da faixa inferior dos 20%, que ganharam US$103.100 em 2005, como só modestamente ricos. Para ver como os ricos estão realmente se saindo, a população do topo precisa ser ainda mais dividida. Aqueles nos 5% mais altos, que ganharam mais que US$184.500 em 2005, viram sua fatia da torta aumentar em mais de 1/3 durante os 35 anos precedentes; o primeiro 1%, que ganhou mais que US$340 mil em 2005, viu sua fatia dobrar de tamanho.

Embora a receita dos profissionais e gerentes altamente qualificados tenha subido em décadas recentes, o salário ajustado pela inflação do trabalhador médio (no 15º percentil da renda) não sobe há mais de uma geração.[21] Há mais que um pouco de verdade na percepção popular da globalização: trabalhos bem remunerados em fábricas estão desaparecendo no estrangeiro e sendo substituídos por vagas em lanchonetes.

Pior, mesmo que a taxa de desemprego tenha caído durante as duas últimas décadas, a insegurança no emprego tem aumentado muito durante o mesmo período. Trabalhadores médios têm 1/3 mais probabilidade de perder o emprego do que tinham há duas décadas e de receberem um salário 14% menor quando acabam encontrando trabalho outra vez, se tiverem essa sorte. (Um terço dos trabalhadores não a têm.) Uma pesquisa do *Wall Street Journal* de 1998 perguntou aos norte-americanos se concordavam com a declaração: "O comércio externo tem sido ruim para a economia dos EUA porque produtos importados baratos custam os salários e os empregos aqui." Como previsto por Stolper-Samuelson, essa questão divide a nação em diferentes opiniões sobre o fator abundância-escassez: entre os que ganham mais que US$100 mil por ano, somente 1/3 concordou, enquanto entre operários e membros de sindicados, 2/3 concordaram.[22]

Stolper-Samuelson não falham em pelo menos uma área prevendo que um comércio mais livre deveria reduzir as desigualdades nas nações em desenvolvimento ajudando trabalhadores pouco qualificados. Na verdade, ocorre o contrário: os trabalhadores industriais mais qualificados ganham mais em *call centers* e fábricas multinacionais, aumentando a diferença entre os suficientemente afortunados para encontrar tais trabalhos e aqueles que não encontram.[23] Embora as condições de trabalho em uma fábrica da Nike na Ásia possam abalar as pessoas do mundo desenvolvido, cargos em fábricas com capital norte-americano são os mais procurados nas "zonas de desenvolvimento" do Vietnã. Muito menos desejáveis são os empregos em fábricas de donos chineses, rigorosos e disciplinados. As piores de todas são as alternativas ao trabalho fabril: cultura de subsistência e prostituição.[24]

O mundo em desenvolvimento exporta para os Estados Unidos não só camisas, tênis e eletrônicos, mas também seu abundante capital humano: trabalhadores não especializados que competem com norte-americanos reduzem os salários do país, aumentam a defasagem de renda e estimulam o sentimento anti-imigração. Não é por acidente que membros de sindicatos estejam entre os manifestantes mais ativos por uma política de imigração mais rígida.

Mais uma vez, isso não é novidade. No século XIX, à medida que a desigualdade aumentava, também crescia o medo da imigração. Há um século, os Estados Unidos, o Canadá, a Austrália, o Brasil e a Argentina começaram a restringir a imigração. Essa limitação não se relacionou aos fatores que tradicionalmente eram responsabilizados por ela: dificuldades econômicas e racismo. Em vez disso, ela ocorreu exatamente quando a competição pela renda de recentes imigrantes europeus na ponta inferior da escala de salários começou a pressionar eleitores de baixa renda.[25]

Por que toda essa agitação sobre desigualdade de renda? Isso não é um simples sinal de uma economia saudável que recompensa com generosidade os bem-sucedidos e ambiciosos? Bem, não. Economistas e demógrafos usaram várias medidas de desigualdade, a mais popular sendo o coeficiente Gini. Esse número varia de zero a um; uma população em que todos têm o mesmo salário tem um coeficiente de 0,0, e uma população em que somente um indivíduo ganha toda a renda tem um coeficiente de 1,0.

O Gini das vinte nações mais ricas do mundo varia de 0,25 (Suécia) a 0,41 (Estados Unidos). A lista das nações com o maior Gini não impressiona: Namíbia, 0,74; Botsuana, 0,63; Bolívia, 0,60; e Paraguai, 0,58.[26] Pesquisas mais sistemáticas indicam que aumentar a desigualdade gera instabilidade social e política, o que, por sua vez, leva à redução de investimentos e queda no desenvolvimento econômico.[27]

Nações desenvolvidas modernas adotaram o hábito de intencionalmente reduzir seu Gini com políticas de redistribuição de impostos e programas de bem-estar social. Esses esquemas onerosos podem prejudicar o desenvolvimento econômico, mas ao reduzir a desigualdade, também podem comprar paz social, o que compensa as ineficiências dos gastos sociais. Uma das principais autoridades nessa área, Geoffrey Garrett, observa que:

> Como o estado de bem-estar social diminui os conflitos com a redução das desigualdades de risco e riqueza geradas pelo mercado, ele gera consequências benéficas e não adversas para os negócios. Os gastos do governo podem, dessa forma, estimular investimentos por meio de dois canais — aumentando a produtividade com aprimoramentos no capital humano e físico e aumentando a estabilidade mantendo o apoio à abertura do mercado.[28]

Em outras palavras, é importante encontrar uma média satisfatória entre a Cila dos sistemas de bem-estar social caros e economicamente prejudiciais e a Caríbdis de uma rede de proteção fina demais, o que agrava a desigualdade. Os Estados Unidos e a Europa são quase igualmente ricos, mas os Estados Unidos mantêm um ciclo de cerca de 30% do PIB por meio de governos locais, estaduais e federais, enquanto os governos da Europa consomem quase metade do PIB, cuja maioria vai para pagar seus esquemas de bem-estar social. Isso sugere que o "ponto ideal" se encontra em algum lugar entre os dois.

O problema é que nem toda — ou talvez nem mesmo a maioria — essa crescente desigualdade e insegurança é culpa de um comércio mais livre. Os economistas debatem incessantemente quanto dano é causado pela terceirização e a perda de empregos para fábricas estrangeiras e quanto se deve ao aumento dos salários pagos para trabalhadores altamente treinados e instruídos.

Considere dois trabalhadores rurais diferentes, um capaz de cultivar trigo com 99,5% de eficiência e outro que o faz com 95% de eficiência. É certo que o primeiro pode pedir um salário maior que o segundo, mas não muito. Agora considere uma fábrica que produz um complexo microchip que exige 100 etapas de fabricação, sendo que um erro em uma delas arruinará o produto final. Aqui, a força de trabalho que completa cada etapa com 99,5% de precisão gerará um resultado com uma taxa de defeitos de 39%, *versus* uma taxa de rejeição de 99,4% para uma força de trabalho com precisão de 95%. Assim, em economias de serviços e manufatura avançada, trabalhadores altamente especializados receberão um prêmio de salário maior do que em menos avançadas. (Esse paradigma se chama "Teoria O-Ring", depois da minúscula falha de projeto que destruiu o ônibus espacial Challenger).[29]

Paul Krugman acredita que quase toda a desigualdade crescente em salários nos Estados Unidos se deve ao aumento da remuneração com base nas qualificações (e, mais recentemente, mudanças na política tributária), enquanto dados do economista Adrian Wood indicam que grande parte, se não a maioria, se deve ao aumento do comércio internacional. O consenso parece estar em algum ponto intermediário: talvez 1/5 a 1/4 do aumento da desigualdade nos salários nos Estados Unidos se deva ao comércio, e o restante, a cortes de impostos voltados para os ricos e as crescentes recompensas da educação e treinamento domésticos.[30]

A Lei do Livre-comércio, de 1989, entre os Estados Unidos e o Canadá deu aos pesquisadores uma lente quase perfeita pela qual observar o *trade-off* da globalização. A lei baixou tarifas de cerca de 8% para 1% em produtos que vão para o norte, e de 4% para 1% dos que vão para o sul. Ambas as nações têm instituições legais, bancárias e políticas estáveis, e como os

Estados Unidos dominam a economia canadense, os efeitos mais drásticos da lei ocorreram ao norte da fronteira.

O economista Daniel Trefler calculou que, embora a lei tenha proporcionado grande benefício líquido ao Canadá como um todo, onde a produtividade de longo prazo em alguns setores aumentou até 15%, ela também fez desaparecer cerca de 5% de empregos canadenses, até 12% de posições existentes em alguns setores. Essa perda de empregos, contudo, durou menos que uma década; no geral, o desemprego no país caiu desde a aprovação da lei. Ao comentar sobre esse *trade-off*, Trefler escreveu que a questão crítica na política de comércio é compreender "como um comércio mais livre pode ser implementado em uma economia industrializada de modo a reconhecer os ganhos de longo prazo e os custos de adaptação de curto prazo por trabalhadores e outros".[31]

Por quase duas décadas, economistas e políticos têm se ocupado com o problema de como, ou mesmo se, os que foram deixados para trás pelo livre-comércio devem ser compensados. Em 1825, John Stuart Mill calculou que, embora as Leis dos Cereais tivessem posto algum dinheiro a mais nos bolsos dos donos de terras, elas custaram à nação como um todo várias vezes mais. Segundo ele, seria muito mais barato subornar os donos de terra:

> Estes deveriam calcular suas prováveis perdas com a revogação das Leis dos Cereais e depois reivindicar uma indenização. Alguns, de fato, podem questionar até que ponto eles que, para seu próprio emolumento, impuseram um dos piores impostos para seus conterrâneos (isto é, as Leis dos Cereais), têm direito a uma compensação por renunciar a vantagens que eles talvez nunca tenham usufruído. Porém, seria melhor revogar as Leis dos Cereais, mesmo com o problema da indenização, do que não ter nada; e se essa fosse a nossa única alternativa, ninguém poderia se queixar de uma mudança, mas com a qual, apesar de todo o mal que evitaria, ninguém perderia.[32]

Em outras palavras, é muito mais barato e melhor compensar diretamente os perdedores. Quase dois séculos após essas palavras terem sido escritas, e meio século depois que Cordell Hull e *Propostas* colocaram o mundo no caminho do livre-comércio, as desigualdades e os deslocamentos resultantes estão outra vez começando a tirar o processo dos trilhos. Pode o livre-comércio, com todos os seus benefícios, realmente ser salvo pela compensação dos perdedores?

Muitos norte-americanos defensores do livre-comércio entendem que para o sistema atual de um comércio relativamente livre sobreviver, a rede de segurança social da nação precisa ser ampliada, mas palavras, na melhor das hipóteses, são tudo o que é oferecido. Pense em Jagdish Bhagwati, talvez o maior defensor atual da liberalização do comércio e um acadêmico formidável que treinou muitos dos principais economistas atuais. Seu livro *In Defense of Globalization* [Sem tradução até o momento] mostra trezentas páginas fazendo jus ao título; ela dá à questão da "assistência ao ajuste" menos que duas páginas. O seguinte trecho do livro capta o tom usado por muitos adeptos do livre-comércio ao discutir sobre trabalhadores deslocados:

> Se uma siderúrgica fecha na Pensilvânia porque o aço na Califórnia ficou mais barato, os trabalhadores tendem a aceitar o fato como algo que acontece, e o seguro-desemprego geral parece ser uma forma adequada de lidar com a má sorte imprevisível com que alguém foi atingido. Mas os mesmos trabalhadores ficam indignados quando a perda ocorre por causa de um produtor na Coreia ou no Brasil e se agitam para reivindicar uma ação antidumping... Ou pedem um alívio especial na forma de um salário desemprego adicional, com ou sem limite de benefícios e exigências.[33]

O professor Bhagwati só aceita a necessidade de indenização com relutância. Referindo-se a uma rede de proteção especificamente destinada aos que perderam seus empregos por causa de produtos estrangeiros, ele continua: "Essa quase xenofobia é só um fato da vida. Se a liberalização do comércio ocorrer e for sustentada, um ou mais desses programas e políticas especiais devem ser considerados."[34]

Esses sentimentos não só antagonizam desnecessariamente os trabalhadores, mas também são injustos; a indústria norte-americana tem, na verdade, sido muito mais capaz de obter proteção do que a mão de obra, especialmente na forma de barreiras não tarifárias: cotas, subsídios, legislação antidumping etc.[35] Economistas da área de comércio aos poucos começam a compreender que precisam parar de ser seus piores inimigos. Dani Rodrik, da Escola de Governo Kennedy, em Harvard, pesquisou, com grande sensibilidade, o caos social causado pela maior mobilidade de bens e serviços, explorou a necessidade de compensação e considerou como ela poderia funcionar. Ele acha que não é acidente que as nações desenvolvidas com a maior proporção comércio/PIB também tenham os mais ricos esquemas de bem-estar social.[36] Livre-comércio e uma generosa rede de segurança reforçam um ao outro; nações estáveis e ricas, se quiserem continuar dessa forma, não podem se dar ao luxo de jogar aos lobos aqueles cujos empregos podem ser tão facilmente "trocados" em uma economia global com cada vez menos atrito. Segundo Rodrik:

> Os gastos sociais têm a importante função de comprar paz social. Sem discordar da necessidade de eliminar desperdício e reforma no estado de bem-estar social de uma forma mais ampla, eu diria que a necessidade de um seguro social não diminuiu, mas aumenta à medida que a integração global cresce.[37]

Mais de cinco décadas depois de Stolper e Samuelson redigirem seu tratado explicando quem ganhou e quem perdeu, Paul Samuelson, considerado por muitos o maior economista vivo do mundo, novamente surpreendeu seus colegas com a sugestão de que nações inteiras poderiam perder com o livre-comércio. Ele explicou, em uma linguagem quantitativa densa decifrável só por outros economistas, como essa concorrência da mão de obra estrangeira causa deslocamentos de empregos, mas não a sua perda. (De fato, o desemprego nos Estados Unidos está, hoje, abaixo de 5%.) Sim, os norte-americanos ainda estão trabalhando, mas em empregos que pagam menos e sem benefícios. Samuelson calcula que essas perdas na remuneração e nos benefícios são permanentes, e, como um todo, os Estados Unidos estão em situação pior como nação devido ao livre-comércio:

> Graduados do ensino médio e com QI elevado em Dakota do Sul, que vinham recebendo... remuneração no valor de um salário mínimo e meio para atender ligações telefônicas sobre meu cartão de crédito, têm sido despedidos desde 1990; uma unidade de terceirização de Bombaim passou a tratar de minhas solicitações. O índice salarial em Bombaim é menor que o de Dakota do Sul, mas na Índia seu salário excede em muito o que seus tios e tias costumavam ganhar.[38]

A ironia histórica aqui é quase divertida demais: talvez nenhum lugar tenha sido tão prejudicado pelo livre-comércio durante os séculos XVIII e XIX quanto a Índia. A vingança é doce.

No final da Segunda Guerra Mundial, os Estados Unidos eram responsáveis por quase metade do PIB mundial; sua participação tem caído desde então para menos que 1/4. Se em 1945 os EUA tivessem fechado a porta aberta por Cordell Hull uma década antes, ela certamente teria retido uma fatia maior da riqueza do mundo, sendo que o único problema é que a torta em si teria sido muito menor e, ainda por cima, rançosa. Em 1900, a Grã-Bretanha dominava os mares; hoje ela ocupa um tímido segundo lugar diante da hegemonia dos norte-americanos. No entanto, quem com algum juízo preferiria morar na Inglaterra de 1900 do que na de hoje?

Samuelson continua:

> Não faz sentido... que nações devam ou não implementar protecionismos seletivos. Mesmo quando um dano verdadeiro é recebido pela roleta da vantagem comparativa progressiva em um mundo de livre-comércio, o que a democracia tenta fazer para se defender muitas vezes é um gratuito tiro no pé.[39]

Quando governos erguem barreiras tarifárias, Samuelson afirma, o resultado é a estagnação industrial; é muito melhor proteger os trabalhadores do que as indústrias. Mesmo assim, Samuelson não é muito otimista sobre a habilidade em "subornar o fator prejudicado" em uma nação onde a maioria das pessoas está em má situação. (Nem Rodrik, que nota as dificuldades de pagar esses esquemas de bem-estar social com taxas em um mundo em que as corporações podem facilmente mudar seu capital e fábricas além das fronteiras nacionais.)[40]

O comércio mundial rendeu não só um prêmio de bens materiais, mas também capital intelectual e cultural, uma compreensão de nossos vizinhos e um desejo de vender coisas para os outros, em vez de aniquilá-los. Uma minoria significativa de cidadãos é inevitavelmente prejudicada no processo. Enquanto pessoas, produtos e bens financeiros giram pelo mundo com facilidade cada vez maior, os deslocamentos inevitáveis causados pelo livre-comércio aumentarão juntamente com essas benesses.

Os dilemas do livre-comércio são reminiscentes da famosa avaliação de Churchill sobre a democracia: "A pior forma de governo exceto todas as outras que têm sido tentadas de tempos em tempos."[41] Periodicamente, as forças do protecionismo de fato indicarão reverter o movimento em direção ao livre-comércio, mas como mostrou a história das nações desenvolvidas e em desenvolvimento no século XX, realmente não há alternativa.

Poucos argumentariam que a humanidade não é melhor por ter feito a expedição comercial da Suméria a Seattle. Recuar arriscaria revisitar os episódios mais sombrios do século XX. Lembrando os estreitos navegados ao longo do caminho, talvez consigamos evitar os bancos de areia à nossa frente.

Agradecimentos

Nenhum autor escreve um livro de não ficção de qualquer tamanho e importância sem depender descaradamente da família, de amigos, colegas, editores e completos estranhos para pedir conselhos e orientação. Eu não teria escrito este livro sem a ajuda de várias pessoas.

Leonard Andaya, Liam Brockey, Peter Downey, Lee Drago, Christopher Ehret, David Eltis, Mark Garrison, Dermot Gately, Katheryn Gigler, Peter Gottschalk, Michael Guasco, Jonathan Israel, Glenn May, Joel Mokyr, J. P. Mc Neill, o falecido Clark Reynolds, Giorgio Riello, Patricia Risso, Dani Rodrik, Ron Roope, Bradley Rogers, Sanjay Subrahmanyam, Steve Vinson, David Warsh, Roger Weller, Jonathan Wendel e Willem Wolters forneceram referências fundamentais.

Em especial, gostaria de agradecer a estas pessoas pela ajuda nas seguintes áreas: Walter Bloom e Jeremy Green, descoberta de moedas de prata australianas; Roger Burt, história da mineração inglesa e norte-americana; Fred Drogula e Jean Paul Rodrigue, pontos de estreitamento marítimo; Michael Laffan, a Rebelião de Ternate; Jonathan Rees, os mistérios dos primeiros transportes refrigerados; Ronald Rogowski, os aspectos políticos do Teorema Stolper-Samuelson; Richard Sylla, primeiras etapas de planejamento do livro; Daniel Trefler, história recente do comércio canadense; Carl Trocki, vício em ópio no século XIX na China; Shelly Wachsmann, início da história marítima; e Jeffrey Williamson, os aspectos quantitativos da recente história econômica.

Incomodei várias pessoas sem piedade; elas merecem não só agradecimento como desculpas: Donald Kagan, por me ajudar a disfarçar, mesmo que levemente, meu desconhecimento da história grega; Mark Wheelis, por me lembrar de fatos que eu deveria ter aprendido em microbiologia sobre o bacilo da praga; Sidney Mintz, por sua orientação valiosa sobre a história do comércio do açúcar no Caribe; por fim, e certamente não menos importante, Doug Irwin, pelo auxílio para escolher o caminho a seguir na história intelectual da infindável batalha entre protecionismo e livre comércio.

Dois gigantes do jornalismo econômico e financeiro — Peter Bernstein e Jason Zweig — ofereceram conselhos inestimáveis, como fizeram outros amigos: Barney Sherman, Bob Uphaus e Ed Tower, assim como os alunos de Ed no seu Neat New Books no curso de Desenvolvimento do Comércio e Economia Internacional, na Duke University, especialmente Eric Schwartz e Mark Marvelli.

Wesley Neff generosamente emprestou seus longos anos de experiência literária para o projeto do início ao fim; Toby Mundy, Morgan Entrekin, Luba Ostashevsky e Michael Hornburg, da Grove/Atlantic Press, forneceram orientação editorial especializada; Matthew Ericson criou os mapas do livro; Lewis O'Brien deu permissão e assistência às imagens; e Molly Blalock-Koral ajudou a garantir a procedência de material de referência obscuro.

Dois editores da Grove/Atlantic, Brando Skyhorse e Jofie Ferrari-Adler, merecem menção especial. Brando ensinou-me uma série de habilidades narrativas que me faltavam e instilou coragem para assumir um tema que parecia insuperavelmente amplo, enquanto Jofie as aprimorou para eu mostrar uma coerência que jamais teria alcançado sozinho e habilmente acompanhou o livro no processo de produção.

Finalmente, minha esposa, Jane Gigler, forneceu, além de quantidades sobre-humanas de paciência, grandes partes de seu precioso tempo livre, o que só pode ser descrito como uma química literária. Nos últimos anos, ela me mostrou como transformar uma massa amorfa de prosa confusa e desorganizada em páginas que eu podia enviar aos meus editores com a consciência tranquila. Eu não a mereço.

NOTAS

Introdução

1. T. E. Page *et al.*, eds., *The Scriptores Historiae Augustae* (Cambridge, MA: Harvard University Press, 1940), II: 115, 157.
2. G. G. Ramsay, trans., *Juvenal and Perseus* (Cambridge, MA: Harvard University Press, 1945), 105.
3. William Adlington, trans., *The Golden Ass of Apuleius* (Nova York: AMS, 1967), 233.
4. E. H. Warmington, *The Commerce between the Roman Empire and India* (Nova Delhi: Munshiram Manoharlal, 1995): 147–165, 174–175, 180–183. Para "algodão no Império Romano", veja 210–212. Para a extrema dificuldade da produção de algodão no mundo pré-industrial, veja este livro, 253–254.
5. Comparações modernas são difíceis, mas no mundo antigo o salário médio diário de um trabalhador especializado era de cerca de um dracma grego, uma pequena moeda de prata pesando por volta de 1/8 de uma onça (30g). A uma razão de 12 para 1 de ouro para prata, uma onça de ouro representava o salário de 96 dias.
6. S. D. Goitein, *A Mediterranean Society* (Berkeley: University of California Press, 1967), I: 347–348.
7. Ibid., 298.
8. Ibid., 299–300.
9. Ibid., 340–342.
10. Ibid., 219. Só no século XX os economistas começaram a apreciar totalmente a imprevisibilidade dos preços de mercado. Por uma estranha coincidência, o fundador da Teoria do Caos, Benoit Mandelbrot, tirou sua inspiração original ligando o padrão dos preços do algodão ao das cheias do Nilo.
11. O dinar, como a maioria das moedas de ouro padronizadas do período pré-moderno, pesava cerca de 1/8 de onça, equivalente a uns 8 dólares em valor atual. Assim, uma renda anual de 100 dinares corresponde a cerca de US$8 mil por ano em moeda atual.
12. Adam Smith, *An Inquiry into the Nature and Causes of the Wealth of Nations* (Chicago: University of Chicago Press, 1976), I: 17.
13. Paul Mellars, "The Impossible Coincidence. A Single-Species Model for the Origins of Modern Human Behavior in Europe", *Evolutionary Anthropology*, 14:1 (Fevereiro de 2005): 12–27.
14. Thomas L. Friedman, *The World Is Flat* (Nova York: Farrar, Straus e Giroux, 2005).
15. Warmington, 35–39; veja também William H. McNeill, *Plagues and Peoples* (Nova York: Anchor, 1998), 128.

16. Warmington, 279–284. Veja também Ian Carapace, resenha de *Roman Coins from India* (Paula J. Turner) em *The Classical Review,* 41 (Janeiro de 1991): 264–265.
17. Alfred W. Crosby, *The Columbian Exchange* (Westport, CT: Greenwood, 1973), 75–81.
18. Citado ibid., 88.
19. Citado ibid., 21.
20. Patricia Risso, comunicação pessoal.
21. John Maynard Keynes, *The General Theory of Employment Interest and Money* (Nova York: Harcourt, 1936), 383.

Capítulo 1

1. Daniel Boorstin, *Hidden History* (Nova York: Harper and Row, 1987), 14.
2. Robert L. O'Connell, *Soul of the Sword* (Nova York: Free Press, 2002),
3. Ibid.
4. Mellars, 12–27.
5. Herodotus, *The Histories* (Baltimore: Penguin, 1968), 307.
6. P. F. de Moraes Farias, "Silent Trade: Myth and Historical Evidence", *Hisory in Africa,* 1 (1974): 9–24.
7. Colin Renfrew, "Trade and Culture Process in European History", *Current Anthropology* 10 (Abril–junho de 1969): 151–169. Uma versão mais fácil de ler e disponível deste livro pode ser encontrada em J. E. Dixon, J. R. Cann e Colin Renfrew, "Obsidian and the Origins of Trade", *Scientific American,* 218 (Março de 1968): 38– 46.
8. Detlev Elmers, "The Beginnings of Boatbuilding in Central Europe", em *The Earliest Ships* (Annapolis, MD: Naval Institute Press, 1996), 10, 11, 20.
9. Phyllis Deane, *The First Industrial Revolution* (Cambridge: Cambridge University Press, 1981), 82.
10. Herodotus, 92–93.
11. Gil J. Stein, *Rethinking World Systems* (Tuscon: University of Arizona Press, 1999), 83–84.
12. Christopher Edens, "Dynamics of Trade in the Ancient Mesopotamian 'World System'", *American Anthropologist,* 94 (Março de 1992): 118–127.
13. Jacquetta Hawkes, *The First Great Civilizations: Life in Mesopotamia, the Indus Valley, and Egypt* (Nova York: Knopf, 1973), 110–111, 138–139.
14. Ibid.; veja também A. L. Oppenheim, "The Seafaring Merchants of Ur", *Journal of the American Oriental Society,* 74:1 (Janeiro–março de 1954): 10–11.
15. Robert Raymond, *Out of the Fiery Furnace* (University Park: Pennsylvania State University Press, 1968), 1–18; e R. F. Tylcote, *A History of Metallurgy* (Londres: Metals Society, 1976), 9, 11.
16. Donald Harden, *The Phoenicians* (Nova York: Praeger, 1962), 171.
17. Christoph Bachhuber, "Aspects of Late Helladic Sea Trade", tese de mestrado, Texas A&M University, dezembro de 2003, 100.
18. James D. Muhly, "Sources of Tin and the Beginnings of Bronze Metallurgy", *American Journal of Archaeology,* 89 (Abril de 1985): 276. Veja também Peter Throckmorton, "Sailors in the Time of Troy", em *The Sea Remembers*

(Nova York: Weidenfeld e Nicholson, 1987), 32.

19. Oppenheim, 8.
20. H. E. W. Crawford, "Mesopotamia's Invisible Exports in the Third Millennium BC", *World Archaeology,* 5 (Outubro de 1973): 232–241.
21. Edens, 130. 22. Ibid., 118–119.
22. Albano Beja-Pereira *et al.*, "African Origins of the Domestic Donkey",
23. *Science,* 304 (Junho de 18, 2004): 1781–1782.
24. Stein, 88.
25. 25. Ibid., 117–169.
26. George F. Hourani e John Carswell, *Arab Seafaring* (Princeton, NJ: Princeton University Press, 1995), 7.
27. Shelley Wachsmann, "Paddled and Oared Boats before the Iron Age", em Robert Gardiner, ed., *The Age of the Galley* (Edison, NJ: Chartwell, 2000), 21–22.
28. 1 Kings 9:26–28, King James Version.
29. A identificação de "Ofir" como Índia é questão de controvérsia; historiadores também sugeriram o Iêmen, o Sudão e a Etiópia como possibilidades. Veja Maria Eugenia Aubert, *The Phoenicians and the West,* 2ª ed. (Cambridge: Cambridge University Press, 2001), 44–45.
30. Harden, 157–179.
31. Herodotus, 255.
32. Só em 205 a.C. — muito mais de dois séculos após as *Histórias* terem sido escritas — Eratóstenes calcularia com exatidão a circunferência da Terra a partir das diferenças de ângulos do sol em Alexandria e Siena, colocando o Equador bem ao sul até mesmo da Alexandria.
33. Hourani e Carswell, 8–19.
34. Ibid., 19.
35. Carol A. Redmount, "The Wadi Tumilat and the 'Canal of the Pharaohs'", *Journal of Near Eastern Studies,* 54:2 (Abril de 1995): 127–135; e Joseph Rabino, "The Statistical Story of the Suez Canal", *Journal of the Royal Statistical Society,* 50:3 (Setembro de 1887): 496–498.
36. Jack Turner, *Spice* (Nova York: Vintage, 2004), 69–70. 37.
37. Warmington, 183, 303–304.
38. Citado em Sonia E. Howe, *In Quest of Spices* (Londres: Herbert Jenkins, 1946), 26.
39. Pliny, *Natural History* (Bury St. Edmunds: St. Edmundsbury, 1968), v 4, 21.
40. Ibid., 61 (12: 83).
41. Warmington, 261–318.
42. Ibid., 273.
43. Dennis Flynn e Arturo Giráldez, "Path dependence, time lags, and the birth of globalization: A critique of O'Rourke and Williamson", *European Review of Economic History,* 8 (Abril de 2004): 81–86.
44. Rustichello, como contado a Marco Polo, *The Travels of Marco Polo* (Nova York: Signet Classics, 2004), xxiv.
45. Flynn e Giráldez, 85. Itálico adicionado.

Capítulo 2

1. Thucydides, *History of the Peloponnesian War,* VII: 68.
2. Tomé Pires, *The Suma Oriental of Tomé Pires and The Book of Francis-*

co Rodrigues, Armando Cortesão, ed., (Glasgow, Robert Maclehose, 1944), II: 87.

3. Thucydides, VII: 87.
4. O conceito de que a obsessão com o controle das vias oceânicas e dos pontos de estreitamento marítimo tem origem na geografia complexa e única da Europa é mais bem expressado por: "O fenômeno que precisa de explicação não é o sistema pacífico (asiático), mas o comércio armado (europeu). Uma explicação abrangente e convincente não foi tentada nem por historiadores. No Mediterrâneo, porém, desde os tempos greco-romanos e talvez períodos anteriores da história, era essencial ter controle sobre vias marítimas vitais a fim de controlar os recursos econômicos e assentamentos políticos. Exceto no Golfo Pérsico e no mar interior das ilhas da Indonésia, não foi encontrada essa combinação de geografia, política, fatores econômicos e experiência histórica no Oceano Índico". Veja K. N. Chaudhuri, *Trade and Civilization in the Indian Ocean* (Nova Delhi: Munshiram Manoharlal, 1985), 14.
5. William H. McNeill, *Plagues and Peoples*, 112.
6. Thucydides, I: 2.
7. Ellen Churchill Semple, "Geographic Factors in the Ancient Mediterranean Grain Trade", *Annals of the Association of American Geographers*, 11 (1921): 47– 48, 54.
8. Amásis era o nome grego do faraó. Ele era conhecido no Egito como Khnemibre Ahmose-si-Neit [Ahmés II].
9. Herodotus, 172.
10. 10. Ibid., 49.
11. Donald Kagan, *The Peloponnesian War* (Nova York: Viking, 2003), 8–9, 65, 85–86.
12. Thucydides, VI: 20.
13. Citado em Semple, 64, de Xenophon, *Hellenes*, II: 2:3.

Capítulo 3

1. Leila Hadley, *A Journey with Elsa Cloud* (Nova York: Penguin, 1998), 468.
2. Bertram Thomas, *Arabia Felix* (Nova York: Scribner, 1932), 172–174.
3. Richard W. Bulliet, *The Camel and the Wheel* (Nova York: Columbia University Press, 1990), 28–35.
4. Jared Diamond, *Guns, Germs, and Steel* (Nova York: Norton, 1999), 168–175.
5. Só a sensibilidade do camelo a climas úmidos e à mosca tsé-tsé, o vetor para a tripanossomíase no animal, evita que substitua o burro em um território muito maior.
6. 6. Bulliet, 37–78, 87–89, 281.
7. 7. Ibid., 141–171.
8. Organização de Alimentos e Agricultura das Nações Unidas, acessado em http: //www.fao.org/AG/AGAInfo/commissions/docs/greece04/App40.pdf; a população de camelos australiana de Simon Worrall, "Full Speed Ahead", *Smithsonian*, 36:10 (Janeiro de 2006): 93.
9. Janet Abu-Lughod, *Before European Hegemony* (Oxford: Oxford University Press, 1989), 176.
10. Nigel Groom, *Frankincense and Myrrh* (Beirut: Librairie du Liban, 1981), 5, 148–154, 177–213.

11. Proverbs 7:16–20, versão de King James.
12. Livro dos Números 16:18, versão de King James: "And they took every man his censer, and put fire in them, and laid incense thereon, and stood in the door of the taber- nacle of the congregation with Moses and Aaron".
13. Pliny, 45 (12:64).
14. Ibid., 43 (12:58).
15. T. E. Page *et al.*, eds., *Theophrastus, Enquiry into Plants* (Cambridge, MA: Harvard University Press, 1949), 237–239.
16. Groom, 136.
17. Ibid., 6–7.
18. Pliny, 12:111–113.
19. Ibid., (12:65).
20. Ibid., 43 (12:59).
21. Groom, 149–162.
22. Maxime Rodinson, *Mohammed* (Nova York: Pantheon, 1971), 11–14.
23. Ibid., 39–40.
24. Groom afirma que essa rota passava cerca de 160 quilômetros a leste de Meca, enquanto Hodgson coloca Meca diretamente na principal trilha de caravanas norte-sul. Veja Groom, 192; e Marshall G. S. Hodgson, *The Venture of Islam* (Chicago: University of Chicago Press, 1974), I:152.
25. J. J. Saunders, *The History of Medieval Islam* (Nova York: Barnes and Noble, 1965), 22.
26. Bulliett, 105–106.
27. Rodinson, 32.
28. Saunders, 13–14.
29. Karen Armstrong, *Muhammad* (Nova York: Harper San Francisco, 1993), 65–86.
30. Rodinson, 36. Os insights do autor sobre o Islã nada têm a ver com seu marxismo ou ateísmo.
31. Sura 4:29.
32. Narrado por Ibn Abbas, 3:34:311, e por Hakim bin Hizam, 3:34:296, de http://www.usc.edu/dept/MSA/fundamentals/hadithsunnah/bukhari/034.sbt.html #003.034.264.
33. Ibid., narrado por Jabir bin Abdullah, 3:34:310.
34. Saunders, 47.
35. Ibid., 91.
36. Hourani, 57–61.
37. Bengt E. Hovén, "Ninth-century dirham hoards from Sweden", *Journal of Baltic Studies,* 13:3 (Outono de 1982): 202–219.
38. Edwin O. Reischauer, "Notes on T'ang Dynasty Sea Routes", *Harvard Journal of Asiatic Studies,* 5 (Junho de 1940): 142–144.
39. Saunders, 115–122.
40. Hourani, 52.
41. Subhi Y. Labib, "Capitalism in Medieval Islam", *The Journal of Economic History,* 29:1 (Março de 1969): 93–94.

Capítulo 4

1. Rustichello, *The Travels of Marco Polo* (Nova York: Signet Classics, 2004), vii–xxiv.
2. Os números vieram muito depois, quando historiadores modernos como S. D. Goitein e Frederic Lane pesquisaram livros de contabilidade e cartas dos mercadores do Cairo e de Veneza com precisão científica.

3. Chau Ju-Kua, *Chu-Fan-Chi,* ed. e trans. Friedrich Hirth e W. W. Rockhill (Nova York: Paragon, 1966), 14.
4. Citado ibid., 27.
5. Friedrich Hirth, "The Mystery of Fu-lin", *Journal of the American Oriental Society,* 33 (1913): 193–208.
6. Chau Ju-Kua, 15.
7. Ibid., 205.
8. Citado em Hourani, 64.
9. S. Maqbul Ahmad, ed., *Arabic Classical Accounts of India and China* (Shimla: Indian Institute of Advanced Study, 1989), 36.
10. Ibid., 46.
11. Ibid., 51–52.
12. *Arabic Classical Accounts of India and China,* 38–40, 46–47, 52–52, 56.
13. Burzug Ibn Shahriyar, trad. L. Marcel Devic, *The Book of the Marvels of India* (Nova York: Dial, 1929). 23.
14. Ibid., 74.
15. Ibid., 93.
16. Ibid., 92–95.
17. Ibid., 45.
18. Ibid., 44–52.
19. Hourani, 77.
20. Edward H. Schafer, *The Golden Peaches of Samarkand* (Los Angeles: University of California Press, 1963), 16.
21. Chau Ju-Kua, 7.
22. Ibid., 146–147.
23. Ibid., 22–23.
24. Citado em Howe, 37–39.
25. Ibid., 39.
26. Richard F. Burton, trad., *The Book of the Thousand Nights and a Night* (Londres: Burton Club, 1900), 6:25.
27. M. N. Pearson, "Introduction I: The Subject", em Ashin Das Gupta, ed., *India and the Indian Ocean 1500–1800* (Calcutá: Oxford University Press, 1987), 15.
28. *The Book of the Thousand Nights and a Night,* 5.
29. Ibid., 32–33.
30. Ibid., 34.
31. Igor de Rachewiltz, *Papal Envoys to the Great Khans* (Londres: Faber and Faber, 1971), 202.
32. Chaudhuri, *Trade and Civilization in the Indian Ocean,* 29.
33. Samuel Lee, trad., *The Travels of Ibn Battuta* (Mineola, NY: Dover, 2004), 108.
34. Ross E. Dunn, *The Adventures of Ibn Battuta* (Berkeley: University of California Press, 1989), 196.
35. Lee, 108–109.
36. Labib, 90.
37. Dunn, 191.
38. Rustichello, 204.
39. Dunn, 223.
40. Lee, 204–205.
41. Defremery e B. R. Sanguinetti, *Voyages d'Ibn Battuta* (Paris: 1979), 4:282–283, citado em Dunn, 258.
42. Lee, 209.
43. Rustichello, 204.
44. Lee, 216 e Dunn, 260.
45. Patricia Risso, *Merchants of Faith* (Boulder, CO: Westview, 1995) 19–20.
46. Pearson, 18.
47. Louise Levathes, *When China Ruled the Seas* (Oxford: Oxford University Press, 1994), 42–43.
48. M. H. Moreland, "The Ships of the Arabian Sea around AD 1500", *The Journal of the Royal Asiatic Society of Great Britain and Ireland* (Janeiro de 1939): 67.
49. Ibid., 68.

50. Ibid., 182–192.

51. William J. Bernstein, *The Birth of Plenty* (Nova York: McGraw-Hill, 2004).

52. Ma Huan, *Ying-Yai Sheng-Lan* (Cambridge: Cambridge University Press for the Hakluyt Society, 1970), 6.

53. Joseph Needham, *Science and Civilization in China* (Cambridge: Cambridge University Press, 1971), IV:3:480–482. Há controvérsias sobre o tamanho exato dos maiores navios das frotas, sendo que alguns estudiosos afirmam que o máximo tamanho possível é de apenas 90 metros. Veja, 31.

54. Levathes, 73–74.

55. Ma Huan, 108–109.

56. Ibid., 139.

57. Levathes, 119, 140–141.

58. Ibid., 186.

59. Gavin Menzies, *1421: The Year China Discovered America* (Nova York: Morrow, 2003). Para uma crítica profunda da tese de Menzies, veja Robert Finlay, "How Not to (Re)Write World History: Gavin Menzies and the Chinese Discovery of America", *Journal of World History,* 15:2 (Junho de 2004): 229–242. Do resumo: "... baseado em um raciocínio confuso, uma especulação bizarra, fontes distorcidas e pesquisa descuidada. Na verdade, as viagens descritas não ocorreram."

60. Ma Huan, 6–7, 10–11.

61. *The Suma Oriental of Tomé Pires and The Book of Francisco Rodrigues,* I:42.

62. Ibid., I:41–42.

63. Ibid., II:234.

64. Ibid., II:268.

65. Abu-Lughod, 309.

66. Robert Sabatino Lopez, "European Merchants in the Medieval Indes: The Evidence of Commercial Documents", *Journal of Economic History,* 3 (Novembro de 1943): 165.

67. *The Suma Oriental of Tomé Pires and The Book of Francisco Rodriguez,* II:270.

68. Ibid., II:253.

69. Ibid., II:273–274.

70. Risso, 54.

71. C. R. Boxer, *The Portuguese Seaborne Empire* (Nova York: Knopf, 1969), 45.

Capítulo 5

1. E. Ashtor, "Profits from Trade with the Levant in the Fifteenth Century", *Bulletin of the School of Oriental and African Studies,* 38 (1975): 250–275. Para citação, veja Stefan Zweig, *Conqueror of the Sea* (Nova York: Literary Guild of America, 1938), 5.

2. Frederic C. Lane, "Venetian Shipping during the Commercial Revolution", *The American Historical Review,* 38:2 (Janeiro de 1933): 228.

3. Abu-Lughod, 52–68.

4. Andrew Dalby, *Dangerous Tastes* (Berkeley: University of California Press, 2000), 16, 78.

5. Pliny, 12:30.

6. Joanna Hall Brierly, *Spices* (Kuala Lumpur: Oxford University Press, 1994), 4–8.

7. John Villiers, "Trade and Society in the Banda Islands in the Sixteenth Century", *Modern Asian Studies,* 15, nº 4 (1981): 738.

8. Warmington, 227–228.

9. Citado em Dalby, 40.
10. Chau Ju-Kua, 209. Veja também Geoffrey Hudson, "The Medieval Trade of China", em D. S. Richards, ed., *Islam and the Trade of Asia* (Filadélfia: University of Pennsylvania Press, 1970), 163.
11. Turner, 85, 92.
12. Ibn Khurdadhbih, *Al-Masalik Wa'l-Mamalik* ("Roads and Kingdoms") em *Arabic Classical Accounts of India and China* (Shimla: Indian Institute of Advanced Study, 1989), 7. Henry Yule, ed., *The Book of Marco Polo* (Londres: John Murray, 1921), ii:272.
13. Geffroi de Villehardouin e Jean, Sire de Joinville, trad. Frank T. Marzials, *Memoirs of the Crusades* (Nova York: Dutton, 1958), 42.
14. Ibid., 122–143.
15. Howe, 33.
16. David Ayalon, *The Mamluk Military Society* (Londres: Variorum Reprints, 1979), IX:46.
17. Daniel Pipes, *Slave Soldiers and Islam* (New Haven: Yale University Press, 1981), 78.
18. Lynn White, Jr., *Medieval Technology and Social Change* (Oxford: Clarendon, 1962), 10–25. Para crítica desta tese, veja P. H. Sawyer e R. H. Hilton, "Technical Determinism: The Stirrup and the Plough", *Past and Present,* 24 (Abril de 1963): 90–100.
19. Andrew Ehrenkreutz, "Strategic Implications of the Slave Trade between Genoa and Mamluk Egypt in the Second Half of the Thirteenth Century", in A. L. Udovitch, ed., *The Islamic Middle East, 700–1900* (Princeton, NJ: Darwin, 1981), 337.
20. David Ayalon, "The Circassians in the Mamluk Kingdom", *Journal of the American Oriental Society,* 69 (Julho–setembro 1949): 146.
21. David Ayalon, "Studies on the Structure of the Mamluk Army — I", *Bulletin of the School of Oriental and African Studies, University of London,* 15 (1953): 206–207.
22. Ayalon, "The Circassians in the Mamluk Kingdom", 146.
23. Pipes, 83.
24. Ibid., 83–84.
25. Ayalon, *The Mamluk Military Society,* Xb:6.
26. Ibid., Xb:15.
27. Ibid., Xa:197, 221.
28. Ehrenkreutz, 336.
29. Saunders, 165.
30. Ibid., 47, 49.
31. Ayalon, *The Mamluk Military Society,* VIII:49.
32. Michael W. Dols, *The Black Death in the Middle East* (Princeton: Princeton University Press, 1977), 21, 56–57.
33. Ehrenkreutz, 343.
34. Howe, 98–99.
35. S. D. Goitein, "New Light on the Beginnings of the Karim Merchants", *Journal of Economic and Social History of the Orient* 1 (Agosto de 1957): 182–183.
36. Labib, 84.
37. Ibid., 83.
38. Walter J. Fischel, "The Spice Trade in Mamluk Egypt", *Journal of Economic and Social History of the Orient* 1 (Agosto de 1957): 161–173.

Capítulo 6

1. Isso ocorreu no começo do século XX, quando migrantes chineses Han inundaram a Manchúria para caçar as criaturas pelas suas peles de valor crescente. Os migrantes contraíram a doença, desencadeando uma epidemia que matou cerca de 60 mil. Veja Wu Lien-Teh et al., *Plague* (Shanghai Station: National Quarantine Service, 1936), 31–35.
2. Ibid., 74–75.
3. Mark Wheelis, comunicação pessoal.
4. Wu, 289–291. Veja também Rosemary Horrox, *The Black Death* (Manchester, England: Manchester University Press, 1994), 5.
5. A. B. Christie *et al.*, "Plague in camels and goats: their role in human epidemics", *Journal of Infectious Disease,* 141:6 (Junho de 1980): 724–726.
6. Hippocrates, *Of the Epidemics,* I:1, http://classics.mit.edu/Hippocrates/epidemics.1.i.html, acessado Dezembro de 23, 2005.
7. Thucydides, 2:47–54. Isolados recentes de polpa dental de possíveis vítimas demonstraram a presença de *Salmonella enterica,* sugerindo a febre tifoide como causadora. Veja. M. J. Papagrigorakis *et al.*, "DNA examination of ancient dental pulp incriminates typhoid fever as a probable cause of the Plague of Athens", *International Journal of Infectious Diseases* 10, nº 3 (Maio de 2006): 206–214.
8. J. F. Gilliam, "The Plague under Marcus Aurelius", *The American Journal of Philology* 82, nº 3 (Julho de 1961): 225–251. Veja também McNeill, 131.
9. Existe uma terceira forma ainda mais rapidamente fatal da doença, "peste septicêmica", que envolve principalmente o fluxo sanguíneo. Embora rara no mundo moderno, provavelmente era comum durante a Peste Negra. Wheelis, matéria não publicada. Veja também Wu, 3, 317, 325.
10. Ibid., 178–179.
11. Procopius, *The History of the Persian Wars,* II:16, de *The History of the Warres of the Emperour Justinian* (Londres: impresso para Humphrey Moseley, 1653).
12. Ibid.
13. Ibid.
14. Ibid., 23:31.
15. Dols, 21–27.
16. Josiah C. Russell, "That Earlier Plague", *Demography* 5, nº 1 (1968): 174–184.
17. McNeill, 147–148.
18. Ibid., 138–139, 142.
19. Ibid., 173–176.
20. Mark Wheelis, matéria não publicada, comunicação pessoal. Essa sequência de eventos é especulativa. Historiadores de temas médicos ressaltaram que o surto chinês de 1331 não foi bem descrito, e que indícios do surto de 1228 em Issyk-Kul são amplamente antropológicos. Outros possíveis mecanismo da disseminação da peste para Kaffa oito anos depois incluem um antigo reservatório nos roedores terrestres da região do Mar Cáspio, a disseminação da infecção para o norte a partir da Pérsia ou a lenta migração para o oeste a partir da China por ratos e marmotas sibiricas sem qualquer interferência do homem.
21. Horrox, 17.
22. Ibid.
23. Mark Wheelis, "Biological warfare at the 1346 Siege of Kaffa". Emergir.

Infectar. Adoecer. [serial online] Setembro de 2002 [acessado 15 de Dezembro, 2005]: 8. Disponível em URL: http://www.cdc.gov/ncidod/EID/vol-8no9/01-0536.htm

24. Horrox, 36.
25. Ibid., 39. Parece que Gabriele de' Mussi era altamente habilitado para ordenar observações primárias e secundárias, visto que ele nunca deixou a cidade natal de Piacenza. Alguns questionaram a importância de Kaffa na transmissão da peste para a Europa. Por pelo menos uma década, o organismo vinha se revezando entre pulgas, ratos, roedores terrestres, cavalos, camelos e seres humanos, em direção ao oeste da Ásia Central. Os mongóis controlaram muitos outros portos no Mar Negro, e é possível que a doença fosse transportada por eles também.
26. Allan Evans, crítica de *Genova marinara nel duecento: Benedetto Zaccaria, ammiraglio e mercante. Speculum* 11, nº 3 (Julho de 1936): 417.
27. Mark Wheelis, matéria não publicada.
28. McNeill, 179, 182.
29. Horrox, 20.
30. Ibid., 9–13.
31. Ibid., 209–210.
32. Ibid., 13–18.
33. Frederic C. Lane, *Venice: A Maritime Republic* (Baltimore: Johns Hopkins University Press, 1973), 19. B. Z. Kedar, *Merchants in Crisis* (New Haven: Yale University Press, 1976), 5.
34. Dols, 58–59.
35. Horrox, 18.
36. Ibid., 25. Para números da população municipal, veja Daron Acemoglu *et al.*, "Reversal of Fortune: Geography and Institutions and the Making of the Modern World Income Distribution", *Quarterly Journal of Economics,* 117 (Novembro de 2002): 1231–1294.
37. Dols, 60.
38. Ibid., 65.
39. Ibid., 57.
40. David Neustadt (Ayalon), "The Plague and its Effects upon the Mamluk Army", *Journal of the Royal Asiatic Society* (1946): 67–73, citações de 72.
41. Citado em Dols, 188.
42. A fonte mais acessível e confiável das economias históricas e do mundo e estatísticas populacionais está disponível no site do historiador de economia Angus Maddison em formato Excel em http://www.ggdc.net/Maddison/Historical_Statistics/horizontal-file.xls.
43. Abu-Lughod, 236–239; Dols 197, 265.
44. McNeill, 130.
45. Ibid., 7–8.
46. Ibn Khaldun, trad. Franz Rosenthal, *The Muqaddimah: An Introduction to History* (Nova York: Pantheon, 1958), 64.

Capítulo 7

1. Anon., "*Roteiro*",: ed. E. G. Ravenstein, *A Journal of the First Voyage of Vasco da Gama* (Londres: Hakluyt Society, 1898), 75. Este diário, que será chamado a partir de agora de *Roteiro,* ou "diário de bordo", mantido de um membro desconhecido da tripulação de Vasco da Gama (muito possivelmente João de Sá, o copista no *São Rafael,* comandado pelo irmão de Vasco da Gama, Paulo, ou Álvaro Velho, que também serviu no mesmo navio) é o

primeiro registro mais importante da primeira viagem de Vasco da Gama.

2. Robert B. Serjeant, *The Portuguese off the South Arabian Coast: Hadrami Chronicles* (Oxford: Clarendon, 1963), 43.
3. Há poucas dúvidas de que ele o tenha feito, já que as notas do secretário do Papa registram descrições precisas de Niccolò de' Conti dos papagaios molucanos e dos habitantes aborígenes de pele muito escura das ilhas. Veja N. M. Penzer, ed., e John Frampton, trad., *The Most Noble and Famous Travels of Marco Polo Together with the Travels of Niccolò de' Conti* (Londres: Adam e Charles Black, 1937), 133. Veja também Howe, 70–74.
4. Ehrenkreutz, 338–339.
5. Charles E. Nowell, "The Historical Prester John", *Speculum,* 28:3 (Julho de 1953): 434–445.
6. Robert Silverberg, *In the Realm of Prester John* (Garden City, NY: Doubleday, 1972), 3–7, citação, 45.
7. Ibid., 43.
8. Ibid., 2.
9. Pearson, 83.
10. Dana B. Durand, crítica de *Precursori di Colombo? Il tentativo di viaggio transoceanio dei genovesi fratelli Vivaldi nel 1291* de Alberto Magnaghi, *Geographical Review,* 26:3 (Julho de 1936): 525–526.
11. Felipe Fernández-Armesto, *Columbus* (Oxford: Oxford University Press, 1991), 9.
12. J. H. Plumb, Introduction, em C. R. Boxer, *The Portuguese Seaborne Empire,* xxvi.
13. Silverberg, 194–195.
14. Boxer, *The Portuguese Seaborne Empire,* 28–29.
15. Howe, 105.
16. Samuel Eliot Morison, *Admiral of the Ocean Sea* (Boston: Little, Brown, 1970), 24–26, 41.
17. Essa história fictícia tem Colombo sentado ao jantar após sua volta da primeira viagem transatlântica com um grupo de nobres invejosos, que passaram a denegrir sua realização — afinal, qualquer um pode velejar para o ocidente levado pelos ventos do Novo Mundo. Colombo lhes perguntou: "Quem entre vocês, senhores, pode fazer este ovo ficar em pé?" Depois que cada um dos nobres tentou e falhou, e declaram a tarefa impossível, Colombo delicadamente quebrou a ponta do ovo na borda da mesa e realizou o feito, acrescentando: "Senhores, o que é mais fácil de fazer que isso que disseram ser impossível? É a coisa mais simples do mundo. Qualquer um pode fazê-lo — *depois que lhes mostraram como!*" http://www.mainlesson.com/display.php?author=olcott& book=holidays&story=egg.
18. Ibid., 33–34, 64.
19. Porém, ao contrário da maioria dos verdadeiros adeptos, Colombo raramente alienava alguém. Mesmo depois de João II ter rejeitado sua proposta inicial, ele foi muitas vezes convidado a voltar para mais discussões. Outro antigo empregador de Colombo dos dias de navegação no Mediterrâneo, a poderosa família de comerciantes genoveses Centuriome, financiou sua terceira viagem ao Novo Mundo. (Veja Fernández-Armesto, 9.)
20. Para uma discussão abrangente das motivações historiográficas de Colom-

bo, veja Cecil Jane, *Select Documents Illustrating the Four Voyages of Christopher Columbus* (Londres: Hakluyt Society, 1930), xiii–cl.

21. C. Varela, ed., *Cristóbal Colón: Textos y documentos completos* (Madrid: 1984), 256, citado em Fernández-Armesto, 134.
22. Citado em Fernández-Armesto, 97.
23. Ibid., 54–108.
24. São muitos os fascinantes indícios das viagens pré-nórdicas para o Novo Mundo, incluindo moedas romanas encontradas na Venezuela e padrões de tecidos característicos da Ásia encontrados em artefatos latino-americanos pré-colombianos. Veja Stephen Jett, *Crossing Ancient Oceans* (Nova York: Springer, 2006).
25. Zweig, 26.
26. Acemoglu *et al.*, 1231–1294.
27. A. R. Disney, *Twilight of the Pepper Empire* (Cambridge, MA: Harvard University Press, 1978), 21.
28. Boxer, *The Portuguese Seaborne Empire,* 20–22.
29. Morison, 368–374.
30. M. N. Pearson, "India and the Indian Ocean in the Sixteenth Century", em *India and the Indian Ocean,* 78.
31. *Roteiro,* xix.
32. Ibid., 20–21.
33. Ibid., 25.
34. Ibid., 26.
35. Ibid., 35.
36. Ibid., 45.
37. Sanjay Subrahmanyam, *The Career and Legend of Vasco da Gama* (Cambridge: Cambridge University Press, 1997), 121–128.
38. Ibid., 121.
39. *Roteiro,* 48.
40. Ibid., 60.
41. Ibid., 62.
42. Ibid., 68.
43. Ibid, 173.
44. Earl J. Hamilton, "American Treasure and the Rise of Capitalism", *Economica* 27 (Novembro de 1929): 348.
45. Boxer, *The Portuguese Seaborne Empire,* 206.
46. William Brooks Greenlee, trad., *The Voyage of Pedro Álvares Cabral to Brazil and India* (Londres: Hakluyt Society, 1938), xxiii–xxviii , 83–85.
47. Citado em Subrahmanyam, 205.
48. Ibid., 214.
49. Ibid., 215.
50. Boxer, *The Portuguese Seaborne Empire,* xxiii.
51. Ibid., 227.
52. Genevieve Bouchon e Denys Lombard, "The Indian Ocean in the Fifteenth Century", em *India and the Indian Ocean,* ed. A. D. Gupta e M. N. Pearson (Calcutta: Oxford University Press, 1987), 55–56.
53. Citado em Silverberg, 216.
54. Pearson, "India and the Indian Ocean in the Sixteenth Century", 67–68.
55. Ibid., 87.
56. O navio original de Serrão ficou velho demais para prosseguir. A embarcação que passou para seu comando foi um barco local comprado durante a viagem. Veja Leonard Y. Andaya, *The World of Maluku* (Honolulu: University of Hawaii Press, 1993), 115.
57. Citado em Zweig, 52.
58. Zweig, 33–69.
59. Um dos navios retornou para casa depois de um motim; um se perdeu

em uma tempestade; outro (como na viagem de Vasco da Gama) foi abandonado para combinar tripulações, e outro ainda, o *Trinidad,* foi capturado pelos portugueses. Dos 31 homens do *Victoria* que completaram a circum-navegação, 13 foram capturados pelos portugueses nas ilhas de Cabo Verde, mas acabaram voltando para a Espanha. Veja Tim Joyner, *Magellan* (Camden, ME: International Marine, 1992), especialmente a lista de tripulantes e a contabilidade, 252–265.

60. Ibid., 192–240.
61. Pearson, "India and the Indian Ocean in the Sixteenth Century", 90.
62. Citado em Frederic C. Lane, "The Mediterranean Spice Trade: Further Evidence of Its Revival in the Sixteenth Century", *American Historical Review,* 45:3 (Abril de 1940): 589.
63. Ibid., 587.
64. Frederic C. Lane, "Venetian Shipping during the Commercial Revolution", 228–234.
65. Om Prakash, "European Commercial Enterprise in Precolonial Europe", em *The New Cambridge History of India* (Cambridge: Cambridge University Press, 1998), II:5, 45.
66. Ibid., 581, 587–588. Para uma opinião contrária, ver C. H. H. Wake, "The Changing Pattern of Europe's Pepper and Spice Imports, ca. 1400–1700", *Journal of European Economic History* 8 (Outono de 1979): 361–403. Mesmo Wake, porém, admite que houve um fluxo de especiarias significativo pelo Mar Vermelho e por Veneza no século XVI.
67. M. N. Pearson, *The New Cambridge History of India* (Cambridge: Cambridge University Press, 1987), I:1, 44.
68. Boxer, *The Portuguese Seaborne Empire,* 59.
69. Charles R. Boxer, "A Note on Portuguese Reactions to the Revival of the Red Sea Spice Trade and the Rise of Atjeh, 1540–1600", *Journal of Southeast Asian History* 10 (1969): 420.
70. Ibid., 425.
71. Charles R. Boxer, *The Great Ship from Amacon* (Lisboa: Centro de Estudos Históricos Ultramarinos, 1959), 1–2.
72. Ibid., 22.
73. Ibid., 15–16.
74. Ibid., 16–18.
75. M. N. Pearson, *The New Cambridge History of India,* I:1, 37–39.
76. M. A. P. Meilink-Roelofsz, *Asian Trade and European Influence in the Indonesian Archipelago Between 1500 and About 1630* (The Hague: Martinus Nijhoff, 1962), 144.
77. Ibid., 43.
78. Prakash, 54.
79. John Villiers, "Las Yslas de Esperar en Dios: The Jesuit Mission in Moro 1546–1571", *Modern Asian Studies* 22, nº 3 (1988, exemplar especial): 597.
80. Paramita R. Abdurachman, "'Niachile Pokaraga': A Sad Story of a Moluccan Queen", *Modern Asian Studies* 22, nº 3 (1988, exemplar especial): 589.
81. Andaya, 116–141.
82. Disney, 20–21.

Capítulo 8

1. Homer H. Dubs e Robert S. Smith, "Chinese in Mexico City in 1635",*Far Eastern Quarterly* 1, nº 4 (Agosto de 1942): 387.
2. Horace Stern, "The First Jewish Settlers in America: Their Struggle for Religious Freedom", *Jewish Quarterly Review* 45, nº 4 (Abril de 1955): 289, 292–293, citação, 293. A afirmação de que os 23 eram, de fato, os primeiros judeus na América do Norte é questão de controvérsia. Veja, por exemplo, Jonathan D. Sarna, "American Jewish History", *Modern Judaism* 10, nº 3 (Outubro de 1990): 244–245.
3. Philippa Scott, *The Book of Silk* (Londres: Thames and Hudson, 1993), 22, 24, 33.
4. Em regiões tropicais, o ar flui em direção ao Equador. Quando essa massa de ar se move nessa direção, ela se vê girando em direção ao leste mais devagar que a terra abaixo dela, devido ao aumento do diâmetro da Terra no Equador (resultando em uma velocidade de rotação maior); assim, ela se move relativamente para o ocidente — a força inercial de Coriolis. Em latitudes mais altas em ambos os hemisférios, ocorre o contrário. As massas de ar se movem na direção dos polos e, quando o fazem, se veem movendo na direção leste mais rapidamente que a terra abaixo, visto que a redução no diâmetro da Terra em latitudes mais altas significa menor velocidade de rotação; nos polos, a velocidade de rotação é zero. Esta também é a razão pela qual os sistemas de tempestades giram em sentido horário no hemisfério norte e anti-horário no hemisfério sul. (Porém, isso não tem nada a ver com a rotação de redemoinhos de drenagem, que são aleatórios — a força inercial Coriolis não é forte o suficiente em pequenas distâncias par afetar a água em sua pia ou banheira.)
5. J. H. Parry, crítica de "Friar Andrés de Uraneta, O.S.A", *Hispanic American Historical Review* 47, nº 2 (Maio de 1967): 262. Embora Arellano, que abandonou a principal força da expedição de Urdaneta depois que deixou Manila, tenha chegado ao México primeiro, manteve poucos registros e foi depois repreendido. É Urdaneta quem é lembrado como pioneiro da rota. Para a visão convencional dando crédito a Urdaneta, veja Thor Heyerdahl, "Feasible Ocean Routes to and from the Americas in Pre-Columbian Times", *American Antiquity* 28, nº 4 (Abril de 1963): 486.
6. William Lytle Schurz, "Mexico, Peru, and the Manila Galleon", *American Historical Review* 1, nº 4 (Novembro de 1918): 390.
7. Ibid., 394–395.
8. Dubs e Smith, 387.
9. Ibid., 398.
10. Ibid., 391.
11. Ibid., 387.
12. Consumo de açúcar de http://www.fao.org/documents/show_cdr.asp? url_file=/docrep/009/J7927e/j7927e07.htm. EU population of 457 million from http: //www.cia.gov/cia/publications/factbook/rankorder/2119rank.html; U.S. population of 299 million from http://www.census.gov/population/www/popclockus.html. Medieval European consumption from Henry Hobhouse, *Seeds of Change* (Nova York: Harper and Row, 1986), 44.

13. Norge W. Jerome, in James M. Weiffenbach, ed., *Taste and Development: The Genesis of Sweet Preference* (Washington D.C.: National Institutes of Health, 1974), 243.
14. Sidney W. Mintz, *Sweetness and Power* (Nova York: Penguin, 1986), xxi, 6.
15. Paul Hentzner, em http://www.britannia.com/history/docs/hentzner.html.
16. J. H. Galloway, "The Mediterranean Sugar Industry", *Geographical Review* 67, nº 2 (Abril de 1977): 182–188.
17. Mintz, 23.
18. Galloway, 180.
19. Alberto Vieria, "Sugar Islands" e "Introduction", em Stuart B. Schwartz, ed. *Tropical Babylons* (Chapel Hill: University of North Carolina Press, 2004), 10, 62–73.
20. Jonathan I. Israel, *Dutch Primacy in World Trade, 1585–1740* (Oxford: Clarendon, 1989), 161–168.
21. Stern, 289. Para uma análise histórica detalhada, veja Arnold Wiznitzer, "The Exodus from Brazil and Arrival in New Amsterdam of the Jewish Pilgrim Fathers, 1654", *Publication of the American Jewish Historical Society* 44, nº 1 (Setembro de 1854): 80–95. Por este último relato, os 23 judeus sefarditas do Brasil não foram os primeiros em Nova Amsterdã, visto que eles foram recebidos e auxiliados por judeus asquenazes.
22. J. E. Heeres, *Het Aandeel der Nederlanders in de Ontdekking van Australië 1606–1765* (Leiden: Boekhandel en Drukkerij Voorheen E. J. Brill, 1899), xii–xiv. Veja também Estensen, 126–127.
23. Ibid., 156–164. Para uma descrição mais detalhada do desastre do *Batavia*, veja Mike Dash, *Batavia's Graveyard* (Nova York: Crown Publishers, 2002).
24. John J. McCusker, *Money and Exchange in Europe and America, 1600–1775* (Chapel Hill: University of North Carolina Press, 1978), 7–8.
25. Kristof Glamann, *Dutch-Asiatic Trade 1620–1740* ('s-Gravenhage, Netherlands: Martinus Nijhoff, 1981), 64–65.
26. Jeremy N. Green, "The Wreck of the Dutch East Indiaman the *Vergulde Draek*, 1656", *International Journal of Nautical Archaeology and Underwater Exploration* 2, nº 2 (1973): 272–274, 278–279. Para uma discussão mais acessível, veja Miriam Estensen, *Discovery, the Quest of the Great South Land* (Nova York: St. Martin's, 1998), 193–194.
27. Donald Simpson, "The Treasure in the *Vergulde Draek:* A Sample of O. C. Bullion Exports in the 17th Century", *Great Circle* 2, nº 1 (Abril de 1980): 13.

Capítulo 9

1. Derek Wilson, *The World Encompassed: Francis Drake and His Great Voyage* (Nova York: Harper and Row, 1977), 60–63.
2. Marguerite Eyer Wilbur, *The East India Company* (Stanford, CA: Stanford University Press, 1945), 5–9.
3. O efeito mais imediato do fechamento dos portos ibéricos no comércio de longa distância foi ter cortado os suprimentos de sal espanhol da Holanda e outros países europeus, vital para a preservação de peixe. Já em 1599, cerca de 120 navios holandeses, com outros

da Inglaterra, França e Itália, viajavam anualmente para as planícies de sal em Punta de Araya, onde hoje é a Venezuela. Veja Philip Curtin, *The Rise and Fall of the Plantation Complex*, 2nd ed. (Cambridge: Cambridge University Press, 1998), 90.

4. Charles Boxer, *The Dutch Seaborne Empire* (Nova York: Penguin, 1988), 21.
5. Arthur Coke Burnell, ed., *The Voyage of John Huyghen van Linschoten to the East Indies* (Nova York: Burt Franklin, 1885), I:xxvi.
6. Ibid., 112.
7. John Bastin, "The Changing Balance of the Southeast Asian Pepper Trade", em M. N. Pearson, *Spices in the Indian Ocean World* (Aldershot: Variorum, 1996), 285.
8. Ibid., 25.
9. Ibid.
10. Michael Greenberg, *British Trade and the Opening of China* (Cambridge: Cambridge University Press, 1969), 2.
11. Wilbur, 18–24.
12. Charles R. Boxer, *The Portuguese Seaborne Empire*, 110.
13. Três séculos depois, o economista norte-americano Irving Fisher observou que, quando as casas eram de barro e palha, as taxas de juros eram altas; onde eram feitas de alvenaria, elas eram baixas. Veja Irving Fisher, *The Theory of Interest* (Filadélfia: Porcupine, 1977), 375–382.
14. Dados ajustados a dólares de 2006 a partir de dados de 1990 de Angus Maddison, *The World Economy: A Millennial Perspective* (Paris: OECD, 2001), 264. Dados recalculados pela U.S. CPI em 2006.
15. Sidney Homer e Richard Sylla, *A History of Interest Rates* (New Brunswick, NJ: Rutgers University Press, 1996), 137–138.
16. Jan De Vries e Ad Van Der Woude, *The First Modern Economy* (Cambridge: Cambridge University Press, 1997), 26–28.
17. Israel, 21–22.
18. Ibid., 75.
19. Citado em T. S. Ashton, *The Industrial Revolution, 1760–1830* (Oxford: Oxford University Press, 1967), 9.
20. À taxa de câmbio em 1600 era de aproximadamente 10 florins por libra esterlina.
21. Wilbur, 21. Veja também Jonathan B. Baskin e Paul J. Miranti, *A History of Corporate Finance* (Cambridge: Cambridge University Press, 1997), 75.
22. Meilink-Roelofsz, 195–196.
23. Vincent C. Loth, "Armed Incidents and Unpaid Bills: Anglo-Dutch Rivalry in the Banda Islands in the Seventeenth Century", *Modern Asian Studies* 29, nº 4 (Outubro de 1995): 707.
24. Meilink-Roelofsz, 193.
25. Boxer, *The Dutch Seaborne Empire*, 75.
26. Andaya, 152–155.
27. Israel, 185.
28. Boxer, *The Dutch Seaborne Empire*, 107.
29. Ibid., 164.
30. Loth, 705–740. Os holandeses acabaram tomando Run em 1666, durante a Segunda Guerra Anglo-holandesa, e formalmente a adquiriram no ano seguinte pelo Tratado de Breda. Assim que conseguiram o controle de Run na época do tratado, as tropas inglesas

também se apoderaram de Manhattan, pela qual foi famosamente "trocada".

31. Niels Steensgaard, *The Asian Trade Revolution of the Seventeenth Century* (Chicago, University of Chicago Press, 1974), 345-397.
32. Meilink- Roelofsz, 222–225.
33. Boxer, *The Dutch Seaborne Empire*, 128.
34. Ibid., 265–267. Citação em C. R. Boxer, *Jan Compagnie in Japan, 1600–1850* (The Hague: Nijhoff, 1950), 90.
35. Israel, 172–175.
36. Ibid., 177.
37. Ibid., 91–92.
38. De Vries e Van Der Woude, 642–646; citação, 643.
39. Hobhouse, 105.
40. Glamann, 27–34.
41. Ibid., 108–111.
42. Israel, 199–202.
43. Ibid., 208–224, 262–269, 287.

Capítulo 10

1. Arthur Meier Schlesinger, "The Uprising Against the East India Company",*Political Science Quarterly* 32, nº 1 (Março de 1917): 60–79.
2. Ibid., 67–68.
3. Citado ibid., 69.
4. Citado ibid., 70.
5. Jean de La Roque, *A voyage to Arabia fœlix through the Eastern Ocean and the Streights of the Red-Sea, being the first made by the French in the years 1708, 1709, and 1710* (Londres: Impresso para James Hodges, 1742), 296–297.
6. Ibid., 309.
7. Ralph S. Hattox, *Coffee and Coffeehouses* (Seattle: University of Washington Press, 1988): 22–26.
8. La Roque, 335.
9. Ibid., 313.
10. Ibid., 321; Hattox, 36–37.
11. La Roque, 336; também Bennett Alan Weinberg e Bonnie K. Bealer, *The World of Caffeine* (Nova York: Routledge, 2001), 14.
12. Citado em Weinberg and Bealer, 13.
13. Ibid., 15.
14. Citado em Fernand Braudel, *Capitalism and Material Life 1400–1800* (Nova York: Harper and Row, 1967), 184.
15. A primeira menção conhecida do café por um europeu provavelmente foi do famoso médico alemão Leonhard Rauwolf, que o conheceu durante uma viagem a Levante nos anos de 1570, à procura de ervas medicinais para comercializar. Veja William H. Ukers, *All About Coffee* (Nova York: Tea and Coffee Trade Journal Company, 1935), 21.
16. Ibid., 46.
17. David Liss, *The Coffee Trader* (Nova York: Random House, 2003), 15.
18. Douglass C. North e Barry R. Weingast, "Constitutions and Commitment: The Evolution of Institutional Governing Public Choice in Seventeenth-Century England", *Journal of Economic History* 49 (Dezembro de 1989): 803–32.
19. Homer e Sylla, 124, 155. Esses números são para empréstimos para a Coroa, garantidas por impostos. Em 1726, quando associado a um bilhete

de loteria — uma "manobra" comum para empréstimos no governo medieval —, as taxas caíam a 3%.

20. Glamann, 204–206, calculado a 400 libras por *bahar*.
21. Para preços do café em Moca, veja Glamann, 205. O preço de 0,8 florim por meio quilo é calculado a partir do preço de carregamento de 245 reais espanhóis por *bahar* local, 735 libras em Moca, com uma taxa de conversão de 2,4 florins por real. Para mais sobre pesos e moedas nos mercados de café, veja Glamann, 304.
22. Ibid., 200–201.
23. Ibid., 207–211.
24. Re. Dutch Clergyman, Boxer, *Jan Compagnie,* 61, e citação, Braudel, 186.
25. Boxer, *Jan Compagnie,* 61–62.
26. Jonathan F. Wendel e Richard C. Cronin, "Polyploidity and the Evolutionary History of Cotton", *Advances in Agronomy* 78 (2003): 139–186.
27. Neil McKendrick, John Brewer e J. H. Plumb, *The Birth of a Consumer Society* (Londres: Europa, 1982), 36–37.
28. Um dia-pessoa é uma medida de trabalho definida como o que é feito por uma pessoa durante um dia.
29. Hobhouse, 144. O número de treze dias-pessoa é atingido com a soma do total de dias-pessoa dividido por oito libras.
30. Audrey W. Douglas, "Cotton Textiles in England: The East India Company's Attempt to Exploit Developments in Fashion 1660–1721", *Journal of British Studies* 8, nº 2 (Maio de 1969): 29.
31. Ibid., 30.
32. *Defoe's Review* (Nova York: Columbia University Press, 1938); veja nº 43 (6 de janeiro de 1712), 8.
33. 3 Ibid., nº 11 (26 de janeiro de 1706), 3.
34. Douglas, 33.
35. Ramkrishna Mukherjee, *The Rise and Fall of the East India Company* (Berlin: VEB Deutsher Verlag der Wissenschaften, 1958), 226.
36. Ibid., 282.
37. Alfred C. Wood, *A History of the Levant Company* (Londres: Frank Cass, 1964), 1–11, 102–105.
38. Ibid., 103–104.
39. Ibid., 104.
40. Ibid., 104–105.
41. Thomas Mun, *England's Treasure by Foreign Trade, em* Lenoard D. Abbot, ed., *Masterworks of Economics* (Nova York: McGraw-Hill, 1973), 6. Mun ocupou a curiosa posição de ser um mercantilista e apoiador da EIC; ele argumentou que a EIC poderia adquirir mais dinheiro da reexportação dos calicôs que enviava para a Europa do que gastava na Índia por eles. Veja William J. Barber, *British Economic Thought and India 1600–1858* (Oxford: Clarendon, 1975), 10–27.
42. A falha teórica implícita no argumento mercantilista é simples: se um país tem uma sólida balança comercial positiva, seus estoques de dinheiro aumentarão, provocando um aumento geral nos preços (como de fato ocorreu no século XVII na Holanda), assim tornando as exportações mais caras. Isso então reduziria ou eliminaria uma balança comercial favorável. O efeito contrário ocorreria em nações com uma balança comercial negativa: o dinheiro desapareceria, baixando os preços, dessa forma tornando suas exportações mais atraentes.

43. Citado em Douglas Irwin, *Against the Tide* (Princeton: Princeton University Press, 1996), 48.
44. Charles Davenant, *Essay on the East--India-Trade* (Londres: Impresso para o autor, 1696), 22, 26, 32.
45. Henry Martyn, *Considerations on the East India Trade* (Londres: Impresso para J. Roberts, 1701), 10, reprodução fotográfica em J. R. McCullouch, *Early English Tracts on Commerce* (Cambridge: Cambridge University Press, 1970). Há dúvidas sobre a autoria desse trato. A folha de rosto não indica o autor, mas a maioria dos estudiosos considera Martyn como sendo o autor — veja P. J. Thomas, *Mercantilism and the East India Trade* (Londres: Frank Cass, 1963), 171–173.
46. Ibid., 37.
47. Ibid., 32–33. De modo ainda mais notável, Martyn descreveu com clareza a magia da divisão da mão de obra 75 anos antes de Adam Smith. Ele observou que, embora um fabricante de tecidos ou relógios pudesse realizar cada etapa do processo de manufatura, era melhor que cada um se especializasse na tarefa que fazia melhor: "O fiador, o pisoteiro, o tingidor ou o relojoeiro precisam ser mais hábeis e experientes no próprio negócio, que deve ser seu emprego total e constante, que qualquer homem possa fazer o mesmo trabalho, cuja habilidade pode ser confundida com uma variedade de outros negócios", 43.
48. George L. Cherry, "The Development of the English Free-Trade Movement in Parliament, 1689–1702", *Journal of Modern History* 25, nº 2 (Junho de 1953): 103–119.
49. Ibid., 110.
50. K. N. Chaudhuri, *The Trading World of Asia and the English East India Company* (Cambridge: Cambridge University Press, 1978), 294–295.
51. Citado em Thomas, 136.
52. Beverly Lemire, *Fashion's Favourite* (Oxford: Oxford University Press, 1991), 32.
53. Ibid., 145–146.
54. Ibid., 34–42, 160.
55. T. K. Derry e Trevor I. Williams, *A Short History of Technology* (Nova York: Dover, 1993) 105–107, 558–561.
56. E. J. Hobsbawm, "The Machine Breakers", *Past and Present* 1 (Fevereiro de 1952): 57–70.
57. Lemire, 54.
58. McKendrick *et al.*, 34–99.
59. Hobhouse, 148–154.
60. C. R. Harler, *The Culture and Marketing of Tea,* 2ª ed. (Londres: Oxford University Press, 1958), 109, 225.
61. Chaudhuri, *The Trading World of Asia and the East India Company,* 386.
62. James Walvin, *Fruits of Empire* (Nova York: New York University Press, 1997), 16–19.
63. N. McKendrick, "Josiah Wedgwood: An Eighteenth-Century Entrepreneur in Salesmanship and Marketing Techniques", *Economic History Review* 12, nº 3 (1960): 412–426.
64. Jonas Hanway, citado em Walvin, 22.
65. Philip Curtin, *The Rise and Fall of the Plantation Complex,* 83.
66. Richard S. Dunn, *Sugar and Slaves* (Chapel Hill: University of North Carolina Press, 1972), 7–21, 61, 64–65.
67. Richard Ligon, *A True & Exact History of the Island of Barbadoes* (Londres: Peter Parker, 1673), 20–21.

68. Citado em David Eltis, *The Rise of African Slavery in the Americas* (Cambridge: Cambridge University Press, 2000), 201.
69. Ibid., 127, 201–202.
70. Ligon, 96.
71. Hugh Thomas, *The Slave Trade* (Nova York: Simon e Schuster, 1999), 201–207.
72. Dunn, 112–116.
73. Ibid., 73.
74. Calculado de Eltis, 50, tabela 2-2.
75. Philip Curtin, *The Atlantic Slave Trade* (Madison: University of Wisconsin Press, 1969), 69, 81.
76. Paul Bairoch, *Economics and World History* (Chicago: University of Chicago Press, 1993), 146.
77. Curtin, *The Rise and Fall of the Plantation Complex,* 39–40.
78. David Brion Davis, *Inhuman Bondage* (Oxford: Oxford University Press, 2006), 90–91.
79. Eltis, *The Rise of African Slavery in the Americas, de* 176, tabela 7-3.
80. Citado em Davis, *Inhuman Bondage,* 92.
81. O professor Curtin produziu o primeiro censo científico com a publicação de seu emblemático *The Atlantic Slave Trade* in 1967. Suas conclusões básicas foram amplamente confirmadas e aprimoradas pelo professor Eltis; veja *The Rise of African Slavery in the Americas;* "The Volume and Structure of the Transatlantic Slave Trade: A Reassessment", *William And Mary Quarterly,* 58, nº 1 (Janeiro de 2001): 17–46, e David Eltis e David Richardson, "Prices of African Slaves Newly Arrived in the Americas, 1673–1865: New Evidence on Long-Run Trends and Regional Differentials", em David Eltis, ed., *Slavery in the Development of the Americas* (Cambridge: Cambridge University Press, 2004), 181–211.
82. Curtin, *The Atlantic Slave Trade,* de 268, tabela 77. Para uma avaliação mais recente e talvez mais quantitativa e precisa do fluxo transatlântico de escravos, veja Eltis, "The Volume and Structure of the Transatlantic Slave Trade: A Reassessment", 17–46.
83. Davis, *Inhuman Bondage,* 80.
84. Ibid., 11–12, 40–41.
85. Michael Tadman, "The Demographic Cost of Sugar: Debates on Slave Societies and Natural Increase in the Americas", *American Historical Review,* 105, nº 5 (Dezembro de 2000): 1556.
86. Ibid., 1554–1555, 1561.
87. Ibid., 1536.

Capítulo 11

1. Citado em Greenberg, 45.
2. Ibid., 78–79.
3. Jehangir R. P. Mody, *Jamsetjee Jeejeebhoy* (Bombaim: R.M.D.C. Press, 1959), 2–14, 21–28.
4. Hsin-pao Chan, *Commissioner Lin and the Opium War* (Nova York, Norton, 1964), 121–122.
5. Resumindo brevemente, o Sistema de Cantão girou ao redor de nove regras: (1) Nenhum navio de guerra estrangeiro no Rio das Pérolas. (2) Nenhuma arma nas fábricas. (3) Mercadores estrangeiros permitidos em Cantão só durante a temporada de comércio (setembro–março). (4) Licenciar todas as tripulações de barcos chineses empre-

gados de estrangeiros. (5) Quantidade de servos dos estrangeiros sujeitos a limites rígidos. (6) Apenas visitas muito limitadas de estrangeiros a Cantão, com autorização. (7) Contrabando ou crédito a estrangeiros proibido. (8) Navios estrangeiros com permissão de navegar rio acima só até Whampoa; todos os bens levados nos últimos 13 quilômetros finais a Cantão em pequenos botes locais. (9) Todas as transações conduzidas entre o monopólio hong sancionado pelo governo. Veja Maurice Collis, *Foreign Mud* (Nova York: New Directions, 2002), 15.

6. Em 1772, quatro anos antes da publicação de *A Riqueza das Nações*, Smith havia sido considerado para ser membro de uma comissão da EIC para viajar para Bengala e investigar atos ilícitos ali, mas por causa da oposição parlamentar, ele nunca foi. Veja William J. Barber, *British Economic Thought and India 1600–1858* (Oxford: Clarendon, 1975), 88–89.
7. Plassey foi apenas uma faceta da Guerra dos Sete Anos, que produziu um espólio especialmente rico para a Inglaterra: não só Bengala, mas também o Canadá e grande parte das Pequenas Antilhas.
8. Citado em J. R. Ward, "The Industrial Revolution and British Imperialism, 1750–1850", *Economic History Review* 47, nº 1 (Fevereiro de 1994): 47.
9. Adam Smith, *An Inquiry into the Nature and Causes of the Wealth of Nations* (Chicago: University of Chicago Press, 1976), I: 82.
10. Ibid., II:33; Barber, 97.
11. Anthony Webster, "The Political Economy of Trade Liberalization: The East India Company Charter Act of 1813", *The Economic History Review* 43, nº 3 (Agosto de 1990): 404–419.
12. Jack Beeching, *The Chinese Opium Wars* (Nova York: Harcourt Brace Jovanovich, 1975), 51.
13. W. Travis Hanes III, *The Opium Wars* (Naperville IL: Sourcebooks, 2002), 13–19.
14. Hsin-pao, 9–10.
15. Greenberg, 86.
16. Ibid., 5.
17. Hsin-pao, 4.
18. Greenberg, 6, 8.
19. Karl Trocki, *Opium, Empire, and the Global Political Economy* (Londres: Routledge, 1999), 6, 14–21.
20. Hsin-pao, 16–17.
21. Trocki, 34.
22. Paul Johnson, *The Birth of the Modern* (Nova York: Harper Collins, 1991), 761–774; Hsin-pao, 95–96.
23. Greenberg, 110.
24. Robert Blake, *Jardine Matheson* (Londres: Weidenfeld & Nicholson, 1999), 44–45. A única exceção da abstenção da EIC de vendas diretas de ópio ocorreu em 1782, quando, devido à Guerra Espanhola, não chegaram produtos ou prata para pagar pelas exportações de chá, e o governador-geral de Bengala, Warren Hastings, autorizou o embarque de dois navios com ópio. Veja Greenberg, 108.
25. W. Somerset Maugham, *On a Chinese Screen* (Nova York: George H. Doran, 1922), 60–61.
26. R. K. Newman, "Opium Smoking in Late Imperial China: A Reconsideration", *Modern Asian Studies* 24, nº 4 (Outubro de 1995): 784.
27. Hsin-pao, 85–91.

28. A riqueza de Astor veio não só do comércio de peles, mas também do chá e do sândalo. No início do século XIX, um de seus navios transpacíficos carregou lenha nas Ilhas Sanduíche. Ao chegar em Cantão, o capitão ficou surpreso ao lhe oferecerem US$500 por tonelada dela. Astor conseguiu manter seu lucrativo segredo durante as duas décadas que levou para desmatar as ilhas e derrubar as árvores de sândalo antes de se mudar para uma propriedade em Manhattan. Veja Anônimo, "China and the Foreign Devils", *Bulletin of the Business Historical Society* 3, nº 6 (Novembro de 1929): 15.
29. Greenberg., 22–28.
30. Os números do comércio chinês são citados no principal meio de câmbio, dólares espanhóis. Um dólar chinês (uma peça de oito reais) equivalia a um dólar de prata dos EUA, e a uma taxa de câmbio de aproximadamente cinco dólares para uma libra esterlina.
31. Ibid., 96–97.
32. Greenberg, 36–41, 136–139.
33. Blake, 46.
34. Trocki, 103.
35. Basil Lubbock, *The Opium Clippers* (Glasgow: Brown, Son e Ferguson, 1933), 72–77.
36. Um brigue tem três mastros: um cordame de popa a proa, com um mastro de pano redondo no centro e outro na proa. O original *Prince de Neufchatel* era um bergantin, com apenas dois mastros, um na proa e outro na popa. Há outras trocas de mastros de popa a proa, entre os quais o barquentino, o brigue e a escuna, para citar alguns. Todas essas configurações poderiam ser ajustadas e montadas em um casco esguio e estreito para produzir um "clipper".
37. A primeira viagem triunfante do *Red Rover* foi seguida por muitos anos de tentativas e erros. Em 1826, Clifton havia se casado com a filha de François Vrignon, um bem-sucedido construtor de navios em Calcutá; o resultado foi uma desastrosa tentativa de usar uma combinação de barco a vapor e *clipper* para chegar à China. Mais ou menos na mesma época, um pequeno veleiro particular com projeto semelhante ao *clipper*, o *Falcon*, fez uma viagem mal-sucedida de Singapura à China. O primeiro navio a completar toda a viagem enfrentando as monções provavelmente foi a escuna do estilo de Baltimore *Dhaulle*, em 1827. Entretanto, ela era muito menor e mais lenta que o *Red Rover*, e só fez uma viagem. Veja Lubbock, 62–78; Blake, 54.
38. Devido à sua curta duração, hoje existe só um exemplo de um "*clipper* extremo", o famoso *Cutty Sark*, que estava em exibição em Greenwich até ser danificado pelo fogo em 2007.
39. Trocki, 106.
40. Jornalista anônimo do século XVIII, citado em "Behind the Mask", *Economist*, 18 de março de 2004.
41. Greenberg, 13.
42. Ibid., 112–113, 142.
43. Hsin-pao, 51–61.
44. Ibid., 62.
45. Ibid., 189–203; Veja também Hanes, 66–83. Mesmo na empresa havia dúvidas; em 1849, Donald Matheson demitiu-se da firma cofundada por seu tio em protesto contra o comércio. Ver Trocki, 163; e Peter Ward Fay, "The Opening of China", em Maggie Kes-

wick, ed., *The Thistle and the Jade* (Londres: Octopus, 1982), 66–67.

46. Edward Le Fevour, *Western Enterprise in Late Ching China* (Cambridge, MA: Harvard University Press, 1968), 13.
47. Trocki, 110–115.
48. Citado em *O Capital*, de Karl Marx (Nova York: International, 1967), 1:432. Essa passagem é, supostamente, de uma carta escrita pelo governador-geral em 1834, mas Marx provavelmente a redigiu. Um exame das cartas de Bentinck em 1834 e nos anos seguintes não mostra essa principal citação. As duas dramáticas e eloquentes frases, embora consistentes com a prosa ocasionalmente emotiva de Marx, são muito inconsistentes com o estilo sempre seco e comum de Bentinck. Veja C. H. Philips, ed., *The Correspondence of Lord William Cavendish Bentinck, Governor-General of India, 1828–1835*, 2 (Oxford: Oxford University Press, 1977); e Morris D. Morris, "Trends and Tendencies in Indian Economic History", em *Indian Economy in the Nineteenth Century: A Symposium* (Delhi: Hindustan, 1969): 165.
49. Jawaharlal Nehru, *The Discovery of India* (Calcutá: Signet, 1956): 316.
50. Colin Simmons, "'De-industrialization', Industrialization, and the Indian Economy, c. 1850–1947", *Modern Asian Studies* 19, nº 3 (Abril de 1985): 600.
51. B. R. Tomlinson, "The Economy of Modern India", *The New Cambridge History of India,* vol. 3, 3. (Cambridge: Cambridge University Press, 1993): 102.
52. Morris D. Morris, "Towards a Reinterpretation of Nineteenth-Century Indian Economic History", *Journal of Economic History* 23, nº 4 (Dezembro de 1963): 613.
53. Veja, por exemplo, Morris; Tomlinson; e Tirthankar Roy, "Economic History and Modern India: Redefining the Link", *Journal of Economic Perspectives* 16, nº 3 (Verão de 2002): 109–130.
54. Paul Bairoch, "European Trade Policy, 1815–1914", em Peter Mathias e Sidney Pollard, eds., *The Cambridge Economic History of Europe* (Cambridge: Cambridge University Press, 1989), VIII:109.
55. Jeffrey Williamson, tese, "De-Industrialization and Underdevelopment: A Comparative Assessment around the Periphery 1750–1939" (Dezembro de 2004): 15, acessado em http://www.economics.harvard.edu/faculty/jwilliam/papers/ DeIndEHW1204.pdf, Dezembro de 22, 2006.
56. Pesquisas econômicas recentes mostram uma ligação relativamente forte entre a duração do governo na Europa e seu subsequente progresso econômico; quanto mais longo o período de governo colonial, maior o PIB moderno da nação. Veja, por exemplo, James Freyer e Bruce Sacerdote, "Colonialism and Modern Income — Islands as Natural Experiments", Tese (Outubro de 2006), acessado em http://www.dartmouth.edu/~jfeyrer/islands.pdf, Dezembro de 22, 2006.
57. Computado de Donald Grove Barnes, *A History of the English Corn Laws* (Nova York: Aus M. Kelley, 1961): 295–296.
58. Com adições de Maddison, *The World Economy,* 95.
59. Ibid., 299–300; e S. Fairlie, "The Corn Laws Reconsidered", *Economic History Review* 18, nº 3 (1965): 563.

60. Barnes, 72–73. Isto não é muito diferente da recusa de norte-americanos do século XXI de dirigir automóveis energeticamente eficientes.
61. Ibid., 5–89.
62. David Weatherall, *David Ricardo, A Biography* (The Hague: Martinus Nijhoff, 1976), 1-3.
63. Ibid., 38–39; Veja também 69–71 para empréstimo Waterloo.
64. David Ricardo, *Principles of Political Economy and Taxation* (Londres: Dutton, 1911), 77–93; citação, 77.
65. De fato, John Stuart Mill descreveu o princípio com mais clareza em seu *Princípios de Economia Política,* com nome semelhante a outra obra sua, publicado uma geração mais tarde; e escritores anteriores dos séculos XVII e XVIII, incluindo Smith, Robert Torrens e Henry Martyn, tinham descrito o conceito em termos gerais. Mesmo assim, historiadores econômicos geralmente concedem uma posição de destaque para sua descrição matemática inovadora da natureza do ganha-ganha do livre comércio. Veja Irwin, 89–93.
66. Barnes 133–135, 177–179. A antipatia do ministro estrangeiro pela classe trabalhadora seria posteriormente imortalizada por Shelley depois do massacre de Peterloo em 1819: "Vi a morte no meio do caminho; ela tinha uma máscara como a de Castlereagh." ("A Máscara da Anarquia". Em inglês, "Castlereagh" e Anarchy" rimam.)
67. Weatherall, 101–106, 135–137.
68. Por mais de um século, houve um debate acalorado entre historiadores econômicos sobre se as Leis do Cereais realmente serviram para manter seus preços elevados e se a sua revogação fez os preços caírem. O consenso é de que parece ser "sim" para ambas as questões. Para um tratamento mais abrangente do tema, veja Fairlie, 562–575.
69. Joyce Marlow, *The Peterloo Massacre* (Londres: Panther, 1969), 53–54.
70. A lei de 1828 impôs uma taxa de 342/3 xelins quando o preço estava abaixo de 52 xelins, que caiu aos poucos para apenas um xelim quando o preço atingiu 72 xelins. Veja Barnes, 200–201.
71. Wendy Hinde, *Richard Cobden* (New Haven, CT: Yale University Press, 1987), 1–2.
72. Richard Cobden, *England, Ireland, and America* (Philadelphia: Institute for the Study of Human Issues, 1980), 94.
73. Ibid., 29. Este é um ponto que quase sempre é ignorado por proponentes da proteção: impor altas tarifas de importação e erguer barreiras tarifárias ao comércio eleva os preços das matérias-primas importadas para produção, encarecendo artigos produzidos domesticamente e, assim, tornando-os menos competitivos no estrangeiro.
74. Norman McCord, *The Anti-Corn Law League* (Londres: George Allen e Unwin, 1958), 34–36.
75. Johnson, 167.
76. Hinde, 50–52; quote, 51.
77. Ibid., 52.
78. Barnes, 254.
79. Henry Donaldson Jordan, "The Political Methods of the Anti-Corn Law League", *Political Science Quarterly* 42, nº 1 (Março de 1927): 66.
80. G. Kitson Clark, "The Repeal of the Corn Laws and the Politics of the Forties", *The Economic History Review* 4, nº 1 (1951): 5.

81. Jordan, 69–73. Se alguém calcular o retorno da propriedade em 6% ao ano, então isso computa um custo por voto de aproximadamente 33 libras (as 2 libras por ano da propriedade divididas por 0,06), dentro do orçamento da liga em um altamente contestado "distrito de bolso", onde uma dezena de votos facilmente decidem uma cadeira na Câmara dos Comuns.
82. Fay, 105.
83. Citado em Hinde, 147.
84. O leitor moderno encontrará semelhanças óbvias entre a piedosa preocupação da aristocracia latifundiária inglesa com as condições de trabalho nos moinhos do país e o do movimento da mão de obra norte-americana moderna com o tratamento dos trabalhadores no mundo em desenvolvimento. Muitos em ambos os lados da controvérsia da Lei dos Cereais pensavam, incorretamente como se descobriu, que proprietários de fábricas da Liga se beneficiariam do pão mais barato, que lhes permitiria pagar menos aos trabalhadores e, assim, obter lucros maiores. (Cobden, certo como sempre, compreendeu que o pão mais barato significava um padrão de vida mais elevado para os operários, não lucros maiores para os donos dos moinhos.) Uma canção popular dizia:

> Quem é essa turma barulhenta e entediada.
>
> Que deixa o pão barato às nossas vistas,
>
> E arranca mais lucros de nós?
>
> A Liga.
>
> Quem grita "Revogue a Maldita Lei dos Cereais",
>
> e alimentaria seus trabalhadores com palha.
>
> Com que eles lucram com as patas imundas?
>
> A Liga.
>
> Quem quer enganar o trabalhador,
>
> e mudar as empresas, se puderem,
>
> Com seu plano de autoengrandecimento?
>
> A Liga.

Citado em Hinde, 70.

85. Lord Ernle, *English Farming* (Chicago: Quadrangle, 1961), 274.
86. Fay, 98; Veja também Fairlie, 571.
87. Barnes, 274–276. Veja também Michael Lusztig, "Solving Peel's Puzzle: Repeal of the Corn Laws and Institutional Preservation", *Comparative Politics* 27, nº 4 (Julho de 1995): 400–401.
88. Hinde, 103–104, 135–168. Disraeli atacou Peel com acusações dignas de um romancista habilidoso: "Peel trabalhou com as ideias e a inteligência dos outros. Sua vida tem sido uma grande cláusula de apropriação. Ele é um ladrão de intelectos." Citado em Barnes, 278.
89. Na prática, "revogar" significava a redução drástica dos impostos até 1º de fevereiro de 1849, quando eles seriam ainda mais reduzidos, a um xelim por quarto. Após 1869, eles foram totalmente abolidos. Veja Ernle, 274.

90. Jeffrey G. Williamson, "The Impact of the Corn Laws Just Prior to Repeal", *Explorations in Economic History* 27 (1990): 127–129.
91. J. A. Hobson, *Richard Cobden, the International Man* (Londres: Ernest Benn, 1968), 248.
92. John Morley, *The Life of Richard Cobden* (Londres: T. Fisher Unwin, 1903), 721.
93. Charles Kindleberger, "The Rise of Free Trade in Western Europe, 1820–1875", *Journal of Economic History* 31, nº 1 (Março de 1975): 37–38.
94. Citado em Bairoch, 29–30.
95. Morley, 751. Gladstone era, nesse momento, o chanceler liberal (partido sucessor dos Whigs) do erário público.
96. Bairoch, "European trade policy, 1815–1914", 39–45.
97. Fay, 106; Barnes 291. Os principais fornecedores de grãos da Inglaterra antes de 1846, Polônia e Alemanha, também ficaram incapazes de se alimentar. Veja Fairlie, 568.

Capítulo 12

1. John Stuart Mill, *Principles of Political Economy* (Nova York: Appleton, 1888), 378,
2. Joseph Conrad, *The Mirror of the Sea* (Nova York: Doubleday, Page, 1924), 11–12.
3. O cobre tem uma densidade específica muito alta, pesando nove vezes seu volume em água. O minério de cobre é uma combinação de compostos que contém cobre e contaminantes minerais, quase todos mais leves que o cobre. Assim, quanto maior a quantidade de cobre no minério, mais pesado ele é.
4. Herbert V. Young, *They Came to Jerome* (Jerome, AZ: Jerome Historical Society, 1972), 17.
5. Ronald Roope, comunicação pessoal; Ronald Prain, *Copper* (Londres: Mining Journal Books, 1975), 17–18, 21–22.
6. W. O. Henderson, *Friedrich List* (Londres: Frank Cass, 1983), 68–75, 143–182.
7. A única exceção nas taxas de importação foi um breve período de altos lucros da venda de terras públicas durante os anos de 1830. Veja Mark Thornton e Robert B. Ekelund Jr.,*Tariffs, Blockades, and Inflation* (Wilmington, DE: Scholarly Resources, 2004), 13.
8. John G. Van Deusen, "Economic Bases of Disunion in South Carolina" (tese de Ph.D. , Columbia University, 1928), 182–183.
9. Os representantes da Nova Inglaterra defenderam a tarifa, embora por uma margem mais modesta, permitindo que a lei fosse aprovada. Veja Thornton e Ekelund, 19–20.
10. F. W. Taussig, *The Tariff History of the United States* (Nova York: Capricorn, 1964), 68–110. Veja também Donald J. Ratcliffe, "The Nullification Crisis, Southern Discontent, and the American Political Process", *American Nineteenth Century History* 1, nº 2 (Verão de 2000): 3–5.
11. William W. Freehling, *The Road to Disunion* (Oxford: Oxford University Press), I:256. A falácia do argumento de McDuffie é a de que os habitantes da Carolina do Sul gastaram só uma pequena parte de sua renda em bens

importados. Mesmo assim, permanece o fato de que o sul pagou para se proteger da indústria do norte, enquanto suas exportações não precisavam de nenhuma proteção.

12. Richard B. Latner, "The Nullification Crisis and Republican Subversion",*Journal of Southern History* 43, nº 1 (Fevereiro de 1977): 21.
13. Richard E. Ellis, *The Union at Risk* (Oxford: Oxford University Press, 1987), 46.
14. Ibid., 23, 33. Essa não foi a primeira vez em que a Carolina do Sul anulou uma lei federal. Em 1822, o estado aprovou a legislação exigindo a prisão de marinheiros negros estrangeiros que chegavam em seus portos, em direta contradição com a lei federal e com as obrigações do tratado com a Inglaterra. O governo federal, não querendo um confronto, optou por manter a lei e, assim, concedeu à Carolina do Sul o direito *de facto* de anulação. Veja Freehling, 254.
15. Ellis, 158–177.
16. Ratcliffe, 8, 22–23.
17. Reinhard H. Luthin, "Abraham Lincoln and the Tariff", *The American Historical Review* 49, nº 4 (Julho de 1944): 612, 622.
18. Lyon G. Tyler, "The South and Self-Determination", *William and Mary College Quarterly Historical Magazine* 27, nº 4 (Abril de 1919): 224.
19. John. L. Conger, "South Carolina and the Early Tariffs", *The Mississippi Valley Historical Review* 5, nº 4 (Março de 1919): 431–433.
20. Freehling, 272.
21. *Natchez Free Trader,* November 27, 1860, citado em P. L. Rainwater, "Economic Benefits of Secession: Opinions in Mississippi in the 1850s", *The Journal of Southern History* 1, nº 4 (Novembro de 1935): 470–471.
22. Recalculado de Paul Bairoch, "European Trade Policy, 1815–1914", 56, a um fator de conversão de inflação de 2007/1988 de 1,75.
23. F. Daniel Larkin, "Erie Canal Freight", *New York State Archives Time Machine,* http://www.archives.nysed.gov/projects/eriecanal/ErieEssay/ecf.html, acessado em 12 de fevereiro de 2007.
24. Veja David Landes, *The Unbound Prometheus* (Cambridge: Cambridge University Press, 1969), 251–259; e W. T. Jeans, *The Creators of the Age of Steel* (Nova York: Scribner, 1884), 29.
25. Charles K. Harley, "The Shift from Sailing Ships to Steamships, 1850–1890: A Study in Technological Change and Its Diffusion", in Donald N. McCloskey, ed., *Essays on a Mature Economy* (Princeton: Princeton University Press, 1971), 215–225.
26. Gerald S. Graham, "The Ascendancy of the Sailing Ship 1850–1885", *Economic History Review* 9, nº 1 (1956): 79.
27. Em um artigo posterior, Harley calculou que no final dos anos de 1860, o limite do vapor-vela estava entre 4.800 e 5.600 quilômetros, consideravelmente menos que os aproximadamente 11 mil quilômetros previstos neste modelo. Mesmo assim, a premissa básica afirma: melhorias de evolução em motor e projeto do casco aumentaram gradativamente o limite vapor-vela ao longo do século XIX. Veja C. Knick Harley, "Ocean Freight Rates and Productivity, 1740–1913: The Primacy of Mechanical Invention Reaffirmed", *Journal of*

Economic History 48, nº 4 (Dezembro de 1988): 863–864.

28. Conrad, 47–48. Ele pode não ter sido um observador totalmente desinteressado. Treinado em navios de madeira e comandante por pouco tempo, Conrad se viu sem emprego com a supremacia do navio a vapor e se dedicou a escrever. Assim, a era do vapor resultou não só em um comércio mais eficiente, mas também em uma melhor compreensão do "horror, o horror" do colonialismo.
29. Juan E. Oribe Stemmer, "Freight Rates in the Trade between Europe and South America, 1840–1914", *Journal of Latin American Studies* 21, nº 1 (Fevereiro de 1989): 44.
30. Extrapolado da tabela IV, Lewis R. Fischer e Helge W. Nordvik, "Maritime Transport and the Integration of the North Atlantic Economy, 1850–1914", em Wolfram Fischer et al., eds., *The Emergence of a World Economy 1500–1914* (Wiesbaden, Commissioned by Franz Steiner Verlag, 1986), II:531.
31. Harley, 221–225.
32. Calculado de Bairoch, 56.
33. Ronald W. Filante, "A Note on the Economic Viability of the Erie Canal", 1825–1860, *Business History Review* 48, nº 1 (Primavera de 1974): 100.
34. George G. Tunell, "The Diversion of the Flour and Grain Traffic from the Great Lakes to the Railroads", *Journal of Political Economy* 5, nº 3 (Junho de 1897): 340–361.
35. Gavin Weightman, *The Frozen Water Trade* (Nova York: Hyperion, 2003), 7, 71, 105–109, 127–143. Para uma descrição detalhada da invenção de Wyeth e ferramentas de coleta de gelo auxiliares, veja Oscar Edward Anderson Jr., *Refrigeration in America* (Princeton: Princeton University Press for the University of Cincinnati, 1953), 13–35.
36. Henry D. Thoreau, *Walden* (Boston: Houghton Mifflin, 1938), 329.
37. Weightman, 163, 207.
38. Anderson, 21–22, 50–52.
39. John H. White, *The Great Yellow Fleet* (São Marino, CA: Golden West, 1986), 11–13.
40. Weightman, 223–224.
41. James Troubridge Critchell e Joseph Raymond, *A History of the Frozen Meat Trade*, 2ª ed. (Londres: Constable, 1912), 25.
42. O lugar de destaque de transporte refrigerado artificial provavelmente pertence ao francês Charles Tellier, que em 1876–1877 embarcou carne resfriada no *Frigorifique*, um navio a vapor equipado com um aparelho compressor de amônia, de Buenos Aires a Rouen. Veja E. G. Jones, "The Argentine Re frigerated Meat Industry", *Economica* 26 (Junho de 1929): 160.
43. Critchell e Raymond, 3, 9, 26–29. Para uma discussão detalhada das vantagens relativas da carne refrigerada e congelada, veja Richard Perren, "The North American Beef and Cattle Trade with Great Britain, 1870–1914", *Economic History Review* 24, nº 3 (Agosto de 1971): 430–434.
44. "Coal Ammonia for Refrigeration", *Scientific American* LXIV (1891): 241.
45. Larry Tye, *The Father of Spin* (Nova York: Crown, 1998), 51–52.
46. Fischer e Nordvik, II:526.
47. Max Fletcher, "The Suez Canal and World Shipping, 1869–1914", *Journal of Economic History* 18, nº 4 (Dezembro de 1958): 556–573.

Capítulo 13

1. Cordell Hull, *International Trade and Domestic Prosperity* (Washington, DC: United States Government Printing Office, 1934), 5.
2. Joseph M. Jones Jr., *Tariff Retaliation* (Philadelphia: University of Pennsylvania Press, 1934), 74.
3. Ibid., 1931.
4. C. Knick Harley, "Transportation, the World Wheat Trade, and the Kuznets Cycle, 1850–1913", *Explorations in Economic History* 17, nº 3 (Julho de 1980): 223, 246–247.
5. C. P. Kindleberger, "Group Behavior and International Trade", *Journal of Political Economy* 59, nº 1 (Fevereiro de 1951): 31.
6. Kevin O'Rourke e Jeffrey G. Williamson, "Late Nineteenth Century Anglo-American Price Convergence: Were Heckscher and Ohlin Right?" *Journal of Economic History* 54, nº 4 (Dezembro de 1994): 900.
7. A. J. H. Latham e Larry Neal, "The International Market in Rice and Wheat, 1868–1914", *Economic History Review* 36, nº 2 (Maio de 1983): 260–280.
8. Aqui, o termo "arrendamentos" é usado livremente para significar o preço da terra, quando pago por uma hipoteca, por pagamento à vista ou com dinheiro de arrendamento.
9. Bertil Ohlin, *Interregional and International Trade* (Cambridge: Harvard University Press, 1957), 35–50; Eli Heckscher, "The Effect of Foreign Trade on the Distribution of Income", em *Readings in the Theory of International Trade* (Homewood IL: Irwin, 1950), 272–300. Para declarações mais resumidas do teorema, veja Ohlin, 35; e Heckscher, 287.
10. O'Rourke e Williamson, "Late Nineteenth Century Anglo-American Price Convergence: Were Nechscher and Ohlin Right?", 894–895, 908.
11. Jeffrey G. Williamson, "The Evolution of Global Labor Markets since 1830: Background Evidence and Hypotheses", *Explorations in Economic History* 32 (1995), 141–196; Kevin H. O'Rourke and Jeffrey G. Williamson, *Globalization and History* (Cambridge: MIT Press, 1999), 286.
12. Wolfgang F. Stolper e Paul Samuelson, "Protection and Real Wages", *Review of Economic Studies* 9, nº 1 (Novembro de 1941): 58–73. A descrição mais limitada do Teorema de Stolper-Samuelson é a seguinte: quando o preço relativo de um bem aumenta, o mesmo ocorrerá com o retorno do fator usado mais intensivamente em sua produção, e o retorno do fator menos usado cairá.
13. Isso se aplica em "mercados segmentados", isto é, onde o capital não flui facilmente além das fronteiras. Isso certamente não ocorre hoje.
14. Eugene Owen Golob, *The Méline Tariff* (Nova York: AMS, 1968), 22–23, 78–79; Angus Maddison, *The World Economy*, 95.
15. Golob, 83–85, 189–190.
16. Ibid., 245.
17. Kindleberger, "Group Behavior and International Trade", 32–33.
18. Douglas A. Irwin, "The Political Economy of Free Trade: Voting in the British General Election of 1906", *Journal of Law and Economics* 37, nº 1 (Abril de 1994): 75–108.

19. Einar Jensen, *Danish Agriculture* (Copenhagen: J. H. Schultz Forlag, 1937), 251, 315–334, Harald Faber, *Coperation in Danish Agriculture* (Nova York: Longmans, Green, 1937), 31–70, 105–106; Henry C. Taylor e Anne Dewees Taylor, *World Trade in Agricultural Products* (Nova York: Macmillan, 1943), 179; Alexander Gerschenkron, *Bread and Democracy in Germany* (Ithaca NY: Cornell University Press, 1989), 39.
20. O termo em si deriva de *jung Herr,* "jovem senhor".
21. Gerschenkron, 42.
22. Teoricamente, é possível que uma nação tenha abundância ou escassez relativa dos três fatores, mas se isso realmente ocorre na prática é discutível.
23. Gerschenkron, 3–80.
24. Karl Marx, *The Poverty of Philosophy* (Nova York: International Publishers, 1963), 224. Marx não entendeu: a história posterior do século XX provaria que a máxima húngara do comunismo é "a estada mais longa do capitalismo para o capitalismo". William D. Nordhaus, "Soviet Economic Reform: The Longest Road", *Brookings Papers on Economic Activity* 1990, nº 1 (1990): 287.
25. Nas páginas anteriores, adotei uma interpretação "ampla" controversa de Stolper-Samuelson oferecida por Rogowski em *Commerce and Coalitions* (Princeton: Princeton University Press, 1989), 1–60. Por um lado, a interpretação de Rogowski de Stolper-Samuelson ultrapassa seu modelo original de dois bens e dois fatores: veja Douglas A. Irwin, Review: [Untitled], *Journal of Economic History* 50, nº 2 (Junho de 1990): 509–510. Stolper e Samuelson reconheceram essa problema em seu trabalho original, observando que, embora possa ter havido casos extremos em que a maioria dos trabalhadores ficou em pior situação devido ao livre comércio, como na Austrália e nos Estados Unidos colonial, isso só ocorre raramente no mundo moderno: "Não é verdade que o trabalhador norte-americano hoje estaria em melhor situação se o comércio com, digamos, os trópicos, fosse eliminado, porque terras adequadas para cultivo de café, borracha e bananas são ainda mais escassas que a mão de obra." (Stolper e Samuelson, 73.) Por outro lado, a interpretação liberal de Rogowski de Stolper-Samuelson combina muito bem com os registros históricos, apesar de suas falhas teóricas. Veja O'Rourke e Williamson, *Globalization and History,* 109–110. Para mais detalhes da tese de Rogowski, veja Paul Midford, "International Trade and Domestic Politics: Improving on Rogowski's Model of Political Alignments", *International Organization* 47, nº 4 (Outono de 1993): 535–564. Além disso, ainda que mais trabalhadores não sejam, na média, prejudicados pelo livre comércio, pequenos grupos deles certamente o são. Mais importante, a maioria dos trabalhadores ou fazendeiros pode se comportar como *se* o comércio os prejudicasse, mesmo que isso não ocorra de verdade, como aconteceu com os camponeses no norte da Alemanha que induziram os junkers a apoiarem o protecionismo.
26. Valores reais, calculados de W. W. Rostow, *The World Economy* (Austin: University of Texas, 1978), 669; e Maddison, 361, 362.

27. Carolyn Rhodes, *Reciprocity, U.S. Trade Policy, and the GATT Regime* (Ithaca, NY: Cornell University Press, 1993), 23–45.
28. http://www.whitehouse.gov/history/presidents/hh31.html acessado 7 de março de 2007.
29. Colleen M. Callahan *et al.*, "Who Voted for Smoot-Hawley?" *Journal of Economic History* 54, nº 3 (Setembro de 1994): 683–684.
30. Charles P. Kindleberger, "Commercial Policy between the Wars", em Peter Mathias e Sidney Pollard, eds., *The Cambridge Economic History of Europe* (Cambridge: Cambridge University Press, 1989), VIII:170–171.
31. Jones, *Tariff Retaliation,* 40, 76–82, 105–109.
32. Cordell Hull, *The Memoirs of Cordell Hull* (Nova York: Macmillan, 1948), I:364–365.
33. Hull, *International Trade and Domestic Prosperity,* 2.
34. É difícil quantificar a exata dimensão da queda do comércio mundial. Paul Bairoch a calcula em 60% no valor e 35% no volume. Como esse foi um período de deflação significativa, o verdadeiro valor provavelmente é de dois dígitos. Veja Bairoch, *Economics and World History,* 9.
35. Maddison, *The World Economy,* 363; e *Monitoring the World Economy* (Paris: OECD, 1995), 182–183, 196.
36. Veja, por exemplo, Giorgio Basevi, "The Restrictive Effect of the U.S. Tariff and its Welfare Value", *American Economic Review* 58, nº 4 (Setembro de 1968): 851. Alguns observadores acham que o protecionismo realmente *elevou* a renda nacional em nações maiores, especialmente nos Estados Unidos e na Inglaterra. Veja John Conybeare, "Trade Wars: A Comparative Study of Anglo-Hanse, Franco-Italian, and Hawley-Smoot Conflicts", *World Politics*, 38, nº 1 (Outubro de 1985): 169–170; e Michael Kitson e Solomos Solomu, *Protectionism and Economic Revival: The British Interwar Economy* (Cambridge: Cambridge University Press, 1990), 100–102.
37. Douglas A. Irwin, "The Smoot-Hawley Tariff: A Quantitative Assessment", *Review of Economics and Statistics* 80, nº 2 (Maio de 1998): 326–334; Jakob B. Madsen, "Trade Barriers and the Collapse of World Trade during the Great Depres- sion", *Southern Economic Journal* 64, nº 4 (Abril de 2001): 848–868.
38. John Stuart Mill, *Principles of Political Economy,* 389–390.
39. J. B. Condliffe, *The Reconstruction of World Trade* (Nova York: Norton, 1940), 394.
40. Albert O. Hirschman, *National Power and the Structure of Foreign Trade* (Berkeley: University of California Press, 1980), 72–73.
41. *Proposals for the Expansion of World Trade and Employment,* United States Department of State Publication 2411, Novembro de 1945. O documento foi escrito por partes interessadas de vários departamentos do Governo sob a direção do assistente do secretário de Estado William Clayton. É somente um leve exagero considerar *Proposals* como o modelo da globalização moderna. É notável que seja tão pouco conhecido e difícil de acessar. Ele pode ser encontrado em http://www. efficient-frontier.com/files/proposals.pdf.
42. Ibid., 1.

43. Clair Wilcox, *A Charter for World Trade* (Nova York: Macmillan, 1949). Para a história da origem de *Proposals,* veja Wilcox, 21–24 e 38–40. Observe que durante metade do século passado os Estados Unidos deixaram de ser o maior país credor do mundo e se tornaram o maior devedor.
44. Rhodes, 46–77.
45. T. N. Srinivasan, *Developing Countries and the Multilateral Trading System* (Boulder, CO: Westview, 1998), 9–11; John H. Jackson, *The World Trading System,* 2ª ed. (Cambridge, MA: MIT Press, 1997), 36–38. O livro de Jackson é considerado pela maioria dos estudiosos o texto "padrão" em língua inglesa sobre os fundamentos legais e institucionais do moderno sistema de comércio.
46. Mancur Olson, *The Logic of Collective Action* (Cambridge, MA: Harvard University Press, 1965).
47. Bairoch, *Economics and World History,* 26.
48. Harley, "Ocean Freight Rates and Productivity, 1740–1913: The Primacy of Mechanical Invention Reaffirmed", 861.
49. Marc Levinson, *The Box* (Princeton: Princeton University Press, 2006), 7–53; Mark Rosenstein, "The Rise of Containerization in the Port of Oakland", Nova York Univerity master's thesis, 2000, 23–31, http://www.apparent-wind.com/mbr/ maritime-writings/thesis.pdf, acessado em 13 de março de 2007. Ambas as fontes são agradáveis e bem escritas; a tese de Rosenstein é a mais equilibrada, legível e barata das duas.
50. Rogowski, 100–101; citação, 121. O protecionista Patrick Buchanan e William Clinton, apoiador do NAFTA, são exceções.
51. T. N. Srinivasan, "Developing Countries in the World Trading System: From GATT, 1947, to the Third Ministerial Meeting of WTO, 1999", *World Economy* 22, nº 8 (1999): 1052.
52. Jane Mayer e Jose de Cordoba, "Sweet Life: First Family of Sugar is Tough on Workers, Generous to Politicians", *The Wall Street Journal* (29 de julho de 1991), A1.
53. Tecnicamente, esses pagamentos são "empréstimos" do Departamento de Agricultura garantidos pela colheita dos produtores. Os "emprestadores" podem escolher a qualquer momento quando saldar o "empréstimo" com açúcar, trigo, algodão, milho ou arroz com valor duas ou três vezes maior que o de mercado. O que, claro, eles sempre escolhem fazer.
54. "Sugar Program: Supporting Sugar Prices Has Increased Users' Costs While Benefiting Producers", General Accounting Office GAO/RCED-00-126 (Junho de 2000).
55. Timothy P. Carney, *The Big Ripoff* (Nova York: Wiley, 2006), 56–61.
56. Mary Anastasia O'Grady, "Americas: Clinton's Sugar Daddy Games Now Threaten NAFTA's Future", *The Wall Street Journal* (Dezembro de 20, 2002), A15.
57. Uma discussão da história dos "acordos" relevantes do GATT na agricultura e têxteis — o Acordo de Curto Prazo de Têxteis de Algodão, o Arranjo de Longo Prazo sobre o Comércio Internacional em Têxteis de Algodão, o Arranjo Multifibras e o Acordo da Rodada Uruguai de Agricultura — está muito além do alcance deste livro. Para uma excelente pesqui-

sa sobre o tema, veja John H. Barton *et al.*, *The Evolution of the Trade Regime* (Princeton: Princeton University Press, 2006), 92–108.

58. Scott Miller e Marc Champion, "At WTO Talks, Stances Are Hardening", *The Wall Street Journal* (27 de janeiro de 2006), A7; Scott Kilman e Roger Thurow, "Politics and Economics, U.S. Farm-Subsidy Cuts a Long Shot as Doha Falters", *The Wall Street Journal* (26 de julho de 2006), A10; Bernard K. Gordon, "Doha Aground", *The Wall Street Journal* (26 de julho de 2006), A14.
59. United States Department of Agriculture, "Food Spending in Relation to Income", *Food Cost Review, 1950–97,* http://www.ers.usda.gov/Publications/AER780/, acessado em 23 de Março de 2007; "Food Remains a Bargain for Oregon and U.S. Consumers", Oregon Department of Agriculture, http://www.oregon.gov/ODA/news/060719spending.shtml, acessado em 23 de março de 2007.

Capítulo 14

1. Stolper e Samuelson, 73.
2. Norm Stamper, "A Good Cop Wasted", excerpted in *Seattle Weekly* (1º de junho de 2005).
3. Citado em Jean-Paul Rodrigue, "Straits, Passages, and Chokepoints: A Mari-time Geostrategy of Petroleum Distribution", *Les Cahiers de Géographie du Québec* 48, nº 135 (Dezembro de 2004): 357.
4. "The Tanker War, 1984–1987", de *Iraq,* Library of Congress Studies, acessado em http://lcweb2.loc.gov/cgi-bin/query/r?frd/cstdy:@field(DOCID+iq0105), 26 de março de 2007.
5. Yüksel Inan, "The Current Regime of the Turkish Straits", *Perceptions: Journal of International Affairs* 6, nº 1 (Março–maio de 2001), acessado at http:// www.sam.gov.tr/perceptions/Volume6/Março-Maio de 2001/inan06.PDF.
6. Veja Rodrigue; veja também Donna J. Nincic, "Sea Lane Security and U.S. Maritime Trade: Chokepoints as Scarce Resources", em Sam J. Tangredi, ed., *Globalization and Maritime Power* (Washington, DC: National Defense University Press, 2002), 143–169.
7. Jessie C. Carman, "Economic and Strategic Implications of Ice-Free Arctic Seas", em *Globalization and Maritime Power,* 171–188.
8. Patrick J. Buchanan, *The Great Betrayal* (Boston: Little, Brown, 1998), 224.
9. Bairoch, *Economics and World History,* 47–55, 135–138.
10. Mark Bils, "Tariff Protection and Production in the Early U.S. Cotton Textile Industry", *The Journal of Economic History,* 44, nº 4 (Dezembro de 1984): 1041, 1045.
11. Kevin O' Rourke, "Tariffs and Growth in the Late 19th Century", *The Economic Journal* 110 (Abril de 2000): 456–683; citação, 473. Os trabalhos de O'Rourke e Bils representam uma literatura muito mais ampla.
12. Kitson e Solomu, 102.
13. J. Bradford DeLong, "Trade Policy and America's Standard of Living: An Historical Perspective", tese, 1995.

14. Edward F. Denison, *Why Growth Rates Differ* (Washington DC: Brookings Institution, 1967), 260–263.
15. Jeffrey D. Sachs e Andrew Warner, "Economic Reform and the Process of Global Integration", *Brookings Papers on Economic Activity* 1995, nº 1 (1995): A dificuldade central em tentar avaliar o impacto do livre comércio na economia é chamada de problema de "endogeneidade". Isto é, como o crescimento econômico é um potente impulsionador do comércio, provar um efeito na direção oposta torna-se altamente problemático. Como disse Douglas Irwin, a análise simplista de Bairoch e Buchanan "está na dúbia suposição de que se pode julgar um regime de comércio simplesmente com o exame do crescimento econômico que ocorre em determinado tempo. Um problema importante com essa abordagem é que os efeitos da política de comércio no crescimento provavelmente são abafados por outros fatores". Douglas A. Irwin, "Tariffs and Growth in Late Nineteenth Century America", artigo preliminar, junho de 2000. Recentemente, os economistas criaram ferramentas estatísticas de ponta nessa busca, principalmente as "variáveis instrumentais" como localização geográfica para desenredar esses efeitos. Essas técnicas confirmaram e estenderam o trabalho de Sachs e Warner. Para uma amostra dessa literatura, veja O'Rourke, 456; Alan M. Taylor, "On the Costs of Inward-Looking Development: Price Distortions, Growth, and Divergence in Latin America", *The Journal of Economic History* 58, nº 1 (Março de 1998): 1–28; Nicholas Crafts, "Globalization and Growth in the Twentieth Century", IMF Working Paper WP/00/44; Douglas A. Irwin e Marko Terviö, "Does Trade Raise Income? Evidence from the Twentieth Century", *Journal of International Economics* 58 (2002): 1–18; Jeffrey A. Frankel and David Romer, "Does Trade Cause Growth?" *The American Economic Review* 89, nº 3 (Junho de 1999): 379–399; Sebastian Edwards, "Openness, Productivity, and Growth: What Do We Really Know?" *The Economic Journal* 108, nº 447 (Março de 1998): 383–398.
16. O termo "clube de convergência" foi originalmente criado pelo economista William Baumol. Veja William J. Baumol, "Productivity Growth, Convergence, and Welfare: What the Long-Run Data Show", *The American Economic Review* 76, nº 5 (Dezembro de 1986): 1079.
17. Maddison, *The World Economy*, 363.
18. Denison, 262.
19. Os que buscam uma citação precisa dessa frase famosa terão dificuldades. O sentimento permeia os escritos de Bastiat sobre comércio, mas nunca é tão sucintamente declarado. Essas frases podem ser obra de Cordell Hull, que gostava de citar Bastiat. Veja Hull, *The Memoirs of Cordell Hull*, I:363–365.
20. Steven Pinker, "A History of Violence", *New Republic* (19 de Março de 2007); World Health Organization, http://www.who.int/whr/2004/annex/topic/en/annex_ 2_en.pdf, acessado em 28 de março de 2007.
21. United States Census Bureau, "Historical Income Tables—People", http://www.census.gov/hhes/www/income/histinc/p05ar.html, acessado em 3 de abril de 2007.
22. Henry S. Farber, "What do we know about job loss in the United States?

Evidence from the Displaced Workers Survey, 1984–2004", tese, 2006. Veja também Peter Gottschalk *et al.*, "The Growth of Earnings Instability in the U.S. Labor Market", *Brookings Papers on Economic Activity* 1994, nº 2 (1994): 217–272. Para uma exposição geral da crescente desigualdade e instabilidade profissional nos Estados Unidos, veja Jacob Hacker, *The Great Risk Shift* (Nova York: Oxford University Press, 2006). Veja também Jackie Calmes, "Despite Buoyant Economic Times, Americans Don't Buy Free Trade", *The Wall Street Journal* (10 de dezembro de 1998), A10. A palavra-chave aqui é "relativamente"; os Estados Unidos têm *relativamente* mais trabalhadores especializados do que o resto do mundo, e têm *relativamente* menos não especializados.

23. Susan Chun Zhu e Daniel Trefler, "Trade and inequality in developing countries: a general equilibrium analysis", *Journal of International Economics* 65 (2005): 21–48.
24. Katheryn Gigler, comunicação pessoal. Veja também "Secrets, Lies, and Sweatshops", *Business Week* (27 de novembro de 2006).
25. Ashley S. Timmer e Jeffrey G. Williamson, "Immigration Policy Prior to the 1930s: Labor Markets, Policy Interactions, and Globalization Backlash", *Population and Development Review* 21, nº 4 (Dezembro de 1998): 739–771.
26. *Human Development Report, 2006* (Nova York: United Nations, 2006), 335–338.
27. Alberto Alesina e Roberto Perotti, "Income Distribution, Political Instability, and Investment", *European Economic Review* 40 (1996): 1203–1228.
28. Geoffrey Garrett, "Global Markets and National Politics: Collision Course or Virtuous Cycle?" *International Organization* 52, nº 4 (Outono de 1998): 798.
29. Veja Michael Kremer, "The O-Ring Theory of Economic Development",- *The Quarterly Journal of Economics* 108, nº 3 (Agosto de 1993): 551–575.
30. Veja Adrian Wood Cristóbal Ridao-Cano, "Skill, Trade, and International Inequality", tese; e Paul Krugman, "Growing World Trade: Causes and Consequences", *Brookings Papers on Economic Activity* 1995, nº 1 (1995): 327–377. Para um ótimo sumário dessa área controversa, veja Ethan B. Kapstein, "Review: Winners and Losers in the Global Economy", *International Organization* 54, nº 2 (Primavera de 2000): 359–384. Para um processo de 100 passos com uma taxa de 99% de sucesso cada um, a probabilidade geral de sucesso é de 0,995100, ou 61%. A uma taxa de sucesso de 95% para cada passo, a probabilidade de sucesso geral é de 0,95100, ou 0.6%.
31. Daniel Trefler, comunicação pessoal. Veja também Daniel Trefler, "The Long and Short of the Canada-U.S. Free Trade Agreement", *American Economic Review* 94, nº 4 (Setembro de 2004): 888.
32. *Westminster Review* (Abril de 1825), 400–401. O artigo é anônimo; a autoria de Mill é identificada em Frank W. Fetter, "Economic Articles in the Westminster Review and Their Authors", 1824–1851, *The Journal of Political Economy* 70, nº 6 (Dezembro de 1962): 584.

33. Jagdish Bhagwati, *In Defense of Globalization* (Oxford: Oxford University Press, 2004), 234.
34. Ibid.
35. Daniel Trefler, "Trade Liberalization and the Theory of Endogenous Protection: An Econometric Study of U.S. Import Policy", *Journal of Political Economy* 101, nº 1 (Fevereiro de 1993): 157.
36. Dani Rodrik, *Has Globalization Gone Too Far?* (Washington, D.C.: Institute for International Economics, 1997), 5–7.
37. Ibid., 79.
38. Paul A. Samuelson, "Where Ricardo and Mill Rebut and Confirm Arguments of Mainstream Economists Supporting Globalization", *The Journal of Economic Perspectives,* 18, nº 3 (Verão de 2004): 137. Para uma ótima entrevista de rádio com o professor Samuelson sobre o tema, veja http://www.onpointradio.org/shows/2004/09/20040927_b_main.asp. Como esperado, o artigo de Samuelson causou controvérsia significativa entre os economistas, sendo que nem todos concordam com a relevância e precisão de seu modelo. Para críticas mais convincentes, veja Jagdish Bhagwati *et al.*, "The Muddle over Outsourcing", *Economic Perspectives* 18, nº 4 (Outono de 2004): 93– 114.
39. Samuelson, 142.
40. Rodrik, 54.
41. *The Oxford Dictionary of Quotes,* 3ª ed. (Oxford: Oxford University Press, 1979), 150.

BIBLIOGRAFIA

Abdurachman, Paramita R. "'Niachile Pokaraga': A Sad Story of a Moluccan Queen", *Modern Asian Studies* 22, nº 3 (1988, edição especial): 571–592.

Abu-Lughod, Janet. *Before European Hegemony* (Oxford: Oxford University Press, 1989).

Acemoglu, Daron *et al.* "Reversal of Fortune: Geography and Institutions and the Making of the Modern World Income Distribution", *Quarterly Journal of Economics* 117 (Novembro de 2002): 1231–1294.

Adlington, William, trad. *The Golden Ass of Apuleius* (Nova York: AMS, 1967). Ahmad, S. Maqbul, ed., *Arabic Classical Accounts of India and China* (Shimla: Indian Institute of Advanced Study, 1989).

Alesina, Alberto e Roberto Perotti. "Income Distribution, Political Instability, and Investment", *European Economic Review* 40 (1996): 1203–1228.

Andaya, Leonard Y. *The World of Maluku* (Honolulu: University of Hawaii Press, 1993).

Anderson, Oscar Edward Jr. *Refrigeration in America* (Princeton: Princeton University Press for University of Cincinnati, 1953).

Anonymous. "Behind the Mask", *Economist* (18 de março de 2004).

Anonymous. "China and the Foreign Devils", *Bulletin of the Business Historical Society* 3, nº 6 (Novembro de 1929): 15.

Anonymous. "Coal Ammonia for Refrigeration", *Scientific American* 64 (1891): 241. Armstrong, Karen, *Muhammad* (Nova York: Harper San Francisco, 1993).

Ashton, T. W.. *The Industrial Revolution, 1760–1830* (Oxford: Oxford University Press, 1967).

Ashtor, E. "Profits from Trade with the Levant in the Fifteenth Century", *Bulletin of the School of Oriental and African Studies* 38 (1975): 250–275.

Aubert, Maria Eugenia. *The Phoenicians and the West*, 2nd ed. (Cambridge: Cambridge University Press, 2001).

Ayalon, David. "The Circassians in the Mamluk Kingdom", *Journal of the American Oriental Society* 69 (Julho–setembro de 1949): 135–147.

______. *The Mamluk Military Society* (Londres: Variorum Reprints, 1979). Ayalon, David. "Studies on the Structure of the Mamluk Army — I", *Bulletin of the School of Oriental and African Studies, University of London* 15 (1953): 203–228.

Bachhuber, Christoph. "Aspects of Late Helladic Sea Trade". *Tese de mestrado*, Texas A&M University (Dezembro de 2003).

Bairoch, Paul. *Economics and World History* (Chicago: University of Chicago Press, 1993).

______. "European Trade Policy, 1815–1914". Em Peter Mathias e Sidney Pollard, eds. *The Cambridge Economic History of Europe*, vol. 8 (Cambridge: Cambridge University Press, 1989).

Barber, William J. *British Economic Thought and India, 1600–1858* (Oxford: Clarendon, 1975).

Barnes, Donald Grove. *A History of the English Corn Laws* (Nova York: AgostousM. Kelley, 1961).

Barton, John H. *et al. The Evolution of the Trade Regime* (Princeton: Princeton University Press, 2006).

Basevi, Giorgio. "The Restrictive Effect of the U.S. Tariff and Its Welfare Value", *The American Economic Review* 58, nº 4 (Setembro de 1968): 840–852.

Bastin, John. "The Changing Balance of the Southeast Asian Pepper Trade". Em M. N. Pearson, ed. *Spices in the Indian Ocean World* (Aldershot: Variorum, 1996). Baumol, William J. "Productivity Growth, Convergence, and Welfare: What the Long-Run Data Show", *American Economic Review* 76, nº 5 (Dezembro de 1986): 1072–1085.

Beeching, Jack. *The Chinese Opium Wars* (Nova York: Harcourt Brace Jovanovich, 1975).

Beja-Pereira, Albano [et al]., "African Origins of the Domestic Donkey", *Science* 304 (18 de junho de 2004): 1781–1782.

Bernstein, Peter L. *The Wedding of the Waters* (Nova York: Norton, 2005).

Bernstein, William J. *The Birth of Plenty* (Nova York: McGraw-Hill, 2004)

Bhagwati, Jagdish. *In Defense of Globalization* (Oxford: Oxford University Press,2004).

______ *et al.* "The Muddle over Outsourcing", *Economic Perspectives* 18, nº 4 (Outono de 2004): 93–114.

Bils, Mark. "Tariff Protection and Production in the Early U.S. Cotton Textile Industry". *Journal of Economic History* 44, nº 4 (Dezembro de 1984): 1033–1045.

Blake, Robert. *Jardine Matheson* (Londres: Weidenfeld and Nicholson, 1999.

Boorstin, Daniel. *Hidden History* (Nova York: Harper and Row, 1987).

Bouchon, Genevieve e Denys Lombard. "The Indian Ocean in the Fifteenth Century". Em Ashin Das Gupta e M. N. Pearson, eds. *India and the Indian Ocean 1500–1800* (Calcutta: Oxford University Press, 1987).

Boxer, Charles R. *The Dutch Seaborne Empire* (Nova York: Penguin, 1988).

______. *The Great Ship from Amacon* (Lisboa: Centro de Estudos Históricos Ultramarinos, 1959).

______. *Jan Compagnie in Japan, 1600–1850* (The Hague: Nijhoff, 1950).

______. "A Note on Portuguese Reactions to the Revival of the Red Sea Spice Trade and the Rise of Atjeh, 1540–1600", *Journal of Southeast AsianHistory* 10 (1969): 415–428.

______. *The Portuguese Seaborne Empire* (Nova York: Knopf, 1969).

Braudel, Fernand. *Capitalism and Material Life 1400–1800* (Nova York: Harper and Row, 1967).

Brierly, Joanna Hall. *Spices* (Kuala Lumpur: Oxford University Press, 1994).

Buchanan, Patrick J. *The Great Betrayal* (Boston: Little, Brown, 1998).

Bulliet, Richard W. *The Camel and the Wheel* (Nova York: Columbia University Press, 1990).

Burnell, Arthur Coke, ed. *The Voyage of John Huyghen van Linschoten to the East Indies* (Nova York: Burt Franklin, 1885).

Burton, Richard F., trans. *The Book of the Thousand Nights and a Night,* vol. 6 (Londres: Burton Club, 1900).

Butel, Paul. *The Atlantic* (Londres: Routledge, 1999).

Callahan, Colleen M. *et al.* "Who Voted for Smoot-Hawley?" *Journal of Economic History* 54, nº 3 (Setembro de 1994): 683–690.

Calmes, Jackie. "Despite Buoyant Economic Times, Americans Don't Buy Free Trade". *The Wall Street Journal* (10 de Dezembro de 1998).

Carapace, Ian. Review of Roman Coins from India (Paula J. Turner), *Classical Review* 41 (Janeiro de 1991): 264–265.

Carman, Jessie C. "Economic and Strategic Implications of Ice-Free Arctic Seas". Em *Globalization and Maritime Power* (Washington, DC: National Defense University Press, 2002).

Carney, Timothy P. *The Big Ripoff* (Nova York: Wiley, 2006).

Chau Ju-Kua *et al.*, ed. e trad. (Nova York: Paragon, 1966).

Chaudhuri, K. N. *Trade and Civilization in the Indian Ocean* (Nova Delhi: Munshiram Manoharlal, 1985).

Chaudhuri, K. N. *The Trading World of Asia and the English East India Company* (Cambridge: Cambridge University Press, 1978).

Cherry, George L. "The Development of the English Free-Trade Movement in Parliament, 1689–1702", *The Journal of Modern History* 25, nº 2 (Junho de 1953): 103–119.

Christie, A. B. *et al.* "Plague in Camels and Goats: Their Role in Human Epidemics", *Journal of Infectious Disease* 141, nº 6 (Junho de 1980): 724–726.

Churchill, Ellen Semple. "Geographic Factors in the Ancient Mediterranean Grain Trade", *Annals of the Association of American Geographers* 11 (1921): 47–74.
Clark, G. Kitson. "The Repeal of the Corn Laws and the Politics of the Forties", *The Economic History Review* 4, nº 1 (1951): 1–13.

Clayton, William. *Proposals for the Expansion of World Trade and Employment*, United States Department of State Publication 2411 (Novembro de 1945).

Cochran, Gregory, Jason Hardy e Henry Harpending. "Natural History of Ashkenazi Intelligence", *Journal of Biosocial Science* 36, nº 5 (Setembro de 2006): 659–693.

Coleman, William. *Yellow Fever in the North* (Madison: University of Wisconsin Press, 1987).

Collis, Maurice. *Foreign Mud* (Nova York: New Directions, 2002).

Condliffe, J. B. *The Reconstruction of World Trade* (Nova York: Norton, 1940.

Conger, John L. "South Carolina and the Early Tariffs", *The Mississippi ValleyHistorical Review* 5, nº 4 (Março de 1919): 415–433.

Conrad, Joseph. *The Mirror of the Sea* (Nova York: Doubleday, Page, 1924.

Conybeare, John. "Trade Wars: A Comparative Study of Anglo-Hanse, Franco-Italian, and Hawley-Smoot Conflicts", *World Politics* 38, nº 1 (Outubro de 1985): 147–172.

Crafts, Nicholas. "Globalization and Growth in the Twentieth Century", IMF artigo WP/00/44.

Crawford, H. E. W. "Mesopotamia's Invisible Exports in the Third Millennium BC", *World Archaeology* 5 (Outubro de 1973): 232–241.

Critchell, James Troubridge e Joseph Raymond. *A History of the Frozen Meat Trade*, 2ª ed. (Londres: Constable, 1912).

Crosby, Alfred W. *The Columbian Exchange* (Westport, CT: Greenwood, 1973.

Curtin, Philip D. "Africa and the Wider Monetary World, 1250–1850". Em J. F. Richards, ed. *Precious Metals in the Later and Early Modern Worlds* (Durham, NC: Carolina Academic Press, 1983).

______. *The Atlantic Slave Trade* (Madison: University of Wisconsin Press, 1969).

______. *The Rise and Fall of the Plantation Complex*, 2ª ed. (Cambridge: Cambridge University Press, 1998).

Dalby, Andrew. *Dangerous Tastes* (Berkeley: University of California Press, 2000.

Dash, Mike. *Batavia's Graveyard* (Nova York: Crown, 2002).

Davenant, Charles. *Essay on the East-India Trade* (Londres: Impresso para o Autor, 1696).

Davis, David Brion. "Impact of the French and Haitian Revolutions". Em David P. Geggus, ed. *The Impact of the Haitian Revolution in the Atlantic World* (Columbia: University of South Carolina Press, 2001).

______. *Inhuman Bondage* (Oxford: Oxford University Press, 2006).

______. *Slavery and Human Progress* (Oxford: Oxford University Press,1984).

de La Roque, Jean. *A voyage to Arabia fœlix through the Eastern Ocean and the Streights of the Red-Sea, being the first made by the French in the years 1708, 1709, and 1710* (Londres: Impresso para James Hodges, 1742).

DeLong, J. Bradford. "Trade Policy and America's Standard of Living: An Historical Perspective", artigo, 1995.

de Moraes Farias, P. F. "Silent Trade: Myth and Historical Evidence", *History in Africa* 1 (1974): 9–24.

De Rachewiltz, Igor. *Papal Envoys to the Great Khans* (Londres: Faber and Faber, 1971).

De Villehardouin, Geffroi e Jean, Sire de Joinville. *Memoirs of the Crusades*, FrankT. Marzials, trad. (Nova York: Dutton, 1958).

De Vries, Jan e Ad Van Der Woude. *The First Modern Economy* (Cambridge: Cambridge University Press, 1997).

Deane, Phyllis. *The First Industrial Revolution* (Cambridge: Cambridge University Press, 1981).

Defoe's Review (Nova York: Columbia University Press, 1938).

Defremery, C. e B. R. Sanguinetti. *Voyages d'Ibn Battuta* (Paris: 1979).

Denison, Edward F. *Why Growth Rates Differ* (Washington DC: Brookings Institution, 1967).

Derry, T. K. e Trevor I. Williams. *A Short History of Technology* (Nova York: Dover, 1993).

Diamond, Jared. *Guns, Germs, and Steel* (Nova York: Norton, 1999).

Disney, A. R. *Twilight of the Pepper Empire* (Cambridge, MA: Harvard University Press, 1978).

Dixon, J. E. *et al.*, "Obsidian and the Origins of Trade", *Scientific American* 218 (Março de 1968): 38–46.

Dols, Michael W. *The Black Death in the Middle East* (Princeton: Princeton University Press, 1977).

Douglas, Audrey W. "Cotton Textiles in England: The East India Company's Attempt to Exploit Developments in Fashion 1660–1721", *Journal of British Studies* 8, nº 2 (Maio de 1969): 28–43.

Dubois, Laurent. *Avengers of the New World* (Cambridge, MA: Harvard University Press, 2004).

Dubs, Homer H. e Robert H. Smith. "Chinese in Mexico City in 1635", *The Far Eastern Quarterly* 1, nº 4 (Agosto de 1942): 387–389.

Dunn, Richard S. *Sugar and Slaves* (Chapel Hill: University of North Carolina Press, 1972).

Dunn, Ross E. *The Adventures of Ibn Battuta* (Berkeley: University of California Press, 1989).

Durand, Dana B. Review of *Precursori di Colombo? Il tentativo di viaggio transoceanio dei genovesi fratelli Vivaldi nel 1291* by Alberto Magnaghi, *Geographical Review* 26, nº 3 (Julho de 1936): 525–526.

Eccles, W. J. *France in America* (East Lansing: Michigan State University Press, 1990).

Edens, Christopher. "Dynamics of Trade in the Ancient Mesopotamian 'World System'", *American Anthropologist* 94 (Março de 1992): 118–139.

Edwards, Sebastian. "Openness, Productivity, and Growth: What Do We Really Know?" *Economic Journal* 108, nº 447 (Março de 1998): 383–398.

Ehrenkreutz, Andrew. "Strategic Implications of the Slave Trade between Genoa and Mamluk Egypt in the Second Half of the Thirteenth Century". Em A. L. Udovitch, ed. *The Islamic Middle East, 700–1900* (Princeton: Darwin, 1981).

Ellis, Richard E. *The Union at Risk* (Oxford: Oxford University Press, 1987).

Elmers, Detlev. "The Beginnings of Boatbuilding in Central Europe". Em *The Earliest Ships* (Annapolis, MD: Naval Institute Press, 1996).

Eltis, David. *The Rise of African Slavery in the Americas* (Cambridge: Cambridge University Press, 2000).

______. "The Volume and Structure of the Transatlantic Slave Trade: A Reassessment", *The William And Mary Quarterly* 58, nº 1 (Janeiro de 2001): 17–46.

______ e David Richardson. "Prices of African Slaves Newly Arrived in the Americas, 1673–1865: New Evidence on Long-Run Trends and Regional Differentials". Em David Eltis, ed. *Slavery in the Development of the Americas* (Cambridge: Cambridge University Press, 2004).

Ernle, Lord. *English Farming* (Chicago: Quadrangle, 1961).

Estensen, Miriam. *Discovery, the Quest of the Great South Land* (Nova York: St. Martin's, 1998).

Evans, Allan. Review of *Genova marinara nel duecento: Benedetto Zaccaria, ammiraglio e mercante, Speculum* 11, nº 3 (Julho de 1936): 417.

Faber, Harald. *Co-Operation in Danish Agriculture* (Nova York: Longmans, Green, 1937).

Fairbank, John K. "The Creation of the Treaty System". Em John K. Fairbank, ed., *The Cambridge History of China* (Cambridge: Cambridge University Press, 1978).

Fairlie, S. "The Corn Laws Reconsidered", *Economic History Review* 18, nº 3 (1965): 562–575.

Farber, Henry S. "What do we know about job loss in the United States? Evidence from the Displaced Workers Survey, 1984–2004", artigo, 2006.

Fay, Peter Ward. "The Opening of China". Em Maggie Keswick, ed. *The Thistle and the Jade* (Londres: Octopus, 1982).

Fernández-Armesto, Felipe. *Columbus* (Oxford: Oxford University Press, 1991).

Fetter, Frank W., "Economic Articles in the Westminister Review and Their Authors,1824–1851", *The Journal of Political Economy* 70, nº 6 (Dezembro de 1962): 570–596.

Filante, Ronald W. "A Note on the Economic Viability of the Erie Canal, 1825–1860", *The Business History Review* 48, nº 1 (Primavera de 1974): 95–102.

Finlay, Robert. "How Not to (Re)Write World History: Gavin Menzies and the Chinese Discovery of America", *Journal of World History* 15, nº 2 (Junho de 2004): 229–242.

Fischel, Walter J. "The Spice Trade in Mamluk Egypt", *Journal of Economic and Social History of the Orient* 1 (Agosto de 1957): 161–173.

Fischer, Lewis R. e Helge W. Nordvik. "Maritime Transport and the Integration of the North Atlantic Economy, 1850–1914". Em Wolfram Fischer *et al.*, eds., *The Emergence of a World Economy 1500–1914*, vol. 2, (Wiesbaden: Commissioned by Franz Steiner Verlag, 1986).

Fisher, Irving. *The Theory of Interest* (Philadelphia: Porcupine, 1977).

Fletcher, Max. "The Suez Canal and World Shipping, 1869–1914", *The Journal of Economic History* 18, nº 4 (Dezembro de 1958): 556–573.

Flynn, Dennis e Arturo Giráldez. "Path Dependence, Time Lags, and the Birth of Globalization: A Critique of O'Rourke and Williamson", *European Review of Economic History* 8 (Abril de 2004): 81–108.

Food and Agriculture Organization of the United Nations, em http://www.fao.org/AG/AGAInfo/commissions/docs/greece04/App40.pdf.

Frankel, Jeffrey A. e David Romer. "Does Trade Cause Growth?", *American Economic Review* 89, nº 3 (Junho de 1999): 379–399.

Freehling, William W.. *The Road to Disunion* vol. 1. (Oxford: Oxford University Press).

Freyer, James e Bruce Sacerdote. "Colonialism and Modern Income — Islands as Natural Experiments", working paper (Outubro de 2006), http://www.dartmouth.edu/~jfeyrer/islands.pdf, acessado em 22 de dezembro de 2006.

Friedman, Thomas L. *The World Is Flat* (Nova York: Farrar, Straus and Giroux, 2005).

Galloway, J. H. "The Mediterranean Sugar Industry", *Geographical Review* 67, nº 2 (Abril de 1977): 177–194.

Garrett, Geoffrey. "Global Markets and National Politics: Collision Course or Virtuous Cycle?" *International Organization* 52, nº 4 (Outono de 1998): 787–824.

General Accounting Office. "Sugar Program: Supporting Sugar Prices Has Increased Users' Costs While Benefiting Producers", General Accounting Office GAO/RCED-00-126 (Junho de 2000).

Gerschenkron, Alexander. *Bread and Democracy in Germany* (Ithaca, NY: Cornell University Press, 1989).

Gilliam, J. F. "The Plague under Marcus Aurelius", *American Journal of Philology*82, nº 3 (Julho de 1961): 225–251.

Glamann, Kristof. *Dutch-Asiatic Trade 1620–1740* ('s-Gravenhage, Netherlands: Martinus Nijhoff, 1981).

Goitein, S. D. *A Mediterranean Society* (Berkeley: University of California Press, 1967).

Goitein, S. D. "New Light on the Beginnings of the Karim Merchants", *Journal of Economic and Social History of the Orient* 1 (Agosto de 1957): 175–184.

Golob, Eugene Owen. *The Méline Tariff* (Nova York: AMS, 1968).

Gordon, Bernard K. "Doha Aground", *The Wall Street Journal* (26 de Julho de 2006).

Gottschalk, Peter *et al.* "The Growth of Earnings Instability in the U.S. Labor Market", *Brookings Papers on Economic Activity* 1994, nº 2 (1994): 217–272.

Graham, Gerald S. "The Ascendancy of the Sailing Ship 1850–1885", *The Economic History Review* 9, nº 1 (1956): 74–88.

Grant, William L. "Canada versus Guadeloupe, an Episode in the Seven Years' War", *American Historical Review* 17, nº 4 (Julho de 1912): 735–743.

Green, Jeremy N. "The wreck of the Dutch East Indiaman the *Vergulde Draek*, 1656", *International Journal of Nautical Archaeology and Underwater Exploration* 2, nº 2 (1973): 267–289.

Greenberg, Michael. *British Trade and the Opening of China* (Cambridge: Cambridge University Press, 1969).

Greenlee, William Brooks, trans. *The Voyage of Pedro Álvares Cabral to Brazil and India* (Londres: Hakluyt Society, 1938).

Groom, Nigel. *Frankincense and Myrrh* (Beirute: Librairie du Liban, 1981).

Hacker, Jacob. *The Great Risk Shift* (Nova York: Oxford University Press, 2006).

Hadley, Leila. *A Journey with Elsa Cloud* (Nova York: Penguin, 1998).

Hamilton, Earl J. "American Treasure and the Rise of Capitalism", *Economica* 27 (Novembro de 1929): 338–357.

Hanes, W. Travis, III. *The Opium Wars* (Naperville, IL: Sourcebooks, 2002).

Hanson, Victor Davis. *The Other Greeks* (Berkeley: University of California Press, 1999).

Harden, Donald. *The Phoenicians* (Nova York: Praeger, 1962).

Harding, C. H. *The Buccaneers in the West Indies in the XVII Century* (Hamden, CT: Archon, 1966).

Harler, C. R. *The Culture and Marketing of Tea*, 2ª ed. (Londres: Oxford University Press, 1958).

Harley, C. Knick. "Ocean Freight Rates and Productivity, 1740–1913: The Primacy of Mechanical Invention Reaffirmed", *The Journal of Economic History* 48, nº 4 (Dezembro de 1988): 851–876.

______. "The Shift from sailing ships to steamships, 1850–1890: a study in technological change and its diffusion". Em Donald N. McCloskey, ed. *Essays on a Mature Economy* (Princeton: Princeton University Press, 1971).

______. "Transportation, the World Wheat Trade, and the Kuznets Cycle, 1850–1913", *Explorations in Economic History* 17, nº 3 (Julho de 1980): 218–250.

Hartwell, Robert. "Markets, Technology, and the Structure of Enterprise in the Development of the Eleventh-Century Chinese Iron and Steel Industry", *The Journal of Economic History* 26, nº 1 (Março de 1966): 29–58.

Hattox, Ralph S. *Coffee and Coffeehouses* (Seattle: University of Washington Press, 1988).

Hawkes, Jacquetta. *The First Great Civilizations: Life in Mesopotamia, the Indus Valley, and Egypt* (Nova York: Knopf, 1973).

Heckscher, Eli. "The Effect of Foreign Trade on the Distribution of Income". Em *Readings in the Theory of International Trade* (Homewood, IL: Irwin, 1950).

Heeres, J. E. *Het Aandeel der Nederlanders in de Ontdekking van Australië 1606–1765* (Leiden: Boekhandel en Drukkerij Voorheen E. J. Brill, 1899).

Henderson, W. O. *Friedrich List* (Londres: Frank Cass, 1983).

Herodotus. *The Histories* (Baltimore: Penguin, 1968).

Heyerdahl, Thor. "Feasible Ocean Routes to and from the Americas in Pre-Columbian Times", *American Antiquity* 28, nº 4 (Abril de 1963): 482–488.

Hinde, Wendy. *Richard Cobden* (New Haven, CT: Yale University Press, 1987).

Hippocrates. *Of the Epidemics*, I:1, http://classics.mit.edu/Hippocrates/epidemics.1.i.html, acessado em 23 de dezembro de 2005.

Hirschman, Albert O. *National Power and the Structure of Foreign Trade* (Berkeley: University of California Press, 1980).

Hirth, Friedrich. "The Mystery of Fu-lin", *Journal of the American Oriental Society*33 (1913): 193–208.

Hobhouse, Henry. *Seeds of Change* (Nova York: Harper and Row, 1986).

Hobsbawm, E. J. *Industry and Empire*, rev. ed. (Londres: Penguin, 1990).

______. "The Machine Breakers", *Past and Present* 1 (Fevereiro de 1952): 57–70.

Hobson, J. A. *Richard Cobden, the International Man* (Londres: Ernest Benn, 1968).

Homer, Sidney e Richard Sylla. *A History of Interest Rates* (New Brunswick, NJ: Rutgers University Press, 1996).

Horrox, Rosemary. *The Black Death* (Manchester: Manchester University Press, 1994).

Hourani, George F. e John Carswell. *Arab Seafaring* (Princeton: Princeton University Press, 1995).

Hovén, Bengt E. "Ninth-Century Dirham Hoards from Sweden", *Journal of Baltic Studies* 13, nº 3 (Outono de 1982): 202–219.

Howe, Sonia E. *In Quest of Spices* (Londres: Herbert Jenkins, 1946).

Hsin-pao, Chan. *Commissioner Lin and the Opium War* (Nova York: Norton, 1964).

Hudson, Geoffrey. "The Medieval Trade of China". Em D. S. Richards, ed. *Islam and the Trade of Asia* (Philadelphia: University of Pennsylvania Press, 1970).

Hull, Cordell. *International Trade and Domestic Prosperity* (Washington D.C.: U.S. Government Printing Office, 1934).

______. *The Memoirs of Cordell Hull* (Nova York: Macmillan, 1948).

Ibn Battuta. *The Travels of Ibn Battuta* (Mineola, NY: Dover, 2004).

Ibn Khaldun. *The Muqaddimah (An Introduction to History)*, trad. Franz Rosenthal (Nova York: Pantheon, 1958).
Ibn Khurdadhbih. "Al-Masalik Wa'l-Mamalik" ("Roads and Kingdoms"). Em *Arabic Classical Accounts of India and China* (Shimla: Indian Institute of Advanced Study, 1989).
Ibn Shahriyar, Burzug. *The Book of the Marvels of India,* trad. Marcel Devic (Nova York: Dial, 1929).
Irwin, Douglas A. *Against the Tide* (Princeton: Princeton University Press, 1996).
______. "The Political Economy of Free Trade: Voting in the British General Election of 1906", *The Journal of Law and Economics* 37, nº 1 (Abril de 1994): 75–108.
______. Review [Untitled], *Journal of Economic History* 50, nº 2 (Junho de 1990): 509–510.
______. "The Smoot-Hawley Tariff: A Quantitative Assessment", *The Review of Economics and Statistics* 8, nº 2 (Maio de 1998): 326–334.
______ e Marko Terviö. "Does Trade Raise Income? Evidence from the Twentieth Century", *Journal of International Economics* 58 (2002): 1–18.
Israel, Jonathan I. *Dutch Primacy in World Trade, 1585–1740* (Oxford: Clarendon,1989).
Inan, Yüksel. "The Current Regime of the Turkish Straits", *Perceptions: Journal of International Affairs* 6, nº 1 (Março–maio de 2001), http://www.sam .gov.tr/perceptions/Volume6/Março-Maio de 2001/inan06.PDF.
Jane, Cecil. *Select Documents Illustrating the Four Voyages of Christopher Columbus* (London: Hakluyt Society, 1930).
Jeans, W. T. *The Creators of the Age of Steel* (Nova York: Scribner, 1884).
Jensen, Einar. *Danish Agriculture* (Copenhagen: J. H. Schultz Forlag, 1937).
Jerome, Norge W. e James M. Weiffenbach, eds. *Taste and Development: the genesis of sweet preference* (Washington D.C.: National Institutes of Health, 1974).
Jett, Stephen. *Crossing Ancient Oceans* (Nova York: Springer, 2006).
Johnson, Paul. *The Birth of the Modern* (Nova York: HarperCollins, 1991).
Jones, E. G. "The Argentine Refrigerated Meat Industry", *Economica* 26 (Junho de 1929): 157–172.
Jones, Joseph M., Jr. *Tariff Retaliation* (Philadelphia: University of Pennsylvania Press, 1934).
Jordan, Henry Donaldson. "The Political Methods of the Anti-Corn Law League", *Political Science Quarterly* 42, nº 1 (Março de 1927): 58–76.
Joyner, Tim. *Magellan* (Camden, ME: International Marine, 1992).
Kagan, Donald. *The Peloponnesian War* (Nova York: Viking, 2003).
Kapstein, Ethan B. "Review: Winners and Losers in the Global Economy", *International Organization* 54, nº 2 (Primavera, 2000): 359–384.

Kedar, B. Z. *Merchants in Crisis* (New Haven, CT: Yale University Press, 1976).

Keynes, John Maynard. *The General Theory of Employment Interest and Money* (Nova York: Harcourt, 1936).

Kilman, Scott e Roger Thurow. "Politics & Economics, U.S. Farm-Subsidy Cuts a Long Shot as Doha Falters", *The Wall Street Journal* (26 de julho de 2006).

Kindleberger, Charles P. "Commercial Policy between the Wars". Em Peter Mathias e Sidney Pollard, eds. *The Cambridge Economic History of Europe* vol. 8 (Cambridge: Cambridge University Press, 1989).

_____. "Group Behavior and International Trade", *The Journal of Political Economy* 59, nº 1 (Fevereiro de 1951): 30–46.

_____. "The Rise of Free Trade in Western Europe, 1820–1875", *The Journal of Economic History* 31, nº 1 (Março de 1975): 20–55.

Kitson, Michael e Solomos Solomu. *Protectionism and economic revival: the British interwar economy* (Cambridge: Cambridge University Press, 1990).

Krugman, Paul. "Growing World Trade: Causes and Consequences", *Brookings Papers on Economic Activity,* 1995:1 (1995): 327–377.

Labib, Subhi Y. "Capitalism in Medieval Islam", *Journal of Economic History* 29, nº 1 (Março de 1969): 79–96.

Landes, David. *The Unbound Prometheus* (Cambridge: Cambridge University Press, 1969).

Lane, Frederic C. "The Mediterranean Spice Trade: Further Evidence of Its Revival in the Sixteenth Century", *American Historical Review* 45, nº 3 (Abril de 1940): 581–590.

_____. "Venetian Shipping during the Commercial Revolution", *American Historical Review* 38, nº 2 (Janeiro de 1933): 219–239.

_____. *Venice: A Maritime Republic* (Baltimore: Johns Hopkins University Press, 1973).

Larkin, F. Daniel. "Erie Canal Freight", *The Nova York State Archives Time Machine,* http://www.archives.nysed.gov/projects/eriecanal/ErieEssay/ecf.html, acessado em 12 de fevereiro de 2007.

Latham, A. J. H. e Larry Neal. "The International Market in Rice and Wheat, 1868–1914", *The Economic History Review* 36, nº 2 (Maio de 1983): 260–280.

Latner, Richard B. "The Nullification Crisis and Republican Subversion", *The Journal of Southern History* 43, nº 1 (Fevereiro de 1977): 19–38.

Le Fevour, Edward. *Western Enterprise in Late Ching China* (Cambridge, MA: Harvard University Press, 1968).

Lee, Samuel, trad. *The Travels of Ibn Battuta* (Mineola, NY: Dover, 2004).

Lemire, Beverly. *Fashion's Favourite* (Oxford: Oxford University Press, 1991).

Levathes, Louise. *When China Ruled the Seas* (Oxford: Oxford University Press,1994).

Levinson, Marc. *The Box* (Princeton: Princeton University Press, 2006).

Leyburn, James G. *The Haitian People* (New Haven, CT: Yale University Press, 1966).

Library of Congress Studies. "The Tanker War, 1984–1987", from *Iraq*, http://lcweb2.loc.gov/cgi-bin/query/r?frd/cstdy:@field(DOCID+iq0105), acessado em 26 de março de 2007.

Ligon, Richard. *A True & Exact History of the Island of Barbadoes* (Londres: Peter Parker, 1673).

Liss, David. *The Coffee Trader* (Nova York: Random House, 2003).

Lopez, Robert Sabatino. "European Merchants in the Medieval Indies: The Evidence of Commercial Documents", *Journal of Economic History* 3 (Novembro de 1943): 164–184.

Loth, Vincent C. "Armed Incidents and Unpaid Bills: Anglo-Dutch Rivalry in the Banda Islands in the Seventeenth Century", *Modern Asian Studies* 29, nº 4 (Outubro de 1995): 705–740.

Lubbock, Basil. *The Opium Clippers* (Glasgow: Brown, Son e Ferguson, 1933).

Lusztig, Michael. "Solving Peel's Puzzle: Repeal of the Corn Laws and Institutional Preservation", *Comparative Politics* 27, nº 4 (Julho de 1995): 393–408.

Luthin, Reinhard H. "Abraham Lincoln and the Tariff", *The American Historical Review* 49, nº 4 (Julho de 1944): 609–621.

Ma Huan. *Ying-Yai Sheng-Lan* (Cambridge: Cambridge University Press for Hakluyt Society, 1970).

Maddison, Angus. *Monitoring the World Economy* (Paris: OECD, 1995).

______. *The World Economy: A Millennial Perspective* (Paris: OECD,2001).

Madsen, Jakob B. "Trade Barriers and the Collapse of World Trade during the Great Depression", *Southern Economic Journal* 67, nº 4 (Abril de 2001): 848–868.

Marlow, Joyce. *The Peterloo Massacre* (Londres: Panther, 1969).

Martyn, Henry. *Considerations on the East India Trade* (Londres: Impresso para J. Roberts, 1701). Reprodução fotográfica em J. R. McCullouch, *Early English Tracts on Commerce* (Cambridge: Cambridge University Press, 1970).

Marx, Karl. *Capital*, vol 1. (Nova York: International, 1967).

______. *The Poverty of Philosophy* (Nova York: International, 1963).

Maugham, W. Somerset. *On a Chinese Screen* (Nova York: George H. Doran, 1922).

Mayer, Jane e Jose de Cordoba. "Sweet Life: First Family of Sugar Is Tough on Workers, Generous to Politicians", *Wall Street Journal* (29 de Julho, 1991).

McCord, Norman. *The Anti-Corn Law League* (Londres: George Allen and Unwin, 1958).

McCusker, John. J. *Money and Exchange in Europe and America, 1600–1775* (Chapel Hill: University of North Carolina Press, 1978).

McKendrick, N., "Josiah Wedgwood: An Eighteenth-Century Entrepreneur in Salesmanship and Marketing Techniques", *Economic History Review* 12, no. 3 (1960): 408–433.

McKendrick, Neil, John Brewer e J. H. Plumb. *The Birth of a Consumer Society* (Londres: Europa, 1982).

McNeill, William H. *Plagues and Peoples* (Nova York: Anchor, 1998).

Meilink-Roelofsz, M. A. P. *Asian Trade and European Influence in the Indonesian Archipelago Between 1500 and About 1630* (The Hague: Martinus Nijhoff, 1962).

Mellars, Paul. "The Impossible Coincidence: A Single-Species Model for the Origins of Modern Human Behavior in Europe", *Evolutionary Anthropology* 14, nº 1 (Fevereiro de 2005): 12–27.

Menzies, Gavin. *1421: The Year China Discovered America* (Nova York: Morrow, 2003).

Midford, Paul. "International Trade and Domestic Politics: Improving on Rogowski's Model of Political Alignments", *International Organization* 47, nº 4 (Autumn 1993): 535–564.

Mill, John Stuart. "The Corn Laws", *Westminster Review* (Abril de 1825).

______. *Principles of Political Economy* (Nova York: Appleton, 1888).

Miller, Scott e Marc Champion. "At WTO Talks, Stances are Hardening", *TheWall Street Journal* (27 de janeiro de 2006).

Mintz, Sidney W. *Sweetness and Power* (Nova York: Penguin, 1986).

Mody, Jehangir R. P. *Jamsetjee Jeejeebhoy* (Bombaim: R.M.D.C. Press, 1959).

Moreland, M. H. "The Ships of the Arabian Sea around AD 1500", *Journal of the Royal Asiatic Society of Great Britain and Ireland* (Janeiro de 1939): 63–74.

Morison, Samuel Eliot. *Admiral of the Ocean Sea* (Boston: Little, Brown, 1970).

Morley, John. *The Life of Richard Cobden* (London: T. Fisher Unwin, 1903).

Morris, Morris D. "Towards a Reinterpretation of Nineteenth-Century Indian Economic History", *Journal of Economic History* 23, nº 4 (Dezembro de 1963): 606–618.

Muhly, James D. "Sources of Tin and the Beginnings of Bronze Metallurgy", *American Journal of Archaeology* 89 (Abril de 1985): 275–291.

Mukherjee, Ramkrishna. *The Rise and Fall of the East India Company* (Berlim: VEB Deutscher Verlag der Wissenshaften, 1958).

Mun, Thomas. *England's Treasure by Foreign Trade.* Em Leonard D. Abbot, ed. *Masterworks of Economics* (Nova York: McGraw-Hill, 1973).

Needham, Joseph. *Science and Civilization in China,* vol. 4 (Cambridge: Cambridge University Press, 1971).

Nehru, Jawaharlal. *The Discovery of India* (Calcurá: Signet, 1956).

Neustadt (Ayalon), David. "The Plague and Its Effects upon the Mamluk Army", *Journal of the Royal Asiatic Society* (1946): 67–73.

Newman, R. K. "Opium Smoking in Late Imperial China: A Reconsideration", *Modern Asian Studies* 29, nº 4 (Outubro de 1995): 765–794.

Nincic, Donna J. "Sea Lane Security and U.S. Maritime Trade: Chokepoints as Scarce Resources". Em Sam J. Tangredi, ed. *Globalization and Maritime Power* (Washington, DC: National Defense University Press, 2002).

Nordhaus, William D. "Soviet Economic Reform: The Longest Road", *Brookings Papers on Economic Activity* 1990, nº 1 (1990).

North, Douglass C. e Barry R. Weingast. "Constitutions and Commitment: The Evolution of Institutional Governing Public Choice in Seventeenth-Century England", *The Journal of Economic History* 49 (Dezembro de 1989): 808–832.

Nowell, Charles E. "The Historical Prester John", *Speculum* 28, nº 3 (Julho de 1953):434–445.

O'Connell, Robert L. *Soul of the Sword* (Nova York: Free Press, 2002).

O'Grady, Mary Anastasia. "Americas: Clinton's Sugar Daddy Games Now Threaten NAFTA's Future", *The Wall Street Journal* (20 de dezembro de 2002).

Ohlin, Bertil. *Interregional and International Trade* (Cambridge: Harvard University Press, 1957).

Olson, Mancur. *The Logic of Collective Action* (Cambridge: Harvard University Press, 1965).

Oppenheim, A. L. "The Seafaring Merchants of Ur", *Journal of the American Oriental Society* 74, nº. 1 (Janeiro–março de 1954): 6–17.

Oregon Department of Agriculture. "Food remains a bargain for Oregon and U.S. consumers", http://www.oregon.gov/ODA/news/060719spending.shtml, acessado em 23 de março de 2007.

O'Rourke, Kevin. "Tariffs and Growth in the Late 19th Century", *The Economic Journal* 110, nº 463 (Abril de 2000): 456–483.

_____ e Jeffrey G. Williamson. *Globalization and History* (Cambridge, MA: MIT Press, 1999).

_____ e Jeffrey G. Williamson. "Late Nineteenth Century Anglo-American Price Convergence: Were Heckscher and Ohlin Right?" *The Journal of Economic History* 54, nº 4 (Dezembro de 1994): 892–916.

The Oxford Dictionary of Quotes, 3ª ed., (Oxford: Oxford University Press, 1979).

Page, T. E. *et al.*, eds. *The Scriptores Historiae Agostoae* (Cambridge, MA: Harvard University Press, 1940).

Paquette, Robert L. "Revolutionary Saint Domingue in the Making of Territorial Louisiana". Em David Gaspar e David Geggus, eds. *A Turbulent Time* (Indianápolis: Indiana University Press).

Parry, J. H. Review of "Friar Andrés de Uraneta, O.S.A", *Hispanic American Historical Review* 47, nº 2 (Maio de 1967): 262.

Patterson, Orlando. *Freedom* (Nova York: Basic Books, 1991).

Pearson, M. N. "India and the Indian Ocean in the Sixteenth Century". Em Ashin Das Gupta e M. N. Pearson, eds. *India and the Indian Ocean 1500–1800* (Calcutá: Oxford University Press, 1987).

______. "Introduction I: The Subject". Em Ashin Das Gupta e M. N. Pearson, eds. *India and the Indian Ocean 1500–1800* (Calcutá: Oxford University Press, 1987).

______. *The New Cambridge History of India* (Cambridge: Cambridge University Press, 1987).

Penzer, N. M., ed., e John Frampton, trad. *The Most Noble and Famous Travels of Marco Polo Together with the Travels of Nicolo de' Conti* (Londres: Adam e Charles Black, 1937).

Perren, Richard. "The North American Beef and Cattle Trade with Great Britain, 1870– 1914", *The Economic History Review* 24, nº 3 (Agosto de 1971): 430–444.

Pinker, Steven. "We're Getting Nicer Every Day", *The New Republic* (Março de 20, 2007).

Pipes, Daniel. *Slave Soldiers and Islam* (New Haven, CT: Yale University Press, 1981).

Pires, Tomé. *The Suma Oriental of Tomé Pires and The Book of Francisco Rodrigues*, ed. Armando Cortesão (Glasgow: Robert Maclohose, 1944), 1.

Pliny. *Natural History* vol. 4 (Bury St. Edmunds: St. Edmundsbury, 1968).

Prain, Ronald. *Copper* (Londres: Mining Journal Books, 1975).

Prakash, Om. "European Commercial Enterprise in Precolonial Europe", em *The New Cambridge History of India,* vol. 2, nº 5 (Cambridge: Cambridge University Press, 1998).

Procopius. *The History of the Persian Wars*, II:16, de *The History of the Warres of the Emperour Justinian* (Londres: Impresso para Humphrey Moseley, 1653).

Rabino, Joseph. "The Statistical Story of the Suez Canal", *Journal of the Royal Statistical Society* 50, nº 3 (Setembro de 1887): 495–546.

Rainwater, P. L. "Economic Benefits of Secession: Opinions in Mississippi in the 1850s", *The Journal of Southern History* 1, nº 4 (Novembro de 1935): 459–474.

Ramsay, G. G., trad. *Juvenal and Perseus* (Cambridge, MA: Harvard UniversityPress, 1945).

Ratcliffe, Donald J. "The Nullification Crisis, Southern Discontent, and the Ameri- can Political Process", *American Nineteenth Century History* 1, nº 2 (Verão de 2000): 1–30.

Ravenstein, E. G., ed. *A Journal of the First Voyage of Vasco da Gama* (Londres: Hakluyt Society, 1898).

Raymond, Robert. *Out of the Fiery Furnace* (University Park: The Pennsylvania State University Press, 1968).

Redmount, Carol A. "The Wadi Tumilat and the 'Canal of the Pharaohs'", *Journal of Near Eastern Studies* 54, nº 2 (Abril de 1995): 127–135.

Rees, Ronald. *King Copper* (Cardiff: University of Wales Press, 2000).

Reischauer, Edwin O. "Notes on T'ang Dynasty Sea Routes", *Harvard Journal ofAsiatic Studies* 5 (Junho 1940): 142–164.

Renfrew, Colin. "Trade and Culture Process in European History", *Current Anthropology* 10 (Abril–junho 1969): 151–169.

Rhodes, Carolyn. *Reciprocity, U.S. Trade Policy, and the GATT Regime* (Ithaca, NY: Cornell University Press, 1993).

Ricardo, David. *The Principles of Political Economy & Taxation* (Londres: Dutton, 1911).

Risso, Patricia. *Merchants of Faith* (Boulder, CO: Westview, 1995).

Rodinson, Maxime. *Mohammed* (Nova York: Pantheon, 1971).

Rodrigue, Jean-Paul. "Straits, Passages, and Chokepoints: A Maritime Geostrategy of Petroleum Distribution", *Les Cahiers de Géographie du Québec* 48, nº 135 (Dezembro de 2004): 357–374.

Rodrik, Dani. *Has Globalization Gone Too Far?* (Washington D.C.: Institute for International Economics, 1997).

Rogowski, Ronald. *Commerce and Coalitions* (Princeton: Princeton University Press, 1989).

Rosenstein, Mark. "The Rise of Containerization in the Port of Oakland", Nova York University master's thesis (2000), 23–31, http://www.apparent-wind.com/mbr/maritime-writings/thesis.pdf, acessado em 13 de março, 2007.

Rostow, W. W. *The World Economy* (Austin: University of Texas, 1978).

Roy, Tirthankar. "Economic History and Modern India: Redefining the Link", *The Journal of Economic Perspectives* 16, nº 3 (Verão de 2002): 109–130.

Russell, Josiah C. "That Earlier Plague", *Demography* 5, nº 1 (1968): 174–184.

Rustichello, *The Travels of Marco Polo* (Nova York: Signet, 2004).

Sachs, Jeffrey D. e Andrew Warner. "Economic Reform and the Process of Global Integration", *Brookings Papers on Economic Activity* 1995, nº 1 (1995): 1–118.

Samuelson, Paul A. "Where Ricardo and Mill Rebut and Confirm Arguments of Mainstream Economists Supporting Globalization", *The Journal of Economic Perspectives* 18, nº 3 (Verão de 2004): 135–146.

Sarna, Jonathan D. "American Jewish History", *Modern Judaism* 10, nº 3 (Outubro de 1990): 343–365.

Saunders, J. J. *The History of Medieval Islam* (Nova York: Barnes & Noble, Inc., 1965).

Sawyer, P. H. e R. H. Hilton. "Technical Determinism: The Stirrup and the Plough", *Past and Present* 24 (Abril de 1963): 90–100.

Schafer, Edward H. *The Golden Peaches of Samarkand* (Los Angeles: University of California Press, 1963).

Schlesinger, Arthur Meier. "The Uprising against the East India Company", *Political Science Quarterly* 32, nº 1 (Março de 1917): 60–79.

Schurz, William Lytle. "Mexico, Peru, and the Manila Galleon", *The American Historical Review* 1, nº 4 (Novembro de 1918): 389–402.

Schwartz, Stuart B. *Tropical Babylons* (Chapel Hill: University of North Carolina Press, 2004).

Scott, Philippa. *The Book of Silk* (Londres: Thames and Hudson, 1993).

Serjeant, Robert B. *The Portuguese off the South Arabian Coast: Hadrami Chronicles* (Oxford: Clarendon, 1963).

Silverberg, Robert. *In the Realm of Prester John* (Garden City, NY: Doubleday, 1972).

Simmons, Colin. "'De-Industrialization', Industrialization, and the Indian Economy, c. 1850–1947", *Modern Asian Studies* 19, nº 3 (Abril de 1985): 593–622.

Simpson, Donald. "The Treasure in the Vergulde Draek: A Sample of V. O. C. Bullion Exports in the 17th Century", *The Great Circle* 2, nº 1 (Abril de 1980): 13–17.

Smith, Adam. *An Inquiry into the Nature and Causes of the Wealth of Nations* (Chicago: University of Chicago Press, 1976).

Srinivasan, T. N. "Developing Countries in the World Trading System: From GATT, 1947, to the Third Ministerial Meeting of WTO, 1999", *World Economy* 22, nº 8 (1999): 1047–1064.

Stamper, Norm. "A Good Cop Wasted", extraído de *Seattle Weekly* (1º de junho de 2005).

Steensgaard, Niels. *The Asian Trade Revolution of the Seventeenth Century* (Chicago: University of Chicago Press, 1974).

Stein, Gil J. *Rethinking World Systems* (Tucson: University of Arizona Press, 1999).

Stemmer, Juan E. Oribe. "Freight Rates in the Trade between Europe and South America, 1840–1914", *Journal of Latin American Studies* 21, nº 1 (Fevereiro de 1989): 23–59.

Stern, Horace. "The First Jewish Settlers in America: Their Struggle for Religious Freedom", *The Jewish Quarterly Review* 45, nº 4 (Abril de 1955): 289–296.

Stolper, Wolfgang F. e Paul Samuelson. "Protection and Real Wages", *The Review of Economic Studies* 9, nº 1 (Novembro de 1941): 58–73.

Subrahmanyam, Sanjay. *The Career and Legend of Vasco da Gama* (Cambridge: Cambridge University Press, 1997).

Tadman, Michael. "The Demographic Cost of Sugar: Debates on Slave Societies and Natural Increase in the Americas", *The American Historical Review* 105, nº 5 (Dezembro de 2000): 1534–1575.

Taussig, F. W. *The Tariff History of the United States* (Nova York: Capricorn, 1964).

Taylor, Alan M. "On the Costs of Inward-Looking Development: Price Distortions, Growth, and Divergence in Latin America", *The Journal of Economic History* 58, nº 1 (Março de 1998): 1–28.

Taylor, George Rogers. *The Transportation Revolution* (Nova York: Harper and Row, 1951).

Taylor, Henry C. e Anne Dewees Taylor. *World Trade in Agricultural Products* (Nova York: Macmillan, 1943).

Theophrastus, T. E. Page *et al.*, eds., *Enquiry into Plants* (Cambridge, MA: Harvard University Press, 1949).

Thomas, Bertram. *Arabia Felix* (Nova York: Scribner, 1932).

Thomas, Hugh. *The Slave Trade* (Nova York: Simon and Schuster, 1999).

Thomas, P. J. *Mercantilism and the East India Trade* (Londres: Frank Cass, 1963.

Thoreau, Henry D. *Walden* (Boston: Houghton Mifflin, 1938).

Thornton, Mark e Robert B. Ekelund, Jr.. *Tariffs, Blockades, and Inflation*(Wilmington, DE: Scholarly Resources, 2004).

Throckmorton, Peter. "Sailors in the Time of Troy". Em *The Sea Remembers* (Nova York: Weidenfeld and Nicholson, 1987).

Thucydides. *History of the Peloponnesian War* (Nova York: Penguin, 1972).

Timmer, Ashley e Jeffrey G. Williamson. "Immigration Policy Prior to the 1930s: Labor Markets, Policy Interactions, and Globalization Backlash", *Population and Development Review* 21, nº 4 (Dezembro de 1998): 739–771.

Tomlinson, B. R. "The Economy of Modern India", *The New Cambridge History of India*, vol. 3, nº 3 (Cambridge: Cambridge University Press, 1993).

Trefler, Daniel. "The Long and Short of the Canada-U.S. Free Trade Agreement", *The American Economic Review* 94, nº 4 (Setembro de 2004): 870–895.

______. "Trade Liberalization and the Theory of Endogenous Protection: An Econometric Study of U.S. Import Policy", *The Journal of Political Economy* 101, nº 1 (Fevereiro de 1993): 138–160.

Trevelyan, George Macaulay. *The Life of John Bright* (Boston: Houghton Mifflin, 1913).

Trocki, Carl. *Opium, Empire, and the Global Political Economy* (Londres: Routledge, 1999).

Tunell, George G. "The Diversion of the Flour and Grain Traffic from the Great Lakes to the Railroads", *The Journal of Political Economy* 5, nº 3 (Junho de 1897): 340–361.

Turner, Jack, *Spice* (Nova York: Vintage, 2004).

Tye, Larry, *The Father of Spin* (Nova York: Crown, 1998).

Tylcote, R. F. *A History of Metallurgy* (Londres: Metals Society, 1976).

Tyler, Lyon G. "The South and Self-Determination", *William and Mary College Quarterly Historical Magazine* 27, nº 4 (Abril de 1919): 217–225.

Varela, C., ed. *Cristóbal Colón: Textos y documentos completos* (Madri: Alianza, 1984).

Ukers, William H. *All About Coffee* (Nova York: Tea and Coffee Trade Journal, 1935).

United Nations. *Human Development Report, 2006* (Nova York: United Nations,2006).

United States Census Bureau. "Historical Income Tables — People", http://www.census.gov/hhes/www/income/histinc/p05ar.html, acessado em 3 de abril de 2007.

United States Department of Agriculture. "Food Spending in Relation to Income", *Food Cost Review, 1950–97,* http://www.ers.usda.gov/Publications/AER780/, acessado em 23 de março de 2007.

Van Deusen, John G. "Economic Bases of Disunion in South Carolina", tese de doutorado, Columbia University (1928).

Villiers, John. "Trade and Society in the Banda Islands in the Sixteenth Century", *Modern Asian Studies* 15, nº 4 (1981): 723–750.

Villiers, John. "Las Yslas de Esperar en Dios: The Jesuit Mission in Moro 1546– 1571", *Modern Asian Studies* 22, nº 3 (1988, edição especial): 593–606.

Wachsmann, Shelly. "Paddled and Oared Boats Before the Iron Age". Em Robert Gardiner, ed. *The Age of the Galley* (Edison, NJ: Chartwell, 2000).

______. *Seagoing Ships and Seamanship in the Bronze Age Levant* (College Station: Texas A&M University Press, 1998).

Wake, C. H. H. "The Changing Pattern of Europe's Pepper and Spice Imports, ca. 1400–1700", *The Journal of European Economic History* 8 (Outono de 1979): 361–403.

Walvin, James. *Fruits of Empire* (Nova York: New York University Press, 1997).

Ward, J. R. "The Industrial Revolution and British Imperialism, 1750–1850", *The Economic History Review* 47, nº 1 (Fevereiro de 1994): 44–65.

Warmington, E. H. *The Commerce between the Roman Empire and India* (Nova Delhi: Munshiram Manoharlal, 1995).

Weatherall, David. *David Ricardo: A Biography* (The Hague: Martinus Nijhoff, 1976).

Webster, Anthony. "The Political Economy of Trade Liberalization: The East India Company Charter Act of 1813", *The Economic History Review* 43, nº 3 (Agosto de 1990): 404–419.

Weightman, Gavin. *The Frozen Water Trade* (Nova York: Hyperion, 2003).

Weinberg, Bennett Alan e Bonnie K. Bealer. *The World of Caffeine* (Nova York: Routledge, 2001).

Wendel, Jonathan F. e Richard C. Cronin. "Polyploidity and the Evolutionary History of Cotton", *Advances in Agronomy* 78 (2003): 139–186.

Wheelis, Mark. "Biological Warfare at the 1346 Siege of Caffa", Emerging Infectious Diseases (Setembro de 2002).

White, John H. *The Great Yellow Fleet* (São Marino, CA: Golden West, 1986).

White, Lynn, Jr. *Medieval Technology and Social Change* (Oxford: Clarendon, 1962).

Wilbur, Marguerite Eyer, *The East India Company* (Stanford, CA: Stanford University Press, 1945).

Wilcox, Clair, *A Charter for World Trade* (Nova York: Macmillan, 1949).

Williamson, Jeffrey, G. "De-Industrialization and Underdevelopment: A Comparative Assessment around the Periphery 1750–1939", working paper (Dezembro de 2004), http://www.economics.harvard.edu/faculty/jwilliam/papers/DeInd EHW1204.pdf, acessado em 22 de dezembro de 2006.

______. "The Impact of the Corn Laws Just Prior to Repeal", *Explorations in Economic History* 27 (1990): 123–156.

Wilson, Derek. *The World Encompassed: Francis Drake and His Great Voyage* (Nova York: Harper and Row, 1977).

Wiznitzer, Arnold. "The Exodus from Brazil and Arrival in New Amsterdam of the Jewish Pilgrim Fathers, 1654", *Publication of the American Jewish Historical Society* 44, nº 1 (Setembro de 1954): 80–95.

Wood, Adrian e Cristóbal Ridao-Cano. "Skill, Trade, and International Inequality", artigo.

Wood, Alfred C. *A History of the Levant Company* (Londres: Frank Cass, 1964).

Woodward, C. Vann. *American Counterpoint: Slavery and Racism in the North/South Dialogue* (Boston: Little, Brown, 1964).

Worrall, Simon. "Full Speed Ahead", *Smithsonian* 36, nº 10 (Janeiro de 2006): 93.

Wu Lien-Teh *et al. Plague* (Shanghai Station, China: National Quarantine Service,1936).

Young, Herbert V. *They Came to Jerome* (Jerome, AZ: Jerome Historical Society, 1972).

Yule, Henry, ed. *The Book of Marco Polo* (Londres: John Murray, 1921).

Zhu, Susan Chun e Daniel Trefler. "Trade and Inequality in Developing Countries: A General Equilibrium Analysis", *Journal of International Economics* 65 (2005): 21–48.

Zweig, Stefan. *Conqueror of the Sea* (Nova York: Literary Guild of America, 1938).

CRÉDITOS DE ILUSTRAÇÃO

Figura 1-1. Expedição de Queen Hatshepsut, reproduzida com permissão de Torgny Säve-Söderbergh, *The Navy of the Eighteenth Egyptian Dynasty* (Uppsala: Uppsala Universitets Arsskrift, 1946), 14.

Figura 6-1. População da Inglaterra Medieval. Fonte de Dados: *British Population History from the Black Death to the Present Day* Michael Anderson ed., (Nova York: Cambridge University Press, 1996), 77.

Figura 10-1. Importações para a Companhia Holandesa das Índias Orientais em Amsterdã. Fonte de Dados: Kristoff Glamann, *Dutch-Asiatic Trade, 1620–1740* ('s-Gravenhage, Holland: Martinus-Nijhoff, 1981), 14.

Figura 10-2. Comércio Transatlântico de Escravos. Fonte de Dados: David Eltis e David Richardson, "Prices of African Slaves Newly Arrived in the Americas, 1673–1865: New Evidence on Long-Run Trends and Regional Differentials", em David Eltis, ed., *Slavery in the Development of the Americas* (Cambridge University Press, 2004), 188–189.

Figura 11-1. Preço do Trigo na Inglaterra 1700–1850. Fonte de Dados: Donald Grove Barnes, *A History of the English Corn Laws* (Nova York: Augustus M. Kelley, 1961), 297–8.

Figura 12-1. Ponto de Equilíbrio entre Vela e Vapor. Calculado de Charles K. Harley, "British Shipbuilding and Merchant Shipping: 1850–1890", *The Journal of Economic History* 30, nº 1 (Março de 1970), 264.

Figura 12-2. Construção Anual de Navios. Fonte de Dados: Gerald S. Graham, "The Ascendancy of the Sailing Ship 1850–1885", *The Economic History Review,* 9, no. 1 (1956), 77.

Figura 12-3. Esquema de Primeira Unidade de Refrigeração Mecânica. Cortesia de Lewis O'Brien.

Figura 13-1. Preços de Trigo em Liverpool vs. Chicago, 1850–1913. Fonte de Dados: C. Knick Harley, "Transportation, the World Wheat Trade, and the Kuznets Cycle, 1850–1913", *Exploration in Economic History* 17, nº 3 (Julho de 1980), 246–247.

Figura 13-2. Tarifas de Importação dos EUA em Bens Tributáveis sob o GATT. Fonte de Dados: *Historical Statistics of the United States, Millennial Online Edition* (Cambridge University Press, 2006) Table Ee424–430.

Figura 13-3. Valor Real do Comércio Mundial: 1720–2000. Fonte de Dados: W. W. Rostow, *The World Economy* (Austin: University of Texas, 1978), 669, e Angus Maddison, *The World Economy* (Paris: OECD, 2001), 362.

Figura 14-1. *Participação Total da Renda Nacional.* Fonte de Dados: United States Census Bureau.

Tabelas

Tabela 10-1. Proporções de Importação de Escravos no Novo Mundo entre 1500 e 1880, e a População de Seus Descendentes em 1950. Fonte de Dados: Philip D. Curtin, *The Atlantic Slave Trade* (Madison, WI: University of Wisconsin Press, 1969), 91.

Tabela 13-1. Categorias Stolper-Samuelson Categories. Adaptado de Ronald Rogowski, *Commerce and Coalitions* (Princeton: Princeton University Press, 1989), 1–60.

Tabela 13-2. Rodadas do GATT. Fonte de Dados: T. N. Srinivasan, *Developing Countries and the Multilateral Trading System* (Boulder, CO: Westview Press, 1998), 9–11, e John H. Jackson, *The World Trading System,* 2ª ed. (Cambridge MA: The MIT Press, 1997), 36–38.

Tabela 14-1. PIB *per capita* em Nações Abertas e Fechadas para o Comércio Mundial. Fonte de Dados: Jeffrey D. Sachs *et al.*, "Economic Reform and the Process of Global Integration", *Brookings Papers on Economic Activity,* 1995, no. 1 (1995): 22–38 e Angus Maddison dataset, http://www.ggdc.net/maddison/Historical_Statistics/ horizontal-file_03-2007.xls.

Mapas

Antigos Canais em Suez, baseado em Joseph Rabino, "The Statistical Story of the Suez Canal", *Journal of the Royal Statistical Society*, 50, nº 3 (Setembro de 1887): 496–497.

Terras e Rotas de Incenso, baseado em Nigel Groom, *Frankincense and Myrrh*(Beirut: Librairie du Liban, 1981), 99, 192.

A Peste Negra, Parte II: A.D. 1330–1350, baseado em Elizabeth Carpentier, "Autour de la Peste Noir: Famines et Epidémies dans l'Histoire du XIVe Siècle", *Annales: Economies, Sociétés, Civilizations* (1962), 1062–1092.

Primeira Viagem de Vasco da Gama, 1497–1499, baseado em Sanjay Subrahmanyam, *The Career and Legend of Vasco da Gama* (Cambridge: Cambridge University Press, 1997), 90–91.

Império Holandês na Ásia no Auge no século XVII, baseado em Jonathan I. Israel, *Dutch Primacy in World Trade, 1585–1740* (Oxford: Clarendon Press, 1989), 182–183.

O Canal Erie e o Sistema de Saint Lawrence em 1846, reproduzido com a gentil permissão de Cambridge University Press, Thomas F. McIlwraith, "Freight Capacity and Utilization of the Erie and Great Lakes Canals before 1850", *The Journal of Economic History* 36, nº 4 (Dezembro de 1976), 854.

Fluxo de Petróleo do Mundo, Milhões de Barris por dia, reproduzido com a gentil permissão de Jean-Paul Rodrigue, "Straits, Passages and Chokepoints: A Maritime Geostrategy of Petroleum Distribution", *Les Cahiers de Geographie du Quebec* 48, nº 135 (Dezembro de 2004): 364.

ÍNDICE

Projetos corporativos e edições personalizadas dentro da sua estratégia de negócio. Já pensou nisso?

Coordenação de Eventos
Viviane Paiva
viviane@altabooks.com.br

Contato Comercial
vendas.corporativas@altabooks.com.br

A Alta Books tem criado experiências incríveis no meio corporativo. Com a crescente implementação da educação corporativa nas empresas, o livro entra como uma importante fonte de conhecimento. Com atendimento personalizado, conseguimos identificar as principais necessidades, e criar uma seleção de livros que podem ser utilizados de diversas maneiras, como por exemplo, para fortalecer relacionamento com suas equipes/ seus clientes. Você já utilizou o livro para alguma ação estratégica na sua empresa?

Entre em contato com nosso time para entender melhor as possibilidades de personalização e incentivo ao desenvolvimento pessoal e profissional.

PUBLIQUE **SEU LIVRO**

Publique seu livro com a Alta Books. Para mais informações envie um e-mail para: autoria@altabooks.com.br

/altabooks /alta-books /altabooks /altabooks

CONHEÇA OUTROS LIVROS DA **ALTA BOOKS**

Todas as imagens são meramente ilustrativas.

ALTA BOOKS EDITORA · ALTA LIFE EDITORA · ALTA NOVEL · ALTA CULT EDITORA · FARIA E SILVA EDITORA · EDITORA ALAÚDE · TORDESILHAS · ALTA GEEK